U1020393

国家出版基金项目
NATIONAL PUBLICATION FOUNDATION

陈兴良刑法学
CHEN XINGLIANG CRIMINAL LAW

● 陈兴良 /著

刑法研究（第十三卷）

刑法各论 III

Research on Criminal Law

中国人民大学出版社
· 北 京 ·

总 目 录

第一卷　刑法绪论Ⅰ

第二卷　刑法绪论Ⅱ

第三卷　刑法绪论Ⅲ

第四卷　刑法理论Ⅰ

第五卷　刑法理论Ⅱ

第六卷　刑法总论Ⅰ

第七卷　刑法总论Ⅱ

第八卷　刑法总论Ⅲ

第九卷　刑法总论Ⅳ

第十卷　刑法总论Ⅴ

第十一卷　刑法各论Ⅰ

第十二卷　刑法各论Ⅱ

第十三卷　刑法各论Ⅲ

本卷目录

六、社会秩序犯罪（续）

辩护人妨碍作证罪之引诱行为的研究

一、引言：罹难律师来信

2004 年《法学》第 1 期发表了我的《为辩护权辩护——刑事法治视野中的辩护权》一文。该文刊出后不久，我于 2004 年 2 月 9 日收到南京司宁的来信，信中自述其原为律师，只因证人在庭上作证时其证言中有一句虚假的话，控方即启动司法程序，最终被以辩护人妨害作证罪判处有期徒刑 1 年，缓刑 1 年。因我的上述论文涉及对《刑法》第 306 条的分析，司宁在信中就《刑法》第 306 条提出以下六个问题：(1) 证人当庭作伪证的风险是否要由辩护律师承担？(2) 以证人出庭作证时出现的一句假话来定辩护律师的罪，这是否将引诱的范围作了扩大化？是否无限扩大了律师的责任？(3) 我没有用任何利益引诱，也没有具体让证人去讲那句假话，如何就构成辩护人妨害作证罪呢？(4) 缺乏直接证据，原一、二审采用推定明知而定罪是否符合我国刑法及刑事诉讼法的规定？(5) 证人当庭出现的一句假话不影响事实认定和行为定性，没有产生后果，没有妨碍刑事诉讼的进行，是否要追究辩护律师的责任？(6) 律师因一两句话说得不严谨，就遭受灭顶之灾，沦落为阶下囚，这种做法与现代司法文明是否相违背？这是否符合《刑法》第306条立法本意？为回答上述问题，我对张耀喜被控辩护人妨害作证罪二审被判无罪一案作了研究。该案刊登在最高人民法院刑一庭、刑二庭编的《刑事审判参考》①，同时也收录在浙江省高级人民法院编的《刑事判案评述》。②本文以此为实际素材展开讨论。

二、案情及诉讼过程

被告人张耀喜，男，1963年××月××日出生，律师，因涉嫌犯辩护人妨害作证罪，于1999年8月19日被逮捕。

浙江省衢州市柯城区人民检察院以被告人张耀喜犯辩护人妨害作证罪，向柯城县人民法院提起公诉。

浙江省衢州市柯城区人民法院经公开审理查明：

1999年3月11日，被告人张耀喜接受犯罪嫌疑人陈林鸿之姐陈玲明的委托，担任陈林鸿盗窃案的一审辩护人。陈林鸿被指控盗窃5次，盗窃财物价值人民币11 530余元，其中1998年12月30日晚盗窃铝锭，价值人民币3 134.10元。

被告人张耀喜于1999年3月26日和4月20日两次会见了陈林鸿。会见中，陈林鸿辩称自己未参与1998年12月30日晚的盗窃，因当时其与李某在一起打扑克牌。此后，被告人张耀喜告诉陈玲明，陈林鸿不承认起诉书指控的第三次盗窃（1998年12月30日晚盗窃铝锭），该次盗窃成立与否关系对陈林鸿的量刑，李某如能作证，则该次盗窃不能成立；并要求其找到李某。

4月20日晚，陈玲明将李某叫到自己家中，被告人张耀喜也随即到了陈家。张耀喜向李某介绍了从诉讼材料得知的陈林鸿盗窃、同案嫌疑人韦永亮在逃以及

---

① 参见最高人民法院刑事审判第一庭、第二庭等：《刑事审判参考》，512～515页，北京，法律出版社，2002。

② 参见王幼璋主编：《刑事判案评述》，133～149页，北京，人民法院出版社，2002。

会见陈林鸿时陈改变部分供述的情况，并告知李某，他如能作证可以减轻陈林鸿的罪责。接着，张耀喜以只要李某回答“是”或“不是”的形式，对李进行诱导式询问，并制成一份“1998 年 12 月 30 日晚陈林鸿与李某在一起打扑克牌，陈无盗窃作案时间”的调查材料。张耀喜还将调查人写成“张耀喜、何某两人”，将调查地点写成“李某家”，并告诉李某如有人问起调查情况，就说是张耀喜、何某两人在李家调查。

1999 年 4 月 27 日，陈林鸿盗窃案公开开庭审理中，陈当庭推翻原先关于 1998 年 12 月 30 日晚盗窃铝锭的供述，辩称自己当晚与李某在一起打牌，未作案。为核查事实，法庭休庭。4 月 30 日，陈林鸿盗窃案的公诉人、法院主审人与张耀喜一起找李某调查取证，李某作了与 4 月 20 日证词内容相同的证言。5 月 4 日，张耀喜及其同事徐某再次会见陈林鸿，张耀喜将李某的证词内容告诉了陈林鸿。5 月 5 日，陈林鸿盗窃案继续开庭审理。陈林鸿根据张耀喜告知的李某证言，继续坚持 4 月 27 日开庭时所作的翻供，其翻供陈述与李某证言相吻合。一审判决未采纳李某的证言，陈林鸿提起上诉。二审期间，因张耀喜制作的李某的证词，审判活动不能正常进行。

浙江省衢州市柯城区人民法院认为：被告人张耀喜担任陈林鸿的辩护人，为使陈的盗窃数额从巨大降为较大（浙江省确定本地执行的盗窃罪数额标准为：“数额巨大”的起点为 10 000 元人民币，“数额较大”的起点为 1 000 元人民币），减轻陈的罪责，采用诱导设问的方式，引诱证人李某作伪证。其行为妨害了刑事诉讼的正常进行，构成辩护人妨害作证罪。遂依据《中华人民共和国刑法》第 306 条第 1 款的规定，于 2000 年 4 月 20 日判决如下：被告人张耀喜犯辩护人妨害作证罪，判处有期徒刑 1 年。

一审宣判后，张耀喜不服，以无罪为由向浙江省衢州市中级人民法院提起上诉。

浙江省衢州市中级人民法院经审理认为：原审判决据以认定张耀喜对证人李某进行调查时诱导李某作伪证一节事实的证据，只有李某的证言，缺乏当时其他在场人的佐证。张耀喜归案后及在一、二审期间又均否认此节，故认定该节的事实证据不足。原判认定的其他事实成立，但凭现有证据和已得到证明的事实，难以认定被告人张耀喜主观上有妨害作证的直接故意。原判认定的事实证据不足。遂依据《中华人民共和国刑事诉讼法》第189条第3项和第162条第3项的规定，于2000年7月10日判决如下：(1) 撤销浙江省衢州市柯城区人民法院的刑事判决；(2) 上诉人张耀喜无罪。

三、裁判理由

辩护人妨害作证罪是1997年刑法增设的罪名。根据《刑法》第306条第1款的规定，辩护人妨害作证罪是指辩护人在刑事诉讼中毁灭、伪造证据，帮助当事人毁灭、伪造证据，威胁、引诱证人违背事实改变证言或者作伪证的行为。

根据《刑事诉讼法》第35条的规定，辩护人的责任是根据事实和法律，提出证明犯罪嫌疑人、被告人无罪、罪轻或者减轻、免除其刑事责任的材料和意见，维护犯罪嫌疑人、被告人的合法权益。因而辩护人常常需要积极开展工作，取得有利于犯罪嫌疑人、被告人的证据。这就很容易产生辩护人不择手段开脱、减轻犯罪嫌疑人、被告人罪责的表象，使人误以为其从事了参与伪造证据等妨害作证的行为。因此，仅凭辩护人调查取证的积极态度和某些取证行为来推断辩护人的主观故意，很容易得出片面的结论。

针对上述特点，在审判实践中，应注意严格区别与把握辩护人依法履行法定责任与妨害作证行为的界限。虽然豁免辩护人履行职责中一切不当行为的法律责任是不适当的，但不适当地扩大辩护人应负法律责任的范围，势必会限制，甚至变相剥夺辩护人行使辩护权利，从而妨害辩护人履行职务，影响刑事诉讼法之任务与目的的实现。

《刑法》第306条第2款规定，辩护人提供、出示、引用的证人证言或者其他证据失实，不是有意伪造的，不属于伪造证据。其中，“有意”应被理解为仅限于直接故意，即辩护人明知自己的妨害作证行为会妨害刑事诉讼的正常进行，而积极追求这种结果的发生。

认定辩护人是否具有妨害作证的主观故意，应注意：

一是要结合个案的外部条件和辩护人的职责义务，判断辩护人是否存在“明知”的充分条件。本案中，张耀喜将其制作的关于李某的调查笔录提交给法庭，客观上妨害了陈林鸿盗窃案的正常审判活动，但是，只有认定张耀喜主观上具有妨害作证的直接故意时，才能追究其刑事责任。为此，必须证明张耀喜明知陈林鸿就其第三次盗窃所作的翻供陈述是虚假的，且明知1998年12月30日晚陈林鸿、李某并不在一起打扑克牌。但从本案现有证据看，没有证据表明陈林鸿翻供时有充分条件可以使张耀喜断定该翻供陈述是违背事实的，同样，张耀喜向证人李某取证时，亦无充足证据证明张耀喜明知李某所作的是虚假证言。

二是要从辩护人的客观行为入手，分析其是否具有“明知”。从客观行为来看，张耀喜向陈玲明、李某介绍陈林鸿盗窃案的情况，以及说明李某作证的重要性并非违法，即使不当，也不能由此认定系张耀喜故意劝诱李某作伪证。张耀喜将调查地点、调查人故意作了与实际情况不符的记载，亦不足以成为张耀喜引诱李某作伪证的证据。张耀喜在会见陈林鸿时将李某的证言告诉陈，虽不能排除张耀喜有串供的动机，但不能由此反推出张耀喜此前及在调查李某时就已明知李某所作的是虚假证言。

因此，从主、客观两方面分析，凭现有证据认定张耀喜具有妨害作证的直接故意，根据是不充分的。现有证据也不能排除李某所作证言与事实不符是张耀喜调查取证方式不当所致，或者是证人记忆模糊而对证言内容的真实性采取放任态度所致。

综上，根据现有证据和已查明的事实，难以认定张耀喜具有妨害作证的直接故意。为此，浙江省衢州市中级人民法院采纳一审辩护人的辩护意见，以认定事实的证据不足、适用法律不当为由，撤销原判，宣告张耀喜无罪。

四、理论分析

关于《刑法》第306条的规定，司法解释给出的罪名是：辩护人、诉讼代理人毁灭证据、伪造证据、妨害作证罪。这一罪名过长，又不好记。法律界，尤其是律师界，干脆直称为：律师伪证罪。《刑法》第 306 条规定了本罪的三种行为：一是辩护人、诉讼代理人毁灭、伪造证据，二是辩护人、诉讼代理人帮助当事人毁灭、伪造证据，三是辩护人、诉讼代理人威胁、引诱证人违背事实改变证言或者作伪证。前两种行为分别是毁灭证据、伪造证据，因为毁灭与伪造行为较为明显，尤其是《刑法》第 306 条第 2 款还从反面规定在何种情况下不属于伪造证据，因而在司法实践中这两种行为较易认定。至今为止，我还没有见到律师因毁灭证据、伪造证据而被定罪的，只有张建中案与伪造证据有瓜葛，但那是另一个需要专门研究的案例。绝大多数律师被定罪，都是因为妨害作证，具体地说，是引诱证人违背事实改变证言或者作伪证。本案亦如此。关键问题在于：何谓引诱?

引诱，望文生义，是指引导与诱惑。在汉语词典中，引诱有以下三义：(1) 诱导、劝导；(2) 诱惑；(3) 吸引。① 当然，这只是引诱作为日常用语的解释，还不能简单地视其为作为法律用语时的解释。引诱作为一个法律用语，在我国刑法中多次出现并各有其含义：

(1)《刑法》第 301 条第 2 款规定的引诱未成年人聚集淫乱罪。这里的引诱，是指通过语言、观看录像、表演及做示范等手段，诱惑未成年的男女参加淫乱活动。②

(2)《刑法》第 353 条第 1 款规定的引诱他人吸毒罪。这里的引诱，是指以金钱、物质，或者将含有毒品的物品让他人吸食（如将毒品掺入香烟中，给他人吸食），或者向他人进行鼓励等方法，勾引、诱使、拉拢本无吸毒意愿的人吸食、注射毒品。③

(3)《刑法》第 359 条第 1 款规定的引诱卖淫罪。这里的引诱，是指为了达

---

① 参见罗竹风主编：《汉语大词典》，第 4 卷，98 页，上海，汉语大词典出版社，1989。

② 参见胡康生、李福成主编：《中华人民共和国刑法释义》，430 页，北京，法律出版社，1997。

③ 参见周道鸾、张军主编：《刑法罪名精释》，2 版，645 页，北京，人民法院出版社，2003。

到某种目的，以金钱诱惑或通过宣扬腐朽生活方式等手段，诱使没有卖淫习性的人从事卖淫活动。①

(4)《刑法》第 359 条第 2 款规定的引诱幼女卖淫罪。这里的引诱与引诱卖淫罪之引诱含义相同，是指用金钱、物质或者其他方法诱使幼女卖淫。②

通过以上对引诱这一法律用语的比较可以看出，在刑法中引诱一词的含义大体是相同的。引诱淫乱、引诱吸毒、引诱卖淫，都是诱使他人从事某种违法行为。唯在引诱的形式上略有区分：在引诱淫乱、引诱吸毒中，诱惑的成分大一些。而在引诱卖淫中，诱导的成分大一些，并且在诱导中，须采用金钱、物质利益相吸引。

那么，辩护人妨害作证罪中的引诱又是什么含义？它与上述引诱之间是否存在区别？我给出以下权威性解释：

(1) 立法者解释：引诱证人违背事实改变证言或者作伪证，是指以金钱、物质利益等好处诱使证人改变过去按照事实提供的证言。③

(2) 司法者解释：引诱证人违背事实改变证言或者作伪证，是指以金钱、物质或者其他利益诱使证人违背事实改变自己已经作出的证言或者作虚假的证言。④

(3) 学理解释：引诱证人违背事实改变证言或者作伪证，是指以金钱等物质利益对证人进行收买，或者以女色等非物质性的利益对证人进行诱惑。为了帮助证人回忆经历的情况而作的一些提示甚至诱导，不能被认为是引诱。⑤

上述三种解释都强调引诱必须采取一定手段，这种手段包括物质利益与非物质利益。我是赞同上述对引诱一词的解释的，并且认为该解释与对刑法规定的其他引诱性犯罪之理解相协调。

那么，在本案中，参与诉讼的各方又是如何理解引诱的呢？从一审判决书中

---

① 参见胡康生、李福成主编：《中华人民共和国刑法释义》，516 页，北京，法律出版社，1997。

② 参见周道鸾、张军主编：《刑法罪名精释》，2 版，657 页，北京，人民法院出版社，2003。

③ 参见胡康生、李福成主编：《中华人民共和国刑法释义》，436 页，北京，法律出版社，1997。

④ 参见周道鸾、张军主编：《刑法罪名精释》，2 版，522 页，北京，人民法院出版社，2003。

⑤ 参见何秉松主编：《刑法教科书》，906 页，北京，中国法制出版社，1997。

可以了解到一审中控、辩、审三方对引诱的理解。①

控方在起诉书中指控：同年 4 月 20 日被告人张耀喜违反规定，独自一人到陈玲明家约见陈的朋友李某，在陈玲明等多人在场的情况下，向李透露案情，并告知陈案同案犯罪嫌疑人在逃的情节。以诱导性的设问方式进行询问，致使李某违心地肯定了张设定的 1998 年 12 月 30 日李与陈在一起的“事实”和“情节”，形成了一份陈林鸿无作案时间的虚假“调查笔录”。

辩方在辩护词中的辩护意见是：被告人张耀喜主观上没有妨害作证的直接故意；客观上没有以金钱、物质或其他利益引诱证人作伪证的行为。同时，李某的当庭证言不可信，起诉书仅凭这一不可信的证言控诉被告人张耀喜诱导李作虚假陈述，缺乏依据。

一审法院在判决书中认定：被告人张耀喜在担任盗窃案犯陈林鸿的辩护人，参与该案一审诉讼期间，为了使陈林鸿的盗窃数额从巨大降为较大，减轻其罪责，利用诱导性的设问方式，诱使证人李某作了违背事实的伪证，且为了使该伪证得到法院的采信，又将该伪证的内容透露给陈林鸿，使陈的供述与李的“证言”相统一。其行为已妨害了刑事诉讼的正常进行，构成辩护人妨害作证罪。在客观上被告人虽然没有采用物质、金钱或其他利益对证人进行引诱，但其在上述主观故意指导下，实施了一系列引诱证人作伪证的行为，已侵犯了两级法院刑事诉讼的正常进行。况且这种物质、金钱或其他利益引诱也不是刑法所规定的构成本罪的必要要件。因此，辩护人提出的被告人张耀喜主观上没有妨害作证的故意，客观上没有以物质、金钱或其他利益引诱证人作伪证的行为，不构成辩护人妨害作证罪的意见，不予采纳。

上述控、辩、审三方的意见涉及关于本案中犯罪是否成立的两个基本问题。一是事实认定问题：控方认为存在引诱他人作伪证的事实。而辩方认为不存在这一事实。法院认定存在这一事实。由此形成事实之争议。二是法律适用问题：控

① 关于本案的一审判决书，参见王幼璋主编：《刑事判案评述》，133～139 页，北京，人民法院出版社，2002。

方认为诱导性设问形成虚假证言，就是引诱证人作伪证。辩方则认为，只有以金钱、物质或其他利益引诱证人作伪证才构成本罪。法院采纳控方意见，并且明确指出：物质、金钱或其他利益引诱不是刑法所规定的本罪的必要要件。由此形成法律之争议。

二审法院对本案作出改判，判决上诉人张耀喜无罪。那么，二审法院又是如何解决上述争议的？其无罪判决的思路与理由是什么？二审判决书认定[①]：根据现有证据和已得到证明的事实，虽然不能完全排除上诉人张耀喜具有妨害作证的主观故意，但也不能充分地证明上诉人张耀喜具有妨害作证的直接故意。上诉人张耀喜的辩护人关于指控证据不足的辩护意见，予以采纳。由此可见，二审判决只是就事实争议而言，对法律争议完全没有涉及。二审法院是以张耀喜没有主观故意为由对本案作出无罪判决的。二审判决认为，要认定上诉人张耀喜主观上具有妨害作证的直接故意，必须以认定张耀喜当时已明知陈林鸿就其盗窃一案进行翻供所作的陈述是虚假的，以及明知陈林鸿、李某于 1998 年 12 月 30 日不在一起打扑克，却授意、唆使引诱李某作虚假陈述为前提条件，而现有证据尚未达到这一证明要求。这一理解当然是正确的，对于正确认定引诱证人作伪证的犯罪具有一定的参考意义。但是，本案不仅有事实之争，而且有法律之争。如果张耀喜的行为根本不是《刑法》第 306 条所规定的引诱证人作伪证的行为，那么直接就可以据此作出无罪判决，又何必去纠缠主观上有无直接故意呢？本来，二审法院是可以就如何正确理解《刑法》第 306 条之引诱问题作出一个具有判例性质的判决，从而对此后处理同类案件具有比照意义，但二审判决回避了这一问题，由此与一个具有重大意义的判例失之交臂，令人扼腕。引起我思考的是：二审法院以及本案裁判理由的撰写者是如何看待这个问题的？

二审判决书并未涉及对引诱的理解，尤其是没有否定一审判决中“物质、金钱或其他利益引诱不是刑法所规定的构成本罪的必要要件”这一观点。在“法官

① 关于本案的二审判决书，参见王幼璋主编：《刑事判案评述》，139～147 页，北京，人民法院出版社，2002。

评述”中，评述人指出：引诱，指引导、劝诱，不仅包括物质利益的引诱，也包括非物质利益的引诱，比如劝导证人，以“当事人会感激你”“系乐于助人、讲义气、良心好”等引诱证人作证。[①] 这一对引诱的理解，虽然略有扩大，但大体上符合立法本意。但该评述人又指出：“从客观行为上看，被告人张耀喜向陈玲明、李某介绍陈林鸿盗窃案情及说明李作证的重要性的行为虽属不当，但无法由此得出该行为系张耀喜引导劝诱李某作伪证的引诱行为的唯一结论；被告人张耀喜归案后又一直否认其曾要求李某以是或不是的回答方式接受其调查询问，在场的另外三人的证言亦未能证明张耀喜对李某进行了诱导性询问。因此，认定被告人张耀喜引诱李某作伪证证据不足。”[②] 由上述论述可以推知，该评述人认为，诱导性询问是可以构成引诱的，只不过是证据不足而已。这里的“诱导性询问”与前面所言的“劝导证人”似乎并不是同一概念。由此可见，二审法院，甚至更高级别的法院之所以回避法律适用上的争议，未以“诱导性询问并非《刑法》第306条所规定之引诱”为由对张耀喜改判无罪，而是以证据不足为由改判无罪，根本原因还是在于：本身就认同诱导性询问就是引诱的观点。这才是本案的要害，也是本文讨论的重点。

五、引诱是否包括诱导性询问之辨析

在讨论这个问题之前，需要对诱导性询问这个概念加以界定。

诱导性询问这个概念在本案的起诉书中首次出现，其提法是“以诱导性的设问方式进行询问”，并将之与引诱等同。一审判决也肯定了诱导性询问的概念，明确地认定张耀喜“利用诱导性的设问方式，诱使证人李某作了违背事实的伪证”。那么，什么是这里的诱导性的设问方式呢？从一审判决的认定来看，所谓诱导性的设问方式是指“以只要李回答是或不是的形式，对李某进行了诱导，从

① 参见王幼璋主编：《刑事判案评述》，147页，北京，人民法院出版社，2002。

② 王幼璋主编：《刑事判案评述》，149页，北京，人民法院出版社，2002。

而形成了一份 1998 年 12 月 30 日晚陈林鸿与李某一起打扑克，无作案时间的虚假证词”。由于我没有见到这份证词，因而始终不明白：何以一问一答的设问方式形成的伪证与设问者有关？试想：问，1998 年 12 月 30 日晚你是不是与陈林鸿一起打扑克？回答是或不是。答是，或者答不是，都反映了回答者对这个事实的认识。这怎么成了引诱证人作伪证？我百思不得其解，不知这种设问方式与诱导性有什么关系？

在明白了一审判决中所说的诱导性询问后，我们再来看一看理论上对诱导性询问是如何界定的。在英美刑事诉讼法中，存在禁止诱导性询问规则。诱导性问题，是在提问中明示可能的答案，从而强烈地暗示证人按提问者的答案作出回答的问题。例如，伤害案件中，辩护律师问被告人：“你根本没有动那把刀，这是不是事实?”这是典型的可能产生误导的诱导性提问。又如，询问证人：“你是否干了……”这是貌似中性的诱导性提问。反对诱导性询问是各种证明体制中对证人询问的一般原则，其意义在于保证证言的客观、可靠，防止受询问人的主观影响。[①] 由此可见，诱导性询问是英美对抗式刑事程序中的一种询问方式。这种询问方式可能使被询问人产生误解。为保证证言的客观、公正，对于诱导性询问一般是予以禁止的。但这种反诱导性询问规则通常只适用于主询问，不适用于反询问，因为反询问之前证人已接受了非诱导性的主询问，而且这种证人接受诱导性问题中所包含的虚假暗示的危险基本不存在。在反询问中大量使用诱导性问题，是交叉询问制度的一个特点。不仅如此，在主询问中，为实现证明的有效和效率，适用诱导禁止规则时也允许某些例外。并且，诱导性问题与非诱导性问题在实践中可能有一定的交叉性和模糊性，利用这一点，进行具有一定诱导性而又不至于违反规则的询问，是英美法庭证人询问的一个技术性特点。[②] 由此可见，在英美刑事诉讼法中，对诱导性询问只是在一定范围以及一定限度内予以禁止。如果发生了诱导性询问，其后果只是询问无效而已。因为诱导性询问而被定为妨害

① 参见龙宗智：《刑事庭审制度研究》，294～295 页，北京，中国政法大学出版社，2001。

② 参见龙宗智：《刑事庭审制度研究》，295～296 页，北京，中国政法大学出版社，2001。

作证，是闻所未闻的。实际上，诱导性询问只是其提问具有一定引导性，使被询问者按照询问者所愿意的那样回答，或者使被询问者置于必错的境地。但这种询问并不能从根本上左右被询问者的意志自由，其答复仍是被询问者的意思体现，仍应由被询问者负责。

既然本案的一审判决书中的诱导性询问并非英美刑事诉讼法中的诱导性询问，那么，是否能从我国刑事诉讼法中找到其来源呢？我国《刑事诉讼法》（1996年修订）第43条规定："严禁刑讯逼供和以威胁、引诱、欺骗以及其他非法的方式收集证据。"这是对公安、司法工作人员收集证据的要求。刑事诉讼法理论一般将这种非法收集证据的行为分为两种：逼供和诱供。其中，诱供是指侦查人员、检察人员、审判人员为了取得符合自己意愿的供词，以某种不正当的方式诱使刑事被告人供述的行为。① 因此，诱供有广狭两义：广义上的诱供是指以引诱、欺骗以及其他非法的方法收集证据。狭义上的诱供是指以引诱的方法收集证据。我们在这里讨论的主要是狭义上的诱供，它与诱导性询问到底有什么关系？我国学者认为，这里的引诱，包括两种情况：一是以满足被讯问者的某种利益为诱饵，如无根据地告诉被讯问者，如果招供将会受到多大范围的从宽处理，有的甚至以不追究被讯问者的刑事责任相许诺；二是对被讯问者进行暗示性发问，即提问本身包含了期望被讯问者如何回答的内容。引诱的结果，是迫使被讯问者在如实供述和讨好讯问人员之间进行选择。② 应该说，这里的诱供，就其后果来说，存在两种情形：一是所诱之供是合乎事实的，二是所诱之供是违背事实的。尽管刑事诉讼法禁止诱供，并且最高人民法院《关于执行〈中华人民共和国刑事诉讼法〉若干问题的解释》（1998年）第61条规定，凡经查证确实属于采用引诱等非法的方法取得的证人证言、被害人陈述、被告人供述，不能作为定案的根据，但我国刑法只是将刑讯逼供规定为犯罪。此外，涉及司法工作人员妨害作证犯罪的，《刑法》第307条表述为"以暴力、威胁、贿买等方法阻止证人作

① 参见曾庆敏主编：《刑事法学词典》，657页，上海，上海辞书出版社，1992。

② 参见汪建成、刘广三：《刑事证据学》，61页，北京，群众出版社，2000。

证或者指使他人作伪证”。也就是说，司法工作人员妨害作证的行为是贿买、指使，并无引诱。如果将辩护人妨害作证罪的引诱解释为诱供之引诱，显然就是在司法工作人员与辩护人之间予以不平等对待：司法工作人员引诱的，不构成犯罪；辩护人引诱的，就构成犯罪。我国《刑法》第 4 条规定了法律面前人人平等原则，这一原则在立法中也是有所体现的。据此，我的结论是，不能按照诱供之引诱来理解辩护人妨害作证罪之引诱。

根据以上分析，我认为，辩护人妨害作证罪的引诱，不能被理解为诱导性询问，也不能按照诱供之引诱来理解，而必须是以诱使证人违背事实改变证言或者作伪证为目的，采取金钱、物质或者其他利益的方法，诱使证人违背事实改变证言或者作伪证的行为。在此，应当强调，引诱必须是采取金钱、物质或者其他利益的方法诱使证人违背事实改变证言或者作伪证。因此，这里的引诱绝不包括诱导性询问。

六、辩护人妨害作证罪之立法完善

《刑法》第 306 条设立“辩护人妨害作证罪”，曾经受到来自律师界的强烈反对。我参加的 1996 年 11 月在北京黄河京都大酒店召开的修改刑法座谈会上，司法部代表就力陈设立辩护人妨害作证罪之弊，但被以律师也有妨害作证的，应与其他人妨害作证同样受处罚为由驳回。立法机关在说明《刑法》第 306 条的立法理由时指出：新的刑事诉讼法施行后，辩护人、诉讼代理人在刑事诉讼中的作用得到了进一步的加强，其在刑事诉讼中的权利也相应有所扩大。辩护人和诉讼代理人必须依法正确行使法律赋予的权利，不得利用这些权利妨害刑事诉讼的正常进行，所以根据实践中的具体情况和打击犯罪的需要，新的刑法增加了关于这一犯罪的规定。[①] 这一罪名设立以后，先后有 200 名律师在履行刑事辩护职责过程中，因触犯《刑法》第 306 条而被指控，并在相当数量的案件中被判有罪。刑法

---

① 参见胡康生、李福成主编：《中华人民共和国刑法释义》，435 页，北京，法律出版社，1997。

修订以后历年的全国人大会议中，都有取消《刑法》第306条的动议。对于《刑法》第306条的规定，北京德恒律师事务所主任王丽律师在其博士学位论文中作了以下一针见血的评论：

如果说第306条是刑法修订时的败笔，那么该条中的“威胁、引诱证人违背事实改变证言或者作伪证”则是败笔中的败笔。大部分律师都是因为“引诱”二字而身陷囹圄。究竟何为“引诱”，怎样证明“引诱”，成了实践中的一大难题。①

因为“引诱”二字而身陷囹圄的不止张耀喜一人，南京东南律师事务所刘健被指控辩护人妨害作证案中问题同样出在对“引诱”的理解上。在该案中，律师的辩护意见认为：引诱要以利益为诱惑，要有诱饵，引导性的但并未用利益为诱饵的发问，不属于引诱。而控诉方的意见认为：引诱既包括以金钱、物质利益为手段，也包括以非金钱、物质利益为手段。而江苏省滨海县人民法院的判决认为：行为人故意采用语言劝导证人、改记证言内容的手段，引诱证人违背事实改变原有的不利于被告人的证言，妨害了刑事诉讼活动的正常进行。② 由此可见，按照诱导性询问理解辩护人妨害作证罪中的引诱行为的并非一地之法院，这个问题确实应该引起我们的重视。王丽律师指出：对于一个富有弹性、含混、可以变化和延展的语词，解释的功能就是必须要使其能够对司法运作进行一定的规制。而如果解释的结论仍然不能使其边界清晰化，因而不能使司法运作提高其确定性，那么这种解释显然会在反面助长规范用语的含糊。在此，将引诱解释为其普通的含义而包括任何的诱导或诱惑，显然无助于在司法实践中准确地认定本罪的行为。③ 我是同意这一观点的。在我看来，在引诱一词在司法实践中引起如此之大的争议，而这种争议又关系到辩护律师的罪与非罪，并且对引诱的解释不能从根本上解决问题的情况下，修改《刑法》第306条的规定是根本出路。当然，取消《刑法》第306条的规定，将辩护人的妨害作证行为归并到《刑法》第307

① 王丽：《律师刑事责任比较研究》，162页，北京，法律出版社，2002。

② 参见陈颖青：《青年律师，作茧自缚》，载《律师世界》，1999(1)。

③ 参见王丽：《律师刑事责任比较研究》，156页，北京，法律出版社，2002。

条，乃是上策。在上策不成的情况下，则取中策，即保留《刑法》第306条，但取消“引诱”一词。在中策不成的情况下，则取下策，即将“引诱”改为“指使”。这里的“指使”是指唆使，属于教唆的范围。尽管“指使”本身的含义也不易界定，但至少不会把诱导性询问也解释到“指使”当中去。

七、余论：没有答案的回信

司宁在给我的来信的末尾说：“我的冤案有当地行政干预的原因，但更主要的是《刑法》第306条‘引诱’的概念模糊，又没有明确的司法解释，这才得以使个别执法者任意解释，出入人罪。”通过本文对辩护人妨害作证罪中之引诱的研究，我认为，引诱本身确实是一个模糊的概念，容易变成一张普洛秀斯的脸，任人涂描。律师的职责就是为被告人减轻罪责，甚至免除罪责。而寻找能够证明被告人无罪或者罪轻的证据，包括证言，正是实现律师辩护职责的不二法门。我不否认个别律师指使证人作伪证以减免其委托人的罪责这样一种情况的存在，但对于个别人的问题可以通过律师行业的自律等方法予以规制，而不应由此在律师头上悬一把达摩克利斯之剑，使律师在泥菩萨过河—自身难保的恐怖的心境下履行其辩护职责。由此可见，《刑法》第306条已经成为律师不能承受之重。

司宁的案件正在申诉之中，我就不好多说什么，但我想会有一个公正处理的，我期盼着这一天。也许本文最终也未能回答司宁提出的六个问题，还是让实践来回答吧。

（本文原载《政法论坛》，2004（5））

使用骗取的合法证件出境行为之定性研究

——顾国均案的分析

组织偷越国（边）境是一种妨害国（边）境管理秩序的犯罪。自从20世纪90年代以来，随着中国对外开放，对外劳务输出以及移民现象开始出现。在对外劳务输出以及移民过程中，蛇头组织的大规模地偷越国（边）境的案件时有发生。但在组织偷越国（边）境罪的认定中，通过骗取合法证件的方式，非法组织他人出境劳务或者移民的行为应被如何定性，是一个值得研究的问题。本文通过顾国均案[①]，对骗取合法证件出境行为之定性加以分析。

一、案情及诉讼过程

被告人顾国均，男，1965年××月××日生，汉族，小学文化，原系江苏省通州市三盟经济技术合作有限公司总经理，因涉嫌犯组织他人偷越国（边）境罪，于2003年5月10日被逮捕。

---

① 本案刊载于最高人民法院刑一庭、刑二庭编：《刑事审判参考》，第4卷，143～152页，北京，法律出版社，2004。

被告人王建忠，男，1970 年××月××日生，汉族，初中文化，原系江苏省通州市三盟经济技术合作有限公司副总经理。因涉嫌犯组织他人偷越国（边）境罪，于 2003 年 5 月 10 日被逮捕。

江苏省南通市人民检察院以被告人顾国均、王建忠犯组织他人偷越国（边）境罪向南通市中级人民法院提起公诉。

江苏省南通市中级人民法院经公开审理查明：

2002 年 9 月 30 日，被告人顾国均、王建忠及王益明（另案处理）共同出资 10 万元注册成立了通州市三盟经济技术合作有限公司（以下简称三盟公司）。公司成立后，顾国均、王建忠在明知公司无对外劳务合作经营权和签约权及我国政府与马来西亚无劳务合作关系的情况下，伙同王益明从 2002 年 10 月 31 日起至 2003 年 4 月 8 日止，擅自招收和通过他人招收赴马来西亚的出国劳务人员，先后 11 次组织一百四十余人以旅游的形式出境赴马来西亚非法务工，收取每人人民币 2.8 万元至 3.5 万元的费用，并通过通州市建筑职工中等专业学校为出国劳务人员非法办理了“职业资格证书”和“职业岗位技能证书”，又出高价请他人为劳务人员办理了赴马来西亚的旅游签证和飞机票。劳务人员抵达马来西亚后，由王益明为他们安排工作，并通过马来西亚的关系人“阿曼”“谢老板”，以非正常途径办理了所谓的“工作准证”“安全证”。顾国均、王建忠归案后，能够坦白交代，并能检举他人，均有立功表现。顾国均的家属能够积极退赃。

被告人顾国均辩称：其不明知我国与马来西亚无劳务合作关系，自己没有实施组织他人偷越国（边）境的行为，公诉机关指控的罪名不能成立。其辩护人辩称：顾国均等人的行为是职务行为，其是在确信工人出国后能够取得合法手续的情况下才搞劳务输出，主观上没有组织他人偷越国（边）境的犯罪故意，且出国人员出国证照齐全、合法，并没有违反我国法律，顾国均的行为不符合组织他人偷越国（边）境罪的构成要件。

被告人王建忠辩称：通过旅游签证的正式形式从海关出境的行为不是偷渡。其辩护人辩称：(1) 本案被告人并无组织他人偷越国（边）境的故意，相反，是采用合法的手续运送他人出国（边）境，两被告人的行为不构成组织他人偷越国

（边）境罪；（2）即使本案构成犯罪，被告人王建忠在整个犯罪中起次要作用，是从犯；（3）被告人王建忠犯罪情节较轻，社会危害不大，有立功表现，可以对其从轻处罚。

江苏省南通市中级人民法院认为：被告人顾国均、王建忠违反国（边）境管理法规，明知三盟公司无对外劳务经营权及我国与马来西亚无劳务合作关系，为牟取非法利益，擅自招收出国劳务人员，以旅游签证的形式，非法组织他们赴马来西亚非法务工，其行为完全符合组织他人偷越国（边）境罪的主、客观特征；且组织人数众多（一百四十余人），其行为已触犯《中华人民共和国刑法》第318条第1款第2项，构成组织他人偷越国境罪。依照《中华人民共和国刑法》第25条第1款及第26条第1、4款之规定，两被告人顾国均、王建忠系共同犯罪，在共同犯罪中二被告人共同实施犯罪行为，均起主要作用，均是主犯。公诉机关指控的犯罪事实清楚，证据确实、充分，定性正确，应予支持。被告人顾国均、王建忠能检举他人犯罪，有立功表现，依法可以从轻处罚。被告人顾国均的家属积极筹款退出赃款，可以酌情从轻处罚。对于被告人顾国均的辩解理由，经查，被告人顾国均在公安机关侦查阶段供述：到马来西亚是办不到劳务签证的，其知悉马来西亚和我国没有劳务合作关系，三盟公司没有直接的对外劳务经营权，不应以办理旅游签证的形式组织他人到马来西亚从事劳务，为这些人办理技术等级证书时，途径也是不合法的。证人黄振兴的证言证明其受被告人王建忠之托，违反规定和程序，安排张燕为三盟公司出国劳务人员办理“职业资格证书”和“职业岗位技能证书”的事实。证人张燕的证言证明其听从黄振兴的安排，经手为三盟公司出国劳务人员，在未经任何培训的情况下，先后5次办理了“职业资格证书”和“职业岗位技能证书”的事实。1993年9月4日最高人民法院颁布的《关于严厉打击偷渡犯罪活动的通知》第2条明确规定：以劳务出口、经贸往来以及进行其他公务活动等骗取护照、签证等出入境证件提供给他人，应以组织他人偷越国（边）境罪论处。故其辩解理由均不能成立。至于被告人顾国均辩护人的辩护理由，经查，被告人顾国均、王建忠成立三盟公司就是为了非法组织劳务出境，公司成立后又实施了该行为，应当认定为个人行为而非单位行为；被告人顾国均非法组织劳务输出的故意在公安机关侦查阶段交代得非常明确，且经庭审质证无异议。被告人顾国均、王建忠以旅游为名骗取出入境证件，行非法组织劳工出境之实，违反我国国（边）境管理法规及相关法律法规的禁止性规定，其行为符合我国《刑法》关于组织他人偷越国（边）境罪的犯罪构成要件。故其辩护人所提不构成犯罪的辩护理由不能成立。关于被告人王建忠及其辩护人的辩护理由，经查，被告人顾国均、王建忠非法组织一百四十余人以旅游为名出境，目的并不是旅游，而是将不具备合法出境从事劳务条件的人员非法组织出境，故两被告人的行为已构成组织他人偷越国（边）境罪。被告人王建忠与被告人顾国均及王益明在整个共同犯罪过程中均共同策划、积极实施，虽分工不同，但在共同犯罪中作用相当，故被告人王建忠及其辩护人的第一、二点辩护理由不能成立，不予采纳。但其关于被告人王建忠能够检举他人犯罪，有立功表现，建议对其从轻处罚的辩护理由，经查属实，予以采纳。遂依照《中华人民共和国刑法》第318条第1款第2项、第25条第1款、第68条第1款、第64条，最高人民法院《关于审理组织、运送他人偷越国（边）境等刑事案件适用法律若干问题的解释》第2条，全国人民代表大会常务委员会《关于严惩组织、运送他人偷越国边境犯罪的补充规定》第1条第2项、第2条之规定，于2003年9月8日判决：被告人顾国均犯组织他人偷越国（边）境罪，判处有期徒刑10年，并处罚金人民币10万元；被告人王建忠犯组织他人偷越国（边）境罪，判处有期徒刑11年，并处罚金人民币10万元；没收已被公安机关追缴的非法所得人民币589 880元，上缴国库。

宣判后，王建忠不服，以其行为构成骗取出境证件罪，且系从犯，三盟公司退赃应认定为共同退赃等为由提起上诉。被告人顾国均未提起上诉。

江苏省高级人民法院经二审审理认为：上诉人王建忠、原审被告人顾国均等人为牟取非法利益，在明知三盟公司无对外劳务经营权及我国与马来西亚无劳务合作关系的情况下，伙同他人，以办理旅游签证的形式，非法大量招收、组织人员赴马来西亚务工，其行为严重破坏了国家对国（边）境的正常管理秩序，其行为已构成组织他人偷越国（边）境罪，且多次组织他人偷越国境，人数众多，应依法惩处。上诉人王建忠关于其行为构成骗取出境证件罪的上诉意见，不予采纳。且其与顾国均等人在共同犯罪中，均积极参与、实施犯罪行为，均起主要作用，其关于自己系从犯的上诉理由与事实不符，亦不予采纳。原判决认定事实清楚，但适用《全国人民代表大会常务委员会关于严惩组织、运送他人偷越国（边）境犯罪的补充规定》及最高人民法院《关于严厉打击偷渡犯罪活动的通知》，属于适用法律不当，依法应予改判。遂依据《中华人民共和国刑事诉讼法》第189条第2项，《中华人民共和国刑法》第318条第1款第2项、第25条第1款、第26条第4款、第68条第1款、第64条，最高人民法院《关于审理组织、运送他人偷越国（边）境等刑事案件适用法律若干问题的解释》第2条之规定，于2004年2月17日判决如下：（1）撤销江苏省南通市中级人民法院（2003）通中刑一初字第17号刑事判决；（2）顾国均犯组织他人偷越国（边）境罪，判处有期徒刑10年，并处罚金人民币10万元；（3）王建忠犯组织他人偷越国（边）境罪，判处有期徒刑11年，并处罚金人民币10万元；（4）没收已被公安机关追缴的非法所得人民币589 880元，上缴国库。

二、争议问题及裁判理由

本案主要涉及以下两个争议问题：（1）以骗得的合法出境证件出境，是否属于偷越国（边）境行为？（2）以旅游名义骗取出境证件，非法组织他人出境劳务，应如何定性？在这两个问题中，第一个问题是最基本的，也是本文将重点讨论的，而第二个问题与本案直接相关，也需要加以探讨。针对这两个问题，法院的裁判理由如下。

（一）不具备合法出境资格，而以骗得的合法出境证件出境，属于偷越国境行为

关于何谓"偷越"国（边）境，实践中有多种不同观点，如有的认为"偷越"是指未经办理有关出入国（边）境的证件和手续，在未设关口处秘密越境的行为；也有的认为"偷越"不仅指在未设关口处秘密越境，还包括使用伪造、变造或其他欺骗手段在关口处蒙混出入境。上述观点均是对"偷越"国（边）境表

现形式的概括，二者虽有不同，但实质上都认为“偷越”是指直接以非法的形式出入境。据此，如若行为人不是秘密越境或蒙混出入境，而是隐瞒真实的非法意图，骗得合法的出入境证件，再以所谓“合法”形式出入境，则不构成“偷越”国（边）境。我们认为，上述观点有失偏颇。“偷越”的实质在于该行为侵犯了国家国（边）境管理秩序。例如，行为人“骗证出境”。本质上不具备合法出境资格，不能出境，但为达到出境目的，隐瞒真实意图，骗取出境证件出境。此时，行为人出境证件的取得是非法的，出境资格是虚假的，行为人借此出境，无异于以欺骗手段越境。该越境行为当然侵犯到了国家国（边）境管理秩序，属非法越境。该种非法越境行为与前述两种直接越境行为虽在直观表现上有所不同，但实质相同，即行为人均不具备合法的出境资格，其行为均侵犯了我国国（边）境管理秩序。

当前，在利益的驱使下，越来越多的人向往出境打工，他们多以旅游考察等名义，弄虚作假，骗取出境证件后出境，非法滞留国外打工。该类行为不仅造成了极坏的国际影响，而且严重破坏了我国国（边）境管理秩序，应予惩戒。若仅因其形式“合法”，而将其排除在“偷越”之外，显然不妥。

据此，我们认为，“偷越”应指不具备合法出入境资格而出入境，侵犯我国国（边）境管理秩序的行为。“偷越”的方法和手段亦多种多样，既有不在规定的口岸、关卡偷越国（边）境，或以假证件或其他蒙骗手段在关口蒙混出入境的，也有骗取出境证件，以所谓的“合法”的形式“非法”越境的。

（二）以旅游名义骗取出境证件，非法组织他人出境劳务，构成组织他人偷越国（边）境罪

关于本案的定性，审理过程中曾有不同意见：

第一种意见认为，本案被告人的行为不构成犯罪。此又分为两种不同的观点。一种观点认为，所谓“偷越”，是指使用伪造、变造的假证件在设关处越境，或在不设关处秘密越境。本案中，被告人所组织的成员均持真实、有效的出国证件，经国家边防检查部门依法验证后出国，并非偷渡，所以被告人客观上无组织他人偷越国（边）境的行为，主观上亦无组织他人偷越国（边）境的故意，其行

为不为罪。另一种观点认为，被告人以“合法”的形式掩盖非法的目的，组织他人在马来西亚打工，非法逗留在国外，其行为属组织他人偷越国（边）境的行为。但本案中两被告人的行为属职务行为，其责任应由所在单位三盟公司承担，而根据刑法的规定，组织他人偷越国（边）境罪的主体为自然人，所以对三盟公司不能认定为犯罪，更不应追究两被告人的刑事责任。

第二种意见认为，被告人的行为构成骗取出境证件罪，因为从立法上看，骗取出境证件实质上是组织他人偷越国（边）境行为的一种特殊情况，两者为特殊与普通的关系。本案被告人以出境旅游为名，弄虚作假，骗取出境签证，为组织他人非法出境打工使用，其行为符合骗取出境证件罪的构成特征，应以骗取出境证件罪定罪处罚。

第三种意见认为本案应以组织他人偷越国（边）境罪定罪。因为三盟公司成立是为了非法组织劳务出境，公司成立之后又实际实施了该行为，根据相关司法解释的规定，两被告人的行为应被认定为个人行为而非单位行为。另外，掩盖真实意图，骗取出境证件，以“合法”形式出境，属“偷越”的行为。所以，本案中被告人用骗取的旅游签证，以“合法”的形式组织他人非法出境打工，构成组织他人偷越国（边）境罪。两罪间为吸收关系，根据“高度行为吸收低度行为”的原则，应以组织他人偷越国（边）境罪定罪。

如前所述，以骗得的出境证件出境的属偷越国（边）境的行为，因而第一种意见中的第一种观点不能成立。

二被告人的行为是否属职务行为呢？案件中两被告人虽是在成立法人公司（三盟公司）后，以公司的名义实施上述行为，但三盟公司成立即是以非法输出劳务为目的，成立后亦确实主要实施了该犯罪行为，根据最高人民法院《关于审理单位犯罪案件具体应用法律有关问题的解释》的规定，个人为进行违法犯罪活动而设立的公司、企业、事业单位实施犯罪的，不以单位犯罪论处，所以，本案不能以单位犯罪论处，而应直接追究两被告人的刑事责任。因此，第一种意见中的第二种观点亦不正确。

那么本案中，被告人骗取出境证件，组织他人出境非法劳务，应以骗取出境证件罪还是以组织他人偷越国（边）境罪定罪呢？

根据刑法及相关司法解释的规定，组织他人偷越国（边）境罪是指违反国（边）境管理法规，采取煽动、拉拢、诱使、串联等方式，有计划地策划、指挥他人偷越国（边）境的行为；骗取出境证件罪，是指以劳务输出、经贸往来或者其他名义，弄虚作假，骗取护照、签证等出境证件，为组织他人偷越国（边）境的行为。可见，作为不同的犯罪，组织他人偷越国（边）境罪与骗取出境证件罪有着明显不同。然而，骗取出境证件罪的成立以行为人具有"为组织他人偷越国（边）境使用"的目的为必要，现实中骗取出境证件与组织他人偷越国（边）境往往密切交织在一起，因此，正确把握两罪的关系，对于区别此罪与彼罪、一罪与数罪，显得尤为重要。

对于这两罪的关系，学界有不同的观点。有观点认为：骗取出境证件罪是组织他人偷越国（边）境行为的一种特殊形式，只是由于这种犯罪日益猖獗，法律才将它规定为独立的犯罪。骗取出境证件罪在客观方面表现为，弄虚作假，以劳务输出、经贸往来或者其他名义，骗取护照、签证等出境证件，以"合法"的形式组织他人偷越国（边）境。有观点认为：组织他人偷越国（边）境罪的犯罪方法是多种多样的，骗取出境证件只是其中的一种犯罪方法，两者存在手段行为与目的行为的关系。行为人弄虚作假，骗取出境证件，组织他人偷越国（边）境，同时构成骗取出境证件罪与组织他人偷越国（边）境罪，由于二者为手段行为与目的行为的关系，成立刑法上的牵连犯，应从一重罪处罚。还有观点认为，骗取出境证件后又组织他人偷越国（边）境的，骗取行为实为组织他人偷越国（边）境的犯罪预备行为，两者为吸收关系，根据高度行为吸收低度行为的原则，应以组织他人偷越国（边）境罪定罪处罚。

笔者以为，组织他人偷越国（边）境罪与骗取出境证件罪是不同罪名，二者在犯罪构成上有着明显的区别，不存在普通与特殊的关系，因为，从立法上看，罪与罪之间普通与特殊的关系，体现为一个法条所包含的构成要件在范围上为另一个法条的要件所包括，而组织他人偷越国（边）境罪与骗取出境证件罪在犯罪构成上有着明显不同：首先，侵犯的直接客体不同。根据刑法分则的规定，两罪侵犯的同类客体虽均为我国国（边）境管理制度，但就直接客体而言，组织偷越国（边）境罪侵犯的是国家对出入国（边）境的正常管理秩序，骗取出境证件罪侵犯的是国家对出境证件的管理制度。其次，犯罪客观方面不同。组织他人偷越国（边）境罪的客观方面表现为采取煽动、拉拢、诱使、串联等方式，有计划地策划、指挥他人偷越国（边）境；骗取出境证件罪则表现为以劳务输出、经贸往来或者其他名义，弄虚作假，骗取护照、签证等出境证件的行为。最后，犯罪主体不同。前罪为自然人犯罪，后罪则均可由自然人和单位构成。另外，两罪的主观方面亦有不同，即两罪虽均为故意犯罪，但构成骗取出境证件罪，须行为人主观上具有为组织他人偷越国（边）境使用的目的，若行为人为其他目的骗取出境证件，则不成立骗取出境证件罪。因此，虽然实践中"骗取出境证件"可成为组织他人偷越国（边）境的方法之一，但就构成要件而言，组织他人偷越国（边）境罪与骗取出境证件罪不存在包含与被包含的关系。所以，二者不具有普通与特殊的关系，骗取出境证件罪并非为组织他人偷越国（边）境罪的特殊形式。行为人骗取出境证件后又组织他人偷越国（边）境的，不能仅以骗取出境证件罪定罪。此种情况下，骗取出境证件的行为构成骗取出境证件罪，而利用骗得的证件组织他人偷越国（边）境的，同时又触犯组织他人偷越国（边）境罪。那么，两罪的关系如何呢？究竟是成立牵连犯还是吸收犯？笔者更赞同前一种观点。因为，根据刑法的规定，组织他人偷越国（边）境是行为人骗取出境证件的目的，当骗取出境证件后，行为人又实际组织他人偷越国（边）境，则组织他人偷越的行为是实现其骗取出境证件之目的的行为，"骗证"与组织他人"偷越"的行为间显然是手段行为与目的行为的关系。因此，虽然从犯罪的发展阶段看，骗取出境证件为组织他人偷越国（边）境的预备行为，但两者间手段与目的的关系，使之更符合牵连犯的特征，因此，应根据对牵连犯"从一重罪处罚"的原则，以组织他人偷越国（边）境罪论。

综上所述，本案中两被告人为组织他人偷越国（边）境，以赴马来西亚旅游为名骗取出境证件的行为，依法构成骗取出境证件罪；利用骗得的证件组织他人出境非法滞留马来西亚打工的行为，属组织他人偷越国（边）境的行为，成立组织他人偷越国（边）境罪。前后两行为属手段行为与目的行为，成立牵连犯，根据“从一重罪处罚”原则，本案应以组织他人偷越国（边）境罪论处。

三、立法沿革

关于侵犯国（边）境管理的犯罪，在1979年刑法中分别规定了偷越国（边）境罪（第176条）和组织、运送他人偷越国（边）境罪（第177条）。这里的偷越，是指无合法有效证件而出入。对此并无争议。例如，高铭暄教授指出：按照出入国（边）境管理法规的规定，一切人员出入国（边）境，都必须持有合法的有效的证件，并按照指定的路线和开放口岸出入。如果违反这些规定而进出国（边）境，就是偷越的行为。① 有关刑法教科书则更为细致地将偷越区分为以下两种情形：一是无证出入国（边）境，即不履行必要的手续，不在规定的口岸、关卡而私自出入我国国（边）境。二是伪证出入国（边）境，即虽然经过规定的口岸、关卡出入，但是以伪造证件或其他手段蒙混过关。② 据此，在当时偷越国（边）境的概念是十分明确的。在司法适用中，也不存在问题。

及至20世纪80年代末期，偷越国（边）境犯罪的情况发生了巨大的变化：一是人数变化。过去是个别人的或者小规模的，后来发展为人数众多，甚至大规模的偷越国（边）境犯罪。二是动机变化。过去是为生活所迫而非法偷越国（边）境，目的地是周边国家或者我国港澳地区，后来则发展为劳务输出或者移民，目的地则大多为美国或者欧洲等经济发达国家或地区。三是形式变化。过去是个别人的偷渡行为，现在则发展为在蛇头的组织下形成偷渡集团，具有严密的组织形式，尤其是出现了骗证出境新动向。为此，1993年9月24日最高人民法院发出《关于严厉打击偷渡犯罪活动的通知》（以下简称1993年《通知》），该通知第2条规定：“以牟利为目的，组织、运送他人偷越国（边）境的犯罪分子，

① 参见高铭暄：《中华人民共和国刑法的孕育和诞生》，237页，北京，法律出版社，1981。

② 参见王作富主编：《中国刑法适用》，524页，北京，中国人民公安大学出版社，1987。

是打击的重点，应当依照刑法第一百七十七条的规定，从严惩处。对以牟利为目的，为他人提供伪造、变造的护照、签证等出入境证件，或者以劳务出口、经贸往来以及进行其他公务活动等骗取护照、签证等出入境证件提供给他人的，应以组织他人偷越国（边）境罪论处。”上述规定涉及两种行为：一是为他人提供伪造、变造的护照、签证等出入境证件，这种行为本身是组织他人偷越国（边）境罪的共犯，以该罪论处并无问题。二是为他人提供骗取的护照、签证等出入境证件，按照1993年《通知》的规定，也以组织他人偷越国（边）境罪论处。这一规定的逻辑引申就是：使用骗取的合法证件出入国（边）境的行为，也是偷越国（边）境，或曰偷渡。这是第一次在司法解释中，将使用骗取的合法证件出入国（边）境的行为解释为偷越国（边）境。

1994年3月5日全国人大常委会通过了《关于严惩组织、运送他人偷越国（边）境犯罪的补充规定》（以下简称1994年《补充规定》）。1994年《补充规定》第2条规定：“以劳务输出、经贸往来或者其他名义，弄虚作假，骗取护照、签证等出境证件，为组织他人偷越国（边）境使用的，依照本规定第一条的规定处罚。”“单位有前款规定的犯罪行为的，对单位判处罚金，并对直接负责的主管人员和其他直接责任人员，依照本规定第一条的规定处罚。”这里的“本规定第一条的规定”，指的就是关于组织他人偷越国（边）境的规定。这一规定可以说是将1993年《通知》的内容通过立法形式予以确认。因此，1994年《补充规定》第5条关于偷越国（边）境的规定，虽未对偷越国（边）境的概念作出界定，但从逻辑上来说，实际上包含了这种使用骗取的合法证件出入国（边）境的情形。1993年12月20日当时的全国人大常委会法制工作委员会主任顾昂然在第八届全国人大常委会第五次会议上所作《关于〈严惩组织、运送他人偷越国（边）境犯罪的补充规定（草案）〉的说明》中明确指出：“近年来，出现以劳务输出、经贸往来、旅游或者其他名义，骗取主管部门批准，取得护照、签证等出境证件，组织他人从边境口岸非法出境的严重情况。这是当前组织他人偷越国（边）境犯罪出现的一种新情况。”显然，立法者是将这种行为作为偷渡犯罪加以惩治的。

在1997年刑法修订时，这种向他人提供骗取的出入境证件的行为不再被规定为组织他人偷越国（边）境的共犯，而是被规定为独立罪名。《刑法》第319条规定："以劳务输出、经贸往来或者其他名义，弄虚作假，骗取护照、签证等出境证件，为组织他人偷越国（边）境使用的，处三年以下有期徒刑，并处罚金；情节严重的，处三年以上十年以下有期徒刑，并处罚金。""单位犯前款罪的，对单位判处罚金，并对其直接负责的主管人员和其他直接责任人员，依照前款的规定处罚。"这一规定将骗取护照、签证行为犯罪化，并与组织他人偷越国（边）境罪相区分。这是可取的。但刑法又规定骗取护照、签证行为，只有"为组织他人偷越国（边）境使用的"才构成犯罪。这里的"为组织他人偷越国（边）境使用"，一般被理解为是指骗取护照、签证等出境证件的目的，必须是准备自己进行或者提供给别人进行组织他人偷越国（边）境犯罪使用。如果骗取护照、签证等出境证件，是为了本人或者他人出国，不是为组织他人偷越国（边）境使用的，不构成本罪。① 显然，这一规定是为了限制该罪的成立范围，属于刑法理论上所谓目的犯的立法例。但这一目的的设置又似乎维持了使用骗取的护照、签证等证件出境的行为属于偷越国（边）境的逻辑。因此，在1997年刑法修订以后，我国学者在论及关于行为人以偷越国（边）境为目的，借劳务输出、经贸往来等名义，骗取护照、签证出境，以第二国为中转，前往第三国行为的定性问题时明确指出："这种情形，行为人以偷越国（边）境为目的，系采取欺骗手段出境，符合偷越国（边）境罪的特征。而且这种情形是当前偷越国（边）境犯罪表现的新特点。因此，这种行为，符合《刑法》第322条和司法解释关于偷越国（边）境罪的规定，应当以偷越国（边）境罪定罪处罚。"② 由此可见，使用骗取的合法证件出境的行为被我国学者确认为偷越国（边）境的表现之一。

---

① 参见胡康生、李福成主编：《中华人民共和国刑法释义》，452页，北京，法律出版社，1997。

② 周道鸾、张军主编：《刑法罪名精释》，2版，557页，北京，人民法院出版社，2003。

四、理论评判

尽管我国刑法理论上的通说将使用骗取的合法证件出境的行为界定为偷越国（边）境行为，司法实践中也往往把这种组织他人利用骗取的合法证件出境的行为认定为组织他人偷越国（边）境罪①，但我认为，这种界定是缺乏法理根据的，在逻辑上难以成立。

根据《刑法》第322条之规定，偷越国（边）境罪以违反国（边）境管理法规为前提。这里的违反国（边）境管理法规，包括违反《中华人民共和国公民出境入境管理法》《中华人民共和国外国人入境出境管理法》《中华人民共和国出境入境边防检查条例》等。查这些法律、法规，没有一部法律、法规规定对于持合法证件出入境的还要进行实质审查。《中华人民共和国公民出境入境管理法》第9条规定："有下列情形之一的，边防检查机关有权阻止出境，并依法处理：（一）持用无效出境证件的；（二）持用他人出境证件的；（三）持用伪造或者涂改的出境证件的。"第14条规定："对违反本法规定，非法出境、入境，伪造、涂改、冒用、转让出境、入境证件的，公安机关可以处以警告或者十日以下的拘留处罚；情节严重，构成犯罪的，依法追究刑事责任。"在上述规定中，都没有禁止使用骗取的合法证件出境。《中华人民共和国出境入境边防检查条例》第8条规定："出境、入境的人员有下列情形之一的，边防检查站有权阻止其出境、入境：（一）未持出境、入境证件的；（二）持用无效出境、入境证件的；（三）持用他人出境、入境证件的；（四）持用伪造或者涂改的出境、入境证件的；（五）拒绝接受边防检查的；（六）未在限定口岸通行的；（七）国务院公安部门、国家安全部门通知不准出境、入境的……"第32条规定："出境、入境的

① 浙江省温州市中级人民法院判决的李钟洵偷渡案中，偷渡者所持的证件均合法，签证也有效。实际上李钟洵是组织他人进行非法移民。被告人李钟洵被一审法院以组织他人偷越国（边）境罪判处无期徒刑，二审法院维持了原判。参见詹小红：《医学博士导演惊天偷渡案》，载《人民法院报》，2004-04-16，8版。

人员有下列情形之一的，处以500元以上2 000元以下的罚款或者依照有关法律、行政法规的规定处以拘留：（一）未持出境、入境证件的；（二）持用无效出境、入境证件的；（三）持用他人出境、入境证件的；（四）持用伪造或者涂改的出境、入境证件的。”上述规定也没有将使用骗取的合法证件出境行为规定为违法行为。由此可见，在使用骗取的合法证件出境的情况下，由于证件是合法的，其出境行为并非违反出入境管理法规的行为，当然也就不存在构成偷越国（边）境罪的问题。其骗取证件的行为构成犯罪的，应当另行规定并处罚。

值得注意的是，1994年《补充规定》颁行以后，1994年7月13日国务院批准修订，1994年7月15日公安部、外交部、交通部发布、施行的《中华人民共和国公民出境入境管理法实施细则》（以下简称1994年《实施细则》）第25条规定了对骗取出入境证件行为的处罚规定，指出：“编造情况，提供假证明，或者以行贿等手段，获取出入境证件……情节严重，构成犯罪的，依照《中华人民共和国刑法》和《全国人民代表大会常务委员会关于严惩组织、运送他人偷越国（边）境犯罪的补充规定》的有关条款的规定追究刑事责任。”但在该实施细则第15条规定的边防检查站有权阻止出境、入境的四种情形中，同样不包括使用骗取的合法证件出境的情形。这四种情形是：（1）未持有中华人民共和国护照或者其他出境入境证件的；（2）持用无效护照或者其他无效出境入境证件的；（3）持用伪造、涂改的护照、证件或者冒用他人护照、证件的；（4）拒绝交验证件的。因此，按照1994年《实施细则》，持有这种骗取的合法证件出境的，也不能被视为偷越，而只是其骗取行为将受到处罚而已。

那么，这种持有合法出境证件的行为何以构成偷越国（边）境罪呢？对此，在本案的裁判理由中，有这样一段话：“行为人‘骗证出境’，本质上不具备合法出境资格，不能出境，但为达到出境目的，隐瞒真实意图，骗取出境证件出境。此时，行为人出境证件的取得是非法的，出境资格是虚假的，行为人借此出境，无异于以欺骗手段越境，该越境行为当然侵犯了国家国（边）境管理秩序，属非法越境。”在这段话中，有以下三个问题值得研究。

第一，出境的能与不能：关于出境权的问题。

公民有无出境的权利？毫无疑问，公民是有出境权的，包括出国定居、移民、旅游、劳务、贸易、留学、探亲等，国家无权加以限制。在改革开放以前，我国处于一种闭关锁国的状态，不仅限制外国人来华从事政治、经济、文化等各项活动，而且对中国公民出入境作了更为严格的限制。基于这种状态制定的出入境管理政策与办法，都是以禁止或者限制为主的。改革开放以后，这种情况有了巨大的变化。对外国人以及我国港澳台居民的出入境限制，基于吸引外资和增加外汇收入的经济考量，首先逐步被取消。但对中国公民出境的限制是一个逐渐开放的过程，开始是出国留学、探亲等开放，现在出国定居、旅游也逐渐开放。可以说，20 世纪 90 年代出现的偷渡高潮正是对以往限制，乃至禁止我国公民正常出境政策与管理方法的一种反抗。可以想见，在一个十分容易获得合法出境证件的社会，公民还需要采用偷渡等非法手段，甚至冒着生命危险出境吗？我国对公民出境的限制在逐渐放开，政策处于一种调整过程之中。《中华人民共和国公民出境入境管理法》第 5 条规定："中国公民因私事出境，向户口所在地的市、县公安机关提出申请，除本法第八条规定的情形外，都可以得到批准。"这里的第 8 条规定是指："有下列情形之一的，不批准出境：（一）刑事案件的被告人和公安机关或者人民检察院或者人民法院认定的犯罪嫌疑人；（二）人民法院通知有未了结民事案件不能离境的；（三）被判处刑罚正在服刑的；（四）正在被劳动教养的；（五）国务院有关主管机关认为出境后将对国家安全造成危害或者对国家利益造成重大损失的。"按照上述法律规定，我国公民只要不具备第 8 条规定的五种情形之一，其出境申请都应当得到批准。但 1994 年《实施细则》第 3 条及第 4 条对申请出境又规定了烦琐的手续。第 3 条规定："居住国内的公民因私事出境，须向户口所在地的市、县公安局出入境管理部门提出申请，回答有关的询问并履行下列手续：（一）交验户口簿或者其他户籍证明；（二）填写出境申请表；（三）提交所在工作单位对申请人出境的意见；（四）提交与出境事由相应的证明。"这里的"证明"，根据第 4 条的规定，是指：（1）出境定居，须提交拟定居地亲友同意去定居的证明或者前往国家的定居许可证明；（2）出境探亲访友，须提交亲友邀请证明；（3）出境继承财产，须提交有合法继承权的证明；（4）出境留学，须提交接收学校入学许可证件和必需的经济保证证明；（5）出境就业，须提交聘请、雇用单位或者雇主的聘用、雇用证明；（6）出境旅游，须提交旅行所需外汇费用证明。根据 1994 年《实施细则》的上述规定，公民的出境权受到了严格限制，并且护照的申请与实际出境联系在一起，甚至与具体的出境事由联系在一起。如果具体的出境事由是虚构的或者与实际情况不符，就出现了一个骗取护照的问题。不仅骗取护照，而且是骗取出境。按照前述裁判理由，这就是实质上的非法越境。显然，这是一种公民无出境权或者出境以批准为前提的逻辑。

这种限制公民出境的做法与对外开放的政策是背道而驰的。为此，近年来出入境管理制度进行了一些改革，这种改革是以放宽对公民出境的限制为目标的。从 2002 年 11 月 1 日开始广州市市民可凭身份证、户口簿按需申领护照，除几类特殊身份人员以外，市民申领护照无须提交任何境内外证明材料。这一做法自 2004 年 2 月 1 日起在北京也开始推行，并将在全国范围内逐渐推行。这种被称为简化出国申请手续的措施，实际上是使护照申领与出境相分离，不出境的也可以申领护照，留待出境时使用。随着护照由审批制改为申领制的变化，骗取护照的情形就基本上消失了，因为骗取护照是以护照审批制为前提的，在护照申领制的情况下，护照无须骗取，申领就可获得。

由上述论述可知，公民是享有出境权的，当然，出境须办理手续。

第二，出境的合法与非法：判断标准问题。

如何界定这里的合法与非法？按照前述裁判理由，出境的合法与非法，是根据出境意图判断的。以旅游为名出境，实际上想在当地定居或者从事劳务的，就是非法出境。在这种情况下，对出境的合法与非法的判断，就不是一种形式判断，而是一种实质判断。显然，这种观点是不能成立的。我认为，出境的合法与非法是指出境证件的合法与非法。只要持合法证件出境，就属于合法出境。只有无证出境或者持有伪造、变造等证件出境，才属于非法出境。对出境进行实质审查既无必要，也无可能。只要公民持合法证件出境，就应当放行。至于出境以后做什么，例如在境外非法移民或者非法劳务，那是公民个人的行为，而且这些行为违反的是境外有关国家或者地区的法律。前述裁判理由将骗取出境证件后出境，非法滞留国外的行为都界定为偷越国（边）境罪，换言之，只要申报出境的事由与实际出境事由不相符合，均属于不符合出境资格而出境。这将极大地扩张偷越国（边）境罪的成立范围。实际上，是骗取证件行为违法，只能对骗证行为加以惩罚，使用骗取证件的行为不应被理解为无证件的行为。正如以骗取或者购买的驾驶执照驾驶车辆，当发现该驾驶执照是骗来的或者买来的时候，应当对该行为加以处罚，并且可以吊销驾驶执照，但并不能将持骗来或者买来的驾驶执照驾驶汽车的行为定性为无照驾驶。驾驶仍然是有合法执照的，只不过该驾驶执照的来源有问题。在使用骗取的证件出境的情况下也应作如此理解：只要证件在形式上是合法的，边防部门就应当放行。至于出境以后滞留不归，情况非常复杂，申请出境的事由是留学，但留学期间打工并滞留不归，能否说这就是偷越国（边）境呢？如果将此类行为都视为偷越国（边）境，则出境的合法与非法将不再取决于出境证件的合法与非法，而取决于出境以后之所为与出境事由是否相符。这是难以成立的。

第三，偷渡与非法移民：两者是否属于同一概念的问题。

偷渡是指非法出入境，而非法移民是指没有获得合法的移民手续的移民。偷渡与非法移民是两个既有联系又有区别的规定：非法移民可以采取偷渡方式，也可以采取合法入境方式。实际上，非法移民存在两种情形：一是合法入境非法居留，主要是指办理劳务输出、留学、旅游、观光、探亲、商务谈判等短期签证入境后，未经允许私自改变身份而逾期不归，滞留时间超过当地政府所准予逗留期限的人，即签证延长被拒绝或签证过期 3 个月以上，合法身份丧失而沦为非法移民。二是非法入境，主要是指持用伪造、变造的出入境证件，采取偷越国（边）境等手段离开居留国或移入前往国的人。① 在非法入境而居留的情况下，当然是非法移民；但在合法入境非法居留的情况下，只存在违反移民法的问题而不存在违反出入境管理法的问题。如果按照主观意图界定，那么这些合法入境者均成了

① 参见田宏杰：《妨害国（边）境管理罪》，1～2 页，北京，中国人民公安大学出版社，2003。但该书把利用假证明骗取护照、签证等出入境证件也视为非法入境，则是我所不同意的。

非法入境者。更为重要的是，就移民而言，有移出国与移入国之分。移民本身不是犯罪，只有非法移民才可能构成犯罪。而非法移民恰恰是相对于移入国而言的，是与各国限制人口流动的政策、出入境管理制度相伴随而存在的。[①] 而对于移出国而言，不存在非法移民的问题。因此，非法移民主要侵害的是移入国的利益，具有打击非法移民迫切需求的也是移入国。而我国是一个移出国，尽管我国作为一个移出国，同样应当反对非法移民，对于采取偷渡方法非法移民的行为同样需要惩处，但这种惩处的根据是非法出境而非非法移民。如果把持合法证件出境而有可能在境外逗留不归、沦为非法移民的人都视为非法出境者，显然不妥。

在前述裁判理由中，对于骗证出境并滞留国外打工行为的社会危害性有以下一段论证："当前，在利益的驱使下，越来越多的人向往出境打工，他们多以旅游、考察等名义，弄虚作假，骗取出境证件后出境，非法滞留国外打工。该类行为不仅造成了极坏的国际影响，而且严重破坏了我国国（边）境管理秩序，应予惩戒。"我所不明白的是，在利益的驱使下出境打工有何之错？有何之罪？弄虚作假骗取出境证件当然是错误的，但如果能合法地办理出境证件，又有何必要去弄虚作假骗取出境证件？非法滞留国外，违反的是外国的居留法或者移民法，与我国的国际影响有何关系？至于严重破坏我国国（边）境管理秩序，云云，持合法证件出境何妨害之有？凡此种种论调，都反映出一个如何对待我国公民出境打工的问题，更大范围而言，这是一个如何对待我国公民向境外移民的问题。我认为，我们应当对我国的移民政策进行反思，到底是鼓励移民还是限制移民，甚至禁止移民？考虑到我国目前的人口压力，鼓励移民是明智之举，当然，鼓励的是合法移民而不是非法移民。在鼓励移民政策的指导下，为合法移民创造更好的条件，是能够减少非法移民的。对于出国从事劳务活动也是这样：应当持一种积极鼓励态度，提供合法的出国渠道。我国在很大程度上将非法移民与偷渡相等同，又将偷渡等同于非法出境，由此发生罪名设立与法律解释上的逻辑错误。

如上所述，非法移民不等于偷渡，偷渡也不等于非法出境。偷渡作为非法移

① 参见但伟：《偷渡犯罪比较研究》，7 页，北京，法律出版社，2004。

民的一种方式，在更为确切的意义上是指非法入境。因此，在我国未设立非法移民罪的情况下，只能惩治偷越我国国（边）境的行为，而不能将合法出境而非法进入其他国家（地区）的行为也作为偷越国（边）境的行为，视为犯罪。

五、补正解释

通过上述理论上的分析，偷渡只能是指非法偷越国（边）境。只要出境证件合法，就不存在偷渡问题。因此，使用骗取的出境证件出境，需要惩罚的是骗取行为，不能由此否认出境的合法性。既然出境是合法的而不是偷越国（边）境，组织者当然也就不存在构成组织他人偷越国（边）境罪的问题。但从前文所述的立法沿革来看，1994 年《补充规定》是将这种组织他人骗取护照、签证等出境证件的行为按照组织他人偷越国（边）境罪论处的。在这种情况下，对本案定罪当然是没有问题的，无论刑法规定是否合理。但在 1997 年刑法修订时，骗取出境证件行为单独成罪，只是为了限制该罪的构成，在关于该罪的目的中加入了“为组织他人偷越国（边）境使用”的表述。由此引申出来的结论是：(1) 使用骗取的合法证件出境的，也是偷越国（边）境。(2) 他人可以通过骗取合法证件的方式构成组织他人偷越国（边）境罪或者运送他人偷越国（边）境罪。尽管从《刑法》第 319 条中可以引申出这样的结论，但《刑法》第 318 条关于组织他人偷越国（边）境罪、《刑法》第 321 条关于运送他人偷越国（边）境罪和第 322 条关于偷越国（边）境罪中对此并无明文规定。在这种情况下，是按照《刑法》第 319 条的规定去界定《刑法》第 318 条、《刑法》第 321 条和《刑法》第 322 条，还是将其分别加以理解，并不以《刑法》第 319 条的逻辑引申去解释《刑法》第 318 条、《刑法》第 321 条和《刑法》第 322 条？我赞同后者而否定前者。换言之，应当对《刑法》第 319 条规定的“为组织他人偷越国（边）境使用”一词作补正解释。

补正解释是指刑法的文字表述等发生错误时，统观刑法全文加以补正，以阐明刑法条文真实含义的解释方法。我国学者指出，补正解释的根据主要来自两个方面：一是实质根据，即为了符合刑法的目的，为了实现刑法的正义。二是刑法的相关条文的根据，或者刑法整体规定的根据。[①] 显然，补正解释是法律解释中一种极为特殊的解释方法，它是以刑法的文字表述有错误为前提，进行补救性的解释。在刑法解释中，补正解释应当慎用，尤其应当受到罪刑法定原则的限制。补正解释不能入罪，即不能通过补正解释将法无明文规定的行为解释为犯罪。补正解释可以出罪，在这个意义上说，补正解释又具有限制解释之功能。补正解释的适用需要解决三个问题，下面结合《刑法》第 319 条中的“为组织他人偷越国（边）境使用”，对补正解释进行阐述。

第一，法律规定存在文字表述上的错误。补正解释是以法律规定存在文字表述上的错误为前提的，无此前提则无补正解释。立法者不是神而是人，是人就难免犯错误，因此，法律规定存在错误是在所难免的。正如我国台湾地区学者林山田所言：“刑法因其本质上之不完整性，故在刑法本质即存有为数甚多之漏洞。况且，刑法对于可罚行为仅就点而非就面设定处罚规定，为数甚多之社会有害行为中，只有一些典型之不法行为，始经由刑事立法而成为科处刑罚之犯罪行为。此外，刑法并非就一个系统结构设计而成之法律，而是以道德规范为根源，逐渐进展而成者。因此，刑法之规定必然存在漏洞。”[②] 法律漏洞在某种意义上说就是立法上的错误，当然，这种错误的情形是十分复杂的。在一般情况下，立法的错误只能通过立法加以纠正或者弥补，对于刑法来说尤其如此。在民法或者其他法部门，法官可以采用类推解释等方法加以补充，例如，我国民法学家梁慧星在论及法律漏洞补充方法时指出：“当法律被认定为存在漏洞时，即须对法律漏洞进行补充。其补充方法，可大别为三：其一，依习惯补充；其二，依法理补充；其三，依判例补充。其中，在法解释学上最具重要性的，当然是第二类依法理补充。”[③] 但在刑法中，法律漏洞，如果是实质性的漏洞，一般是不能通过法律解释加以补充的，因为它受到罪刑法定原则的限制。但如果这种漏洞是文字表述上

① 参见张明楷：《刑法分则的解释原理》，北京，中国人民大学出版社，2004。

② 林山田：《刑法通论》（上册），增订 7 版，112～113 页，台北，作者自版，2000。

③ 梁慧星：《民法解释学》，270 页，北京，中国政法大学出版社，1995。

的，则自然可以通过补正解释加以弥补。关键问题在于：这种文字表述上的错误是否存在？我认为，文字表述上的错误是否存在，应当采用语言学和逻辑学的判断标准。从语言学上来说，当法律条文中存在编辑错误（Redaktiosfehler）时，可以进行校正。① 从逻辑学上来说，当根据法律条文的字面意思加以理解会发生逻辑上的错误时，亦应认为存在文字表述上的错误。就《刑法》第 319 条的规定而言，如果将骗取出境证件罪的目的“为组织他人偷越国（边）境使用”理解为使用骗取的合法证件出境的行为也是偷越国（边）境，并以此界定《刑法》第 318 条规定的组织他人偷越国（边）境罪、《刑法》第 321 条规定的运送他人偷越国（边）境罪和《刑法》第 322 条规定的偷越国（边）境罪，则明显不符合逻辑，由此可以认定为文字表述上的错误。

第二，法律规定的文字表述上的错误是否能够通过补正解释方法加以纠正？并非所有法律规定的文字表述上的错误都可以通过补正解释方法加以纠正，只有在法律规定的文字表述上的错误可以通过补正解释加以纠正的情况下，才能采用补正解释。那么，《刑法》第 319 条的规定在文字表述上的错误能否通过补正解释加以纠正呢？我认为是可以的。这种纠正方法就是将“为组织他人偷越国（边）境使用”理解为骗取出境证件是为非法移民或者非法劳务输出使用，但并不认为使用这些证件出境的行为是偷越国（边）境，也不把组织使用这些证件出境的行为界定为组织他人偷越国（边）境。

第三，补正解释应当符合刑法的真实含义。这里的真实含义是指刑法的合理含义。因此，补正解释必须具有正当、合理根据。对《刑法》第 319 条中的“为组织他人偷越国（边）境使用”一语进行补正解释之所以是正当的，原因主要在于：这种补正解释符合刑法修订的意思。如前所述，1994 年《补充规定》曾将骗取出境证件为组织他人偷越国（边）境使用的行为规定为组织他人偷越国（边）境罪。在这种情况下，立法者把骗取出境证件的行为作为组织他人偷越国

① 参见［德］汉斯·海因里希·耶赛克、托马斯·魏根特：《德国刑法教科书（总论）》，徐久生译，198 页，北京，中国法制出版社，2001。

（边）境罪的共犯，以该罪论处。因此，“为组织他人偷越国（边）境使用”就成为构成共犯的必要条件，由此而确立了使用骗取的合法证件出境也是偷越国（边）境的逻辑。但1997年刑法修订时，已经将骗取出境证件从组织他人偷越国（边）境罪中分离出来单独成罪。为什么作出此种修订？立法者并未说明理由，立法者只是指出：“本条规定的主要内容，全国人大常委会《关于严惩组织、运送他人偷越国（边）境犯罪的补充规定》已有规定，本条作了适当修改后纳入新刑法。”① 而有些学者在论及骗取出境证件罪与组织他人偷越国（边）境罪的界限时指出：“两者在主观上都是以组织他人偷越国（边）境为目的；在客观上骗取出境证件罪是明知他人组织偷越国（边）境而给其提供证件，实际上是组织他人偷越国（边）境的共犯行为。因此，《关于严惩组织、运送他人偷越国（边）境犯罪的补充规定》第2条对这种行为规定按照组织他人偷越国（边）境罪处罚。1997年修订刑法时，考虑到骗取出境证件为组织他人偷越国（边）境使用的行为，与组织他人偷越国（边）境罪无论在客观方面还是在社会危害性（方面）都有一定的差别，因而决定单列罪名，修订的刑法施行后，对于明知他人组织偷越国（边）境而提供出境证件的行为就不能再以组织他人偷越国（边）境罪处罚了；但是，如果骗取证件行为人同时还实施了其他组织行为的，对行为人则应以组织他人偷越国（边）境罪定罪处罚。”② 这段话虽然对于将骗取出境证件行为单独列罪的理由作了一定的论述，但仍然语焉不详。我认为，刑法将骗取出境证件行为单独列罪表明立法者对该行为的评价已经不同于1994年《补充规定》的评价，将之作为一种独立的妨害国（边）境管理的行为。这是完全正确的。但在文字表述上，仍保留了1994年《补充规定》中的“为组织他人偷越国（边）境使用”一语，使人误解为使用骗取的合法证件出境的行为也是偷越国（边）境行为。将该语理解为文字表述上的错误，对其进行补正解释，与刑法修订的意思是相符的。而且，我国国（边）境管理制度已经随着社会发展进行了某些政策调

① 胡康生、李福成主编：《中华人民共和国刑法释义》，451页，北京，法律出版社，1997。
② 周道鸾、张军主编：《刑法罪名精释》，2版，551～552页，北京，人民法院出版社，2003。

整，这些政策调整措施必将影响到对刑法的解释。随着护照申请的逐渐放宽，由审批制改为申领制，尤其是护照申领与出境的分离，骗取护照的行为会逐渐减少。至于骗取签证，出境的签证是入境国（地区）有关机构签发的，这种行为侵犯的是外国或地区的入境制度，是否侵犯我国国（边）境管理制度都是值得质疑的。在这种情况下，将为组织他人非法移民而骗取出境证件的行为单独予以惩罚即可，不应认为构成组织他人偷越国（边）境罪，更不能由此将使用骗取的合法证件出境的行为界定为偷越国（边）境罪。

六、本案定性

本案被告人的行为被认定为非法组织劳务输出是正确的，但我国刑法并未规定非法组织劳务输出罪，因而该行为只有在触犯刑法规定的其他罪名时才能定罪。根据法院认定的本案事实，被告人顾国均等人成立了三盟公司，该公司并无对外劳务合作经营权和签约权，而且我国政府与马来西亚也无劳务合作关系。在这种情况下，顾国均等人擅自决定向马来西亚输出劳务，并先后 11 次组织一百四十余人以旅游的形式出境，赴马来西亚非法务工。在这一过程中，以旅游名义办理出境证件，但实际上是出国务工，申请出境事由与实际出境事由不符。在这种情况下，根据我国现行法律规定，认定为骗取出境证件罪是正确的。把这种组织出境行为认定为组织他人偷越国（边）境罪，我认为是不妥当的，因为出境是合法的，至于在马来西亚非法务工，违反的是马来西亚的法律，而不是违反我国法律。本案中骗取出境证件行为是由三盟公司实施的，属于单位犯罪，应适用《刑法》第 319 条第 2 款之规定。由于利用骗取的证件组织他人出境的行为不构成组织他人偷越国（边）境罪，因而也就不存在骗取出境证件罪与组织他人偷越国（边）境罪的牵连关系。

（本文原载陈泽宪主编：《刑事法前沿》，第 2 卷，北京，中国人民公安大学出版社，2005）

快播案一审判决的刑法教义学评判[①]

快播公司传播淫秽物品牟利案（以下简称快播案）的一审判决认定“快播公司及王欣等被告人明知快播的网络服务系统被用于传播淫秽视频，但出于扩大经营、非法牟利目的，拒不履行监管和阻止义务，放任快播公司构建的网络服务系统被用于传播大量淫秽视频，具有明显的社会危害性和刑事违法性，对被告单位快播公司及各被告人应当依法追究刑事责任”。在此，一审判决认定被告人的传播行为是不履行监管而构成的不作为（阻止义务是监管义务的内容），主观上对淫秽视频的传播是间接故意，并具有非法牟利的目的（扩大经营是牟利的手段）。因此，快播公司及王欣等被告人的行为完全符合我国《刑法》第 363 条规定的传播淫秽物品牟利罪的构成要件。在以上定罪根据中，最值得关注的是对不作为的传播淫秽物品牟利行为的认定，该案由此成为互联网服务提供者因为不履行网络安全管理义务[②]而承担刑事责任的一个经典案例。本文拟在妥善界定快播公司的经营模式和主管人员的网络信息监管义务的基础上，对快播案一审判决的裁判理由进行刑法教义学的分析。

① 2016 年 12 月 15 日北京市第一中级人民法院对快播案进行二审公开宣判：驳回上诉，维持原判。

② 本文在相同意义上使用网络安全管理义务和网络信息监管义务这两个概念。

一、快播公司经营模式的性质

经营模式是指企业根据一定的经营宗旨，为实现企业的价值定位所采取的某种经营方式方法的总称。经营模式包含了这个企业的运作方式以及赢利路径等内容，是考察企业经营行为的一个重要切入口。同样，对快播案进行刑法教义学的分析，也应该以快播公司的经营模式为视角展开。快播案的一审判决对快播公司的经营模式作了以下描述：

快播公司通过免费提供QSI（QVOD Server Install，即QVOD资源服务器程序）和QVOD Player（即快播播放器程序或客户端程序）的方式，为网络用户提供网络视频服务。任何人（被快播公司称为站长）均可通过QSI发布自己所拥有的视频资源。具体方法是，站长选择要发布的视频文件，使用资源服务器程序生成该视频文件的特征码（hash值），导出包含hash值等信息的链接。站长把链接放到自己或他人的网站上，即可通过快播公司中心调度服务器（运行P2P Tracker调度服务器程序）与点播用户分享该视频。这样，快播公司的中心调度服务器在站长与用户、用户与用户之间搭建了一个视频文件传输的平台。为提高热点视频下载速度，快播公司搭建了以缓存调度服务器（运行Cache Tracker缓存调度服务器程序）为核心的平台，通过自有或与运营商合作的方式，在全国各地不同运营商处设置缓存服务器一千余台。在视频文件点播次数达到一定标准后，缓存调度服务器即指令处于适当位置的缓存服务器（运行Cache Server程序）抓取、存储该视频文件。当用户再次点播该视频时，若下载速度慢，缓存调度服务器就会提供最佳路径，供用户建立链接，向缓存服务器调取该视频，提高用户下载速度。部分淫秽视频因用户的点播、下载次数较高而被缓存服务器自动存储。缓存服务器方便、加速了淫秽视频的下载、传播。

一审判决把快播公司的这一经营模式称为网络服务系统，由此完成了对快播公司经营模式性质的认定。应该说，对快播公司经营模式性质的认定，主要是一个事实问题，是对快播公司定罪的基础。

从一审判决认定的事实来看，快播公司并非只是单纯提供网络播放器。如果只是提供网络播放器，快播公司不能控制他人利用播放器观看淫秽视频，那么，基于技术中立原则，快播公司确实不应当对淫秽物品传播的后果承担刑事责任。根据一审判决认定的本案事实，快播公司的经营模式决定了它并不是如同它自己所宣称的那样，只是软件技术提供商。快播公司基于P2P原理开发了QVOD视频播放器（以下简称QVOD)。QVOD除了具备常规的视频播放功能，还可以针对广泛分布于互联网上的视频种子进行在线播放。当终端用户观看在线视频出现卡顿现象，或者某些视频因点击量高而成为热门视频时，快播公司的缓存服务器便自动将视频文件下载存储起来，用户可以直接从快播公司的缓存服务器下载观看。因此，缓存服务器就成为视频资源站。为了确保在线片源的不断丰富，快播公司研制开发了便捷易用的建站发布视频工具软件QSI。通过使用QSI建立一个视频站点，就可以上传视频资源。这些视频发布者被称为站长。快播公司通过服务器对站长上传视频、用户观看视频、用户分享视频、采集用户观影特征并分析、调度选择和优化网络等进行处理。由此可见，快播公司在提供视频软件技术的同时，还利用该技术建立了一个视频发布、传播和分享的平台。正是通过这个平台聚集的流量，快播公司通过广告等方式牟利。在这种情况下，快播公司正如一审判决所认定的那样，已经成为一个网络服务系统的管理者。确切地说，快播公司具有网络视频软件提供者和网络视频内容管理者的双重角色。

根据一审判决的认定，在快播公司经营过程中，以下事实需要引起重视：(1）快播公司的QVOD视频播放器具有在线视频播放功能，因此，快播公司提供在线播放的网络服务。(2）快播公司的缓存服务器具有自动将视频文件下载存储的功能，用户可以直接从快播公司的缓存服务器下载观看，因此，快播公司对用户播放的视频资源提供缓存的网络服务。(3）快播公司的发布视频工具软件具有上传视频资源功能，快播公司对上传的视频资源进行后期处理。这就是一审判决所认定的快播公司利用视频软件技术建立了一个视频发布、传播和分享的平台，在这个网络平台上可以实现视频播放、缓存、接收上传、提供下载。显然，快播公司作为这个网络平台的创立者具有对网络信息内容的监管义务。

在本案中，快播公司的经营模式对于传播淫秽物品牟利罪的认定具有十分重要的意义，它也直接决定了对于快播公司能否适用技术中立原则。在本案审理过程中，被告人及其辩护人以技术无罪进行辩解[①]，这里的技术无罪其实是以技术中立原则为根据的辩解理由。例如，辩护人指出："快播公司提供的是技术服务，没有传播、发布、搜索淫秽视频行为，也不存在帮助行为；快播技术不是专门发布淫秽视频的工具，而是提供缓存服务以提高网络传输效率，为用户提供 P2P 视频点播技术服务；基于技术中立原则，对快播公司的行为应适用避风港原则，快播公司不应为网络用户传播淫秽物品承担刑事责任。"在刑法理论中存在中立的帮助行为的法理，技术中立原则借助于中立的帮助行为法理就形成了所谓中立的技术帮助行为的概念。这值得深入探讨。

技术中立原则，也称为避风港原则，是美国联邦最高法院在 1984 年的索尼案中提出来的。该案是一起涉及版权侵权的案件，在该案中，美国联邦最高法院确立了实质性非侵权用途规则。这项规则实际上是从专利法中借鉴而来的，其目的在于将帮助侵权的责任限制在一个合理的范围内，在保护知识产权人的利益的同时，不至于妨碍技术的进步。也正是在实质性非侵权用途规则的基础上，产生了技术中立原则。

那么，索尼案确立的技术中立原则是否可以适用于快播案呢？对此，我们应当从索尼案的案情出发，对技术中立原则的内容进行考察。

在 20 世纪 80 年代，索尼公司生产和销售 Betamax 录像机，该录像机具有以下特点：(1) 边看电视边录像，同时看某个电视频道而录制另一个频道是可以的；(2) 定时录像，在家或不在家都可以录制固定时间固定频道的电视；(3) 忽略广告，人在场时录制电视可跳过广告只录制想看的节目；(4) 录像带可独立于本机被多次使用。索尼公司生产和销售的该款录像机对原告即版权所有者造成了重大利益损失，例如，因为该录像机的流行版权所有者的录像带市场受到严重冲

① 本案被告人在第一次庭审时提出技术无罪的辩解，但第二次庭审时不再坚持这一立场。

击。因此，原告诉索尼公司协同侵权（contributory infringement），理由是录像机用户录制电视中播放的版权作品，侵害了原告的版权，而索尼公司要对销售录像机提供侵权手段并且通过广告鼓励这种行为承担侵权责任。这里的所谓协同侵权，是一种间接侵权。

美国联邦地区法院驳回了原告的诉讼请求。原告不服，上诉。上诉法院改判。索尼公司继续上诉。美国联邦最高法院以五票赞成对四票反对，再次驳回原告的诉讼请求。美国联邦最高法院提出了以下三个裁判理由：（1）从制定法的角度，版权保护完全是由制定法规定的，在法律未予明确指引的情况下，法庭必须慎重解释由制定法设立的权利范围。任何个人因合理使用都可复制版权作品，对此版权所有者不具有如此广泛的排他性权利。（2）从判例的角度，指出原告所引先例不适合本案，并指出没有其他先例使索尼公司承担间接侵权责任后，美国联邦最高法院裁定，这种复制设备的销售像其他商品销售一样并不构成协同侵权，如果这种产品被广泛用于合法的、令人难以反对的目的，或者其非侵权使用的确仅仅是一种可能的情况。（3）从事实的角度，美国联邦地区法院的记录和裁定表明，第一，相当数量的非收费电视上的版权作品的所有者都不反对先录后看，法庭称之为时间转换（time-shift）；第二，这种时间转换的使用方式不可能给原告的版权作品的潜在市场或者价值造成重大（nonminimal）损害，而且原告也没有权利禁止其他版权所有者授权同意这种时间转换的使用方式，甚至在对原告版权作品节目未经授权同意的情况下，在家庭内的时间转换使用方式也是合理使用。据此，美国联邦最高法院驳回原告的诉讼请求。①

索尼案是一起知识产权的侵权案件，原告指控索尼公司协同侵权。与其说是间接侵权，不如说是帮助侵权，即侵权的帮助行为。美国联邦最高法院对索尼案的判决，限制了帮助侵权的责任范围。可以说，索尼案确立的实质性非侵权用途规则作为一种抗辩事由，具有保障技术提供者的意义。当然，这里涉及版权所有

① 参见蔡新华：《索尼案的判决理由简析》，载 http://article. chinalawinfo. com/articlehtml/article22200 shtml，最后访问日期：2016-12-25。

者和技术提供者之间的利益平衡问题。此后，美国联邦最高法院又通过一系列判例对上述实质性非侵权用途规则作了某些限定，其中的限定之一就是：产品的提供者有没有能力发现并阻止他人实施侵权行为是可否被免责的关键。如果某类产品存在某种潜在的非法的、侵权的用途，对他人的利益受损构成威胁，并且，产品的提供者有能力采取某种措施来制止侵权的发生或将其危害后果降低到社会可容忍的范围内，但其并没有采取防范措施，而是听任违法事件的发生，那么，其无资格基于实质性非侵权用途规则而免责。①

就快播案的性质而言，它是一起网络传播淫秽物品的案件。假设传播的不是淫秽物品而是侵权物品，则同样存在是否适用索尼案确立的实质性非侵权用途规则的问题。然而，我们可以确定，快播公司的经营模式与索尼案中的是完全不同的，这也正是快播案不能适用技术中立原则的一个决定性因素。索尼公司生产并销售 Betamax 录像机，采用极为传统的销售模式。用户因购买而与索尼公司发生商业上的联系，这是一种购销关系。用户购买产品以后如何使用，这是索尼公司所不能控制的。也就是说，如果用户使用从索尼公司购买的录像机从事版权的侵权活动，对此索尼公司并不承担责任。当然，如果索尼公司生产和销售的录像机本身就具有这种版权侵权的功能，则索尼公司要对该版权侵权行为承担责任。因此，美国联邦最高法院在索尼案中确立的实质性非侵权用途规则的含义是：只要该录像机并不是专门性的版权侵权工具，而是具有实质性的非侵权用途，则可以免除索尼公司对他人版权侵权的帮助责任。我们将索尼公司的经营模式与快播公司的经营模式进行比较，可以看出两者是完全不同的。就在互联网上提供播放而言，单纯提供视频播放器，用户根据自己的需求使用播放器的这种模式与索尼公司的销售模式相同：网络播放器的提供者和索尼公司一样，都不能对使用者的行为进行控制，因此对其违法行为不能承担责任。在这个意义上，技术中立原则同样是适用的。但快播公司的经营模式已经使其成为一个互联网信息系统而不再是

① 参见周雪峰：《“技术中立”原则及其适用限制》，载 http://star. news. sohu. com/20160909/n468029736,shtml，最后访问日期：2016-12-25。

单纯的网络播放器的提供者。

我国学者在论及网络平台提供服务商的责任时，提出了 P2P 服务提供行为原则上不应受罚的观点，指出：近年来，兴起可供他人直接从电脑搜索并下载所需档案的所谓点对点（Peer to Peer，P2P）的软件传输与相关服务。会员利用 P2P 网络经营者提供的软件和相关服务能够通过上传和下载的方式互相享用各自拥有的档案资料，可谓互通有无。问题是：上传或者下载的档案可能侵犯他人著作权。尽管 P2P 网络经营者并没有直接侵犯他人著作权，但其提供的软件和相关服务客观上为会员侵犯他人著作权提供了帮助，其经营行为是否构成侵犯著作权罪的帮助犯？P2P 网络经营者并不直接提供下载的音乐等作品，而只是为会员相互直接上传、下载档案提供软件和相关服务，所以其不是网络内容提供服务商，而是网络平台提供服务商。因此，论者的结论是：对于 P2P 服务提供行为，由于行为本身具有正当的业务行为性质的一面，不能认为这种行为具有直接促进正犯犯罪行为的危险，即这种危险还属于法律所允许的危险。会员利用这种服务从事侵犯著作权犯罪的行为，完全属于正犯的自我答责的行为领域。[①] 我注意到，在以上论述中，论者区分了网络平台提供服务商和网络内容提供商，前者不对内容负责，而后者应对内容负责。这里涉及相关人员的网络信息监管义务问题，我将在后文讨论。在此，我们需要对快播公司的经营模式进行判断，到底它属于网络平台提供服务商还是网络内容提供商？快播公司宣称，其所提供的是 P2P 网络播放器的服务，因此，它属于网络平台提供服务商。本案的一审判决认定：

本案被告单位快播公司，是一家流媒体应用开发和服务供应企业，其免费发布快播资源服务器程序和播放器程序，使快播资源服务器、用户播放器、中心调度服务器、缓存调度服务器和上千台缓存服务器共同构建起了一个庞大的基于 P2P 技术提供视频信息服务的网络平台。用户使用快播播放器客户端点播视频，或者站长使用快播资源服务器程序发布视频，快播公司中心调度服务器均参与其

① 参见陈洪兵：《中立行为的帮助》，234 页，北京，法律出版社，2010。

中。中心调度服务器为使用资源服务器程序的站长提供视频文件转换、链接地址发布服务，为使用播放器程序的用户提供搜索、下载、上传服务，进而通过其缓存服务器提供视频存储和加速服务。快播公司缓存服务器内存储的视频文件，也是在中心调度服务器、缓存调度服务器的控制下，根据视频被用户的点击量自动存储下来，只要在一定周期内点击量达到设定值，就能存储并随时提供用户使用。快播公司由此成为提供包括视频服务在内的网络信息服务提供者。

在此，一审判决明确地将快播公司的经营模式界定为网络内容提供商，即网络信息服务提供者，而不是网络平台提供服务商，这就决定了对快播公司不能简单地适用技术中立原则。

在刑法理论上，存在中立的帮助行为的法理。在技术中立原则的基础上，我国学者引申出了技术中立的帮助行为以及网络中立行为的概念。为了正确理解技术中立的帮助行为和网络中立行为，我们首先需要对中立的帮助行为进行梳理。中立的帮助行为，也称为日常性行为，是指外观上的无害行为，例如生活行为、业务行为等，但在客观上对正犯行为、结果起到了促进作用的情形。应当指出，中立的帮助行为在性质上属于犯罪的帮助行为，只不过与一般的帮助行为相比，其具有中立性。但并不能由此而产生误解，认为一个行为只要属于中立的帮助行为就可以排除该行为的犯罪性。事实上，绝大多数中立的帮助行为还是构成了犯罪，只有极少部分中立的帮助行为才被排除在犯罪之外。

那么，如何划分中立的帮助行为罪与非罪的界限呢？对此，在刑法理论上存在各种学说，尤其以德国学说最为复杂。根据我国学者的梳理，德国存在以下三种学说[①]：（1）主观说。主观说认为，只要行为人对正犯的行为具有确定故意，就可以将中立的帮助行为认定为帮助犯。只有在行为人对正犯的行为具有不确定故意的情况下，才能将中立行为从可罚的帮助行为中排除。（2）客观说。客观说从客观上对中立的帮助行为的犯罪范围进行限制，或者根据帮助行为与正犯行为、结果之间的客观归责对中立的帮助行为的犯罪范围进行限制。客观说内部又

① 参见陈洪兵：《中立的帮助行为论》，载《中外法学》，2008（6），932～948页。

可以分为社会相当性说、职业相当性说、利益衡量说、违法性阻却说、义务违反说、客观归责说。(3) 折中说。折中说以罗克辛为代表。罗克辛虽然重视主观要素，但同样积极提倡客观归责论。其实，罗克辛主要还是主张主观说。罗克辛以主观说为基础，认为，如果对正犯行为具有确定认识的，则中立的帮助行为具有刑事可罚性；对正犯行为具有不确定认识的，应当根据信赖原则否定中立的帮助行为的刑事可罚性。① 据此，只要明知他人犯罪而提供帮助，无论这种帮助行为是否具有中立性，都构成帮助犯。我认为，按照这一思路，刑事处罚的范围还是过于宽泛。即使在具有确定故意的情况下，还是应当考虑帮助行为在客观上是否属于违法阻却事由。如果一种帮助行为在客观上属于合法的民事行为，例如，在明知他人犯罪后欲逃跑仍然将所欠 10 万元债务归还，因而在客观上为他人逃避法律制裁提供了帮助的情况下，归还债务是一种民事义务，如果仅仅根据行为人明知他人犯罪而将其认定为帮助犯，没有考虑到这种行为在民事上的合法性，使一个公民因为履行民事义务而入罪，显然不妥。

技术的中立帮助行为，也可以被称为中立的技术帮助行为，它与这里一般的帮助行为的不同之处就在于：行为人是提供技术的中立帮助。不能认为，只要是提供中立的技术帮助，就一定不构成犯罪。我国学者在论及快播案是否适用技术中立这一免责事由时指出，技术中立的帮助行为不能成为快播案的抗辩理由，因为许多情况下技术中立的帮助行为能够构成犯罪。对此，论者分为两个层面进行了分析：第一，技术中立的帮助行为可能构成共同犯罪行为；第二，技术中立的帮助行为可能构成实行行为。② 对于快播公司来说，并不是只要认定存在技术的中立帮助行为就可以出罪。是否出罪，还是要严格根据法律规定和司法解释。对此，一审判决作了以下论述：

中立的帮助行为，是指外表上属于日常生活行为、业务行为等不追求非法目

① 参见［德］克劳斯·罗克辛：《德国刑法学总论》，第 2 卷，王世洲译，161 页，北京，法律出版社，2013。

② 参见毛玲玲：《传播淫秽物品罪中传播行为的认定》，载《东方法学》，2016 (2)，68～76。

的的行为，客观上对他人的犯罪起到促进作用的情形。中立的帮助行为是以帮助犯为视角在共同犯罪中讨论中立性对定罪量刑的影响，而实行行为不存在中立性问题。快播公司的缓存服务器下载、存储并提供淫秽视频传播，属于传播淫秽视频的实行行为，且具有非法牟利的目的，不适用共同犯罪中的中立的帮助行为理论。辩方以行为的中立性来否定快播公司及各被告人责任的意见，不应采纳。

上述裁判理由将快播公司的行为直接认定为传播淫秽物品牟利的不作为的实行行为，因此提出根本就不适用技术中立的帮助行为理论的结论。这一裁判理由当然具有一定的合理性。快播公司的传播淫秽物品行为在刑法中究竟是被认定为不作为的实行行为还是帮助行为？对这个问题尚需结合刑法规定和刑法理论进一步辨析。

相对来说，对网络中立行为的探讨更切合快播案。[①] 网络中立行为是中立行为在网络领域的体现，因为网络具有不同于其他领域的特殊性，因此，网络中立行为是一个更为妥帖的概念。网络中立行为能否出罪？我认为，不能简单地从主观上是否明知来进行判断，而是应当考虑到网络公司提供服务的性质。这里涉及法律对不同类型的网络服务商设定的不同义务，以及不同类型的网络服务商履行义务的可能性问题。

二、快播公司主管人员的监管义务

如前所述，网络服务商具有不同类型，因此，其承担的义务也就各自有别。对网络服务提供商的分类，在很大程度上是以技术可能性为基础的。德国学者指出：当评价网络服务提供者的责任时，任何分类探讨都必须首先对技术服务者之行为的技术可能性进行分析。在考虑控制的可能性时，对技术性的分析表明，对网络基础设施的责任人必须根据其功能进行类型化。对于在计算机网络上活跃的

① 在中立行为的类型化研究中，陈洪兵提出了网络中立行为的概念，但并没有对它进行定义式的论述。参见陈洪兵：《中立行为的帮助》，230 页以下，北京，法律出版社，2010。

主体，应当根据控制可能性的不同，划分为以下三类承担不同功能的主体：(1) 网络提供者（提供网络）；(2) 网络接入服务提供者（提供接入网络的通道）；(3) 宿主服务提供者（提供服务器，通过这种服务器，数据不仅被传输，而且也被存储）。[①] 对于这三种网络服务提供商，法律设定了不同的注意义务。在此，网络提供者和网络接入服务提供者就是我在前面所说的网络平台服务提供者，而宿主服务提供者就是网络信息服务提供者。以上两种服务提供商的性质不同，其是否承担对网络信息内容的监管义务，在法律设定上也就有所不同。

在此，值得借鉴的是欧盟《关于电子商务内部市场法律问题的指令》（以下简称《指令》）第12～15条对不同的网络服务提供商规定了不同的责任。第12条规定：在通讯网络中，单纯的信息传输行为不承担责任。这种单纯的信息传输是指网络接入服务提供者的业务，因此，网络接入服务提供商对网络信息内容没有监管义务。第13条对缓存服务作了特殊规定，认为缓存行为从技术角度来看属于存储，从功能性角度来看属于传输。这一条款的范围涵盖自动的、中介性的和短暂性的信息存储，这种存储的目的仅在于基于信息接收者的请求使信息的传输更加有效率。这种存储服务提供者在以下情况下被免除责任：如果它没有修改信息，且遵守信息接入和信息更新的规定，尤其是与工业标准相符合，并且在切实知晓传输的初始来源后信息已被从网络中删除，访问通道已被禁止，或主管当局已下令消除或禁止时，迅速采取行动删除或者封锁信息的通道。第14条对宿主服务即服务接收者所提供信息的存储活动，规定了一种责任的限制。这一条款适用的条件是，这一服务并不隶属于提供者控制和监管。换言之，如果这些信息隶属于宿主服务提供者控制和监管，则提供者仍然要对信息内容承担责任。第15条是补充性规定，即第12条和第14条所规定的网络服务提供者，既没有一般性的监管其所传输后存储的信息的义务，也没有积极寻找不法活动的事实或者情形的义务。

---

① 参见［德］乌尔里希·齐白：《比较法视野下网络服务提供者的责任》，王伟华、吴舟译，载陈兴良主编：《刑事法评论》，第37卷，193页，北京，北京大学出版社，2016。

欧盟共同体的上述规定，对于我们厘清网络服务提供商的注意义务具有参考价值。从以上规定来看，欧盟的《指令》对网络提供者、网络接入服务提供者和宿主服务提供者分别设定了不同的监管义务，并且对这种义务又设定一定的限制。在设定义务的时候，一个重要的考量因素就是网络信息是否具有可控制性。只有在具有这种可控制性的技术前提的情况下，才能对网络服务提供商设立义务。与此同时，《指令》在设立义务的时候，还以网络服务的具体功能为根据。例如，提供存储活动包括临时存储即缓存活动，在一定条件下仍然要对网络信息的内容承担责任。这种条件是指这一服务并不隶属于提供者控制和监管，换言之，这种控制和监管义务已经转移给网络服务提供商。

我国对网络服务提供商的分类不同于其他国家的，例如以下分类就具有我国特点。我国学者把网络服务提供商分为：(1) 网络接入服务提供商。网络接入服务提供商是指为网络运行提供通讯设备和上网服务的基础电信运营商。(2) 信息存储空间服务提供商。信息存储空间服务提供商是指为用户提供网络上的存储空间，供用户上载信息的网络服务提供商。(3) 搜索引擎服务提供商。搜索引擎服务提供商是指主动地收集网络上的信息并进行存储、分析和排序，建立关键字索引以供用户查询的网络服务提供商。[①] 这些不同的网络服务提供商负有不同的监管义务。网络接入服务提供商因为对网络信息内容不具有控制性，因此不具有监管义务。而信息存储空间服务提供商对于存储的信息具有监管义务。

我国《信息网络传播权保护条例》对这种监管义务作了具体规定，这就是删除义务和断开链接义务。《信息网络传播权保护条例》第 14 条对删除义务作了以下规定：对提供信息存储空间或者提供搜索、链接服务的网络服务提供者，权利人认为其服务所涉及的作品、表演、录音录像制品，侵犯自己的信息网络传播权或者被删除、改变了自己的权利管理电子信息的，可以向该网络服务提供者提交书面通知，要求网络服务提供者删除该作品、表演、录音录像制品，或者断开与该作品、表演、录音录像制品的链接。《信息网络传播权保护条例》第 23 条对断

① 参见宋哲：《网络服务商注意义务研究》，4 页，北京，北京大学出版社，2014。

开链接义务作了以下规定：网络服务提供者为服务对象提供搜索或者链接服务，在接到权利人的通知书后，根据本条例规定断开与侵权的作品、表演、录音录像制品的链接的，不承担赔偿责任；但是，明知或者应知所链接的作品、表演、录音录像制品侵权的，应当承担共同侵权责任。值得注意的是，《信息网络传播权保护条例》是以保护信息网络传播权为立法宗旨的，具有知识产权法的性质。违反上述义务，可能构成知识产权的侵权行为。如果构成犯罪，也是侵犯知识产权的犯罪。

于对网络淫秽物品的监管义务，在有关法律、行政法规和部门规章中都有明文规定。一审判决在对快播公司的监管义务的认定中就涉及这些规定。一审判决认定：

快播公司作为快播网络系统的建立者、管理者、经营者，应当依法承担网络安全管理义务。1997 年公安部发布的《计算机信息网络国际联网安全保护管理办法》明确，任何单位和个人不得利用互联网传播宣扬淫秽、色情内容的信息，并且应当履行建立健全安全保护管理制度、落实安全保护技术措施等职责。2000 年 9 月国务院发布的《互联网信息服务管理办法》规定，互联网信息服务提供者应当向上网用户提供良好的服务，并保证所提供的信息内容合法，不得复制、传播淫秽、色情信息。2000 年 12 月《全国人民代表大会常务委员会关于维护互联网安全的决定》规定，对于在互联网上建立淫秽网站、网页，提供淫秽站点链接服务，或者传播淫秽影片、音像，构成犯罪的，依照刑法有关规定追究刑事责任。2007 年国家广播电影电视总局、信息产业部发布的《互联网视听节目服务管理规定》进一步明确，互联网视听节目服务单位提供的、网络运营单位接入的视听节目应当符合法律、行政法规、部门规章的规定，视听节目不得含有诱导未成年人违法犯罪和渲染暴力、色情活动的内容。2012 年施行的《全国人民代表大会常务委员会关于加强网络信息保护的决定》第 5 条规定，网络服务提供者应当加强对其用户发布的信息的管理，发现法律、法规禁止发布或者传输的信息的，应当立即停止传输该信息，采取消除等处置措施，保存有关记录，并向有关主管部门报告。在互联网产业迅速发展的今天，法律没有苛责互联网企业在其经营管理的网站上不允许出现任何违法或不良信息，但要求其严格履行网络安全管理义务，设置必要的监管环节，及时处置违法或不良信息。快播公司作为互联网信息服务的提供者，作为视听节目的提供者，必须遵守相关法律法规的规定，对其网络信息服务内容履行网络安全管理义务。P2P技术容易被利用于淫秽视频、盗版作品传播，这在行业内已经是众所周知的事实。监管淫秽视频以避免淫秽视频通过快播网络传播，不仅是快播公司作为网络视频信息服务提供者的法律义务，更是其应当积极承担的社会责任。

根据以上裁判理由，涉及对淫秽物品的监管义务，也就是判决所说的网络安全管理义务的法律、行政法规和部门规章有如下这些。

第一，1997年12月30日公安部发布的《计算机信息网络国际联网安全保护管理办法》（以下简称1997年《办法》）第5条中规定："任何单位和个人不得利用国际联网制作、复制、查阅和传播下列信息：……（六）宣扬封建迷信、淫秽、色情、赌博、暴力、凶杀、恐怖，教唆犯罪的……"这是对利用互联网传播淫秽物品行为的规定，而涉及监管义务的部分较为笼统。例如1997年《办法》第10条对互联单位、接入单位及使用计算机信息网络国际联网的法人和其他组织应当履行的安全保护职责作了规定，其中第7项规定："按照国家有关规定，删除本网络中含有本办法第五条内容的地址、目录或者关闭服务器。"这就是对违法信息删除义务和关闭服务器义务的规定。公安部的1997年《办法》虽然属于部门规章，但它是在1997年刑法设立有关计算机的犯罪以后，最早对从事网络服务单位的监管义务作出规定的法规。

第二，2000年9月25日国务院发布的《互联网信息服务管理办法》（以下简称2000年《办法》）第15条中规定："互联网信息服务提供者不得制作、复制、发布、传播含有下列内容的信息：……（七）散布淫秽、色情、赌博、暴力、凶杀、恐怖或者教唆犯罪的……"2000年《办法》第16条规定了互联网信息服务提供者的停止传输义务："发现其网站传输的信息明显属于本办法第十五条所列内容之一的，应当立即停止传输，保存有关记录，并向国家有关机关报告。"2000年《办法》的内容与1997年《办法》基本相同，但1997年《办法》是部门规章，而2000年《办法》是行政法规，因此，后者的法律位阶明显高于前者的。

第三，2000年12月28日全国人民代表大会常务委员会颁布的《关于维护互联网安全的决定》（以下简称2000年《决定》）第3条中规定："为了维护社会主义市场经济秩序和社会管理秩序，对有下列行为之一，构成犯罪的，依照刑法有关规定追究刑事责任：……（五）在互联网上建立淫秽网站、网页，提供淫秽站点链接服务，或者传播淫秽书刊、影片、音像、图片……"这是关于利用网络实施《刑法》第363条设立的制作、复制、出版、贩卖、传播淫秽物品牟利罪的规定。2000年《决定》第7条对从事互联网业务的单位提出了以下要求：从事互联网业务的单位要依法开展活动，发现互联网上出现违法犯罪行为和有害信息时，要采取措施，停止传输有害信息，并及时向有关机关报告。任何单位和个人在利用互联网时，都要遵纪守法，抵制各种违法犯罪行为和有害信息。这是对从事互联网业务单位停止传输有害信息的规定。2000年《决定》属于法律，因此，从事互联网业务单位对网络信息的监管义务上升到法律层级，表明国家的重视程度有所提升。

第四，2007年12月29日国家广播电影电视总局、信息产业部发布的《互联网视听节目服务管理规定》（以下简称2007年《规定》）第16条中规定："互联网视听节目服务单位提供的、网络运营单位接入的视听节目应当符合法律、行政法规、部门规章的规定。已播出的视听节目应至少完整保留60日。视听节目不得含有以下内容：……（七）诱导未成年人违法犯罪和渲染暴力、色情、赌博、恐怖活动的……"第18条第1款规定："广播电影电视主管部门发现互联网视听节目服务单位传播违反本规定的视听节目，应当采取必要措施予以制止。互联网视听节目服务单位对含有违反本规定内容的视听节目，应当立即删除，并保存有关记录，履行报告义务，落实有关主管部门的管理要求。"这是对网络服务提供商的违法信息删除义务和报告义务的规定。2007年《规定》第18条第2款还对网络服务提供商的一般监管义务作了规定："互联网视听节目服务单位主要出资者和经营者应对播出和上载的视听节目内容负责。"

第五，2012年12月28日全国人民代表大会常务委员会颁布的《关于加强网络信息保护的决定》(以下简称2012年《决定》)第5条规定:“网络服务提供者应当加强对其用户发布的信息的管理,发现法律、法规禁止发布或者传输的信息的,应当立即停止传输该信息,采取消除等处置措施,保存有关记录,并向有关主管部门报告。”可见,2012年《决定》对网络服务提供者规定了停止传输义务、删除义务和报告义务。

应该说,上述我国法律、行政法规和部门规章关于网络信息服务提供者对网络淫秽物品负有监管义务的规定是明确的,而快播公司及其主管人员未能履行监管义务的事实也是清楚的。正如一审判决所认定的:快播公司直接负责的主管人员王欣、吴铭、张克东、牛文举,在明知快播公司擅自从事互联网视听节目服务、提供的视听节目含有色情等内容的情况下,未履行监管职责,放任淫秽视频在快播公司控制和管理的缓存服务器内存储并被下载,导致大量淫秽视频在网上传播。这就是一审判决对快播案的法律定性:快播公司主管人员未能履行监管职责,导致淫秽视频在网上传播,并且两者之间存在刑法上的因果关系。这是一种不作为的传播。由此认定快播公司及其主管人员构成不作为的传播淫秽物品牟利罪。

三、快播公司主管人员不履行义务的刑事责任

经过前述漫长的跋涉,我们终于来到刑法的地界。因为快播案毕竟是一个刑事案件,其定罪根据只能是刑法,因此,在对快播公司的经营模式和监管义务进行认定的基础上,我们最终还要进入刑法教义学分析的环节。在我国刑法学界,对于快播公司及其主管人员的行为究竟构成何种犯罪,以及如何构成犯罪,还是存在较大争议的。对此,应当从刑法及司法解释的规定入手进行分析。

在快播案的一审判决公布以后,关于对快播公司是否应当定罪以及如何定罪,除了一审判决所认定的快播公司的行为构成不作为的传播淫秽物品罪的意见,还存在以下三种不同意见。

第一种意见认为快播公司的传播淫秽物品行为是作为与不作为的竞合。例

如，张明楷教授指出：快播公司使用的 P2P 技术不仅在用户下载视频时为其提供上传视频的服务，而且在用户与用户之间介入了自己控制、管理的缓存服务器；快播调试服务器不仅拉拽淫秽视频文件存储在缓存服务器里，而且也向用户提供缓存服务器里的淫秽视频文件。后一行为就属于以陈列方式传播淫秽物品的行为。一审判决还从快播公司负有网络视频信息服务提供者应当承担的网络安全管理义务，并且具备管理的可能性但没有履行网络安全管理义务的角度，论证了快播公司的行为构成传播淫秽物品牟利罪。据此，快播公司同时存在作为与不作为。①

第二种意见认为快播公司拒不履行网络监管义务的行为虽然是不作为，但并不构成传播淫秽物品罪，而只是构成《刑法修正案（九）》规定的拒不履行信息安全管理义务罪。因为快播案发生在《刑法修正案（九）》颁布之前，所以结论是：快播公司的行为不构成犯罪。例如高艳东教授指出：理论上，传播淫秽物品牟利罪，既可以由作为构成，也可以由不作为构成。但是，网站不履行管理义务，不属于该罪的不作为表现方式。法官充分论证了王某没有履行管理义务，如果据此认定构成不作为犯罪——拒不履行信息网络安全管理义务罪（最高 3 年），没有问题。但把拒不履行管理义务等于作为犯罪——传播淫秽物品牟利罪（最高无期），是可怕的逻辑。需要说明，拒不履行信息网络安全管理义务罪是 2015 年才确立的罪名，法不溯及既往，不能构成此罪。②

第三种意见是快播公司属于间接正犯。例如李世阳博士指出：快播案的核心问题在于如何定性快播公司利用他人传播淫秽物品而赚取广告费的行为。根据间接正犯理论，可以将站长视为有故意无目的之工具，而背后的快播公司据此取得优越的支配地位，可据此论证传播淫秽物品牟利罪的成立。③

---

① 参见张明楷：《快播案定罪量刑的简要分析》，载《人民法院报》，2016-09-14，3 版。

② 参见高艳东：《质疑快播案判决：与陈兴良、张明楷教授商榷》，载 http://article.chinalawinfo.com/Articlefulltext. Aspx? ArticleId=97544，最后访问日期：2016-12-25。

③ 参见李世阳：《无可奈何花落去，似曾相识燕归来——评“快播案”一审判决》，载 http://www.duyidu.com/a160982037，最后访问日期：2016-12-25。

以上各种意见对于正确判断快播公司之行为的性质都具有一定的参考意义，在论证快播公司的行为构成不作为的传播淫秽物品牟利罪的时候，需要一并论及。在此，涉及以下三个问题。

（一）快播公司的行为是作为还是不作为

一审判决对快播公司定罪的依据是《刑法》第363条的规定。该条规定，以牟利为目的，制作、复制、出版、贩卖、传播淫秽物品的，处3年以下有期徒刑、拘役或者管制，并处罚金；情节严重的，处3年以上10年以下有期徒刑，并处罚金；情节特别严重的，处10年以上有期徒刑或者无期徒刑，并处罚金或者没收财产。在该条规定中，淫秽物品的传播行为在通常情况下是作为，不可否认，也存在不作为传播的情形。就传播的实质含义而言，是指将淫秽物品在一定范围内流传与扩散，使他人接触到淫秽物品；传播的手段包括播放、出租、出借、承运、邮寄等。值得注意的是，在网络上淫秽物品的传播具有其独特性。在网络上传播淫秽物品实际上包括两种情形：第一种是利用网络散布淫秽物品，例如建立淫秽网站、提供淫秽电子信息的链接、在网络空间陈列淫秽照片或者其他淫秽物品等。这是一种以作为的形式构成的传播淫秽物品行为。对此，没有疑问。第二种是对网络淫秽物品拒不履行网络监管义务。例如，2010年2月2日最高人民法院、最高人民检察院《关于办理利用互联网、移动通讯终端、声讯台制作、复制、出版、贩卖、传播淫秽电子信息刑事案件具体应用法律若干问题的解释（二）》（以下简称2010年《两高解释》）第4条规定："以牟利为目的，网站建立者、直接负责的管理者明知他人制作、复制、出版、贩卖、传播的是淫秽电子信息，允许或者放任他人在自己所有、管理的网站或者网页上发布，具有下列情形之一的，依照刑法第三百六十三条第一款的规定，以传播淫秽物品牟利罪定罪处罚：（一）数量或者数额达到第一条第二款第（一）项至第（六）项规定标准五倍以上的；（二）数量或者数额分别达到第一条第二款第（一）项至第（六）项两项以上标准二倍以上的；（三）造成严重后果的。"这一规定的行为主体是网站建立者、直接负责的管理者。网络服务提供商当然包含在上述主体之中。这一规定的行为表现为明知是淫秽电子信息，而允许或者放任他人在自己所有、管理的网站或者网页上发布。在刑法理论上，这一行为属于以不作为的形式构成的传播淫秽物品行为。由此可见，对于传播淫秽物品牟利罪来说，既可以由作为构成，也可以由不作为构成。网络传播淫秽物品罪亦如此。

那么，在快播案中快播公司的传播淫秽物品牟利行为属于作为还是不作为，抑或既是作为又是不作为？对此，一审判决在定性部分是按照不作为犯罪进行认定的，其论证逻辑是：（1）快播公司负有网络视频信息服务提供者应当承担的网络安全管理义务；（2）快播公司及各被告人均明知快播公司的网络信息服务系统内大量存在淫秽视频并介入了淫秽视频传播活动；（3）快播公司及各被告人放任其网络信息服务系统大量传播淫秽视频属于间接故意；（4）快播公司具备承担网络安全管理义务的现实可能但拒不履行网络安全管理义务；（5）快播公司及各被告人的行为具有非法牟利目的。当然，在一审判决中，也涉及快播公司在淫秽物品传播中的实质性作用。例如，一审判决对快播公司提供的缓存服务进行了描述，特别强调缓存服务器方便、加速了淫秽视频的下载、传播。在对快播公司的缓存服务器的工作原理的描述中，一审判决采用了拉拽、抓取等用语，并且认定快播公司实质性地介入了淫秽物品的传播过程。由此，一审判决指出，“快播公司放任其缓存服务器存储淫秽视频并使公众可以观看并随时得到加速服务的方式，属于通过互联网陈列等方式提供淫秽物品的传播行为”。在这种情况下，能否认为快播公司在本案中既有作为的传播行为，又有不作为的传播行为呢？对此，张明楷教授作了肯定的回答。张明楷教授认为，在快播案中，同时存在作为与不作为。

对于在快播案中存在不作为，一审判决已经描述得足够清楚。这里需要关注的是：快播公司的作为究竟是如何表现的？对此，张明楷教授列举了快播公司以下两个方面的表现：一是快播调试服务器拉拽淫秽视频文件存储在缓存服务器中，二是向用户提供缓存服务器中的淫秽视频文件。张明楷教授认为，这一行为就属于以陈列方式传播淫秽物品的行为。① 我对张明楷教授的这一判断是不能同

① 参见张明楷：《快播案定罪量刑的简要分析》，载《人民法院报》，2016-09-14，3版。

意的。即使一审判决将快播公司的传播行为认定为既是作为又是不作为，也是难以成立的。在快播案中，淫秽视频是所谓站长上传的，对此并无争议，因此，是那些上传淫秽视频的站长以作为的方式传播了淫秽物品，只不过这些站长将淫秽视频上传到了快播公司所管理的网络信息系统。不可否认，拉拽、抓取等用语确实是对积极的动作的一种描述，似乎可以被界定为作为，但我们不要忘记，一审判决中的这些用语并不是对人的行为的直接描述，而是对网络软件功能的叙述。例如，一审判决指出："在视频文件点播次数达到一定标准后，缓存调度服务器即指令处于适当位置的缓存服务器（运行 Cache Server 程序）抓取、存储该视频文件。"这里的抓取是指获取视频文件并予以存储，因此，抓取只是存储的辅助性手段。如果存储不能被单独评价为作为的传播，则抓取更不能被认定为作为的传播。此外，一审判决还指出，"快播用户点播视频过程中，在拥有视频的站长（或客户端）、缓存服务器、观看视频的客户端之间形成三角关系，快播调度服务器不仅拉拽淫秽视频文件存储在缓存服务器里，而且也向客户端提供缓存服务器里的淫秽视频文件。这让缓存服务器实际上起到了淫秽视频的下载、储存、分发的作用"。在此，拉拽的含义与抓取的相同，都是指存储的辅助性手段，不能被单独评价为作为的传播。至于快播公司没有履行网络安全监管义务，放任淫秽物品在网络流传，也不能被认定为陈列方式的传播行为，理由在于：如果把这种因为没有履行监管义务而放任淫秽物品在网络流传的情形都认定为陈列方式的传播，属于作为，那么，不作为的传播就根本不存在了。其实，所谓陈列只是不作为的后果，不能把这种后果认定为行为本身。

这里需要讨论的是：快播公司利用缓存技术存储淫秽视频并提供给用户的行为是否属于作为的传播？对此，一审判决的认定是快播公司提供的这种介入了缓存服务器的视频点播服务，以及设立的这种缓存技术规则，决定了其实质上介入了淫秽视频的传播。那么，这些实质介入淫秽视频的传播的行为就是作为的传播吗？对于存储的性质，如同前面所介绍的，欧盟的《指令》第 13 条对缓存服务作了特殊规定，认为，缓存行为从技术角度来看，属于存储，从功能性角度来看属于传输。之所以说存储从功能角度来看属于传输，主要是因为这种存储的目的仅在于基于信息接收者的请求使信息的传输更加有效率。根据欧盟的《指令》第13条的规定，这种存储提供者在一定条件下，只要履行删除或者封锁信息的通道义务，仍然可以被免除责任。我认为，就提供缓存服务而言，并不能就此认为快播公司实施了作为的传播行为，充其量这只不过是他人传播的帮助行为，属于传播淫秽物品的共犯。对于这个问题，留待后文探讨。因此，严格来说，快播公司存在以下两种行为。

第一，不履行网络安全管理义务的不作为。

这就是2010年《两高解释》第4条所规定的情形："以牟利为目的，网站建立者、直接负责的管理者明知他人制作、复制、出版、贩卖、传播的是淫秽电子信息，允许或者放任他人在自己所有、管理的网站或者网页上发布。"在此，2010年《两高解释》并没有明确这是一种不作为，但从行为性质判断，还是应当归于不作为的范畴。对于这种不作为构成的传播淫秽物品牟利罪，2010年《两高解释》规定的构成要素包括以下三项。

(1) 允许或者放任他人在自己所有、管理的网站或者网页上发布淫秽视频。这里的允许，较为容易理解，就是不予删除或者屏蔽。这正是没有履行网络监管义务的应有之义。而这里的放任，容易引起误解。"放任"一词在我国《刑法》中出现在第14条，是对间接故意的意志因素的描述。因此，"放任"是一个描述主观心理的用语，是指对法益侵害结果容认的心理态度。[①] 但在2010年《两高解释》第4条中，"放任"并不是用来描述主观心理，而是与"允许"并列，用来描述客观行为。不得不说，这里存在一个用词不当的问题。如果改为"默认"或者"不闻不问"，可能会更好一些。尽管如此，我们还是可以体会到2010年《两高解释》第4条采用"放任"一词是要描述网站建立者、直接负责的管理者对于网络淫秽电子信息拒不履行监管义务的行为状态，而这显然还是一种不作为。

(2) 明知他人制作、复制、出版、贩卖、传播的是淫秽电子信息。对于这里

① 关于对放任的专门研究，可以参阅尹东华：《刑法中的放任论研究》，北京，中国人民公安大学出版社，2013。

的明知究竟是构成要件要素还是故意要素的问题，我国学者指出，该解释（指2010年《两高解释》——引者注）中的明知是传播行为要件中的组成部分，这种明知并不是该罪的犯罪构成主观要件，而是行为的内容，是提供网络行业正常业务活动、经营活动和传播行为之间相区分的依据。将明知作为传播行为之外的主观方面，认为它是传播淫秽物品罪的犯罪构成主观要件，是一种有失偏颇的理解。[①] 因此，论者明确地将这种明知界定为传播这种构成要件行为的要件之内的要素，属于构成要件行为的内容，而不能将其等同于作为故意主观要件的明知。论者还认为，如果剥离这种明知，对网络行业相关业务经营者、技术提供者的行为的性质将失去评判依据，禁止网络传播淫秽物品的法律规范也因这种曲解将受到对中立技术治罪的指责。我认为，这一论述是可以成立的。这里涉及明知在犯罪论体系中的地位问题，也是一个所谓表现犯的问题。[②] 如果刑法对明知没有明文规定，那么，明知并不是构成要件，而是故意要素。如果严格按照《刑法》第363条的规定，传播淫秽物品牟利罪中并没有规定明知，因此不能将明知纳入该罪的构成要件要素。但司法解释对明知作了明文规定，在这种情况下，似乎又应当将明知理解为该罪的构成要件要素。考虑到司法解释的规定在我国刑法中具有准法律的功能，将明知视为传播淫秽物品牟利罪的构成要件要素具有一定的合理性。值得注意的是，关于对这里明知的认定，2004年9月1日最高人民法院、最高人民检察院《关于办理利用互联网、移动通讯终端、声讯台制作、复制、出版、贩卖、传播淫秽电子信息刑事案件具体应用法律若干问题的解释》（以下简称2004年《两高解释》）第8条作了明确规定："实施第四条至第七条规定的行为，具有下列情形之一的，应当认定行为人'明知'，但是有证据证明确实不知道的除外：（一）行政主管机关书面告知后仍然实施上述行为的；（二）接到举报后不履行法定管理职责的；（三）为淫秽网站提供互联网接入、服务器托管、网

① 参见毛玲玲：《传播淫秽物品罪中传播行为的认定》，载《东方法学》，2016（2），68～76页。

② 关于对表现犯的论述，参见陈兴良：《刑法分则规定之明知：以表现犯为解释进路》，载《法学家》，2013（3），79～96页。

络存储空间、通讯传输通道、代收费、费用结算等服务，收取服务费明显高于市场价格的；（四）向淫秽网站投放广告，广告点击率明显异常的；（五）其他能够认定行为人明知的情形。”以上规定以推定的方式认定明知。而快播公司具备上述第一和第二项情节，推定快播公司对其所管理的网络平台上的淫秽物品具有明知，这也是没有问题的。

(3) 以牟利为目的。《刑法》第 363 条明确规定传播淫秽物品牟利罪以牟利为目的，由此而与《刑法》第 364 条规定的不以牟利为目的的传播淫秽物品罪加以区分。当然，在快播案中，一审判决对牟利问题作了一个较为广义的解释。在一般情况下，牟利都是指通过构成要件行为而直接获取利益。在传播淫秽物品的情况下，以获取淫秽物品为对价取得他人财物，是一种直接牟利。在快播案中，快播公司并不是从传播淫秽物品中直接牟利，也就是说，用户使用网络播放器观看淫秽视频是免费的。快播公司采用了互联网企业所常用的“羊毛出在牛身上”的盈利方法，正如一审判决所认定的那样：“快播公司通过提供缓存技术支持等方法改善用户体验，增加用户数量和市场占有率，进而提升快播资讯广告或捆绑推广软件的盈利能力，增加收入。”因此，快播公司是通过这种特定的经营模式牟利，可以说，这是一种间接牟利。一审判决将这种间接牟利认定为《刑法》第 363 条规定的传播淫秽物品牟利罪中的牟利，是一种司法创制。

第二，利用缓存技术为传播淫秽物品提供缓存服务。

毫无疑问，这也是一审判决所认定的快播公司的第二种行为。这部分行为无疑与快播公司的缓存技术存在较大的关联性。对这种行为的性质的理解，会存在一定的分歧，因为在快播案中，快播公司并不是单纯地不履行监管义务，而且通过缓存服务，在一定程度上对淫秽物品的传播提供了某种技术支持。关于对这种提供缓存服务行为的定性，存在以下三个问题值得探讨。

(1) 快播公司提供缓存服务的行为能否被认定为快播公司传播淫秽物品的作为？从快播案的案件事实来看，缓存确实起到了对淫秽物品传播的支持作用，使站长上传的淫秽视频在更大范围内以更佳的效果播放。这也就是一审判决所说的，快播公司实质性地参与了淫秽物品的传播活动。但将这种行为单独评价为作为的淫秽物品传播行为，我认为，并不妥当。因为传播淫秽物品的行为主体是站长，站长将淫秽视频上传到网络，快播公司对淫秽视频进行缓存，更有利于淫秽视频的播放，仍然属于对淫秽视频的技术处理，不能认定为一种作为的传播淫秽物品牟利行为。

（2）快播公司提供缓存服务的行为能否被认定为传播淫秽物品的不作为的一种表现形式而为不作为所吸收呢？例如，在遗弃罪中，当然存在行为人只是单纯地不履行扶养义务而构成的犯罪，但也存在行为人采取将被害人丢弃在公共场所等积极作为的手段进行遗弃的案件，在后一种情况下，就不能把丢弃行为视为独立于遗弃的不作为以外的作为，而以之为遗弃的不作为的客观征表。那么，快播公司的缓存服务对于传播淫秽物品来说，到底是不是不作为的传播行为的客观表现呢？从一审判决认定的快播案的案件事实来看，提供缓存服务已经超出了拒不履行监管义务的范围，因此，我认为，该内容不能为传播淫秽物品的不作为所涵括，应当予以另行评价。

（3）快播公司提供缓存服务的行为能否被认定为他人传播淫秽物品的帮助？如前所述，站长是传播淫秽物品的正犯。在这个意义上，我认为快播公司提供缓存服务只不过是对传播淫秽物品行为的帮助而已。2004年《两高解释》第7条规定，“明知他人实施制作、复制、出版、贩卖、传播淫秽电子信息犯罪，为其提供互联网接入、服务器托管、网络存储空间、通讯传输通道、费用结算等帮助的，对直接负责的主管人员和其他直接责任人员，以共同犯罪论处”。在这一规定中就包含了提供网络存储空间的行为，缓存服务也可以被涵盖在网络存储的范畴之内。而2004年《两高解释》规定，对于上述行为“以共同犯罪论处”。这实际上是指帮助犯。这是一种作为的帮助，但因为站长的传播淫秽物品行为没有牟利目的，而且快播公司与站长之间不存在犯意联络，因此，快播公司提供缓存服务只是一种片面的帮助。值得注意的是，2010年《两高解释》第6条规定：“电信业务经营者、互联网信息服务提供者明知是淫秽网站，为其提供互联网接入、服务器托管、网络存储空间、通讯传输通道、代收费等服务，并收取服务费，具有下列情形之一的，对直接负责的主管人员和其他直接责任人员，依照刑法第三百六十三条第一款的规定，以传播淫秽物品牟利罪定罪处罚：（一）为五个以上淫秽网站提供上述服务的；（二）为淫秽网站提供互联网接入、服务器托管、网络存储空间、通讯传输通道等服务，收取服务费数额在二万元以上的；（三）为淫秽网站提供代收费服务，收取服务费数额在五万元以上的；（四）造成严重后果的。”2010 年《两高解释》第 6 条的这一规定与 2004 年《两高解释》第 7 条的规定，内容是基本相同的，只是后者对主体作了具体描述，并规定了这种情形构成犯罪的罪量要素。但上述两个条款之间存在一个区别，这就是前者规定以共同犯罪论处，而后者直接规定以传播淫秽物品牟利罪定罪处罚。两者这种表述语言上的不同，是否可以理解为：在 2004 年《两高解释》第 7 条中提供存储服务是帮助，而在 2010 年《两高解释》第 6 条中提供存储服务是实行，这是一种共犯行为正犯化解释呢?[①] 我并不赞同这一观点。对此，后文还将进一步讨论。快播公司提供缓存服务的帮助，这种帮助行为的性质是由被帮助的实行行为的性质所决定的。在快播案中，被帮助的人是上传淫秽视频的站长，这些站长并不具有牟利目的，因而其行为不能构成传播淫秽物品牟利罪，快播公司也就不能构成传播淫秽物品牟利罪的帮助犯。当然，站长上传淫秽视频的行为，如果具备罪量要素，可以构成传播淫秽物品罪，快播公司随之可以构成传播淫秽物品罪的帮助犯。在快播案中这些站长并没有进入刑事司法程序，而且在整个案件中提供缓存服务不是主要的行为，因此，我认为对快播公司提供缓存服务的行为没有必要另行定罪。

综上所述，快播公司提供缓存服务的行为不能被认定为传播淫秽物品牟利的作为，也不能被认定为传播淫秽物品的不作为的客观表现，而是他人传播淫秽物品的帮助。

（二）快播公司的不作为是不纯正的不作为还是纯正的不作为

如前所述，快播公司确实存在拒不履行网络监管义务的不作为。那么，这种不作为是构成不纯正的不作为之罪还是纯正的不作为之罪呢？如果构成不纯正的

① 参见于志刚：《传统犯罪的网络异化研究》，369 页，北京，中国检察出版社，2010。

不作为之罪，则应以传播淫秽物品牟利罪论处。反之，如果构成纯正的不作为之罪，则其行为构成拒不履行信息安全管理义务罪，但该行为发生在《刑法修正案（九）》施行之前，因而不构成犯罪。显然，一审判决将该行为认定为不纯正的不作为，即构成传播淫秽物品牟利罪。对此学者存在较多的疑问，其中以高艳东教授的质疑具有代表性。高艳东教授明确提出"不履行监管义务≠传播"。

高艳东教授采用归谬法进行了论证，认为，如果不履行监管义务等于传播成立的话，会得出以下结论：（1）警察接到砍人报警后不出警，致使被害人被砍死，警察的行为就构成故意杀人罪；（2）警察知道东莞酒店有人组织卖淫，不履行管理义务（这种事情经常发生），警察的行为就构成组织卖淫罪（最高无期）；（3）中国移动接到用户要求屏蔽含有"转至安全账户"字段的短信，不履行管理义务，导致用户的妈妈被骗，中国移动的经理的行为就成立诈骗罪（最高无期）；（4）广电局官员知道百度上有淫秽照片，未有效履行监管义务，不主动关闭网站，官员的行为就构成传播淫秽物品罪。[①] 显然，在高艳东教授看来，这四种情形都是十分荒谬的。既然快播公司的行为不构成传播淫秽物品牟利罪，则其行为只能构成拒不履行信息网络安全管理义务罪，但该罪是《刑法修正案（九）》设立的，而快播公司的行为发生在《刑法修正案（九）》颁布之前，因此，结论是：快播公司的行为不构成犯罪。高艳东教授的论证十分淋漓酣畅。遗憾的是，高艳东教授似乎无视2010年《两高解释》第4条的规定。尽管前面已经引过这个条文，还是有必要在此再引一次：

以牟利为目的，网站建立者、直接负责的管理者明知他人制作、复制、出版、贩卖、传播的是淫秽电子信息，允许或者放任他人在自己所有、管理的网站或者网页上发布，具有下列情形之一的，依照刑法第三百六十三条第一款的规定，以传播淫秽物品牟利罪定罪处罚：（一）数量或者数额达到第①条第②款第（①）项至第（⑥）项规定标准五倍以上的；（二）数量或者数额分别达到第①条

① 参见高艳东：《质疑快播案判决：与陈兴良、张明楷教授商榷》，载 http://article.chinalawinfo.com/Articlefulltext.Aspx?ArticleId=97544，最后访问日期：2016-12-25。

第②款第（①）项至第（⑥）项两项以上标准二倍以上的；（三）造成严重后果的。

根据这一规定，对快播公司以传播淫秽物品牟利罪定罪处罚当然是没有问题的。其实，高艳东教授在提出“不履行监管义务≠传播”这个命题的时候，就在很大程度上否定了不作为的传播淫秽物品牟利罪。但要否定不作为的传播淫秽物品牟利罪，首先必须推翻 2010 年《两高解释》第 4 条的规定，否则，高艳东教授的论证就会撞墙。但高艳东教授绕墙而过了，不知是有心还是无意。

至于高艳东教授在文中所举的那些例子，其实并不具有太大的说服力。一方面，这些例子与快播公司的行为并不具有可比性。例如，“中国移动接到用户要求屏蔽含有‘转至安全账户’字段的短信，不履行管理义务，导致用户的妈妈被骗，中国移动的经理的行为就成立诈骗罪（最高无期）”：我们已经知道中国移动属于网络接入服务提供商，其对网络违法行为并没有监管义务，而且也没有监管可能性。至于在具有确凿证据的情况下，拒不配合公安机关的屏蔽要求，这只是一种违法行为，并不构成犯罪。而快播公司正如一审判决所认定的，它是网络视频信息服务提供者，具有对其网络平台上的淫秽物品的监管义务，因而有可能因不履行这种监管义务而构成犯罪。另一方面，这些例子也与我国刑法规定和刑法理论相悖。例如，“警察接到砍人报警后不出警，致使被害人被砍死，警察的行为就构成故意杀人罪”：在这种情况下，警察的行为当然不构成故意杀人罪，因为警察对他人的故意杀人行为虽然有制止义务，但根本就不存在制止可能性。在警察对他人的杀人行为的因果流程具有掌控性的情况下，警察不履行职责的行为构成不作为的故意杀人罪，在刑法教义学上是没有问题的。然而在我国，只是因为广泛设立了渎职犯罪，因而警察的行为可能构成渎职性的犯罪。虽然如此，所判处的刑罚其实与不作为的故意杀人罪成立情形下的刑罚并无差别。至于高艳东教授以法定最高刑作为论据，只是一种叙述技巧而非真实情况。

在高艳东教授所提出的以上质疑中，涉及如何区分不纯正的不作为与纯正的不作为的问题。对此，在刑法教义学上是存在争议的。德国学者罗克辛教授对不纯正的不作为与纯正的不作为区分的观点作了以下评述[①]：(1) 从是否具有实行等同性进行区分。这里的行为等同性，就是等置性或者等价值性。罗克辛教授认为，纯正的不作为是通过不作为的实行性犯罪，不作为是其独立和唯一的构成要件，因此并不存在于作为的实行等同性。而不纯正的不作为是与作为相对而成立的。两者之间具有实行等同性。在不纯正的不作为的情况下，关键是行为主体具有保证人地位。(2) 从行为的不实施与结果的不防止进行区分。罗克辛教授认为，纯正的不作为的刑事可罚性的关键不在于阻止某个结果，而在于对所要求行为的不作为。而不纯正的不作为则恰恰相反：其刑事可罚性的根据不在于所要求行为的不作为，而在于不阻止某个结果。(3) 从刑法是否有规定加以区分。这是阿明·考夫曼教授的观点，认为纯正的不作为是在刑法中有明文规定的，而不纯正的不作为是在刑法中没有明文规定的。应该说，这是一种形式性的区分，并不能从本质上解决纯正的不作为与不纯正的不作为的区分问题。(4) 从违反规范的性质上加以区分。这种观点认为，纯正的不作为是对命令性规范的违反，而不纯正的不作为是对禁止性规范的违反。以上这些观点从不同的角度对纯正的不作为与不纯正的不作为的区分问题进行了论述，对于我们理解两种的区分具有一定的启发意义。

纯正的不作为与不纯正的不作为的区分是一个较为复杂的问题，因为不纯正的不作为具有与其对应的作为，而这里的不作为与作为适用相同的法条，并且共用一个构成要件。在这种情况下，不作为与作为的等置性，无疑是一种具有实质意义的考察方法。除了行为的等置性，行为人是对所实施行为负责还是对防止结果发生负责，也是区分纯正的不作为和不纯正的不作为的一个重要维度。在此，需要考察的是行为人对于防止结果的发生是否处于保证人的地位。从违反规范或者义务的性质上对纯正的不作为与不纯正的不作为进行区分，同样具有一定的价值。根据以上原理，在对纯正的不作为与不纯正的不作为进行区分的时候，最重

① 参见［德］克劳斯·罗克辛：《德国刑法学总论》，第2卷，王世洲译，478页以下，北京，法律出版社，2013。

要的还是考察不纯正的不作为和与其对应的作为之间的等置性，以及行为人是否处于保证人的地位。因此，警察接到砍人报警后不出警，这种单纯的不出警只是职务上的不作为，属于纯正的不作为。即使致使被害人被砍死，警察的行为也不可能构成故意杀人罪，因为这个警察对于他人死亡并不处于保证人地位，即对于死亡结果没有防止其发生的义务。但如果在杀人现场，警察能够制止歹徒砍人而不予制止，致使他人死亡，则该警察的行为构成不作为的故意杀人罪。

如前所述，在《刑法修正案（九）》颁布之前，2010 年《两高解释》第 4 条对不作为的传播淫秽物品牟利行为作了明文规定，因此，对快播公司及其主管人员以不作为的传播淫秽物品牟利罪论处具有法律根据。当然，在《刑法修正案（九）》设立拒不履行信息网络安全管理义务罪以后，就出现了一个问题，即不纯正不作为的传播淫秽物品牟利罪与纯正不作为的拒不履行信息网络安全管理义务罪之间的区分问题。

在快播案中，快播公司没有履行监管义务，这是其行为违法性的核心。那么，这种违反监管义务的行为是只能构成拒不履行信息网络安全管理义务罪呢，还是只要符合其他犯罪的不作为的特征，也可以按照其他犯罪论处？对于这个问题，因为《刑法》第 286 条之一第 3 款有“有前两款行为，同时构成其他犯罪的，依照处罚较重的规定定罪处罚”的明文规定，因此，在逻辑上并不存在障碍。那么，在刑法教义学上，行为人犯拒不履行信息网络安全管理义务罪，又同时构成其他犯罪的情形，属于什么性质呢？我认为，这是一种想象竞合的性质。只不过我们通常所说的想象竞合都是指作为犯的想象竞合，而这种想象竞合属于不作为犯的想象竞合。所谓不作为犯的想象竞合是指一个不作为同时触犯两个罪名的情形。这里的两个罪名也是不作为的罪名，并且其中一个是纯正的不作为，而另一个是不纯正的不作为。在此，试以遗弃罪和不作为的故意杀人罪之间的关系为例加以说明。

在我国刑法中，遗弃罪是指对于年老、年幼、患病或者其他没有独立生活能力的人，负有扶养义务而拒绝扶养，情节恶劣的行为。从以上遗弃罪的构成要件来看，遗弃罪属于典型的不作为犯，而且是纯正的不作为犯。一般的遗弃行为，只要达到情节恶劣程度的，就应该构成犯罪。在某些案件中，遗弃行为可能造成被遗弃人的死亡，遗弃人甚至对这种死亡结果持放任态度。在这种情况下，就存在如何区分纯正的不作为的遗弃罪与不纯正的不作为的故意杀人罪或者过失致人死亡罪之间的问题。值得注意的是，对于遗弃罪中的“情节恶劣”是否包含过失致人死亡的后果，立法机关的解释前后有所变化：最初认为遗弃罪中的“情节恶劣”包含遗弃造成被遗弃人重伤、死亡等严重后果。[①] 这里的致人死亡，当然是过失致人死亡，而不可能是指故意杀人。此后，立法机关在对遗弃罪中的“情节恶劣”的解释中删去了上述内容，而改为援引 2015 年 3 月 2 日最高人民法院、最高人民检察院、公安部、司法部《关于依法办理家庭暴力犯罪案件的意见》（以下简称 2015 年《意见》）的规定：遗弃罪的情节恶劣是指对被害人长期不予照顾、不提供生活来源；驱赶、逼迫被害人离家，致使被害人流离失所或者生存困难；遗弃患严重疾病或者生活不能自理的被害人；遗弃致使被害人身体严重损害或者造成其他严重后果等情形。在此，遗弃罪中的“情节恶劣”就不再包含过失致人死亡的后果。我认为，遗弃而过失致人死亡的，应当被认定为遗弃罪和过失致人死亡罪的想象竞合犯，而不能进行数罪并罚。那么，对于遗弃并对被害人死亡持放任态度的情形如何处理呢？在此，就存在一个如何区分遗弃罪和故意杀人罪的问题。这也是纯正的不作为犯与不纯正的不作为犯的区分问题。对于这个问题，上述 2015 年《意见》规定：

准确区分遗弃罪与故意杀人罪的界限，要根据被告人的主观故意、所实施行为的时间与地点、是否立即造成被害人死亡，以及被害人对被告人的依赖程度等进行综合判断。对于只是为了逃避扶养义务，并不希望或者放任被害人死亡，将生活不能自理的被害人弃置在福利院、医院、派出所等单位或者广场、车站等行人较多的场所，希望被害人得到他人救助的，一般以遗弃罪定罪处罚。对于希望或者放任被害人死亡，不履行必要的扶养义务，致使被害人因缺乏生活照料而死亡，或者将生活不能自理的被害人带至荒山野岭等人迹罕至的场所扔弃，使被害

① 参见胡康生、郎胜主编：《中华人民共和国刑法释义》，3 版，403 页，北京，法律出版社，2006。

人难以得到他人救助的，应当以故意杀人罪定罪处罚。

这里的区分，并不仅仅是主观上是否具有杀人故意的区分，而且是遗弃的时间和地点等客观要素的区分。可以说，在遗弃罪与故意杀人罪之间同样存在想象竞合的关系。在这种想象竞合的关系中，行为人都是拒不履行扶养义务。如果只是单纯地不履行扶养义务，就构成系纯正的不作为犯的遗弃罪。如果不履行扶养义务而且放任被害人死亡结果的发生，则同时触犯了遗弃罪和故意杀人罪，应当按照择一重罪处断的原则处理。

以上处理遗弃罪与故意杀人罪之关系的刑法教义学原理同样适用于对拒不履行网络安全管理义务罪与传播淫秽物品牟利罪间之关系的解释。在行为人不履行网络安全管理义务的行为同时构成不作为的传播淫秽物品牟利罪的情况下，就属于拒不履行网络安全管理义务罪与传播淫秽物品牟利罪的想象竞合，应当按照处罚较重之罪的规定定罪处罚。显然，传播淫秽物品牟利罪是处罚较重之罪，因此应以该罪定罪处罚。

综上所述，快播公司不履行监管义务的行为是不作为，这种不作为既构成系纯正的不作为犯的拒不履行网络安全管理义务罪，同时又构成系不纯正的不作为犯的传播淫秽物品牟利罪。对此，应以处罚较重的传播淫秽物品牟利罪论处。换言之，即使在《刑法修正案（九）》设立拒不履行网络安全管理义务罪以后发生类似行为，仍然应以传播淫秽物品牟利罪论处。

（三）快播公司的不纯正的不作为是正犯还是帮助犯

快播公司不履行监管义务的行为属于传播淫秽物品牟利罪的不作为，那么，这种不作为究竟是不作为的正犯呢还是不作为的帮助犯？这也是一个值得研究的问题。

快播公司拒不履行网络安全管理义务的行为，就纯正的不作为而言，当然是不作为的正犯。但在不纯正的不作为的意义上，它究竟是不作为的正犯呢还是不作为的共犯？李世阳博士在评论快播案时，在间接正犯的意义上肯定了它是不作为的正犯，指出：

从裁判理由来看，其论证逻辑就是把本案的传播行为解释为不作为，从而形成拒不履行网络安全管理义务罪与传播淫秽物品牟利罪的想象竞合，择一重罪处罚。然而，想象竞合的前提当然是一个行为同时符合两个构成要件。从罪刑法定原则出发，既然禁止溯及既往，论证在行为之后才生效的拒不履行网络安全管理义务罪恐怕没什么意义。直接使淫秽视频暴露于不特定多数人眼前的毋宁说是发布淫秽视频的站长。因此，本案的核心问题在于如何定性快播公司利用他人传播淫秽物品而赚取广告费的行为。根据间接正犯理论，可以将站长视为有故意无目的之工具，而背后的快播公司则据此取得优越的支配地位，据此论证传播淫秽物品牟利罪的成立。①

根据以上论述，李世阳博士认为，快播公司的拒不履行网络安全管理义务行为应当被理解上传淫秽视频的站长的有故意无目的之工具的间接正犯。在这个意义上，李世阳博士将快播公司认定为传播淫秽物品牟利罪的正犯。就此而言，李世阳博士在实质上还是把快播公司的行为确定为对所谓站长的帮助，只是借助于间接正犯的原理，才将快播公司转化为正犯。这是一种事实上的帮助而成立的法律上的正犯。我认为，李世阳博士的以上论证当然是一条出乎意外的逻辑路径，不无启迪。但在快播公司可以被直接认定为传播淫秽物品牟利罪的正犯的情况下，这种论证反而显得有些迂腐。换言之，只有在否定传播淫秽物品牟利罪系不纯正的不作为犯的法律语境下，才有必要按照间接正犯原理认定快播公司为正犯。我认为，在快播案中这个法律前提并不存在，因而没有必要迂回到间接正犯。因为无论是从逻辑还是从事实来看，不作为的传播淫秽物品牟利行为都是可成立的。从没有站长上传淫秽视频，就不存在快播公司的监管义务这个意义上说，快播公司的行为对于站长上传淫秽视频的行为具有一定程度的依赖性。但法律已经对快播公司设置了监管义务，而且刑法将不履行这种监管义务的行为涵盖在传播淫秽物品牟利罪中的不纯正的不作为的情况下，故对于快播公司拒不履行网络安全管理义务，放任淫秽物品在网络上传播的行为，完全可以认定为传播淫

① 李世阳：《无可奈何花落去，似曾相识燕归来——评“快播案”一审判决》，载 http://www.duyidu.com/a160982037，最后访问日期：2016-12-25。

秽物品牟利罪的不作为犯，而没有必要解释为间接正犯。

除了上述间接正犯的观点，我国学者于志刚教授提出了共犯行为的正犯化解释的命题，指出：所谓共犯行为正犯化解释，就是将网络空间中此类表象上属于犯罪行为的帮助犯、实质上已然具有独立性的技术上的帮助犯扩张解释为相关犯罪的实行犯，即不再依靠共同犯罪理论对其实行评价和制裁，而是将其直接视为正犯，直接通过刑法分则中的基本的犯罪构成要件进行评价和制裁，从而有效地解决在共同犯罪范畴中难以有效评价的技术性帮助行为。[①] 在此，涉及2010年《两高解释》第4条的规定到底是所谓帮助行为正犯化解释，还是对传播淫秽物品牟利罪的不作为犯的规定问题。于志刚教授提出技术帮助的概念，这里的技术帮助是指快播公司提供缓存服务还是指快播公司不履行网络安全管理义务，所述并不明确。但在有关论述中，于志刚教授又同时将这两者称为共犯行为的正犯化解释。例如，于志刚教授在解释2010年《两高解释》第4条规定时，明确论及该司法解释在定性上将网站的管理者允许和放任传播淫秽电子信息的行为作为实行行为来加以评价，但是，在定量上对于网站管理者的行为成立犯罪提出了更高的要求。鉴于共犯行为的正犯化解释在多数情况下实质上是将共犯行为解释为一种不作为，它单独成立犯罪的要求较之直接正犯的要求更高，这一点似乎并无不合理之处。[②] 在此，于志刚教授就是把允许和放任传播淫秽电子信息的行为当作是共犯行为正犯化的事例进行论述的。这里涉及如何理解不作为的传播淫秽物品行为与以放任形式为他人传播淫秽物品行为提供帮助之间的逻辑关系。

就不作为的传播淫秽物品行为而言，这是一种正犯，即不作为的正犯，由此区别于作为的正犯。我认为，不能把不作为的正犯理解为共犯，然后通过解释实现所谓正犯化。在这个意义上说，以共犯行为的正犯化来解释放任传播淫秽电子信息的行为，在刑法教义学上是难以成立的。在以放任形式为他人传播淫秽物品

① 参见于志刚：《传统犯罪的网络异化研究》，368页，北京，中国检察出版社，2010。

② 参见于志刚：《传统犯罪的网络异化研究》，371页，北京，中国检察出版社，2010。

行为提供帮助的情形中，还存在不作为的帮助问题。在刑法教义学中，不作为的帮助是指以不作为的形式为他人实行犯罪提供帮助的犯罪形态。[①] 尽管在刑法教义学中，对于不作为的帮助是支配犯还是义务犯，即正犯还是共犯，存在各种不同的理论观点的争论[②]，但在一般情况下，我们还是将不作为的帮助理解为共犯，只不过区别于作为的帮助犯而已。根据以上分析，我们可以得出结论：以放任形式为他人传播淫秽物品行为提供帮助是不作为的传播淫秽物品牟利罪与传播淫秽物品罪的帮助犯的想象竞合。这种两个罪名之间的想象竞合现象，在我国刑法中是客观存在的，并且两个罪名之间存在对合性。例如，私放在押人员罪与脱逃罪之间，私放在押人员罪既是正犯，又是脱逃罪的帮助犯，两者之间存在想象竞合关系。又如，放纵走私罪与走私罪之间，放纵走私罪既是正犯，在某些情况下是不作为的正犯，同时又是走私罪的帮助犯，在某些情况下是不作为的帮助犯，两者之间存在想象竞合关系。当然，以放任形式为他人传播淫秽物品行为提供帮助的情况更为复杂。在这种情况下，行为人主观上具有牟利目的，因而相关行为构成不作为的传播淫秽物品牟利罪。同时，该行为又与拒不履行网络安全管理义务罪存在两个不作为犯罪之间的想象竞合关系。与此同时，作为他人传播淫秽物品行为的帮助，它又与传播淫秽物品罪之间存在想象竞合关系。这是三重的想象竞合，最终只能以重罪即不作为的传播淫秽物品牟利罪定罪处罚。

（本文原载《中外法学》，2017（1））

① 参见刘瑞瑞：《不作为共犯研究》，117页，桂林，广西师范大学出版社，2009。

② 参见何庆仁：《义务犯研究》，256页以下，北京，中国人民大学出版社，2010。

在技术与法律之间：评快播案一审判决

快播公司传播淫秽物品牟利案在今年1月7日、8日开庭以后，经过长达8个月的纷扰和喧嚣之后，现在最终以有罪判决的方式宣判。其实，在9月9日再次开庭，各位被告人均表示认罪的时候，就已经预示了今天这一有罪判决的结果。

快播案的一审判决认定：快播公司及王欣等被告人明知快播网络服务系统被用于传播淫秽视频，但出于扩大经营、非法牟利目的，拒不履行监管和阻止义务，放任快播公司构建的网络服务系统被用于传播大量淫秽视频，具有明显的社会危害性和刑事违法性，对被告单位快播公司及各被告人应当依法追究刑事责任。在此，一审判决认定被告人的传播行为是不作为，主观上对淫秽视频的传播是间接故意，并具有非法牟利的目的。因此，快播公司及王欣等被告人的行为完全符合我国《刑法》第363条规定的传播淫秽物品牟利罪的构成要件。在以上定罪根据中，最值得关注的是对不作为的传播行为的认定，本案也由此成为互联网服务提供者因为不履行安全管理义务而承担刑事责任的一个经典案例。

值得注意的是，在第一次开庭审理中，被告人及其辩护人提出了技术无罪的辩护理由，认为：快播公司只是提供视频播放软件，是软件技术提供商。技术无罪，被告人不应对他人上传的淫秽视频承担刑事责任。这里的技术无罪，也称为技术中立，是 1984 年美国联邦最高法院在环球电影制片公司诉索尼公司案中确立的一个法律原则。根据该原则，如果产品可能被广泛用于合法的、不受争议的用途，即能够具有实质性的非侵权用途，即使制造商和销售商知道其设备可能被用于侵权，也不能推定其故意帮助他人侵权并构成帮助侵权。技术中立原则对于推动技术进步具有重要意义，它不仅在知识产权领域具有排除帮助侵权的民事责任的功能，而且在刑事领域同样具有排除共犯责任的功能。适用技术中立原则的一个前提条件是：制造商或者销售商只是单纯的技术设备提供者，并不能干预设备的实际使用。正如商家出售菜刀，不能排除有人利用菜刀杀人，但商家并不能因为预见到有人可能利用菜刀杀人而承担杀人共犯的刑事责任。关键问题在于，快播公司是否只是单纯提供视频播放器。如果只是提供视频播放器，快播公司不能控制他人利用播放器观看淫秽视频，那么，基于技术中立原则，快播公司确实不应当对这一后果承担责任。根据一审判决认定的本案事实，快播公司的经营模式决定了它并不是如同自己所宣称的那样只是软件技术提供商。快播公司基于 P2P 原理开发了 QVOD 视频播放器（以下简称 QVOD）。QVOD 除了具备常规的视频播放功能，还可以针对广泛分布于互联网上的视频种子进行在线播放。当终端用户观看在线视频有卡顿现象，或者某些视频因点击量高而成为热门视频时，快播公司的缓存服务器便自动将视频文件下载存储起来，用户可以直接从快播公司的缓存服务器下载观看。因此，缓存服务器就成为视频资源站。为了确保在线片源的不断丰富，快播公司研制开发了便捷易用的建站发布视频工具软件 QSI。通过使用 QSI 建立一个视频站点，可以上传视频资源，这些视频发布者被称为站长。快播公司通过服务器对站长上传视频、用户观看视频、用户分享视频、采集用户观影特征并分析、调度选择和优化网络等进行处理。由此可见，快播公司在提供视频软件技术的同时，还利用该技术建立了一个视频发布、传播和分享的平台。正是通过这个平台聚集的流量，快播公司得以通过广告等方式牟利。在这种情况下，快播公司正如一审判决所认定的那样，已经成为一个网络服务系统的管理者。确切地说，快播公司具有网络视频软件提供者和网络视频内容管理者的双重角色。显然，网络视频内容管理者具有对网络安全的管理义务。在网络法上，根据控制可能性，存在以下三类主体：一是网络提供者，二是网络接入服务提供者，三是宿主服务提供者。其中，网络提供者和网络接入服务提供者不可能控制和封锁在互联网上传输的内容，一般来说，它们不应对网络内容承担责任。但宿主服务提供者通过服务器，不仅传输数据而且存储数据，因而具有对网络内容的管理义务。

对于网络服务提供者的网络安全管理义务，我国法律中都有明文规定，尤其是最高人民法院、最高人民检察院《关于办理利用互联网、移动通讯终端、声讯台制作、复制、出版、贩卖、传播淫秽电子信息刑事案件具体应用法律若干问题的解释（二）》第 4 条明确规定，以牟利为目的，网站建立者、直接负责的管理者明知他人制作、复制、出版、贩卖、传播的是淫秽电子信息，允许或者放任他人在自己所有、管理的网站或者网页上发布的，依照《刑法》第 363 条第 1 款的规定，以传播淫秽物品牟利罪定罪处罚。虽然在此该司法解释没有对行为方式进行具体规定，但从刑法理论上分析，这是一种不作为的行为方式。不作为的传播淫秽物品牟利罪的行为特点是网络信息提供者明知存在他人上传的淫秽信息，应当履行安全管理义务并且能够履行而拒不履行，因而构成传播淫秽物品牟利罪。由此可见，一审判决认定快播公司及王欣等人构成传播淫秽物品牟利罪，不仅具有事实根据，而且具有法律根据。

这里应当指出，在《刑法修正案（九）》设立了拒不履行网络安全管理义务罪以后，发生明知他人制作、复制、出版、贩卖、传播的是淫秽电子信息，允许或者放任他人在自己所有、管理的网站或者网页上发布的，属于拒不履行网络安全管理义务罪和传播淫秽物品牟利罪的想象竞合，根据《刑法》第 286 条之一第 3 款的规定，应当依照处罚较重的规定定罪处罚。

在互联网时代，网络技术日新月异、突飞猛进，随之带来对法律的挑战。法律不能成为网络技术发展的绊脚石，阻碍技术发展。但网络技术应当造福于人类，网络技术也不能成为犯罪的挡箭牌。在互联网环境下，一切现实空间中的犯罪都可能在网络空间发生。对此，刑法不能缺位。网络空间并不是法外之地，刑法的触须也应当伸向网络空间。这就是快播案的一审判决给我们带来的启示。

（本文原载《人民法院报》，2016-09-14，3版）

施某某等聚众斗殴案：在入罪与出罪之间的法理把握与政策拿捏

——最高人民检察院指导性案例的个案研究

施某某等17人聚众斗殴案是最高人民检察院公布的指导性案例第1例。该指导性案例涉及相对不起诉制度的适用，案例要旨是展示法律效果与社会效果相统一的思想在相对不起诉中的实际运用。其实，该指导性案例并不仅涉及相对不起诉问题，而且涉及聚众斗殴罪的客观构成要件的认定问题，同时也涉及主观违法要素等问题。这些被遮蔽了的法理问题，恰恰是值得我们认真研究的。本文在叙述施某某等17人聚众斗殴案的基本情况的基础上，对该案所涉及的刑法问题，进行细致的法理分析。

一、案情叙述

【要旨】

检察机关办理群体性事件引发的犯罪案件，要从促进社会矛盾化解的角度，深入了解案件背后的各种复杂因素，依法慎重处理，积极参与调处矛盾纠纷，以促进社会和谐，实现法律效果与社会效果的有机统一。

【基本案情】

犯罪嫌疑人施某某等九人，系福建省石狮市Y镇西岑村人。

犯罪嫌疑人李某某等八人，系福建省石狮市Y镇子英村人。

福建省石狮市Y镇西岑村与子英村相邻，原本关系友好。近年来，两村因土地及排水问题发生纠纷。Y镇政府为解决两村之间的纠纷，曾组织人员对发生土地及排水问题的地界进行现场施工，但被多次阻挠未果。2008年12月17日上午8时许，该镇组织镇干部与施工队再次进行施工。上午9时许，犯罪嫌疑人施某某等九人以及数十名西岑村村民头戴安全帽，身背装有石头的袋子，手持木棍、铁锹等器械到达两村交界处的施工地界，犯罪嫌疑人李某某等八人以及数十名子英村村民随后也到达施工地界，手持木棍、铁锹等器械与西岑村村民对峙。双方互相谩骂，互扔石头。出警到达现场的石狮市公安局工作人员把双方村民隔开并劝说离去，但仍有村民不听劝说，继续叫骂并扔掷石头，致使两辆警车被砸损（经鉴定损失价值人民币761元）、3名民警手部被打伤（经鉴定均未达轻微伤）。

【诉讼过程】

案发后，石狮市公安局对积极参与斗殴的西岑村施某某等九人和子英村李某某等八人以涉嫌聚众斗殴罪向石狮市人民检察院提请批准逮捕。为避免事态进一步扩大，也为矛盾化解创造有利条件，石狮市人民检察院在依法作出批准逮捕决定的同时，建议公安机关和有关部门联合两村村委会做好矛盾化解工作，促成双方和解。2010年3月16日，石狮市公安局将本案移送石狮市人民检察院审查起诉。石狮市人民检察院在办案中，抓住化解积怨这一关键，专门成立了化解矛盾工作小组，努力促成两村之间矛盾的化解。在取得地方党委、人大、政府支持后，工作小组多次走访两村所在的Y镇党委、政府，深入两村争议地点现场查看，并与村委会沟通，制订工作方案。随后协调镇政府牵头征求专家意见并依照镇排水、排污规划对争议地点进行施工，从交通安全与保护环境的角度出发，在争议的排水沟渠所在地周围修建起护栏和人行道，并纳入镇政府的统一规划。这一举措得到了两村村民的普遍认同。化解矛盾工作期间，工作小组还耐心、细致地进行释法说理、政策教育、情绪疏导和思想感化等工作，两村相关当事人及其家属均对用聚众斗殴这种违法行为解决矛盾纠纷的做法进行反省并表示后悔，都表现出明确的和解意愿。2010 年 4 月 23 日，西岑村、子英村两村村委会签订了两村和解协议，涉案人员也分别出具承诺书，表示今后不再就此滋生事端，并保证遵纪守法。至此，两村纠纷得到妥善解决，矛盾根源得到消除。

石狮市人民检察院认为：施某某等 17 人的行为均已触犯了我国《刑法》第 292 条第 1 款、第 25 条第 1 款之规定，涉嫌构成聚众斗殴罪，依法应当追究刑事责任。鉴于施某某等 17 人参与聚众斗殴并非为了私仇或争霸一方，且造成的财产损失及人员伤害均属轻微，并未造成严重后果；两村村委会达成了和解协议，施某某等 17 人也出具了承诺书。从惩罚与教育相结合的原则出发以及有利于促进社会和谐的角度考虑，2010 年 4 月 28 日，石狮市人民检察院根据我国 1996 年《刑事诉讼法》第 142 条第 2 款之规定，决定对施某某等 17 人不起诉。

从以上案情叙述来看，本案可以被定性为一起由土地及排水纠纷引发的群体性械斗事件，双方人数达到数十人之多，被指控的犯罪嫌疑人有 17 人。参与人持械，准备殴斗，但被警方隔开，未能实际进行殴斗。因此，没有发生严重的人员伤亡和财产损失后果，只是警方遭受轻微的人员损伤和财产损失。对于本案，检察机关对涉案的施某某等 17 人作出了相对不起诉的决定。在本案的要旨中，最高人民检察院总结了本案处理中的政策考虑，强调了办案的法律效果与社会效果的统一。因此，本案可以说是一个政策指导型的案例。但是，在本案中，出罪的实体性根据如何确定，仍然是一个值得研究的问题。

二、构成要件的法理阐述

对于本案，石狮市人民检察院引用当时有效的 1996 年《刑事诉讼法》第 142 条（2012 年《刑事诉讼法》第 173 条）第 2 款的规定，作为对施某某等 17 人不起诉的法律根据。1996 年《刑事诉讼法》第 142 条第 2 款规定，“对于犯罪情节轻微，依照刑法规定不需要判处刑罚或者免除刑罚的，人民检察院可以作出不起诉决定”。因此，检察机关是以施某某等 17 人的行为已经构成聚众斗殴罪，只是因为犯罪情节轻微，不需要判处刑罚或者可以免除刑罚，而作出了相对不起诉的决定。在此，在刑法理论上分析，涉及以下两个问题需要进行研究。

（一）聚众斗殴罪的客观构成要件

《刑法》第292条对聚众斗殴罪采取了简单罪状的立法方式，并没有对聚众斗殴行为进行客观描述。在这种情况下，如何界定聚众斗殴，就成为在刑法理论上需要解决的一个问题。

聚众斗殴，顾名思义，是由聚众和斗殴这两部分内容组成的。对于这里的斗殴，在理解上一般来说不会发生太大的争议，是指相互之间的打斗。对于聚众斗殴罪来说，关键在于如何理解这里的聚众。我国学者认为，聚众是指犯罪首要分子所实施的组织、策划和指挥的行为。[①] 这种观点是从我国《刑法》第97条关于首要分子的规定中引申出来的。根据《刑法》第97条的规定，聚众犯罪中的首要分子在犯罪中起的是“组织、策划、指挥作用”，因此，聚众就是一种刑法意义上的行为，具体表现为组织、策划、指挥活动。但是，组织、策划、指挥活动是贯穿整个聚众犯罪过程的不同阶段的活动，我们可以将其分为事前与事中这两个阶段，组织与策划一般发生在聚众犯罪的事前，而指挥一般发生在聚众犯罪的事中。当然，有些聚众犯罪案件在犯罪过程中也会发生增援性的聚众活动，以扩大犯罪规模。因此，将首要分子的组织、策划、指挥三种行为方式都理解为聚众行为，在逻辑上是存在一定问题的。本文认为，在首要分子的组织、策划、指挥三种行为方式中，只有组织和策划这两种行为方式属于聚众的性质。至于指挥，有可能是斗殴的指挥，这属于斗殴行为的性质。因此，首要分子的作用存在于整个聚众犯罪过程中。在聚众斗殴罪中也是如此。聚众斗殴罪中的聚众就是首要分子经过策划以后，以斗殴作为目的聚集三人以上的纠集活动。因此，对聚众应当加以正确理解。

那么，如何理解聚众行为与斗殴行为的关系呢？这个问题的实质是聚众行为是否独立于斗殴行为？对此，在我国刑法学界存在着否定说，认为聚众不是聚众

---

① 参见刘德法：《聚众犯罪理论与实务研究》，87页，北京，中国法制出版社，2011。

犯罪的实行行为，而仅仅是实施实行行为的一种形式。[1] 按照这种理解，聚众斗殴罪的实行行为是斗殴行为，聚众只是斗殴行为的一种形式，以此区别于非聚众的斗殴行为。在聚众斗殴与单人斗殴对应的情况下，确实可以将聚众斗殴视为斗殴行为的一种形式，而不是作为一种独立于斗殴的单独行为。但是，聚众这个词在汉语中具有双重含义：当其作为形容词的时候，是指一种众人聚集的状态，因此，聚众斗殴区别于单人斗殴；但当其作为动词的时候，是指纠集多人的动作，因此，聚众斗殴中的聚众就具有独立于斗殴的行为特征，即指发生在斗殴之前的聚集多人的活动。基于对聚众的以上两种理解，聚众犯罪中的聚众仅仅是指犯罪的状态还是指单独的行为特征？本文认为，在我国《刑法》所规定的聚众犯罪中，聚众都是指一种独立于聚众所要实施的具体犯罪的行为过程，聚众行为与此后所实施的具体犯罪行为之间，存在着手段行为与目的行为之间的理解关系。我国《刑法》虽然不像古代刑法那样设立一般性的聚众罪，即只要聚集多人就构成犯罪，但在特定的聚众犯罪中，不仅处罚具体的犯罪，而且也处罚针对该具体犯罪所实施的聚众行为。因为我国《刑法》中的聚众犯罪大多数属于妨碍社会管理秩序罪，而聚众行为具有对社会管理秩序的妨碍性，因此被规定为聚众犯罪。例如，对于单人斗殴法律并不处罚，只有在造成重伤或者死亡后果的情况下，才将其作为侵犯人身权利的犯罪予以处罚，因为这种犯罪并没有严重妨碍社会管理秩序。但对于聚众斗殴，即使没有造成重伤或者死亡后果，因其妨碍社会管理秩序，也要予以处罚。由此可见，聚众行为本身是聚众犯罪受到处罚的重点之所在，把聚众仅仅理解为斗殴的行为方式而不是与聚众行为相并列的一种独立的构成要件行为的观点是难以成立的。

值得注意的是，在这种否定说中，还有另外一种叙述，即一方面将聚众与斗殴都表述为聚众斗殴罪的客观要素，但另一方面又否定聚众是该罪的实行行为，认为只是该罪的预备。例如，黎宏教授指出，聚众斗殴罪的构成要件在客观方面由聚众和斗殴两个行为构成，其中，聚众是指在首要分子的组织、策划、指挥

① 参见刘志伟：《聚众犯罪若干实务问题研讨》，载《国家检察官学院学报》，2003（6）。

下，纠集特定或者不特定的多人，斗殴则是指殴打对方或者相互施加暴力、攻击人身的行为，两者之间的关系是形式和实质的关系。聚众斗殴罪危害社会的表象在于聚众，而危害社会的实质在于斗殴。《刑法》只追究聚众斗殴中的首要分子和积极参加者的刑事责任，并不要求每一个参加者都实行聚众行为和斗殴行为，可能有的犯罪分子是在斗殴行为开始时才加入并成为积极参加者。换言之，聚众斗殴罪的着手行为应为斗殴。如此说来，纠集数人持械寻人未果的行为，只能被认定为该罪的预备，而不能认定为未遂。① 这种观点的矛盾之处在于：一方面将聚众认定为聚众斗殴罪的客观要素，另一方面又将聚众行为界定为聚众斗殴罪的预备行为。从逻辑上来说，聚众确实可以被看作是斗殴的预备，但当立法者将聚众行为纳入该罪的构成要件的时候，聚众行为就应当是该罪的实行行为。由此可以得出结论，聚众斗殴罪的构成要件是由聚众行为与斗殴行为共同组成的。

在刑法理论上，当构成要件的行为是由两部分构成的时候，一般都认为这是复行为犯。复行为犯是相对于单行为犯而言的。单行为犯是指单一行为构成的犯罪，而复行为犯是指复合行为构成的犯罪。在一般情况下，单一行为与复合行为的区分是极为容易的。但在聚众犯罪的情况下，究竟如何判断是否属于复行为犯，存在一定的难度。对于聚众斗殴罪是否属于复行为犯，必须从聚众犯罪与复行为犯的关系切入，展开讨论。

聚众犯罪是我国《刑法》所规定的一种特殊犯罪类型。刑法理论认为可以将聚众犯罪分为两种类型：一是共同犯罪的聚众犯罪，例如《刑法》第 317 条规定的聚众持械劫狱罪；另一种是单独犯罪的聚众犯罪，例如《刑法》第 290 条规定的聚众扰乱社会秩序罪，第 291 条规定的聚众扰乱公共场所秩序、交通秩序罪。② 以上两类聚众犯罪，存在着明显的区分：于前者不仅聚集者的行为构成犯罪，而且被聚集者的行为也构成犯罪，因此，前者属于刑法理论中的必要共犯；但于后者只有聚集者的行为才构成犯罪，即刑法处罚这种聚众犯罪的首要分子，一般参与者

① 参见黎宏：《刑法学》，797～798 页，北京，法律出版社，2012。

② 参见陈兴良：《共同犯罪论》，2 版，136 页，北京，中国人民大学出版社，2006。

的行为并不构成犯罪，因此，后者属于单独犯罪。在此，我们需要探讨的是作为必要共犯的聚众犯罪。必要共犯不同于任意共犯。任意共犯是指以组织、教唆或者帮助的方式与他人共犯刑法分则所规定的犯罪。在这种情况下，刑法分则所规定的是单独犯罪。对于任意共犯，必须适用刑法总则关于共同犯罪的规定，才能为其定罪量刑提供法律根据。因此，任意共犯又称为总则性共犯。必要共犯是一种分则性共犯，刑法分则所规定的构成要件就是以数人共同实施为模型而设置的。对于必要共犯应当直接引用刑法分则条文定罪量刑，而没有必要适用刑法总则关于共同犯罪的规定。作为共同犯罪的聚众犯罪，就是典型的必要共犯。

对于聚众犯罪是否属于复行为犯，在刑法理论上存在两种不同观点之争。肯定说认为聚众犯罪属于复行为犯，复行为犯具有法定性、整体性和异质性的特征，我国《刑法》中的聚众犯罪完全符合复行为犯的特征。例如，聚众斗殴罪的客观行为中存在聚众和斗殴两个行为，这是在一个独立的犯罪构成（聚众斗殴罪）中刑法分则明文规定的（《刑法》第292条）、包含了两个具有手段（聚众行为）和目的（斗殴行为）关系的危害行为的一种犯罪类型。[①] 如果把聚众与斗殴视为两个独立的行为，那么，将聚众斗殴罪界定为复行为犯是合乎逻辑的。其实，聚众犯罪，这里主要是指作为共同犯罪的聚众犯罪，都具有共同的特征，即“聚众行为＋特定犯罪行为”，因此，聚众犯罪可以构成复行为犯。但是，否定说对此观点并不赞同，其主要理由在于：刑法为聚众犯罪所预设的行为类型确实包括了聚众行为和其他性质的行为，例如聚众斗殴罪中的斗殴行为，但是刑法上所预设的这些复数行为并非都是首要分子成立犯罪既遂所必需的行为。对于首要分子来说，刑法惩罚的主要是聚众行为，也就是组织、策划、指挥的行为，因此，只要首要分子实施了聚众行为，就满足了成立该罪的客观实行行为的要求。至于首要分子本人是否亲自参与实施了其他性质的行为，并不是该罪成立既遂所必需的条件。对聚众犯罪的客观行为进行分析时，不能忽视立法对不同的犯罪主体预设了不同的行为类型这个特点。总之，在聚众犯罪中，参与实施了聚众行为以外

① 参见刘德法：《聚众犯罪理论与实务研究》，91页，北京，中国法制出版社，2011。

的全部其他行为并不是决定首要分子是否成立犯罪既遂的决定性因素。而在复行为犯中，实施了全部复数行为是行为人成立犯罪既遂的必要条件。因此，聚众犯罪不是复行为犯。①

以上关于聚众犯罪是否属于复行为犯的争议，其焦点并不在于复行为犯概念的界定，因为，无论是肯定说还是否定说，对复行为犯的理解都是相同的，即都把复行为犯理解为两种行为构成的犯罪，因此，也都认为复行为犯的构成要件行为具有复合性。对于肯定说与否定说的争议，本文认为，其焦点主要还是在于对作为必要共犯的复行为犯的理解。在一般情况下，复行为犯都是单独犯罪，或者说是以单独犯罪作为标本讨论复行为犯的。在单独犯罪的情况下，行为人必须同时实施两个行为才能构成复行为犯。但在聚众犯罪的情况下，行为人可以被分为首要分子与其他参与者。对于首要分子来说，可能只实施了聚众行为而并没有实施其他具体的犯罪行为。但对于一般参与者来说，只实施了其他犯罪行为而并没有实施聚众行为。在这种情况下，如果从各个行为人的角度来看，并没有同时实施复行为犯中的两个行为，由此而得出不符合复行为犯的特征的结论。

本文认为，作为必要共犯的复行为犯与作为单独犯罪的复行为犯是有所不同的。对于作为单独犯罪的复行为犯来说，行为人必须同时实施复行为犯中的两个行为才能构成复行为犯。但对于作为必要共犯的复行为犯来说，并不要求各个行为人都同时实施复行为犯中的两个行为才能构成复行为犯，因为，必要共犯也是一种共同正犯，在共同故意范围内适用部分行为全体责任的定罪原则。对于作为必要共犯的复行为犯来说，只要不同行为人分别实施了复行为犯中的不同行为，也可以构成复行为犯。因此，在聚众斗殴罪中，首要分子实施了聚众行为，而一般参与者实施了斗殴行为，这是在必要共犯中的行为分工，并不影响复行为犯的构成。从这个意义上说，复行为犯是一种法律形态即立法所规定的规范类型，而不是事实形态即司法中的犯罪类型。

---

① 参见王明辉：《复行为犯研究》，80页，北京，中国人民公安大学出版社，2008。

对于聚众犯罪是复行为犯的观点，张明楷教授提出了批评，其主要理由是：如果聚众斗殴罪是复行为犯，会影响对没有直接参与斗殴行为的首要分子的定罪。而且，如果说聚众斗殴罪是复行为犯，就意味着纠集他人就是聚众斗殴罪的着手甚至既遂，这便不当扩大了该罪的处罚范围。① 以上第一个理由，主要涉及在必要共犯的情况下，各个行为人是否都必须同时实施全部构成要件行为的问题。如上所述，必要共犯适用部分行为全体责任的定罪原则，并不要求各个行为人同时实施全部构成要件行为。对于作为必要共犯的复行为犯也是如此。因此，即使聚众斗殴罪中的首要分子只实施了聚众行为而没有直接参与斗殴，也并不影响对首要分子的定罪。以上第二个理由，本文认为是更为重要的，涉及对聚众斗殴罪的构成要件行为的理解。如果把聚众斗殴罪界定为复行为犯，那么，聚众行为与斗殴行为都是该罪的构成要件行为。只要行为人开始实施聚众行为，就是该罪的着手。这里的聚众行为，是指聚集众人的行为。那么，聚众行为与张明楷教授所说的纠集他人的行为是不是同一个概念呢？聚众当然也可以表述为纠集多人。如果以斗殴为目的纠集多人，这里的纠集行为可以被认定为聚众斗殴中的聚众行为。如果只是纠集了多人，由于意志以外的原因，尚未实施斗殴行为，则应当被认定为聚众斗殴罪的未遂，而不可能被认定为聚众斗殴罪的既遂。如此掌握，并不存在不合理地扩大聚众斗殴罪的处罚范围的问题。

既然将聚众斗殴罪界定为复行为犯，那么，构成该罪在客观上必须具备聚众行为与斗殴行为。但在施某某聚众斗殴案中，虽然双方聚集多人到了现场，但因为警察到场制止，没有实际发生斗殴行为。在这种情况下，如何从法理上进行把握呢？对于这种以斗殴为目的实施了聚众行为的情形，如果从聚众斗殴罪属于复行为犯的原理出发，应当被认定为聚众斗殴罪的未遂。

（二）聚众斗殴罪的主观违法要素

聚众斗殴罪当然是故意犯罪，行为人主观上具有犯罪故意。这是没有问题

① 参见张明楷：《刑法学》，4版，934页，北京，法律出版社，2011。

的。在刑法理论上，聚众斗殴罪是否存在主观违法要素，是一个存在较大争议的问题，它涉及非法定的主观违法要素的概念。

主观违法要素，又称为主观构成要素，不同于故意或者过失等主观责任要素。一般来说，违法是客观的，因此作为违法类型的构成要件要素通常是指客观要素。但在某些特殊情况下，主观要素也可以成为违法要素，这就是主观违法要素。主观违法要素通常是由刑法分则条文明文规定的，例如，我国《刑法》规定的非法占有目的等，就是典型的法定的主观违法要素。但在某些情况下，虽然刑法分则条文没有明文规定，刑法理论仍然将某种主观要素解释为某罪的构成要件要素。这就是所谓非法定的主观违法要素。法定的主观违法要素是一种对刑法已有规定的主观要素的逻辑定位：这种主观要素，刑法分则中已经有明文规定，并被界定为违法要素而非责任要素，只是根据这种主观要素的功能而对其体系性地位进行一种确定。但是，在刑法分则没有明文规定的情况下，将某种主观要素解释为主观违法要素，就会限缩犯罪成立的范围。这是一种目的性限缩解释。对此存在较大的争议。但刑法理论一般认为，目的性限缩解释是有利于被告人的，因此并不违反罪刑法定原则。

我国《刑法》第 292 条关于聚众斗殴罪的规定，并没有关于主观要素的规定。但在对该罪的学理解释上，通说都把一定的目的或者动机解释为该罪的主观要素。例如，有些著作将这里的目的称为不正当目的，指出，“聚众斗殴是指出于私仇、争霸或者其他不正当目的而纠集多人成帮结伙地打架斗殴”①。根据这一定义，私仇、争霸或者其他不正当目的是聚众斗殴罪成立的主观要素。我国学者也把这一不正当目的称为流氓动机，例如周光权教授指出：“聚众斗殴是指出于私仇、争霸或其他流氓动机而纠集他人成帮结伙地互相进行斗殴，从而破坏公共秩序的行为。”② 以上所说的目的与动机虽然用词不同，但所指是同一主观要

① 全国人大常委会法制工作委员会刑法室：《中华人民共和国刑法条文说明、立法理由及相关规定》，604 页，北京，北京大学出版社，2009。

② 周光权：《刑法各论》，2 版，317 页，北京，中国人民大学出版社，2011。

素。应该说，在心理学与刑法学上，目的与动机还是有所不同的：动机是推动行为的主观要素，而目的是指行为所指向的结果。因此，从时间维度来看，动机在前，而目的在后。就此而言，以上所论及的私仇、争霸等主观要素，更接近于动机而非目的。但是，在刑法理论上，目的犯的概念已经约定俗成，而且我国《刑法》也有非法占有目的等立法表述。在这种情况下，接受目的犯的概念也未尝不可。但我们应该明确，目的犯之所谓目的，其实就是动机。如果把目的犯的目的称为动机，反而更能够将目的犯中的目的与直接故意中的目的加以区分。动机在一般情况下并不影响定罪，但在《刑法》具有明文规定的情况下，则影响定罪。《刑法》关于目的犯的规定，通过一定的目的限缩了构成要件的范围，因而影响定罪。在《刑法》没有明文规定的情况下，非法定的目的犯，是一种目的性限缩解释，当然对定罪也是有重大影响的。对于聚众斗殴罪，本来《刑法》没有规定为目的犯，但刑法理论把私仇、争霸等目的或者动机解释为聚众斗殴罪的主观要素，对聚众斗殴罪的成立范围起到了一种限制作用。更为重要的是，借此将聚众斗殴罪与其他犯罪区分开来。对此，下文还要具体论述。

那么，聚众斗殴罪的主观要素，即所谓流氓动机，如何会成为该罪的成立要件呢？这个问题涉及聚众斗殴罪的前身——1979 年《刑法》中的流氓罪。1979 年《刑法》第 160 条规定了流氓罪，但在法条中同样没有关于流氓动机的内容，而是刑法理论将寻求下流无耻的精神刺激视为流氓罪的主观要素，认为这是流氓罪的本质特征。例如，我国学者指出，所谓寻求下流无耻的精神刺激，主要是指：(1) 称王称霸，以耻为荣，即放刁撒野，横行霸道，为所欲为，寻求一种“老子天下第一”的精神上的满足，或者向同伙显示自己的“骨气”“义气”“霸气”。(2) 发泄、满足自己的淫乱思想，即通过各种不顾廉耻的手段，侮辱妇女，玩弄异性，达到性的满足或者发泄自己的变态性欲。(3) 寻求感官刺激，填补精神空虚，即通过各种疯狂、惊险、残害无辜、捉弄他人的活动来刺激感官，寻欢作乐。这些是犯罪分子实施流氓行为的内心起因，甚至在犯罪的动机上比在犯罪的目的上表现得更为明显，所以，人们常常把它称为“流氓动机”。由于在流氓犯罪中，犯罪动机和犯罪目的具有一致性，所以我们认为用“流氓动机”来代表流氓的目的，也未尝不可。[①]

在这种情况下，流氓动机就成为流氓罪的必要因素，以此区别于其他犯罪。其实，我国刑法关于流氓动机的论述，源自苏俄刑法学。例如，苏俄学者在论及流氓罪时指出：对于流氓罪来讲，流氓动机则是必须具备的。正是流氓动机决定了这一行为的犯罪性质和方向。至于流氓动机的具体内容，苏俄学者认为表现为"犯罪人粗暴破坏社会秩序和以自身行为来对社会表示公然不尊重，这也就是实现自己的流氓动机，满足自己的特殊要求——表示自己对社会主义道德和社会行为规则的否定态度，显示自己臆想的比周围人优越，使自己同集体和社会相对抗"[②]。

由此可见，对流氓动机的表述，我国刑法与苏俄刑法在叙述话语上是一脉相承的。为什么流氓动机在刑法条文中并无规定，但却要把它解释为流氓罪的必备要素，而且是流氓罪的本质特征？对于这个问题，我国学者通过区分两种不同的犯罪目的的方法对此进行解释，指出：犯罪目的虽然与犯罪的直接故意具有密切的联系，但是仍然存在着作为犯罪直接故意所希望的结果与作为犯罪目的所希望达到的结果不同的情况，并且在这种情况下，犯罪目的并不是犯罪直接故意的内容。英国刑法理论把这种情况下的犯罪目的称为"潜在的故意"（further intention），以区别于可以成为直接故意内容的犯罪目的。我国刑法理论中目前还没有能够区别这两种犯罪目的的专门术语，但是我们不能不承认，在我国《刑法》规定的犯罪中，同样存在着这样两种略微不同的犯罪目的。[③]

以上解释当然是有一定道理的，但更多的还是从心理学角度所进行的解释。德、日刑法学从刑法教义学角度给出了一种解释，这就是主观违法要素理论，本文认为是更为合适的。从主观违法要素理论出发，可以将流氓动机确定为构成要件要素而非责任要素，因此，其在性质上不同于直接故意中的目的。同时，流氓

---

① 参见张智辉：《我国刑法中的流氓罪》，20～21页，北京，群众出版社，1988。

② ［苏］T. M. 卡法罗夫、Ч. T. 穆萨耶夫：《论流氓罪》，李桁等译，61页，重庆，西南政法学院法学研究所，1985。

③ 参见张智辉：《我国刑法中的流氓罪》，19～20页，北京，群众出版社，1988。

动机属于表征违法性的要素，因此其在功能上不同于责任要素。因为这种主观违法要素是刑法条文所没有明文规定的，因此流氓动机是一种非法定的主观违法要素。

在1997年《刑法》修订时，流氓罪因其具有口袋罪的特征而被分解为聚众斗殴罪、寻衅滋事罪、侮辱妇女罪和聚众淫乱罪等罪名。在这种情况下，这些分解以后的犯罪，在主观上是否还要求具有流氓动机，就成为一个值得研究的问题。对此，存在着两种不同的见解。肯定说认为，从流氓罪中分解出来的犯罪仍然需要具备主观上的流氓动机。例如我国学者指出：聚众斗殴罪是从1979年《刑法》规定的流氓罪中分离出来的，在流氓罪中，我国刑法学界强调流氓动机和流氓行为是区分流氓罪与其他犯罪的关键。所谓流氓动机，是指行为人具有寻求精神刺激、填补精神上的空虚的动机。这种流氓动机也存在于任何聚众斗殴行为人之中。这也是聚众斗殴罪与其他犯罪区分的关键之一。聚众斗殴罪行为人的犯罪目的也是受着这种流氓动机的直接制约的，在聚众斗殴罪中，行为人一般都具有通过聚众斗殴的扰乱公共秩序行为，来达到某种精神上的满足、寻求某种精神刺激的目的。在司法实践中，应注意查明行为人是否具有上述流氓动机和流氓目的。① 根据这一观点，在流氓罪分解以后，从流氓罪中分离出来的聚众斗殴罪还是需要具备流氓动机的，否则不能构成该罪。否定说则认为，从流氓罪中分解出来的犯罪并不需要具备主观上的流氓动机。例如张明楷教授基于其彻底的结果无价值论的立场，否定主观违法要素，同时否定作为主观违法要素的流氓动机。张明楷教授在论及寻衅滋事罪的流氓动机时提出了六点否定性理由，其中需要讨论的是以下三个问题。

其一，流氓动机是否具有限定犯罪范围的意义？张明楷教授认为，所谓流氓动机或者寻求精神刺激是没有具体意义、难以被人认识的心理状态，具有说不清、道不明的内容，将其作为寻衅滋事罪的责任要素，并不具有限定犯罪范围的

① 参见王作富：《刑法分则实务研究》（中），5版，1125页，北京，中国方正出版社，2013。

意义。[①] 流氓动机是否具有实体内容、是否容易被认定，是另外一个问题。在此值得重视的是，流氓动机是否具有限定犯罪范围的意义。对此，我认为，是肯定的。例如，在寻衅滋事罪中包含了殴打行为，追逐、拦截、辱骂、恐吓等行为，强拿硬要或者任意毁损、占用公私财物行为，起哄闹事行为等。这些所谓寻衅滋事行为中的大多数，例如，殴打、辱骂、恐吓、损毁、占用公私财物等，既可以在没有流氓动机的情况下实施，也可以在具有流氓动机的情况下实施。以殴打为例，我国《刑法》只规定了故意伤害达到轻伤以上结果才构成犯罪，但没有设立类似日本刑法中的暴行罪。一般的殴打行为只是一种治安处罚的行为。但在流氓动机支配下实施的殴打行为，就构成寻衅滋事罪。由此可见，流氓动机对于寻衅滋事罪的构成来说具有限定意义。对于聚众斗殴罪来说也是如此：在我国《刑法》中，并非所有的聚众斗殴行为都构成犯罪，只有具有流氓动机的聚众斗殴行为才构成聚众斗殴罪。因此，有无流氓动机就成为罪与非罪的界限。例如，我国学者在论及认定聚众斗殴罪应当注意的问题时指出："注意将本罪与因民事纠纷、邻里纠纷而互相斗殴或者结伙械斗的行为区别开来。二者在互相殴斗的形式上很相似，但有本质的区别。后者一般是事出有因，不具有争霸一方、报复他人、寻求刺激等犯罪动机，其行为没有对社会公共秩序构成威胁，所以不能以本罪论处。"[②] 在以上论述中，认为因民事纠纷、邻里纠纷而互相斗殴或者结伙械斗的行为没有对社会公共秩序构成威胁，这是与事实不符的。但认为这种行为因为主观上不具有流氓动机，因此不能被认定为聚众斗殴罪，这是正确的。由此也可以得出结论，流氓动机，无论是对于寻衅滋事罪还是对于聚众斗殴罪，都具有限定犯罪范围的意义。

其二，流氓动机是否具有此罪与他罪的区分功能？张明楷教授认为：要求行为人主观上出于流氓动机，可能是为了区分此罪与彼罪。但正如后文所述，寻衅滋事罪与故意伤害、故意毁坏财物、敲诈勒索、抢劫等罪并不是对立关系，只要

① 参见张明楷：《刑法学》，4版，938页，北京，法律出版社，2011。

② 周道鸾、张军：《刑法罪名精释》（下），4版，727页，北京，人民法院出版社，2013。

善于适用想象竞合犯的原理，就可以合理地解决定罪问题。[①] 这一论述的核心含义是：不借助于流氓动机，而是采用想象竞合犯原理，也可以将寻衅滋事罪与他罪相区分。以强拿硬要构成的寻衅滋事罪与抢劫罪的区别为例：2005 年 6 月 8 日最高人民法院《关于审理抢劫、抢夺刑事案件适用法律若干问题的意见》指出两者的区分在于，“前者行为人主观上还具有逞强好胜和通过强拿硬要来填补其精神空虚等目的，后者行为人一般只具有非法占有他人财物的目的；前者客观上一般不以严重侵犯他人人身权利的方法强拿硬要财物，而后者行为人则以暴力、胁迫等方式作为劫取他人财物的手段”。因此，在客观要素相同的情况下，对于强拿硬要与抢劫罪主要是根据主观上是否具有流氓动机加以区分。按照这一思路，流氓动机显然具有区分此罪与他罪的功能。按照张明楷教授的观点，根据想象竞合犯的原理同样可以达到区分此罪与他罪的目的。但是，想象竞合犯是在一行为完全符合两个犯罪的构成要件的情况下，按照其中的一个重罪处断。从司法角度来说，重罪与轻罪的比对就是较为困难的。而且，如果将流氓动机视为寻衅滋事罪的主观违法要素，对于区分强拿硬要构成的寻衅滋事罪与抢劫罪是更为便利的。

其三，沿革解释是否应当优先？聚众斗殴等罪名是从流氓罪中分离出来的，对此并无疑义，问题在于，对于这些分离出来的罪名是否还应当沿用原先对流氓罪的解释。对此，张明楷教授是持反对态度的。他指出：“倘若永远按照旧刑法解释现行刑法，就意味着现行刑法对旧刑法的修改毫无意义。换言之，如果沿革解释优先，必然导致刑法的修改丧失意义。”[②] 本文认为，沿革解释优先并不会否定刑法修改的意义。例如，1979 年《刑法》中的流氓罪在 1997 年修订时被分解为若干个具体罪名。之所以作这样的修改，是因为流氓罪具有口袋罪的性质，内容过于庞杂，不符合罪刑法定原则的明确性要求。在流氓罪被分解以后，仍然将动机解释为聚众斗殴等犯罪的主观违法要素，怎么可能使分解流氓罪，使之符合罪刑法定原则这一刑法修改的意义丧失呢？恰恰相反，如果否定在被分解以后

① 参见张明楷：《刑法学》，4 版，939 页，北京，法律出版社，2011。

② 张明楷：《刑法学》，4 版，938 页，北京，法律出版社，2011。

的犯罪中包含流氓动机，就无法阐述立法的合理性。例如，我国《刑法》第 246 条规定了侮辱罪，第 237 条又规定了侮辱妇女罪。如果仅仅从逻辑上分析，似乎在侮辱罪与侮辱妇女罪之间存在特别法与普通法的法条竞合关系，因此，只要是侮辱妇女的，一概应定侮辱妇女罪。但对立法规定作如此理解，显然是错误的。在我国《刑法》中，并非只要是侮辱妇女的，就一概应定侮辱妇女罪。事实上，侮辱妇女的行为也可以被认定为侮辱罪而非侮辱妇女罪。那么，侮辱妇女的行为，在什么情况下被认定为侮辱罪，在什么情况下被认定为侮辱妇女罪呢？对此，我国立法机关在论及侮辱罪与侮辱妇女罪时指出："侮辱罪是以败坏他人名誉为目的，必然是公然地针对特定的人实施，而且侵害的对象不限于妇女、儿童；而强制猥亵、侮辱妇女罪、猥亵儿童罪则是出于满足行为人的淫秽下流的欲望，不要求是公然地针对特定的人实施，侵犯的对象只限于妇女、儿童。"① 以上论述有将客观要素与主观要素混淆之嫌，但领会其含义，是以流氓动机作为侮辱罪与侮辱妇女罪的根本界分。也即侮辱妇女行为，在没有流氓动机的情况下只能构成侮辱罪不能构成侮辱妇女罪；在具有流氓动机的情况下只能构成侮辱妇女罪不能构成侮辱罪。这一界限是极为明确的。由此也可见，沿革解释为立法的合理性进行了有效的说明。

目前虽然没有关于聚众斗殴罪的主观违法要素的司法解释，但关于寻衅滋事罪的主观违法要素存在司法解释。例如 2013 年 7 月 15 日最高人民法院、最高人民检察院《关于办理寻衅滋事刑事案件适用法律若干问题的解释》第 1 条规定："行为人为寻求刺激、发泄情绪、逞强耍横等，无事生非，实施刑法第二百九十三条规定的行为的，应当认定为'寻衅滋事'。"（第 1 款）"行为人因日常生活中的偶发矛盾纠纷，借故生非，实施刑法第二百九十三条规定的行为的，应当认定为'寻衅滋事'，但矛盾系由被害人故意引发或者被害人对矛盾激化负有主要责任的除外。"（第 2 款）"行为人因婚恋、家庭、邻里、债务等纠纷，实施殴打、

---

① 全国人大常委会法制工作委员会刑法室：《中华人民共和国刑法条文说明、立法理由及相关规定》，484 页，北京，北京大学出版社，2009。

辱骂、恐吓他人或者损毁、占用他人财物等行为的，一般不认定为‘寻衅滋事’，但经有关部门批判制止或者处理处罚后，继续实施前列行为，破坏社会秩序的除外。”（第 3 款）此司法解释对寻衅滋事行为的性质界定，除了以《刑法》第 293 条的规定为依据，主要就是依靠主观违法要素，即寻求刺激、发泄情绪、逞强耍横等动机，而对这些动机的认定又主要根据起因。本文认为，这一司法解释虽然是针对寻衅滋事罪规定的，但于对聚众斗殴罪的认定同样具有参考价值。在认定聚众斗殴罪的时候，不仅应当根据在客观上是否实施了聚众斗殴行为，而且要根据主观上是否具有寻求刺激、发泄情绪、逞强耍横等动机。

综上所述，根据我国刑法学界的通说，所谓流氓动机是聚众斗殴罪的主观违法要素，以此作为聚众斗殴罪的罪与非罪以及此罪与彼罪的界限，于对聚众斗殴罪的认定具有重要意义。据此，施某某等人的行为显然不具有所谓流氓动机，而是由邻村之间的土地和水利纠纷引发的群体性械斗事件。在这种情况下，就本案的性质而言，根本就不能认为构成聚众斗殴罪。

三、相对不起诉的政策体现

对于施某某等聚众斗殴案，检察机关作出了相对不起诉的决定，只是因为“施某某等 17 人参与聚众斗殴并非为了私仇或争霸一方，且造成的财产损失及人员伤害均属轻微，并未造成严重后果”。显然，检察机关认为没有私仇或争霸一方的目的，也就是所谓流氓动机，聚众斗殴罪也是可以成立的，只是在处罚的时候应当考量这一因素。因此，检察机关对本案作出了相对不起诉的决定。

相对不起诉是我国《刑事诉讼法》规定的一种不起诉形式，它体现了起诉裁量权的精神，因此又被称为酌定不起诉。根据我国 2012 年《刑事诉讼法》第 173 条（1996 年《刑事诉讼法》第 142 条）第 2 款的规定，对于犯罪情节轻微，依照刑法规定不需要判处刑罚或者免除刑罚的，人民检察院可以作出不起诉决定。相对不起诉实际上是有罪不诉，体现了检察机关的起诉裁量权，具有相当丰富的刑事政策的蕴涵。根据上述规定，相对不起诉的适用条件是：犯罪情节轻微；依照刑法规定不需要判处刑罚或者免除刑罚。只有上述两个条件同时具备，检察机关才能适用相对不起诉。这里的犯罪情节轻微，是相对不起诉的前提条件，它是检察机关根据案件的具体情况所作的一种法律判断。一个案件的犯罪情节是否轻微，应当从客观要素与主观要素等方面进行综合判断。这里的依照刑法规定不需要判处刑罚或者免除刑罚，是相对不起诉的法律根据。这种法律根据可以分为两种情形：一是依照刑法规定不需要判处刑罚，这是指《刑法》第 37 条的规定。根据我国《刑法》第 37 条的规定，对于犯罪情节轻微不需要判处刑罚的，可以免予刑事处罚。这是一种定罪免刑的规定，体现了对犯罪宽大处理的政策精神。《刑法》的这一规定虽然是针对人民法院作出的，但在审查起诉阶段，对于这种犯罪情节轻微、不需要判处刑罚的案件，检察机关完全可以作出相对不起诉决定，而没有必要起诉到法院，由法院作出免予刑事处罚的判决。二是依照刑法规定免除刑罚，这是指在刑法中对各种具体犯罪情节作出了免除刑罚的规定。虽然这一免除刑罚的量刑情节是由法院在审判中适用的，但在审查起诉阶段，对于这种犯罪情节轻微的案件，检察机关也可以作出相对不起诉决定。应该指出，刑法对于免除刑罚极少单独规定，而是往往与减轻处罚并列规定，以供司法机关选择。在这种情况下，关于犯罪情节是否属于轻微的判断就显得极为重要，因为只有犯罪情节轻微的案件才能适用免除处罚。我国学者顾永忠教授揭示了在酌定不起诉的适用中存在着的矛盾：一方面，法律上和事实上存在着适用酌定不起诉的巨大空间；另一方面，司法实践中酌定不起诉的适用率又如此之低。顾教授指出，“造成该种现象的原因主要有以下方面：有罪必诉、有罪必罚的观念是深层心理原因；由于酌定不起诉决定作出后缺乏对不起诉人的有效监管和制约，是检察机关及检察人员心有顾忌而不敢放手适用的现实原因；检察机关系统内部对酌定不起诉存在认识误区，采取了严格限制适用的态度并将其纳入考核范围是直接原因；酌定不起诉的适用条件不明确以致在理解上存在较大分歧是基础原因，等等”①。由此可见，在我国司法实践中存在着在起诉环节未能充分发挥相对不起

① 顾永忠：《关于酌定不起诉条件的理解与思考》，载《人民检察》，2014（9）。

诉制度的起诉裁量功能的现象。从这个意义上说，施某某聚众斗殴案作为一起适用相对不起诉的案件，作为最高人民检察院的指导性案例发布，确实有其扩大适用相对不起诉的现实指导意义。

我国《刑事诉讼法》中的相对不起诉是有罪不诉，以此区别于无罪不诉的绝对不起诉。但是，根据对施某某等聚众斗殴案如上所进行的刑法教义学分析，完全应该得出无罪的结论，本来应当适用的是绝对不起诉，却适用了只能对有罪案件适用的相对不起诉。一起案件本来可以在刑法教义学上获得无罪的结论，却在进入司法程序以后，在获得有罪判断的基础上，以犯罪情节轻微为由，在相对不起诉的名义下获得了事实上无罪的处理结果。这反映出我国司法活动中的一种集体无意识或者制度无意识，也正好从一个侧面印证了顾永忠教授所指出的有罪必诉、有罪必罚的观念深入人心的现实。不起诉作为一种刑事诉讼制度，它的适用是以对刑法正确理解为前提的。无论是对具体犯罪的构成要件还是对作为相对不起诉条件的犯罪情节轻微的把握，都离不开刑法教义学。这也是一个不可否认的事实。那么，一个本来是无罪的案件，为什么从批捕开始就向着有罪的方向发展呢？我们可以分析一下施某某等聚众斗殴案的具体情况：这是一起群体性事件，涉案人数众多，双方因历史上存在的土地和水利纠纷而聚集，并且手持器械。在一触即发的紧要关头公安干警出面制止，庆幸没有发生死伤等严重后果。这一群体性事件当然是地方上的一起重大案件，基于稳定压倒一切的思维定式，涉案人员全部落网。这样的案件到了检察机关的批捕部门后，受到外来压力的检察机关只得同意逮捕，由此而使该案进入了刑事办案轨道。在这种情况下，在审查起诉阶段才发现不能作为犯罪处理。平心而论，这个案件没有按照刑事诉讼的轨道一直走下去，审查起诉部门确实起到了把关的作用，在当前的法治环境下已属不易。值得我们深思的问题在于：一个本来无罪的案件是如何启动刑事诉讼程序的？这里涉及下文需要讨论的办案的法律效果与社会效果的关系问题。

施某某等聚众斗殴案的主旨指出，“检察机关办理群体性事件引发的犯罪案件，要从促进社会矛盾化解的角度，深入了解案件背后的各种复杂因素，依法慎重处理，积极参与调处矛盾纠纷，以促进社会和谐，实现法律效果与社会效果的有机统一”。这一主旨实际上强调了刑事政策对于群体性案件处理的指导意义。尤其是，在此还论述了法律效果与社会效果相统一的思想。法律效果与社会效果的统一，是在我国司法实践中被反复强调的一个政策话语，在本案的处理中也体现了这一话语。那么，如何理解这里的法律效果和社会效果？又如何实现这两者的统一呢？这些问题，都是需要我们研究的。法律效果当然是适用法律所产生的效果，对于个案来说，这是一种个案效果。司法所追求的是公正，因此，个案效果也应该是一种个案公正。然而，由于立法与司法的差异，适用法律的效果未必都是公正的。这就是所谓一般公正和个案公正之间的矛盾与冲突。司法活动在法律所允许的空间范围内，具有一定的调节功能，应该最大限度地追求司法公正。但就刑法而言，受到罪刑法定原则的限制，司法的能动性是有限的。一般公正与个案公正之间的背反，在刑法领域表现为以下两种情形：一是严格依照刑法规定定罪量刑，可能会使具有社会危害性的行为受不到法律的制裁。在这种情况下，仍然依照法律规定办案，虽然形式上维护了法律尊严，具有良好的法律效果，但未能收到良好的社会效果。这里的未能收到良好的社会效果，其实是贯彻罪刑法定原则所必须付出的代价。根据罪刑法定原则，对于法律没有明文规定的行为，绝对不能作为犯罪来处理。因此，社会效果必须付出法律效果。如果在这种情况下，允许为了所谓惩治犯罪的社会效果而牺牲法律效果，那就会对刑事法治造成不可估量的后患。二是严格依照刑法规定定罪量刑，可能会使社会危害性程度尚未达到犯罪程度的行为受到法律的制裁。在这种情况下，无论是根据刑法教义学方法论还是根据刑事政策，都应该继续法律救济。就刑法教义学方法论而言，通过违法阻却事由或者责任阻却事由，可以将那些虽然符合构成要件但没有社会危害性的行为予以排除。在这种情况下，并不是以牺牲法律效果来实现社会效果，而是以刑事政策来进行救济。相对不起诉就是这种救济途径之一种：对于那些犯罪情节轻微的案件，在刑法有免除处罚的明文规定的情况下，当然可以依法作出相对不起诉决定。即使没有具体条文的规定，也可以根据《刑法》第 37 条关于定罪免刑的一般性规定，作出相对不起诉决定。总之，在刑法领域处理法律效果与社会效果的关系时，一定要坚守罪刑法定原则：对于刑法没有明文规定的行为，即使其社会危害性再大，也不能以追求社会效果为由将其入罪。但对于那些刑法有明文规定的行为，如果其社会危害性较小，则可以通过刑法教义学或者刑事政策进行调节，使其出罪。对于我国《刑法》中的聚众斗殴罪，在刑法教义学上，将没有流氓动机的聚集性斗殴行为从其构成要件中予以排除，就具有限缩聚众斗殴罪的构成要件，使其刑事处罚范围更为合理的功能。通过这种刑法教义学的工作，类似本案这种没有流氓动机的群体性械斗事件不能被认定为聚众斗殴罪，如果发生死伤等严重后果的，应当按照相关犯罪追究刑事责任。但对于像本案这样，只是进行了聚集，而没有实际进行斗殴，没有造成死伤等严重后果的案件，就不应该按照聚众斗殴罪处理。如果本案具有流氓动机，并且在客观上进行了聚众，只是由于公安人员的制止，未能实际发生斗殴，则构成聚众斗殴罪的未遂。根据我国《刑法》第 23 条第 2 款之规定，对于未遂犯，可以比照既遂犯从轻或者减轻处罚。由此可见，对于未遂犯不能免除处罚，因此，根据这一规定是不能作出相对不起诉决定的。但聚众斗殴罪的未遂只是实施了聚众行为，而没有实施斗殴这一性质更为严重的主行为，因此，其社会危害性较小。如果综合全案考察，可以认为本案犯罪情节轻微，则仍然可以根据我国《刑法》第 37 条的规定，作出相对不起诉的决定。在这个过程中，体现了宽严相济的刑事政策精神。

从施某某等聚众斗殴案的要旨来说，它是想强调本案通过相对不起诉获得了较好的社会效果，在追求社会效果的名义下，为适用相对不起诉提供根据。这样一种良好用心当然是值得肯定的，这里也有推动相对不起诉适用的策略上的考量在内。但是，我们必须看到，在传统的话语体系中，所谓法律效果与社会效果的统一，一般都是指牺牲法律效果以获得社会效果的代名词，而社会效果成为高悬于法律之上的达摩克利斯之剑，它每每落下的时候，成为违法办案的挡箭牌。因此，所谓法律效果与社会效果统一之类的话语应该摒弃，改换为刑法教义学与刑事政策的关系，纳入这一新的话语进行言说。

施某某等聚众斗殴案实际上还是一个在群体性事件处理中如何进行政策指导

的案件，涉及相对不起诉制度的正确适用。应该说，办案人员在本案办理过程中，针对双方进行了和解工作，作出了巨大的努力。这些法外事务对于社会稳定当然是发挥了作用的。这是一种在中国目前社会环境下所特有的办案方式，确实会有其一定的社会效果，但它也会使司法资源流失，以司法权干预了社会生活，代替了社会管理，这不是法治的常态。

（本文原载《法学论坛》，2014（5））

寻衅滋事罪的法教义学形象：以起哄闹事为中心展开

寻衅滋事罪是我国刑法中一个引人注目的罪名，以往并非常用之罪名。然而，近些年来，寻衅滋事罪在司法实践中大有被滥用的倾向，同时也导致寻衅滋事罪被污名化。在司法解释的推动下，寻衅滋事罪的内涵不断扩张，构成要件所容纳的行为五花八门，使该罪几乎成为破坏社会管理秩序犯罪的兜底罪名。对此，我国学者提出了“寻衅滋事罪在司法适用中的口袋化”的命题，揭示了寻衅滋事罪沦落为口袋罪的深刻背景。[①] 在这种情况下，笔者认为，亟待从法理上重塑寻衅滋事罪的法教义学形象。本文以我国刑法以及司法解释的规定为根据，对最为容易滥用的起哄闹事型寻衅滋事罪的规范构造、司法认定以及网络传谣等问题进行理论探究。

一、起哄闹事型寻衅滋事罪的规范构造

在我国 1979 年《刑法》中并没有寻衅滋事罪之设，在当时的流氓罪中包含

① 参见张训：《口袋罪视域下的寻衅滋事罪研究》，载《政治与法律》，2013（3）。

了寻衅滋事行为。流氓罪的三种基本行为是：聚众斗殴、寻衅滋事、侮辱妇女。在1997年《刑法》修订的时候，鉴于1979年《刑法》中的流氓罪具有口袋罪的性质，将以上三种基本流氓行为予以分解，由此在1997年《刑法》中设置了寻衅滋事罪。1997年《刑法》第293条规定："有下列寻衅滋事行为之一，破坏社会秩序的，处五年以下有期徒刑、拘役或者管制：（一）随意殴打他人，情节恶劣的；（二）追逐、拦截、辱骂、恐吓他人，情节恶劣的；（三）强拿硬要或者任意损毁、占用公私财物，情节严重的；（四）在公共场所起哄闹事，造成公共场所秩序严重混乱的。纠集他人多次实施前款行为，严重破坏社会秩序的，处五年以上十年以下有期徒刑，可以并处罚金。"在这一规定中，立法者对寻衅滋事行为采取了列举的方式。一般认为，列举方式的立法能够体现法律的明确性，有利于司法机关的正确适用，符合罪刑法定原则的精神。但是，寻衅滋事罪中所列举的四种行为之间差异甚大。在以上四种寻衅滋事行为中，随意殴打、追逐、拦截、辱骂、恐吓以及强拿硬要和任意损毁、占用的行为性质与类型较为容易把握，但起哄闹事行为不仅性质模糊，而且类型空泛，在司法实践中容易导致认定上的差错。可以说，在寻衅滋事罪的认定失误中，绝大多数都属于起哄闹事型的寻衅滋事罪。案例1就是起哄闹事型寻衅滋事罪被滥用的典型案件。

案例1：杨某寻衅滋事案①

甘肃省张家川县公安局通过官方微博发布消息称，9月12日，张家川回族自治县张川镇人民西路某KTV歌厅从业人员高某非正常死亡。在案件侦查阶段，公安机关为查明死因，多次要求家属配合尸检，均遭到死者家属无理拒绝。在高某死因未确定的情况下，当地初中生杨某（时年16岁）于9月14日中午在其微博、QQ空间发布所谓高某死亡真相误导群众，造谣发布"警察与群众争执，殴打死者家属""凶手警察早知道了""看来必须得游行了"等虚假信息煽动游行，导致高某系他杀的言论大量传播。当日，部分社会闲散人员转载、浏览杨

① 参见姜伟超：《甘肃警方对张家川县编造虚假信息的中学生杨某从轻处罚》，载新华网，2013-09-22。

某 QQ 空间信息后听信误导，纠集数十人在案发现场呼喊口号，散布关于高某死因的虚假信息，致使案发现场数百群众聚集，交通堵塞，现场失控，社会秩序严重混乱，严重干扰公安机关依法办案。为避免事态扩大升级，当地公安机关决定依法对高某的尸体强制尸检，并结合调查取证、现场勘查、尸体检验、调取相关视频资料等大量事实证据，确定高某系高坠致死，排除他杀。死因通报后，其家属对公安机关的结论无异议。但杨某仍于 9 月 15 日继续在其 QQ 空间、腾讯微博发布不实信息误导舆论。杨某散布谣言、煽动群众游行，严重妨害了社会管理秩序，同时给公安机关在处理高某非正常死亡一案过程中带来极大被动，造成恶劣社会影响。据此，当地公安机关依法对杨某涉嫌寻衅滋事案立案侦查，并于 9 月 17 日将杨某依法刑事拘留。该案被媒体披露以后，引起公众哗然。2013 年 9 月 23 日杨某被释放，其寻衅滋事刑事案件被撤销，改为行政拘留 7 天。

在杨某寻衅滋事案中，被指控的行为是所谓造谣，即散布网络谣言。显然，这种行为只能归之于寻衅滋事罪中的起哄闹事行为。那么，散布网络谣言为什么可以被认定为起哄闹事型的寻衅滋事罪呢？这里需要对起哄闹事的特征加以具体分析。应该说，起哄闹事是一个十分生活化的词汇。在汉语词典中，起哄的意思是胡闹、捣乱；闹事的意思也是捣乱。[①] 因此，起哄与闹事基本上是同义词，只不过起哄一词较为具象，而闹事一词较为抽象。在刑事立法中，为了实现法律明确性，一般都采用专业术语。这些专业术语的含义较为固定，行为特征明确，较为容易被司法工作人员把握。但刑法条文不可能完全由专业术语构成，生活用语进入刑法也是较为常见的，只不过对生活用语应当更为严格地解释，赋予其独立的含义，避免泛化理解。起哄闹事也是如此：作为一个生活用语被刑法采用以后，其所描述的行为究竟何指？这是应该专门讨论的问题。值得注意的是，《刑法》第 293 条并不是孤立地使用起哄闹事一词，而是表述为“在公共场所起哄闹事，造成公共场所秩序严重混乱的”。当然，在这一法律叙述中，起哄闹事是核

① 参见中国社会科学院语言研究所词典编辑室编：《现代汉语词典》，5 版，985、1076 页，北京，商务印书馆，2005。

心词，用来描述行为特征，只不过对于起哄闹事行为应当置于前后用语所构成的特定语境中加以理解。全国人大常委会法制工作委员会刑法室将起哄闹事型的寻衅滋事解释为“出于取乐、寻求精神刺激等目的，在公共场所无事生非，制造事端，扰乱公共场所秩序”[①]。在这一解释中，除主观目的和特定场所的限制以外，将起哄闹事界定为“无事生非，制造事端”。由此可见，正确理解无事生非、制造事端，是认定起哄闹事型寻衅滋事罪的关键所在。笔者认为，无事生非、制造事端这八个字，还是较为准确地揭示了起哄闹事型寻衅滋事罪的本质特征，对于认定起哄闹事型寻衅滋事罪具有重要指引意义。当然，就杨某寻衅滋事案而言，还涉及网络寻衅滋事罪的认定问题。要正确地理解起哄闹事型寻衅滋事罪，可以从保护法益、行为类型和主观违法要素三个方面加以考察。

（一）保护法益

在讨论起哄闹事型寻衅滋事罪的保护法益的时候，涉及对《刑法》第293条规定的寻衅滋事罪的保护法益——社会秩序与起哄闹事型寻衅滋事罪所特有的保护法益——公共场所秩序间之关系的理解。就寻衅滋事罪所保护的法益而言，在总括性的规定中，立法机关将社会秩序确立为该罪的保护法益，因此，破坏社会秩序是该罪的本质特征。在列举事项中，第一、二项属于侵犯人身权利的犯罪，保护法益是他人的身体健康权和他人的自由行动权与人格权。第三项属于侵犯财产权利的犯罪，保护法益是他人的财产权利。第四项属于侵犯公共场所秩序的犯罪，保护法益是公共场所秩序。从以上分析可以看出，寻衅滋事罪的客体存在双重性，即一般客体与具体客体：一般客体是社会秩序，这是四种具体寻衅滋事行为都必须具备的共同客体。这四种寻衅滋事行为所侵犯的具体客体又分别是健康权、自由行动权、人格权、财产权和公共场所秩序。换言之，这四种寻衅滋事行为的具体客体与该罪的一般客体不相一致。在这种情况下，如何协调寻衅滋事罪的一般客体与起哄闹事型寻衅滋事罪的具体客体之间的关系？

---

① 全国人大常委会法制工作委员会刑法室编：《中华人民共和国刑法条文说明、立法理由及相关规定》，293页，北京，北京大学出版社，2009。

在此，首先需要正确界定作为寻衅滋事罪一般客体的社会秩序。寻衅滋事罪被规定在我国《刑法》分则第六章第一节，第六章是关于妨害社会管理秩序的犯罪，因此该章的保护法益是社会管理秩序。这里的社会管理秩序是一个复合的概念，是秩序的社会性与管理性的统一。首先，社会管理秩序包含了社会秩序，这里的社会秩序是与政治秩序、经济秩序相对应的概念，是社会生活秩序。同时，社会管理秩序又包含了管理秩序，具有国家对社会秩序进行管理的内容。社会管理秩序的社会性与管理性处于一种融合的状态，两者不可分离。任何社会秩序都不是自发的、原始的秩序，而是包含了国家的管理性。同样，社会秩序是国家管理活动的对象，因此，国家管理活动不能脱离原生的社会秩序。尽管如此，在社会管理秩序当中，社会秩序与管理秩序这两者还是具有相对独立性的，因此，在妨害社会管理秩序的犯罪中，某些犯罪是妨害社会秩序本身的，另外一些犯罪则是妨害国家对社会秩序的管理活动的。其中，我国《刑法》分则第六章第一节“扰乱公共秩序罪”就是以妨害社会秩序本身为内容的犯罪。值得注意的是，该节的保护法益是公共秩序，这里的公共秩序含义是相当宽泛的，蕴含了社会生活的各个领域。公共秩序应该包括公共场所秩序与社会秩序。在该节规定的犯罪中，也确实存在某些以妨害公共场所秩序为内容的个罪，例如《刑法》第 291 条规定的聚众扰乱公共场所秩序罪，这里的公共场所是指车站、码头、民用航空站、商场、公园、影剧院、展览会、运动场等特定的场所。同时，在该节规定的犯罪中，还存在某些以妨害社会秩序为内容的个罪，例如《刑法》第 290 条规定的聚众扰乱社会秩序罪，这里的社会秩序是狭义上的，指工作、生产、营业和教学、科研秩序。显然，在我国刑法中，公共场所秩序与狭义上的社会秩序这两者是一种并列关系，其界限是明确的。但在《刑法》第 293 条规定的寻衅滋事罪中，作为其总客体的社会秩序又是广义上的，包括公共场所秩序。这是对《刑法》第 293 条关于保护法益的规定进行分析以后得出的必然结论。

应当指出，破坏社会秩序作为寻衅滋事罪的一般客体，对于该罪的性质具有决定作用，并且制约着四种具体寻衅滋事行为的性质。因此，第一至第四项寻衅滋事行为，并不是简单的侵犯人身权利、财产权利或者公共场所秩序的行为，而必然同时具有破坏社会秩序的性质。换言之，行为人是通过对人身权利、财产权利和公共场所秩序的侵害来达到对社会秩序破坏的目的。这一点，在具体的寻衅滋事行为的认定当中具有重要意义。但是，作为寻衅滋事罪的一般客体的社会秩序与前三项具体寻衅滋事行为所侵犯的具体客体之间存在的是并存关系，而与第四项起哄闹事型寻衅滋事行为之间存在的是种属关系，这两种关系在逻辑上是有所不同的。对此需要加以具体论证。

社会秩序与人身权利、财产权利之间的关系之所以被界定为并存关系，是因为社会秩序与人身权利、财产权利是两种不同性质的社会关系，两者并不重合。换言之，侵犯人身权利与财产权利的行为并不一定侵犯社会秩序。在这种情况下，侵犯人身权利与财产权利的寻衅滋事行为，必然要同时侵犯社会秩序、人身权利与财产权利，具有双重客体。因此，区分侵犯人身权利与财产权利的行为是否构成寻衅滋事罪，不仅要考察这种行为是否侵犯了人身权利与财产权利，还要考察这种行为是否同时侵犯了社会秩序。例如殴打他人的行为，如何认定破坏社会秩序的殴打他人呢？笔者认为，可以从三个方面考察：(1) 殴打对象是特定的还是不特定的。一般来说，对不特定的他人进行殴打，往往具有破坏社会秩序的性质。(2) 殴打地点是否在公共场所。一般说来，在公共场所殴打，即使是殴打特定的对象，也具有破坏社会秩序的性质。(3) 主观上是否具有流氓动机。行为人出于流氓动机的殴打他人具有破坏社会秩序的性质。由此可见，寻衅滋事罪中的侵犯人身权利与财产权利的行为，都必须具有破坏社会秩序的性质，才能构成寻衅滋事罪，否则，只是一般的侵犯人身权利或者侵犯财产权利的行为。但是，起哄闹事型寻衅滋事罪的具体客体——公共场所秩序与寻衅滋事罪的一般客体——社会秩序之间的关系有所不同，它不是并存关系，而是种属关系。换言之，公共场所秩序是社会秩序的一种特殊表现形式，侵犯公共场所秩序必然侵犯社会秩序。因此，起哄闹事型寻衅滋事罪并不具有双重客体，而是具有单一客体——公共场所秩序。

寻衅滋事罪所具有的一般客体与具体客体之间的这种复杂关系，增加了寻衅滋事罪司法认定的难度。在一般情况下，前三种类型的寻衅滋事罪认定的关键在于，将寻衅滋事行为与单纯的侵犯人身权利、财产权利的行为加以区分；而起哄闹事型寻衅滋事罪认定的关键则在于，确认行为是否具有侵犯公共场所秩序的性质。因此，保护客体对于上述两种寻衅滋事罪的认定的指导作用略有不同，对此应当深刻把握。

保护法益是设置罪名的重要根据，对于正确地塑造个罪的法教义学形象具有指导意义。应该指出，在犯罪构成中，保护（的）法益与侵害（的）客体之间具有相对性，这是从不同角度对犯罪性质所作的描述。在本文的叙述当中，这两者是可以替换的。保护法益主要是德、日刑法学三阶层的犯罪论体系中的话语，而侵害客体主要是苏俄及我国传统刑法学四要件的犯罪论体系中的言说，两者尽管存在一定的语境差别，但其功能还是相同的。传统的法益分为个人法益、社会法益和国家法益，由此将犯罪划分为侵害个人法益的犯罪、侵害社会法益的犯罪与侵害国家法益的犯罪。当然，目前对法益的分类更倾向于将法益分为个人法益与超个人法益。在这一分类中，社会法益与国家法益都归入超个人法益。就个人法益与超个人法益的关系而言，强调的是个人法益的基础性地位，而不能把超个人法益理解为一个凌驾于个人法益之上的概念。正如张明楷教授指出："将法益分为个人法益与超个人法益，并不意味着超个人法益是超越个人法益之上的法益，不意味着超个人法益优于个人法益，只是意味着不属于特定个人法益的法益；超个人法益是个人法益的集合，故仍然是个人法益，与个人法益只有量的区别，没有质的界限；但在表象上，超个人法益与个人法益也会存在暂时的矛盾与冲突。"① 尽管张明楷教授没有具体论及个人法益和超个人法益之间的矛盾与冲突，但在设置罪名的时候，如何处理侵害个人法益的犯罪与侵害超个人法益的犯罪之间的关系，确实是一个值得考虑的问题。在德、日刑事立法中，都尽量避免侵害不同法益的犯罪之间的重合，具体做法是：以侵害个人法益的犯罪为核心设置罪名，只对那些无法被纳入侵害个人法益的犯罪的行为，才单独设置罪名，并且并不包含侵害个人法益的内容。但在我国刑法中，是根据犯罪所侵害的客体对犯罪

① 张明楷：《法益初论》（修订版），246页，北京，中国政法大学出版社，2003。

进行分类。危害公共安全罪侵害的客体是公共安全，侵犯人身权利罪所侵害的客体是人身权利，侵犯财产权利罪所侵害的客体是财产权利，妨碍社会管理秩序罪所侵害的客体是社会秩序。在这些客体之间存在着重合，因此，设置的罪名的构成要件也出现了大量的重合，由此导致各种法条竞合现象的存在。

寻衅滋事罪也是如此。该罪所保护的法益是社会秩序，但其行为方式包含了侵害人身权利与财产权利以及破坏公共场所秩序等内容，由此而可能使该罪与侵犯人身权利罪、侵犯财产权利罪或者破坏公共场所秩序罪之间发生重合。正是基于此，我国学者甚至提出了废止寻衅滋事罪的观点，认为：从立法论来说，寻衅滋事罪没有独特的法益存在，这也正是废止该罪的理由之一。[①] 当然，从刑法教义学的立场出发，我们还是要以现行立法为根据，对寻衅滋事罪的保护法益进行合理解释，使之在塑造寻衅滋事罪的法教义学形象方面发挥重要作用。就我国刑法对寻衅滋事罪的规定来看，立法机关明确地把破坏社会秩序确定为寻衅滋事罪的构成要件要素，对于法条所规定的具体寻衅滋事行为具有作为解释根据的功能。殴打他人、辱骂他人以及强拿硬要等侵害人身权利与财产权利的行为，只有当其具有破坏社会秩序的性质的时候，才能构成寻衅滋事罪。如果不具有破坏社会秩序的性质，则上述行为并不构成寻衅滋事罪。至于起哄闹事型寻衅滋事罪，其所侵犯的公共场所秩序对于行为的性质认定更是具有重要意义，因为起哄闹事行为在日常生活中是极为常见的，并非所有此种行为都构成寻衅滋事罪；只有当这种起哄闹事行为造成破坏公共场所秩序的后果的时候，才能将其认定为寻衅滋事罪。

（二）行为类型

在刑法教义学中，构成要件是一种行为类型，每一种犯罪都具有其特殊的行为类型。这里涉及对具体犯罪的构成要件行为的归类与定型。在刑法中，立法机关对行为的规定都具有类型性的特征。但是，各种不同的犯罪在其类型性上是有所不同的：有些犯罪的类型化程度较高，而另外一些犯罪的类型化程度较低。相

---

① 参见王良顺：《寻衅滋事罪废止论》，载《法商研究》，2005（5）。

对来说，寻衅滋事罪是类型化程度较低的一种犯罪行为。那么，为什么寻衅滋事罪的定型化程度较低呢？笔者认为，这是寻衅滋事罪的构成要件行为的性质所决定的。

寻衅滋事罪的寻衅滋事行为，作为一种构成要件行为，并不是以其行为的外部特征而显现的，而是以该行为所具有的性质而呈现的。在这种情况下，寻衅滋事行为的定型化根据并不完全是行为的事实性要素，而在一定程度上是行为的评价性要素。毫无疑问，以评价性要素为根据的构成要件行为，其定型化程度显然要比以事实性要素为根据的构成要件行为的定型化程度差得多。我们可以比较杀人行为与侮辱行为：杀人行为是以剥夺他人生命这一事实性要素为内容的，该行为较为直观与具体，其定型化程度较高。而侮辱行为是以贬低他人的人格这一评价性要素为内容的，该行为较为宏观与抽象，其定型化程度较低。显然，寻衅滋事行为并不都是以事实性要素为根据的构成要件行为，某些寻衅滋事行为是以评价性要素为根据的构成要件行为。因此，相对来说，寻衅滋事罪的构成要件行为的定型化程度较低。

寻衅滋事罪定型化程度的高低，还与刑法对寻衅滋事行为的设定直接相关联。德国学者李斯特曾经在关于立法机关对构成要件的描述时论及原因犯与行为犯的区分：原因犯（Verursachungsdelikte）是指立法机关将任何促成外界发生变化的行为规定为构成要件的行为（如“杀人”＝造成死亡），行为犯（Taetigkeitsdelikte）是指立法机关以犯罪的外部特征描述犯罪行为（宣示，通奸等）。[①] 应该指出，李斯特本身并不赞同行为犯的概念，而原因犯也是引自弗兰克。尽管如此，还是可以说明这些概念对于立法机关对构成要件行为的规定具有一定的说明意义。当然，原因犯的提法不如结果犯的提法更为合适。结果犯是以结果为中心加以规定的，因此也是所谓助成犯。在这种犯罪类型中，立法机关主要对法定结果作了规定，对于行为则没有更为详细的描述。只要能够引起某种

---

① 参见［德］李斯特：《德国刑法教科书》（修订版），徐久生译，207页，北京，法律出版社，2006。

结果发生的，就是该结果犯的构成要件行为。因此，结果犯的构成要件行为的定型化主要依赖于结果。与之相反，行为犯则是以行为为中心加以规定的，立法机关对行为的特征予以详细的描述。就行为犯而言，其构成要件行为的定型化并不依赖于结果，而是其行为自身所决定的。

寻衅滋事罪并不是结果犯，因此不能依赖某种结果来实现该罪的构成要件行为的定型化。寻衅滋事罪是行为犯，刑法虽然规定以情节恶劣、情节严重或者造成公共场所秩序严重混乱作为罪量要素，但对于该罪来说，只有通过行为本身才能完成其构成要件行为的定型化。正是考虑到寻衅滋事行为是以评价性要素为根据设立的行为类型，具有框架性的特征，立法者对寻衅滋事行为采取了列举的立法方式。以这四种行为构成的寻衅滋事罪不同于一般意义上的行为犯，因为一般意义上的行为犯都是单一的行为，其内容是极为容易把握的。寻衅滋事罪这种行为犯可以说是行为聚集犯，即数种不同的行为聚集而成的犯罪。这数种行为之间并不是通过行为自身的性质而聚合为一罪的，而是因数种行为侵害相同的客体而聚合为一罪的。在这种情况下，寻衅滋事罪的构成要件的理解与认定具有不同于其他犯罪的特殊性。

一般而言，列举是最为明确的立法方法。我国刑法中，对大量犯罪采取了列举方式。我们发现，我国刑法中的列举立法在性质上存在较大的区别：有些列举只是对构成要件某一要素的列举，这种列举具有提示性功能；而有些列举是对构成要件行为的具体规定，这种规定就具有法定性，是在认定犯罪的时候必须依照的，属于罪刑法定原则中的法律明文规定。立法机关对寻衅滋事罪四种行为的列举就属于后一种情形。因为寻衅滋事行为本身较为抽象，因此，立法机关采取明文列举的方式对寻衅滋事行为进行描述。行为只有符合刑法关于寻衅滋事行为的规定，才能被认定为犯罪。当然，这里也必须指出，刑法所列举的四种寻衅滋事行为之间跨度较大，缺乏密切的关联性。在这种情况下，仅仅根据刑法所列举的寻衅滋事行为本身还难以认定犯罪成立。在认定犯罪的时候，还要根据保护法益以及下文所要论及的主观违法要素等辅助性的标准。

在寻衅滋事罪的四种具体行为中，前三种行为在类型化程度上又要高于第四种行为。前三种寻衅滋事行为分别是：随意殴打、追逐、拦截、辱骂、恐吓以及强拿硬要和任意损毁、占用。在这些行为类型中，除立法者所添加的“随意”和“任意”之类的表明主观要素的用词以外，就客观行为的类型而言，都是极为定型的行为，例如殴打、恐吓、损毁、占用等。例如，在日本刑法中虽然没有类似我国刑法中的寻衅滋事罪之设，但我国刑法所规定的寻衅滋事行为，在日本刑法中一般都被规定为侵犯人身权利或者侵犯财产权利的犯罪。日本刑法第208条规定了暴行罪，这里的暴行也就是没有达到伤害程度的一般殴打，与我国刑法规定的寻衅滋事罪中的殴打行为相似。只不过在日本刑法中只要是殴打他人，就可以构成暴行罪，但在我国刑法中，只有破坏社会秩序的随意殴打他人才构成寻衅滋事罪，一般性的殴打只是受治安管理处罚的行为。此外，日本刑法第222条规定了胁迫罪，这里的胁迫是指以加害生命、身体、自由、名誉或者财产相威胁而胁迫他人，与我国刑法规定的寻衅滋事罪中的恐吓行为相似。由此可见，日本刑法的罪名设置更为具体，其行为特征更为明确。但是，我国《刑法》第293条所规定的起哄闹事行为是其他国家的刑法所没有规定的。起哄闹事的行为特征较难界定，主要原因还是其类型化程度较低。如果把起哄闹事解释为无事生非、制造事端，则稍微容易理解一些，但无事生非之类的表述也还是具有一定的模糊性。

我国学者在论及起哄闹事行为时，曾经揭示出该行为具有煽动性、蔓延性、扩展性三个特征。[1] 这里的煽动性，是指起哄闹事行为具有煽动犯的特征：以语言为媒介，对不特定的他人进行煽动。煽动性较好地描述了起哄的性质，是起哄闹事行为最为突出的外在特征。蔓延性是指起哄闹事是在公共场所实施的，因此其影响所及非行为人所能控制，会蔓延到较大的范围。扩展性是指起哄闹事的行为与后果都有可能进一步扩大，甚至会将其他人卷入，从而产生较为严重的社会危害性。在某种意义上说，起哄闹事具有聚众犯的特征：参与的人数较多。这也是起哄闹事行为与前三种寻衅滋事行为的主要区分之所在。

---

① 参见张明楷：《寻衅滋事罪探究（上篇）》，载《政治与法律》，2008（1）。

（三）主观违法要素

主观违法要素并非指故意或者过失等主观责任要素，其所要解决的并不是主观责任问题，而是违法性问题。因此，我们首先要把主观违法要素与主观责任要素加以区分。寻衅滋事罪是故意犯，当然具有主观上的责任要素。那么，寻衅滋事罪是否还需要具备主观违法要素呢？对此，刑法并没有规定，因此并不存在法定的主观违法要素。所谓法定的主观违法要素，是指刑法明文规定的主观违法要素。例如《刑法》第152条针对走私淫秽物品罪，规定行为人主观上必须具有传播或者牟利的目的。这就是一种法定的主观违法要素，该主观要素限定了走私淫秽物品罪的构成要件范围。其功能与故意或者过失的完全不同：故意或者过失是在确定了行为的违法性以后，为主观上的责任追究提供根据。没有故意或者过失，就没有责任，但没有责任并不改变违法性这一客观事实。因此，主观违法要素具有确定行为的违法性及其程度的功能，而主观责任要素具有确定行为人的责任及其程度的功能。这是两种不同的功能，不能混为一谈。

主观违法要素，除法律明文规定的以外，还包括非法定的情形。非法定的主观违法要素是指虽然刑法条文没有具体规定，但在刑法教义学上通过目的性限缩解释而确定的限定构成要件范围的主观要素。关于寻衅滋事罪是否存在主观违法要素，在刑法理论上存在争议。通说是肯定寻衅滋事罪有主观违法要素的，这一要素来自该罪的前身——流氓罪。1997年寻衅滋事罪从流氓罪中分解出来以后，是否还需要具有这种主观违法要素？从目前我国刑法理论著作的叙述来看，一般都论及寻衅滋事罪的动机。例如，有学者指出：“（寻衅滋事罪）犯罪动机有的是为了逞强争霸，显示威风；有的是为了发泄不满情绪，报复社会；有的是为了开心取乐，寻求精神刺激，获取某种精神上的满足。”[①] 这里虽然没有将这种动机确定为寻衅滋事罪成立的必备要素，但从论者关于寻衅滋事罪与由民事纠纷引发的闹事行为的区分的论述中还是可以看出，这种动机是该罪所不可或缺的，具有罪与非罪的区分功能。应该说，这种关于寻衅滋事罪的动机的论述沿袭了关于流

---

① 周道鸾、张军主编：《刑法罪名精释》，4版，下，727页，北京，人民法院出版社，2013。

氓罪的流氓动机的观点，也是沿革解释的应有之义。当然，我国也有学者对此持相反的观点，认为流氓动机并不是寻衅滋事罪的主观违法要素，并从六个方面进行了论证，根据之一是："不将流氓动机作为寻衅滋事罪的责任要素，也完全可以从客观上判断某种行为是否属于寻衅滋事行为。"① 以上论述，主要是否定寻衅滋事的动机具有认定犯罪的功能，包括区分功能。在笔者看来，情况并非如此。对寻衅滋事行为主要通过客观要素加以认定，这是没有疑问的。但在某些情况下，所谓流氓动机也会起到对寻衅滋事行为的定性的作用。例如，从客观上考察，殴打是一种没有达到伤害程度的暴力打击行为，无故殴打行为可以在一定程度上区别于事出有因的殴打。然而，据此还是难以准确地认定寻衅滋事行为。在此基础上，再参考主观上是否具有流氓动机，可以为最终认定寻衅滋事行为提供根据。因此，流氓动机作为寻衅滋事罪的主观违法要素，具有对该罪构成要件的限缩功能，对于寻衅滋事罪的正确认定具有重要意义。

我国关于寻衅滋事罪的司法解释确认了寻衅滋事罪的主观违法要素。2013年7月15日最高人民法院、最高人民检察院《关于办理寻衅滋事刑事案件适用法律若干问题的解释》[以下简称《解释（一）》] 第1条规定："行为人为寻求刺激、发泄情绪、逞强耍横等，无事生非，实施刑法第二百九十三条规定的行为的，应当认定为'寻衅滋事'。"这里的"寻求刺激、发泄情绪、逞强耍横"指的就是所谓流氓动机。这是一种无事生非型的寻衅滋事罪。除此以外，《解释（一）》还规定了借故生非型的寻衅滋事罪，指出："行为人因日常生活中的偶发矛盾，借故生非，实施刑法第二百九十三条规定的行为的，应当认定为'寻衅滋事'，但矛盾系由被害人引发或者被害人对矛盾激化负有主要责任的除外。"那么，这种所谓借故生非型的寻衅滋事罪，主观上是否也需要流氓动机？从司法解释的规定的行文来看，似乎是根据行为的起因认定的，但这种借故生非的行为起因还是反映了行为人主观上的流氓动机。以上司法解释的规定都表明，行为人只是在客观上实施了《刑法》第293条所规定的行为，还不足以构成寻衅滋事罪，

① 张明楷：《刑法学》，4版，939页，北京，法律出版社，2011。

还需要同时具备主观上的流氓动机。由此可见，流氓动机这一主观违法要素对于寻衅滋事罪的性质认定具有不可或缺的作用。

当然，在刑法教义学上，对于寻衅滋事罪的主观违法要素如何表述也是一个值得推敲的问题。我国传统刑法理论都称之为流氓动机。流氓动机不仅存在于寻衅滋事罪当中，而且存在于聚众斗殴罪当中。将司法解释所概括的"寻求刺激、发泄情绪、逞强耍横"等主观要素称为流氓动机，可能会招致的一个诘难是：我国刑法中已经废除了流氓罪，怎么还有流氓动机呢？但将其称为寻衅滋事动机，又不能超越该罪而适用于聚众斗殴罪。在这种情况下，笔者认为，仍然将已经约定俗成的流氓动机用来描述寻衅滋事罪以及聚众斗殴罪的主观违法要素，也是一种无奈之举。

对于起哄闹事型寻衅滋事罪来说，主观违法要素同样是十分重要的构成要素。可以说，没有流氓动机，就不能构成起哄闹事型寻衅滋事罪。在这一点上，主观违法要素的意义于前三种寻衅滋事行为中是相同的，不同在于，对于前三种具体的寻衅滋事行为来说，主观违法要素更具有动机的性质，由此而与该行为所追求的目的存在明显的区别。例如，殴打他人是一种侵犯人身权利的违法行为，行为人的主观目的是造成对他人身体的损害。在这种情况下，殴打他人可能出于各种不同的动机。寻衅滋事罪的殴打他人，是指基于流氓动机而实施的侵犯人身权利的行为。因此，在犯罪的动机与目的之间存在差异性。而在起哄闹事型寻衅滋事罪中，起哄闹事行为的动机是寻求刺激、发泄情绪、逞强要横，其目的也是寻求刺激、发泄情绪、逞强耍横。在此，具有流氓动机与流氓目的的一致性。这是由起哄闹事型寻衅滋事行为的特征所决定的：无事生非、制造事端的起哄闹事行为的目的就在于破坏公共场所秩序，这一点正好是与其流氓动机重合的。由此可见，相对来说，主观违法要素在起哄闹事型寻衅滋事行为的定性方面的作用不如在前三种寻衅滋事行为的定性方面的作用重要。在这种情况下，对于起哄闹事型寻衅滋事罪来说，客观违法要素的认定也许是更为重要的。

二、起哄闹事型寻衅滋事罪的司法认定

我国《刑法》第293条对寻衅滋事罪采取了明文列举的方式，这有利于对寻衅滋事罪的司法认定。但是，对寻衅滋事罪并不能仅仅根据客观行为加以认定，还需要结合保护法益与主观违法要素进行综合判断。尤其是《刑法》第293条规定的四种寻衅滋事行为之间存在着较大的差异，相应的司法认定具有一定的难度。下文根据刑法规定和司法解释，结合具体案例，侧重于对起哄闹事型寻衅滋事罪的司法认定问题进行探讨。

（一）公共场所的界定

在公共场所起哄闹事在寻衅滋事罪的四种具体行为方式中是极为特殊的：其他三种行为都是破坏社会秩序的行为，但起哄闹事是破坏公共场所秩序的行为，因为刑法明确地将造成公共场所秩序严重混乱作为其构成犯罪的标准。而且，其他三种行为都涉及对他人的人身权利、财产权利的侵害，唯独起哄闹事行为是单纯的破坏公共场所秩序的行为。这里的起哄闹事，是指出于流氓动机，在公共场所无事生非、制造事端。可以说，制造事端，吸引众人聚集围观，或者造成公众恐慌离散，从而扰乱公共场所秩序，是该行为的本质特征。

那么，如何理解这里的公共场所秩序？认定公共场所秩序的关键在于公共场所的界定。应该说，公共场所在我国刑法中是一个具有特定内涵的概念。如前所述，我国刑法对破坏公共场所秩序的犯罪作了专门规定，例如第六章第一节的节名就是扰乱公共场所秩序罪。这里的公共秩序显然包括公共场所秩序。我国刑法还设置了有关具体罪名。此外，我国刑法还设置了一些具体罪名，例如《刑法》第291条规定聚众扰乱公共场所秩序罪时明确列举的公共场所包括：车站、码头、民用航空站、商场、公园、影剧院、展览会、运动场或者其他公共场所。关于公共场所的性质，根据全国人大法工委刑法室的解释，是指具有公共性的特点，对公众开放，供不特定的多数人随时出入、停留、使用的

场所。[①] 根据这一特点，全国人大常委会法工会刑法室编的相关著作将“其他公共场所”界定为礼堂、公共食堂、游泳池、浴室、农村集市等。司法解释对此也作了明确规定。例如，《解释（一）》第5条所规定的公共场所与上述解释和界定完全相同。由此可见，对于“其他公共场所”这一概然性规定，我国立法机关和司法机关已经达成共识。因此，在对起哄闹事型寻衅滋事罪认定的时候，应当严格按照司法解释关于公共场所的规定认定犯罪。如果不是发生在公共场所，就不存在对公共场所秩序扰乱的问题，也就不能认定为起哄闹事型寻衅滋事罪。

（二）事出无因与有因的区分

寻衅滋事罪的构成必须具备主观违法要素，而我国司法解释将这种主观违法要素规定为寻求刺激、发泄情绪、逞强要横。对于起哄闹事型寻衅滋事罪来说，也是如此。应该说，这里的寻求刺激、发泄情绪、逞强要横虽然是行为人的主观心理要素，但它是通过客观外在要素表现出来的。对此，司法解释归结为无事生非。因此，寻衅滋事行为都具有无因性。在没有缘由的情况下，实施了《刑法》第293条所规定的寻衅滋事行为。例如，随意殴打他人中的“随意”，任意损毁财物中的“任意”，都反映了这种无因的特征，对于认定寻衅滋事罪具有重要意义。关于起哄闹事行为，虽然立法机关没有从字面上描述这种无因性，但基于对寻衅滋事罪的主观违法要素的把握，其同样以事出无因为特征。即使从字面上解读，起哄闹事也具有无理取闹的含义在内。因此，无因性是起哄闹事型寻衅滋事罪的应有之义。在某些案件中，行为人出于个人目的而在公共场所聚集，以较为极端的方法吸引公众注意，这种行为即使扰乱了公共场所秩序，也不应被论以寻衅滋事罪。

案例2：洪某春寻衅滋事案[②]

洪某春为达到解决个人问题的目的，欲以到天安门广场自焚的方式制造影

① 参见全国人大常委会法制工作委员会刑法室编：《中华人民共和国刑法条文说明、立法理由及相关规定》，602页，北京，北京大学出版社，2009。

② 参见刘树德：《实践刑法学·个罪》，I，381～382页，北京，中国法制出版社，2009。

响，于2006年1月26日17时许，携带汽油、打火机等物品，来到天安门广场金水桥东华表附近，将随身携带的汽油浇在自己身上欲自焚，被周围群众制止，造成周边多人围观，公共场所秩序严重混乱。

一审法院认为，被告人洪某春为解决个人问题，在公共场所欲以自焚方式制造影响，造成公共场所秩序严重混乱的后果，其行为已构成寻衅滋事罪，依法应予惩处。故判决如下：被告人洪某春犯寻衅滋事罪，判处有期徒刑8个月。

洪某春不服一审判决，提起上诉。

二审法院认为，上诉人洪某春法制观念淡薄，不寻求正当途径解决其个人问题，而在公共场所欲以自焚方式制造影响，造成了公共场所秩序的严重混乱，其行为妨害了社会管理秩序，已构成寻衅滋事罪，依法应予惩处。遂依照《中华人民共和国刑事诉讼法》第189条第1项之规定，裁定如下：驳回上诉，维持原判。

在本案中，洪某春自焚的行为发生在公共场所，并且也对公共场所秩序造成了破坏，这些都是客观事实。但是，洪某春的行为是否成立寻衅滋事罪，关键还要考察是否具有该罪所要求的主观违法要素。洪某春虽然出于个人目的，但没有寻求刺激、发泄情绪、逞强耍横的流氓动机，其在公共场所自焚的行为虽然扰乱了公共场所秩序，但其行为不能被认定为起哄闹事，因此不应论以寻衅滋事罪。当然，如果行为人并非真想自杀、自残，而是以此为借口制造事端，吸引公众的围观，故意破坏公共场所秩序，则其行为可以构成寻衅滋事罪。由此可见，主观违法要素对于起哄闹事型寻衅滋事罪的认定具有重要意义。

当然，无因与有因也不是绝对的。除规定无事生非型寻衅滋事罪以外，司法解释还规定了借故生非型寻衅滋事罪。《解释（一）》第1条第2、3款规定：“行为人因日常生活中的偶发矛盾纠纷，借故生非，实施刑法第二百九十三条规定的行为的，应当认定为‘寻衅滋事’，但矛盾系由被害人故意引发或者被害人对矛盾激化负有主要责任的除外。”“行为人因婚恋、家庭、邻里、债务等纠纷，实施殴打、辱骂、恐吓他人或者损毁、占用他人财物等行为的，一般不认定为‘寻衅滋事’，但经有关部门批评制止或者处理处罚后，继续实施前列行为，破坏社会

秩序的除外。”根据这一司法解释的规定，所谓借故生非，是指虽然事出有因，但行为人利用纠纷、矛盾或者事态进行挑衅，实施寻衅滋事行为。当然，对于这种借故生非的寻衅滋事行为构成犯罪，司法解释进行了某种限制。这是完全正确的。应该说，无事生非型寻衅滋事罪是主要的，而借故生非型寻衅滋事罪只是个别的，具有补充性，故应当对其入罪条件加以严格限制。对于起哄闹事型寻衅滋事罪来说，也是如此。在一般情况下，都是无事生非，也就是无理取闹，故意捣乱。借故生非型的起哄闹事行为，在一般情况下是难以构成寻衅滋事罪的。

（三）定性与定量的分析

在司法实践中，《刑法》第 293 条所规定的四种寻衅滋事行为中构成犯罪的主要是前三种行为，第四种起哄闹事行为构成寻衅滋事罪的案例所见不多。例如，在刘树德法官整理的 177 个寻衅滋事罪案例中，司法机关认定为起哄闹事型寻衅滋事罪的案例共计 6 个，所占比例只有 4% 左右。① 即使在这六个归入起哄闹事型寻衅滋事罪的案例中，其中四个还伴随有轻微的打砸行为。这主要是因为，起哄闹事行为的不法程度较低，而前三种寻衅滋事行为的不法程度较高。例如随意殴打他人，一般都会造成一定的人体损害后果；任意损毁财物，一般都会造成一定的财产损坏后果。这些后果都具有物理形态，是可以测量的，因此便于认定。但起哄闹事行为本身性质并不是十分严重，而严重破坏公共场所秩序的后果也具有一定的抽象性，难以准确判断。以上原因，影响了对起哄闹事型寻衅滋事罪的认定。

案例 3：吉拿阿斯寻衅滋事案②

2000 年 3 月 8 日，吉拿阿斯在家务农时，不慎将右手手指砸伤，经雷波县林业局职工医院缝合治疗，后于 2000 年 3 月 11 日到雷马屏监狱医院治疗，医生嘱其住院治疗，因其称家庭经济困难，后在门诊为其治疗，至同月 27 日在征得患者同意后，为其进行手术。术中吉拿阿斯不配合，医生只好将其手指残存组织缝

① 参见刘树德：《实践刑法学·个罪》，Ⅰ，307 页以下，北京，中国法制出版社，2009。

② 参见刘树德：《实践刑法学·个罪》，Ⅰ，382～383 页，北京，中国法制出版社，2009。

合。后吉拿阿斯及其亲属以“右手上肢疼痛，不能活动”“医生看不起彝族”等为由，多次纠缠医院院长，并睡在其家门口；并多次到医院护士办公室无理纠缠、高声谩骂，使医务人员无法上班、病人不能正常就诊，以此要求医院赔偿。后经雷波县医疗事故鉴定委员会鉴定，吉拿阿斯手指的伤患不属于医疗技术责任。但雷马屏监狱医院迫于无奈仍以调解方式，于2001年3月15日付给吉拿阿斯3 000元，并免去其所欠医疗费450元，以了结此事。吉拿阿斯收钱后再次于2001年3月26日前往监狱医院纠缠滋事，并称已服毒药，要死在医院。其亲属也随后前来，动手砸坏医院院长家的门窗，并殴打其妻，并扬言要铲平医院，导致该院秩序严重混乱。法院认为，被告人吉拿阿斯无视国法，在公共场所起哄闹事，造成公共场所秩序严重混乱，其行为已构成寻衅滋事罪。遂依据刑法相关规定，作出如下判决：被告人吉拿阿斯犯寻衅滋事罪，判处有期徒刑1年零6个月。

以上案例是典型的“医闹”事件，在日常生活中较为常见。在某些“医闹”事件中，常常伴随着打砸行为，严重影响医院的秩序。医院显然属于公共场所，这是没有疑问的。目前我国的医患关系较为紧张，原因当然是多方面的，需要从根源上加以解决。但医患关系应当被纳入法治的轨道，对“医闹”的处置也应当法治化。应该说，除个别医院确有责任并且未能及时依法处理的情形以外，大多数情形中“医闹”行为都具有起哄闹事型寻衅滋事的性质，对此应当依法惩治。

在对起哄闹事型寻衅滋事认定的时候，究竟达到何种程度才应当按照犯罪惩处？这是一个涉及罪与非罪的界限的问题。以往对于起哄闹事型寻衅滋事行为按照犯罪处理的案件之所以罕见，与其入罪界限不够明确具有一定的关系。值得肯定的是，司法解释对此作了具体规定。根据《解释（一）》第5条的规定，在车站、码头、机场、医院、商场、公园、影剧院、展览会、运动场或者其他公共场所起哄闹事，应当根据公共场所的性质、公共活动的重要程度、公共场所的人数、起哄闹事的时间、公共场所受影响的范围与程度等因素，综合判断是否“造成公共场所秩序严重混乱”。应该说，这一规定为认定起哄闹事型寻衅滋事罪提供了判断根据，因而具有积极作用。

三、网络寻衅滋事罪的观点辩驳

2013年9月21日最高人民法院、最高人民检察院颁布了《关于办理利用信息网络实施诽谤等刑事案件适用法律若干问题的解释》[以下简称《解释(二)》]，对与网络寻衅滋事等犯罪案件的定罪量刑有关的问题进行了规定，为打击网络寻衅滋事罪提供了法律根据。与此同时，这一司法解释对网络寻衅滋事罪的规定，也引起了较大的争议。关于将网络传谣行为规定为起哄闹事型寻衅滋事罪，是否超越了司法解释的限度、违反了罪刑法定原则，我国刑法学界展开了讨论。笔者认为，这是一个关系到寻衅滋事罪是否被滥用，以至于沦为口袋罪的重大问题，值得高度关切。例如，本文前面所引述的案例1杨某寻衅滋事案就发生在网络空间，该案之所以引起广泛的社会关注，除当事人的年龄因素以外，该案发生在网络空间也是一个重要的原因。

随着信息时代的到来，网络越来越成为社会生活的重要组成部分，与此同时，网络犯罪也随之而出现。我国《刑法》第287条规定："利用计算机实施金融诈骗、盗窃、贪污、挪用公款、窃取国家秘密或者其他犯罪的，依照本法有关规定定罪处罚。"这一规定，为惩治计算机犯罪提供了一般性的法律根据。随着计算机在社会生活中应用范围的扩大，在此基础上形成了网络，因而出现了网络犯罪。网络犯罪的外延要比计算机犯罪的外延更为宽泛。《解释（二）》第10条规定："本解释所称信息网络，包括以计算机、电视机、固定电话机、移动电话机等电子设备为终端的计算机互联网、广播电视网、固定通信网、移动通信网等信息网络，以及向公众开放的局域网络。"根据以上定义，计算机犯罪应该被涵括在网络犯罪之内，但网络犯罪不能等同于计算机犯罪。尽管如此，《刑法》第287条关于计算机犯罪的规定，同样适用于网络犯罪。

网络犯罪作为一种发生在虚拟空间的犯罪，具有不同于发生在现实空间的犯罪的特殊性。在这种情况下，通过司法解释对惩治网络犯罪作出具体规定是完全必要的。例如，《解释（二）》对网络诽谤犯罪的定罪量刑标准以及公诉条件作出了明确的规定，尽管在转发500次这一具体标准是否合理上可能还存在争议，但规定本身并没有问题，它有利于惩治网络诽谤犯罪。在《解释（二）》的规定中，笔者认为，将网络谣言规定为起哄闹事型寻衅滋事罪存在着值得推敲之处，应当从法教义学角度进行分析。

在我国《刑法》第293条所规定的四种寻衅滋事行为中，有些行为只能在现实空间实施，有些行为可以在网络空间实施。例如，殴打他人、追逐、拦截他人，是一种针对人身的侵害行为，只能在现实空间实施。通常来说，侵犯人身权利的犯罪，往往是以存在具体的犯罪客体——人为前提的，因此都不能在网络空间实施。换言之，在网络空间实施的行为与在现实空间实施的行为具有性质上的根本差异。例如，网络上的杀人，当然不能等同于现实生活中的杀人。同样，网络上的结婚也不能等同于现实生活中的结婚。但是，还有一些犯罪行为，无论是在现实空间实施还是在网络空间实施，具有性质上的同一性。例如，网络空间中的盗窃与现实生活中的盗窃别无二致。行为人潜入他人的资金账户，将款项划转到自己的账户，据为已有，就是一种典型的盗窃行为，只不过发生在网络空间而已。由此可以得出结论，并非所有在现实空间实施的犯罪都能在网络空间实施。当然，网络犯罪只是现实空间犯罪的一种反映。因此，只有在现实空间构成犯罪的行为，才能在网络空间构成犯罪。如果一种行为，在现实空间不能构成犯罪，那么，在网络空间也是不能构成犯罪的，除非刑法对网络空间的行为具有特别规定。以上原理，于对网络寻衅滋事罪的考察，具有重要指导意义。

《解释（二）》规定的寻衅滋事罪，主要包括以下两种行为：第一种是网络辱骂、恐吓型寻衅滋事罪。《解释（二）》第5条第1款规定，“利用信息网络辱骂、恐吓他人，情节恶劣。破坏社会秩序的，依照刑法第二百九十三条第一款第（二）项的规定，以寻衅滋事罪定罪处罚”。第二种是网络起哄闹事型寻衅滋事罪。《解释（二）》第5条第2款规定：“编造虚假信息，或者明知是编造的虚假信息，在信息网络上散布，或者组织、指使人员在信息网络上散布，起哄闹事，造成公共秩序严重混乱的，依照刑法第二百九十三条第一款第（四）项的规定，以寻衅滋事罪定罪处罚。”这一规定将编造、散布网络编造的虚假信息以及其组织、指使行为解释为起哄闹事型寻衅滋事犯罪行为。在以上两种行为中，辱骂和恐吓行为在网络空间确实是可以实施的，因此，该司法解释关于网络辱骂、恐吓型寻衅滋事罪的规定是没有问题的。但是，该司法解释在起哄闹事名义之下将编造、散布编造的网络虚假信息以及其组织、指使行为规定为寻衅滋事罪，却引发较大的争议。

案例4：秦某晖寻衅滋事案①

秦某晖，网名“秦火火”，被捕前系北京信息技术有限公司沈阳分公司社区部副总监。2013年8月19日秦某晖因涉嫌犯寻衅滋事罪被依法刑事拘留，同年9月18日被批捕。公诉机关指控秦某晖于2012年12月至2013年8月间，使用“淮上秦火火”等新浪微博账户捏造损害杨某等人名誉的事实，在信息网络上散布，引发大量网民转发和负面评论。2011年8月20日，为了自我炒作，引起网络舆论关注，提升个人知名度，秦某晖使用名为“中国秦火火_f92”的新浪微博账户编造、散布虚假信息，攻击原铁道部，引发大量网民转发和负面评论。公诉机关认为：秦某晖捏造损害他人名誉的事实在信息网络上散布，造成恶劣社会影响，严重危害社会秩序；编造虚假信息在信息网络上散布，起哄闹事，造成公共秩序严重混乱。其行为分别触犯了《刑法》第246条、第293条第1款第4项之规定，应当以诽谤罪、寻衅滋事罪追究其刑事责任。2014年4月16日，北京市朝阳区人民法院以诽谤罪判处秦某晖有期徒刑2年，以寻衅滋事罪判处有期徒刑1年6个月，决定执行有期徒刑3年。

秦某晖是自《解释（二）》出台以来，首个获罪的网络造谣者。秦某晖的网络传谣行为确实对社会具有较大的危害性，根据现行有效的司法解释对其定罪判刑并无不妥。但是，在刑法教义学上，这种网络传谣的行为能否被认定为寻衅滋事罪，是值得反思与探讨的。我国学者对编造、散布编造的网络虚假信息以及其

① 本案载最高人民法院刑事审判第一、二、三、四、五庭编：《刑事审判参考》，2014年第2集，北京，法律出版社，2014。

组织、指使行为（以下简称网络传谣行为）能否被认定为起哄闹事型寻衅滋事罪的主要争议在于对公共场所的理解。我国《刑法》第293条规定的起哄闹事行为系发生在公共场所，是严重扰乱公共场所秩序的犯罪，因此，网络空间是否属于刑法所规定的公共场所，对网络空间秩序的破坏是否等同于对公共场所秩序的破坏，就成为重点问题。

曲新久教授认为，对网络传谣行为适用《刑法》第293条第4项的规定是一种相对合理的扩张解释，是可以接受的，没有违反罪刑法定原则。曲教授并没有就网络传谣行为是否属于我国《刑法》第293条规定的起哄闹事型寻衅滋事罪的问题展开论述，似乎这是一个不言而喻的问题。在曲教授看来，能否将网络传谣行为解释为起哄闹事型寻衅滋事罪，关键在于网络空间能否等同于公共场所。因此，曲教授主要针对网络空间可以被解释为公共场所进行了论证。基于以下理由，曲教授认为可以把网络空间等同于公共场所：（1）现代社会已经进入信息社会，对公共场所概念作符合信息社会变化的解释是可以接受的，互联网各类网站、主页、留言板等网络空间具有公共场所属性。（2）《刑法》第293条第4项中的公共场所可以与《刑法》第291条规定的公共场所不一致。（3）尽管在信息网络公共空间起哄闹事，没有造成网络空间公共场所秩序的混乱，但是，造成社会秩序严重混乱，而且危害往往更大的，完全符合《刑法》第293条规定的破坏社会秩序的要求。①

对于曲新久教授的观点，仝宗锦教授提出了商榷意见："将公共场所解释为包括信息网络，这个解释过程意味着有关罪行和法益发生了实质性变化。最关键的问题在于，此前寻衅滋事罪的惩罚对象是发生在公共场所的寻衅滋事行为。正因为是行为，所以才需要发生在现实的物理空间，也才可能因此造成社会秩序混乱。但所谓信息网络上的寻衅滋事，首先是一种言论，是一种以信息网络为媒介的言论。对言论的规制不是不可以，但不能由一个此前只针对行为的刑法条文解释而来，尤其当该问题牵涉到宪法规定的公民言论自由权这样兹事体大的

① 参见曲新久：《一个较为科学合理的刑法解释》，载《法制日报》，2013-09-13。

问题之时。”① 仝教授在此还提出了另外一个更为重要的问题：一个针对行为的刑事处罚性规定，能否通过司法解释适用于网络空间的言论？仝教授认为，言论不是不能受刑法规制，但不能将规制行为的刑事处罚性规定用于规制言论。另外一个问题是：在惩治网络传谣行为当中，如何平衡与言论自由的关系？有学者提出了某种担忧，指出：“以寻衅滋事罪处理网络谣言是一个突破，寻衅滋事罪所具有的口袋性特征使其能对网络谣言无所不包地一网打尽，导致刑法的规范性、协调性进一步丧失，致使公民的言论表达权已经受到实质的损害，也导致司法实践处理程序和处理结果的飘忽不定。”② 与此同时，宪法学者也表达了将“寻衅滋事”扩展到网络是否会与《宪法》第35条所规定的言论自由背道而驰的质疑。③ 毫无疑问，这也是值得我们重视的一个问题。在刑法越来越工具化的背景下，我们应当回归刑法的本原，这就是人权保障。如果刑法以牺牲公民个人的权利与自由为代价来维护社会秩序，则是有悖于刑法目的的。

对于以上争论，就网络空间的性质而言，笔者赞同曲教授的观点，尽管勉强，但还是可以将网络空间解释为公共场所。但笔者仍然认为，不能由此而得出网络寻衅滋事罪的司法解释科学、合理的结论。这里确实存在着仝教授所关注的问题：《解释（二）》实际上是把规制物理空间的行为的刑法规定用于规制网络空间的言论，这是类推解释而不是扩张解释。在刑法教义学中，行为有广义与狭义之分。在广义上，言论也是一种行为，对于侮辱、诽谤等侵犯他人名誉和人格的言论同样应当予以刑事处罚。尽管在诽谤中存在捏造、散布这样一些行为要素，但它是从属于言论的，仍然可以将诽谤罪归入言论性犯罪的范畴。但在狭义上，行为确实并不包括言论，对言论的刑事处罚应当是极为谨慎的。寻衅滋事罪中的起哄闹事具有言论与行为的复合性，换言之，起哄闹事虽然也包含一定的言论，

---

① 仝宗锦：《对曲新久〈一个较为科学合理的刑法解释〉一文的评论》，载 http://tongzongjin.21ccom.net/?p=21. 最后访问时间：2015-05-29。

② 孙万怀、卢恒飞：《刑法应当理性应对网络谣言——对网络造谣司法解释的实证评估》，载《法学》，2013（11）。

③ 参见张千帆：《刑法适用应遵循宪法精神 以“寻衅滋事司法解释为例”》，载《法学》，2015（4）。

但就闹事而言，主要还是行为。在某种意义上，起哄闹事中的言论是依附于行为的，故仍然可以将起哄闹事型的寻衅滋事罪归入行为性犯罪的范围。因此，刑法对起哄闹事的处罚主要是针对狭义上的行为的。而发生在网络空间的都是以电子信息为载体的言论，虽然在对编造、散布编造的网络虚假信息这一罪状的表述中，存在编造、散布等具有行为外观的内容，但这种网络传谣是以谣言为中心的。即使构成犯罪，也是一种言论性犯罪，而不是行为性犯罪。从这个角度提出对《解释（二）》的质疑当然是具有较大说服力的。但是，笔者认为这还是没有触及问题的要害。

这里的根本问题在于：网络传谣行为能否等同于起哄闹事？如果回答是肯定的，则《解释（二）》尽管存在某些瑕疵，但对其合理性仍然不可否定。但是，如果回答是否定的，则《解释（二）》尽管具有某些合理根据，但其正当性仍然难以成立。笔者认为，网络传谣行为不能等同于起哄闹事，《解释（二）》实际上是将网络传谣行为这种刑法没有规定的行为，利用起哄闹事这一中介加以转换，由此实现了司法解释的造法功能。网络传谣行为，其行为类型是编造、散布虚假信息。在我国刑法中，只有《刑法》第 291 条之一规定了编造、故意传播虚假恐怖信息罪。也就是说，只有编造、传播虚假恐怖信息的行为才构成犯罪。编造、传播其他虚假信息并没有被规定为犯罪，而只是《治安管理处罚法》第 25 条规定的“传播谣言”的治安违法行为。可见，我国刑法并没有对网络传谣行为的显性规定，这是不言而喻的。

关于某一行为虽然刑法没有显性规定，但如果有隐性规定，则仍然属于刑法有明文规定。这里的隐性规定，是指某一行为为其他刑法规定所涵括。例如，我国《刑法》第 151 条第 2 款只规定了走私黄金出口的行为构成走私贵重金属罪，但并没有规定走私黄金进口的行为构成该罪。可见，刑法对于走私黄金进口的行为没有显性规定。但是，走私黄金进口的行为具有偷逃海关关税的性质，因此完全符合我国《刑法》第 153 条规定的走私普通货物、物品罪的构成要件，应以该罪论处。这是刑法对走私黄金进口行为的隐性规定。在判断刑法对一个行为是否具有隐性规定的时候，需要在判断对象与刑法现有的某一规定之间进行语义解析和逻辑分析，以便得出结论，判断对象是否为刑法现有规定所涵括。这个判断过程，其实就是一个对刑法的解释过程。那么，网络传谣行为能否被解释为起哄闹事？如果可以被解释为起哄闹事，则刑法关于起哄闹事型寻衅滋事罪的规定就是对网络传谣行为的隐性规定，对其论以寻衅滋事罪并不违反罪刑法定原则。

如前所述，寻衅滋事罪中的起哄闹事是一个极为生活化的用语，用来描述在人群中采用语言进行哄闹，从而制造事端，破坏公共场所秩序的行为。因此，起哄闹事与网络传谣之间存在以下区别：(1) 起哄闹事的起哄具有语言的刺激性与煽动性。起哄闹事中的起哄是以语言为工具的，这里的语言是指刺激性的、煽动性的言论，而并不包括虚假性的言论。即便某些起哄闹事行为中包含了一些虚假信息，行为人也并不意图以此欺骗他人，而是用于煽动受众。而虚假性的言论，即所谓谣言，具有欺骗性。编造谣言以及散布谣言的目的是使他人上当受骗。由此可见，网络谣言不具有起哄的性质。(2) 起哄闹事中的闹事具有行为的当场性与当面性。起哄闹事中的闹事是以一定方式，招揽观众，形成群体性的聚集，从而破坏公共场所秩序。因此，起哄闹事型寻衅滋事罪具有公然犯的性质，是当场与当面进行的。唯有如此，才具有对公共场所秩序的破坏性。但网络传谣行为一般都是匿名的，而且网络空间的特点决定了该行为不具有当场性与当面性。(3) 起哄闹事与公共场所秩序遭受破坏之间具有共体性与共时性。起哄闹事会对公共场所秩序造成破坏，这也是起哄闹事的本质特征所决定的。可以说，起哄闹事与公共场所秩序遭受破坏之间具有共体性与共时性，并且被现场人员感知与感受。但网络传谣行为，正如曲新久教授所承认的那样，的确不会造成信息系统以及其中的特定公共场所空间秩序混乱。但矛盾的是，曲新久教授又认为网络传谣行为会造成社会秩序严重混乱，而且危害往往更大，完全符合《刑法》第 293 条规定的破坏社会秩序的要求。[1]

网络传谣行为发生在网络空间，其法益侵害结果发生在现实空间，这无疑是

---

[1] 参见曲新久：《一个较为科学合理的刑法解释》，载《法制日报》，2013-09-13。

正确的。但这里存在行为空间与现实空间的错位，也是网络造谣行为与其他网络犯罪的不同之处。例如网络盗窃罪，其盗窃行为发生在网络，对网络安全具有破坏性，同时对现实财产权利也造成侵害，因此完全可以作为普通盗窃罪论处，而没有必要另行规定一个网络盗窃罪。但是，网络传谣行为是以其虚假内容造成对现实社会秩序的破坏，对网络秩序本身却没有影响。因此，对网络传谣行为，我国刑法不仅没有显性规定，而且也没有隐性规定，不能通过将其解释为起哄闹事而入罪。如前所述，网络传谣行为不能等同于寻衅滋事中的起哄闹事行为。但这一观点并不否认，对于那些在网络上聚集他人到公共场所滋事，并且造成公共场所秩序严重混乱的行为，应当以寻衅滋事罪论处。正如我国学者指出："《刑法》第 293 条第 1 款第 4 项中规定的'起哄闹事'根本不可能在'虚拟世界'或'网络空间'里发生，而只能是'以信息网络为手段'导致了在现实社会'公共场所'中的'起哄闹事'，最终被追究'寻衅滋事罪'刑事责任。"[①] 由此可见，正确区分以网络为手段的起哄闹事与发生在网络的起哄闹事是十分重要的：对前者应当以寻衅滋事罪论处，后者实际上不可能发生。

在这种情况下，如果要将网络传谣行为入罪，应当通过专门立法。鉴于网络传谣行为的严重法益侵害性，笔者认为，立法机关应当将网络传谣行为设置为独立罪名。值得注意的是，最近正在征求意见的《刑法修正案（九）（草案）》第 29 条增设了《刑法》第 291 条之一作为第 2 款，规定了网络传谣行为。根据这一规定，并非在网络或者其他媒体上传播所有谣言的行为都一概入罪，而是只有传播涉及险情、疫情、警情、灾情的谣言的行为才入罪，其他传谣行为仍然属于受治安管理处罚的行为。据此分析，即使在网络上传播涉及险情、疫情、警情、灾情的谣言，在《刑法修正案（九）》颁布、生效之前尚不能被认为是犯罪，一般的网络传谣行为又怎么可以通过司法解释入罪呢？因此，在立法机关规定之前，通过司法解释将网络传谣行为入罪，笔者认为是不妥当的。综上所述，《解释

① 李晓明：《刑法："虚拟世界"与"现实社会"的博弈与抉择——从两高"网络诽谤"司法解释说开去》，载《法律科学》，2015（2）。

(二)》将编造虚假信息，或者明知是编造的虚假信息，在网络散布，或者组织、指使人员在网络上散布的行为解释为起哄闹事，对其以寻衅滋事罪论处，确实存在违反罪刑法定原则之弊。

（本文原载《中国法学》，2015 年第 3 期）

关于黑社会性质犯罪的理性思考

1997年我国修订《刑法》的时候，未出现大量的黑社会犯罪。在这种情况下，我国立法一改以往经验型立法的方法，在《刑法》第294条规定了黑社会犯罪。这不能不说是一种超前立法。当然，正是由于当时我国尚无与黑社会犯罪作斗争的经验，因而在黑社会犯罪的法律规定上持一种谨慎的态度，这主要表现在两个方面：一是别出心裁地创造了黑社会性质的组织这个概念。之所以在我国刑法中不直接称黑社会组织①，主要是基于立法机关的以下认识：当前，我国还没有像意大利黑手党、香港三合会那样大规模的黑社会组织，但是带有黑社会性质的犯罪已经出现并日趋严重，一些犯罪组织已基本具备意大利黑手党、香港三合会等黑社会组织所具有的典型的组织特点和犯罪手法。如山西“侯百万”“郭千万”，海南王英汉等有组织犯罪集团，犯罪组织严密，成员人数众多，具有暴力武装，拥有相当庞大的资产，操纵一定行业和区域的经济，并通过贿赂等手段拉拢相当数量和级别的国家干部充当其保护伞，严重危害一定区域内正常的社会、

① 《刑法》第294条第2款对境外则称黑社会组织，由此而与境内的黑社会性质的组织相对应。可见立法者对两者加以区别的良苦用心。

经济秩序。[①] 因此，在立法机关看来，当前我国虽然还没有典型的黑社会组织，但已经存在具有黑社会雏形的组织，即所谓黑社会性质的组织。由此可以看出，立法机关在这一问题上的保留态度。二是在对黑社会性质的组织的界定上，立法机关采用了几乎是文学性的语言对黑社会性质的组织加以描述：以暴力、威胁或者其他手段，有组织地进行违法犯罪活动，称霸一方，为非作恶，欺压、残害群众，严重破坏经济、社会生活秩序的黑社会性质的组织。由此可见，立法对于黑社会性质的组织的法律特征也没有十分的把握。

1997年《刑法》颁布之初，黑社会性质组织犯罪并没有被广泛地适用。只是从2000年“打黑除恶”专项斗争开始[②]，黑社会性质组织犯罪的认定才被提到议事日程上来，法院开始大规模地审理黑社会性质组织犯罪的案件。为了进一步明确黑社会性质的组织的法律特征，2000年12月10日，最高人民法院颁发了《关于审理黑社会性质组织犯罪的案件具体应用法律若干问题的解释》。该解释从以下四个方面规定了黑社会性质组织的特征：(1) 组织结构比较紧密，人数较多，有比较明确的组织者、领导者，骨干成员基本固定，有较为严格的组织纪律；(2) 通过违法犯罪活动或者其他手段获取经济利益，具有一定的经济实力；(3) 通过贿赂、威胁等手段，引诱、逼迫国家工作人员参加黑社会性质组织活动，大肆进行敲诈勒索、欺行霸市、聚众斗殴、寻衅滋事、故意伤害等违法犯罪活动，严重破坏经济、社会生活秩序。应该说，这四个特征为司法机关正确地认定黑社会性质组织的犯罪提供了法律标准。但在这一司法解释颁行以后，各地司法机关，尤其是公安机关和检察机关，对于上述第三个特征即保护伞的特征提出质疑，认为保护伞不应成为黑社会性质组织犯罪的特征，否则，不利于及早地惩治黑社会性质组织的犯罪。我国犯罪学界对此也存在两种意见：第一种观点认为，有无保护伞，是认定某一犯罪组织是否为黑社会性质组织的必要条件；第二

① 参见胡康生主编：《中华人民共和国刑法释义》，419页，北京，法律出版社，1997。

② 公安部于2000年12月11日召开了“打黑除恶”专项斗争动员会，决定从2000年12月开始，在全国开展一项为期10月的“打黑除恶”专项斗争。

种观点认为，保护伞只是一个或然性条件。[①] 由此可见，保护伞的特征成为黑社会性质组织的犯罪的司法认定中一个亟待解决的问题。针对上述对保护伞问题的争议，立法机关于 2002 年 4 月 28 日作出了立法解释。根据该立法解释的规定，黑社会性质组织应当同时具备以下特征：（1）形成较稳定的犯罪组织，人数较多，有明确的组织、领导者，骨干成员基本固定；（2）有组织地通过违法犯罪活动或者其他手段获取经济利益，具有一定的经济实力，以支持该组织的活动；（3）以暴力、威胁或者其他手段，有组织地多次进行违法犯罪活动，为非作恶，欺压、残害群众；（4）通过实施违法犯罪活动，或者利用国家工作人员的包庇或者纵容，称霸一方，在一定区域或者行业内，形成非法控制或者重大影响，严重破坏经济、社会生活秩序。比较关于黑社会性质组织的司法解释与立法解释，可以看出，两者的差别就在于保护伞是否为黑社会性质组织的特征。司法解释对此持肯定态度，而立法解释并未将保护伞列为黑社会性质组织的特征，而只是在特征中论及“利用国家工作人员的包庇或者纵容”。立法机关之所以对黑社会性质组织的特征作出立法解释，除了因为立法认为黑社会性质组织的特征是立法应予明确的问题，主要的还是因为司法机关对此存在争议。立法解释明显地将黑社会性质组织的认定标准予以放宽，这将对黑社会性质组织的司法认定产生重大影响。

这里引起我们思考的问题是：黑社会性质组织到底是一种组织的犯罪还是一种犯罪的组织？这是一个涉及黑社会性质组织的犯罪的性质的问题。黑社会性质组织的犯罪，是对处于雏形的黑社会犯罪的中国式表述。而黑社会犯罪，又被称为有组织的犯罪。有组织的犯罪一词容易使人误解，因为一切犯罪集团实施的犯罪都是有组织的犯罪。这从我国《刑法》第 26 条第 2 款对犯罪集团的定义中可以得到佐证：三人以上为共同实施犯罪而组成的较为固定的犯罪组织，是犯罪集团。根据这一规定，犯罪集团是一种犯罪组织，由犯罪集团实施的犯罪当然也就

① 参见庄永廉：《关注前沿问题，寻求治理良策——中国犯罪学研究会第十一届学术研讨会综述》，载《检察日报》，2002-05-21。

是有组织的犯罪。实际上，对于有组织的犯罪作为黑社会犯罪的代称，并不能从一般意义上理解，而应当从特定意义上理解。对此，我国学者曾经正确地指出：有组织犯罪和黑社会性质组织犯罪其实是两个不同的概念，黑社会性质组织犯罪只是有组织犯罪的一种形式，除黑社会性质犯罪外，有组织犯罪还包括集团犯罪和组织程度较低的团伙犯罪。因此，组织性只是黑社会性质犯罪的特征之一，而绝不是其全部特征，这也正是黑社会性质犯罪与一般集团犯罪的重要区别之所在。

我认为，对黑社会组织的正确理解，关键在于黑社会一词。黑社会为外来语，即英语 under world society，可以直译为地下社会。这里的社会，是指对社会的非法控制。因此，黑社会组织是对社会进行非法控制的组织。黑社会组织，只是这种对社会非法控制的组织的初级形态。正是在对社会非法控制这一点上，黑社会组织区别于一般犯罪组织。我国学者认为，如果说一般犯罪集团是有组织犯罪的初级形态，黑社会组织是有组织犯罪的高级形态的话，黑社会性质组织就是有组织犯罪的中间形态。[①] 这种观点虽然试图从组织形态上对一般犯罪组织与黑社会性质组织加以区分，但仅此是不能够完全将两者予以正确区分的。一般犯罪组织，诸如各种犯罪集团，其组织性是犯罪集团成员之间的较为固定的联系，要说控制，也就是犯罪集团的组织者即首要分子对犯罪集团一般成员的控制。犯罪集团的存在是为了单纯实施犯罪，而黑社会性质组织并非单纯地为实施犯罪而存在，实施犯罪是为了控制社会，控制社会又是为了更好实施犯罪，因此，实施犯罪与控制社会之间具有互动性。可以说，非法控制是黑社会性质组织的最大特征。政府对社会的控制是一种合法控制，而黑社会性质组织的非法控制总是对抗合法控制，并削弱合法控制。这就是黑社会性质组织犯罪的反社会性与反政府性。为了达到这种对社会的非法控制黑社会性质组织除内部控制外，还具有如下特征：一是对经济的控制。黑社会性质组织是以一定的经济实力为依托的，因此，其必然以获取一定的经济利益为目的。获取经济利益的手段可以是非法的，

① 参见李文燕、田宏杰：《“打黑除恶”刑事法律适用解说》，125 页，北京，群众出版社，2001。

也可以合法的，或者以合法经营加以掩护。一般地说，在原始积累阶段，黑社会性质组织往往以违法犯罪手段，主要是盗窃、抢夺、抢劫等财产犯罪手段、聚敛钱财。具有一定经济实力以后，黑社会性质组织往往以合法企业为掩护进行走私犯罪、金融犯罪等经济犯罪非法获利，也不排除合法经营。这种黑社会性质的经济实体并不是单纯地追求经济目的，而只是黑社会性质组织控制社会的一般手段。二是对政府的渗透。黑社会性质组织具有反社会性，但在公然对抗政府的同时，为了生存，它还采取各种手段，对政府进行渗透，通常采取的手段是“打进去拉出来”。“打进去”是指利用金钱获得各种政治头衔，使其被罩上政治光环。“拉出来”是指采取贿赂、威胁等手段，引诱、逼迫国家工作人员参加黑社会性质组织的活动，或者为其提供非法保护。这种对政府的渗透，表明黑社会性质组织的政治性，也是黑社会性质组织区别于犯罪集团的一个重要特征。三是对社会的控制，主要是对某些区域、行业的控制。具有竞争性的市场、码头、车站等，容易为黑社会性质组织所控制。控制的手段通常有暴力、威胁、滋扰等，敲诈勒索、欺行霸市、聚众斗殴、寻衅滋事、故意伤害等违法犯罪活动。这些违法犯罪活动往往扰乱社会秩序，但必须注意，它扰乱的是合法秩序，由此建立其非法秩序。我认为，不能简单地认为黑社会性质组织一定是反秩序的，它仅仅反合法秩序。因此，在黑社会性质组织形成的初期阶段，反秩序性质表现得较为明显。在黑社会性质组织控制了某一势力范围以后，就会形成非法秩序。因此，在分析敲诈勒索、欺行霸市、聚众斗殴、寻衅滋事、故意伤害等犯罪是一般刑事犯罪还是黑社会性质组织的犯罪时，要看实施这种犯罪是否具有非法控制社会的目的。如果具有这一个目的，可以认为是黑社会性质组织的犯罪，否则，就只能认定为普通刑事犯罪。根据上述分析，我认为，黑社会性质组织首先是一种特定的犯罪组织，这种犯罪组织实施的犯罪是黑社会性质组织的犯罪。因此，在认定黑社会性质组织的犯罪时，首先应当根据一定的特征将某一组织认定为黑社会性质组织。在此基础上，才可以认定其所实施的犯罪是黑社会性质组织的犯罪。

我国刑法学界对黑社会性质组织的犯罪的认识经历了一个演变过程。在1983年“严打”中，曾经提出过流氓团伙的概念，在此基础上形成了团伙犯罪一词。当时，在司法实践中曾经出现过简单地将犯罪团伙等同于犯罪集团的倾向。但在刑法理论上，并不认同犯罪团伙一词，认为它并非一个严格的法律术语，其中既包括犯罪集团，又包括犯罪结伙，应当将两者加以区分。司法解释也采纳了刑法学界的这一观点，对犯罪集团的认定采取了谨慎的态度。进入20世纪90年代以后，黑社会犯罪的概念逐渐流行，因而又出现了所谓黑社会性质的犯罪团伙的概念。

据有关方面统计，广东省司法机关仅在1991年到1993年3月就查获黑社会组织和具有黑社会性质的犯罪团伙八百多个，成员达3 917人。[①] 那么，对这些黑社会组织和具有黑社会性质的犯罪团伙是根据什么标准认定的呢？其根据是1993年11月26日《广东省惩处黑社会组织活动规定》第2条："本规定所称黑社会组织，是指有组织结构，有名称、帮主、帮规，在一定的区域、行业、场所，进行危害社会秩序的非法团体。"这一关于黑社会组织的概念虽然论及黑社会组织的组织性以及以帮会形式存在的特征，但根本没有涉及黑社会性质组织对社会进行非法控制这一特征。即使是帮会形式，也并非黑社会性质组织的一般特征。正如我国学者指出，帮会是指具有封建行帮色彩、结构紧密、成员稳固、犯罪目标明确、规律性强、纪律森严、社会危害严重的犯罪组织。帮会犯罪组织具有较高的组织程度和显著的犯罪文化特征，因而具有黑社会色彩，但并非只有帮会组织才具有黑社会性质。有些黑社会性质组织是以帮会形式存在，有些则不一定，如以公司的名义出现；许多帮会也并非都是黑社会性质组织。因此，黑社会性质组织和帮会的内涵与外延皆有不同，不应混为一谈。[②] 由此可见，广东省的这一地方性法规对黑社会性质组织的界定是不严密的，它导致在司法实践中认定黑社会性质组织的扩大化。仅广东一个省，在1991年至1993年期间就有黑社会性质组织和具有黑社会性质的犯罪团伙八百多个，如果这八百多个都是黑社会，那还不黑道横行？其实，这八百多个大多只不过是犯罪团伙而已，有的甚至连犯

① 参见李文燕、田宏杰：《"打黑除恶"刑事法律适用解说》，2页，北京，群众出版社，2001。
② 参见莫洪宪：《有组织犯罪研究》，22页，武汉，湖北人民出版社，1998。

罪集团都算不上。

即使是被公认为黑社会性质组织的山西“侯百万”“郭千万”两个贩卖文物团伙，也值得分析。根据介绍，自1986年来，侯某山、郭某霖两个犯罪团伙大肆走私文物，经营数额达832.5万元，实获289万元，同时还犯有诈骗罪、抢劫罪、流氓罪、故意伤害罪、私藏枪支弹药罪等。侯、郭通过犯罪活动积累了巨额财富。郭在侯马市有豪华别墅一座、桑塔纳等汽车三辆、摩托车一辆，还有娱乐城、艺术学校等四个经济实体，实际仅固定资产就接近一千万元。而且郭在香港、澳门有房产和经济实体。为盗窃、走私文物和实施大规模犯罪，侯、郭网罗了五六十人，组织机构严密，为其组织成员配备了有相当杀伤力的枪支弹药，并装备了传真机、对讲机、无线电台、无线监听器等先进的通讯联络工具；同时从各种渠道搜集许多警用装备、内部书籍和公安机关无线电通讯频率，形成了非法武装力量，具有一定的反侦查能力，对社会、对政法机关构成了威胁。侯出门时配备有携带真枪实弹的保镖，前有摩托车开道，后有豪华轿车保驾，一路对讲机联络，耀武扬威。“侯百万”“郭千万”贩卖文物团伙作案十余年，气焰极为嚣张，其主要原因之一在于侯、郭利用大量钱财向党政领导机关渗透，以地方政府官员作为保护伞。政法机关在一定程度上的腐败，纵容了该犯罪集团活动的横行和存在，而且还有人直接与黑社会性质组织发生协作关系，助长了黑社会性质组织这种反社会势力的扩张。该犯罪组织的破获，牵连侯马市公安局局长、副局长以及省公安厅一名科长等。这一触目惊心的事实告诉我们，政府官员，特别是政法机关本身的腐败，往往是黑社会性质组织产生的最适宜的社会环境。[①] 这个案例，我认为只不过是一个走私、贩卖文物的犯罪集团而已。这种集团犯罪，即使是有所谓的保护伞，也不能被认定为黑社会性质组织的犯罪。因为目前我国腐败现象还比较严重，国家工作人员，甚至国家机关工作人员，包括司法人员，参与犯罪或者为犯罪提供保护的案件时有发生。按照社会上的一种形象的称谓，这就是“警匪勾结”。这种警匪勾结的犯罪并不能直接等同于黑社会性质组织的犯罪。

① 参见莫洪宪：《有组织犯罪研究》，55～56页，武汉，湖北人民出版社，1998。

判断一个有组织犯罪案件是否为黑社会性质组织的犯罪，关键在于这个组织是否具有对社会（社会的某一局部，例如某一特定区域或者行业等）的非法控制，而不能简单地把有组织实施的犯罪一概都认定为黑社会性质组织的犯罪。

目前在我国司法实践中有一种时尚的提法，叫作“黑恶势力”。针对这种黑恶势力的是“打黑除恶”，因而往往“黑”与“恶”相提并论，从而也互相混淆。其实，“黑”的必然“恶”，“恶”的却未必都是“黑”。而“黑恶势力”的提法并没有将两者加以区分，因而就会将一些穷凶极恶的集团犯罪当作黑社会性质组织的犯罪。例如海南王某汉案，往往被认为是黑社会性质组织犯罪的典型，但其性质仍然是值得商榷的。王某汉是海南省澄迈县金江镇王宅村人。20 世纪 80 年代初，王某汉凭借自己会两招武术，以开武馆教授武功为名，网罗门徒。1985 年至 1989 年，他凭借多种手段当上了王宅村村长，进一步网罗流氓烂仔，为其充当打手和保镖。1988 年，海南省办经济特区后，王某汉马上变“武教头”为“包工头”，利用他纠集的黑社会性质帮会势力，强占工程项目。凡金江镇内的建筑工程，绝大多数得由他做，不做也得挂名分利。由此王某汉一举成为暴发户。这个带有宗教、行帮性质的黑势力，其骨干成员都是“两抓两放”或“三抓三放”的刑事犯罪分子。几年内，这个团伙共打死 2 人、打残 13 人，遭其侮辱、殴打、抢劫、敲诈者不计其数。一位主持正义的公安局副局长，想依法处理王家的一起刑事犯罪案件，就被莫名其妙地免了职；罪犯也在 15 天后获释。这个团伙在其鼎盛时期，对当地一些企业的负责人和政府的某些部门进行公开威胁和敲诈勒索。1993 年 12 月，海南顺安实业公司经理李某某与县政府签订了一个修路合同，修建县政府门前至电视塔一段水泥路面。王某汉得知后要求分一部分工程做，遭拒绝后竟用武力威胁工人停工。李某某最后被迫送 18 万元钱给王某汉，才将此事了结。[①] 在这个被引述的案情叙述中，我们就会发现存在几种不同的称谓：“黑社会性质帮会势力”“带有宗教、行帮性质的黑势力”“团伙”等。在这

① 参见《南方周末》，1996-11-01。转引自李文燕、田宏杰：《“打黑除恶”刑事法律适用解说》，46 页，北京，群众出版社，2001。

种叙述中，黑社会、黑势力和团伙是可以相互置换的概念，这表明叙述者在一定程度上是将三者相等同的。就王某汉案而言，定性为黑势力是较为妥帖的。但黑势力毕竟还未达到黑社会的程度，只能将该案作为普通刑事犯罪处理。黑势力与犯罪团伙具有一定的类似性，与黑社会性质组织还是有性质上的区别。我国目前黑社会性质组织在某些地方的泛化，在很大程度上与黑恶势力相提并论有关。

黑社会组织是一个聚讼不定的概念，甚至在某种意义上来说似乎是无法定义的。正如同我国学者提出：从国外学者对有组织犯罪所作的表述来看，对有组织犯罪存在各种不同的理解和认识，因此迄今还没有形成一个比较科学且为大多数学者所公认的概念。这种现象不仅在世界范围内是如此，即使在同一个国家也不例外。[①] 在这种情况下，我国刑法中出现黑社会性质组织这样一种极其特殊的表述，也就不足为奇。事实上，肯定存在着一种关于黑社会组织的模型，然而这一模型是不清晰的。对此犯罪学当然是要负某种责任的。既然关于黑社会组织的模型本身在犯罪学理论上没有得到清晰的描述，各国都会从自身需要出发构造黑社会组织的法律形象。这也正反映了各国刑事政策上的特点。以此为视角，我国目前在刑事立法与刑事司法中对黑社会性质组织的犯罪之理解，被认为体现了对黑社会犯罪“打早打小”的刑事政策思想。然而，当犯罪团伙没有发展成为黑社会性质组织的时候，我们把它当作黑社会性质组织来打，打的到底是犯罪团伙还是黑社会性质的组织？这不能不是一个问题。正如同鸡蛋在孵化成小鸡之前毕竟是蛋而不是鸡，吃蛋绝不能等同于吃鸡，尽管在每一只蛋中都潜存着一只鸡。

最后需要指出，我并不认为当前中国不存在黑社会性质组织，但远远没有我们想象的那么多。我们更应当把黑社会性质组织当作一种组织而不是当作一种犯罪。因此，我们应当在法律上建构一种黑社会性质组织的确认程序，确认以后予以公布，而不是像目前所做的那样在认定犯罪的同时确认黑社会性质的组织。

（本文原载《法学》，2002（8））

---

① 参见莫洪宪：《有组织犯罪研究》，2页，武汉，湖北人民出版社，1998。

刘涌案改判的法律思考①

在2002年11月7日晚上，也就是在差不多一年前的一个晚上，我们在这里举行过一次论坛活动，题目是“从枪下留人到法下留人”。那次活动我们请了“枪下留人案”被告人董伟的辩护人朱占平律师。在那个案件中，董伟是一个26岁的陕西青年，在“国人皆曰应活”的情况下死去。我们今晚在这里讨论的是刘涌案，同样请来了刘涌的辩护人田文昌律师。在这个案件中，刘涌，这个全国闻名的黑社会性质组织犯罪的主犯，在“国人皆曰可杀”的情况下，由于辽宁省高级人民法院的改判而得以存活。一死一生，都牵动了全国人民的心，都引发了广泛的争论和深刻的思考。

在“从枪下留人到法下留人”的讲演中，我曾经说过这么一段话：对于普通百姓来说，更关注的是董伟的命运、个人的命运；而对于我来说，更关注的是死刑的命运、一种制度的命运。我认为这段话同样适用于刘涌案：对于普通百姓来说，更关注的是刘涌的生死，质疑一个黑社会性质组织犯罪的主犯为什么由死而

① 本文是作者于2003年9月12日晚上在北大法学院举办的刑事法论坛第31次活动上的发言的录音整理稿，发表时由作者作了一些文字改动。

生；而对于我来说，更关注的是刑事司法制度的命运。在我看来，刘涌案在某种意义上可以说是中国的辛普森案。无论刘涌将来的命运如何，这个案件都将作为一个标志性案件载入中国的刑事司法史册，成为中国刑事司法文明程度的一个检测。我们来讨论这个案件，并不是要单纯纠缠于这个案件的细节，而是要对这个案件所提出的一些法律问题进行理性的思考。

一、刑讯逼供现象及其命运

刘涌这个案件，最引起我关注的就是刑讯逼供问题，以及刑讯逼供在中国司法中的命运问题。这个问题之所以引起我的关注，主要是因为在司法实践当中，刑讯逼供并不鲜见。我国的刑法和刑事诉讼法对于刑讯逼供都是绝对禁止的。刑法明确地把刑讯逼供当作犯罪加以规定，刑讯逼供致人伤残、死亡的，还应当按照故意伤害罪、故意杀人罪来处理。刑事诉讼法中也明确了“严禁刑讯逼供”这样一个基本原则，但是在刑事诉讼法中，没有关于对违反严禁刑讯逼供原则所获取的证据如何处理的规定。最高人民法院和最高人民检察院在适用刑事诉讼法的司法解释中规定，通过刑讯逼供所取得的有关证据分为两种情况：一种情况是证言。通过刑讯逼供获取的证言是要绝对排除的，不能作为有罪证据来采用。另一种情况是通过刑讯逼供所取得的物证、书证和其他实物证据。如果这些实物证据能够证明案件的客观事实，那么仍然可以被采用。这样一个关于非法获取证据的排除规则，尽管不是很彻底，但在我国法律当中确立这样一个非法证据排除规则仍然是一种进步。

与法律和司法解释明文禁止刑讯逼供形成鲜明对照的是，现实生活中刑讯逼供的问题可以说是屡禁不止。据我所了解，百分之四五十，甚至百分之五六十的案件，尤其是普通的刑事案件，存在着刑讯逼供。刑讯逼供甚至已经到了这样一个程度：任何一个被告人到了法庭以后翻供，他都说过去是由于刑讯逼供而作了供认。所以刑讯逼供成了被告人翻供的一个理由。但是刑讯逼供在现实生活中往往很难得到证实。怎么样来证明有关侦查人员在调查程序中采取了刑讯逼供的手段？我曾经遇到过这么一个案件：一个被告人在法庭上翻供了，并且指责有关的侦查人员对他进行刑讯逼供。而且他露出身上的伤疤，说这是刑讯逼供的结果。这个时候法官就在法庭上念了一份侦查机关的讯问笔录，这个讯问笔录取一问一答的形式，其中，问："被告人，我们在审讯期间对你态度怎么样？"答"态度很好"。又问："我们有没有对你进行刑讯逼供？"回答说"没有"。而且被告人签了名，写了"以上属实"。法官就问："你不是对侦查机关讲了没有对你进行刑讯逼供，怎么又说对你进行刑讯逼供呢？"被告人就说，当时侦查人员骗他说，只要写下这个东西就放他回家，他就写了这个东西，签了字了。这一个实例可以说是在法庭上发生的非常具有戏剧性的事件，表明这个侦查机关是此地无银三百两。也就是说，已经作了刑讯逼供，而且造成了伤疤，造成了一定的后果，这个时候侦查人员为了避免被告人在法庭上提出刑讯逼供的问题，就事先通过欺骗手段获得了这样的笔录。可见，刑讯逼供问题是应当引起我们重视的问题。

刑讯逼供在司法实践中之所以屡禁不止，与认识上的误区有关。有的人对于刑讯逼供存在一种错误看法，认为刑讯逼供有利于打击犯罪。确实，在刑讯逼供中所逼取的口供中80%的，甚至90%的都能够证明犯罪的存在，都是作为有罪证据被法院采纳的——被刑讯逼供人确确实实是真正的犯罪人。在这种情况下，能不能说刑讯逼供有利于打击犯罪？但是，我们也看到有些刑讯逼供确实也造成了冤假错案，典型的例子是云南的杜某武案件。杜某武在法庭上拿出了他的血衣，露出了他的伤疤，但是我们的法官居然视而不见，仍然判处死刑。我认为，刑讯逼供的恶并不在于它会造成冤假错案，我们可以说刑讯逼供在99%的情况下没有造成冤假错案。能不能说只有造成冤假错案的刑讯逼供才是恶的，才是应该被禁止的？而那些没有造成冤假错案的刑讯逼供就是有利于打击犯罪的，就是正确的，就是可以放任的？我认为不能这么理解。刑讯逼供之所以被禁止，原因并不在于它会造成冤假错案，而在于它是一种野蛮的、残酷的司法的体现：它不把被告人当作人，而是把被告人当作获取口供的一种工具。刑讯逼供是一种绝对的恶，而不是一种相对的恶，不是一种有条件的恶。在国际上，刑讯逼供被认为是酷刑，酷刑是被绝对禁止的。我们国家也参加了禁止酷刑的国际公约，这个公约对我们国家是生效的。

前不久，公安部发布了一个规定：在处理行政违法案件中通过刑讯逼供所取得的证据一概不能被采用，不能作为定案根据。我觉得这个规定非常好。既然，在对行政违法案件的处理当中，通过刑讯逼供所取得的证据都不能被采用，不能作为定案根据，那么，在办理刑事案件过程中，通过刑讯逼供所取得的证据就更不应当被采用。因为一种行为如果被认定为犯罪，所受到的处罚是非常严重的，在这种情况下对证据的要求要远远高于行政违法案件的处理对证据的要求。因此，在刑事诉讼中如何来解决刑讯逼供问题是一个我们所直接面临的课题。

针对刑讯逼供问题，现在面临着公众的一个错误的观念：刑讯逼供它是一种恶，该处理还是要处理；但一个犯罪人是有罪还是无罪，是应当被判处死刑还是不应当被判处死刑，和刑讯逼供无关，因为这是一种"桥归桥，路归路"的关系。我认为这种理解是错误的。就刘涌这个案件来言，如果通过刑讯逼供所获取的是一种物证，而这种物证又能证明他指使了其中的故意伤害行为，而且经过调查是属实的，那么，根据我们国家目前的有关司法解释，这样的证据尽管确实是通过刑讯逼供手段所获得的，但仍然可以作为定案根据来使用。那么，刘涌该被判死刑仍然是可以被判处死刑的。但是在该案当中，恰恰是在刘涌有没有指使宋某飞去实施伤害致死行为这样一个关键问题上出现了翻供。也就是说，在侦查期间，刘涌本人承认了，其他几个被告人也都指认是刘涌指使他们去干的。但在法院审判期间，刘涌和其他的几个被告人都翻供了，都说，过去之所以承认，是因为有刑讯逼供，是侦查人员让他们这么说的。这个证据恰恰是一个证人证言，是一个口供。如果这个口供是通过刑讯逼供获得的，那么在这个情况下，口供的证明力、证明效力就受到了很大的影响，这个证据就被污染了，就无法被采用。因此，这样一个由刑讯逼供导致的证人证言，在定罪当中，它的证明力受到削弱，甚至完全丧失了。在这种情况下，这个案件中，刘涌最后是否应当被判处死刑立即执行？法官在这个问题上就发生了动摇。

因此，我恰恰认为，刑讯逼供是不利于打击犯罪的。如果刘涌在这个案件中确实指使了宋某飞去实施故意伤害行为，而在预审阶段侦查人员没有对刘涌及有关人员进行刑讯逼供，那么，即使到了法庭上他翻供了，这种翻供的理由也是不充分的，仍是可以判处刘涌死刑的。而恰恰是由于进行了刑讯逼供，法官在采信证人证言的时候，自由心证发生了动摇，他不能确证到底有没有“指使”。在这种情况下，刘涌这个案件被改判了。在这个意义上，我认为刑讯逼供是不利于打击犯罪的，而不是有利于打击犯罪的。

刑讯逼供确实是一个解决起来比较难的问题。怎样来解决刑讯逼供？第一点，应当把看守所从公安机关中分离出来。在目前的司法改革当中，这样的一种做法已经在考虑当中。也就是说，把现在归公安机关管辖的看守所改为归司法行政部门管辖。这种分离在一定程度上能够降低刑讯逼供发生的可能性。在看守所归公安机关管辖的时候，尽管看守机关和预审机关是两个部门，但它们是一家人。公安预审人员往往是在看守所里办公，所以他们可以进行连续三天三夜、72个小时的讯问。如果将看守所转由司法行政部门来管理，那么由于司法行政部门不是一个办案部门，它负有对在押人员的人身的保护职责，在一定程度上可以避免刑讯逼供的发生。第二点，应当建立起刑讯逼供的举证责任倒置制度。也就是说，如果犯人提出存在刑讯逼供，不是要由犯人来证明侦查人员有刑讯逼供，而是要由侦查人员来证明他没有刑讯逼供。要做到这一点，就要进行比如说讯问全程的录音录像，或者说要有律师在场，侦查人员才能进行讯问。当前在刑事案件当中，律师的辩护率还是比较低的，可能大部分案件中没有辩护律师。在这种情况下，我觉得可以由看守所来聘请一个值班律师。如果被告人聘请了律师，那么由他的专职律师在场；如果他没有聘请专职律师，那么就由值班律师在讯问时在场。这样能够在一定程度上对侦查人员的讯问起到监督作用，能够尽量地避免刑讯逼供。

在刘涌这个案件当中，刑讯逼供得到证明非常偶然。根据有关材料，是律师找到了六个曾经看守刘涌的武警人员和有关公安人员，他们出具证词，证明确实是有刑讯逼供。而且在法庭上，刘涌提出来，当时是被坐“老虎凳”，腿都肿到大腿根了，公诉人就接着说了一句话：“后来不是改善了吗？”——他也承认前面有刑讯逼供问题。这些证据在一审当中没有被采纳，在二审当中是部分被采纳了。在二审当中法官是这样说的："在二审审理期间，部分辩护人向本院又提出了相关证据，二审也就相关证据进行了复核。复核期间，本院讯问了涉案被告人，询问了部分看守过本案被告人的武警战士和负责侦查工作的公安干警。本院经复核后认为，不能从根本上排除公安机关在侦查过程中有刑讯逼供的行为。"实际上，这里所谓的"不能从根本上排除"，是一种客气的、留有余地的说法，实际上就是存在，而不是不能排除——这是有证据证明的。所以对于刑讯逼供问题，我们的法律上虽然有经刑讯逼供的证人证言不能作为定案根据使用的规定，但是这一规定在司法实践中没有得到很好的落实。在刘涌这个案件中，法院的判决部分地采纳了律师主张的侦查期间有刑讯逼供这样一个辩护理由，并且以这个辩护理由作为改判死缓的根据。至于改判死缓的问题，这里可能还有讨论的余地。如果这个证据完全不能使用，那么应该说连死缓也不应该判。但是在这个问题上，我们现在的司法机关不是采取"罪疑从无"的做法，而是采取"罪疑从轻"，留有余地，所以对刘涌由死刑改判为死缓。至于由死刑改判为死缓到底怎么样，还可以从法理上进行探讨，但是在这个判决中，部分采纳律师的辩护理由，以存在刑讯逼供或者说不能从根本上排除刑讯逼供作为改判的理由，我认为，就这一点而言，在中国刑事司法历史上是值得肯定的。

二、二审改判

在刘涌案件之中，二审法院有没有权力进行改判？这也是引起广泛争论的问题。有的人说，二审法院在这个案件中不应当进行改判，而是应当发回重审。那么，这里涉及二审法院改判到底是不是正当的、是否存在问题。《刑事诉讼法》（1996 年）第 189 条规定，二审经过审理以后，有三种处理结果：第一种是维持原判，也就是事实清楚，证据确实充分，上诉、抗诉没有理由的，驳回上诉、抗诉，要维持原判；第二种情况是，原判决认定事实没有错误，但是适用法律有错误或者量刑不当的，应当改判（应当改判有两种情况：一种是认定事实没有错误，但是适用法律有错误；另一种是认定事实没有错误，但是量刑不当）；第三种情况是，原判决事实不清楚，或者证据不足，可以在查清事实后改判，也可以裁定撤销原判，发回原审人民法院重新审判。在刘涌这个案件中，辽宁省高级人民法院是直接改判了。那么这种直接改判在《刑事诉讼法》上有没有根据？关键是怎么来看待一审法院的判决。也就是说，原判决是事实不清、证据不足，还是法律适用不当？更深层次地说，《刑事诉讼法》（1996 年）第 189 条关于二审处理结果的这个规定本身是否正确？实际上这里有这么一个问题。因为 1996 年《刑事诉讼法》修改以后，关于无罪判决增加了一种，除有证据证明无罪的以外，另外一种无罪是事实不清、证据不足的无罪。也就是说，一审法院经过审理以后，认为事实不清、证据不足的，就可以判处无罪。但是，在二审程序中却规定如果事实不清、证据不足，就应当在查清事实后改判，没有查清事实不能改判无罪。那么从这个规定上看，它和关于一审的规定两者间是不协调的，所以这个规定本身有问题。就刘涌案来看，究竟该如何来看待它的改判这个问题的？我考虑这里面有这样的问题，就是：在刘涌这个案件的二审中律师提出来有刑讯逼供，以至于“指使”这个问题不能被确认。这个问题到底是一个事实问题还是一个法律问题？有的人认为，这是一个事实不清的问题，应该发回重审。但是辽宁省高级人民法院作了改判。二审判决书中写明存在着刑讯逼供，使这个证人证言不能被采用，也就是说，二审法院认为这是一个法律问题。二审法院认为一审法院没有严格地按照非法证据排除规则来处理这个问题，所以这是一个法律适用不当的问题。如果是一个法律问题，辽宁省高级人民法院改判就有它的根据。

在这个问题上就有人问我同样一个案件：在承德的陈某清四个人的抢劫案件中，案件中的四个人从 1994 年被关押到现在，四次被判处死刑，四次上诉，但是河北省高级人民法院三次发回重审。在承德这个案件当中，大家都认为被告人不应当杀，但是偏偏要杀。在刘涌这个案件中，大家都认为被告人应当杀，但是偏偏没有杀。有人问：为什么这两个案件有这么大的差别？就是由于两者的身份不同吗？我认为，这两个案件在表面上看来是不同的，但是本质上是一样的，都是在案件的侦查过程中存在着刑讯逼供问题。正因为存在刑讯逼供，尽管一审法院都判处了死刑，但是二审法院都无法维持这样一个死刑判决。唯一的不同就在于，河北省高级人民法院面对案件三次发回重审，而辽宁省高级人民法院面对案件直接改判。如果没有刑讯逼供，那么人民法院该判死刑判死刑，该判无罪判无罪，都没有问题。由此可见，刑讯逼供在二审法院的判决当中如何来处理，是一个值得研究的问题。

三、犯罪集团的首要分子如何承担刑事责任

主犯对于犯罪集团的共同犯罪，尤其是犯罪集团的犯罪，如何来承担刑事责任?《刑法》第 26 条第 3 款规定，对组织、领导犯罪集团的首要分子，按照集团所犯的全部罪行处罚。有的人就从这个条文的字面上得出这样一个结论：只要你是犯罪集团的首要分子，那么无论这个犯罪集团犯了什么罪，你都应当承担责任，因为法律规定是“按照全部罪行处罚”。但是，我认为这种理解是错误的。为什么呢？这里所谓“按照集团所犯的全部罪行处罚”，是指首要分子要对他所组织、领导的犯罪集团进行的犯罪活动全部负责。也就是说，这个犯罪集团中，只有首要分子组织、领导的那些犯罪，他才要承担刑事责任；如果不是他组织、领导的，他仍然不用承担刑事责任。这里涉及共同犯罪定罪的一个基本原则，也就是主、客观相统一的原则。按照《刑法》第 25 条第 1 款，共同犯罪是指二人以上共同故意犯罪。因此任何共同犯罪，无论是集团犯罪也好，聚众犯罪也好，要构成共同犯罪，它必须要有两个前提：第一个是要有共同犯罪行为，第二个是要有共同犯罪故意。如果没有共同犯罪行为，就不能成立共同犯罪；如果有了共同行为，但是没有共同故意，仍然也不能成立共同犯罪。在刘涌这个案件当中，刘涌有没有指使，这就成为他要不要对宋某飞所实施的故意伤害行为承担刑事责任的一个最关键的问题：如果他没有指使，而且他事先根本不知道，那么尽管这个犯罪是他组织、领导的这个犯罪集团所为的，他也不用承担刑事责任。就像一个盗窃犯罪集团的首要分子应当对他组织、领导的盗窃行为承担刑事责任，而对于盗窃集团的成员进行的强奸、杀人、放火这样一些犯罪，盗窃集团的首要分子是不用承担这些刑事责任的。这样一个定罪原则是首先要清楚的。这样一些问题也

是容易引起争论的。这里面首先有一点，对法律条文的理解不能是就这个法条而理解这个法条，而是要对法条作一个相关的理解。尤其是在对共同犯罪的定罪和量刑这两个环节的理解上，我们不能将定罪和量刑两者分割开。定罪在逻辑上是放在前面的，只有认定被告人对这个罪承担刑事责任，才有一个量刑的问题，也就是如何承担刑事责任的问题。

至于首要分子和其他主要责任人员对刑事责任应当如何分担，那是另外一个值得研究的问题。我认为，首要分子是要负“全部”责任，但是不一定要负“相同”责任。到底要怎么来负责任，关键是要看他在整个共同犯罪中到底起到了多大的作用。当然，这个问题是一个比较复杂的问题。这里面也关系到中国人的观念问题，也就是说，就指使者和实行者来说，到底谁应当负主要责任。对于这个问题，在中国人看来，往往是指使者要负主要责任。比如说广州的孙志刚案件。孙志刚案件中有一个指使者、一个直接实行者。刚开始的时候，法院认为两个人都应该被判处死刑。但是最后研究的结果是，只能判一个人死刑。于是就发生了问题：到底判谁死刑？到底是判指使者死刑还是判直接实行者死刑？最后是指使者被判死刑。这就表现出了中国人的一种观念：造意为首。事情是你发起的，那么你就要负主要责任。这种观念是一种主观主义的刑法理论。实际上，其他国家比较通行的是一种客观主义的刑法理论，因为虽然你是被指使的，但是你是具有意志自由的一个正常人，你应当对你的行为承担责任。所以这里面又涉及一个主观主义的刑法理论和客观主义的刑法理论的区分问题。

四、司法、民愤与媒体

司法、民愤与传媒的关系应当如何处理，也是一个很值得探讨的问题。在刘涌案件当中，这个问题表现得很突出。究竟应该如何来看待这个问题？司法本身有一个从秘密司法到公开司法的过程。最初的司法是秘密的，是秘而不宣的。之所以秘而不宣，是要给司法笼罩上一种神秘的色彩。这是一种愚民政策，是为了使司法更好地发挥它的威慑作用。但是在现代司法当中，司法是公开的，老百姓能够对司法发表他的意见，甚至有一种制度叫作陪审团制度，允许公民直接参与审判。这是司法的民主性的一种表现。在司法面向公众之后，怎样来处理司法和民众的民愤，或者说民众对案件的这样或那样的看法与司法本身的这种理性、专业和精英的工作两者之间的一种紧张关系，始终是一个值得研究的问题。

我认为，司法活动本身是一种专业性很强的活动，司法活动强调的是一种亲历性，必须亲身经历，必须要亲自去看案件材料，去了解这个案件的证据，最后才能得出这个案件是能定罪还是不能定罪的结论。这个最终决定权在法院，在法官，因为他亲自参加并且主持了这样一个亲历活动，他最有发言权。我们的社会公众尽管可以对一个案件发表各种各样的意见，但是这种意见不能影响司法机关的审判。所以有的人说过这样一句话，我是比较赞同的，也就是说，公众可以表达激情，但是激情绝不能影响司法的审判。这是两者的一个关系。在刘涌这个案件中，田文昌律师在一开始也谈到了，在 2001 年有关的报道当中就出现了一些产生误导的事实。实际上，对于刘涌这个人，我们没有见过他，我们也不认识他，那么刘涌为什么在全国引起如此大的公愤，甚至产生了“国人皆曰可杀”的后果？这样一种公愤、这样一种民愤到底是怎么来的？我们可以说老百姓有这样一个观念：刘涌是十恶不赦的，非杀不可，是天下第一号可杀人。这种观点是怎么得出来的？这个问题确实是值得我们思考的。实际上是从这个案件的侦破开始，媒体就报道了一些材料，这些材料是公安机关提供的材料。公安机关在司法活动当中属于（大的）控方，因此，这些材料可以说是一面之词。控方不能决定一个人是否有罪，决定一个人是否有罪必须要经过司法活动，而司法活动必须要经过控辩双方的质证、辩论，最终由法院来裁量是否有罪。由此也可以看出来，对于一个案件，尽管我们可以发表意见，但是我们不能不承认这种意见本身带有一定的感情色彩，是没有经过理性的过滤的，甚至不排除在个别情况下有道听途说的成分。在这种情况下，我们还是要尊重司法机关的判决。尽管我们可以对司法机关的判决提出这样或那样的不满，但是一个公正的审判是非常重要的。就像美国的辛普森案，经过陪审团一年半的审理，花费了纳税人 8 000 万美元，结果陪审团作出无罪判决。你问美国人，美国人有百分之七八十的都会认为这个案件判错了，认为辛普森是有罪的人、是杀人犯。但是你问他辛普森是否受到了公正的审判，每个美国人又同时会回答辛普森确实受到了公正的审判。这里面就体现出程序公正和实体公正两者并不能完全等同。（梁根林：我再插一句。辛普森案件判决以后，当时的美国总统克林顿马上就发表电视讲话，呼吁全国的民众尊重法院判决。）也就是说，经过一个公正的程序所得出的判决结果，它未必就是为大家所接受的。我们可以对这个判决不服、不满，但是我们要尊重这个判决。这就像是民主的一个最基本原则，“我可以不同意你的观点，但是我尊重你说话的权利”。

五、关于专家论证

最后我想谈一下关于专家论证的问题。专家论证问题，也是这次在刘涌案件当中谈得比较多的问题。我认为，专家论证，它是指专家受一方当事人的委托，或者受有关机关的委托，就案件的某一个情况、某一个事实，发表专家自己的意见，提供一些咨询意见。是这样的一个活动。如果在一个社会里面，法官的专业水平很高，甚至比教授的水平还高（像日本，法官在刑法各论方面，按照一些人的说法，他们的水平比刑法学者的水平要高，比教授的水平要高），在这种情况下当然就没有必要组织专家就某一个问题来发表意见。但是我们国家目前情况并非如此。在我们现在的法官队伍和司法队伍中真正有正规学历的人占得还比较少。在这种情况下，在司法实践中就会出现某些疑难案件，对于这些疑难问题，专家们也未必能够解决；对于同一个问题，不同专家可能会有不同的看法。但是，专家们毕竟是专门研究这些问题的，关于这些问题他们发表他们的意见，对于有关当事人、司法机关处理这些问题可能会起到一种参考作用。因此在这种情况下，聘请专家，听取专家意见，就成为我们司法过程当中普遍存在的一种情况。不仅律师聘请专家就某一个案件发表意见，而且公安机关也聘请某一些专家就某一个案件来发表意见，人民检察机关也聘请专家来发表意见，人民法院也聘请专家来就某一个案件发表意见。我本人是最高人民法院的专家咨询委员会委员，多次参加最高人民法院主持的就某些案件的定性问题的咨询会，发表对某些案件（甚至包括某些重大案件）的处理意见。我也参加过最高人民检察院召开的专家咨询会，发表对某些案件的咨询意见。我也是北京市公安局的专家咨询委员会委员，北京市公安局有很多案件都找我们专家委员会来进行咨询。当然，我们也参加了律师代表的被告人一方、律师代表的被害人一方就某一个问题进行的专家咨询。

专家在这些咨询当中，只是发表自己对某一个问题的看法。这里面涉及这样一个问题：我们过去把司法活动看作是一种单纯的权力的行使。但是现在随着法治文明的发展，越来越看到在司法活动当中，知识是非常重要的。也就是说，司法活动不是一种赤裸裸的权力行使，而是包含着一种知识的运用，因此，在司法活动中需要一些专业的知识。那么在这样一种情况下，知识——专家的咨询意见才有可能在一个案件的定性当中发挥它应有的作用。就这个问题而言，我认为，专家对某一个案件发表意见本身，仅仅是代表专家本人，只是供有关的当事人参考，而不能对案件起到决定作用，不可能专家说有罪就有罪，专家说无罪就无罪。这种情况是不可能的。

这里面还有一个问题，也就是说，专家提供意见，如果是不收取费用的，是无偿的，那专家是公正的；但是专家收了当事人的费用，那好像专家就为当事人所用。实际上我要先说明一点，专家提供咨询意见本身也是提供一种劳动服务，这种服务它必然是有偿的。实际上不仅律师向专家咨询时会给予一定的报酬，而且最高人民法院、最高人民检察院向专家咨询同样会给专家一定的劳务报酬。这正是在这个知识经济时代，知识所应有的价值。所以，不能说无偿提供的咨询就是公正的。我可以说，无偿提供的咨询可能是正确的，也可能是错误的；同样，有偿提供的咨询可能是正确的，也可能是错误的。不能以有偿或无偿来判断是否公正。当然，如果我是受这一方当事人委托，我肯定是站在他们的立场就某一个法律问题发表意见，那么这种意见也是从有利于委托人这个角度来发表的。但是，我们首先要记住这一点：任何意见必须要有它的事实根据和法律基础。如果一个专家的意见完全脱离事实，完全脱离法律，那么说了等于白说，没有任何价值。所以在这个意义上说，不管是站在哪一方，不管有没有领取报酬，专家必须要从事实和法律出发，这样的意见才有可能被有关的司法机关采纳。脱离了事实和法律的意见，是没有任何意义的。而且专家的意见，只对律师所提供的证据负责任。律师提供的证据可能会有假，也不排除有的律师有隐瞒，在这种基础上提供的意见它不可能被司法机关采纳，所以这样的咨询意见没有任何意义。

因此我觉得，对专家论证这一问题应该客观地、辩证地来看待。对专家本身来说，他有一个自律的问题：如何使你所发表的意见尽量和法律、事实符合。另外有一个问题：专家本身不是裁判者，裁判者是有关司法机关和司法者，他们有如何采纳、如何采信的问题。当然，我也赞同这样的看法：专家意见是目前中国司法现状下一种暂时的、具有相对合理性的一种做法。随着我们法官素质的提高，随着整个社会的法治素质的提高，专家意见总有一天会退出历史舞台。

（本文原载游伟主编：《华东刑事司法评论》，第 6 卷，北京，法律出版社，2004）

恶势力犯罪研究

黑恶势力是当前我国刑法的打击重点，这里的黑恶势力中的“黑”是指黑社会性质组织，“恶”是指恶势力。对于黑社会性质组织，我国《刑法》第 294 条已经作了明文规定，相关的立法解释和司法解释都比较完备，从而为认定黑社会性质组织，惩治组织、领导、参加黑社会性质组织犯罪提供了规范根据。然而，我国刑法对于恶势力并未作明确规定，只是在相关司法解释或者其他规范性文件中有所涉及。在这种情况下，如何正确认定恶势力犯罪，尤其是如何区分黑社会性质组织和恶势力犯罪集团，就成为刑法理论亟待研究的一个问题。本文立足于我国刑法立法和司法解释，对恶势力犯罪进行刑法教义学研究。

一、恶势力犯罪概念的演变

恶势力的提法在我国由来已久。然而，从一个混沌不清的习惯用语到内涵明晰的规范术语，恶势力概念经历了漫长的演变过程。以 1997 年修订《刑法》并设立组织、领导、参加黑社会性质组织罪（以下简称黑社会性质组织犯罪）为时间节点，可以分为 1997 年《刑法》修订前后两个时期。在此，笔者根据这一时间线索对恶势力概念的演变过程进行描述。

（一）1997年《刑法》修订之前：恶势力概念的形成

恶势力不是一个规范的法律用语。我国公安机关最先在有关文件中采用恶势力一词，用来描述扰乱社会秩序、破坏社会治安的犯罪现象。在这些文件中，恶势力与流氓团伙和带有黑社会性质的组织这三个概念往往掺杂混用、互相诠释。由此可见，这个时期恶势力概念还没有从其他犯罪形态中独立出来，尤其是恶势力和流氓团伙、黑社会性质组织之间存在严重混同。例如，1986年《全国公安工作计划要点》明确把带有黑社会性质的流氓团伙作为打击重点。带有黑社会性质的流氓团伙同时包含了黑社会和流氓这两个要素，并且以团伙作为依托实体，因而是一个内涵混沌的概念。

及至1992年10月在公安部召开的部分省、市、县打击团伙犯罪研讨会（以下简称“1992年研讨会”）上，公安部第一次提出黑社会性质组织（流氓团伙）的六个特征：（1）在当地已形成一股恶势力，有一定势力范围；（2）犯罪职业化，较长期从事一种或几种犯罪；（3）人数一般较多且相对固定；（4）反社会性特别强，作恶多端，残害群众；（5）往往有一定的经济实力，有的甚至控制了部分经济实体和地盘；（6）千方百计拉拢腐蚀公安、司法和党政干部，寻求保护。[①] 以上六个特征，已经涵括了此后刑法规定的黑社会性质组织的四个特征，即组织特征、经济特征、非法保护特征、非法控制特征等。甚至作恶多端、残害群众之类，《刑法》第294条用来描述黑社会性质组织的用语都已经在上述“1992年研讨会”文件中隐约可见。值得注意的是，“1992年研讨会”明确提及恶势力这个概念，它与势力范围的概念互相说明。根据以上文件的规定，恶势力以及势力范围都是用来描述黑社会性质组织的用语，因此黑社会性质组织和恶势力的界限并没有严格区分。在这个意义上，恶势力是用来描述黑社会性质组织的一个修饰词。

“1992年研讨会”还对黑社会性质组织和犯罪团伙的关系进行了讨论。从这

① 参见赵颖：《当代黑社会性质组织犯罪分析》，42页，沈阳，辽宁人民出版社，2009。

次会议讨论的主题设定来看，称为“黑社会性质组织（流氓团伙）”，因此，在一定意义上把流氓团伙和黑社会性质组织相提并论。那么，黑社会性质组织和流氓团伙之间到底是一种什么关系呢？对此，研讨会认为：犯罪团伙不一定都是黑社会性质组织，但黑社会性质组织必然产生于犯罪团伙。犯罪团伙危害治安，影响群众安全，同时也是黑社会势力的一种社会基础。[①] 应该说，这种观点揭示了犯罪团伙与黑社会性质组织之间的演化关系，没有将两种犯罪形态完全区别开来。从以上观点的叙述中，我们还看到黑社会势力这样的提法，这里的势力一词似乎与团伙、组织等实体概念可以互相通用。因此，这个时期对黑社会性质组织、犯罪团伙和恶势力这三个概念的使用是较为混乱的，它们之间缺乏明晰的界限。例如，带有黑社会性质的犯罪团伙、黑社会势力、流氓恶势力等，这些用语既非严格意义上的法言法语，也没有形成特定的语义语境。

1996 年我国开展了继 1983 年之后的全国性第二次“严打”，这次“严打”的惩治重点从犯罪团伙转向黑社会性质组织。中央决定，从 1996 年 4 月开始，组织一场全国范围的“严打”斗争。此次“严打”的主要任务是“坚决打击带有黑社会性质的犯罪团伙和流氓恶势力”。在上述表述中，带有黑社会性质的流氓团伙和流氓恶势力开始明显地区分开来，恶势力在一定程度上获得了独立的存在价值。

在带有黑社会性质的流氓团伙和流氓恶势力这两个概念中都存在流氓一词，这里的流氓源于当时《刑法》（1979 年《刑法》）第 160 条规定的流氓罪。根据刑法的规定，流氓罪是指聚众斗殴、寻衅滋事、侮辱妇女或者其他严重扰乱社会秩序的流氓行为。流氓行为对社会秩序具有严重的破坏性，因而被列为“严打”的重点。在流氓罪中，最具社会危害性的又是流氓犯罪集团。《刑法》（1979 年）第 160 条对流氓集团的首要分子明确规定了较重的法定刑。在 1983 年全国人大常委会《关于严惩严重危害社会治安的犯罪分子的决定》中，规定对流氓集团的

① 参见贾宏宇：《中国大陆黑社会组织犯罪及其对策》，51～52 页，北京，中共中央党校出版社，2006。

首要分子加重处罚，以此作为“严打”的立法措施之一。当时公安部门大量使用流氓团伙一词，除此以外，还使用强奸团伙、盗窃团伙、抢劫团伙等。而在当时刑法中只有集团的概念，团伙并不是规范的法律用语。及至1984年最高人民法院、最高人民检察院、公安部先后颁布了《关于怎样认定和处理流氓集团的意见》和《关于当前办理集团犯罪案件中具体应用法律的若干问题的解答》。上述司法解释统一了对犯罪团伙的认识：办理犯罪团伙案件，凡是符合犯罪集团基本特征的，应按犯罪集团处理；凡是不符合犯罪集团基本特征的，就按一般共同犯罪处理，并根据其共同犯罪的事实和情节，该重判的重判，该轻判的轻判。上述司法解释同时指出，在法律文书上避免使用团伙一词。该司法解释实际上否定了团伙这个概念，而主张分别采用犯罪集团和一般共同犯罪的概念。其中，犯罪集团是刑法规定的概念，而一般共同犯罪是刑法关于共同犯罪的理论中采用的一个概念，是指在共同犯罪的结合程度上比较松散、没有达到一定组织形式的共同犯罪。我国学者把一般共同犯罪称为结伙犯罪，认为结伙犯罪是指二人以上结帮成伙、没有组织的共同犯罪。这种共同犯罪是临时纠合在一起的犯罪，通常实行一次或者数次犯罪就散伙。[①] 因此，结伙犯罪是集团犯罪的雏形，随着犯罪次数和人数的增加，主要成员固定，就会发展成为犯罪集团。尽管司法解释倾向于不再使用犯罪团伙这个概念，但公安机关习惯于采用犯罪团伙这个概念，尤其是在尚不能严格区分犯罪集团和犯罪结伙的侦查期间，犯罪团伙一词能够更准确地反映犯罪的真实状况。久而久之，犯罪团伙一词成为约定俗成的用语而在公安系统广泛流行。在犯罪团伙中，流氓犯罪具有的重要地位，因而流氓团伙也成为一个常用词。这里的流氓团伙，实际上包含了流氓集团和流氓结伙。

随着黑社会概念在我国的使用，出现了从流氓团伙到黑社会的升级。因此，我国刑法中的流氓团伙的含义开始分化。其中，黑社会和流氓团伙嫁接，形成了带有黑社会性质的流氓团伙的概念。而没有达到黑社会程度的流氓团伙则被称为

① 参见陈兴良：《共同犯罪论》，3版，133～134页，北京，中国人民大学出版社，2017。

流氓恶势力。正是在黑社会的背景下，流氓恶势力的概念开始被我国公安机关采用。当然，在1997年《刑法》修订之前，我国刑法既没有关于黑社会性质组织犯罪的规定，也没有关于流氓恶势力的规定。因此，上述两个概念是以非规范的形式存在的。即使是我国审判机关，也认同将黑社会性质组织犯罪和恶势力犯罪区分为两种不同犯罪形态的做法。例如，在1997年最高人民法院的工作报告中明确地将带黑社会性质的集团犯罪和流氓恶势力犯罪相提并论。这里的带黑社会性质的集团犯罪就是指黑社会性质组织犯罪，而流氓恶势力犯罪是独立的一种犯罪形态。值得注意的是，在这个时点（1997年3月11日）我国《刑法》还没有完成修订。1997年《刑法》是1997年3月14日通过、10月1日正式生效的。

（二）1997年《刑法》修订之后：恶势力概念的定型

1997年《刑法》第294条规定了组织、领导、参加黑社会性质组织罪，而流氓恶势力并没有在修订后的《刑法》中出现。在这种情况下，黑社会性质组织这一概念获得了法定的身份，而流氓恶势力概念仍然混沌不明，有关司法机关对于是否继续使用流氓恶势力的概念举棋不定。其中，最值得注意的是审判机关的态度，我国法院系统在审判实践中不再采用流氓恶势力的概念。例如，1997年3月14日《刑法》修订以后，1998年最高人民法院的工作报告只提及带有黑社会性质的有组织犯罪，而没有再提及流氓恶势力。1998年工作报告与1997年工作报告相比，这是一个明显的变化。之所以没有提及恶势力，是因为最高人民法院认为在修订后的《刑法》第294条设立黑社会性质组织犯罪以后，只有符合该罪特征的行为，才能以该罪论处。除此之外，刑法中不存在单独的恶势力犯罪。在这种情况下，最高人民法院对黑恶势力的认知发生了某种变化。例如，1999年10月27日《全国法院维护农村稳定刑事审判座谈会纪要》（以下简称《纪要》）第3条是关于农村恶势力犯罪案件的处理："修订后的刑法将原'流氓罪'分解为若干罪名，分别规定了相应的刑罚，更有利于打击此类犯罪，也便于实践中操作。对实施多种原刑法规定的'流氓'行为，构成犯罪的，应按照修订后刑法的罪名分别定罪量刑，按数罪并罚原则处理。对于团伙成员相对固定，以暴力、威胁手段称霸一方，欺压百姓，采取收取'保护费'、代人强行收债、违规强行承包等手段，公然与政府对抗的，应按照黑社会性质组织犯罪处理；其中，又有故意杀人、故意伤害等犯罪行为的，按数罪并罚的规定处罚。”根据《纪要》的上述规定，只有符合黑社会性质组织特征的农村恶势力犯罪才能以黑社会性质组织犯罪论处。显然，按照《纪要》的这一逻辑，除了黑社会性质组织犯罪，并不存在恶势力犯罪。

值得注意的是，2000 年最高人民法院《关于审理黑社会性质组织犯罪的案件具体应用法律若干问题的解释》（以下简称《解释》）对黑社会性质组织的四个特征，尤其是非法保护特征即保护伞，以及非法控制特征，作了较为严格的规定，使黑社会性质组织的法律规格十分严苛。在这种情况下，所谓流氓恶势力就不可能被纳入黑社会性质组织之中。为此，最高人民检察院向全国人大常委会提出对黑社会性质组织进行立法解释。在起草立法解释过程中，一种观点认为：《刑法》第 294 条是以流氓行为作为参照而设计的，其目的是在流氓罪被分解以后有力地打击流氓恶势力。因此，所谓黑社会性质组织实际上就是指流氓恶势力。对于这种观点，我国立法机关工作人员指出：我国《刑法》分则条文中，对于只参加一个组织，不论有无其他具体犯罪行为，都要定罪判刑的条文并不多。除了《刑法》第 110 条中的参加间谍组织、第 120 条中的参加恐怖活动组织，就是第 294 条中的参加黑社会性质组织。我国刑法对于仅参加杀人、抢劫、强奸犯罪集团的人，如果没有实施具体犯罪行为，尚且没有规定一定要定罪判刑，怎么可能对只参加流氓集团的犯罪分子就如同参加间谍组织、恐怖组织一样打击呢？由此得出结论：《刑法》第 294 条规定黑社会性质组织的立法本意不是针对流氓恶势力，而是针对呈现黑社会组织雏形、初步具备黑社会性质组织基本特征、带有黑社会性质的特殊犯罪集团。[①] 基于上述考量，2002 年 4 月 28 日全国人大常

---

① 参见黄太云：《关于〈中华人民共和国刑法〉第二百九十四条第一款的理解与适用》，载最高人民法院刑一庭、刑二庭、刑三庭、刑四庭、刑五庭主办：《刑事审判参考》，第 74 集，151 页，北京，法律出版社，2010。

委会《关于〈中华人民共和国刑法〉第二百九十四条第一款的解释》（以下简称《立法解释》）只是把保护伞调整为黑社会性质组织成立的或然性要件，对黑社会性质组织还是坚持较为严格的构成标准。

虽然立法机关厘清了黑社会性质组织和流氓恶势力的关系，并明确地将流氓恶势力排除在黑社会性质组织的范围之外，但这并不意味着流氓恶势力概念被弃用。事实上，在我国司法实践中，黑与恶并存的格局没有改变，黑恶势力的提法逐渐形成，打黑除恶成为“严打”的代名词。例如，2000 年 12 月 11 日全国打黑除恶专项斗争电视电话会议在北京召开，中央决定从 2000 年 12 月到 2001 年 10 月，组织全国公安机关开展一场打黑除恶专项斗争。这是我国首次开展打黑除恶专项活动。之所以开展这场专项斗争，是因为近年来一些地方黑恶势力犯罪仍呈发展蔓延之势，气焰十分嚣张，在黑恶势力猖獗的地方，老百姓有案不敢报，有冤无处申。各种黑恶势力犯罪已经严重侵害人民群众的生命、财产安全，严重破坏社会主义市场经济秩序和社会管理秩序，严重危害社会和稳定。同年，公安部成立了全国公安机关打黑除恶专项斗争领导小组，各省、自治区、直辖市公安厅、局也成立专项斗争领导小组。2005 年，中央有关部门在分析打黑除恶的形势后指出：面对今后一段时间黑恶犯罪处于高发期、危险期的严峻形势，面对打黑除恶困难重重、步履维艰的复杂情况，应该充分认识到黑恶犯罪是腐败的衍生物和催化剂，是国家长治久安的心腹之患，是人民群众安居乐业的重大障碍。同时，中央明确了打黑除恶的总体目标和要求，即：决不能让黑恶势力在境内发展坐大，决不能让境外黑社会组织在境内立足扎根。这个总目标和要求是一项长期的硬任务，一刻也不能放松。打黑斗争形成常态化，公安部门要求对黑恶势力的打击要时刻保持高压态势。2006 年 2 月，中央政法委部署全国开展打黑除恶专项斗争，在中央成立了打黑除恶专项斗争协调小组，并设立全国“打黑办”。之后，每年都召开一次全国会议，中央领导同志亲自动员部署，各地区、各部门深入推进。[①]

① 参见《从打黑除恶到扫黑除恶：中国扫黑除恶历史回顾》，载《民主与法制时报》，2018-02-04。

在上述文件中，涉及黑恶势力的概念。那么，这里所谓黑恶，是对黑社会性质组织犯罪的一种泛称，还是存在黑社会和恶势力这两种不同的犯罪形态呢？这个问题关系到打黑除恶专项斗争的打击范围，因而是一个十分重要的问题。有关法律和司法解释中并没有明确的界定。2001 年最高人民法院的工作报告指出，“黑社会性质组织犯罪严重威胁广大人民群众生命财产安全。最高人民法院制定了《关于审理黑社会性质组织犯罪的案件具体应用法律若干问题的解释》。全国法院集中力量审判了一批黑社会性质组织犯罪案件，打击了这类犯罪的嚣张气焰”。在此，也没有提及恶势力犯罪。同样，在《解释》中也没有涉及恶势力犯罪。

在恶势力犯罪概念不能被涵括在黑社会性质组织犯罪的情况下，需要对恶势力犯罪单独加以规定。2006 年，我国实施了第二次打黑除恶专项斗争。在总结该次打黑除恶专项斗争经验的基础上，最高人民法院、最高人民检察院、公安部于 2009 年 12 月 9 日出台了《办理黑社会性质组织犯罪案件座谈会纪要》（以下简称《2009 年纪要》），首次在司法解释中对恶势力作了专门规定，指出，“‘恶势力’是黑社会性质组织的雏形，有的最终发展成为了黑社会性质组织。因此，及时严惩‘恶势力’团伙犯罪，是遏制黑社会性质组织滋生，防止违法犯罪活动造成更大社会危害的有效途径”。至此，我国司法机关在恶势力问题上认识取得了一致。尤其值得注意的是，恶势力已经成为一个特定的概念，而流氓恶势力的提法不再出现。因此，恶势力一词已经不再被局限在流氓的性质和范围之内，而是对某些更为宽泛的犯罪集团的描绘。虽然《2009 年纪要》仍然将恶势力定位为犯罪团伙，但审判机关力图将恶势力纳入犯罪集团的用意也十分明显。例如，最高人民法院相关人员在对《2009 年纪要》解读时指出：《2009 年纪要》对恶势力所下的定义，是以全国打黑除恶协调小组办公室制定的《恶势力战果统计标准》为基础，根据实践情况总结、归纳而来的，目的是给办案单位正确区分“黑”与“恶”提供参考。实践中，恶势力团伙在数量上远多于黑社会性质组织，社会危害面更为广泛。在目前恶势力并未入罪的情况下，用足用好《刑法》总则中关于犯罪集团的有关规定，是加大对此类犯罪打击力度的有效途径。因此，对符合犯罪集团特征的恶势力团伙，办案时要按照犯罪集团依法惩治。[①] 在此，恶势力明确区别于黑社会性质组织，对于恶势力应当按照关于犯罪集团的规定论处。

2018 年最高人民法院、最高人民检察院、公安部、司法部颁布的《关于办理黑恶势力犯罪案件若干问题的指导意见》（以下简称《2018 年指导意见》）将恶势力定性为犯罪组织或者犯罪集团。在这种情况下，司法机关可以按照我国《刑法》第 26 条关于犯罪集团的规定认定恶势力，由此而把恶势力纳入了刑法范畴，使之获得了某种程度上的法律地位。例如，《2018 年指导意见》指出："具有下列情形的组织，应当认定为'恶势力'：经常纠集在一起，以暴力、威胁或者其他手段，在一定区域或者行业内多次实施违法犯罪活动，为非作恶，欺压百姓，扰乱经济、社会生活秩序，造成较为恶劣的社会影响，但尚未形成黑社会性质组织的违法犯罪组织。"从这个规定来看，恶势力本身就是一种犯罪组织。而在我国刑法中，犯罪组织就是指犯罪集团。据此，似乎可以把《2018 年指导意见》中的恶势力界定为犯罪集团。但值得注意的是，《2018 年指导意见》又对恶势力犯罪集团专门作了规定，指出："恶势力犯罪集团是符合犯罪集团条件的恶势力犯罪组织，其特征表现为：有三名以上的组织成员，有明显的首要分子，重要成员较为固定，组织成员经常纠集在一起，共同故意实施三次以上恶势力惯常实施的犯罪活动或者其他犯罪活动。"按照这一规定，恶势力犯罪和恶势力集团犯罪又是两个不同层次的犯罪。《2018 年指导意见》由于并非对恶势力的专门规定，因此有些内容不是特别明确。此外，《2018 年指导意见》还规定，可以在相关法律文书的犯罪事实认定部分，使用恶势力等表述加以描述。可以说，《2018 年指导意见》是恶势力概念在法律上的定型，对于恶势力概念的发展具有重要意义。

---

① 参见高憬宏、周川：《〈办理黑社会性质组织犯罪案件座谈会纪要〉的理解与适用》，载最高人民法院刑一庭、刑二庭、刑三庭、刑四庭、刑五庭主办：《刑事审判参考》，第 74 集，185 页，北京，法律出版社，2010。

2019年2月28日最高人民法院、最高人民检察院、公安部、司法部颁布了《关于办理恶势力刑事案件若干问题的意见》（以下简称《2019年意见》），对办理恶势力案件的实体和程序问题作了更为具体的规定。在《刑法》没有对恶势力进行正式规定的情况下，《2019年意见》成为办理恶势力案件的主要法律根据。《2019年意见》是我国对恶势力专门规定的一个司法解释，因此，其对恶势力的概念、特征和形式等的规定更加明确，对于司法机关正确认定恶势力案件具有重要指导意义。《2019年意见》对恶势力作了以下界定："恶势力，是指经常纠集在一起，以暴力、威胁或者其他手段，在一定区域或者行业内多次实施违法犯罪活动，为非作恶，欺压百姓，扰乱经济、社会生活秩序，造成较为恶劣的社会影响，但尚未形成黑社会性质组织的违法犯罪组织"。从这个概念的内容来看，是把恶势力界定为违法犯罪组织。然而，《2019年意见》指出："恶势力犯罪集团，是指符合恶势力全部认定条件，同时又符合犯罪集团法定条件的犯罪组织。"据此，根据《2019年意见》的规定，我国刑法中的恶势力可以分为恶势力犯罪结伙和恶势力犯罪集团两种形态。根据以上分析，《2019年意见》和《2018年指导意见》一样，在将恶势力界定为违法犯罪组织的同时，将恶势力区分为犯罪结伙和犯罪集团。在犯罪结伙和犯罪集团这两种共同犯罪形态中，只有犯罪集团是一种犯罪组织，而犯罪结伙属于一般共同犯罪，不具有组织特征。由此可见，相关司法解释在对恶势力犯罪的界定上存在与共同犯罪的立法规定相抵牾之处。

上述司法解释将某种犯罪的一般结伙犯罪和集团犯罪捏合在一起，进行定义的方式，十分类似于以往在我国司法实践中极为常见的犯罪团伙概念。因此，恶势力犯罪也可以说是一种团伙犯罪，即包括恶势力结伙犯罪，又包括恶势力集团犯罪。如此，从恶势力结伙犯罪、恶势力集团犯罪，再到黑社会性质组织犯罪，就形成三个层次的黑恶犯罪形态。关于黑社会性质组织犯罪的特征，我国《刑法》第294条已经作了明文规定，相对来说较为清晰。而恶势力犯罪，涉及如何认定犯罪结伙和犯罪集团，在相关刑法和司法解释中以及刑法理论上都有规定，为司法认定提供了规范根据。至于以往司法实践中的流氓团伙，其流氓性质的认定是根据当时《刑法》对流氓罪的规定，因此还有所参照。但关于如何认定恶势力在刑法中并无明确的规范规定，刑法理论对此也缺乏研究，因而它是一个值得重点讨论的问题。只有在正确认定恶势力的基础上，才能对恶势力集团犯罪进行正确认定。

二、恶势力犯罪的特征

《2018年指导意见》和《2019年意见》等司法解释对恶势力的概念作了明确规定，揭示了恶势力的构成特征，是认定恶势力的规范根据。根据上述司法解释的相关规定，我们可以归纳、总结出恶势力犯罪的以下特征。

（一）恶势力犯罪的人数特征

恶势力犯罪不是一种单个人实施的犯罪，而是一种多个人实施的犯罪。因此，恶势力犯罪具有共同犯罪的属性，它首先是共同犯罪中的结伙形式。在恶势力基础上发展起来的恶势力犯罪组织，则是共同犯罪中的集团形式。《2019年意见》明确将“经常纠集在一起”作为恶势力犯罪的首要特征，就是强调了恶势力犯罪的这种共同犯罪性质。根据我国《刑法》第25条的规定，共同犯罪的主体是2人以上，而黑社会性质组织的主体一般是10人以上。恶势力犯罪的人数一般是3人以上。对此，《2019年意见》作了明确规定。由此可见，恶势力犯罪并不是一般共同犯罪，而是具有纠集性的共同犯罪。根据《2019年意见》的规定，恶势力的成员可以分为两个层级：一是纠集者，是指在恶势力实施的违法犯罪活动中起组织、指挥、策划作用的违法犯罪分子。二是其他成员，是指知道或者应当知道与他人经常纠集在一起是为了共同实施违法犯罪，仍按照纠集者的组织、指挥、策划参与违法犯罪活动的违法犯罪分子。这两个层级的人员划分，揭示了恶势力犯罪的结构形式，对于认定恶势力犯罪的人员结构具有重要意义。

应该指出，这里的3人是指恶势力犯罪的最低人数，即不能少于3人。在通常情况下，恶势力犯罪的人数都超过3人。关于对恶势力犯罪所要求的3人如何理解，我国学者认为，应该是指相对固定的成员为3人以上，而不是指被临时纠集者为 3 人以上。[①] 对于上述观点，笔者持保留态度。在被临时纠集者的行为都构成犯罪的情况下，已经符合刑法所规定的 3 人以上（包括 3 人在内）的主体数量要求，不能说还没有达到恶势力犯罪的人数标准。当然，如果被纠集者属于不明真相的人员，其行为并不构成犯罪，则不能将这些人员包含在恶势力犯罪所要求的 3 人以上的主体数量之内。

（二）恶势力犯罪的手段特征

恶势力犯罪的手段特征是指恶势力犯罪时采用的暴力、威胁或者其他手段。恶势力作为一种犯罪形态，其特点在于采用暴力、威胁或者其他手段实施犯罪活动。在我国刑法中，相当一部分犯罪的罪状中采用“暴力、胁迫或者其他手段”的描述，例如抢劫罪和强奸罪。而在某些经济犯罪的罪状中，采用“暴力、威胁手段”的描述，例如强迫交易罪。这些犯罪都具有暴力犯罪的性质，但其手段不限于暴力，而是包括暴力胁迫或者暴力威胁。这里的暴力，是指殴打、伤害、捆绑、禁闭等足以危及人身健康或者生命安全的手段。胁迫或者威胁，是指以立即使用暴力相威胁，实行精神强制。这里的“其他手段”是指非暴力的手段。恶势力在通常情况下采用暴力手段实施违法犯罪活动，因而具有对社会秩序和社会治安的严重破坏性。但在某些情况下，恶势力也可能采用非暴力手段。

在恶势力犯罪中，还存在采用软暴力实施违法犯罪活动的情形。这里的软暴力是相对于暴力而言的，暴力的含义是十分清楚的，那么，如何理解软暴力呢？应当指出，我国刑法中并没有软暴力这个概念。《刑法》第 294 条对黑社会性质组织的行为特征作了以下描述：“以暴力、威胁或者其他手段，有组织地多次进行违法犯罪活动，为非作恶，欺压、残害群众。”在此，立法机关将威胁或者其他手段和暴力相并列。因此，威胁或者其他手段就是暴力以外的手段。相对于暴力手段而言，威胁或者其他手段就是一种非暴力手段。《2009 年纪要》在论及《立法解释》所规定的黑社会性质组织的行为特征时指出：“暴力性、胁迫性和有

① 参见黄京平：《恶势力及其软暴力犯罪探微》，载《中国刑事法杂志》，2018（3）。

组织性是黑社会性质组织行为方式的主要特征，但其有时也会采取一些其他手段。”“根据司法实践经验，《立法解释》中规定的‘其他手段’主要包括：以暴力、威胁为基础，在利用组织势力和影响已对他人形成心理强制或威慑的情况下，进行所谓的‘谈判’、‘协商’、‘调解’；滋扰、哄闹、聚众等其他干扰、破坏正常经济、社会生活秩序的非暴力手段。”在此，《2009 年纪要》明确采用了非暴力手段的概念。最高人民法院相关人员在阐述上述规定的时候指出：“当黑社会组织通过打打杀杀树立恶名后，出于自我保护、发展升级的需要，往往会竭力隐藏起暴力、血腥的本来面目，更多地使用软暴力手段，以此给司法机关打击处理制造障碍。”[①] 在此，论者采用了软暴力的概念来诠释《2009 年纪要》中的非暴力。其实，软暴力和非暴力词异而义同。此后，软暴力这个概念逐渐流行。黑社会性质组织犯罪是以暴力手段为主，以软暴力为辅。很难想象，黑社会性质组织犯罪可以没有暴力手段。及至《2018 年指导意见》第 4 条，对依法惩处利用软暴力实施的黑恶犯罪作了明确规定。根据《2018 年指导意见》的规定，黑恶势力为谋取不法利益或形成非法影响，有组织地采用滋扰、纠缠、哄闹、聚众造势等手段侵犯人身权利、财产权利，破坏经济秩序、社会秩序，构成犯罪的，应当分别依照《刑法》相关规定处理：(1) 有组织地采用滋扰、纠缠、哄闹、聚众造势等手段扰乱正常的工作、生活秩序，使他人产生心理恐惧或者形成心理强制，分别属于《刑法》第 293 条第 1 款第 2 项规定的恐吓、《刑法》第 226 规定的威胁，同时符合其他犯罪构成条件的，应分别以寻衅滋事罪、强迫交易罪定罪处罚。(2) 以非法占有为目的强行索取公私财物，有组织地采用滋扰、纠缠、哄闹、聚众造势等手段扰乱正常的工作、生活秩序，同时符合《刑法》第 274 条规定的其他犯罪构成条件的，应当以敲诈勒索罪定罪处罚。同时由多人实施或者以统一着装，显露文身、特殊标识以及其他明示或者暗示方式，足以使对方感知相

---

① 高憬宏、周川：《〈办理黑社会性质组织犯罪案件座谈会纪要〉的理解与适用》，载最高人民法院刑一庭、刑二庭、刑三庭、刑四庭、刑五庭主办：《刑事审判参考》，第 74 集，180 页，北京，法律出版社，2010。

关行为的有组织性的，应当认定为《关于办理敲诈勒索刑事案件适用法律若干问题的解释》第2条第5项规定的以“黑恶势力名义敲诈勒索”。在司法实践中，有些法院对于利用软暴力实施犯罪的恶势力集团进行认定。例如，江苏省太仓市人民法院办理的赵某正等九人恶势力犯罪集团案，以及王某星恶势力犯罪集团案中，被告人实施非法高利放贷、暴力讨债的犯罪活动，并在催收过程中多次采用泼油漆、砸玻璃、堵锁眼等方式造成数十名受害人及其亲友的住所、财物损失。江苏省太仓市人民法院经审理后认定，被告人王某星与被告人赵某正等人的犯罪行为属于典型的软暴力犯罪，且被告人作案时间较长、次数较多、涉及被害人多，社会影响恶劣。据此，法院综合考虑被告人在犯罪集团中的地位、作用及悔罪态度，分别对涉案的被告人判处1年4个月至3年3个月的刑期。

笔者认为，软暴力这个概念，只有在对其以暴力论处的情况下，才具有实质意义。在软暴力仍然是非暴力，而且刑法和司法解释都已经明确规定采用其他非暴力手段也可以构成黑恶犯罪的情况下，软暴力的概念没有特殊意义。值得注意的是，《2019年意见》并没有专门提及软暴力的概念。这里应当指出，无论是黑社会性质组织犯罪还是恶势力犯罪，都必然具有暴力犯罪的性质，软暴力手段只是一种辅助性的手段。为非作恶、欺压百姓的恶势力犯罪表现，不可能完全利用所谓软暴力达成。因此，采用单纯的软暴力不能构成恶势力犯罪。即使是在上述赵某正等九人恶势力犯罪集团案中，被告人以发放高利贷为主要敛财手段，在追讨债务过程中，既有暴力讨债行为，同时又有软暴力讨债方式。由此可见，在恶势力犯罪中，往往是暴力和软暴力同时并用。正如我国学者指出：“软暴力手段与暴力性手段交替使用，暴力、暴力威胁作为经常性手段，暴力性手段居于支配性地位，是恶势力组织影响力的基础，是恶势力的基本行为特征。”①

（三）恶势力犯罪的地域特征

在一定区域或者行业内多次实施违法犯罪，这是对恶势力犯罪的地域特征的

① 黄京平：《黑恶势力利用“软暴力”犯罪的若干问题》，载《北京联合大学学报（人文社会科学版）》，2018（2）。

描述。应该说，犯罪可以发生在任何地域。但对于某些犯罪来说，它们只能发生在特定地域。《2019 年意见》规定恶势力犯罪发生在一定区域或者行业，这是因为恶势力犯罪具有区域性犯罪或者行业性犯罪的性质。只有在某个特定区域或者行业多次实施犯罪活动，才能对该特定区域或者行业产生严重社会影响，否则，如果不是发生在特定区域或者行业，而是流窜各地实施犯罪活动，或者在较为广泛的区域从事犯罪活动，则难以构成恶势力犯罪。因为恶势力和黑社会性质组织一样，具有称霸一方的特点，因此，它们只能在一定区域或者行业内实施犯罪活动，并且，这种犯罪活动不是一次实施，而是多次实施，由此形成犯罪的威慑力，造成人民群众的心理恐慌。根据《2019 年意见》的规定，这里的“多次”是指在 2 年以内多次实施犯罪，即对多次加以时间的限制。对于这里的“多次”，司法实践中一般理解为 3 次以上。

（四）恶势力犯罪的特征

根据《2019 年意见》的规定，恶势力实施的违法犯罪活动主要包括强迫交易、故意伤害、非法拘禁、敲诈勒索、故意毁坏财物、聚众斗殴、寻衅滋事，但也包括主要以暴力、威胁为手段的其他违法犯罪活动。恶势力还可能伴随实施开设赌场、组织卖淫、强迫卖淫、贩卖毒品、运输毒品、制造毒品、抢劫、抢夺，聚众扰乱社会秩序、聚众扰乱公共场所秩序、聚众扰乱交通秩序，以及聚众打砸抢等违法犯罪活动。由此可见，恶势力的违法犯罪活动可以分为主要违法犯罪活动和伴随违法犯罪活动两种类型。

1. 主要违法犯罪活动

主要违法犯罪活动是指强迫交易、故意伤害、非法拘禁、敲诈勒索、故意毁坏财物、聚众斗殴、寻衅滋事等。这些犯罪具有破坏市场经济秩序、侵犯人身权利、侵犯财产权利和妨害社会管理秩序的性质，涉及《刑法》分则第三章、第四章和第六章的相关犯罪。

（1）强迫交易罪。

根据我国《刑法》第 226 条的规定，强迫交易罪是指以暴力、威胁手段，实施强买强卖商品、强迫他人提供服务或者接受服务，强迫他人参与或者退出投标、拍卖，强迫他人转让或者收购公司、企业的股份、债券或者其他资产，强迫他人参与或者退出特定的经营活动，情节严重的行为。由此可见，强迫交易罪虽然强迫的内容是经营活动，但其手段具有暴力性和强制性，在多数情况下属于暴力性的经营活动，即以暴力或者强制手段达到经济目的。强迫交易罪具有对市场经济秩序的破坏性，而且会造成对他人的人身权利和治安秩序的危害。因此，强迫交易罪是恶势力集团常见的犯罪活动。

（2）故意伤害罪。

在我国刑法中，故意伤害罪是侵犯人身权利的犯罪。当侵犯人身权利犯罪在公共场所实施的时候，同时具有妨害社会管理秩序犯罪的性质。恶势力所实施的故意伤害罪，通常是指在公共场所对不特定的人实施的故意伤害罪，当然，也不排除，出于报复竞争对手的目的，对特定的人，到他人家里或者单位进行伤害的行为。

（3）非法拘禁罪。

根据我国《刑法》第238条的规定，非法拘禁罪是指非法拘禁他人或者以其他方法非法剥夺他人人身自由的行为。非法拘禁罪在通常情况下，都采取暴力方法，因而具有暴力犯罪的性质。恶势力为实现其犯罪目的，往往对他人进行非法拘禁。因此，非法拘禁是恶势力较为常见的犯罪手段。例如，为索要高利贷形成的高额债务，恶势力犯罪分子往往对他人进行非法拘禁，限制或者剥夺他人的人身自由。《2018年指导意见》指出：黑恶势力有组织地多次短时间非法拘禁他人的，应当认定为《刑法》第238条规定的“以其他方法非法剥夺他人人身自由”。非法拘禁他人3次以上、每次持续时间在4小时以上，或者非法拘禁他人累计时间在12小时以上的，应以非法拘禁罪定罪处罚。

（4）敲诈勒索罪。

根据我国《刑法》第274条的规定，敲诈勒索罪是指敲诈勒索公私财物，数额较大或者多次敲诈勒索的行为。敲诈勒索罪属于侵犯财产犯罪，但其犯罪手段具有对他人精神的强制性。恶势力为非法获取经济利益，经常实施敲诈勒索犯罪。2013年4月23日最高人民法院、最高人民检察院《关于办理敲诈勒索刑事案件适用法律若干问题的解释》第 2 条规定，敲诈勒索公私财物，具有下列情形之一的，“数额较大”的标准可以依照本解释第 1 条规定标准的 50%确定。其中，第 5 项规定的就是以黑恶势力名义敲诈勒索的。这体现了对恶势力所实施的敲诈勒索罪从严惩治的政策精神。

（5）故意毁坏财物罪。

故意毁坏财物罪属于毁坏型财产犯罪，是我国刑法规定的财产犯罪中较为特殊的一种类型。通常，财产犯罪都是以非法占有为目的的，只有故意毁坏财物罪和破坏生产经营罪主观上没有非法占有目的，而是通过毁坏财物来实现个人目的。恶势力的犯罪活动往往包括故意毁坏财物，而且是在公共场所毁坏财物，因此，不仅侵犯他人的财产所有权，而且具有对社会治安的破坏性质。例如，在非法强制拆迁过程中，恶势力犯罪分子强制将他人的房屋以及其他财物毁坏，造成重大经济损失。2008 年 6 月 25 日最高人民检察院、公安部《关于公安机关管辖的刑事案件立案追诉标准的规定（一）》第 33 条对故意毁坏财物罪的立案追诉标准作了规定。在通常情况下，故意毁坏财物罪的立案追诉标准是造成公私财产损失 5 000 元以上。但该条第 3 项规定，纠集三人以上公然毁坏公私财物的，不受上述数额的限制。这里的纠集三人以上公然毁坏公私财物，包括恶势力纠集多人在公共场所实施毁坏公私财物的犯罪。

（6）聚众斗殴罪。

根据我国《刑法》第 292 条的规定，聚众斗殴罪是指聚集三人以上，进行斗殴，严重扰乱社会管理秩序的行为。聚众斗殴罪具有暴力性，尤其是聚集多人进行斗殴或者聚众在公共场所或者交通要道进行斗殴，往往造成社会秩序严重混乱。恶势力为争夺势力范围或者争夺经济利益，往往会进行聚众斗殴，造成人身伤亡或者财产损失。尤其值得注意的是，聚众斗殴罪是从流氓罪中分离出来的，是流氓恶势力常犯之罪。

（7）寻衅滋事罪。

寻衅滋事罪和聚众斗殴罪一样，都是从流氓罪中分离出来的，也是恶势力最为常犯之罪。根据我国《刑法》第 293 条的规定，寻衅滋事罪是指为寻求精神刺激、发泄情绪、逞强耍横等，无事生非，随意殴打他人，情节严重；追逐、拦截、辱骂他人，情节恶劣；强拿硬要或者任意毁损、占用公私财物，情节严重；在公共场所起哄闹事，造成公共场所秩序严重混乱的行为。寻衅滋事罪的行为方式十分宽泛，既包括殴打、恐吓等侵犯公民人身权利的行为，又包括强拿硬要等侵犯公私财产权利的行为，同时，还包括起哄闹事等扰乱公共场所秩序的行为。可见，恶势力纠集多人实施寻衅滋事行为，对社会具有重大危害。

2. 伴随违法犯罪活动

恶势力伴随的违法犯罪是指开设赌场、组织卖淫、强迫卖淫、贩卖毒品、运输毒品、制造毒品、抢劫、抢夺，聚众扰乱社会秩序、聚众扰乱公共场所秩序、聚众扰乱交通秩序，以及聚众打、砸、抢等。如果说，主要违法犯罪活动是恶势力通常所犯之罪，那么，伴随违法犯罪活动是恶势力所伴生的违法犯罪活动：前者体现的是恶势力的本质，而后者体现了恶势力的特色。

(1) 开设赌场罪。

根据我国《刑法》第 303 条第 2 款的规定，开设赌场罪是指以营利为目的，提供场所，招徕他人参加赌博；利用互联网、移动通讯终端等传输视频、数据，组织赌博活动；设置具有退币、退分、退钢珠等赌博功能的电子游戏设备，并以现金、有价证券等贵重款物作为奖品，或者以回购奖品方式给予他人现金、有价证券等贵重款物组织赌博活动的行为。开设赌场是恶势力敛财的主要途径，并且往往会衍生其他犯罪活动。

(2) 强迫卖淫罪。

根据我国《刑法》第 358 条的规定，强迫卖淫罪是指采取暴力、胁迫或者其他手段，违背他人意志，迫使他人从事有偿性交易活动的行为。在现实生活中，有些恶势力专门从事卖淫活动，如果他人不从，就采取暴力、胁迫或者其他手段，迫使他人卖淫。因此，强迫卖淫罪是恶势力伴随的违法犯罪活动。

(3) 贩卖毒品、运输毒品、制造毒品罪。

贩卖、运输、制造毒品罪都属于毒品犯罪，专门从事毒品犯罪活动的是毒品犯罪集团。毒品犯罪集团不能等同于恶势力，恶势力虽然也可能实施毒品犯罪活动，但这种毒品犯罪活动只不过恶势力附带实施的一种犯罪活动，因而恶势力在性质上不同于毒品犯罪集团。

（4）抢劫、抢夺罪。

在我国刑法中，抢劫、抢夺罪属于财产犯罪。当然，抢劫手段具有暴力性，因而抢劫罪具有侵害财产犯罪和侵害人身犯罪的双重属性。恶势力为敛财，也会实施抢劫、抢夺犯罪活动。

（5）聚众扰乱社会秩序、聚众扰乱公共场所秩序、聚众扰乱交通秩序罪。

聚众扰乱社会秩序、聚众扰乱公共场所秩序、聚众扰乱交通秩序罪都属于妨碍社会管理秩序罪。恶势力在从事违法犯罪活动的过程中，纠集多人，在公共场所或者交通要道进行违法活动，严重妨碍公共秩序。

（6）聚众打砸抢罪。

我国《刑法》第289条对聚众打砸抢作了规定："聚众打砸抢，致人伤残、死亡的，依照本法第二百三十四条、第二百三十二条的规定定罪处罚。毁坏或者抢走公私财物的，除判令退赔外，对首要分子，依照本法第二百六十三条的规定定罪处罚。"这里的《刑法》第234条是对故意伤害罪的规定，第232条是对故意杀人罪的规定，第263条是对抢劫罪的规定。因此，聚众打砸抢在我国刑法中并不是一个独立的罪名，《刑法》第289条关于聚众打砸抢的规定，其实是一个引导性条款。恶势力人多势众，也会采用聚众打砸抢的犯罪手段。对此应当分别依照故意伤害罪、故意杀人罪和抢劫罪定罪处罚。

（五）恶势力犯罪的本质特征

恶势力犯罪的本质特征表现为，为非作恶，欺压百姓，扰乱经济、社会生活秩序，造成较为恶劣的社会影响。任何犯罪都具有社会危害性，即侵害刑法所保护的法益。恶势力犯罪作为一种特殊的犯罪形态，它的社会危害性要大于普通犯罪的。因为恶势力犯罪的严重危害结果和恶劣社会影响及于一定区域或者行业，其社会危害性具有散发性和辐射性。在某种意义上可以说，为非作恶、欺压百姓是恶势力犯罪的本质特征。这一特征决定了恶势力犯罪侵害的是一定区域或者一定行业的人民群众的人身权利和财产权利，并且具有扰乱公共秩序的性质。恶势力的主要违法犯罪活动，例如非法拘禁、敲诈勒索、聚众斗殴、寻衅滋事等，都属于此类违法犯罪。值得注意的是，在《2019年意见》中，存在三个规定，以是否具有为非作恶、欺压百姓的性质作为恶势力认定的根据。(1) 第5条规定“单纯为牟取不法经济利益而实施的‘黄、赌、毒、盗、抢、骗’等违法犯罪活动，不具有为非作恶、欺压百姓特征的……不应作为恶势力案件处理”。(2) 第8条第1款规定：“恶势力实施的违法犯罪活动，主要为强迫交易、故意伤害、非法拘禁、敲诈勒索、故意毁坏财物、聚众斗殴、寻衅滋事，但也包括具有为非作恶、欺压百姓特征，主要以暴力、威胁为手段的其他违法犯罪活动。”(3) 第8条第2款规定：“……仅有前述伴随实施的违法犯罪活动，且不能认定具有为非作恶、欺压百姓特征的，一般不应认定为恶势力。”由此可见，为非作恶、欺压百姓是恶势力犯罪的本质特征。

根据相关司法解释的规定，恶势力犯罪并不是我国刑法中的一个独立罪名。在这一点上，恶势力犯罪和黑社会性质组织犯罪是完全不同的。黑社会性质组织犯罪是以组织、领导、参加黑社会性质组织为罪质内容的一个独立罪名，它虽然不像杀人、伤害等以犯罪实行行为为构成要件的罪名，而是以组织、领导、参加等共犯行为为罪质内容，具有共犯行为正犯化的特征。恶势力犯罪本身只是一种共犯行为而非正犯行为，因此它只能依附于正犯行为而存在。就此而言，司法解释所规定的恶势力，无论是结伙性质的恶势力还是集团性质的恶势力，都只是一种犯罪情节。对于具有恶势力性质的犯罪，在定罪处罚的时候，应当予以从重。至于对恶势力犯罪如何定罪，就应当根据所犯罪名加以确定。在大多数情况下，恶势力往往犯有数罪，应当实行数罪并罚。关于恶势力所犯的罪名，司法解释规定了主要罪名和伴随罪名。那么，在犯有上述罪名的情况下，如何区分恶势力的犯罪与普通犯罪呢？因为在现实生活中，犯有上述罪名的情况还是较多的，不能说只要犯有司法解释所规定的这些罪名就属于恶势力。恶势力必然具有这些罪名所不能包含的特殊属性，这一特殊属性就是司法解释所反复强调的八个字：为非作恶、欺压百姓。因此，为非作恶、欺压百姓是在认定具体犯罪以外，在认定是否为恶势力犯罪的时候需要独立判断的要素，它是恶势力犯罪的本质特征。根据

《2019年意见》的规定，如果没有为非作恶、欺压百姓的特征，而是为了单纯牟取不法经济利益，或者因本人或者近亲属的婚恋纠纷、家庭纠纷、邻里纠纷、劳动纠纷、合同债务纠纷而引发以及其他确属事出有因的违法犯罪活动，不应作为恶势力案件处理。因此，为非作恶、欺压百姓这一特征对于认定恶势力犯罪具有十分重要的意义。对于恶势力犯罪的为非作恶、欺压百姓这一本质特征，笔者认为应当从以下三个方面进行判断。

第一，法益侵害。

犯罪是侵害法益的行为，这里的侵害法益就是指社会危害性。当然，社会危害性的概念较为笼统，而法益侵害可以根据保护法益的内容加以确定。例如，故意杀人罪的保护法益是生命权，而故意伤害罪的保护法益是健康权。对这些刑法所保护的具体法益造成侵害，就是法益侵害的内容。因为恶势力不是一个独立的罪名，恶势力所犯的主要犯罪和伴随犯罪都各自具有其法益侵害的内容。例如，在恶势力中较为常见的罪名——非法拘禁罪所侵害的是人身自由权，敲诈勒索罪所侵害的是财产权，寻衅滋事罪所侵害的是公共秩序，等等。在认定这些犯罪的时候，当然需要对此进行考察。但如果认定为恶势力犯罪，则还需要在考察犯罪是否具有上述法益侵害内容以外，再进一步考察是否具有为非作恶、欺压百姓的性质。这里的为非作恶、欺压百姓是指扰乱社会公共秩序，对一定区域和行业的人员实施不法侵害，称霸一方，作威作福。因此，只有当行为人所犯的各种犯罪，不仅符合该犯罪的构成要件，而且具有为非作恶、欺压百姓的特征时，才能认定为恶势力犯罪，否则不能认定为恶势力犯罪而只能认定为普通犯罪。例如，以侵害人身的犯罪为例：恶势力的侵害人身犯罪不仅造成他人的人身侵害和财产侵害，而且通过这种犯罪，压服他人，使他人不敢反抗。因此，恶势力的侵害人身犯罪一般具有两种类型：第一种类型是欺压无辜群众，第二种类型是杀伤其他恶势力团伙成员。恶势力的财产犯罪和经济犯罪，例如敲诈勒索罪和强迫交易罪等，犯罪目的并不仅仅在于获取非法利益，而且在于取得一定的经济实力。此外，恶势力经常和“黄”（组织、强迫、容留卖淫罪）、“赌”（开设赌场罪、聚众赌博罪）和“毒”（制造、运输、贩卖毒品罪）相关联，但它又在一定意义上区别于组织卖淫团伙、赌博团伙和贩卖毒品团伙。在恶势力犯罪中，这些犯罪只是伴随的犯罪而不是主要犯罪。在司法实践中，不能认为只要是“黄赌毒”犯罪案件，就一定是恶势力犯罪，还要看是否具有为非作恶、欺压百姓的特征。至于聚众斗殴罪和寻衅滋事罪等扰乱公共秩序的犯罪，本身就具有为非作恶、欺压百姓的性质，在恶势力犯罪中是不可或缺的罪名。

第二，行为特征。

在恶势力犯罪的认定中，考察是否具有为非作恶、欺压百姓的特征的时候，还要结合恶势力犯罪的具体行为特征进行分析。这里的行为特征，包括行为对象、行为地点和行为方式等内容。例如，恶势力实施的故意伤害等侵害人身犯罪往往是针对不特定对象实施的，或者针对无辜群众，随意殴打或者伤害他人，造成严重后果。而行为地点是指恶势力实施的人身犯罪一般都发生在公共场所，它不仅侵害他人的人身权利，而且破坏公共秩序、危害社会治安。至于行为方式，是指采取较为残忍或者极端的犯罪手段，具有残酷性，对一定区域造成严重的恐慌气氛。

第三，主观动机。

恶势力犯罪在主观上不仅具有某种犯罪的故意或者非法占有目的等主观违法要素，而且从总体上说具有所谓流氓动机，这种流氓动机的内容就是追求精神刺激或者满足称霸欲望。2013 年最高人民法院、最高人民检察院《关于办理寻衅滋事刑事案件适用法律若干问题的解释》（以下简称《解释》）对寻衅滋事罪的主观违法要素作了明确规定，是指寻求刺激、发泄情绪、逞强要横等，无事生非。这种主观因素也就是笔者所称的流氓动机，它对于将寻衅滋事罪与故意伤害罪、故意毁坏财物罪，敲诈勒索罪和侵害人身、财产的犯罪相区分，具有十分重要的意义。在认定恶势力犯罪，并将恶势力犯罪与普通的侵害人身、财产的犯罪相区分的时候，这种主观动机同样具有重要意义，因为这些主观要素是为非作恶、欺压百姓这一恶势力犯罪的本质特征在行为人主观上的呈现。

三、恶势力集团犯罪的认定

在具备恶势力特征的条件下，根据《2019年意见》的规定，可进一步将恶势力犯罪区分为两种共同犯罪形态，这就是恶势力结伙犯罪和恶势力集团犯罪。恶势力结伙犯罪属于恶势力的一般共同犯罪，只要具备恶势力犯罪特征的，就构成恶势力结伙犯罪。而恶势力集团犯罪属于恶势力的特殊共同犯罪，只有在恶势力犯罪的基础上具备犯罪集团的特征才能成立。因此，对于恶势力集团犯罪需要专门进行讨论。

（一）恶势力犯罪集团的特征

根据我国刑法规定，犯罪集团要求首要分子、骨干成员相对固定，具备一定的组织形态特征。因此，恶势力犯罪集团同样具有一定的组织形态。犯罪集团不同于临时纠集的共同犯罪的特征就在于：在临时纠集的共同犯罪的情况下，各共同犯罪人是为了实施一次犯罪而纠合在一起的，犯罪实施完毕以后，人员就解散了，因而不具有组织性。而在犯罪集团的情况下，共同犯罪人是为了多次甚至长期实施犯罪活动而结合在一起。因此，在犯罪集团中存在一定的组织形态，例如犯罪集团的犯罪分子之间具有一定的分工，既存在组织者、指挥者，又存在骨干成员和其他一般参加者。恶势力犯罪集团是以犯罪集团为基础的，因而必然具有犯罪集团的组织性。恶势力犯罪集团的组织性表现在：

1. 恶势力集团成员的固定性

恶势力作为一种犯罪集团，其成员具有一定的固定性。如果成员较多，则其核心成员具有一定的固定性。这里的固定性，是指某些恶势力成员在一定时间内积极参加恶势力集团的活动，形成一个较为稳定的组织结构。如果虽然人数较多，但人员流动性较大，没有形成稳定的组织结构，则不能认定为恶势力犯罪集团。

2. 恶势力集团成员之间具有分工性

在经常纠集在一起从事犯罪活动以后，恶势力集团成员之间形成一定的分工。这里的分工，是指在从事恶势力犯罪活动时，存在首要分子、骨干分子和积极参加者这样不同的角色。根据《2019 年意见》的规定，恶势力犯罪集团中，存在以下三种角色分工：第一是恶势力犯罪的首要分子。所谓恶势力犯罪的首要分子，是指在恶势力实施的违法犯罪活动中起组织、策划、指挥作用的犯罪分子。由此可见，首要分子是恶势力犯罪集团的核心人物，对于恶势力集团从事的犯罪活动发挥了组织、指挥和策划的作用。第二是恶势力犯罪的骨干分子。所谓恶势力犯罪的骨干分子，是指在恶势力违法犯罪活动中起到主要作用的重要成员。在一般情况下，骨干分子多次参加恶势力违法犯罪活动，而且在违法犯罪活动中承担主要角色、发挥主要作用。第三是恶势力犯罪的其他成员。所谓恶势力犯罪的其他成员，是指知道或应当知道与他人经常纠集在一起是为了共同实施违法犯罪，仍按照纠集者的组织、策划、指挥参与违法犯罪活动的违法犯罪分子。

3. 恶势力集团实施犯罪活动的多样性

根据所实施犯罪的种类，可以将犯罪集团分为单一的犯罪集团和多种的犯罪集团。单一的犯罪集团是指该犯罪集团只实施某种特定犯罪的集团，例如走私集团、抢劫集团、盗窃集团、诈骗集团等。多种的犯罪集团是指并不限于实施一种犯罪而是实施多种犯罪的集团，例如既盗窃又抢劫的集团，或者既诈骗又敲诈勒索的集团等。恶势力犯罪集团一般都属于多种的犯罪集团，它并不限于实施一种犯罪，而是往往实施多种犯罪。

（二）恶势力集团犯罪和黑社会性质组织犯罪的界分

恶势力集团犯罪是介乎黑社会性质组织犯罪和普通集团犯罪之间的一种特殊犯罪形态：它既区别于黑社会性质组织犯罪，同时又区别于普通集团犯罪。因此，在司法实践中正确认定恶势力集团犯罪具有十分重要的意义。

虽然恶势力集团是黑社会性质组织的雏形，两者之间具有密切联系，但从刑法规定的意义上说，恶势力集团和黑社会性质组织又是完全不同的。黑社会性质组织是刑法分则规定的，我国《刑法》第 294 条设立了组织、领导、参加黑社会性质组织罪，因此，黑社会性质组织犯罪具有双重含义：第一是组织、领导、参加黑社会性质组织本身构成的犯罪，第二是黑社会性质组织所实施的刑法分则所规定的具体犯罪。而恶势力集团并不是刑法分则的，而是根据刑法总则规定的犯罪集团进行认定的。换言之，组织、领导、参加恶势力集团本身并不是犯罪，只有以恶势力集团的形式实施具体犯罪，才会被依法追究刑事责任。因此，如果只有组织、领导、参加恶势力集团的行为，但尚未实施具体犯罪，则只能以意图实施的具体犯罪的预备论处。正是在这一点上，恶势力集团犯罪和黑社会性质组织犯罪之间存在重大差异。在此基础上，我们需要讨论的是恶势力集团和黑社会性质组织之间的区别。《2009年纪要》曾经指出，“各级人民法院、人民检察院和公安机关在办案时应根据本纪要的精神，结合组织化程度的高低、经济实力的强弱、有无追求和实现对社会的非法控制等特征，对黑社会性质组织与‘恶势力’团伙加以正确区分。同时，还要本着实事求是的态度，正确理解和把握‘打早打小’方针”。“打小打早”是我国司法机关打击黑社会性质组织犯罪的重要政策。然而，如何“打小打早”而又打准打对，这是一个需要正确把握的政策界限。在没有对应的恶势力犯罪的规范标准的情况下，强调“打小打早”，就可能会将尚不具备黑社会性质组织犯罪特征的恶势力团伙拔高为黑社会性质组织犯罪进行打击，这就偏离了打击目标，扩大了打击范围。现在，司法解释明确把黑、恶并列，明确了恶势力犯罪和黑社会性质组织罪各自的特征，并严格区分了两种不同的犯罪形态。这对于有效地惩治黑、恶犯罪具有重要意义。

1. 组织程度的高低

无论是恶势力集团犯罪还是黑社会性质组织犯罪，都属于有组织犯罪，因而，都存在一定的组织形式。然而，恶势力集团和黑社会性质组织相比，在组织化程度上存在明显的差异，这种差异主要表现为组织结构的稳定性。组织结构是任何组织，包括合法组织和非法组织，都具有的基本要素。不同的组织在组织结构的稳定程度上是有所不同的，一般来说，越是正规或者成熟的组织，其组织结构越是稳定，因而该组织的行动力以及对组织成员的支配力越强。恶势力集团和黑社会性质组织作为一种犯罪组织，都具有一定的组织结构，但在这种组织结构的稳定程度上是不同的。黑社会性质组织的组织化程度较高，主要就表现在组织结构具有较强的稳定性。这种稳定性表明黑社会性质组织不是一个松散的临时纠集的集合体，而是一个在较长时期内、在一定地域有组织地从事犯罪活动的稳定的犯罪组织。[①] 相对来说，恶势力集团虽然也具有一定的组织性，但这种组织化的程度是较低的。恶势力具有相对固定的组织成员，包括组织者和骨干成员。但无论是在人数上还是在组织结构的稳定性上，恶势力集团都要逊色于黑社会性质组织。这主要表现为组织成员的流动性较大，固定的组织成员较少，组织者对组织成员的控制力和支配力较弱。

2. 经济实力的强弱

对于黑社会性质组织的成立来说，一定的经济实力是必不可少的要件。黑社会性质组织的经济实力，一般是通过有组织的犯罪活动或者其他手段积累而成的。例如，通过强行收取保护费、敲诈勒索、抢劫、抢夺、开设赌场、强迫卖淫或者贩卖毒品等违法犯罪活动而获取，也可能通过建立经济实体开展正常的经营活动而获取。黑社会性质组织获取经济利益的目的是为黑社会性质组织的活动提供经费或者其他经济上的支持，维持黑社会性质组织的正常活动，以便进一步壮大黑社会性质组织。因此，黑社会性质组织具有较强的经济实力。恶势力集团也往往通过违法犯罪活动获取一定的经济利益，当然，建立经济实体从事正常经营活动以获取经济实力的情况还较为少见，而采用非法讨债、以“套路贷”的方式发放高利贷进行敛财的现象较多。例如，苏州市姑苏区人民法院办理的史某等恶势力团伙犯罪案中，在被告人史某组织、领导下，形成了以其为首的包括被告人黄某等数名固定组成人员的非法讨债团伙，持续以非法拘禁犯罪、寻衅滋事犯罪的方式讨债，构成恶势力犯罪集团。因此，相对来说，恶势力集团的经济实力较弱。

3. 非法控制的有无

非法控制是黑社会性质组织的本质特征，黑社会性质组织往往通过实施违法

① 参见黄太云：《关于〈中华人民共和国刑法〉第二百九十四条第一款的解释的理解与适用》，载最高人民法院刑一庭、刑二庭、刑三庭、刑四庭、刑五庭主办：《刑事审判参考》，第 74 集，153 页，北京，法律出版社，2010。

犯罪活动，或者利用国家工作人员的包庇或者纵容，称霸一方，在一定区域或者行业内，形成非法控制或者产生重大影响。只有达到这种非法控制程度的，才能被认定为黑社会性质组织。值得注意的是，在此，非法控制和重大影响是并列的。那么，如何理解非法控制和重大影响之间的关系呢？我国学者指出：形成非法控制是指将一定区域或者行业置于非法操纵、左右之下；重大影响是指具有相当程度的左右、决定的作用。① 因此，非法控制和重大影响都指对一定区域或者行业具有操控性和支配性。重大影响并不是指对一定的人身、财产或者国家、公共利益所造成的犯罪结果严重，而是指对一定区域或者行业产生具有决定性的影响。因此，这种影响超越了个罪的危害性，而具有对社会合法秩序的破坏性。例如，在刘某勇等组织、领导、参加黑社会性质组织案中，法院的判决认定，该黑社会性质组织通过两种方式对湖北省仙桃市的经济、社会生活秩序产生了严重危害：一种方式是通过入股加入某一经济实体，使用了暴力、威胁等手段，在该行业逐步形成垄断，扰乱正常的市场经济秩序；另一种方式是有组织地通过故意杀人、故意伤害等犯罪行为，或者通过敲诈勒索、寻衅滋事等违法犯罪行为，欺压、残害群众，不断扩大该黑社会性质组织的影响力，称霸一方，扰乱正常的社会秩序。② 在以上两种方式中，第一种是非法控制，第二种是重大影响。由此可见，这里的重大影响具有通过犯罪活动削弱合法政权的控制力，破坏正常的生产、生活秩序，并形成黑社会性质组织掌控的非法秩序。只有达到这种程度的重大影响，才具有非法控制的性质。而恶势力集团表现为经常纠集多人在一起，以暴力、威胁或者其他手段，包括软暴力手段，在一定区域或者行业内多次实施违法犯罪活动，造成较为恶劣的社会影响。但恶势力集团还不具有对一定区域或者

---

① 参见黄太云：《关于〈中华人民共和国刑法〉第二百九十四条第一款的解释的理解与适用》，载最高人民法院刑一庭、刑二庭、刑三庭、刑四庭、刑五庭主办：《刑事审判参考》，第 74 集，第 155 页，北京，法律出版社，2010。

② 参见苏敏、冯黔刚：《刘烈勇等组织、领导、参加黑社会性质组织案——如何结合具体案情认定黑社会性质组织的非法控制特征》，载最高人民法院刑一庭、刑二庭、刑三庭、刑四庭、刑五庭主办：《刑事审判参考》，第 74 集，57 页，北京，法律出版社，2010。

行业的非法控制能力，未能形成对正常生产、生活秩序的非法掌控，这是恶势力集团和黑社会性质组织的主要区别之所在。

（三）恶势力集团犯罪和普通集团犯罪的界分

恶势力集团不仅不同于黑社会性质组织，而且不同于普通犯罪集团。于对恶势力集团的认定来说，将它与黑社会性质组织正确区分当然是十分重要的，但将它和普通犯罪集团正确区分同样重要。这里所谓普通犯罪集团是指根据我国《刑法》第26条第2款认定的犯罪集团，即三人以上为共同实施犯罪而组成的较为固定的犯罪组织。如前所述，我国刑法中的犯罪集团可以分为单一的犯罪集团和多种的犯罪集团。实施单一犯罪而组成的犯罪集团，例如盗窃集团、卖淫集团或者贩毒集团来说，显然不可能构成恶势力集团，因此，两者区分较为容易。而多种的犯罪集团是为实施多种犯罪而组成的犯罪集团，恶势力集团也往往同时实施多种犯罪活动，因此两者的区分就有一定的难度。从形式上看，两者都是犯罪集团，而且都实施了多种犯罪活动。那么，两者的区分到底何在？笔者认为，两者的区分主要表现在是否在一定区域或者行业内多次实施违法犯罪活动，造成较为恶劣的社会影响。这里的较为恶劣的影响不同于黑社会性质组织的重大影响，但也不同于普通犯罪集团的个罪影响。普通犯罪集团的个罪影响只及于受害的个人或者单位，没有超越个罪范围而对社会生产、生活秩序产生影响。而恶势力集团纠集多人多次实施违法犯罪活动，已经对一定区域或者行业的社会秩序和经济秩序产生了恶劣影响。例如，苏州市相城区人民法院办理的王某兴等恶势力团伙犯罪案中，被告人王某兴、高某洋以开设投资担保公司和企业管理公司名义从事非法放贷、讨债等活动，通过非法剥夺债务人人身自由，对债务人实施暴力威胁、恐吓、强行签订空白租房协议、非法占用房产、变卖房屋内家具等方式实施非法拘禁和寻衅滋事，因此构成恶势力犯罪集团。这种恶劣影响具有一定的广泛性，具有对社会治安的破坏性。

（四）恶势力集团犯罪的刑事责任划分

虽然恶势力集团不像黑社会性质组织那样，只要组织、领导、参加就单独构成犯罪，但一旦构成恶势力集团，在刑事责任承担上具有不同于普通犯罪集团的特点。《2009年纪要》曾经对恶势力集团的定罪处罚作了专门规定，“在准确查明‘恶势力’团伙具体违法犯罪事实的基础上，构成什么罪，就按什么罪处理，并充分运用刑法总则关于共同犯罪的规定，依法惩处。对符合犯罪集团特征的，要按照犯罪集团处理，以切实加大对‘恶势力’团伙依法惩处的力度”。应当指出，上述规定中的恶势力团伙，还不能等同于恶势力集团。现在《2018年指导意见》已经把恶势力纳入犯罪集团的范畴，因此应当按照刑法关于犯罪集团的规定，解决其刑事责任问题。我国《刑法》第26条第3款规定：“对组织、领导犯罪集团的首要分子，按照集团所犯的全部罪行处罚。”第4款规定：“对于第三款规定以外的主犯，应当按照其所参与的或者组织、指挥的全部犯罪处罚。”据此，对恶势力集团的组织者、指挥者、骨干成员和一般参加者，应当分别定罪处罚。

1. 恶势力集团的组织者、指挥者

恶势力集团的组织者、指挥者是指恶势力集团的首要分子，是恶势力集团的发起者和创立者，对恶势力集团的形成和发展起到了主导作用。指挥者是指在恶势力集团犯罪中进行组织、策划、指挥的犯罪分子，是恶势力集团犯罪中的主犯。无论是恶势力集团的组织者还是指挥者，都应当对恶势力集团所实施的犯罪行为承担全部责任。当然，这里应当区分恶势力集团的犯罪行为和恶势力集团成员个人的犯罪行为。恶势力集团的犯罪行为是在恶势力集团的组织下共同实施的犯罪，以及受恶势力集团首要分子的指派所实施的犯罪行为。在某些情况下，恶势力集团的个别成员并没有受到指派但为了恶势力集团的利益而主动实施具体犯罪的，也应当视之为恶势力集团的犯罪，恶势力集团的组织者、指挥者同样要对该行为承担刑事责任。当然，如果恶势力集团个别成员出于个人原因，在没有恶势力集团指派的情况下，私自实施具体犯罪的，应当视之为个人犯罪。

2. 恶势力集团的骨干成员

恶势力集团的骨干成员积极参加恶势力集团的犯罪活动，并且在犯罪活动中起主要作用，因此也是恶势力集团犯罪的主犯，应当对其所参与的犯罪承担全部责任。应当指出，恶势力集团的骨干分子不同于组织者、指挥者，并没有对恶势力集团的全局掌控性和支配性，而只是参加恶势力集团的具体犯罪活动，是恶势力集团犯罪的实行犯，故应当对其本人参与的犯罪承担责任。

3. 恶势力集团的一般参加者

恶势力集团的一般参加者是指追随恶势力集团，参加恶势力集团的犯罪活动，但在恶势力集团的犯罪活动中起次要作用的犯罪分子。其属于我国刑法规定的从犯，应当依法予以从轻、减轻或者免除处罚。

（本文原载《中国刑事法杂志》，2019（4））

论黑社会性质组织的组织特征

黑社会性质组织的组织特征对于组织、领导、参加黑社会性质组织罪（以下简称黑社会性质组织犯罪）的认定来说，具有首要意义。如果不具备组织特征，根本就不可能构成黑社会性质组织犯罪。因此，组织特征是黑社会性质组织犯罪认定的关键之所在。本文拟以刑法和司法解释关于黑社会性质组织犯罪的规定为根据，对黑社会性质组织的组织特征进行研究。

一、黑社会性质组织的组织特征的概念

黑社会性质组织犯罪又称为有组织犯罪，因而组织性是它和其他犯罪的主要区分之一。当然，我国司法解释将恶势力犯罪规定为集团犯罪，而一般犯罪集团也具有一定的组织性，只不过犯罪集团和黑社会性质组织之间在组织程度上存在明显区别。

关于黑社会性质组织犯罪的组织特征，1997 年《刑法》原第 294 条只是在对“有组织地进行违法犯罪活动”这一罪状的描述中涉及组织这个概念。2000 年 12 月 10 日最高人民法院颁布的《关于审理黑社会性质组织犯罪的案件具体应

用法律若干问题的解释》（以下简称《2000年解释》）正式从组织成员、组织结构、组织层级和组织纪律四个方面对黑社会性质组织的组织特征作了完整规定，并将组织特征确定为黑社会性质组织的首要特征。

那么，有组织地进行违法犯罪活动的组织和黑社会性质组织中的组织之间到底是什么关系呢？换言之，有组织地进行违法犯罪活动的组织能否等同于黑社会性质组织的组织特征？这是一个值得思考的问题。

经《刑法修正案（八）》修订的《刑法》第294条第5款对黑社会性质组织的四个特征进行了描述，其中三个特征涉及组织这个概念。在组织特征中规定“形成较稳定的犯罪组织”。这是在犯罪组织的意义上界定黑社会性质组织中的组织概念。在经济特征中规定“有组织地通过违法犯罪活动或者其他手段获取经济利益”，这是在通过非法手段获取经济利益的意义上涉及组织的概念。在行为特征中规定“有组织地多次进行违法犯罪活动”，这里从事违法犯罪活动的意义上涉及组织的概念。

显然，上述《刑法》第294条第5款关于黑社会性质组织的四个特征的规定中，组织特征中的组织和经济特征与行为特征中的组织，并不是同一个概念。组织特征中的组织是黑社会性质组织的组织特征，而经济特征与行为特征中的组织是犯罪特征，即有组织地通过非法手段获取经济利益或者有组织地实施违法犯罪活动。就这两种组织概念的逻辑关系而言：首先形成黑社会性质组织，然后才有可能有组织地通过非法手段获取经济利益或者有组织地实施违法犯罪活动。因此，笔者认为，黑社会性质组织中的组织和有组织地通过非法手段获取经济利益或者有组织地实施违法犯罪活动中的组织是两个不同的组织概念：前者是指黑社会性质组织本身的结构形态，因而其组织性主要是指对人员的组织。后者是指黑社会性质组织实施违法犯罪活动时所具有的结果形态，因而其组织性主要是指对行为的组织。

笔者曾经提出过一个值得思考的问题：黑社会性质组织到底是组织的犯罪还是犯罪的组织？[①] 这个问题涉及黑社会性质组织罪的性质确立。根据我国刑法的

① 参见陈兴良：《关于黑社会性质犯罪的理性思考》，载《法学》，2002（8）。

规定，黑社会性质组织罪是一种组织罪。我国刑法中的组织罪，除了《刑法》第294条规定的组织、领导、参加黑社会性质组织罪，还有《刑法》第120条规定的组织、领导、参加恐怖组织罪。组织罪的特征是将组织、领导、参加某种特定组织规定为犯罪。例如，黑社会性质组织犯罪是将组织、领导、参加黑社会性质组织的行为规定为犯罪，而恐怖组织罪是将组织、领导、参加恐怖组织的行为规定犯罪。如果组织、领导、参加黑社会性质组织或者组织、领导、参加恐怖组织以后，又实施了刑法所规定的其他犯罪行为，则应当实行数罪并罚。在刑法理论上，组织罪的立法其实就是预备行为的正犯化。也就是说，如果在刑法中不设立组织罪，则这种组织、领导、参加黑社会性质组织或者组织、领导、参加恐怖组织的行为就是其所实施犯罪的预备行为。预备行为在我国刑法中受到独立处罚，在预备以后又实施了犯罪实行行为的，只有实行行为受到处罚，预备行为则被吸收而不再受处罚。立法机关设立黑社会性质组织罪的初衷在于："对于黑社会性质的犯罪，必须坚决打击，一定要消灭在萌芽状态，防止蔓延。只要组织、参加黑社会性质的犯罪组织有违法活动的，不管是否有其他具体犯罪行为都要判刑。"[①] 在这种"打小打早"的刑事政策思想的指导下，专门设立黑社会性质组织罪。然而，黑社会性质组织是在违法犯罪过程中形成的，如果没有黑社会性质组织实施的欺压、残害群众的严重犯罪行为，根本不可能成立黑社会性质组织犯罪。从这个意义上来说，目前我国刑法中的黑社会性质组织犯罪具有某种标签功能，即通过黑社会性质组织罪的认定，为扫黑除恶奠定基础。一旦认定为黑社会性质组织，对于其所实施的其他犯罪将处以重刑，在财产处置、监所关押、刑罚变更等刑事措施方面掌握更为严格。因此，对于黑社会性质组织犯罪来说，更为重要的是组织而不是该组织所实施的犯罪。黑社会性质组织所犯的并不是特定之罪而是通常之罪，因此，对黑社会性质组织犯罪不能根据所犯之罪认定，而应当根据其本身的组织性质加以认定。

---

① 王汉斌：《关于中华人民共和国刑法（修订草案）的说明》，载高铭暄、赵秉志编：《中国刑法立法文献资料精选》，687页，北京，法律出版社，2007。

在邓伟波组织、领导、参加黑社会性质组织案中，对于如何认定和把握黑社会性质组织的组织特征，裁判理由提出应当从三个方面进行理解和把握：第一是审查犯罪组织的目的性。黑社会性质组织的目的在于维护其组织的利益，保障组织的安全、稳定和发展，最终实现其对一定区域或者行业的非法控制。第二是审查核心成员的稳定性。认真鉴别组织的核心与框架是否具有严密性和稳定性。第三是审查犯罪组织的组织性、纪律性。黑社会性质组织经历了从普通的犯罪集团逐步发展壮大的过程，其间必定有一定的组织纪律、活动规约来确保组织自身的生存和发展。[①] 在以上三个方面中，核心成员的稳定性和组织纪律的严密性当然是黑社会性质组织的组织特征，黑社会性质组织的目的性并非组织特征而是行为特征的应有之义。在此需要追问：何为黑社会性质组织的目的？黑社会性质组织的成立，其目的是实施犯罪，实现对一定区域和行业的非法控制。这当然是正确的，因为黑社会性质组织实施的都是故意犯罪，这种故意犯罪本身就具有目的性。然而，目的性并不是黑社会性质组织的组织特征的内容，它是以黑社会性质组织为前提的，而不可能成为黑社会性质组织的构成要素。

值得注意的是，2009 年 12 月 9 日最高人民法院、最高人民检察院、公安部《办理黑社会性质组织犯罪案件座谈会纪要》（以下简称《2009 年纪要》）对黑社会性质组织的组织特征作了以下描述：“黑社会性质组织不仅有明确的组织者、领导者，骨干成员基本稳定，而且组织结构较为稳定，并有比较明确的层级和职责分工”。根据《2009 年纪要》的上述规定，结合黑社会性质组织认定的司法实践经验，笔者认为，对于黑社会性质组织的组织特征应当从组织成员、组织层级、组织结构和组织纪律这四个方面加以把握。其中，组织成员和组织层级是黑社会性质组织的人员构成要素，而组织结构和组织纪律是黑社会性质组织的制度构成要素。对于黑社会性质组织的组织特征来说，必须同时具备这四个要素。

---

① 参见段凰、司明灯：《邓伟波组织、领导、参加黑社会性质组织案——如何把握和认定黑社会性质组织的组织特征》，载最高人民法院刑事审判第一、二、三、四、五庭主办：《刑事审判参考》，第 74 集，18～19 页以下，北京，法律出版社，2010。

二、黑社会性质组织的组织特征的要素

（一）组织成员

黑社会性质组织是由一定的人员构成的，因此，一定数量的人员是构成黑社会性质组织的必要前提。我国刑法规定，共同犯罪由二人以上构成，而犯罪集团由三人以上构成。根据我国刑法关于犯罪集团的法定概念，犯罪集团本身就是一种犯罪组织。因此，黑社会性质组织似乎也可以由三人以上构成。《刑法》第294条对黑社会性质组织犯罪的人数没有明文规定，《2000年解释》也只是规定了人数较多，但对具体数量并没有规定。只是在对《2000年解释》的解说中论及："关于人数较多的标准，从司法实践看，一般掌握在10人左右为宜。"[①] 及至2015年10月13日《全国部分法院审理黑社会性质组织犯罪案件工作座谈会纪要》（以下简称《2015年纪要》）明确规定，"黑社会性质组织应当具有一定规模，人数较多，组织成员一般在10人以上"。

《2015年纪要》分别对黑社会性质组织的成员的认定作了以下两种情形的规定：

第一种情形，《2015年纪要》规定，下列人员应当计入黑社会性质组织的成员：（1）已有充分证据证明但尚未归案的组织成员。这类人员是指黑社会性质组织的在逃人员。虽然在案件审理的时候，因为在逃人员未归案而无法认定其犯罪行为，但现有的证据已经充分证明其属于黑社会性质组织的成员。因为这些证据未经法庭质证和审查，因此对此类黑社会性质组织成员的认定应当采取较为谨慎的做法。而且，能够在尚未归案的情况下被认定为黑社会性质组织成员的，一般都是首要分子或者骨干分子，而不是一般成员。（2）虽有参加黑社会性质组织的行为，但因尚未达到刑事责任年龄或因其他法定情形而未被起诉。我国《刑法》

---

① 祝二军：《〈关于审理黑社会性质组织犯罪的案件具体应用法律若干问题的解释〉的理解与适用》，载最高人民法院刑一庭、刑二庭编：《刑事审判参考》，第13辑，74页，北京，法律出版社，2001。

第17条明确规定，对于尚未达到刑事责任年龄的人犯罪的，不能追究刑事责任。这是刑法规定的不追究刑事责任的法定情形。当然，在黑社会性质组织中，尚未达到法定刑事责任年龄的成员是较为少见的。如果出现这种情形，就应当计入黑社会性质组织的人数。此外，这里所说的因其他法定情形而未被起诉，主要是指我国《刑事诉讼法》第16条的规定："有下列情形之一的，不追究刑事责任，已经追究的，应当撤销案件，或者不起诉，或者终止审理，或者宣告无罪：（一）情节显著轻微、危害不大，不认为是犯罪的；（二）犯罪已过追诉时效期限的；（三）经特赦令免除刑罚的；（四）依照刑法告诉才处理的犯罪，没有告诉或者撤回告诉的；（五）犯罪嫌疑人、被告人死亡的；（六）其他法律规定免予追究刑事责任的。"由此可见，根据司法解释的规定，对于黑社会性质组织以成员最低10人为计算标准还是较为宽泛的。（3）根据具体情节其行为不作为犯罪处理的组织成员。如果说，上述第二项规定的是不追究刑事责任的法定情形，那么，这里规定就是不追究刑事责任的酌定情形，即，根据具体情节不作为犯罪处理。

第二种情形：不属于黑社会性质组织成员的成员。笔者认为，对于是否为黑社会性质组织的成员，应当以参加黑社会性质组织的行为作为判断标准：只有实际参加了黑社会性质组织的，才能被认定为黑社会性质组织的成员。如果没有实际参加黑社会性质组织，则尽管与黑社会性质组织之间具有一定的关系，也不能被视为黑社会性质组织的成员。对此，《2015年纪要》明文指出：以下人员不属于黑社会性质组织的成员：（1）主观上没有加入黑社会性质组织的意愿，受雇到黑社会性质组织开办的公司、企业、社团工作，未参与或者仅参与少量黑社会性质组织的违法犯罪活动的人员。这种情形是指以合法的公司、企业或者其他单位为依托的黑社会性质组织中，因为这些单位人员较多、规模较大，不能认为只要是这些单位的人员，就一概认定为黑社会性质组织的成员。而只有实际参与黑社会性质组织的犯罪活动的成员才能被认定为黑社会性质组织的成员。即使这些人员的行为构成犯罪，也要考察这种犯罪是否属于黑社会性质组织的犯罪活动的一部分。因此，在某些以依法登记或者注册成立的公司、企业或者其他经济组织形式构成的黑社会性质组织的经济组织中任职的人员，虽然在客观上为黑社会性质组织的犯罪活动提供了便利，但并没有参加黑社会性质组织而只是正常履行职务的，不能被认定为黑社会性质组织的成员。即使履行职务的行为构成犯罪，也应当单独追究其所实施的犯罪的刑事责任。例如，在刘汉、刘维黑社会性质组织案中，汉龙公司财务人员刘某、赖某因履行职务而实施了骗取贷款、票据承兑、金融凭证犯罪，但并未被认定为黑社会性质组织的成员。(2) 因临时被纠集、雇佣或受蒙蔽为黑社会性质组织实施违法犯罪活动或者提供帮助、支持、服务的人员。黑社会性质组织的成员可以分为核心成员、骨干分子以及一般参与者。除此以外，还有一些外围人员。这些外围人员与黑社会性质组织并没有紧密联系，但也偶然临时被纠集、雇佣或者受蒙蔽而参与到黑社会性质组织的犯罪之中，通常参与程度较低，只是一般性地参加违法犯罪活动，或者从事为黑社会性质组织犯罪提供帮助等辅助性的活动。对于这些人员，不能认定为黑社会性质组织的成员。(3) 为维护或扩大自身利益而临时雇佣、收买、利用黑社会性质组织实施违法犯罪活动的人员。这里的人员是指利用黑社会性质组织来实现其自身利益的人员，这些人员往往与黑社会性质组织存在某些联系，但并不属于黑社会性质组织的成员，而是在需要的时候，临时雇佣、收买、利用黑社会性质组织，利用黑社会性质组织的违法犯罪活动来维护或者实现自身的经济利益。当然，如果是黑社会性质组织的幕后出资者或者实际控制人，即使其并不介入黑社会性质组织的日常活动，也应当被认定为黑社会性质组织的成员。

值得注意的是，上述人员不能被认定为黑社会性质组织的成员，其中有些人员的行为不构成犯罪，而有些人员的行为虽然不构成参加黑社会性质组织罪，但可能构成其他犯罪。对此，根据《2015 年纪要》的规定，应当按照具体犯罪处理。

（二）组织层级

黑社会性质组织的人数较多，因而在组织成员之间存在一定的组织层级。我国《刑法》第 294 条规定，黑社会性质组织一般有三种类型的组织成员，亦即三个层级：第一个层级是组织者、领导者，第二个层级是积极参加者（包括骨干分子），第三个层级是其他参加者。刑法针对这三个层级的黑社会性质组织成员分别设置了三个档次的法定刑，即：组织、领导黑社会性质组织的，处 7 年以上有期徒刑，并处没收财产；积极参加的，处 3 年以上 7 年以下有期徒刑，可以并处罚金或者没收财产；其他参加的，处 3 年以下有期徒刑、拘役、管制或者剥夺政治权利，可以并处罚金。《2009 年纪要》对上述三种黑社会性质组织的成员作了规定，为司法机关正确认定这三种黑社会性质组织的成员提供了规范根据。

1. 组织者、领导者

黑社会性质组织的组织者、领导者，是指黑社会性质组织的发起者、创建者，或者在黑社会性质组织的犯罪活动中实际处于领导地位，对整个组织及其运行、活动起着决策、指挥、协调、管理作用的犯罪分子；既包括通过一定形式产生的有明确职务、称谓的组织者、领导者，也包括在黑社会性质组织中被公认的事实上的组织者、领导者。根据 2018 年 1 月 16 日最高人民法院、最高人民检察院、公安部、司法部《关于办理黑恶势力犯罪案件若干问题的指导意见》（以下简称《2018 年指导意见》），组织黑社会性质组织的行为是指发起、创建黑社会性质组织，或者对黑社会性质组织进行合并、分立、重组的行为。领导黑社会性质组织的行为，是指实际上对整个组织的发展、运行、活动进行决策、指挥、协调、管理的行为。

在黑社会性质组织中，组织者是根据犯罪分子在黑社会性质组织的创建中所起的作用确定的。因此，黑社会性质组织的组织者从黑社会性质组织形成之初就参与活动，对于黑社会性质组织的发起、创建和形成都起到了重要作用。而领导者是根据犯罪分子在黑社会性质组织的犯罪活动中起到指挥、协调和管理作用确定的。领导者未必是黑社会性质组织的发起者或者创建者，而可能是在黑社会性质组织形成以后，在黑社会性质组织的犯罪活动中起到领导作用的犯罪分子。

黑社会性质组织的组织者、领导者，是黑社会性质组织犯罪的首要分子，也是刑法惩治的重点。在司法实践中对黑社会性质组织的组织者、领导者的认定，应当以犯罪分子在黑社会性质组织形成和发展过程中的实际作用为根据，而不是以某些职务或者称呼为根据。尤其是在依托合法的公司、企业或者其他单位形成的黑社会性质组织中，基于单位的组织体系，某些人担任一定的领导职务或者管理职务。绝不能仅仅根据这些职务来认定黑社会性质组织的组织者、领导者。

2. 积极参加者

黑社会性质组织的积极参加者，是指接受黑社会性质组织的领导和管理，多次积极参与黑社会性质组织的违法犯罪活动，或者积极参与较严重的黑社会性质组织的犯罪活动且作用突出，以及其他在组织中起主要作用的犯罪分子，如具体主管黑社会性质组织的人事和财务管理等事项的犯罪分子。《2018 年指导意见》明确规定："知道或者应当知道是以实施违法犯罪为基本活动内容的组织，仍加入并接受其领导和管理的行为，应当认定为参加黑社会性质组织。没有加入黑社会性质组织的意愿，受雇到黑社会性质组织开办的公司、企业、社团工作，未参与黑社会性质组织违法犯罪活动的，不应认定为'参加黑社会性质组织'。"黑社会性质组织的积极参加者一般都不是黑社会性质组织的创立者和发起者，而是在黑社会性质组织形成以后才加入的，因此，在认定积极参加者的时候，不能以客观上参加黑社会性质组织的活动为根据，还要判断其主观上是否知道或者应当知道黑社会性质组织。如果主观上缺乏这种明知，而只是被纠集、利用参加黑社会性质组织的违法犯罪活动，则不能被认定为黑社会性质组织的积极参加者。对于那些受雇在黑社会性质组织开办的公司、企业或者其他单位工作，甚至担任一定管理职务的人员，只要没有参加黑社会性质组织的违法犯罪活动，就不能将其认定为黑社会性质组织的积极参加者。

根据《2018 年指导意见》的规定，参加黑社会性质组织并具有以下情形之一的，一般应当被认定为积极参加黑社会性质组织：（1）多次积极参与黑社会性质组织的违法犯罪活动。这里的多次，一般是指三次以上。多次参加黑社会性质组织的违法犯罪活动，表明该参加者已经深度介入黑社会性质组织，故应当被认定为积极参加者。（2）积极参与较严重的黑社会性质组织的犯罪活动且作用突出。对于黑社会性质组织的积极参加者，不仅要从参加的次数上考察，还有看参加黑社会性质组织的违法犯罪活动的严重程度以及所起的作用。如果虽然参加次数没有达到三次，但参加的是严重的违法犯罪活动，并且在违法犯罪活动中起主要作用，属于主犯，则也应当认定其为黑社会性质组织的积极参加者。这里的较严重的黑社会性质组织的犯罪活动，既包括故意杀人、故意伤害、绑架等严重暴力犯罪，也包括其他一些已经造成重大财产损失或者恶劣社会影响的犯罪。(3) 其他在组织中起重要作用的情形，如具体主管黑社会性质组织的财务、人员管理等事项。这是一个兜底规定，并且根据犯罪分子在黑社会性质组织中的作用来确定其是否属于积极参加者。在司法实践中，某些具体主管黑社会性质组织的人、财、物等事项的组织成员虽然很少参与，甚至从不参与违法犯罪活动，但这些参加者直接掌控着黑社会性质组织的生命线，对于组织的维系、运行、发展实际上起着非常重要的作用，理应被认定为积极参加者。[①] 在以上三种积极参加者的类型中，前两种都是根据参加黑社会性质组织的犯罪活动进行认定的，只有第三种才是根据在黑社会性质组织中从事管理人、财、物的活动进行认定的。总之，应当以犯罪分子在黑社会性质组织中的客观表现，例如参加违法犯罪活动的次数、所参加的违法犯罪活动的严重程度以及所起的作用，作为认定黑社会性质组织的积极参加者的根据。

这里存在一个问题，即：所谓积极参加黑社会性质组织，参加的是黑社会性质组织的组织活动还是黑社会性质组织的犯罪活动？前者是指黑社会性质组织自身的组织活动，例如接受黑社会性质组织的管理，参与黑社会性质组织的聚集、预谋和策划等。后者是指参加黑社会性质组织实施的故意杀人等犯罪。笔者认为，积极参加者中的参加，首先是指前者，当然也要依据前者，因此，在认定黑社会性质组织的积极参加者时，接受黑社会性质组织的领导和管理是一个前提条件，只有参加黑社会性质组织以后，才谈得上参加黑社会性质组织的犯罪活动。在这个意义上说，积极参加者中的参加并不是指参加黑社会性质组织的违法犯罪

① 参见高憬宏、周川：《〈办理黑社会性质组织犯罪案件座谈会纪要〉的理解与适用》，载最高人民法院刑事审判第一、二、三、四、五庭主办：《刑事审判参考》，第 74 集，178 页，北京，法律出版社，2010。

活动，并且起主要作用，而是指积极参加黑社会性质组织本身的组织活动和管理活动，因而积极参加者一般都是黑社会性质组织的骨干成员。积极参加者属于黑社会性质组织中较为稳定的组织成员，在较长时期内参加黑社会性质组织的组织活动或者管理活动；同时，多次参加黑社会性质组织的犯罪活动，是犯罪活动中的主犯。如果只是偶然参加黑社会性质组织的组织活动或者犯罪活动，则不能被认定为黑社会性质组织的积极参加者。

在界定接受黑社会性质组织的领导和管理的时候，存在着把它理解为属于主观意志要素的观点。[①] 这一观点认为接受黑社会性质组织的领导和管理是积极参加者的主观意志要素，笔者认为并不妥当。在笔者看来，接受黑社会性质组织的领导和管理并不是积极参加者的主观意志要素，而恰恰是客观行为要素，而且是参加黑社会性质组织的最为本质的行为要素。该要素表明行为人在客观上加入黑社会性质组织、接受领导和管理，使其成为该组织的一分子，并承担相应的义务。

那么，参加黑社会性质组织罪的成立，是否还应当具备主观要素以及应当具备何种主观要素呢？参加黑社会性质组织罪是否以行为人明确知道组织具有黑社会性质为要件？对于这个问题，我国刑法理论界和司法实务界主要存在两种观点。第一种观点认为，其行为构成该罪的行为人必须明确知道组织的黑社会性质，这是主、客观相一致原则和罪刑法定原则的当然要求。第二种观点则认为，不要求行为人明确知道组织的黑社会性质，因为我国《刑法》第 294 条并未规定明确知道这一前提，且在司法认定上，将明确知道作为入罪要件既无必要也不现实。对此，《2009 年纪要》明确规定："在认定黑社会性质组织的成员时，并不要求其主观上认为自己参加的是黑社会性质组织，只要其知道或者应当知道该组织具有一定规模，且是以实施违法犯罪为主要活动的，即可认定。"笔者赞同这

---

① 参见高憬宏、周川：《〈办理黑社会性质组织犯罪案件座谈会纪要〉的理解与适用》，载最高人民法院刑事审判第一、二、三、四、五庭主办：《刑事审判参考》，第 74 集，177 页，北京，法律出版社，2010。

一规定。在司法实践中，对积极参加者的定罪并不要求其确知所参加的是黑社会性质组织，只要具备以下两个方面就具备主观明知：第一，行为人知道或应当知道其所参与的是由多数人组成、具有一定层级结构的组织群体；第二，行为人知道或者应当知道其所参加的组织主要从事违法犯罪活动，或者该组织虽有形式合法的生产、经营活动，但以有组织地实施违法犯罪活动为基本行为方式，欺压、残害群众。① 这就是说，明知的内容并不是黑社会性质组织的这一评价性要素，而是黑社会性质组织的实际运作情况。

李军等参加黑社会性质组织案的裁判理由指出："对于一个组织是否属于黑社会性质组织是一种法律判断，且是一项较为复杂的工作。因此，要求每一个参加者都明确知道所参加的组织性质是不现实的。"② 在该案中，李军等人的行为已经构成组织、领导黑社会性质组织罪，但邢国斌在枪杀穆仁刚的犯罪中受梅腊运的指使为李军帮忙，听从李军的安排，构成故意杀人罪的共犯，但邢国斌此前并不认识李军，不知道李军系黑社会性质组织成员，既无加入意图，也未参加该组织的其他违法犯罪活动，故邢国斌的行为不构成参加黑社会性质组织罪；苏建文是广西凭祥人，长期在广西生活，不知道李军等人在武汉从事的一系列故意杀人犯罪活动，其无参加黑社会性质组织的主观故意和客观行为，和李军之间是单纯的非法买卖枪支的关系，故苏建文的行为也不构成参加黑社会性质组织罪；黄智成虽然在客观上为李军枪杀张成义提供了枪支，但没有证据证明黄智成知道或者应当知道李军领导的是一个已形成一定规模的实施违法犯罪活动的组织，且无证据证实黄智成直接参与了李军组织的犯罪活动的预谋或收取犯罪所得以及为李军提供枪支时明知李军是去枪杀张成义，因此，黄智成的行为不构成参加黑社会

---

① 参见高憬宏、周川：《〈办理黑社会性质组织犯罪案件座谈会纪要〉的理解与适用》，载最高人民法院刑事审判第一、二、三、四、五庭主办：《刑事审判参考》，第74集，178～179页，北京，法律出版社，2010。

② 陈攀、苗玉红：《李军等参加黑社会性质组织案——如何理解和把握参加黑社会性质组织的主观要件和积极参加行为》，载最高人民法院刑事审判第一、二、三、四、五庭主办：《刑事审判参考》，第74集，35页，北京，法律出版社，2010。

性质组织罪。[①] 这一裁判理由明确地认定：虽然参加了黑社会性质组织的具体犯罪活动，在该案中是故意杀人罪和非法买卖枪支罪，但主观上并没有对黑社会性质组织的明知，即不具备参加黑社会性质组织罪的主观故意，因而不构成参加黑社会性质组织罪，而只能以行为人具体实施的故意杀人罪和非法买卖枪支罪论处。笔者认为这是完全正确的。

3. 其他参加者

其他参加者，是指除积极参加者之外，其他参加黑社会性质组织的领导和管理的犯罪分子。其他参加者，又称为一般参加者，属于黑社会性质组织的一般成员，以此区别于居于核心地位的骨干成员。一般参加者在黑社会性质组织中处于被支配和被控制的地位，偶尔参加黑社会性质组织的组织活动，并非经常性地参加黑社会性质组织的犯罪活动，而且在犯罪活动中起次要作用，故属于从犯。

（三）组织结构

黑社会性质组织在具备一定的人员数量之后，这些人员之间还必须形成一定的组织结构。可以说，这种组织结构是黑社会性质组织的本质要素。因此，黑社会性质组织的组织结构是黑社会性质组织生存和发展的基础，对于认定黑社会性质组织具有十分重要的意义。

笔者在分析犯罪集团的组织结构特征时，曾经揭示了这种组织结构由四种关系构成：（1）组织关系。组织关系是团体结构的基础，也是犯罪集团的基本框架。犯罪集团的组织关系是通过各成员之间的互补关系而构成的。所谓组织性。是指基于相同的目的而保持稳定联系的群体性。（2）交换关系。交换关系是团体活动的主要方式，也是犯罪集团赖以进行犯罪活动的基础。在犯罪集团中，各成员之间发生着大量的行为交换与信息交换。（3）宗旨关系。宗旨关系是团体活动的驱动力，犯罪集团也是在共同的犯罪动机的驱使下从事一定的犯罪活动的。共

① 参见陈攀、苗玉红：《李军等参加黑社会性质组织案——如何理解和把握参加黑社会性质组织的主观要件和积极参加行为》，载最高人民法院刑事审判第一、二、三、四、五庭主办：《刑事审判参考》，第74集，38页，北京，法律出版社，2010。

同的宗旨产生共同的信念和共同的价值观念，而这正是维系犯罪集团的精神纽带。（4）心理关系。心理关系是分析犯罪集团的结构特征时不可忽视的一个因素。心理关系形成集团气氛，是集团的心理环境。集团气氛，又称为集团士气，是指集团成员愿意为达到团体目标而奋斗的精神状态和集体态度。集体活动的内容与形式的一致性产生团体心理的一致性，又进一步形成集团意识。犯罪集团在这种共同的集团气氛和意识的催化与支配下，使集团成员沆瀣一气，结合成为一个反社会的团体，从事各种犯罪活动。[①] 以上分析，同样适用于黑社会性质组织，因为黑社会性质组织本身就是犯罪集团的高级形态，它当然具备犯罪集团的组织结构。相对来说，黑社会性质组织的组织结构要比一般的犯罪集团的组织结构更为复杂，这种复杂主要表现在组织成员之间联系的紧密性、分工性和层级性。

黑社会性质组织因为人数较多，因此存在核心成员，也就是所谓骨干分子。这些组织成员之间具有紧密关联性，对整个黑社会性质组织进行控制和管理。不仅如此，在黑社会性质组织成员之间还存在职责分工，通过这种分工而使黑社会性质组织形成强大的聚合力和行动力。更为重要的是，在黑社会性质组织成员之间还形成一定的层级关系，也就是说，黑社会性质组织成员之间并不是扁平化的构造，而是存在具有一定隶属关系的层级。通常来说，具有三个层级，这就是《刑法》第294条规定的组织者、领导者、积极参加者和其他参加者。其中，组织者、领导者属于黑社会性质组织的最高层级，是黑社会性质组织的缔造者，并对黑社会性质组织的活动和发展起到支配作用；而积极参加者中的大多数是黑社会性质组织的骨干成员，在黑社会性质组织的犯罪活动中起主要作用；其他参加者则是接受黑社会性质组织的管理、参加黑社会性质组织的犯罪活动并起次要作用的组织成员。

我国学者将黑社会性质组织的组织结构分为三种：第一是紧密型结构，第二是半紧密型结构，第三是松散型结构。组织者、领导者、骨干成员与一般成员保

---

① 参见陈兴良：《群体犯罪学初探》，载《现代法学》，1990（1）。

持稳定关系，且相互之间具有严密的组织结构，分工明确的，属于紧密型结构。组织者、领导者、骨干成员与一般成员的关系相对稳定，骨干成员的分工相对明确，但组织内部层级划分不是很明确，一般成员之间的职责划分不是很明确的，属于半紧密型结构。组织者、领导者明确，骨干成员相对稳定，但一般成员之间没有明确的等级划分，且时常发生变动，实施某一具体犯罪行为时经常是靠骨干成员随机召集、网罗闲散人员的，属于松散型结构。[①] 以上根据三个层级的黑社会性质组织成员之间的关系，对黑社会性质组织的组织结构所作的类型划分具有一定的参考价值。当然，这里论及的黑社会性质组织成员之间关系的稳定和紧密程度是相对的，因为我国刑法规定的是黑社会性质组织而不是黑社会组织，对组织结构不能要求过高。从司法实践中的情况来看，最主要的还是根据具有组织者、领导者，以及骨干成员相对稳定进行认定的，对于一般成员并没有稳定性的特别要求。

（四）组织纪律

《2000 年解释》将具有较为严格的组织纪律规定为黑社会性质组织的组织特征的要素。及至《2009 年纪要》，对黑社会性质组织的组织纪律作了更为具体的规定："在通常情况下，黑社会性质组织为了维护自身的安全和稳定，一般都会有一些约定俗成的纪律、规约，有些甚至还有明确的规定。因此，具有一定的组织纪律、活动规约，也是认定黑社会性质组织特征时的重要参考依据。"笔者十分赞同将组织纪律确定为黑社会性质组织的组织特征的要素，因为黑社会性质组织是非法组织，因而一般都是非正式组织，通常不可能具有成文的组织规章和组织纪律。黑社会性质组织的组织纪律一般都表现为约定俗成的帮规，这些帮规的主要内容既包括对组织成员的约束性规定，也包括惩戒性规定和奖赏性规定等。这些帮规对于维系黑社会性质组织的正常运转、管理黑社会性质组织成员，都起着重要作用。

---

① 参见罗高鹏：《关于黑社会性质组织组织特征的若干问题》，载最高人民法院刑事审判第一、二、三、四、五庭主办：《刑事审判参考》，第 107 集，163 页，北京，法律出版社，2017。

黑社会性质组织是一种非法组织，除了少数具有名称、规章和纪律等组织形式的较为正式的标识要素以外，绝大多数黑社会性质组织都没有正式的组织形式。因此，对黑社会性质组织应当基于其实际活动与运作来认定。当然，黑社会性质组织一般都具有一定的经济实力。因此，某些黑社会性质组织是在合法的经济组织的基础上演变而来的，或者在形成黑社会性质组织以后，又通过开设公司等形式成立正式的经济组织。在这种情况下，应当把依法登记或者注册成立的公司、企业或者其他经济组织的结构与黑社会性质组织的结构加以区分，不能将两者简单地等同。经济组织具有一定的人员和组织机构，因而呈现出组织结构的特征。某些黑社会性质组织就是在这些经济组织的基础上发展起来的，不能完全排除黑社会性质组织和这些经济组织之间具有重合性。但在大多数情况下，黑社会性质组织和经济组织并不完全重合，因此，不能直接把经济组织的人员和机构等同于黑社会性质组织的结构形式，而是应当根据黑社会性质组织犯罪的实际状况进行认定。例如在刘汉、刘维黑社会性质组织犯罪案中，被告人刘汉经营的汉龙集团是一个规模宏大的企业，也是刘汉从事黑社会性质组织犯罪的依托。法院的判决认定：被告人刘汉与刘维、孙晓东、孙华君以兄弟亲情、合作经营为纽带，以汉龙集团等经济实体为依托，相互支持、相互融合，逐步形成了以刘汉、刘维、孙晓东为组织者、领导者，被告人唐先兵、孙华君、缪军、曾建军、文香灼、旷小坪、陈力铭、旷晓燕和詹军（另案被告人）等人为骨干成员，被告人刘岗、李波、车大勇、仇德峰、刘小平、肖永红和张东华、田先伟、张伟、袁绍林、曾建、桓立柱、孙长兵、闵杰、李君国、钟昌华、黄谋、王雷、王万洪、刘光辉（均系另案被告人）等人为其他参加者的较稳定的犯罪组织。在此，法院的判决并没有直接将汉龙集团认定为黑社会性质组织，而是将汉龙集团认定为刘汉、刘维黑社会性质组织的依托。笔者认为这是完全正确的。对于黑社会性质组织，还是要穿透经济组织，根据黑社会性质组织的犯罪活动加以认定。只有这样，才能避免将经济组织简单地等同于黑社会性质组织。

在某些案件中，行为人利用一定的合法组织从事一定的违法犯罪活动。如果在客观上没有形成黑社会性质组织，就不能简单地将这种合法组织等同于黑社会性质组织，并将该合法组织的相关人员认定为黑社会性质组织的成员。例如在张更生等故意杀人、敲诈勒索、组织卖淫案中，被告人张更生等人原系山西省W县桐城镇中社村村委会主任、村党支部书记、村委、会计、出纳等。起诉书指控张更生犯组织、领导黑社会性质组织罪，其他14人犯参加黑社会性质组织罪。山西省运城市中级人民法院经审理认为，张更生为首的中社村村委会不是黑社会性质组织，起诉书指控张更生等15人犯组织、领导、参加黑社会性质组织罪不能成立。[①] 山西省高级人民法院经审查，对于原判认为起诉书指控张更生等人构成组织、领导、参加黑社会性质组织罪不能成立的认定予以确认。在该案中，涉及的争议问题是：如何区分黑社会性质组织与有违法犯罪行为的单位？该案的裁判理由指出，黑社会组织或者黑社会性质组织存在的类型通常有两种：一种是公开的非法组织，如意大利的黑手党等，典型意义上的黑社会组织大多属此类；另一类是以合法形式掩盖非法目的的非法组织，此类犯罪组织表面上具有合法的组织形式，但实质上以有组织地实施违法犯罪为主要活动。由于后者具有“合法外衣”，与那些有违法犯罪行为的单位较为相似，实践中有必要对此进行严格区分。有违法犯罪行为的单位，是指依法成立后在从事生产经营活动过程中实施了某些违法犯罪活动的社会经济实体（即单位）。尽管有违法犯罪行为的单位在实施违法犯罪活动过程中也可能转化为黑社会性质的犯罪组织，但二者在转化前有着明显的区别。裁判理由列举了四个不同，其中，首要区别在于成立目的不同：有违法犯罪行为的单位，一般都是依法设立的公司、企业等合法经济实体或者社会组织，从事一定的生产经营活动或者履行一定的社会职责。而黑社会性质组织系为了实施违法犯罪而成立的非法组织。虽然二者都有基本的组织架构、职责分工，但前者是为了正常开展生产、经营活动而设立的，而黑社会性质组织，其内部严密的组织结构、细致的职能分工、严格的帮规纪律等，均是为了有组织地实施违

---

① 本案被告人张更生以故意杀人罪被判处死刑，剥夺政治权利终身，与其所犯敲诈勒索罪、组织卖淫罪判处的刑罚并罚，决定执行死刑，剥夺政治权利终身，并处罚金人民币2万元。

法犯罪活动而设立的。[1] 这一裁判理由对于在合法组织形式的掩盖下实施违法犯罪行为的，应当如何认定黑社会性质组织，具有重要参考价值。这里主要还是涉及黑社会性质组织的组织特征的认定问题。根据上述裁判理由，只有在这种合法单位已经完全蜕变（亦即裁判理由所说的转化）为黑社会性质组织的情况下，才能将这种合法单位认定为黑社会性质组织。如果合法单位名义上蜕变为黑社会性质组织，则应当考察是否已经形成有组织地实施违法犯罪活动的黑社会性质组织，而不能简单地把合法单位认定为黑社会性质组织。在张更生等故意杀人、敲诈勒索、组织卖淫案中，张更生等人的敲诈勒索犯罪是以村委会名义实施的，并且经村委会或村支委研究决定，所得钱款绝大部分入了村委会的大账，且其中多数用于村里的公共开支，并非张更生等人从事违法犯罪活动的物质保障。张更生等人所犯的组织卖淫罪、非法拘禁罪等，与村委会无关。至于故意杀人罪，是在抗拒抓捕过程中，将执行抓捕任务的民警杀死，也与黑社会性质组织无关。因此，不能认定该村委会属于黑社会性质组织，也不能认定在村委会之外已经形成黑社会性质组织。为此，法院判决张更生等人不构成组织、领导、参加黑社会性质组织罪，是符合刑法规定的。该案对于黑社会性质组织的认定，具有指导意义。

三、黑社会性质组织的组织特征的认定

在对黑社会性质组织的组织特征的认定中，主要涉及黑社会性质组织与恶势力的区分。2019 年 4 月 9 日最高人民法院、最高人民检察院、公安部、司法部《关于办理恶势力刑事案件若干问题的意见》（以下简称《2019 年意见》）对恶势力作了以下界定："恶势力是指经常纠集在一起，以暴力、威胁或者其他手段，

① 参见薛美琴：《张更生等故意杀人、敲诈勒索、组织卖淫案——如何区分黑社会性质组织和有违法犯罪行为的单位》，载最高人民法院刑事审判第一、二、三、四、五庭主办：《刑事审判参考》，第 74 集，99 页以下，北京，法律出版社，2010。

在一定区域或者行业内多次实施违法犯罪活动，为非作恶，欺压百姓，扰乱经济、社会生活秩序，造成较为恶劣的社会影响，但尚未形成黑社会性质组织的违法犯罪组织”。《2019 年意见》还指出：“恶势力犯罪集团，是指符合恶势力全部认定条件，同时又符合犯罪集团法定条件的犯罪组织。”由此可见，恶势力本身也是一种犯罪集团。这里的犯罪集团也就是犯罪组织。因此，恶势力犯罪集团当然也具有组织性的特征，只不过恶势力犯罪集团的组织性和黑社会性质组织的组织性存在程度上的差别。

笔者认为，黑社会性质组织的组织特征与恶势力集团的组织特征相比，具有以下区分。

（一）组织成员数量上的区分

如前所述，黑社会性质组织的成立要求成员 10 人以上，如果没有达到 10 人，则不能被认定为黑社会性质组织。而恶势力集团属于一般的犯罪集团，根据刑法规定，只要三人以上就可以成立犯罪集团。由此可见，组织成员的人数，是区分黑社会性质组织和恶势力集团的最为直观的标志。黑社会性质组织和恶势力集团在集团人数上的差异，反映了两者在组织规模上的大小之分。一般来说，黑社会性质组织的成立要求对一定行业或者一定区域实现非法控制，如果没有相当的人数，是难以实现这种非法控制的。而且，只有人数达到一定规模，才会对社会治安具有较大的破坏性，对人民群众的心理具有较大的威慑性。恶势力也要求一定成员数量，因为恶势力这个概念本身就具有对人员数量的要求。尽管在现实生活中存在所谓恶霸，这种人称霸一方、为非作恶，属于刑法惩治重点。但如果仅仅是一个人，无论其如何霸道、犯罪如何严重，也不能称之为恶势力。只要是恶势力，必然具有较多成员。除了恶势力集团要求 3 人以上才能成立，即使是恶势力结伙，通常也应当至少具有 3 人以上，2 人很难称为恶势力。当然，恶势力集团的成员数量也可能超过 10 人，不能说只要超过 10 人就是黑社会性质组织，还要看组织特征的其他要素是否具备。当然，如果成员数量没有达到 10 人，则基本上可以排除黑社会性质组织的成立。

（二）组织成员联系紧密程度上的区分

无论是黑社会性质组织还是恶势力集团，都是由多人构成的，这些组织成员之间存在着某种联系。例如，不仅在黑社会性质组织中存在组织者、领导者、积极参加者和一般参加者这种层级上的区别，而且在恶势力集团中同样存在这种组织成员的层级区分。这种组织成员的层级是根据组织成员之间联系的紧密程度所作的区分。一般来说，犯罪集团的组织者和领导者是犯罪组织的核心成员，其他组织成员都是围绕着组织者和领导者的，对他们具有一定的依附性。而积极参加者作为犯罪组织的骨干成员，与组织者和领导者具有密切的联系。至于其他参加者，只是犯罪组织的外围成员，相对于骨干成员，联系较为松散。黑社会性质组织一般都依托一定的经济实体，借助于经济实体而形成组织成员之间的密切联系。在某些较为成熟的黑社会性质组织中，组织成员除了实施违法犯罪活动的时候聚集在一起，即使是在其他时间也往往以工作或者其他日常生活的方式，聚集在一起，因而黑社会性质组织成员之间的联系可以说是十分紧密的。相对来说，恶势力集团成员的联系就要松散一些。恶势力集团在通常情况下是为了实施某种或者多种违法犯罪活动而纠合在一起的：犯罪时则聚集，犯罪后则分开，各有其独立的日常生活。因此，在区分黑社会性质组织和恶势力集团的时候，应当从组织成员联系的紧密程度上进行考察。当然，我们还必须注意，有些规模较大的黑社会性质组织的成员可能多达数十人，甚至更多。在这种情况下，主要组织成员之间联系十分紧密，但外围组织成员之间的联系就可能较为松散。此外，有些黑社会性质组织可能是由几个相对独立的帮派组合而成的，因为成员人数较多，因而在组织内部形成更为森严的等级：组织者和领导者通过下属小头目间接支配和指挥组织成员，组织者和领导者与外围参加者甚至根本就不认识，没有直接联系。在这种情况下，应当从组织者和领导者与骨干成员之间的关系来进行认定。

（三）组织结构松散程度上的区分

犯罪集团属于一种非法组织，这种组织的本质特征就在于在组织成员之间存在一定的组织结构，因而使犯罪集团具有稳定性。组织结构主要表现为组织成员之间的分工协助，形成一定的活动能量。黑社会性质组织和恶势力集团都是犯罪组织，因此都具有相应的组织结构，但在组织结构的松散程度上存在明显区分：黑社会性质组织具有较为紧密的组织结构，而以一定的经济实体作为依托的黑社会性质组织，将经济实体的组织结构转化为黑社会性质组织的组织结构，因而内部分工细致，具有较强的协调能力，更便于实施违法犯罪活动，对社会治安带来较大的破坏性。而恶势力集团规模减小，组织结构较为松散，组织成员之间主要是为了实施具体犯罪而聚合在一起，对社会治安的危害也要小于黑社会性质组织的。例如，最高人民检察院颁布的杨昊等 25 人恶势力犯罪集团案中，2013 年 8 月至 2017 年 12 月期间，杨昊为非法敛财，纠集杜沅孙、刘力、沈康康等人从事非法放贷活动，在江苏省盐城市射阳县、镇江市京口区、丹徒区等地，实施寻衅滋事、聚众斗殴等违法犯罪活动 10 起，形成了以杨昊为首要分子，以杜沅孙、刘力为重要成员，以吴义平、沈康康、侯飞、臧袁坤、陈益敏等人为组织成员的恶势力犯罪集团。2016 年 6 月至 2018 年 3 月期间，方亚东为非法敛财，纠集张卫东、毛源、董香城等人从事非法放贷活动，并笼络了杨昊恶势力集团中的杜沅孙、沈康康，在江苏省镇江市新区、京口区、丹徒区等地，实施聚众斗殴、寻衅滋事等违法犯罪活动 6 起，形成了以方亚东为首要分子，以杜沅孙、张卫东为重要成员，以毛源、沈康康、董香城等人为组织成员的恶势力犯罪集团。2015 年 7 月至 2018 年 1 月期间，刘力、杜沅孙、沈康康等人在参与上述两个恶势力犯罪集团的违法犯罪活动之外，还与吴义平、陈益敏、臧袁坤、侯飞、卜言杰、贺进、经珂、曹冰朋、石天赐、孙志玉等人，时分时合，相互纠集，在江苏省镇江新区、京口区、丹徒区等地，实施寻衅滋事、非法拘禁、聚众斗殴等违法犯罪活动 20 起，形成了以刘力为纠集者的恶势力。对于该案，最初是按照“涉黑”案件侦查的，公安机关认为该案涉嫌黑社会性质组织犯罪，杨昊是组织者、领导者，杜沅孙、刘力是骨干成员，吴义平、沈康康等人是积极参加者。而检察机关根据法律规定，认为证明构成黑社会性质组织犯罪的组织特征、经济特征和危害性特征的证据不足。最终，该案被以恶势力犯罪集团起诉，法院以恶势力犯罪集团对上述被告人定罪量刑。该案的裁判要旨明确指出：“对犯罪组织不够固定，临时雇佣特征明显，未在一定区域形成非法控制或造成重大影响的，依法不予认定为黑社会性质组织。”笔者认为，该案之所以不能认定为黑社会性质组织犯罪，主要原因还是各个被告人之间没有形成紧密的组织结构，因而不具备黑社会性质组织的组织特征。在该案中，检察机关秉持“不人为拔高、不随意降低”的办案原则，对黑社会性质组织与恶势力集团之间的界限严格把关，彰显了检察机关在办理涉黑、恶案件中的法治精神。这是值得肯定的。

（本文原载《刑事法杂志》，2020（2））

论黑社会性质组织的经济特征

黑社会性质组织的本质在于对社会的非法控制，而对社会的非法控制是以一定的经济实力为前提的，这也是黑社会性质组织区别于恶势力犯罪集团的主要特征。因此，在认定黑社会性质组织的时候，应当正确判断该组织是否具有一定的经济实力。本文以我国刑法和司法解释规定为根据，结合具体案例，对黑社会性质组织的经济特征进行法理分析。

一、黑社会性质组织经济特征的含义

我国1997年刑法设立了组织、领导、参加黑社会性质组织罪（以下简称黑社会性质组织犯罪）。应当指出，《刑法》第294条对黑社会性质组织犯罪的罪状描述中，并没有关于黑社会性质组织经济特征的内容，而只是提及严重破坏经济秩序。显然，破坏经济秩序是黑社会性质组织犯罪的危害后果，而不是黑社会性质组织本身必须具备的构成条件。黑社会性质组织应当具备一定的经济实力，是在2000年最高人民法院《关于审理黑社会性质组织犯罪的案件具体应用法律若干问题的解释》（以下简称《2000年解释》）中明确提出的，该司法解释规定黑社会性质组织成立必须具备四个特征，其中第二个就是经济特征："通过违法犯罪活动或者其他手段获取经济利益，具有一定的经济实力。"此后，全国人大常委会《关于〈中华人民共和国刑法〉第二百九十四条第一款的解释》（以下简称《2000年立法解释》），吸收了《2000年解释》对黑社会性质组织经济特征的规定，并予以补充。根据《2002年立法解释》的规定，黑社会性质组织的经济特征是指："有组织地通过违法犯罪活动或者其他手段获取经济利益，具有一定的经济实力，以支持该组织的活动"。由此可见，《2000年解释》将黑社会性质组织的经济特征规定为两个要素：第一是通过违法犯罪活动或者其他手段获取经济利益，第二是具有一定的经济实力。而《2002年立法解释》则增加规定了第三个要素，这就是以经济实力支持黑社会性质组织的活动，由此构成黑社会性质组织经济特征的完整内容。及至2011年的《刑法修正案（八）》将《2002年立法解释》关于黑社会性质组织经济特征的规定吸纳到刑法之中，由此形成现行《刑法》第294条第5款第2项的内容。

黑社会性质组织是从事反社会的犯罪活动的非法组织，如果仅仅从黑社会性质组织的概念上来说，似乎并没有经济特征存在的空间。换言之，无论是否具有一定的经济实力，在逻辑上来说，都不妨碍黑社会性质组织的成立。然而，黑社会性质组织坐大坐强，如果没有经济上的支撑是完全不可能的。而且，黑社会性质组织在其形成和发展过程中，也必然会追求一定的经济利益。正如我国学者指出："黑社会性质组织尽管违法犯罪活动范围较广，但以追求经济利益为其基本目标，因此，具有一定甚至相当的经济实力，资产一般都在人民币几十万元、上百万元，甚至上千万元、亿元以上。他们有稳定的经济来源，或者通过组织提供非法货物（如毒品）、服务（如卖淫）牟取暴利；或者从事掠夺性犯罪，如抢劫、敲诈、勒索、收取保护费等；或者通过违法犯罪的非法所得向具有潜在利润的合法商业领域渗透，开办餐饮、娱乐、建筑、运输、服务业及工厂、公司等企业。"① 因此，

① 高憬宏、陈兴良、吕广伦：《黑社会性质组织问题三人谈》，载最高人民法院刑事审判第一、二、三、四、五庭主办：《刑事审判参考》，第74集，192页，北京，法律出版社，2010。

经济特征对于黑社会性质组织来说是必不可少的，它对于区分黑社会性质组织和一般的犯罪集团或者恶势力以及恶势力犯罪集团都具有重要的界分功能。

黑社会性质组织经济特征的核心是经济利益，黑社会性质组织的活动在很大程度上也是围绕着经济利益而展开的：通过暴力手段非法获取经济利益，随着黑社会性质组织成员与规模的不断扩大，经济实力得以进一步增加。黑社会性质组织利用其所具有的经济资源，资助该组织的违法犯罪活动，由此形成黑社会性质组织发展壮大的完整闭环。由此可见，经济利益是黑社会性质组织生存与发展的营养和血液。离开了一定的经济实力，黑社会性质组织就难以兴风作浪、为非作恶。根据刑法和司法解释规定，并结合司法实践经验，笔者认为，可以从以下三个方面理解黑社会性质组织的经济特征。

（一）获取手段的多样性

任何经济组织都具有获取经济利益的内在需求，但经济组织只有通过合法的经营活动获取经济利益，才能受国家法律的保护。严格地说，黑社会性质组织并不是一个经济组织。然而，在黑社会性质组织的活动中，经营活动或者其他营利活动是其中十分重要的内容。如果完全没有经营活动或者其他营利活动，这样的黑社会性质组织是难以想象的。甚至有些黑社会性质组织本身就是从合法经济组织蜕变而来，并以其作为黑社会性质组织的依托。黑社会性质组织的经营活动主要是以违法犯罪为手段的，正如我国刑法对黑社会性质组织经济特征所描述的，是有组织地通过违法犯罪活动或者其他手段获取经济利益。从司法实践情况来看，黑社会性质组织经营活动或者其他获取经济利益的手段可以分为以下两种情形。

1. 通过违法犯罪活动获取经济利益

在黑社会性质组织犯罪案件中，通过违法犯罪活动是最为常见的获取经济利益的手段。根据司法实践案例的分析，黑社会性质组织获取经济利益的违法犯罪活动包括以下种类。

（1）聚众赌博、开设赌场。黑社会性质组织往往将赌博作为敛财的方式，其中较为常见的是开设赌场。在开设赌场过程中，采用暴力维持赌场秩序，因而伴随着故意伤害、寻衅滋事等犯罪行为。黑社会性质组织成员并不止于开设赌场，而且也直接参与聚众赌博活动，并且利用诈欺等方式占有其他赌博参与人的财物。在赌债产生以后，黑社会性质组织成员采用暴力手段追讨赌债，又会伴随着非法拘禁等犯罪行为。

（2）发放高利贷。在我国刑法中，虽然在过去相当长一个时期并没有把发放高利贷行为规定为违法犯罪行为，只是对超过法律规定的高息部分不予保护而已。2019年最高人民法院、最高人民检察院、公安部、司法部颁布《关于办理非法放贷刑事案件若干问题的意见》，明确对违反国家规定，未经监管部门批准，或者超越经营范围，以营利为目的，经常性地向社会不特定对象发放贷款，扰乱金融市场秩序，情节严重的行为，以非法经营罪论处。黑社会性质组织在发放高利贷过程中，尤其是在追讨债务的时候，往往采用非法拘禁等暴力手段。

（3）组织、强迫妇女卖淫。在黑社会性质组织犯罪案件中，开设卖淫场所作为敛财方式也是较为常见的。根据我国刑法规定，组织、强迫卖淫行为构成犯罪，这是一种典型的暴力敛财手段。

（4）强迫交易。我国刑法规定的强迫交易罪是指以暴力、威胁手段，实施下列行为之一：1）强买强卖商品的；2）强迫他人提供或者接受服务的；3）强迫他人参与或者退出投标、拍卖的；4）强迫他人转让或者收购公司、企业的股份、债券或者其他资产的；5）强迫他人参与或者退出特定的经营活动的。强迫交易是一种自身带有暴力性的行为，这在经济犯罪中也是较为少见的。一般经济犯罪和财产犯罪都是非暴力的犯罪，但强迫交易罪虽然属于经济犯罪，却具有暴力犯罪的性质。黑社会性质组织成员通过强迫交易，尤其是在招投标、股权转让、公司并购等涉及重大经济利益或者资产的情况下，经常采用强迫交易手段大肆敛财。

（5）敲诈勒索。敲诈勒索是一种准暴力的财产犯罪，即以威胁或者其他方式迫使他人交付财物。在黑社会性质组织犯罪中，其成员仗着黑社会性质组织的声威和势力，以各种借口强迫他人交付财物，因而敲诈勒索也是黑社会性质组织获取经济利益的重要手段。

2. 通过其他手段获取经济利益

黑社会性质组织除了通过上述违法犯罪活动获取经济利益以外，我国刑法还规定了其获取经济利益的其他手段。那么，黑社会性质组织通过合法经营活动获取经济利益，是否属于这里的其他手段呢？笔者认为，这里的其他手段可以包括合法手段。某些黑社会性质组织是以公司、企业等一定经济组织为依托的，这些公司、企业具有合法资质，有些甚至是上市公司。黑社会性质组织成员利用这些经济组织的合法经营活动为黑社会性质组织提供物质基础，这对于某些具有重大社会影响的黑社会性质组织来说，是较为常见的。例如，在刘汉等人黑社会性质组织犯罪案中[①]，根据判决书的认定，1993 年，被告人刘汉在四川省广汉市开办圣罗兰游戏机厅，从事赌博活动，由其哥哥刘坤（曾用名刘建，另案处理）管理。此后，刘汉与孙晓东（另案处理）在四川省绵阳市合伙成立绵阳市平原建材公司，通过经营建筑材料、从事期货交易等业务，逐渐积累经济实力，并于 1997 年 3 月在绵阳市成立被告单位四川汉龙（集团）有限公司（以下简称汉龙集团），后又安排被告人刘小平（刘汉的姐姐）管理公司财务。同年 4 月，汉龙集团成立绵阳小岛建设开发有限公司，在绵阳市游仙区小岛开发房地产，招募被告人唐先兵、仇德峰等组建保安队。保安队多次对当地村民使用暴力，强行推进工程建设，唐先兵等人将村民熊伟杀死。其间，被告人孙华君（孙晓东的哥哥）经营典当行，网罗被告人缪军、李波、车大勇、刘岗等人在广汉市、绵阳市发展黑恶势力。孙华君为刘汉、孙晓东发展经济实力提供武力保护，将缪军、车大勇、刘岗派到刘汉、孙晓东开办的经济实体工作，在刘汉、孙晓东的指使下组织唐先兵等人枪杀了对汉龙集团产生威胁的王永成。在以上认定中，涉及四川汉龙集团，该集团作为一个经济组织，具有较大规模。在该案庭审过程中，公诉人明确指出：本案中多名被告人均为汉龙集团员工，这些人多次实施违法犯罪活动。

① 参见绳万勋：《刘汉等组织、领导、参加黑社会性质组织案——如何认定黑社会性质组织实施的违法犯罪活动；如何认定组织者、领导者对具体犯罪的职责》，载最高人民法院刑事审判第一、二、三、四、五庭主办：《刑事审判参考》，第 107 集，65 页，北京，法律出版社，2017。

这些人一方面都是与刘汉、孙晓东紧密联系，深受他们影响；另一方面也接受不成文的规约，多次受指使参与犯罪，成为组织成员。他们在身份上具有双重性。但这绝不等同于汉龙集团就是涉黑组织，更不等同于集团员工都是该涉黑组织人员。因此，起诉书并未指控汉龙集团及其关联公司为犯罪组织，汉龙集团本身不构成涉黑组织犯罪，但该集团却是在该涉黑组织的首要分子刘汉的控制之下，为其所组织、领导下的涉黑组织的壮大提供经济支撑。应该说，这一认定是符合实事求是原则的。当然，虽然没有认定汉龙集团就是黑社会性质组织，但不能否定刘汉等人利用汉龙集团的财产支持黑社会性质组织的活动，因而应当将其财产计入刘汉等人黑社会性质组织的经济实力之中。

在司法实践中，绝大多数黑社会性质组织都是通过违法犯罪活动敛取财物，只有极少数黑社会性质组织是以合法经济实体为依托的。对于这种以合法经济实体为依托的黑社会性质组织来说，该经济实体在通常情况下也被认定为是黑社会性质组织的组织结构的一部分，因而将其认定为黑社会性质组织。可以说，刘汉等人黑社会性质组织中的汉龙集团这种未被认定为黑社会性质组织的情况是较为少见的。当然，在黑社会性质组织犯罪中，单纯的合法经营活动并不能成为全部经济来源，而必然伴随着违法犯罪的敛财活动。例如在刘汉等人黑社会性质组织犯罪案件中，除了汉龙集团的合法经营活动以外，还存在开设赌场、敲诈勒索等其他违法经营或者暴力敛财行为。

通过刘汉等人黑社会性质组织案，我们可以看到，黑社会性质组织的经济来源具有多样性：既可以是直接来源于违法犯罪活动，也可以来源于合法经营活动。在通常情况下，黑社会性质组织的违法经营活动并不是单一的，而是和其他各种不同的违法犯罪活动共生的。因此，如果只是从事某种单纯的违法经营活动，其他违法犯罪也是针对特定的人，则不能就此而认定为黑社会性质组织。例如在某些发放高利贷案件中，行为人的主要违法犯罪活动都是围绕着高利贷展开的。当高利贷不能按时收回的情况下，采取暴力方法讨要债务，因而对债务人采取非法拘禁、敲诈勒索等违法犯罪活动。在这种情况下，整个违法犯罪活动都是在债权人和债务人之间展开的，并没有对社会其他人实施违法犯罪行为，因而并不符合黑社会性质组织所要求的为非作恶、欺压、残害群众的本质特征，不能认定为黑社会性质组织。当然，是否构成恶势力或者恶势力犯罪集团，还应当根据法律规定进行认定。

（二）经济实力的规模性

具有一定的经济实力是黑社会性质组织经济特征的重要表现。这里的经济实力是对黑社会性质组织经济特征的数量和规模的一种描述，表明该组织所具有的支配经济资源的能力和水平。这里应当指出，在理解黑社会性质组织的经济实力的时候，不能把这种经济实力等同于该组织所造成的经济损失。黑社会性质组织在其活动过程中，包含了暴力手段，因此通常都会对社会、他人或者其他单位造成重大的经济损失。这种经济损失数额大小对于衡量黑社会性质组织的危害性程度具有参考价值。但黑社会性质组织所造成的经济损失和该组织的经济实力是不同的：前者是使他人丧失财物，而后者则是本人获取财物。可以说，他人的财产损失并不必然就是本人的非法获益，两者不能等量齐观。因此，即使对社会、他人或者其他单位造成重大的经济损失，但本身并没有达到一定经济实力，仍然不能认为具备了黑社会性质组织的经济特征。此外，黑社会性质组织的经济实力也不能等同于该组织所获取的经济利益的数额。黑社会性质组织主要通过两种方式获取经济利益，第一种是通过非法或者合法的经营活动获取财物，例如发放高利贷、非法经营等。第二种是利用暴力或者其他违法犯罪方式获取财物，例如敲诈勒索、强迫交易等。其中，敛财的主要方式还是经营活动。而经营活动需要支付一定的人力和物质的成本，一般来说，只有减去成本以后的收益部分才能认定为经济实力，而不能将所有经营所得都认定为经济实力。

（三）营利目的的双重性

黑社会性质组织不同于恶势力的一个特征在于，它并不满足于打打杀杀，而是要实现对社会的某种非法控制。而这种非法控制离不开一定的经济实力。为此，黑社会性质组织必然大肆敛财。因此，黑社会性质组织在一定程度上都会从事各种经济违法犯罪活动。就经济违法犯罪活动而言，行为人都具有非法获取经济利益的目的。然而，对于黑社会性质组织来说，从事经济违法犯罪活动并不单纯地为满足牟利的目的，更为重要的是，为了利用通过经济违法犯罪活动敛取的财物，资助黑社会性质组织。这就是我国刑法规定的黑社会性质组织的经济特征的重要内容之一：黑社会性质组织利用暴力或者其他手段获取的经济实力，具有支持该组织活动的非法目的。因此，是否具有这一目的是正确认定黑社会性质组织经济特征时应当考量的重要因素。这个特征就把黑社会性质组织的经营活动与正常经济组织的经营活动，在主观目的上区别开来。一般的经济组织都具有获取经济利益的内在动机，因为经济组织本身就受到营利的驱动。而黑社会性质组织的经济活动并不在于简单的营利，这种营利还具有更深层的目的，这就是利用所获取的经济利益支持黑社会性质组织的活动，为黑社会性质组织的生存与发展提供物质基础。根据我国学者对 67 个涉黑社会性质组织判决的统计，支持黑社会性质组织活动的方式主要包括以下 11 种：（1）为受伤的组织成员提供医疗费；（2）发工资、统一食宿，请客吃饭；（3）行贿；（4）提供收益分红，工资入股；（5）发过年费、吃年夜饭；（6）帮助犯罪组织成员逃匿，逃避司法机关处罚；（7）为犯罪行为提供工具；（8）提供资 金垫付；（9）给被关押的犯罪人员上账，为其家属支持生活费；（10）给实施违法犯罪行为的人员奖励；（11）替被违法犯罪行为侵犯的被害人提供医疗费。[①] 由此可见，支持黑社会性质组织活动是黑社会性质组织经济特征的应有之义。[②]

二、黑社会性质组织经济特征的界定

在司法实践中，如何正确界定黑社会性质组织的经济特征，这是一个较为复杂的问题。在此，除了根据刑法和司法解释规定以外，还需要结合具体案情进行分析。笔者认为，对于黑社会性质组织的经济特征，可以从以商养黑和以黑护商这两个方面进行考察。

①② 参见李林：《黑社会性质组织经济特征司法认定实证研究》，载《中国刑事法杂志》，2013（4），35 页。

（一）以商养黑

这里的以商养黑，是指将非法获取的经济利益支持黑社会性质组织的活动。对于黑社会性质组织来说，获取经济利益本身并不是目的，其真正的目的在于将非法获取的经济利益用于违法犯罪活动或者维系犯罪组织的生存、发展。为黑社会性质组织提供物质保障。2009 年最高人民法院、最高人民检察院、公安部《办理黑社会性质组织犯罪案件座谈会纪要》（以下简称《2009 年纪要》）指出："用于违法犯罪活动或者维系犯罪组织的生存、发展，一般是指购买作案工具、提供作案工具，为受伤、死亡的组织成员提供医疗费、丧葬费，为组织成员及其家属提供工资、奖励、福利、生活费用，为组织寻求非法保护以及其他与实施有组织的违法犯罪活动有关的费用支出等。"因此，是否将所获经济利益全部或部分用于违法犯罪活动或者维系犯罪组织的生存、发展，是认定经济特征的重要依据。无论获利后的分配与使用形式如何变化，只要在客观上能够起到豢养组织成员、维护组织稳定、壮大组织势力的作用即可认定具有经济特征。这里所说的经济利益用于黑社会性质组织的违法犯罪活动或者维系犯罪组织的生存、发展，主要表现为以下三种情形。

1. 豢养组织成员

黑社会性质组织一般都人数较多，因此，维持一定的组织规模需要支出相应的人头费。否则，黑社会性质组织很难长久存在。黑社会性质组织利用经济实力豢养组织成员，可以分为以下两种情形。

第一种是不以一定的经济实体为依托的黑社会性质组织。这些黑社会性质组织主要采用违法犯罪活动非法敛财。例如发放高利贷、开设赌场、经营卖淫场所等。在这些黑社会性质组织中，为了从事违法犯罪活动，需要一定的打手。这些黑社会性质组织成员基本上没有其他经济来源，而是依靠黑社会性质组织提供生活保障。在某些黑社会性质组织中，甚至专门成立保安队或者其他名义的部门，负有充当收取保护费、打击报复群众等职责。为此，需要对这些人员的生活和活动提供经费保障。这是黑社会性质组织在豢养组织成员方面的必不可少的开支，属于支持黑社会性质组织违法犯罪活动的性质，这是没有争议的。对此，《2009

年纪要》明确规定："为组织成员及其家属提供工资、奖励、福利、生活费用"，是黑社会性质组织利用经济实力豢养组织成员的具体表现。值得注意的是，在这种不以经济实体为依托的黑社会性质组织中，其组织成员如果完全脱离生产经营活动，没有其他生活资金来源，其生活费用也必然依赖于黑社会性质组织提供，唯此才能维系黑社会性质组织的正常运转。因此，经济实力对于黑社会性质组织豢养组织成员具有重要作用。

第二种是以一定的经济实体为依托的黑社会性质组织，该组织成员同时也是经济实体的工作人员，在该经济实体获取一定的报酬作为生活费用。那么，这种财务支出是否属于支持黑社会性质组织的经济特征呢？笔者认为，对此应当区分不同情况。在某些情况下，如果该经济实体被认定为黑社会性质组织的组织形式，则对其中工作人员的财务支出应当属于支持黑社会性质组织违法犯罪活动的性质。反之，如果该经济实体未被认定为黑社会性质组织的组织形式，则对其中工作人员的财务支出不属于支持黑社会性质组织违法犯罪活动的性质。

2. 维护组织稳定

黑社会性质组织不是为一次性的犯罪活动而聚集在一起的，而是在一个相当长的时期存在的犯罪组织。因此，黑社会性质组织的日常维护同样离不开经济实力。没有相当的经济实力，也就不能维持黑社会性质组织的稳定发展。《2009 年纪要》所规定的"购买作案工具、提供作案经费，为受伤、死亡的组织成员提供医疗费、丧葬费"，就是经济实力为黑社会性质组织所发挥的维护组织稳定的作用。

3. 壮大组织势力

黑社会性质组织存在一个从小到大、从弱到强的扩大过程，在这个过程中，也不能离开经济实力的支撑，尤其是经济实力对于黑社会性质组织实现对一定区域和行业的非法控制，对于壮大黑社会性质组织的势力具有重要作用。王平等组织、领导、参加黑社会性质组织案的裁判理由指出："黑社会性质组织攫取经济利益、扩充经济实力并不是其实施违法犯罪活动的终极目标，而只是其非法控制社会的一个必要步骤。”[①] 因此，只有联系黑社会性质组织的非法控制特征，才能正确地把握经济实力对于壮大组织实力的作用。

（二）以黑护商

这里的以黑护商，是指通过有组织的违法犯罪活动或者其他手段获取经济利益，由此而使黑社会性质组织具有一定的经济实力。对于以黑护商，2018 年最高人民法院、最高人民检察院、公安部、司法部《关于办理黑恶势力犯罪案件若干问题的指导意见》（以下简称《2018 年指导意见》）明确规定：在组织的形成、发展过程中通过以下方式获取经济利益的，应当认定为有组织地通过违法犯罪活动或者其他手段获取经济利益：（1）有组织地通过违法犯罪活动或其他不正当手段聚敛；（2）有组织地以投资、控股、参股、合伙等方式通过合法的生产、经营活动获取；（3）由组织成员提供或通过其他单位、组织、个人资助取得。通过上述方式获得一定数量的经济利益，应当认定为具有一定的经济实力，同时也包括调动一定规模的经济资源用以支持该组织活动的能力。通过上述方式获取的经济利益，即使是由部分组织成员个人掌控，也应计入黑社会性质组织的经济实力。组织成员主动将个人或者家庭资产中的一部分用于支持该组织活动，其个人或者家庭资产可全部计入经济实力，但数额明显较小或者仅提供动产、不动产使用权的除外。由于不同地区的经济发展水平、不同行业的利润空间均存在很大差异，加之黑社会性质组织存在、发展的时间也各有不同，在办案时不能一般性地要求黑社会性质组织所具有的经济实力必须达到特定规模或特定数额。

1. 经济利益的获取方式

关于黑社会性质组织的经济利益如何获取，《2000 立法解释》规定了两种方式，这就是违法犯罪活动和其他手段。其中，违法犯罪活动相对比较容易理解，

---

① 苏敏：《王平等组织、领导、参加黑社会性质组织案——如何认定黑社会性质组织罪的经济特征》，载最高人民法院刑事审判第一、二、三、四、五庭主办：《刑事审判参考》，第 74 集，83～84 页，北京，法律出版社，2010。

即非法敛财。在司法实践中，大部分黑社会性质组织犯罪案件，都是通过这种方式敛财而形成一定的经济实力。例如，通过贩卖毒品、开设赌场、组织卖淫或者非法经营等手段大肆敛财，或者通过抢劫、敲诈勒索、强迫交易、收取保护费，甚至绑架勒索等暴力犯罪获取经济利益。除此以外，黑社会性质组织还通过其他手段敛财。这里的其他手段，包括合法的生产、经营和投资等，以及黑社会性质组织成员的提供，其他单位和个人的资助等。由此可见，黑社会性质组织的经济利益的来源是多元的，它使黑社会性质组织具备了生存、发展和扩张的物质基础。这里应当指出，收取保护费往往被认为是黑社会性质组织获取非法经济利益的一种典型方式。因此，在某个案件中只要存在收取保护费的情形，就十分容易得出黑社会性质组织的认定结论。不可否认，收取保护费是与对社会的非法控制特征紧密联系在一起的。这种非法控制在通常情况下，表现为在一定区域或者一定行业提供某种维护秩序的服务，而保护费就是这种所谓服务的对价。因此，在一定意义上，收取服务费正是非法控制的一种征表，确实就此可以得出黑社会性质组织成立的结论。当然，也不能将收取保护费的一概认定为黑社会性质组织。在某些案件中，行为人本来就是一定的公共秩序的提供者。例如农贸市场或者其他商品市场的开办者，其承担着维护市场秩序的职责。但行为人在维护市场秩序的过程中，没有按照法律和行政法规的规定，正确履行其职责，而是采取暴力手段或者其他违法手段，侵害市场经营者的利益，包括以收取保护费或者其他名义进行乱收费。对此，就不能简单地认为存在收取保护费因而认定为黑社会性质组织，而是应当根据案件的具体情况，依照法律规定认真分析是否具有黑社会性质组织的四个特征，避免混淆犯罪的性质。

2. 经济利益的存在形式

黑社会性质组织经济利益通常都是以组织共同财产的方式存在，如果是具有一定的经济组织形式的黑社会性质组织，一般都有单位的账户，并有会计、出纳等财务管理人员对黑社会性质组织的财产进行统一管理，其财务的收入、支出等都具有一定的审批程序。除此以外，还有些财产并没有纳入黑社会性质组织的统一管理，而是由不法组织成员个人掌管，或者有些组织成员将个人或者家庭资产中的一部分用于支持该组织活动，这些财产都应当计入黑社会性质组织的经济实力之中。同时，《2018 年指导意见》还提及调动一定规模的经济资源用以支持该组织活动的能力，这些经济资源并非黑社会性质组织所占有和管理，但黑社会性质组织对这些经济资源具有调动和支配能力。例如，如果是以上市公司作为黑社会性质组织的经济依托的，上市公司财产虽然在法律上不是黑社会性质组织所有的财产，但黑社会性质组织对此具有控制权，可以实际利用这些经济资源以支持黑社会性质组织的违法犯罪活动，因而也应当视为黑社会性质组织的经济实力。

3. 经济利益的数量规模

黑社会性质组织具有一定经济实力，而经济实力是可以量化的。对此，2015 年《全国部分法院审理黑社会性质组织犯罪案件工作座谈会纪要》（以下简称《2015 年纪要》）指出：一定的经济实力是指黑社会性质组织在形成、发展过程中获取的，足以支持该组织运行、发展以及实施违法犯罪活动的经济利益。各高级人民法院可以根据本地区的实际情况，对黑社会性质组织所应具有的经济实力在 20 万～50 万元幅度内，自行划定一般掌握的最低数额标准。在此，《2015 年纪要》明确划定了经济实力的具体标准。当然，这一标准具有一定的幅度，各高级人民法院可以在幅度内确定具体标准。之所以设定一定的经济实力的数额标准，是由于《刑法》第 294 条规定黑社会性质组织需要具有一定的经济实力，因此，明确标准的做法更加符合罪刑法定原则的基本精神。具有一定的经济实力虽然不是黑社会性质组织的本质特征，但却可以反映出涉案的犯罪组织的发展成熟程度。在我国当前司法实践中，对此问题掌握较为随意的情况依然存在，确有必要加以规范。① 此后，《2018 年指导意见》规定："在办案时不能一般性地要求黑社会性质组织所具有的经济实力必须达到特定规模或特定数额"。这一规定其实

① 参见戴长林等：《〈全国部分法院审理黑社会性质组织犯罪案件工作座谈会纪要〉的理解与适用》，载最高人民法院刑事审判第一、二、三、四、五庭主办：《刑事审判参考》，第 107 集，143 页，北京，法律出版社，2017。

是改变了《2015年纪要》对经济实力要求达到一定数额的做法，它在一定程度上放宽了黑社会性质组织成立所必须具备的经济实力的认定标准，对于黑社会性质组织的认定具有较大影响。由此可见，如何确定经济实力的具体标准是一个十分复杂的问题。就个案而言，还是应当合理评估和计量黑社会性质组织的资金、资产以及其他具有经济价值的资源，以便准确地判断是否达到黑社会性质组织的经济实力程度。

三、黑社会性质组织经济特征的认定

黑社会性质组织的经济特征是和一定的经济活动紧密相连的，这种经济活动既包括合法的经营活动，又包括违法犯罪的营利活动。这些经济活动在何种情况下，可以认定为属于黑社会性质组织的经济特征，这是应当从刑法理论上结合具体犯罪案件进行深入研究的问题。黑社会性质组织以暴力为手段进行经营活动，可以分为以暴力为手段进行合法经营活动和以暴力为手段进行非法经营活动这两种不同情形，对此应当分别加以论述。

（一）以暴力为手段的合法经营活动情况下，黑社会性质组织经济特征的认定

黑社会性质组织以暴力为手段进行合法经营，以此获取经济利益，这种情形在司法实践中也是较为常见的。那么，在这种黑社会性质组织以暴力为手段合法经营的情况下，如何认定其获取经济利益符合黑社会性质组织的经济特征呢？例如，行为人本身具有合法的经营权，因为受到其他经营者的侵犯，而采取暴力手段维护自身的合法经营权。在法律定性上，可以说这是一种采用非法手段维护合法权益的行为。在其非法手段构成犯罪的情况下，对其以该犯罪论处，这是没有疑问的。因为，在我国刑法中，只有正当防卫、紧急避险等违法阻却事由才允许行为人采用暴力手段维护自身的合法权益。否则，就应当构成犯罪。但这种以暴力为手段的经营活动而获取经济利益，是否可以认定为黑社会性质组织的经济特征，笔者认为是值得研究的。在司法实践中，存在这种将以暴力为手段的经营活动而获取经济利益的情形认定为黑社会性质组织的案例。较为常见的是客运或者

货运线路的经营活动中，行为人通过承包等方式合法取得某一客运或者货运线路的经营权，为此需要交纳承包费或者其他费用。在经营过程中，其他单位或者个人为谋取私利，在上述他人承包线路上从事客运或者货运的经营活动，严重侵犯他人独家承包权。在这种情况下，行为人寻求公权力救济未果，就采用私力救济的方法，因而被指控为使用暴力手段垄断客（货）源，获取非法利益，具有黑社会性质组织的经济特征。笔者认为，如何行为人经营行为本身是合法的，则为保护自身的合法权益使用暴力手段，其手段行为构成犯罪，但不能将合法经营行为评价为黑社会性质组织的非法营利行为。

（二）以违法犯罪为手段的营利活动情况下，黑社会性质组织经济特征的认定

在黑社会性质组织犯罪案件中，以违法犯罪为手段非法营利的情形是较为常见的，这种违法犯罪行为通常包括开设赌场、组织卖淫、贩卖毒品、高利放贷等。然而，并不是所有存在以上述违法犯罪为手段进行营利的情形，都构成黑社会性质组织犯罪。在此，关键在于如何认定在何种情况下，这种违法犯罪的非法营利行为符合黑社会性质组织的经济特征。笔者认为，黑社会性质组织的经济特征当然具有营利的内容，但更为重要的是这种营利活动的目的是为黑社会性质组织的生存和发展提供物质基础。如果行为人进行上述非法营利活动只是具有单纯的营利目的，则不能认为具备了黑社会性质组织的经济特征。例如，在牛子贤等人绑架、敲诈勒索、开设赌场、重婚案[①]中，一审法院判决认定：牛子贤为首的黑社会性质组织为攫取经济利益，采取开设赌场、敲诈勒索等犯罪方式获取非法利益。平时，这些犯罪组织成员接受牛子贤指挥、分工，为牛子贤所开设的赌场站岗、放哨、记账、收账并从事其他犯罪活动。每次参加开设赌场等犯罪活动后，牛子贤都将非法所得以“工资”形式分给参加者，或拿钱给参加者吃饭等。在组织纪律方面，牛子贤要求组织成员按其制定的开设赌场规矩交纳“保证金”，以保证组织成员在为其开设的赌场服务期间能尽职尽责，否则将没收“保证金”。

① 参见最高人民法院刑事审判第一、二、三、四、五庭主办：《刑事审判参考》，第107集，96页以下，北京，法律出版社，2017。

由此该组织成员逐渐形成了听从牛子贤指挥、安排的习惯性行为，从而进行犯罪活动。在实施违法犯罪活动过程中，牛子贤亲自或指使组织成员多次以威胁、暴力手段从事绑架、敲诈勒索等违法犯罪活动，影响极其恶劣，给国家、集体财产和公民个人生命及财产造成了重大损失，对当地的社会生活秩序和经济秩序造成了严重破坏。因而，一审判决认定牛子贤等人构成黑社会性质组织犯罪，以该罪判处有期徒刑6年，同时以绑架罪判处死刑。一审判决以后，被告人提起上诉。二审法院裁定驳回被告人的上诉，维持了一审判决，并依法报请最高人民法院核准。最高人民法院经复核认为，一、二审法院认定牛子贤犯罪团伙系黑社会性质组织及牛子贤等人的行为构成涉黑犯罪不当，且是否认定涉黑犯罪对多名同案被告人的定罪量刑均有影响，故依法不核准牛子贤死刑，将本案发回原二审法院重新审理。二审法院对本案重新审理后，直接予以改判，对原判牛子贤的组织、领导黑社会性质组织犯罪不予认定，并以绑架罪等其他犯罪再次报送核准死刑，最高人民法院经再次复核，依法核准了被告人牛子贤死刑。在最高人民法院的裁定中，虽然认为本案并无充分证据证实牛子贤为首的犯罪团伙同时具备四个特征，但就其具体案情来看，主要还是缺乏经济特征。本案的裁判理由指出：根据刑法规定和两个座谈会纪要的精神，黑社会性质组织的经济特征，是指有组织地通过违法犯罪活动或者其他手段获取经济利益，具有一定的经济实力，以支持该组织的活动。一定的经济实力是指黑社会性质组织在形成、发展过程中获取的，足以支持该组织运行、发展以及实施违法犯罪活动的经济利益。而是否将所获经济利益全部或部分用于违法犯罪活动或者维系犯罪组织的生存、发展，即所获经济利益是否在客观上起到豢养组织成员、维护组织稳定、壮大组织势力的作用，是认定经济特征的重要依据。本案证据反映，牛子贤获取经济利益的主要途径是开设赌场，但赌场收入一般由各合伙人按出资比例分配，并非由牛子贤全权支配或者独享。赌场的部分收入用于支付雇员工资，也并非由牛子贤决定，不能认定其以此方式豢养组织成员。牛子贤在3年多时间内从赌场获利几十万元，经济实力相对薄弱，且所获赃款基本上用于其个人及家庭支出，尚无证据证实牛子贤将所获取的上述不义之财用于保持组织稳定、实施其他违法犯罪、支持组织活动或者维系组织的生存与发展。也就是说，牛子贤既没有为有组织地实施违法犯罪活动提供经费，出资购买刀具、枪支等作案工具，也没有为组织成员发放福利、奖励或者为帮助组织成员逃避法律追究而支付必要的费用，等等。因此，现有证据不能认定牛子贤犯罪团伙具备黑社会性质组织的经济特征。[①] 在以上裁判理由中，认定缺乏黑社会性质组织经济特征的根据有三：其一是开设赌场并非牛子贤本人完全控制，而是多人共同出资合股实施，因而工资等支出不能等同于豢养黑社会性质组织成员。其二是在 3 年多时间内只收入 30 余万元，用于家庭开支，没有达到经济实力的标准。其三是没有将开设赌场收入用于购买枪支、刀具等供黑社会性质组织使用，不存在资助黑社会性质组织的事实。以上三点对于否定本案具有黑社会性质组织的经济特征，笔者认为是具有事实根据和法律根据的。对于采用违法犯罪手段获取经济利益的犯罪团伙来说，该经济利益是否能够成为黑社会性质组织的经济特征，关键在于经济利益的使用方式。如果经济利益只是单纯用于消费或者挥霍，例如赌博、吸毒或者购买奢侈品等，就不能认为具备黑社会性质组织的经济特征。只有用于至少部分用于支持黑社会性质组织的活动，为黑社会性质组织的生存与发展提供资助，才能认为具备黑社会性质组织的经济特征。在牛子贤案中，其经济来源主要是与他人合伙开设赌场，但非法所得并没有用于支持其违法犯罪活动，因而不具备黑社会性质组织的经济特征。

（三）以“套路贷”为手段的获利活动情况下黑社会性质组织经济特征的认定

“套路贷”是近些年来在我国出现的一种犯罪类型，它综合了以诈骗罪、敲诈勒索罪等财产犯罪和以非法拘禁罪、故意伤害罪等人身犯罪，以及寻衅滋事罪、虚假诉讼罪等扰乱社会秩序罪，具有对公民个人的人身权利、财产权利和社会秩序严重的危害性，成为司法机关惩治的重点。根据 2019 年最高人民法院、最高人民检察院、公安部、司法部《关于办理“套路贷”刑事案件若干问题的意见》（以下简称《2019 年意见》）的规定，“套路贷”是对以非法占有为目的，假

① 参见最高人民法院刑事审判第一、二、三、四、五庭主办：《刑事审判参考》，第 107 集，96～97 页，北京，法律出版社，2017。

借民间借贷之名，诱使或迫使被害人签订借贷或变相借贷、抵押、担保等相关协议，通过虚增借贷金额、恶意制造违约、肆意认定违约、毁匿还款证据等方式形成虚假债权债务，并借助诉讼、仲裁、公证或者采用暴力、威胁以及其他手段非法占有被害人财物的相关违法犯罪活动的概括性称谓。“套路贷”的本质是一种贷款陷阱，整个“套路贷”都是围绕贷款而展开的，主要包括签订贷款合同和追讨债务这两个环节。在“套路贷”案件中，行为人设置各种陷阱，然后非法获取被害人的财物。例如，在签订贷款合同环节，行为人以违约金、保证金、行业规矩等各种名义骗取被害人签订虚高借款合同、阴阳借款合同或者房产抵押合同等明显不利于被害人的各类合同，制造银行流水痕迹。在还款环节，行为人制造各种借口单方面认定被害人违约并要求偿还虚高借款，在被害人无力偿还的情况下，进而通过讨债或者利用其制造的明显不利于被害人的证据向法院提起民事诉讼等各种手段，向被害人或其近亲属施压，以实现侵占被害人或其近亲属之合法财产的目的。

从根本上说，“套路贷”是一种经济犯罪。但行为人为了实现通过“套路贷”获取非法经济利益的目的，往往实施多种犯罪行为，具有较大的社会危害性。根据上海市高级人民法院、上海市人民检察院、上海市公安局《关于本市办理套路贷刑事案件的工作意见》的规定，对于实施上述“套路贷”行为的，可参照以下情形加以认定：(1) 犯罪嫌疑人、被告人在“套路贷”案件中，未采用明显暴力或者威胁手段，则其行为特征从整体上属于以非法占有为目的，虚构事实、隐瞒真相骗取被害人财产的诈骗行为，一般可以诈骗罪追究刑事责任。(2) 犯罪嫌疑人、被告人在“套路贷”案件中，既采用了虚构事实、隐瞒真相的诈骗手段，又采用了暴力、威胁、虚假诉讼等手段，同时构成诈骗、抢劫、敲诈勒索、非法拘禁、虚假诉讼等多种犯罪的，依据刑法的规定数罪并罚或者按照处罚较重的定罪处罚。(3) 在“套路贷”案件中，相关犯罪嫌疑人、被告人不明知真实借贷情况，帮助实施故意伤害、非法拘禁或者滋扰被害人及其近亲属的正常生活的行为，或者帮助捏造事实提起民事诉讼，符合故意伤害罪、非法拘禁罪、寻衅滋事罪、非法侵入他人住宅罪、虚假诉讼罪的构成要件的，对该部分犯罪嫌疑人、被告人以相关罪名追究刑事责任。笔者认为，“套路贷”案件的行为人获取经济利益的目的十分明显，而且行为人采取了诈骗、抢劫、敲诈勒索、非法拘禁、虚假诉讼等多种犯罪手段，可以说是一种暴力性经营活动。但在大多数“套路贷”案件中，行为人非法获取经济利益并不是为了某种组织利益，而是单纯地为了攫取经济利益。因此，即使在“套路贷”案件中存在一定的集团犯罪的特征，而且采取多种暴力犯罪的手段，有可能构成恶势力，但一般不能认定为黑社会性质组织。当然，也不排除黑社会性质组织采取“套路贷”方式敛财。

关于“套路贷”与黑社会性质组织的关联性，《2019年指导意见》指出，对采用讨债公司、地下执法队等各种形式有组织地进行“套路贷”活动，符合黑社会性质组织、犯罪集团认定标准的，应当按照组织、领导、参加黑社会性质组织罪或者犯罪集团侦查、起诉、审判。与此同时，《2019年意见》也指出，对于“套路贷”，符合黑恶势力认定标准的，应当按照黑社会性质组织、恶势力或者恶势力犯罪集团侦查、起诉、审判。由此可见，在现实生活中存在着黑社会性质组织实施套路贷的情形。对此应当认定为黑社会性质组织犯罪。也就是说，在“套路贷”案件中，既存在普通刑事犯罪，还存在恶势力集团犯罪，在少数情况下也存在黑社会性质组织犯罪。对此，应当严格按照刑法和司法解释的规定进行区分，并依法处理。

应该说，“套路贷”，尤其是涉及那些涉案罪名较多和规模较大的“套路贷”，在其客观表现上，例如残害、欺压百姓等，是十分容易混同于黑社会性质组织犯罪的，而区分的关键之一就在于其所获取的非法经济利益是否用于支持黑社会性质组织的违法犯罪活动，即是否具备黑社会性质组织的经济特征。如果只是单纯地采用“套路贷”的手段非法获取他人财物侵犯公民的人身权利或者财产权利，则即使采取了强迫交易、敲诈勒索、寻衅滋事、非法拘禁或者其他暴力或者软暴力的违法犯罪手段，也不能被认定为黑社会性质组织。只有在行为人通过“套路贷”敛取财物并用于支持黑社会性质组织的违法犯罪活动，追求对一定区域或者一定行业的非法控制的情况下，才有可能构成黑社会性质组织。例如，黄某等人黑社会性质组织案[①]，法院查明，2017 年 7 月，被告人黄某等人发现装 GPS 不押车贷款业务（“套路贷”）来钱快，先后在某地合伙开设了未注册、无金融放贷资质的万达金融公司，从事“套路贷”活动。同年 8 月至 9 月，黄某等人还在各地分别组建开设了无放贷资质的车贷公司，开展“套路贷”活动，以攫取更多非法利益。黄某等人先后网罗多名社会闲杂人员及有前科劣迹人员，为公司服务。以这些公司为外衣，逐渐形成以被告人黄某为首的人数众多、组织领导明确、骨干成员基本固定的黑社会性质犯罪组织。该组织以不押车、有车就能贷、借款利息低等为诱饵，利用一些客户急需钱的心理，假借借贷之名，诱骗被害人签订虚高借贷合同，并在被害人车上安装 GPS 定位器，拿走车辆备用钥匙。随后，又故意制造违约或肆意认定违约，采用暴力、威胁以及其他手段，非法强行开走被害人的车辆，逼迫被害人交付高额的违约金、赎车费。该组织以暴力、威胁或者其他手段，实施诈骗、敲诈勒索、故意伤害、抢劫共 154 起，致 1 人死亡，非法获利 200 余万元，严重破坏了区域的经济、社会、生活秩序。法院经审理认为，以被告人黄某等人为首的犯罪组织，符合《中华人民共和国刑法》第 294 条规定的黑社会性质组织的四个特征，依法应当认定为黑社会性质组织。这个案件符合“套路贷”的特征，这是没有问题的。而且，从客观上来看，黄某等人的“套路贷”犯罪行为造成严重的危害后果，符合残害、欺压群众的黑社会性质组织的行为特征。但关键在于，在本案中，被告人黄某等人的行为是否具备黑社会性质组织的经济特征。这才是认定黑社会性质组织的关键。在司法实践中处理“套路贷”的黑社会性质组织犯罪案件的时候，往往把通过“套路贷”非法获取的经济利益数额巨大或者特别巨大作为认定经济特征的主要根据。例如，在本案中，黄某等人非法获取的数额达到 200 余万元，可以说是数额特别巨大。但这一“套路贷”的非法获利数额只能说明黄某等人的“套路贷”犯罪活动在客观上具有严重的危害性，但还不能等同于黑社会性质组织的经济特征。就黑社会性质组织经济特征所要求的经济实力而言，该非法获利是否转化为黑社会性质组织的经济实

① 参见中国法院网，https://www.chinacourt.org/article/detail/2019/08/id/4238308.shtml。

力？在本文中，笔者已经指出非法获利数额虽然与经济实力具有一定的关联性，但还不能等同于经济实力。这里还存在一个将非法获利转化为经济实力的问题。更为重要的是，通过“套路贷”非法获取的经济利益是否用于支持黑社会性质组织的违法犯罪活动。这里的支持黑社会性质组织的违法犯罪活动并不是指用于扩展“套路贷”的规模，而是指用于非法控制社会，扩大黑社会性质组织的影响力。如果不考虑这一点，对于“套路贷”案件，只要是人数较多，规模较大，获利数额巨大，具有较大的社会影响，就直接认定为黑社会性质组织，这是对黑社会性质组织在认定上的一种扩大化。笔者认为，“套路贷”是一种以非法获取经济利益为中心，采取诈骗、敲诈勒索、非法拘禁、寻衅滋事、故意伤害、虚假诉讼等各种违法犯罪手段，以实现非法获取经济利益的目的的犯罪群组。这种“套路贷”犯罪群组具有严重的社会危害性，是刑法惩治的重点。在“套路贷”中，确实存在黑社会性质组织，这主要有两种情形：第一种是在“套路贷”形成一定规模以后，该犯罪群组不满足于获取经济利益，继而利用“套路贷”所获取的经济利益实现对一定区域或者一定行业的非法控制，因而转变为黑社会性质组织。在这种情况下，是先有“套路贷”，然后演变为黑社会性质组织。第二种是黑社会性质组织在其活动中，采用“套路贷”方式非法获取经济利益。在这种情况下，是先存在黑社会性质组织，然后开展“套路贷”活动。因此，在“套路贷”的黑社会性质组织案件中，应当严格按照黑社会性质组织的经济特征进行认定，避免将普通的“套路贷”或者恶势力的“套路贷”犯罪活动混同于黑社会性质组织的犯罪活动。

（本文原载《法学评论》，2020（4））

论黑社会性质组织的行为特征

黑社会性质组织是一种犯罪组织，这种组织是专门为从事犯罪活动而建立的。因此，在认定黑社会性质组织的时候，不仅需要查明其组织结构的存在，而且需要考察其所从事的具体犯罪行为。根据我国刑法规定，黑社会性质组织所实施的具体犯罪行为虽然是另行定罪并且与组织、领导、参加黑社会性质组织罪（以下简称黑社会性质组织犯罪）实行数罪并罚，但它对黑社会性质组织的成立具有重要意义，是该组织的必不可少的法律特征。在这个意义上说，如果没有具体犯罪行为，黑社会性质组织是不可能成立的。本文根据我国立法规定和司法解释，并结合具体案例，对黑社会性质组织的行为特征进行刑法教义学的考察。

一、黑社会性质组织行为特征的含义

我国刑法关于黑社会性质组织犯罪的立法规定和司法解释，经历了一个发展完善过程，这也是一个对黑社会性质组织犯罪的认识不断深化的过程。其中，对于黑社会性质组织行为特征的规定，正是随着对黑社会性质组织犯罪认识的深化而不断演进的。

1997年《刑法》第294条并没有对黑社会性质组织进行直接规定，而是在黑社会性质组织犯罪的罪状描述中，涉及黑社会性质组织的构成要素。根据这一规定，黑社会性质组织是指以暴力、威胁或者其他手段，有组织地进行违法犯罪活动，称霸一方，为非作恶，欺压、残害群众，严重破坏经济、社会生活秩序的组织。此后，2000年最高人民法院《关于审理黑社会性质组织犯罪的案件具体应用法律若干问题的解释》（以下简称《2000年司法解释》）将黑社会性质组织的成立条件归纳为四点：第一，组织结构比较紧密，人数较多，有比较明确的组织者、领导者，骨干成员基本固定，有较为严格的组织纪律。第二，通过违法犯罪或者其他手段获取经济利益，具有一定的经济实力。第三，通过贿赂、威胁等手段，引诱、逼迫国家工作人员参加黑社会性质组织活动，或者为其提供非法保护。第四，在一定区域或者行业范围内，以暴力、威胁手段，大肆进行敲诈勒索、欺行霸市、聚众斗殴、寻衅滋事、故意伤害等违法犯罪活动，严重破坏经济、社会生活秩序。以上黑社会性质组织的四个特征，分别被称为组织特征、经济特征、保护伞特征和行为特征。2002年全国人大常委会《关于〈中华人民共和国刑法〉第二百九十四条第一款的解释》（以下简称《2002年立法解释》）将保护伞特征修改为非法控制（危害性）特征，其他特征没有改变。及至2011年的《刑法修正案（八）》，将《2002年立法解释》关于黑社会性质组织特征的规定吸收到《刑法》第294条，由此从立法上确立了黑社会性质组织的法定特征。在黑社会性质组织的四个特征中，行为特征主要从客观层面对黑社会性质组织进行界定，因而对于正确认定黑社会性质组织具有重要意义。

根据我国刑法的规定，黑社会性质组织的行为特征是指以暴力、威胁或者其他手段，有组织地多次进行违法犯罪活动，为非作恶，欺压、残害群众。根据这一规定，黑社会性质组织的行为特征中的行为是指黑社会性质组织所实施的犯罪行为，而不是黑社会性质组织犯罪所必须具备的组织、领导、参加黑社会性质组织的行为。显然，这两种行为的性质是有所不同的：前者是指黑社会性质组织成立所必须具备的行为特征，而后者则是在黑社会性质组织成立以后，黑社会性质组织成员的组织、领导和积极参加行为，这些行为是构成黑社会性质组织犯罪所必须具备的特征。对于两种行为的区分，在理解上并不困难。难点在于如何区分黑社会性质组织的行为特征和黑社会性质组织所实施的具体犯罪行为；显然，这两种行为在性质上也是不同的。

这里涉及黑社会性质组织的行为特征与该组织所实施的具体犯罪行为之间的逻辑关系，而且这个问题还关系到司法实践中对黑社会性质组织认定的时候，到底是先确定黑社会性质组织是否成立，还是先考察行为人所实施的具体犯罪行为。笔者认为，就以上两个问题的逻辑顺序而言，应当是先考察具体犯罪行为，在此基础上再判断该犯罪行为是否符合黑社会性质组织所要求的行为特征；而不是相反。在某个案件中，如果犯罪行为的暴力程度较轻，而且犯罪类型单一，则根本就不具备黑社会性质组织所要求的残害、欺压百姓的行为特征，因而不构成黑社会性质组织犯罪。例如焦海涛等人寻衅滋事案[①]，检察机关指控：2011 年 8 月以来，被告人焦海涛利用朋友关系及自身影响力聚集、吸收被告人陈小四、张克南、李宝争、彭华伟、于镇源、李海江、张勇、薛富堂、赵建阳、李云涛、李普等两劳释放及社会闲散人员，逐步建立起一个以其为组织者、领导者，骨干成员基本固定的具有黑社会性质的组织。其中，焦海涛将被告人陈小四、张克南发展为骨干成员，以发展下线的方式将李宝争、彭华伟、于镇源、李海江、张勇发展为一般参加成员。为领导、控制组织成员实施违法犯罪活动以获取经济利益，被告人焦海涛对其组织成员进行不同分工，划分等级，所有成员均服从焦海涛的领导，重大事项需向焦海涛请示汇报。焦海涛给骨干成员配备车辆、租住套房，为一般成员提供吃、住等生活保障，并在组织成员因违法犯罪被查处时出面托关系摆平，在公安机关追捕其组织成员时，出钱帮助逃跑。该组织有严格的纪律和奖惩制度，组织成员有事需请假，节假日期间发放烟酒福利，同时还以一定的娱乐活动作为对组织成员的鼓励。被告人焦海涛通过以上多种途径，使其领导的犯罪集团规模逐渐扩大，在西平县形成一股恶势力，最终发展成以其为首的犯罪组

① 案例来源：最高人民法院刑事审判第一、二、三、四、五庭主办：《刑事审判参考》，第 107 集，44～48 页，北京，法律出版社，2017。

织。该犯罪组织以承包西平县中央花园拆迁改造工程为依托，为确立在拆迁工作中的强势地位，强迫拆迁户签订低价拆迁协议，获取非法利益。该组织多次组织内部成员到拆迁户家中采取威胁、恐吓、毁坏财物、打骂等手段迫使拆迁户签订低价赔偿协议，通过暴力拆迁获取中央花园项目部给予的拆迁报酬，先后获利22万元以支持该组织的活动。被告人焦海涛领导的犯罪集团多次进行暴力拆迁，严重影响了拆迁户的正常生活，对当地街坊邻居形成威慑，使当地百姓敢怒不敢言。此犯罪组织及其组织成员实施的多次寻衅滋事犯罪严重影响了西平县的治安和人民群众的生活。尤其是2012年6月1日，被告人焦海涛组织其内部成员到西平县专探乡寻衅滋事，公安机关接警后派人前去处理时，其组织成员无视出警民警的制止，更无视民警的生命安全，将民警拖行几百米后推出车外，致其摔伤，造成极其恶劣的重大影响，使当地群众的心理产生巨大恐慌，严重破坏了当地的经济和社会秩序。公诉机关认为，被告人焦海涛组织、领导黑社会性质组织；被告人陈小四、张克南积极参加黑社会性质组织；被告人李宝争、彭华伟、于镇源、李海江、张勇参加黑社会性质组织，在西平县有组织地通过多次实施违法犯罪活动，获取经济利益，称霸一方，为非作恶，欺压、残害群众，严重破坏社会、经济、生活秩序和人民群众的生命财产安全。其行为已构成组织、领导、参加黑社会组织罪。这是公诉机关对焦海涛等人构成黑社会性质组织的指控，但该案被指控的具体犯罪行为只有20起寻衅滋事事实，而没有其他犯罪。根据法院认定，以上20起寻衅滋事事实中，只有12起构成犯罪，其他只是一般违法行为。从犯罪后果来说，只有1起造成被害人轻微伤。对此，西平县人民法院认为，被告人焦海涛等人所涉组织不符合黑社会性质组织的四个特征，尚未达到称霸一方，在一定区域或者行业内，形成非法控制或重大影响，严重破坏经济秩序、社会生活秩序的程度，对公诉机关对焦海涛等被告人涉嫌组织、领导、参加黑社会性质组织罪的指控不予支持。被告人焦海涛纠集他人多次实施寻衅滋事行为，严重破坏了社会秩序，其行为已构成寻衅滋事罪。

笔者认为，法院对于本案的认定是正确的。从本案的犯罪行为来看，涉案的都是寻衅滋事，虽然起数较多，但罪名单一，并不符合黑社会性质组织犯罪所要求的犯罪行为多样性的特征。在司法实践中，犯罪集团可以分为单一罪名的犯罪集团和多种罪名的犯罪集团。所谓单一罪名的犯罪集团是指专门为实施一种犯罪而组建的犯罪集团。例如盗窃集团、诈骗集团等，在这些犯罪集团中，行为人也是有组织地实施盗窃、诈骗等犯罪行为。但这种罪名的单一性特征本身就决定了它只是以获取一定的非法利益为目的，而不可能以实现对社会的非法控制为目的，因而不可能构成黑社会性质组织犯罪。这里应当指出，虽然刑法和司法解释以及其他规范性文件并没有明确规定单一罪名不能构成黑社会性质组织，但这一指导思想在有关司法文件中还是有所体现。例如 2015 年最高人民法院《全国部分法院审理黑社会性质组织犯罪案件工作座谈会纪要》（以下简称《2015 年纪要》）指出："涉案犯罪组织仅触犯少量具体罪名的，是否应认定为黑社会性质组织要结合组织特征、经济特征和非法控制特征（危害性特征）综合判断，严格把握。"在此，《2015 年纪要》虽然没有对单一罪名是否构成黑社会性质组织作出明确规定，但涉及对触犯少量具体罪名是否构成黑社会性质组织作了规定。这就表明，在通常情况下黑社会性质组织应当是触犯多个罪名。既然触犯少量罪名在认定黑社会性质组织的时候都应当慎重，那么，触犯单一罪名，就完全可以排除构成黑社会性质组织的可能性。

焦海涛等人寻衅滋事案之所以不构成黑社会性质组织犯罪，原因不仅在于其行为只是触犯单一罪名，而且在于暴力没有达到黑社会性质组织成立所要求的程度。我国《刑法》第 294 条对黑社会性质组织的行为特征的描述中，采用了残害、欺压百姓这样的用语。因此，对于黑社会性质组织的成立来说，暴力是必备的要素，而且这种暴力还必须具有一定的严重程度。在一般情况下，在黑社会性质组织犯罪中，都存在杀人、伤害、非法拘禁、强迫交易、聚众斗殴、寻衅滋事等侵犯人身权利、财产权利，破坏经济秩序和社会秩序的犯罪行为。如果只是轻微的犯罪行为，例如没有造成一人重伤的严重后果，则根本就不可能成立黑社会性质组织。

综上所述，在黑社会性质组织的司法认定中，首先要对具体犯罪行为进行认定，由此考察犯罪行为的数量和种类，以及犯罪行为是否达到黑社会性质组织所要求的暴力程度。如果不具备上述行为特征，则只能按照一般犯罪处理，包括按照恶势力处理，但不构成黑社会性质组织犯罪。当然，即使具备行为特征，并不必然构成黑社会性质组织，还要认定是否具备黑社会性质组织的其他特征。

二、黑社会性质组织行为特征的界定

如前所述，黑社会性质组织的行为特征与其所实施的具体犯罪行为之间存在密切联系。行为特征虽然不能等同于具体犯罪行为，但它是从具体犯罪行为中引申出来的。在此，涉及一个在刑法理论上的重大问题，这就是禁止重复评价原则。换言之，黑社会性质组织所实施的具体犯罪行为与黑社会性质组织的行为特征之间是否存在重复评价？这是在刑法教义学上需要回答的问题。

应当指出，禁止重复评价并不是刑法的基本原则。我国刑法明文规定了三大刑法基本原则，这就是罪刑法定原则、罪刑均衡原则和罪刑平等原则。然而，这些刑法基本原则并非空洞而是具有其实际内容，这种内容往往体现为各自的派生原则。例如，罪刑法定原则的派生原则包括禁止类推原则、禁止事后法原则等。这种派生原则虽然不是刑法的明文规定，但其内容是从刑法基本原则中引申出来的，是刑法基本原则的应有之义。例如，禁止类推原则就是罪刑法定原则之法无明文规定不为罪这一基本精神的体现。我们在此所讨论的禁止重复评价原则，可以说是罪刑均衡原则的派生原则。根据罪刑均衡原则，犯罪行为与其所应当受到的刑罚处罚之间具有某种均衡性和适当性。因此，罪刑均衡原则也称为罪刑相适应原则。禁止重复评价原则的基本含义是指在定罪量刑时，禁止对同一犯罪构成事实予以二次或二次以上的法律评价。[①] 由此可见，禁止重复评价原则是要求在定罪量刑过程中，对一个犯罪行为只能做一次评价而不能进行重复评价。禁止重复评价中的评价，既可以是立法上的评价，也可能是司法上的评价。对重复评价的禁止，充分体现了犯罪与刑罚之间的均衡。

---

① 参见陈兴良：《禁止重复评价原则研究》，载《现代法学》，1994（1）。

禁止重复评价原则具有极其丰富的内涵，我们可以从不同的侧面理解禁止重复评价原则。禁止重复评价原则首先可以分为立法上的禁止重复评价和司法上的禁止重复评价。所谓立法上的禁止重复评价，是指在对具体犯罪的立法规定中应当避免对同一行为进行重复评价，以此体现刑法立法的公正性。所谓司法上的禁止重复评价，是指在定罪量刑的司法活动中应当避免对同一行为进行重复评价，以此体现刑法司法的公正性。禁止重复评价还可以分为定罪上的禁止重复评价和量刑上的禁止重复评价。所谓定罪上的禁止重复评价，是指在定罪活动中对同一行为不能同时认定为两种犯罪的构成要件行为。所谓量刑上的禁止重复评价，是指在量刑活动中对同一行为不能同时认定为两种从重处罚情节。与此同时，还存在定罪和量刑混合的禁止重复评价，即对同一行为不能在定罪时认定为某一具体犯罪的构成要件的同时，又在量刑时认定为从重处罚情节。以上不同类型的禁止重复评价，主要涉及重复评价的各种情形，这都是在立法活动和司法活动中应当禁止的。当然，不同类型的重复评价并非决然不能并存。在某些情况下，同一种重复评价既可能是立法上的重复评价，同时又是定罪上的重复评价。因为前者是就重复评价的主体而言的，而后者则是就重复评价的内容而言的。以上这些禁止重复评价，在本文所讨论的黑社会性质组织犯罪中都可能涉及，在此，我们重点讨论的是我国《刑法》第 294 条关于犯黑社会性质组织犯罪而同时实施其他犯罪行为的，应当实行数罪并罚的规定，是否违反禁止重复评价原则问题。

犯黑社会性质组织犯罪而同时实施其他犯罪行为的应当实行数罪并罚的规定，是否违反禁止重复评价原则，这是一个立法上的禁止重复评价问题，同时也是一个定罪上的禁止重复评价问题。立法上的禁止重复评价要求刑法规定不能进行重复评价，因为罪刑均衡原则作为刑法基本原则，它不仅仅是对司法活动的要求，而且也是在立法过程中应当遵循的准则。对于禁止重复评价原则来说，也是如此。立法机关在创制刑法规范的时候，对于一个行为只能进行一次评价而不能进行多次评价。如果刑法规定本身存在重复评价，则这样的法律就不是良法。我国《刑法》第 294 条第 4 款规定：“犯前三款罪又有其他犯罪行为的，依照数罪并罚的规定处罚。”对于这一规定是否违反禁止重复评价原则，我国刑法学界存在肯定说和否定说之争。[①] 肯定说认为，数罪并罚的规定是将行为人的一个犯罪行为既在黑社会性质组织犯罪中进行了一次评价，又在其他犯罪中进行了一次评价，这属于对一个行为在定罪上进行了两次评价，显然违反了禁止重复评价原则。而否定说则认为，黑社会性质组织犯罪是行为犯，所以只要行为人一有相关行为就可以认定为既遂，与数罪并罚并不矛盾。此外，对于犯黑社会性质组织犯罪而同时实施其他犯罪行为的，应当实行数罪并罚的规定，是否违反禁止重复评价原则，我国还有学者提出所谓例外说，认为该规定确实在一定程度上突破了禁止重复评价原则，但并不完全是对该原则的违背，可以将其视为是禁止重复评价原则的例外。[②] 笔者认为，例外说其实是肯定说的婉转表达，因此仍然可以将其归入肯定说的阵营。

在肯定说和否定说这两种观点中，笔者认为，争议的焦点在于：黑社会性质组织的行为特征与其所实施的具体犯罪行为之间是否存在重合？也就是说，这里到底存在一个行为还是两个行为？对此，肯定说认为是一个行为，因而数罪并罚的规定是对一个行为做了两次评价，因而违反禁止重复评价原则。例如我国学者指出：黑社会性质组织实施的具体犯罪活动，既要基于我国《刑法》第 294 条第 5 款规定而作为行为特征参与评价为黑社会性质组织及组织、领导、参加黑社会性质组织罪，又要基于《刑法》第 294 条第 4 款关于“犯前三款罪又有其他犯罪行为的，依照数罪并罚的规定处罚”的规定而作为其他犯罪行为被评价为相应的具体犯罪并数罪并罚。[③] 在此，论者将黑社会性质组织的行为特征理解为是一种单独的犯罪行为，由此而与其所实施的具体犯罪行为之间形成重合关系。而否定说虽然认同具体犯罪行为是一种可以单独评价的行为，但黑社会性质组织的行为

① 参见朱晗：《禁止重复评价原则探析——以黑社会性质组织犯罪为例》，载《东莞理工学院学报》，2018（4）。

② 参见王恩海：《组织、领导、参加黑社会性质组织罪中并罚的适用标准》，载《法学》，2009（9）。

③ 参见石经海：《黑社会性质组织犯罪的重复评价问题研究》，载《现代法学》，2014（6）。

特征并不是一种单独的犯罪行为，主要理由在于：黑社会性质组织犯罪是一种行为犯，只要实施了该行为即为既遂。这里的行为是指黑社会性质组织犯罪的行为，即组织、领导、参加黑社会性质组织的行为。以上两种观点的理由都不充分，论据亦不符合逻辑。笔者认为，对于这个问题，应该从三个方面进行考察。

第一，在黑社会性质组织犯罪与具体犯罪行为实行数罪并罚的情况下，到底是存在一个行为还是两个行为？就这个问题而言，具体犯罪行为当然是一个独立的构成要件行为，这是没有疑问的。那么，黑社会性质组织的行为特征是否构成一个独立的构成要件行为呢？答案是否定的。行为特征只是黑社会性质组织的成立条件，而不是黑社会性质组织犯罪的构成要件行为。黑社会性质组织犯罪的构成要件行为，只是组织、领导、参加黑社会性质组织的行为。当然，没有黑社会性质组织也就不可能存在组织、领导、参加黑社会性质组织犯罪：前者是后者的逻辑前提。然而，我们决不能以此而将黑社会性质组织的行为特征混同于黑社会性质组织犯罪的行为，这两种行为具有完全不同的两种性质。组织、领导、参加是黑社会性质组织犯罪的构成要件行为，应当评价为刑法中的行为。而黑社会性质组织的行为特征只是该组织的构成条件，它不是黑社会性质组织犯罪的构成要件行为。

第二，在黑社会性质组织犯罪与具体犯罪行为实行数罪并罚的情况下，如何理解禁止重复评价原则中的评价？这里的评价，是指定罪，即认定为某种犯罪的构成要件行为，将一个行为两次认定为不同犯罪的构成要件，就是定罪上的重复评价。定罪上的重复评价，在刑法中是应当禁止的。但在黑社会性质组织的行为特征和其所实施的具体犯罪行为关系上，只有具体犯罪行为被认定为相关犯罪的构成要件行为，而黑社会性质组织的行为特征并不是黑社会性质组织犯罪的构成要件行为。例如，某黑社会性质组织实施了故意杀人、敲诈勒索、寻衅滋事等行为，对于这些具体犯罪行为应当分别认定为故意杀人罪、敲诈勒索罪、寻衅滋事罪，同时与黑社会性质组织犯罪实行数罪并罚。在这种情况下，故意杀人、敲诈勒索、寻衅滋事被认定为是黑社会性质组织的行为特征，但并没有在此对其加以刑法评价。只有当这些具体犯罪行为的内容已经包含在黑社会性质组织犯罪之中，另外各以其犯罪论处的情况下，才存在重复评价的问题。例如，我国《刑法》第 239 条规定的绑架罪已经包含了杀害被绑架人的情形。在这种情况下，如果对杀害被绑架人的绑架案件，对被告人不仅认定为绑架罪，另外还认定犯有故意杀人罪，并对其实行数罪并罚，这才是重复评价。我国《刑法》第 294 条规定的黑社会性质组织犯罪，法定最高刑是 10 年有期徒刑，在该黑社会性质组织另外实施了故意杀人、敲诈勒索、寻衅滋事等行为的情况下，对其不实行数罪并罚，只是以黑社会性质组织犯罪论处，最高只能判处有期徒刑 10 年，显然不符合罪刑均衡原则的要求。因此，我国刑法关于黑社会性质组织犯罪与其所实施的具体犯罪行为实行数罪并罚的规定，不能认为是违反禁止重复评价的原则。

第三，在我国刑法中还有类似第 294 条数罪并罚的其他规定。例如，《刑法》第 120 条规定的组织、领导、参加恐怖组织罪，第 2 款规定："犯前款罪并实施杀人、爆炸、绑架等犯罪的，依照数罪并罚的规定处罚。"该罪与组织、领导、参加黑社会性质组织罪在立法构造上具有相同性，都属于组织罪。这里的组织罪是指以组织某种犯罪组织为主要目的的犯罪，这些犯罪的成立都以某种犯罪组织的成立为前提。例如，组织、领导、参加恐怖活动组织罪成立的前提是恐怖活动组织的存在，组织、领导、参加黑社会性质组织罪成立的前提是黑社会性质组织的存在。就这种组织、领导、参加某种犯罪组织的行为而言，是其所实施的具体犯罪的预备行为。因此，类似组织罪的设置实际上是犯罪预备行为的正犯化。与其形成对照的是，在没有这种组织罪设置的其他罪名中，例如组织盗窃犯罪集团，如果并没有实施具体的盗窃犯罪行为，则这种组织行为就是盗窃罪的预备行为。而在具体实施盗窃行为之时，这种预备行为被实行行为所吸收，不再另外定罪。在此，只能构成一罪而不存在数罪并罚的问题。但在刑法设置组织罪的情况下，这种组织行为单独构成犯罪，如果该组织又实施了其他犯罪行为，就应当实行数罪并罚。按照这一逻辑分析，组织罪的成立是并不以实施具体犯罪行为为必要的。例如，对于组织、领导、参加恐怖活动组织罪来说，只要行为人以实施恐怖活动为目的而组织、领导、参加恐怖活动组织，即可构成该罪。换言之，组织、领导、参加恐怖活动组织罪是可以独立于具体的恐怖犯罪行为的。《反恐怖主义法》第3条规定："恐怖活动组织，是指三人以上为实施恐怖活动而组成的犯罪组织。"据此，我国学者指出，恐怖活动组织具有以下四个特征：(1) 恐怖活动组织的成员必须是3人以上。(2) 恐怖活动组织具有特定的目的，一般带有政治、意识形态等性质。(3) 恐怖活动组织具有严密的组织性。(4) 恐怖活动组织具有一定的稳定性。[①] 由此可见，恐怖活动组织的成立并不以实施具体的恐怖活动为前提。在这种情况下，当然就不存在是否违反禁止重复评价原则的问题。然而，我国《刑法》第294条对黑社会性质组织的规定则与之不同，它要求行为人具体实施了为非作恶、欺压百姓等违法犯罪行为。在这种情况下，确实容易产生某种错觉，以为这种黑社会性质组织的行为特征是刑法对具体犯罪行为的一次刑法评价，如果对这些犯罪行为另外再定罪，并且实行数罪并罚，就会认为这是一种重复评价。其实不然，因为行为特征是对具体犯罪行为的抽象概括而不是具体评价。

这里存在一个值得思考的问题：为什么恐怖活动组织的成立不以实施具体犯罪行为为前提，但黑社会性质组织的成立却以实施具体犯罪行为为前提？笔者认为，对这个问题应当从恐怖活动组织和黑社会性质组织的不同性质切入进行分析。恐怖活动组织是以从事恐怖活动为目的的犯罪组织，因此主观上具有恐怖主义的目的。我国《反恐怖主义法》第3条对恐怖主义作了以下界定："恐怖主义，是指通过暴力、破坏、恐吓等手段，制造社会恐慌、危害公共安全、侵犯人身财产，或者胁迫国家机关、国际组织，以实现其政治、意识形态等目的的主张和行为。"在此，就规定了制造社会恐慌、危害公共安全、侵犯人身财产，或者胁迫国家机关、国际组织，以实现其政治、意识形态等目的。因此，尽管恐怖活动的具体行为是杀人、爆炸、绑架等犯罪，但这些犯罪行为只不过是实现其恐怖主义目的的手段。显然，恐怖主义目的是恐怖活动组织的必不可少的重要特征。在这种情况下，恐怖活动组织的成立只要具备恐怖主义目的即可，并不以实施具体犯罪行为为前提。因此，对组织、领导、参加恐怖活动组织罪来说，完全有可能在

① 参见郎胜主编：《中华人民共和国刑法释义》，6版，135页，北京，法律出版社，2015。

实施恐怖活动之前先建立恐怖活动组织。因此，组织、领导、参加恐怖活动组织而未能实施具体犯罪行为的，就属于具体犯罪行为的预备。考虑到这种为实施具体犯罪行为的预备犯，甚至阴谋犯，其与具体犯罪行为之间的对应性并不明显，而且对应于数个具体犯罪行为会给司法惩治带来障碍。因此，刑法将这种恐怖活动犯罪的预备行为单独予以评价，进行预备行为正犯化的处理，设置独立罪名，是完全合理的。换言之，恐怖活动组织是可以脱离具体恐怖活动而存在的。但黑社会性质组织则与之不同，因为黑社会性质组织犯罪并没有特定目的，所以从主观目的上难以为黑社会性质组织的界定提供根据。只有在实施了具体犯罪行为以后，才能根据其具体犯罪行为为黑社会性质组织的认定提供客观根据。简单地说，恐怖主义犯罪分子在实施具体犯罪行为之前，都明知其实施的是恐怖主义犯罪活动。但黑社会性质组织成员在实施具体犯罪行为之前，并不明知其所实施的是黑社会性质犯罪活动。在这种情况下，黑社会性质组织的认定以其所实施的具体犯罪行为的特征为根据，当然是合理的。

值得注意的是，我国学者对《刑法》第294条规定的数罪并罚的范围进行限制解释，这种观点的主要根据是司法解释的相关规定。《2000年司法解释》对黑社会性质组织的行为特征作了如下规定："在一定区域或者行业范围内，以暴力、威胁滋扰等手段，大肆进行敲诈勒索、欺行霸市、聚众斗殴、寻衅滋事、故意伤害等违法犯罪活动，严重破坏经济、社会生活秩序。"在此，列举了敲诈勒索、欺行霸市、聚众斗殴、寻衅滋事、故意伤害五种行为，其中，敲诈勒索、聚众斗殴、寻衅滋事、故意伤害对应于四个罪名，而欺行霸市则可以对应于强迫交易罪。因此，这种犯罪是黑社会性质组织行为特征的具体内容，已经包含在黑社会性质组织的构成之中，不能再另外构成单独犯罪实行数罪并罚。对此，我国学者指出，《刑法》第294条第4款关于犯黑社会性质组织犯罪同时实施其他犯罪行为的规定中，这里的其他犯罪行为不包括敲诈勒索罪、聚众斗殴罪、寻衅滋事罪和一般情形的故意伤害罪，当黑社会性质组织实施上述行为时，仅以黑社会性质组织犯罪处罚即可，不应当数罪并罚。对黑社会性质组织实施的其他犯罪，如贩卖毒品罪、组织卖淫罪、非法持有枪支罪等，则应当根据《刑法》第294条第4

款的规定，与黑社会性质组织犯罪数罪并罚。[①] 对于这种观点，笔者不能苟同。这里涉及对《2000年司法解释》对前述五种犯罪行为列举的用意的理解。应该说，司法解释主要是对黑社会性质组织通常所犯之罪进行列举，除此之外，也还包括其他犯罪。因此，司法解释采取了“等”的表述。显然，从司法解释这一规定并不能得出应当将这些犯罪排除在数罪并罚之外的结论。从刑法理论上分析，这种一个犯罪的构成要件中包含另外一种犯罪的情形，被称为包容犯。包容犯应当以刑法的明文规定为条件，如果没有刑法的明文规定而将一种犯罪解释为另一种犯罪的构成要件的一部分，是存在逻辑障碍的。因此，我国《刑法》第294条第4款所规定的数罪并罚包括上述司法解释所列举的犯罪。而且，这种数罪并罚并不违反禁止重复评价原则，因此就没有必要通过对数罪并罚范围的缩小解释而规避重复评价。

三、黑社会性质组织行为特征的认定

在司法实践中，如何认定黑社会性质组织的行为特征，对于正确认定黑社会性质组织具有十分重要的意义。如前所述，在认定黑社会性质组织之前，首先应当确定具体犯罪行为是否成立。这些犯罪行为是单独构成犯罪的，它不以黑社会性质组织是否成立为前提。如果在认定这些犯罪行为的基础上，同时又具备黑社会性质组织的行为特征，才能为黑社会性质组织的成立提供客观根据。根据禁止重复评价原则，具体犯罪行为已经单独成罪，因此，在黑社会性质组织行为特征的认定中，不能将这些具体犯罪行为直接等同于行为特征，而是在这些具体犯罪行为的基础上加以抽象与概括，以此形成黑社会性质组织的行为特征。在这个意义上说，黑社会性质组织的行为特征是对具体犯罪行为的二次判断，其判断的主要内容就在于：犯罪手段的暴力程度、犯罪类型的广泛程度和危害后果的严重

① 参见王恩海：《组织、领导、参加黑社会性质组织罪中并罚的适用标准》，载《法学》，2009(9)。

程度。

（一）犯罪手段的暴力程度

暴力、威胁或者其他手段，是黑社会性质组织行为特征中的手段要素。黑社会性质组织在违法犯罪活动中通常采用暴力手段，因而具有明显的暴力性。但在个别情况下，也可以采用非暴力手段。对此，2018 年最高人民法院、最高人民检察院、公安部、司法部《关于办理黑恶势力犯罪案件若干问题的指导意见》（以下简称《指导意见》）明确规定："黑社会性质组织实施的违法犯罪活动包括非暴力性的违法犯罪活动，但暴力或以暴力相威胁始终是黑社会性质组织实施违法犯罪活动的基本手段，并随时可能付诸实施。暴力、威胁色彩虽不明显，但实际是以组织的势力、影响和犯罪能力为依托，以暴力、威胁的现实可能性为基础，足以使他人产生恐惧、恐慌进而形成心理强制或者足以影响、限制人身自由、危及人身财产安全或者影响正常生产、工作、生活的手段，属于《刑法》第二百九十四条第五款第（三）项中的其他手段，包括但不限于所谓的'谈判''协商''调解'以及滋扰、纠缠、哄闹、聚众造势等手段。"在黑社会性质组织的犯罪中，往往同时采用暴力和非暴力的手段，而且是以暴力手段为主，没有暴力手段的黑社会性质组织是极为罕见的。对此，2015 年最高人民法院《全国部分法院审理黑社会性质组织犯罪案件工作座谈会纪要》指出："在黑社会性质组织所实施的违法犯罪活动中，一般应有一部分能够较明显地体现出暴力或以暴力相威胁的基本特征。否则，定性时应当特别慎重。"对于黑社会性质组织来说，暴力性是必备属性，即使是黑社会性质组织的非暴力行为，也往往是以暴力或以暴力威胁为后盾的。如果没有暴力，客观上不可能造成为非作恶，欺压、残害群众的严重后果，更不可能形成对一定区域或者行业的非法控制。值得注意的是，《指导意见》提出了软暴力的概念。笔者认为，软暴力其实就是非暴力，即暴力以外的手段。《指导意见》在对黑社会性质组织行为特征作出规定时，采用的是非暴力这一用语，表述为非暴力性的违法犯罪活动。但在关于恶势力的规定中，采用了软暴力的概念。这里的软暴力，是指有组织地采用滋扰、纠缠、哄闹、聚众造势等手段扰乱正常的工作、生活秩序，使他人产生的心理恐惧或者形成心理强制。[①] 笔者认为，黑社会性质组织犯罪不能由软暴力单独构成，而恶势力犯罪则可以由软暴力单独构成。

黑社会性质组织实施的具体犯罪行为不仅要有暴力性，而且这种暴力还必须达到相当严重的程度。实施轻微的暴力是不可能构成黑社会性质组织的。例如在符青友等人敲诈勒索、强迫交易、故意销毁会计账簿、对公司、企业人员行贿、行贿案中，一审法院判处符青友等人构成组织、领导、参加黑社会性质组织罪。但二审法院认为符青友等人在承揽土石方工程或沙石材料供应的过程中，违法犯罪行为的暴力性不突出，不符合黑社会性质组织的行为方式，因而认为一审判决将三友公司与北门劳务组认定为符青友统一领导下的黑社会性质组织不当。该案裁判理由指出：符青友等人利用三友公司和北门劳务组有组织地在旌德县城北门建设工地上承揽土方工程或沙石材料供应业务，并多次实施强迫交易、敲诈勒索犯罪。仅从触犯的罪名、犯罪的次数以及非法获利数额等方面来看，其行为基本符合黑社会性质组织行为的特征中的有组织性、违法性和危害严重性等特点。但符青友等人实施强迫交易、敲诈勒索犯罪的手段的暴力色彩极为微弱，既没有带领组织成员实施打打杀杀的行为，也不是通过暴力在旌德县城对人民群众形成事实上的心理威慑。因此，本案在行为特征方面，与黑社会性质组织应有的行为方式存在明显区别。因此，二审法院不认定三友公司和北门劳务组为黑社会性质组织，并对被告人符青友等人予以改判是正确的。[②] 符青友案的裁判理由对理解黑社会性质组织的手段要素中的暴力性具有重要参考价值。如果没有暴力或者暴力十分微弱，则不能认定为黑社会性质组织。

（二）犯罪类型的广泛程度

黑社会性质组织通常都是实施多种犯罪行为，涉及数个罪名。如果只是单一

---

① 关于软暴力的论述，参见黄京平：《恶势力及其软暴力犯罪探微》，载《中国刑事法杂志》，2018（3）。

② 参见周斌、余乃荣：《符青友等人敲诈勒索、强迫交易、故意销毁会计账簿、对公司、企业人员行贿、行贿案——如何把握黑社会性质组织行为特征中的暴力性》，载最高人民法院刑事审判第一、二、三、四、五庭主办：《刑事审判参考》，第107集，63页，北京，法律出版社，2017。

罪名，同样不能成立黑社会性质组织。根据司法机关办理的黑社会性质组织犯罪案件的具体经验，黑社会性质组织所实施的违法犯罪主要可以分为以下三种类型：第一是开设赌场、组织卖淫、高利放贷、贩卖毒品等犯罪。第二是非法拘禁、寻衅滋事、聚众斗殴、故意杀人、故意伤害、买卖枪支等犯罪。第三是强迫交易、敲诈勒索、非法经营、抢劫、抢夺、诈骗等犯罪。这些犯罪涉及面广泛，既包括扰乱社会管理秩序的犯罪，又包括侵犯人身的犯罪和侵犯财产的犯罪。2009年最高人民法院等《办理黑社会性质组织犯罪案件座谈会纪要》（以下简称《2009年纪要》）规定："'黑社会性质组织实施的违法犯罪活动'主要包括以下情形：由组织者、领导者直接组织、策划、指挥、参与实施的违法犯罪活动；由组织成员以组织名义实施，并得到组织者、领导者认可或者默许的违法犯罪活动；多名组织成员为逞强争霸、插手纠纷、报复他人、替人行凶、非法敛财而共同实施，并得到组织者、领导者认可或者默许的违法犯罪活动；组织成员为组织争夺势力范围、排除竞争对手、确立强势地位、谋取经济利益、维护非法权威或者按照组织的纪律、惯例、共同遵守的约定而实施的违法犯罪活动；由黑社会性质组织实施的其他违法犯罪活动。"

《指导意见》进一步将黑社会性质组织的犯罪归纳为以下六种情形：

(1) 为黑社会性质组织争夺势力范围、打击竞争对手、形成强势地位、谋取经济利益、树立非法权威、扩大非法影响、寻求非法保护、增强犯罪能力等实施的犯罪。为组织谋取经济利益、争夺势力范围、排除竞争对手、确立强势地位、维护非法权威都与组织的潜在利益有关，有利于黑社会性质组织在今后的竞争中取得优势地位，从而谋取更大的经济利益，因而应当视为黑社会性质组织的犯罪。

(2) 按照黑社会性质组织的纪律规约、组织惯例实施的犯罪。黑社会性质组织的纪律规约和组织惯例是黑社会性质组织中自发形成，对于组织成员具有约束力的行为规范，组织成员按照这些行为规范而实施的犯罪，应当视为黑社会性质组织的犯罪。

(3) 组织者、领导者直接组织、策划、指挥、参与实施的犯罪。黑社会性质组织的组织者、领导者对于黑社会性质组织具有支配性，并且代表着黑社会性质组织的意志和利益。因此，黑社会性质组织的组织者、领导者直接组织、策划、指挥、参与实施的犯罪，当然应当视为黑社会性质组织的犯罪。

(4) 组织成员以组织名义实施，并得到组织者、领导者认可或者默许的犯罪。黑社会性质组织作为一个实体，具有独立的意识和意志。只有以组织名义并经组织认可或者默许而实施的犯罪，才能视为黑社会性质组织的犯罪。在某些情况下，组织成员以组织名义实施违法犯罪，但未获得组织者、领导者授意，具有某种越权的性质；但这种犯罪能够扩大组织的影响力，符合组织利益，且事后获得组织者、领导者的认可或默许，体现了组织意志，因而应当视为黑社会性质组织的犯罪。

(5) 多名组织成员为逞强争霸、插手纠纷、报复他人、替人行凶、非法敛财而共同实施，并得到组织者、领导者认可或者默许的犯罪。这种违法犯罪在主观动机上并非为组织利益而实施，但因这些行为是黑社会性质组织经常实施的违法犯罪，通常手段上具有暴力、胁迫性，方式上为公开化或半公开化，犯罪的附带后果能扩大组织的影响力和势力，客观上符合组织利益。而且，多名组织成员共同实施，本身在一定程度上也能反映组织意志，尤其是事后获得组织者、领导者的认可或默许，也能够体现组织意志，因而应当视为黑社会性质组织的犯罪。

(6) 其他应当认定为黑社会性质组织实施的犯罪。除了上述五种情形以外，只要是为了黑社会性质组织的利益实施的犯罪，都应当认定为黑社会性质组织的犯罪。

在司法实践中，如果确与维护和扩大组织势力、实力、影响、经济基础无任何关联，亦不是按照组织惯例、纪律、活动规约而实施，则应作为组织成员个人的违法犯罪活动处理。例如，在区瑞狮等组织、领导、参加黑社会性质组织案中，被告人谢玉霞虽然是区瑞狮所领导的黑社会性质组织的骨干成员，但在其伙同李伟军实施的乐吧聚众斗殴案中，区瑞狮没有亲自参与，没有证据证明各参与人是经区瑞狮同意或授意实施此案的，也没有证据证明区瑞狮事前知情或事后对此案作出任何意思表示。有关书证材料证实李伟军与梁华雄的交通事故的责任划分确实是梁华雄负全责，交警调解时对后续治疗问题没有处理，双方争吵时李伟军要求梁华雄赔偿的补牙费用也只是 1 000 元。综合全案证据可以认定被告人李伟军等人要求梁华雄赔偿的理由是充分的，其基于要求个人赔偿的目的而引发的双方斗殴行为，应认定为该组织成员为个人利益、个人目的而单独实施的犯罪活动，该犯罪活动是在该组织的意志之外实施的，不能认定为该组织的犯罪活动，该组织的组织者、领导者区瑞狮不应对此案承担刑事责任。① 笔者认为，上述认定是完全正确的。对于黑社会性质组织成员在组织意志之外单独实施的犯罪行为，应当认定为组织成员的个人犯罪，而不能视为黑社会性质组织的犯罪。因此，在办理黑社会性质组织案件中，应当正确地区分黑社会性质组织的组织犯罪和黑社会性质组织个别成员的个人犯罪。

（三）危害后果的严重程度

为非作恶，欺压、残害群众是黑社会性质组织行为特征中的危害后果。《指导意见》规定："为确立、维护、扩大组织的势力、影响、利益或者按照纪律规约、组织惯例多次实施违法犯罪活动，侵犯不特定多人的人身权利、民主权利、财产权利，破坏经济秩序、社会秩序，应当认定为'有组织地多次进行违法犯罪活动，为非作恶，欺压、残害群众'。"这里的为非作恶，欺压、残害群众，具有一定的描述性，意在说明黑社会性质组织犯罪对人民群众的人身安全、财产安全和社会秩序带来的严重危害后果，对于认定黑社会性质组织的行为特征具有重要意义。如果没有造成上述严重后果，则不能成立黑社会性质组织。

需要说明的是，在黑社会性质组织的非法控制（危害性）特征中，所谓危害性主要表现为重大影响。在某种意义上说，这里的重大影响与行为特征中的危害后果具有一定的重合性。例如，《2009 年纪要》对非法控制（危害性）特征列举了八种情形，其中三、四、五种情形涉及造成重大影响。这里的重大影响是指具

---

① 参见芦山：《区瑞狮等组织、领导、参加黑社会性质组织案——如何界分黑社会性质组织犯罪和成员个人犯罪》，载最高人民法院刑事审判第一、二、三、四、五庭主办：《刑事审判参考》，第 74 集，72 页，北京，法律出版社，2010。

有致人重伤或致多人轻伤、通过违法犯罪活动或其他不正当手段敛财数额巨大、造成直接经济损失 100 万元以上、多次引发群体性事件或引发大规模群体性事件等情节之一。这些重大影响的表现主要体现为危害后果，而这种危害后果也是在认定黑社会性质组织的行为特征时，应当予以关注的。两者的区分仅仅表现在：重大影响较为抽象，而危害后果较为具象。无论是重大影响还是危害后果，都是从具体犯罪行为中提炼出来的，是对具体犯罪行为的一种价值评判，只不过两种的角度稍有不同而已。

（本文原载《政治与法律》，2020（8））

论黑社会性质组织的非法控制（危害性）特征

黑社会性质组织并不是一般的犯罪组织，而是以控制社会、危害社会为目的的犯罪组织。因此，在某种意义上说非法控制（危害性）特征是黑社会性质组织的本质特征。如果说，黑社会性质组织的组织特征主要反映的是该组织的内部关系，那么，非法控制（危害性）特征反映的则是该组织的外部关系。黑社会性质组织的非法控制（危害性）特征充分说明该组织所具有的对社会的严重对抗性，使之成为一种严重破坏社会秩序的犯罪。黑社会性质组织的非法控制（危害性）特征在司法认定中存在一定的疑难性，因此，应当从刑法教义学上进行深入分析。

一、黑社会性质组织非法控制（危害性）特征的立法演变

我国 1997 年《刑法》第 294 条首次对组织、领导、参加黑社会性质组织罪（以下简称黑社会性质组织犯罪）作了规定，在该条规定的罪状中，描述了黑社会性质组织的特征。根据这一规定，黑社会性质组织是指以暴力、威胁或其他手段，有组织地进行违法犯罪活动，称霸一方，为非作恶，欺压、残害群众，严重

破坏经济、社会生活秩序的组织。在这一黑社会性质组织的概念中，并没有涉及黑社会性质组织的非法控制特征，而只是提及“严重破坏经济、社会生活秩序”，主要是从黑社会性质组织犯罪所造成的危害后果的角度加以界定的，而没有对黑社会性质组织的控制特征作出规定。

2000年12月5日最高人民法院《关于审理黑社会性质组织犯罪的案件具体应用法律若干问题的解释》（以下简称《2000年解释》）对该黑社会性质组织的危害性作了一定程度的发挥，规定：“在一定区域或者行业范围内，以暴力、威胁、滋扰等手段，大肆进行敲诈勒索、欺行霸市、聚众斗殴、寻衅滋事、故意伤害等违法犯罪活动，严重破坏经济、社会生活秩序。”在此，同样没有涉及非法控制的内容，而只是对黑社会性质组织犯罪的危害性进行了描述。在此期间，我国刑法学界将该特征称为危害性特征。应该说，这一对黑社会性质组织的客观后果的归纳，是符合司法解释规定和犯罪实际状态的，因而具有一定的合理性。

2002年全国人大常委会《关于〈中华人民共和国刑法〉第二百九十四条第一款的解释》（以下简称《2002年立法解释》）规定：“在一定区域或者行业内，形成非法控制或者重大影响，从而严重破坏经济、社会生活秩序。”这是立法机关在关于黑社会性质组织的规定中，首次提及非法控制概念。当然，立法机关是将非法控制与重大影响这一后果相并列的，两者之间具有选择关系。这次立法机关对黑社会性质组织的立法解释，本来主要是解决保护伞是否是黑社会性质组织的特征问题，但它将非法控制确立为黑社会性质组织的特征，反而成为亮点，为黑社会性质组织的法律形象的形塑提供了规范根据。

2009年12月9日最高人民法院、最高人民检察院、公安部《办理黑社会性质组织犯罪案件座谈会纪要》（以下简称《2009年纪要》）将该特征表述为“危害性特征”。这里的危害性似乎涵括了非法控制和重大影响这两项内容。因此，虽然在立法解释中，非法控制和危害性是并列的，但司法实践还是延续了以往的解释，以危害性概念来涵盖非法控制和危害性这两个要素。在这种情况下，危害性概念就具有狭义和广义之分：狭义上的危害性是与非法控制相并列的，但广义上的危害性则包括了非法控制。

2011 年 2 月 25 日全国人大常委会颁布的《刑法修正案（八）》对《刑法》第 294 条进行了修订，在《刑法》第 294 条第 5 款对黑社会性质组织的概念作了规定，非法控制正式载入刑法文本。在黑社会性质组织的特征中，立法机关对黑社会性质组织的第 4 个特征做了如下规定："通过实施违法犯罪活动，或者利用国家工作人员的包庇或者纵容，称霸一方，在一定区域或者行业内，形成非法控制或者重大影响，严重破坏经济、社会生活秩序。"从条文规定来看，这一规定与此前《2002 年立法解释》的表述基本上是相同的。因此，这是将立法解释关于黑社会性质组织的界定吸收到刑法条文之中。

2015 年 10 月 13 日最高人民法院《全国部分法院审理黑社会性质组织犯罪案件工作座谈会纪要》（以下简称《2015 年纪要》）将该特征表述为"非法控制特征（危害性特征）"。司法解释对这一特征的概括，经历了从危害性特征演变为非法控制特征（危害性特征）的过程。至此，我国刑法对黑社会性质组织第四个特征的规定，在表述上将非法控制与重大影响相提并论。就此而言，重大影响是独立于非法控制的构成要素。因此，非法控制要素与重大影响要素是一种或然的选择关系，只要具有其中之一，就认为具备了黑社会性质组织的第四个特征。也正因为如此，《2015 年纪要》将该特征表述为"非法控制特征（危害性特征）"。

我国刑法之所以将非法控制和重大影响并列规定，主要是因为非法控制通常发生在某些具有竞争性的区域和行业，而在非竞争性的区域和行业，不存在非法控制的问题。在这种情况下，只要黑社会性质组织的违法犯罪活动对社会生活产生了重大影响，即使缺乏非法控制特征，也可以构成黑社会性质组织。在这个意义上说，危害性要素是对非法控制要素在某些类型的黑社会性质组织犯罪案件中的一种替代。由此可见，我国刑法对黑社会性质组织的第 4 个特征的表述，存在一个从危害性到非法控制，最终非法控制要素和危害性要素或然选择的演变过程，这也是对黑社会性质组织本质的认识不断深化的过程。

非法控制和危害性，是黑社会性质组织成立的两种不同情形。非法控制描述了黑社会性质组织对于一定行业或者一定区域的操控，因而它是明显独立于其他三个黑社会性质组织的特征。非法控制特征在一定程度上揭示了黑社会性质组织所特有的对社会的严重危害性，这就是它与合法社会的对抗关系，因而使黑社会性质组织的犯罪区别于其他犯罪。而危害性特征则在很大程度上是指黑社会性质组织所实施暴力犯罪对社会所具有的重大影响。因此，危害性与黑社会性质组织的行为特征是紧密相连的，在一定意义上就是指这种行为的严重结果。在这种情况下，如何在黑社会性质组织的行为特征之外，确立危害性作为黑社会性质组织的独立特征的地位，这是一个具有一定挑战性的理论问题。

二、非法控制（危害性）特征的含义

从非法控制（危害性）特征的表述就可以看出，在这一特征中，其实包含两项既相互联系又相互分离的内容，这就是非法控制与危害性。作为一个整体，非法控制（危害性）是黑社会性质组织的特征，而不能说非法控制与危害性分别是黑社会性质组织的特征。在这个意义上，当我们单独表述非法控制和危害性的时候，不能称为特征，而只是黑社会性质组织第四个特征项下的两个要素。在此，我们才于狭义上对非法控制要素和危害性要素分别加以界定，并对两种的关系加以论述。

（一）非法控制要素的界定

在黑社会性质组织中，关键词是黑社会。黑社会是一个民间俗称而非严格的法律术语，正如同我国《刑法》第 191 条规定洗钱罪中的洗钱一词，都是直接采用了尽人皆知的洗钱这个用语。对黑社会性质组织的正确理解，取决于如何理解黑社会一词。黑社会为外来语，即英语 under-world-society，可以直译为地下社会。黑社会性质组织是对社会进行非法控制的组织，正是在对社会非法控制这个特征上，黑社会性质组织区别于一般犯罪集团。黑社会性质组织并非单纯地为实施犯罪而存在，实施犯罪是为了控制社会，控制社会又是为了更好地实施犯罪。因此，黑社会性质组织具有实施犯罪与控制社会之间的关联性，可以说，非法控制是黑社会性质组织的根本特征。政府对社会控制是一种合法控制，而黑社会性质组织的非法控制总是对抗合法控制，并削弱合法控制，这就是黑社会性质犯罪的反社会性与反政府性。

关于非法控制的含义，我国学者周光权曾经提出“非法控制的实质是支配”的命题[①]，我认为是正确的。这里的支配，就其本义而言，是指支配主体按照给定的条件和目标，对支配客体施加影响的过程和行为。[②] 而作为黑社会性质组织特征的支配，是指对某一区域或者行业具有一定的安排、配置和管理的实际能力。在一个正常社会，存在一种以国家法律为规范的社会生活秩序，因而支配权，亦即社会管理权是由政府依法行使的。然而，黑社会性质组织则为对抗合法政府，掌握了一定的资源，攫取了对某一区域或者行业的支配权，因而实现对社会的一定程度的非法控制。为了达到这种对社会的非法控制，黑社会性质组织除内部控制外，还具有如下特征。

1. 对经济的非法控制

黑社会组织是以一定的经济实力为依托的，因此，必然以获取一定的经济利益为目的。获取经济利益的手段可以是非法的，也可以合法的或者以合法经营加以掩护。一般地说，在原始积累阶段，往往以违法犯罪，主要是盗窃、抢夺、抢劫等财产犯罪手段聚敛钱财。具有一定经济实力以后，往往以合法企业为掩护进行走私犯罪、金融犯罪等经济犯罪非法获利，也不排除合法经营。这种黑社会性质的经济实体并不是单纯地追求经济目的，这只是其控制社会的一般手段。黑社会性质组织对经济的控制，在竞争性行业表现得较为明显。在这种情况下，所谓对经济的控制一般表现为以暴力为后盾的非法垄断。因此，竞争性经济活动领域是容易滋生黑社会性质组织的土壤。例如交通运输业，包括客运或者航运，采砂、采矿等资源开发型行业，基于非法垄断的需求，就会出现黑社会性质组织。例如检察机关开展扫黑除恶专项斗争典型案例选编（第三辑）公布的张甲等 14 人组织、领导、参加黑社会性质组织案：2005 年，被告人张甲刑满释放后，与

① 参见周光权：《黑社会性质组织非法控制特征的认定——兼及黑社会性质组织与恶势力团伙的区分》，载《刑事法杂志》，2018 (3)。

② 参见百度百科，https://baike.baidu.com/。

被告人张乙、张丙等人（三人为兄弟）在湖北省洪湖市某镇开设赌场、放高利贷聚敛钱财。至 2014 年左右，被告人张甲开始进入并逐渐控制长江某水域非法采砂行业，向采砂船收取“保护费”。为持续牟取非法利益，张甲先后网罗了被告人李某某等人，实施了一系列的违法犯罪活动，逐步形成了以张甲为组织者、领导者，张乙、张丙、李某某、蔡甲为骨干成员，胡某某、彭某某等人为一般参加者的黑社会性质组织。2012 年 8 月至 2016 年 11 月期间，该犯罪组织为树立非法权威，为非作恶，欺压残害群众，有组织地实施了故意伤害、聚众斗殴、寻衅滋事、故意毁坏财物、非法拘禁等犯罪活动，造成 1 人死亡、2 人轻伤、多人轻微伤、多人财物受损。该犯罪组织通过实施违法犯罪活动，称霸一方，在某镇造成重大影响，并对长江某水域采砂行业形成了非法控制，严重破坏了上述地区的经济秩序和社会生活秩序，还对当地长江流域的河道、河堤和渔业资源等生态环境造成了一定程度的影响和破坏。

在该案中，黑社会性质组织的控制特征就表现在“对长江某水域采砂行业形成了非法控制”。由于近些年我国房地产业的高速发展，房屋建筑对于砂石的需求量巨大。在这种情况下，采砂就成为一个盈利行业，因而竞争十分激烈。尤其是在长江沿岸，聚集了大批采砂企业，为争夺砂石资源，它们互相之间竞争激烈。而我国相关部门对于采砂业的管理措施未能及时跟上，因此采砂业管理较为混乱，为黑社会性质组织的滋生提供了土壤。张甲等 14 人组织、领导、参加黑社会性质组织案就是一个较为典型的对采砂行业进行非法控制的案件。在这个案件中，非法控制主要表现在对砂石资源的垄断，收取保护费等。这里的垄断，是指对一定行业或者区域的某种经营活动的控制，它以排斥其他市场主体从事该种经营活动为主要表现方式。例如，对运输线路的垄断就表现为只能由特定的经营主体从事一定线路的运输，包括客运和货运，而以暴力或者其他手段禁止其他经营主体在该线路上从事运输经营活动。而收取保护费则是指在实现对某一区域的非法控制以后，虽然允许其他经营主体从事经营活动，但必须向黑社会性质组织交纳一定的费用，这种费用有各种名目，例如管理费、辛苦费或者劳务费等，但无论是何种名目，这种费用的收取不仅没有合法根据，而且也没有相应的劳务或者服务的付出。因此，收取保护费是对经济的非法控制的直接后果。黑社会性质组织之所以对经济活动通过暴力手段加以控制，就是为了获取非法利益。在某种意义上说，收取保护费则是最为直接和粗暴的表现，它反映了黑社会性质组织的本质特征。

2. 对社会的非法控制

对社会的非法控制是对一定区域的控制。对区域的非法控制不同于对行业的非法控制，它是以一定的地域为控制范围，因而发生在具有竞争性的市场、码头、车站以及娱乐场所，这些场所容易为黑社会性质组织所控制。控制的手段通常有暴力、威胁、滋扰等，进行敲诈勒索、欺行霸市、聚众斗殴、寻衅滋事、故意伤害等违法犯罪活动。这些违法犯罪活动往往扰乱社会秩序，但必须注意，它扰乱的是合法秩序，由此建立其非法秩序。[①] 因此，非法控制对于黑社会性质组织的性质认定来说，具有至关重要的意义，也是黑社会性质组织区别于恶势力集团以及其他犯罪集团的根本特征之所在。在这个意义上，将非法控制称为黑社会性质组织的本质特征亦不为过。例如检察机关开展扫黑除恶专项斗争典型案例选编（第三辑）公布的成某某、黄某某等 14 人组织、领导、参加黑社会性质组织案：2015 年 9 月，被告人成某某、黄某某、王甲共同出资成立带“陪酒、陪唱妹”的厅子（供“陪酒、陪唱妹”等候的场所），通过向重庆市渝北区某街道及某工业园区的 KTV 歌厅、音乐茶座等娱乐场所，提供“陪酒、陪唱妹”有偿陪侍的方式牟取经济利益。为抢占“陪酒、陪唱妹”市场，成某某先后纠集被告人黄某某、王甲、唐某某、李某某等十余名刑满释放人员、社会闲散人员，为扩张势力范围、树立非法权威，在重庆市渝北区某街道、某工业园区等地有组织地实施聚众斗殴、故意杀人、故意伤害、寻衅滋事、贩卖毒品、开设赌场等多起违法犯罪活动，逐步形成以被告人成某某为组织者、领导者，被告人黄某某、王某甲、唐某某为积极参加者，被告人李某某、洪某某、杨甲、郭某某、费某某、曹甲、杨乙、陈某某、曹乙、王乙等人为一般参加者的黑社会性质组织。2015 年 9

① 参见陈兴良：《关于黑社会性质犯罪的理性思考》，载《法学》，2002（6）。

月以来，该组织通过向 KTV 歌厅、音乐茶座等娱乐场所提供“陪酒、陪唱妹”的方式牟取经济利益达人民币 217 万余元，用于支持该组织的活动。2015 年 11 月至 2017 年 12 月期间，被告人成某某、黄某某等人通过有组织地实施聚众斗殴、故意伤害、寻衅滋事、贩卖毒品、开设赌场等 13 起违法犯罪行为，造成 1 人死亡、1 人重伤、3 人轻伤、5 人轻微伤的严重后果，在重庆市渝北区某街道、某工业园区等地形成了“敢打敢杀、动则刀枪、势力强大”的恶名，严重破坏了当地经济、社会生活秩序。这个案件的非法控制主要针对的是娱乐场所，娱乐场所具有人员混杂、经营方式特殊等特点，而且往往与黄赌毒等违法犯罪活动联系在一起。本案被告人参与经营娱乐场所，采用暴力手段，打打杀杀，形成对特定区域的非法控制，因而具备了黑社会性质组织的非法控制特征。

（二）危害性要素的界定

危害性是我国刑法对行为性质的一种评判，在一般意义上称为社会危害性。我国《刑法》第 13 条关于犯罪概念的规定，将犯罪行为描述为危害社会的行为，而危害社会行为就是具有危害性的行为。因此，危害性所反映的是行为对于社会的危险和损害，这是任何犯罪行为都必须具备的特征。在关于黑社会性质组织的立法解释和司法解释中，将危害性的内容表述为对社会秩序和经济秩序的重大影响。这里的重大影响是黑社会性质组织所具有的严重危害性的客观显现，因此，它与黑社会性质组织所实施的暴力犯罪之间具有密切的关联性。将重大影响从黑社会性质组织的行为特征中独立出来，不能不说具有一定的难度，这里主要涉及刑法中的禁止重复评价的原则。换言之，将黑社会性质组织犯罪中的危害行为以及危害结果在评价为独立的黑社会性质组织的犯罪行为的同时，又评价为黑社会性质组织的特征，是否违反刑法中的重复评价原则？这是一个需要回答的问题。

根据我国刑法理论，禁止重复评价原则是指对符合构成要件的同一行为只能进行一次评价，而不能进行两次或者两次以上评价。例如在想象竞合犯中，同一行为触犯两个以上罪名。在这种情况下，如果认为该同一行为同时符合两个犯罪的构成要件，例如一枪打死一人又打伤一人，如果将该枪击行为既评价为故意杀人罪的构成要件，同时又评价为故意伤害罪的构成要件，则就是一种重复评价。

因此，想象竞合犯不属于实质的数罪而是想象的数罪。禁止重复评价原则虽然在我国刑法和司法解释中并没有明文规定，但它作为一种法理为我国刑法学界和司法实务所认同，是应当一体遵循的规则。在黑社会性质组织的四个特征中，其中的组织性和经济性以及非法控制具有独立于黑社会性质组织犯罪的性质。然而与非法控制并列的危害性要素和行为特征则与黑社会性质组织犯罪之间存在密不可分的关系。这主要是因为在我国刑法中，黑社会性质组织犯罪是一种组织罪，即只要组织、领导、参加黑社会性质组织即构成犯罪，而该黑社会性质组织又实施故意杀人、伤害、强奸、抢劫或者其他犯罪行为的，应当实行数罪并罚。在这种情况下，黑社会性质组织所实施的犯罪行为是独立于黑社会性质组织犯罪的。因此，如果一个行为在认定黑社会性质组织的时候已经进行评价，而在认定具体犯罪的时候再次进行评价，这就涉嫌重复评价。

那么，怎么解释这个理论难题呢？我认为，对禁止重复评价原则不能做机械的理解，而是应当区分刑法评价客体之行为的质和量。所谓行为的质是指行为的性质，这是决定行为成立的核心要素，也是对行为进行刑法评价的客体。而行为的量是指行为的程度，它通常表现为一定的数量关系。我们以杀人行为为例进行分析：杀人是非法剥夺他人生命的行为，这是杀人的性质，即杀人行为与伤害或者其他行为相区分的主要根据。而杀人中的次数和死亡人数，这是数量特征。在刑法中，刑法评价区分为定罪和量刑这两个环节。行为性质一般是定罪的根据，而行为的数量则是量刑的根据。在一般情况下，根据禁止重复评价原则，一行为如果在定罪的时候已经做过评价，则在量刑的时候不能再做评价。例如，强奸罪的情节严重标准，根据司法解释的规定是强奸 3 人以上。因此，强奸 3 人适用 10 年以上的法定刑。在这种情况下，如果只是强奸 3 人，则应当适用 10 年以上法定刑，强奸 3 人这一情节已经在认定为情节严重的强奸罪时考虑，不能再将强奸 3 人作为进一步从重处罚的根据。但如果是强奸 3 人以上的情节，例如强奸 5 人甚至更多，则可以将超出 3 人部分作为对强奸罪量刑的根据。由此可见，对行为的质和量分别进行评价，在一定条件下，并不违反禁止重复评价原则。在黑社会性质组织的认定中，行为已经作为一个特征单独进行评价，不能再将行为作为其他特征重复评价。但行为特征中所评价的是行为的性质，包括构成要件行为和结果。但危害性特征所评价的并不是构成要件行为和结果，而是这种行为对社会所造成的重大影响，这种影响既与行为和结果紧密关联，又在一定程度上能够脱离行为和结果而单独存在。就此而言，在认定黑社会性质组织的时候，将行为的危害性作为独立于行为特征之外的要素单独进行评价，并不违反刑法中的禁止重复评价原则。

为了正确界定危害性要素，还需要对危害性要素与非法控制要素加以区分。对于非法控制要素与危害性要素之间的区分，王云娜等人故意伤害、寻衅滋事、非法拘禁、敲诈勒索案的裁判理由进行了较为深入的论述，指出："刑法第二百九十四条第五款中的非法控制，是指以有组织的违法犯罪手段使得一定对象处于自己的占有、管理和影响之下；重大影响，是指以有组织的违法犯罪手段对一定对象的思想和行动产生作用。二者有着以下共同点：（1）都是有意识地以非法方式主动干涉他人的结果；（2）都不是一种偶然、短暂的现象，而是一种持续的状态；（3）控制或者影响的对象具有广泛性，控制或者影响的程度具有严重性"[①]。由此可见，无论是非法控制还是重大影响，都是对一定客体施加的作用力。黑社会性质组织的非法控制更强调的是对一定区域或者行业的实际掌控和制约。而黑社会性质组织的重大影响则关注通过违法犯罪活动对一定区域或者行业的危害和破坏。

（三）非法控制要素与危害性要素之间的关系

如前所述，之所以将危害性要素与非法控制要素并列，将其设定为一种选择关系，就是因为虽然在大部分黑社会性质组织中存在非法控制要素，但在少数黑社会性质组织中，由于并非存在于具有竞争性质的经营领域，因而非法控制要素并不存在。这些黑社会性质组织犯罪主要存在于社会，例如街头或者村落，从事

① 石明辉：《王云娜等人故意伤害、寻衅滋事、非法拘禁、敲诈勒索案——如何根据"非法控制或重大影响"的内在要求准确认定黑社会性质组织的危害性特征》，载最高人民法院刑事审判第一、二、三、四、五庭主办：《刑事审判参考》，第107集，86～87页，北京，法律出版社，2017。

欺压百姓、残害群众等严重的暴力犯罪活动，由此形成对一定区域的重大危害性。这些黑社会性质组织虽然不具有非法控制要素，但通过严重暴力犯罪，对社会秩序、经济秩序具有重大的破坏性，因而当其不具备非法控制要素的时候，就应当根据是否具有危害性要素认定是否成立黑社会性质组织。

那么，如何理解黑社会性质组织的非法控制要素与危害性要素之间的关系呢？在黑社会性质组织认定中，非法控制要素与危害性要素是一种选择关系。这种选择关系并不意味着非法控制要素和危害性要素对于黑社会性质组织的成立来说是同等重要的。在我看来，通常情况下黑社会性质组织都需要具备非法控制要素，而危害性要素只是在极少数情况下，虽然不具备非法控制要素，但因其具有重大的危害性，因而也可以认定为黑社会性质组织。因此，非法控制要素对于黑社会性质组织来说起到主要作用，而危害性只是起到补充作用。在司法实践中，对于认定黑社会性质组织来说，首先应当考察是否具有非法控制要素。只有在不存在非法控制要素的情况下，才进一步考察是否存在危害性要素。

非法控制要素和危害性要素在内容上并不是互相排斥的。不能认为，在具有非法控制要素的情况下，黑社会性质组织没有对于社会的重大危害性。但反之则不然，即黑社会性质组织具有危害性要素但却可能不具有非法控制要素。其实，非法控制要素在一般情况下都是通过侵犯人身和侵犯财产的暴力犯罪活动实现的，因而必然以重大的危害性为其前提。因此，在具有非法控制要素的情况下，应当根据该要素认定黑社会性质组织。而在不具有非法控制要素的情况下，则应当根据危害性要素认定黑社会性质组织。例如，张文清、刘德兴涉嫌组织、领导黑社会性质组织犯罪立案监督、侦查活动监督案。[①] 张文清、刘德兴这两个犯罪团伙，自 1992 年以来逐步形成有组织、有领导、有骨干成员、有内部帮规，组织严密的黑社会性质组织，涉案人员 70 余人，主要骨干成员 50 余人。该黑社会性质组织以暴力或其他手段，流窜于周边及邻近的 10 个乡镇之间，作案 70 余起，非法敛财 63 万余元，涉嫌组织、领导、参加黑社会性质组织、绑架、抢劫

① 参见《最高人民检察院公报》，2003（2）。

等13个罪名。这个黑社会性质组织具备了组织特征、经济特征和行为特征，该黑社会性质组织主要以暴力手段在一定区域内进行各种严重犯罪活动，并没有明显的非法控制要素。但该黑社会性质组织实施违法犯罪活动，严重破坏了社会秩序和经济秩序，对一定区域产生了重大影响。据此，可以认定为具备危害性要素，由此构成黑社会性质组织犯罪。危害性要素在表现形式上虽然不同于对一定区域或者行业的非法控制要素，但通过大肆实施违法犯罪活动，欺压、残害群众，对某个区域的人员的人身、财产安全，以及社会生活秩序具有极大的破坏性，在性质上危害性要素和非法控制要素可以等量齐观。当然，绝大多数黑社会性质组织都具有非法控制要素。

在司法实践中认定黑社会性质组织的时候，涉及对非法控制要素与危害性要素之间的区分。

三、黑社会性质组织非法控制（危害性）特征的认定

黑社会性质组织在司法实践的认定过程中，相对于组织特征、经济特征和行为特征而言，非法控制（危害性）特征具有更为强烈的评价性和抽象性，而不像其他特征那样具有直观性和具象性。因此，非法控制（危害性）特征的认定更为疑难。例如，在王云娜案中，石家庄市人民检察院指控王云娜等人成立石家庄市固瑞特保温材料厂，为了扩大经济实力，在此基础上又分别设立了固瑞特科技有限公司和瑞华线材厂。在经营中为了垄断市场，攫取巨额利润，王云娜致使他人并纠集社会闲散人员，多次实施违法犯罪活动，构成组织、领导、参加黑社会性质组织罪。石家庄市中级人民法院经审理认为，本案不具备黑社会性质组织的四个法定特征，不构成黑社会性质组织罪。一审宣判后，石家庄市人民检察院提出抗诉，河北省人民检察院支持抗诉。河北省高级人民法院经审理认为，本案在社会危害特征方面，没有证据证实王云娜公司对石家庄市保温材料行业形成垄断和非法控制，不符合认定黑社会性质组织犯罪要求的在一定区域或者行业内，形成非法控制或者重大影响，严重破坏经济、社会生活秩序的特征，对该抗诉意见不

予支持。[①] 从王云娜案可以看出，不能把两个具有竞争关系的经济组织之间的暴力性的竞争活动，简单地等同于对一定行业的非法控制。王云娜等人为排挤竞争对手而实施的故意伤害、寻衅滋事行为，尽管造成了人员伤亡的严重后果，但不能认定为黑社会性质组织的犯罪，而应当对这些犯罪承担相应的刑事责任。对于王云娜案，石家庄市中级人民法院经审理以不具备非法控制特征而否定其构成黑社会性质组织。在检察机关抗诉以后，河北省高级人民法院依法驳回王云娜等构成黑社会性质组织犯罪的抗诉。应该说，石家庄市中级人民法院对黑社会性质组织的非法控制特征的理解是正确的。因此，我们应当对非法控制（危害性）特征的具体内容和表现形式加以展开，从而为非法控制（危害性）特征的司法认定提供刑法教义学的根据。

（一）非法控制的空间范围

非法控制发生在一定区域或者行业，这是非法控制的空间范围。那么，如何理解这里的一定区域或者行业呢？《2009 年纪要》对一定区域或者行业做了界定。

在论及一定区域如何理解和把握时，《2009 年纪要》指出："区域的大小具有相对性，且黑社会性质组织非法控制和影响的对象并不是区域本身，而是在一定区域中生活的人，以及该区域内的经济、社会生活秩序。因此，不能简单地要求'一定区域'必须达到某一特定的空间范围，而应当根据具体案情，并结合黑社会性质组织对经济、社会生活秩序的危害程度加以综合分析判断。"由此可见，区域是空间范围，非法控制的对象则是一定区域范围内的经济和社会生活秩序。《2015 年纪要》对黑社会性质组织所控制和影响的一定区域的范围做了更为具体的说明，认为这里的一定区域应当具备一定空间范围，并承载一定的社会功能。它既包括一定数量的自然人共同居住、生活的区域，如乡镇、街道、较大的村庄

① 参见石明辉：《王云娜等人故意伤害、寻衅滋事、非法拘禁、敲诈勒索案——如何根据"非法控制或重大影响"的内在要求准确认定黑社会性质组织的危害性特征》，载最高人民法院刑事审判第一、二、三、四、五庭主办：《刑事审判参考》，第 107 集，84 页，北京，法律出版社，2017。

等，也包括承载一定生产、经营或社会公共服务功能的区域，如矿山、工地、市场、车站、码头等。对此，应当结合一定地域范围内的人口数量、流量、经济规模等因素综合评判。如果涉案犯罪组织的控制和影响仅存在于一座酒店、一处娱乐会所等空间范围有限的场所或者人口数量、流量、经济规模较小的其他区域，则一般不能视为是对一定区域的控制和影响。这些规定，对于认定黑社会性质组织对一定区域的非法控制特征具有参照意义。在认定一定区域的时候，首先应当明确该区域是指一定的生活、工作、经营或者承载其他社会活动的场所。这是对于区域的内容要求，因为非法控制主要是对一定区域内从事各种活动的控制，从而干扰正常的经济活动和社会活动。因此，应当从区域的社会功能上理解区域的内容。此外，一定区域还具有范围上的要求，并不是任何具有社会活动的场所都能够成为黑社会性质组织成立必须具备的一定区域，而是这种社会活动场所还必须达到一定的范围。例如，在一个小区内，物业或者某个业主进行寻衅滋事、敲诈勒索或者其他犯罪活动，形成对该小区的一定程度的非法控制。但该小区只是一个居住场所，虽然具有一定的居住人口，但相对来说具有封闭性。这种在小区内称王称霸、为非作恶的情形，还不能认为具有非法控制特征，因而认定为黑社会性质组织。因此，对于一定区域应当从空间规模和人员数量等方面进行考察。

在论及一定行业如何理解和把握时，《2009 年纪要》指出："黑社会性质组织所控制和影响的行业，既包括合法行业，也包括黄、赌、毒等非法行业。这些行业一般涉及生产、流通、交换、消费等一个或多个市场环节。"由此可见，行业是从事社会生活或者经济生活的场所，基本上是一个市场的概念。因此，对一定行业的非法控制主要表现为对市场的非法垄断。根据以上司法解释，这里的一定行业既可以包括合法的行业，也可以包括非法的行业。从司法实践情况来看，对非法行业进行非法控制的情况居多，但对合法行业进行非法控制的情况也不在少数。

（二）非法控制的实现途径

我国《刑法》第 294 条规定了实现非法控制的两种途径，这就是实施违法犯罪活动，或者利用国家工作人员的包庇或者不依法履行职责，放纵黑社会性质组织进行违法犯罪活动。其中，通过实施违法犯罪活动是暴力途径，而利用国家工作人员的包庇或者不依法履行职责，放纵黑社会性质组织进行违法犯罪活动，则是借助于保护伞实现非法控制。我认为，黑社会性质组织主要还是通过对政府的渗透实现的非法控制。黑社会性质组织具有反社会性，但在公然对抗政府的同时，为了其生存，它还采取各种手段，对政府进行渗透，通常采取的手段是“打进去拉出来”。

“打进去”是指利用金钱获得各种政治头衔，使其罩上政治光环，由此获得保护，逃避打击。例如，在容乃胜、容年春等组织、领导、参加黑社会性质组织案中，1999年下半年，被告人容乃胜为给其犯罪组织的犯罪活动提供保护，在洪山区和平乡武丰村村民委员会委员和乡人大代表换届选举活动中，带领他人和指使被告人容年春、容乃玉等人，采取殴打、威胁、监视投票人，跟踪流动票箱等手段破坏选举，并殴打乡人大代表候选人吴金勇，逼其退出选举，强迫村民选举容乃胜为村委会委员和乡人大代表。对不支持容乃胜当选的村民赵可政、吴时华等人进行殴打，使被告人容乃胜当选武丰村村民委员会委员和乡人大代表的目的得逞。相对于保护伞来说，这种采用各种手段，渗透到政府部门或者取得政治资本，可以说是涂上一层保护色。

“拉出来”是指采取贿赂、威胁等手段，引诱、逼迫国家工作人员参加黑社会性质组织活动，或者为其提供非法保护。这种对政府的渗透，表明黑社会性质组织的政治性，也是黑社会性质组织区别于犯罪集团的一个重要特征。目前，某些地方的基层政权组织由于缺乏有力的监督和制约，因而被个别人所把持，甚至沦为黑社会性质组织，由此对一定区域形成非法控制。在目前的惩治黑社会性质组织犯罪的司法实践中，打击保护伞是重点内容之一。沦为保护伞的国家工作人员一般都在政府机关或者公检法任职，具有职务上的便利。在黑社会性质组织犯罪中，保护伞一般可以分为两种情形：第一种情形是处于黑社会性质组织之外而为黑社会性质组织提供保护。在这种情况下，充当保护伞的国家工作人员构成包庇、纵容黑社会性质组织罪。第二种情况是参与到黑社会性质组织之中，成为黑社会性质组织犯罪的首要分子。在这种情况下，充当保护伞的国家工作人员直接构成组织、领导、参加黑社会性质组织罪。例如在刘汉、刘维组织、领导、参加黑社会性质组织犯罪案中，刘维成立广汉市乙源实业发展有限公司等经济实体大肆敛财，结交四川省什邡市人民检察院原副检察长刘忠伟、四川省德阳市公安局刑侦支队原政委刘学军、德阳市公安局装备财务处原处长吕斌（均系另案被告人）等人充当其保护伞，将广汉市音豪娱乐会所作为组织集会场所。刘维还为刘汉、孙晓东聚敛钱财、排除异己提供暴力支持，多次派手下携带枪支保护刘汉，为刘汉、孙晓东等人杀害王永成、策划杀害史俊泉提供枪支，并策划枪杀了对刘家产生威胁的陈富伟。随着经济实力的增强，被告人刘汉与孙晓东于2000年将汉龙集团总部迁至四川省成都市。刘汉、孙晓东通过“政商结合”，不仅成为四川省知名的民营企业家，还分别获得四川省政协常委、绵阳市人大代表等身份，并利用政治地位和结交的关系多次对刘维、孙华君等人的违法犯罪活动提供庇护。在刘汉、刘维组织、领导、参加黑社会性质组织案中，不仅存在保护伞，而且涂上保护色，由此而为黑社会性质组织的非法控制创造条件。

黑社会性质组织寻求国家工作人员提供各种保护，包括包庇等积极的作为和纵容等消极的不作为。在司法解释中，曾经把保护伞确定为黑社会性质组织的独立特征：如果没有保护伞，就不能构成黑社会性质组织。这对于黑社会性质组织的成立提出了较高条件，会在一定程度上限制黑社会性质组织的成立范围。而此后的立法解释则把保护伞纳入非法控制特征，与暴力手段共同确定为非法控制的实现途径。在这种情况下，保护伞就不再是黑社会性质组织成立的独立特征。对于某些黑社会性质组织来说，即使不存在保护伞也同样可以构成黑社会性质组织。当然，这并不是说保护伞不再重要。事实上，对于打击黑社会性质组织犯罪来说，打掉保护伞才能根除黑社会性质组织存在的基础。2018年1月24日中共中央、国务院《关于开展扫黑除恶专项斗争的通知》就明确提出在扫黑除恶过程中应当深挖保护伞的任务，指出：“各级纪检监察机关要将党员干部涉黑涉恶问题作为执纪审查重点，对扫黑除恶专项斗争中发现的保护伞问题线索优先处置，发现一起、查处一起，不管涉及谁，都要一查到底、绝不姑息。加大督办任务，把打击保护伞与侦办涉黑涉恶案件结合起来，做到同步侦办，尤其要抓住涉黑涉恶和腐败长期、深度交织的案件以及脱贫攻坚领域涉黑涉恶腐败案件重点督办。”因此，打击黑社会性质组织的保护伞，在相当长的时间内，还是惩治黑社会性质组织犯罪的题中应有之义。

（三）非法控制的表现形式

关于非法控制的表现形式，2018 年最高人民法院、最高人民检察院、公安部、司法部《关于办理黑恶势力犯罪案件若干问题的指导意见》（以下简称《指导意见》）作了具体规定，是指具有下列八种情形之一：

（1）致使在一定区域内生活或者在行业内从事生产、经营的多名群众的合法利益遭受犯罪或严重违法活动侵害后，不敢通过正当途径举报、控告。在此，《指导意见》强调黑社会性质组织对被害人的心理强制，只是被害人不敢举报、控告，以此作为认定非法控制的根据。

（2）对一定行业的生产、经营形成垄断，或者对涉及一定行业的准入、经营、竞争等经济活动形成重要影响。在此，《指导意见》强调黑社会性质组织通过有组织的违法犯罪活动，形成对一定行业生产、经营活动的垄断或者形成重大影响。

（3）插手民间纠纷、经济纠纷，在相关区域或者行业内造成严重影响。在此，《指导意见》把黑社会性质组织插手民间纠纷或者经济纠纷作为认定非法控制的标志。解决民间纠纷或者经济纠纷，是政府或者调解组织的功能，而黑社会性质组织介入此类活动，表明对社会已经形成一定的非法控制。

（4）干扰、破坏他人正常生产、经营、生活，并在相关区域或者行业内造成严重影响。在此，《指导意见》把对正常生产、生活、经营秩序的干扰和破坏，作为黑社会性质组织在相关区域或者行业具有重大影响的标志。

（5）干扰、破坏公司、企业、事业单位及社会团体的正常生产、经营、工作秩序，在相关区域、行业内造成严重影响，或者致使其不能正常生产、经营、工作。在此，《指导意见》把对公司、企业、事业单位及社会团体的经营秩序或者工作秩序的干扰和破坏，作为黑社会性质组织对一定单位的内部秩序具有重大影响的标志。

（6）多次干扰、破坏党和国家机关、行业管理部门以及村委会、居委会等基层群众自治组织的工作秩序，或者致使上述单位、组织的职能不能正常行使。在此，《指导意见》把对党政机关或者其他行政部门，以及基层群众自治组织的工作秩序的干扰、破坏，作为黑社会性质组织具有重大影响的标志。

（7）利用组织的势力、影响，帮助组织成员或他人获取政治地位，或者在党政机关、基层群众自治组织中担任一定职务。在此，《指导意见》把利用黑社会性质组织的影响获取政治地位或者担任一定职务，作为黑社会性质组织具有重大影响的标志。

（8）其他形成非法控制或者重大影响，严重破坏经济、社会生活秩序的情形。这是一个兜底性的规定，这个规定在《2009年纪要》中就有，《指导意见》保留了该兜底规定。在制订《2009年纪要》的时候，对于是否设置兜底规定，存在分歧意见。最终考虑到实践情况极为复杂，确有必要保持惩治黑社会性质组织的灵活性。设置兜底规定，其目的在于突出非法控制特征（危害性特征）的重要性，并不意味着已经量化的标准可以忽略。① 因此，兜底规定只是一种例外性的规定，在不得已的情况下才能适用。

（本文原载《当代法学》，2020（5））

① 参见戴长林等：《〈全国部分法院审理黑社会性质组织犯罪案件工作座谈会纪要〉的理解与适用》，载最高人民法院刑事审判第一、二、三、四、五庭主办：《刑事审判参考》，第107集，146页，北京，法律出版社，2017。

网络犯罪的刑法应对

引言

随着我国进入网络社会，网络犯罪随之而蔓延。刑法如何应对网络犯罪，就成为一个社会关注的热点问题，值得刑法学者重视。犯罪作为一种社会现象具有与社会变动之间的联动性，社会的重大变动总是在犯罪中反映出来。在这个意义上可以说，犯罪是社会变动的晴雨表。在历史上，社会关系的变动引起犯罪现象的更迭是一条犯罪学的规律。例如，从农业社会到工业社会的转变，引发暴力犯罪和财产犯罪之间数量上的消长。美国犯罪学家路易斯·谢利指出：犯罪现象的当代观察家和犯罪历史学家都把工业革命的出现看作是犯罪发展的分水岭。谢利在其著作中，引述了霍德华·齐尔就 19 世纪工业化发展进程对犯罪的影响所提出的最具特色的和最具说服力的解释，认为农村和城市的犯罪类型的变化是现代化的一种表现。从农村的暴力犯罪突出转变为城市的财产犯罪占优势，并不是因为没有社会规范或社会混乱，而是由于社会准则和社会制度的变化。[①] 经济形态

① ［美］路易斯·谢利：《犯罪与现代化》，何秉松译，43、49 页，北京，中信出版社，2002。

和社会结构的改变导致犯罪类型的变化，这主要是由生产方式以及建立在此基础上的社会经济制度的变化所引起的。因此，不能简单地把犯罪变迁的动因理解为一种文化现象。[①] 事实上，犯罪更是一种社会经济现象，因而随着社会制度和经济体制的变动而发生变化。

一、网络犯罪的类型演变

科学技术的发展对于刑法产生了重大的影响。例如电的发明以及电在生产和生活中的普通应用，使建立在有体性基础之上的“物”的法律概念难以周延，由此对刑法中的财产犯罪的客体——财物的界定产生疑惑。例如，对窃电行为能否认定为盗窃罪，这就涉及电能否被认定为财物的争议。而在蒸汽机发明以后，机动车代替马车成为公共交通工具，随之出现了大量交通事故犯罪，交通事故造成的死亡人数达到惊人的程度。在这种情况下，交通事故犯罪成为发案率最高的犯罪之一。相对于电的发明和机动车的普及对于刑法的影响，建立在电子计算机基础之上的互联网的形成对于刑法的冲击则更为严重。因为电只是一种物质形态，只要对传统刑法中的财物的概念进行重新界定，甚至不用修改刑法就能解决窃电行为的入罪问题。而机动车只是一种交通工具，虽然交通事故造成的财产损失和人身伤亡十分严重，但通过设置交通责任事故罪等罪名就能应付。然而，电子计算机以及建立在电子计算机基础之上的互联网不仅是一种技术创新，而且形成了有形与无形的以下三种物质形态：第一是硬件形态，即以计算器、控制器、存储器等为内容的电子计算机物理设备。第二是软件形态，即以程序和文档为内容的计算机信息系统。第三是互联网，即若干计算机网络互相连接而形成的信息交互网络。尤其是互联网为犯罪提供了空间载体，不仅对于狭义上的计算机犯罪，而

① 我国早期犯罪学家严景耀先生从社会文化学的意义上界定犯罪，认为犯罪是文化的产物，因文化的变化而发生异变。参见严景耀：《中国的犯罪问题与社会变迁的关系》，2页，北京，北京大学出版社，1986。

且对于传统犯罪都具有变异效果。正如德国学者指出：计算机和网络极大地改变了我们的社会。网络对于不久的将来所产生的最重要的影响因素是，因其会对生活和工作带来看不到的攻击，网络将不再是可以被控制和管理的。未来属于普通的或无孔不入的互联网以及物联网，在其中，我们周围的人不受约束地交换信息，至少可以在全世界范围内传播信息。即将到来的我们生活和工作的全面网络化要求对现在的计算机刑法或者网络刑法进行全新的思考。①

计算机以及在计算机基础上形成的互联网的相关犯罪，存在一个从计算机犯罪到互联网犯罪的演变过程。在计算机推广运用于社会生活因而出现相关犯罪的初期，犯罪学家将此类犯罪称为计算机犯罪或者电脑犯罪，因为电脑是计算机的一种更为形象的称法。显然，这里的计算机犯罪主要是以计算机为中心的犯罪形态。例如德国犯罪学家施奈德将计算机犯罪定义为："利用电子数据处理设备作为作案工具的犯罪行为或是把数据处理设备作为犯罪对象的犯罪行为。"② 根据这一概念，计算机犯罪可以分为两种：第一种是以计算机为工具的犯罪。在以计算机为工具的犯罪中，所谓犯罪仍然是刑法所规定的传统犯罪，只不过行为人在实施犯罪的时候采用了计算机作为犯罪工具。例如计算机盗窃或者计算机诈骗以及电信诈骗等犯罪。第二种是以计算机为对象的犯罪。在以计算机为对象的犯罪中，如果是从外部毁坏计算机的行为，完全可以认定为传统的毁坏型财产犯罪。而如果是在非法侵入计算机信息系统以后，非法获取计算机数据、非法控制计算机信息系统或者制作、传播计算机病毒对计算机系统进行破坏，这种行为是传统刑法所没有规定的，因而有必要在刑法中设置相关罪名。我国刑法对计算机犯罪的早期立法，就是围绕上述行为展开的。我国 1997 年刑法设立了计算机犯罪，其立法的规范目的在于保护计算机信息系统安全，以及惩治利用计算机所实施的犯罪，从刑法所列举的罪名来看，主要是财产性犯罪。此后，随着计算机技术的

① 参见［德］埃里克·希尔根多夫：《德国刑法学：从传统到现代》，江溯、黄笑岩等译，380～382页，北京，北京大学出版社，2015。

② ［德］汉斯·约阿希姆·施奈德：《犯罪学》，吴鑫涛、马君玉译，70页，北京，中国人民公安大学出版社、国际文化出版公司，1990。

发展以及计算机运用的普及，逐渐形成互联网，由此出现了互联网犯罪或者网络犯罪。我国学者对从计算机犯罪到互联网犯罪的演变过程进行了叙述，认为这种演变存在以下三个阶段：第一是只有计算机犯罪概念而没有网络犯罪概念的阶段。这里的计算机犯罪是指利用计算机操作所实施的危害计算机信息系统（包括内存数据及程序）安全的犯罪。第二是计算机犯罪和网络犯罪成为并存关系概念的阶段。两者存在区分和差异：前者是指利用计算机作为犯罪工具，针对计算机信息系统实施的犯罪，后者是指利用互联网实施的传统犯罪。第三阶段是网络犯罪和计算机犯罪成为种属关系概念的阶段。在这个阶段，计算机犯罪的概念几乎不再被提起，利用网络实施的传统犯罪在数量和社会影响上的绝对优势，让计算机犯罪一词几乎完全退出了历史舞台，网络犯罪成为一个更被广泛认可的术语。计算机犯罪于网络犯罪在概念上不再是一种并列关系，而演变为一种种属关系，计算机犯罪成为网络犯罪的下位概念。① 从计算机犯罪到互联网犯罪的演变，正好契合了以计算机为基础的互联网的技术发展，从而为网络犯罪提供生存空间。

二、网络犯罪的立法嬗变

互联网作为一种虚拟空间，不同于现实空间。大量的传统犯罪从现实空间转移到网络空间，这就出现了我国学者所说的传统犯罪的网络异化现象。这里所谓传统犯罪的网络异化，是指由于网络因素的介入，传统犯罪内部的构成要件要素、犯罪形态等产生了不同于过去的新的表现形式，并使传统的刑法理论、刑事立法和司法规则难以适用的尴尬境地。② 不仅如此，随着网络空间的形成，该空间必然需要一定的秩序，因此法律介入对网络空间的规制是必然的。在形成网络秩序的同时，就会出现网络空间中的违反秩序的行为，这就是扰乱网络秩序的犯罪。这些犯罪形态是超出传统犯罪范围的，因而在网络空间就出现了传统犯罪与

① 参见于志刚、郭旨龙：《网络刑法的逻辑与经验》，4～7 页，北京，中国法制出版社，2015。

② 参见于志刚：《传统犯罪的网络异化研究》，1 页，北京，中国检察出版社，2010。

新型犯罪的掺杂，使得发生在互联网中的犯罪类型更为纷繁复杂。我国在极短的时间内，完成了从计算机犯罪到互联网发展的递进，这对我国刑法立法和刑法司法都是一种前所未有的挑战。

如果说，1997年《刑法》主要是对计算机犯罪的规定，那么，此后的《刑法修正案（九）》则完成了从计算机犯罪到互联网发展的立法嬗变。

1997年《刑法》规定的计算机犯罪包含两种犯罪类型：第一种是以计算机为对象的犯罪，这就是《刑法》第285、286条规定的非法侵入计算机信息系统罪、破坏计算机信息系统罪。第二种是以计算机为工具的犯罪。《刑法》第287条设立了照应性条款，规定对利用计算机进行诈骗、盗窃、贪污、挪用等犯罪的，依照刑法有关规定处罚。此后，《刑法修正案（七）》对《刑法》第285条增设了第2、3款，即设立了非法获取计算机信息系统数据、非法控制计算机信息系统罪，提供侵入、非法控制计算机信息系统程序、工具罪。《刑法修正案（九）》对《刑法》第285条增设了第4款，规定了单位犯罪。可以看出，《刑法》第285条规定了三种行为方式：第一种是侵入行为，第二种是获取行为，第三种是控制行为。以上三种行为针对的是计算机信息系统。这里的计算机信息系统，是指具备自动处理数据功能的系统，包括计算机、网络设备、通信设备、自动化控制设备等。因此，上述行为都是针对计算机信息系统的犯罪。如果与传统犯罪的行为方式进行对比，我们可以发现，非法侵入计算机信息系统罪和人身犯罪中的侵入住宅罪具有一定的可比性，非法获取计算机信息系统数据罪和财产犯罪中的盗窃罪具有一定的可比性，非法控制计算机信息系统罪和人身犯罪中的绑架罪具有一定的可比性。《刑法》第286条规定的是破坏计算机信息系统罪，这是一种毁坏型的计算机犯罪，主要是针对计算机信息系统的功能。应当指出的是，毁坏型的计算机犯罪，其毁坏对象并非计算机的物理设备而是计算机的信息系统，因此，这种毁坏行为必然以侵入计算机信息系统为前提，对计算机信息系统的程序进行删除等，由此导致计算机信息系统丧失其功能。最高人民法院、最高人民检察院《关于办理环境污染刑事案件适用法律若干问题的解释》（以下简称《解释》）第10条第2项规定，违反国家规定，针对环境质量监测系统实施或者强令、指使、授意他人实施干扰采样，致使监测数据严重失真行为的，以破坏计算机信息系统罪论处。例如最高人民法院指导案例 104 号李森、何利民、张锋勃等人破坏计算机信息系统案，该案的裁判要点指出："环境质量监测系统属于计算机信息系统。用棉纱等物品堵塞环境质量监测采样设备，干扰采样，致使监测数据严重失真的，构成破坏计算机信息系统罪"。在本案中，被告人采取的是用棉纱堵塞采样器的方法，干扰环境空气质量自动监测系统的数据采集功能。也就是说，被告人并没有侵入计算机信息系统，而是在采集器上动手脚，导致利用计算机进行环境质量监测的数据失真。在这里，我们需要进一步探究：被告人采用的这种堵塞环境质量监测采样设备干扰采样的行为，属于《刑法》第 286 条规定的哪一种行为？如果从字面上来看，最有可能的是《刑法》第 286 条第 1 款规定的对计算机信息系统进行干扰的行为，因为在本案中也采用了干扰这个概念。那么，《刑法》第 286 条第 1 款规定的干扰是什么含义？根据全国人大法工委刑法室的解释，这里的干扰是指"用删除、修改、增加以外的其他方法，破坏计算机信息系统功能，使其不能正常运行。"而这里的计算机信息系统功能，是指"在计算机中，按照一定的应用目标和规则对信息进行采集、加工、存储、传输、检索的功用和能力。"[①] 根据这一解释，只有针对计算机信息系统功能进行干扰，使其不能正常运行，才构成破坏计算机信息系统罪。我国学者指出，破坏计算机信息系统罪的客体是计算机信息系统安全，犯罪对象是计算机信息系统功能、数据和程序。[②] 因此，这种干扰行为必然以侵入计算机信息系统为前提，只有侵入计算机信息系统，才能实现对其功能的干扰，使其不能正常运行。而在本案中，被告人并没有侵入计算机信息系统，而是在计算机之外，对环境质量监测采样设备进行干扰。显然，环境质量监测采样设备并不是计算机信息系统，此干扰非彼干扰。本案被告人的行为其实就是一种单纯的数据造假行为，它与破坏计算机信息系统罪在性质上并不相同。"两高"司法解释竟然将这种与破坏计算机信息系

① 郎胜主编：《中华人民共和国刑法释义》，6 版，494 页，北京，法律出版社，2015。

② 参见喻海松：《网络犯罪二十讲》，48 页，北京，法律出版社，2018。

统无关的行为以破坏计算机信息系统罪论处，而最高人民法院将本案作为指导性案例公布，可见有关解释对《刑法》第286条破坏计算机信息系统罪在理解上的偏颇，这是令人遗憾的。这里应当指出，同样是删除或者篡改数据，如果是采用非法侵入计算机信息系统的方法，则完全可能构成破坏计算机信息系统罪。例如，在司法实践中存在非法删除交通违章信息的行为，这种行为是采用非法侵入计算机信息系统的方法实施的。对于这个行为如何认定，在我国司法实践中存在意见分歧，其中主导性的意见认为应当以破坏计算机信息系统罪论处。对此，最高人民法院研究室《关于对交警部门计算机信息系统中存储的交通违章信息进行删除行为如何定性的研究意见》明确规定："违反国家规定，对交警部门计算机信息系统中存储的交通违章信息进行删除，收取违章人员的好处，应当认定为刑法第二百八十六条第二款规定的对计算机信息系统中存储、处理、传输的数据进行删除的操作，以破坏计算机信息系统罪处罚。"采用外部干扰的方法致使环境空气质量监测数据失真的行为与侵入交警部门计算机信息系统删除交通违章信息的行为之间存在明显的区分：前者并没有侵入计算机信息系统，因而不存在侵害计算机信息系统安全的法益；而后者侵入计算机信息系统，因而具有对计算机信息系统安全的法益侵害性。只有从破坏计算机信息系统罪的保护法益出发，我们才能对上述两种行为进行科学界分。

三、网络犯罪的教义重塑

《刑法修正案（九）》主要规定了三个罪名，这就是《刑法》第286条之一拒不履行信息网络安全管理义务罪、第287条之一非法利用信息网络罪、第287条之二帮助信息网络犯罪活动罪。这些罪名的设立，都在一定程度上突破了传统罪名设置的径路，从而对刑法教义学产生了重要的影响。在某种意义上说，刑法教义学在立法面前受到重新检视。

（一）义务犯理论

拒不履行信息网络安全义务罪是典型的义务犯。在刑法教义学中，所谓义务犯是指违反构成要件之前的、刑法之外的特别义务而构成的犯罪。义务犯的理论是德国著名刑法学家罗克辛创造的，在罗克辛的观念中，义务犯是区别于支配犯的。支配犯要求实施具体构成要件的行为，并且对行为及其结果具有事实支配关系。而义务犯则只是单纯违反某种特别义务，并不要求对行为及其结果的事实支配。就拒不履行信息网络安全义务罪而言，网络安全义务是刑法之外的网络安全的法律、行政法规设定的，是与网络服务提供者的主体身份相关联的。网络服务提供者具有信息网络安全的管理义务。如果拒不履行这一义务，并且具备两个附加条件：第一，经监管部门责令采取改正措施而拒不改正；第二，造成严重后果或者情节严重的，即构成本罪。拒不履行信息网络安全管理义务罪的设立对于维护信息网络安全具有重要意义，可以说，本罪是纯正的网络犯罪。

（二）刑法保护前置化理论

非法利用信息网络罪是预备行为的正犯化。预备行为的正犯化是刑法保护前置化的立法措施，对于有效地惩治网络犯罪具有积极意义。[①] 在通常情况下，将犯罪划分为预备、未遂和既遂等不同的犯罪发展形态，并设置不同的处罚原则。而刑法分则是以处罚既遂犯为标本的，预备犯和未遂犯的处罚根据由刑法总则提供。这种犯罪的完成形态与未完成形态相区分的立法例，适用于传统犯罪。在传统犯罪中，行为从预备到实行，存在一个线性的递进过程。然而，在利用网络实施传统犯罪的情况下，预备与未遂或者既遂不再是线性的递进关系，即一对一的关系，而是一对多的关系。最为典型的是在网络上发布诈骗信息，发布的数量极为庞大，数以百计，甚至数以千计，而实际被骗的人数较少。在这种情况下，如果按照传统犯罪的预备与既遂的处理模式，对于发布诈骗信息的人按照犯罪预备处罚，难以有效地惩治这种犯罪。因此，2011 年 3 月 1 日最高人民法院、最高人民检察院《关于办理诈骗刑事案件具体应用法律若干问题的解释》[以下简称《解释（二）》] 对通过发送短信、拨打电话或者利用互联网、广播电视、报纸杂

① 关于刑法保护前置化的进一步讨论，参见李晓龙：《刑法保护前置化研究：现象观察与教义分析》，厦门，厦门大学出版社，2018。

志等发布虚假信息，对不特定多数人实施诈骗的行为作了专门规定，于第 5 条第 2 款指出："利用发送短信、拨打电话、互联网等电信技术手段对不特定多数人实施诈骗，诈骗数额难以查证，但具有下列情形之一的，应当认定为刑法第二百六十六条规定的'其他严重情节'，以诈骗罪（未遂）定罪处罚：（一）发送诈骗信息五千条以上的；（二）拨打诈骗电话五百人次以上的；（三）诈骗手段恶劣、危害严重的。"值得注意的是，在上述《解释（二）》中，对这种利用网络向不特定多数人发送诈骗信息的行为，是根据发送网络诈骗信息的数量，按照诈骗罪的未遂处罚的。而立法机构则认为，这种发送网络诈骗信息的行为具有预备性质。在《刑法修正案（九）》增设的《刑法》第 287 条之一中，规定了三种行为：第一是设立违法犯罪活动的网站、通讯群组，第二是发布违法犯罪信息，第三是发布诈骗等信息。就上述行为而言，界定为犯罪预备也许是更为贴切的。因此，在我国刑法理论上，都将上述规定理解为预备行为的正犯化。例如我国学者指出："考虑到上述行为本身所具备的社会危害性，将本该属于其他犯罪的预备犯作为正犯予以评价，例如，将'为实施诈骗等违法犯罪活动发布信息的'行为独立入罪即反映了立法对以网络为工具实施相关行为的社会危害性的高度重视。"[①] 预备行为的正犯化因应了网络犯罪所具有的弥散性特征，为有效惩治网络诈骗等犯罪提供了法律根据。

（三）帮助行为正犯化理论

帮助信息网络犯罪活动罪是帮助行为的正犯化。帮助行为和预备行为一样，都不是实行行为而是非实行行为。在传统刑法中，对于帮助行为和预备行为等非实行行为，借助于刑法总则关于共犯和预备犯的规定予以入罪，在刑法教义学中，将共犯和预备犯的构成要件称为修正的构成要件，以此补充刑法分则以正犯为中心的刑事处罚体系。因此，刑法总则关于共犯和预备犯的规定具有刑罚扩张事由的属性。然而，这种传统的帮助犯和预备犯具有对于正犯的从属性，是按照被帮助的正犯或者所预备实施的正犯的行为性质定罪。例如，帮助杀人的，以杀人罪论处；预备杀人的，也以杀人罪论述。在传统犯罪中，帮助行为和预备行为

① 于冲：《网络犯罪的体系构建》，126 页，北京，中国法制出版社，2016。

与实行行为之间具有较为严密的对应关系，因而为帮助行为和预备行为以实行行为论处提供了事实基础。但在网络犯罪的情况下，传统犯罪被转移到网络空间，由网络空间的虚拟性所决定，原本面对面实施的犯罪以一种背对背的形式呈现。例如的诈骗罪都是当面实施的，因为绝大多数诈骗犯罪都是语言诈骗。然而，在网络诈骗中，诈骗行为可能以网络信息传播的方式向不特定的多数人实施。在这种情况下，网络诈骗不仅丧失了当面性，而且也改变了一对一的特征。在专门化分工的情况下，有人专门从事诈骗信息的传播，为他人诈骗提供便利，因而诈骗的预备和帮助行为与正犯之间的关系疏离化，甚至演变为一种交易关系。为了适应网络犯罪的这些特征，我国刑法在预备行为正犯化的同时，还采取帮助行为正犯化的立法方式。依据我国《刑法》第287条之二的规定，帮助信息网络犯罪活动罪是指明知他人利用信息网络实施犯罪，为其犯罪提供互联网接入、服务器托管、网络存储、通讯传输等技术支持，或者提供广告推广、支付结算等帮助，情节严重的行为。在司法实践中，上述对网络犯罪活动的帮助行为主要是网络技术支持，是一种在线的帮助。当然，广告推广和支付结算的帮助既可能是线上的帮助也可能是线下的帮助。这些帮助行为不再根据所帮助的行为性质定罪而是单独定罪，有利于对这些网络犯罪的帮助行为进行具有针对性的打击。

（四）财产犯罪理论

网络犯罪除了刑法专门规定的罪名，在大多数情况下，都是传统犯罪的网络化，因此应当按照传统犯罪定罪处罚。当然，在网络空间实施的传统犯罪虽然行为性质与现实空间的网络犯罪的相同，但当这种犯罪以网络方式实施的情况下，会给传统的刑法教义学带来一定的挑战。传统的刑法教义学是以现实空间的传统犯罪为基础形成的，而网络犯罪虽然具有传统犯罪的性质，但在实施方式上的差异，还是给犯罪认定带来一定的困难。例如，目前在司法实践中，网络盗窃和网络诈骗是两种最为常见的财产犯罪。在现实空间实施的盗窃罪和诈骗罪，两罪的界限如何划分，在刑法教义学中也是存在争议的。盗窃罪属于取得型财产犯罪，而诈骗罪属于交付型财产犯罪。因此，两罪的区分就在于是否存在财产处分行为，而对财产处分行为又存在有意识处分说和无意识处分说之争。如果采用有意识处分说，诈骗罪的成立不仅要有客观上的处分行为，而且要求主观上的处分意思，因而诈骗罪成立范围与盗窃罪相比较宽，不具有处分意思的情形就不能认定为诈骗罪而应当认定为盗窃罪。例如最高人民法院指导案例27号臧进泉等盗窃、诈骗案：2010年6月1日，被告人郑必玲骗取被害人金某195元后，获悉金某的建设银行网银账户内有305 000余元存款且无每日支付限额，遂电话告知被告人臧进泉，预谋合伙作案。臧进泉赶至网吧后，以尚未看到金某付款成功的记录为由，发送给金某一个交易金额标注为1元而实际植入了支付305 000元的计算机程序的虚假链接，谎称金某点击该1元支付链接后，其即可查看到付款成功的记录。金某在诱导下点击了该虚假链接，其建设银行网银账户中的305 000元随即通过臧进泉预设的计算机程序，经上海快钱信息服务有限公司的平台支付到臧进泉提前在福州海都阳光信息科技有限公司注册的“kissal23”账户中。臧进泉使用其中的116 863元购买大量游戏点卡，并在“小泉先生哦”的淘宝网店上出售套现。关于本案，律师的辩护意见认为应当认定为诈骗罪：臧进泉发送给金某一个交易金额标注为1元而实际植入了支付305 000元的计算机程序的虚假链接，这本身就是一种欺骗行为，而金某误认为是一个价值为1元的支付行为，因而点击，但导致支付了305 000元损失结果，这是金某因认识错误而处分财物，因而符合诈骗罪的构成要件。但法院判决认为，对于支付305 000元金某既不知情，也非自愿。可见，臧进泉、郑必玲获取财物时起决定性作用的手段是秘密窃取，诱骗被害人点击“1元”的虚假链接系实施盗窃的辅助手段，只是为盗窃创造条件或作掩护，被害人也没有“自愿”交付巨额财物，获取银行存款实际上是通过隐藏的事先植入的计算机程序来窃取的，符合盗窃罪的犯罪构成要件，依照《刑法》第264条、第287条的规定，应当以盗窃罪定罪处罚。在以上意见分歧中，关键在于：在具有交付行为的情况下，诈骗罪的成立是否必须认识到交付的真实内容。就本案而言，金某确实是因为被骗而点击虚假链接，导致在客观上支付305 000元。但金某只有支付1元的意思而并没有支付305 000元的意思，根据无意识处分说，本案成立诈骗罪；但根据有意识处分说，本案成立盗窃罪。对此，本案的裁判要点明确指出：“行为人利用信息网络，诱骗他人点击虚假链接而实际通过预先植入的计算机程序窃取财物构成犯罪的，以盗窃罪定罪处罚；虚构可供交易的商品或者服务，欺骗他人点击付款链接而骗取财物构成犯罪的，以诈骗罪定罪处罚。”在此，裁判要点虽然没有从有意识处分说和无意识处分说的角度进行论述，但从结论来看，完全符合有意识处分说，这对于诈骗罪和盗窃罪的区分具有重要指导意义。

在网络时代，信息技术的发展给刑法立法和刑法司法都带来需要解决的重大课题，同时也为刑法教义学的深入发展提供了契机。例如，网络虚拟财产的刑法保护，就是一个值得研究的问题。随着网络空间的形成，在网络中出现了所谓虚拟财产，即在网络环境下，模拟现实事物，以数字化形式存在的，既相对独立又具有独占性的信息资源。[①] 虚拟财产首先涉及的是民法中“物”的概念，即虚拟财产是否属于“物”？对此，我国民法采取了回避态度，并没有加以明确规定，主要是因为在民法学界关于虚拟财产的性质问题存在争议。虚拟财产的存在形式是电子数据，而其实质内容是财产价值。因而，对于虚拟财产是按照其形式即电子数据加以定义，还是按照其内容即财产价值加以定义？对此其说不一。由此带来刑法对虚拟财产的司法保护的两种路径的区分：第一种是财产权的保护路径，第二种是信息权的保护路径。按照第一种路径，对于侵犯虚拟财产的犯罪应当以财产犯罪定罪处罚；而按照第二种路径，对于侵犯虚拟财产的犯罪应当以信息犯罪定罪处罚。我国《刑法修正案（七）》设立了非法获取计算机信息系统数据罪，在此之前，我国司法实践中对于侵犯虚拟财产的犯罪一般都按照财产犯罪，例如盗窃罪等定性。但在此以后，我国司法实践中对于侵犯虚拟财产的犯罪转而按照非法获取计算机信息系统数据罪定性。[②] 我认为，虚拟财产具有财产权和信息权的双重属性，侵犯虚拟财产的犯罪属于财产犯罪和信息犯罪的竞合犯。考虑到虚拟财产的本质属性是财产价值，因而按照财产犯罪定性更为妥当。[③]

---

① 参见林旭霞：《虚拟财产权研究》，50 页，北京，法律出版社，2010。

② 关于以非法获取计算机信息系统数据罪定性的理由，参见喻海松：《网络犯罪二十讲》，251 页以下，北京，法律出版社，2018。

③ 参见陈兴良：《虚拟财产的刑法保护及其保护路径》，载《中国法学》，2017（2）。

结语

在网络社会，网络不只是简单的信息交换系统，而且是商品交易场所以及其他具有社会功能与经济功能的虚拟空间。例如，随着网络成为商品交易的主要场所，在网络空间形成了一定交易秩序，这对于保障网络交易安全具有重要意义。然而，在网络空间出现了破坏网络交易秩序的各种行为样态。例如网络刷单就是一种十分独特的破坏网络交易秩序的行为。其中，网络刷单可以分为正向刷单和反向刷单。正向刷单是指采用虚假交易的方式为店家增加商业信用，这种行为具有虚假宣传的性质。而反向刷单是指采用下单购物然后退货的方式，致使商家遭受财产损失。这两种行为对于网络交易秩序具有较大的危害性，然而刑法对此并没有设置罪名。在这种情况下，能否通过刑法解释的方法，对以营利为目的，组织正向刷单的行为以非法经营罪论处；对反向刷单造成商家财产损失的行为以破坏生产经营罪论处，在我国刑法学界就是一个存在争议的问题。毫无疑问，对于这种破坏网络交易秩序的行为，刑法应当作出回应。然而，在没有相应罪名的情况下，将这种行为解释为传统犯罪，应当严格遵循罪刑法定原则。就正向刷单而言，如果按照非法经营罪论处，首先应当具有违反国家规定的要件。然而，我国现行的法律、行政法规都没有将正向刷单的行为明确规定为违法行为。在这种情况下，违反国家规定的要件就不具备。至于反向刷单虽然妨碍了商家的正常经营活动，但并没有造成财物损害，因而也不能构成破坏生产经营罪。在刑法没有明文规定的情况下，超出法律条文的字面含义进行解释，从而为惩治新型网络违法行为提供规范根据，有悖于罪刑法定原则，因而并不可取。因此，即使在网络社会，罪刑法定原则仍然是不可逾越的樊篱。

（本文原载《中国法律评论》，2019（6））

网络犯罪立法问题思考

我国自 20 世纪 80 年代发生计算机犯罪以来，计算机犯罪呈逐年上升发展趋势。到 90 年代中后期，随着计算机信息技术的飞跃发展，国际互联网也得到快速发展，这改变了人们相互沟通、交往的传统模式，也使网络社会从单纯的虚拟社会形态演变为国家的基础性资源，成为人类社会生活不可缺少的组成部分。与此同时，计算机犯罪也逐步演化为网络犯罪。当前，网络犯罪呈现出国际化趋势，为此世界各国纷纷通过立法惩治网络犯罪。为了建立共同惩治网络犯罪的国际司法合作，欧盟于 2001 年还专门制定了《网络犯罪公约》。我国在惩治网络犯罪的刑事立法上，2015 年 8 月《刑法修正案（九）》出台之前主要是以 1997 年修订的《刑法》有关计算机犯罪的法律条文来规定的；《刑法修正案（九）》的颁布实施，进一步完善了我国惩治网络犯罪的法律规定，基本上适应了新形势下惩治网络犯罪的需要。

一、计算机犯罪与网络犯罪立法的基本情况

我国 1997 年《刑法》对计算机犯罪作了规定，共计规定了三类计算机犯罪。

第一类是利用计算机的犯罪。我国《刑法》第 287 条[①]对利用计算机实施的金融诈骗、盗窃、贪污、挪用公款、窃取国家秘密或者其他犯罪作了提示性的规定。这些犯罪形式都是以计算机作为犯罪工具或者犯罪手段来实施犯罪的，因此，在《刑法》上就不需要单独设定罪名来作出规定，因为《刑法》分则的有关条文已经对相关罪名作出了规定。

第二类是破坏计算机的犯罪。我国《刑法》第 286 条[②]将三种破坏计算机信息系统的行为规定为犯罪，这三种构成犯罪的破坏计算机信息系统行为的特征表现在三个方面：其一，是犯罪人未经授权对计算机信息系统实施了破坏的行为，违反了国家计算机信息系统安全的有关规定；其二，是犯罪人对计算机信息系统实施的破坏行为可以是破坏计算机信息系统功能，或者是破坏计算机信息系统的数据和应用程序，或者是故意制作、传播破坏计算机信息系统的破坏性程序，影响计算机系统正常运行；其三，是犯罪人对计算机信息系统实施的破坏行为，对国家利益、社会秩序造成了严重后果。

第三类是侵入计算机的犯罪。我国《刑法》第 285 条[③]规定了三种侵入计算机信息系统的犯罪。第一种是非法侵入计算机信息系统即构成犯罪，其犯罪行为表现为非法侵入国家事务、国防建设、尖端科学技术领域的计算机信息系统，由

① 《刑法》第 287 条规定：利用计算机实施金融诈骗、盗窃、贪污、挪用公款、窃取国家秘密或者其他犯罪的，依照本法有关规定定罪处罚。

② 《刑法》第 286 条规定：违反国家规定，对计算机信息系统功能进行删除、修改、增加、干扰，造成计算机信息系统不能正常运行，后果严重的，处 5 年以下有期徒刑或者拘役；后果特别严重的，处 5 年以上有期徒刑。违反国家规定，对计算机信息系统中存储、处理或者传输的数据和应用程序进行删除、修改、增加的操作，后果严重的，依照前款的规定处罚。故意制作、传播计算机病毒等破坏性程序，影响计算机系统正常运行，后果严重的，依照第 1 款的规定处罚。

③ 《刑法》第 285 条规定：违反国家规定，侵入国家事务、国防建设、尖端科学技术领域的计算机信息系统的，处 3 年以下有期徒刑或者拘役。违反国家规定，侵入前款规定以外的计算机信息系统或者采用其他技术手段，获取该计算机信息系统中存储、处理或者传输的数据，或者对该计算机信息系统实施非法控制，情节严重的，处 3 年以下有期徒刑或者拘役，并处或者单处罚金；情节特别严重的，处 3 年以上 7 年以下有期徒刑，并处罚金。提供专门用于侵入、非法控制计算机信息系统的程序、工具，或者明知他人实施侵入、非法控制计算机信息系统的违法犯罪行为而为其提供程序、工具，情节严重的，依照前款的规定处罚。

于这种犯罪对国家计算机信息系统的网络安全构成了严重威胁，有必要对这种非法侵入计算机信息系统的行为规定为犯罪；第二种是非法获取计算机信息系统数据、非法控制计算机信息系统的犯罪，其犯罪行为表现为非法侵入其他计算机信息系统，或者非法获取其他计算机信息系统中存储、处理或者传输的数据，或者非法对其他计算机信息系统实施控制，这种犯罪对计算机信息系统的运营商、服务商或者使用人等造成了实际损害，但是要构成犯罪需要达到情节严重的程度；第三种是为非法侵入、非法控制计算机信息系统提供程序、工具的犯罪，其犯罪行为表现为行为人明知有关专门的程序、工具可以用于侵入或者非法控制计算机信息系统而向他人提供，或者是明知他人要用该专门的程序、工具去实施非法侵入、非法控制计算机信息系统的违法犯罪行为，仍为其提供而且情节严重，对于这种犯罪行为是以第二种犯罪的共犯来进行处罚的。

我国 2015 年 8 月 29 日颁布的《刑法修正案（九）》对网络犯罪作了以下规定。

一是将网络犯罪的预备行为正犯化。网络犯罪预备行为的正犯化，是指将某些网络犯罪的预备行为设立为独立罪名。我国《刑法》对于犯罪预备行为都是要按照预备犯处罚的，对此《刑法》总则有明文规定。当前高发的网络诈骗案件，实施网络诈骗的犯罪分子采取的犯罪手段主要是以购买或者制造电信伪基站，再以短信群发的形式向不特定的多数人发送诈骗短信，诱使他人上当受骗。网络诈骗的信息包括入学、就业、中奖以及配合公检法调查等等，范围非常广泛，被骗的受害人分布在全国各地，甚至在国外。这种犯罪形态与传统的诈骗案件相比较，其危害性更为严重，如果对网络诈骗犯罪的处罚与对传统的诈骗犯罪的处罚等同，显然是不合适的。因此，为了打击和惩治网络诈骗犯罪，《刑法修正案（九）》对《刑法》原有的计算机犯罪的规定进行了修正，增加了非法利用计算机信息网络罪。[①]这种犯罪行为表现为为准备实施有关的犯罪活动而建立相关实施犯罪的网站，或

① 《刑法修正案（九）》第 287 条之一规定："利用信息网络实施下列行为之一，情节严重的，处三年以下有期徒刑或者拘役，并处或者单处罚金：（一）设立用于实施诈骗、传授犯罪方法、制作或者销售违禁物品、管制物品等违法犯罪活动的网站、通讯群组的；（二）发布有关制作或者销售毒品、枪支、淫秽物品等违禁物品、管制物品或者其他违法犯罪信息的；（三）为实施诈骗等违法犯罪活动发布信息的。"

者是在网络上发布有关制作或者销售违禁物品、管制物品或其他违法犯罪的信息，或者是在网络上发布有关虚假信息，目的是实施诈骗等违法犯罪的活动。这些行为本质上都是犯罪预备，将这些为实施网络犯罪而进行的预备行为单独规定为犯罪，有利于打击网络犯罪，维护网络社会的健康发展。

二是将网络犯罪的帮助行为正犯化。网络犯罪帮助行为的正犯化，是指将某些网络犯罪的帮助行为设立为独立罪名。在一般情况下，犯罪的帮助行为属于共犯行为，应当论以共犯。但在某些网络犯罪中，帮助行为与正犯行为之间的连接并不十分紧密。在这种情况下，对帮助行为的处罚在一定程度上依赖对正犯的处罚，在正犯未归案的情况下，对帮助犯难以入罪。为此，《刑法修正案（九）》通过对《刑法》有关规定进行修正，对网络犯罪的帮助行为作了正犯化的规定，增加了帮助信息网络犯罪活动罪。① 这种犯罪行为表现为，行为人为他人利用计算机信息系统实施网络犯罪提供网络技术支持，或者是提供有关广告推广、支付结算的帮助。该罪的行为人实际上是他人所实施的网络犯罪的帮助犯，但《刑法修正案（九）》将其与正犯脱钩，单独设立为犯罪。这也就是所谓帮助行为的正犯化。

三是规定了信息网络安全管理义务正犯化。网络的健康发展关系到社会秩序的稳定，为了打击网络犯罪，维护网络安全，《刑法修正案（九）》专门作出了负有信息网络安全管理义务的网络服务提供者拒不履行信息网络安全管理义务构成犯罪的规定，即拒不履行信息网络安全管理义务罪。② 这种犯罪行为表现为，网络服务商应当履行信息网络安全的管理义务，但拒不履行规定义务，造成了相应的危害后果。从本质上来看，这种犯罪是一种不作为犯罪形态。需要注意的

① 《刑法修正案（九）》第287条之二规定：“明知他人利用信息网络实施犯罪，为其犯罪提供互联网接入、服务器托管、网络存储、通讯传输等技术支持，或者提供广告推广、支付结算等帮助，情节严重的，处三年以下有期徒刑或者拘役，并处或者单处罚金。”

② 《刑法修正案（九）》第286条之一规定：“网络服务提供者不履行法律、行政法规规定的信息网络安全管理义务，经监管部门责令采取改正措施而拒不改正，有下列情形之一的，处三年以下有期徒刑、拘役或者管制，并处或者单处罚金：（一）致使违法信息大量传播的；（二）致使用户信息泄露，造成严重后果的；（三）致使刑事案件证据灭失，情节严重的；（四）有其他严重情节的。”

是，《刑法修正案（九）》对网络服务提供者构成拒不履行信息网络安全管理义务罪设置了相关门槛：第一，违反法律、行政法规的规定，不履行信息网络安全管理义务。本罪属于纯正的不作为犯。第二，经监管部门责令采取改正措施而拒不改正。第三，情节严重。由此可见，对于网络服务提供者不履行法律、行政法规规定的信息网络安全管理义务构成犯罪，刑法还是设立了较为严格的限制条件，避免打击面过大。

二、网络犯罪在立法和司法上存在的问题

网络犯罪对于我国来说，是一种新型犯罪。无论是在立法上还是在司法上，都还缺乏经验。因此，对于如何认定网络犯罪也还存在较大争议。

（一）有关网络犯罪立法规定存在的问题

我国《刑法》目前规定的涉及计算机犯罪、网络犯罪的法律条文见于第 217 条、第 285 条、第 286 条、第 287 条及《刑法修正案（九）》。其中，第 217 条是将未经著作权人许可，复制、发行计算机软件的行为作为侵犯著作权罪认定，单纯的复制、发行计算机软件的行为适用第 217 条没有问题，而利用网络实施侵犯知识产权的行为如何认定，则容易产生法律争议。

《刑法修正案（九）》规定的有关网络犯罪的内容是对《刑法》第 285 条、第 286 条、第 287 条的补充，而这些条款都设定在刑法分则第六章“妨害社会管理秩序罪”第一节“扰乱公共秩序罪”之中，因此，立法者将网络犯罪界定为扰乱社会公共秩序的行为。但是，网络犯罪的性质更多地表现为破坏网络安全，它和传统意义上的扰乱社会公共秩序罪是存在严格区别的。因此，将网络犯罪归类于妨害社会管理秩序罪不妥。

（二）司法实践中认定网络犯罪存在的问题

总体来看，司法实践中认定网络犯罪存在的问题，其根源还是在于刑法规定得不完善。2016 年 9 月 13 日，北京市海淀区法院对快播公司传播淫秽物品牟利案进行了宣判。快播公司是坐落在深圳的一家互联网公司，它主要提供网络播放

服务。一审判决认定，快播公司及王欣等被告人明知快播网络服务系统被用于传播淫秽视频，但出于扩大经营、非法牟利目的，拒不履行监管和阻止义务，放任快播公司构建的网络服务系统被用于传播大量淫秽视频，具有明显的社会危害性和刑事违法性，对被告单位快播公司及各被告人应当依法追究刑事责任。对此，一审判决认定被告人的传播行为是不作为，主观上对淫秽视频的传播是间接故意，并具有非法牟利的目的。快播公司及王欣等被告人的行为完全符合我国《刑法》第363条规定的传播淫秽物品牟利罪的构成要件。在以上定罪根据中，最值得关注的是对不作为的传播行为的认定，由此成为互联网服务提供者因为不履行安全管理义务而承担刑事责任的一个经典案例。该案宣判以后，在我国刑法学界也引起了激烈的讨论，主要涉及快播公司不履行安全管理义务是构成传播淫秽物品牟利罪的不作为犯，还是《刑法修正案（九）》规定的拒不履行信息网络安全管理义务罪。如果是后者，快播公司的行为发生在《刑法修正案（九）》颁布之前，就不构成犯罪。此外，对于快播公司能否适用技术中立原则，以及如何认定主观上的牟利目的，是否存在间接的牟利目的等，都存在不同看法。

还有一些网络上的犯罪，对是否认定为网络犯罪也存在较大争议。如行为人通过微信、微博、公共聊天交互式网站等等，利用网络实施诽谤他人、损毁他人名誉的犯罪，这种诽谤犯罪是发生在网络空间上的，其表现形式就是利用计算机信息系统的网络，在网络上实施对他人的诽谤犯罪。对于这种在计算机信息系统的网络上实施的诽谤犯罪，《刑法》是不需要单独设立一个罪名的，应当按照现有罪名的规定进行处罚，因为利用网络实施诽谤只不过是犯罪案件中的一个情节问题。值得注意的是，最高人民法院、最高人民检察院于2013年9月6日发布《关于办理利用信息网络实施诽谤等刑事案件适用法律若干问题的解释》（以下简称《解释》）。虽然《解释》为打击在网络上实施的寻衅滋事等犯罪提供了法律依据，但是在刑法学界对该司法解释规定的内容产生的争议也较大。最大的争议焦点在于，《解释》将行为人在网络上传播网络谣言的行为规定为起哄闹事型寻衅滋事罪的问题，有学者认为“两高”的《解释》超越了司法解释的权限，不符合《刑法》的罪刑法定原则。我认为，网络犯罪是发生在网络虚拟空间的犯罪，它与现实社会空间发生的犯罪有着很大的不同。为了维护网络安全，保护网络秩序，及时打击网络犯罪，“两高”针对实践中办理网络犯罪案件时出现的适用《刑法》的疑难问题，通过对《刑法》的有关条款的适用进行司法解释，作出具体规定是十分必要的。因此，“两高”发布《解释》对于及时打击、惩治网络上发生的诽谤等犯罪，是完全必要的。但是，《解释》把网络上造谣生事、传播谣言的行为规定为起哄闹事型的寻衅滋事罪，在刑法理论上确实值得研究。特别是《刑法修正案（九）》将在信息网络上编造和故意传播虚假的险情、疫情、灾情、警情信息的行为规定为犯罪[①]后，在《刑法》修正之前《解释》对于行为人在网络上的造谣、传谣行为以寻衅滋事罪认定的规定，确实与罪刑法定原则存在冲突。

三、网络犯罪立法思考

网络犯罪是在网络空间实施的犯罪，这是网络犯罪的基本特征。正是基于这一点，网络犯罪与传统意义上的犯罪相比较，其犯罪特点的不同之处主要表现在以下几个方面。

第一，传统意义上的犯罪，其犯罪的主观方面既有故意，也有过失，犯罪人只要具有刑事责任能力，其智商能力的高低并不会对犯罪产生重大影响。即使是一些高智商犯罪，也只不过犯罪手段更具欺骗性，如诈骗罪，或者犯罪人具有较高的反侦查水平。而网络犯罪是从计算机犯罪发展起来的，犯罪人犯罪时的主观方面必须是故意，并且这种故意的动机和目的表现出来的预谋和策划较之传统意义上的犯罪更为狡猾，主要犯罪成员既需要一定的高智商，同时又更多地需要依靠网络技术、网络设备的发展来策划、组织实施犯罪，这种犯罪表现出了智能化

① 《刑法修正案（九）》第291条之一中增加一款作为第2款：“编造虚假的险情、疫情、灾情、警情，在信息网络或者其他媒体上传播，或者明知是上述虚假信息，故意在信息网络或者其他媒体上传播，严重扰乱社会秩序的，处三年以下有期徒刑、拘役或者管制；造成严重后果的，处三年以上七年以下有期徒刑。”

和技术化的倾向。

第二，传统意义上的犯罪，犯罪人往往是为其个人或者犯罪团伙、犯罪集团的成员谋取非法利益，一般不会发生和形成非法利益产业链的情况。而网络犯罪则与之不同，当前我国的网络犯罪已经形成一个非法利益产业链。犯罪分子在网络犯罪中各自的分工明确，有人负责网站建设，有人负责网上虚假宣传，也有人负责网上非法资金流转，还有人负责网络技术支持，等等，线上线下配合实施网络犯罪，犯罪人之间的关系非常复杂。这些网络犯罪的参与者既可能认识，也可能不认识，却相互提供网络犯罪的帮助，目的都是在非法利益链中获取自己的一份。

第三，传统意义上的犯罪，在实施上一般表现为即时性，即一次犯罪行为的实施往往是在一个较短的时间内完成。刑法理论称之为即时犯。而网络犯罪既可以表现为以计算机作为犯罪工具或者以计算机作为犯罪对象，通过给计算机输入相关指令即可瞬间完成犯罪行为，达到犯罪目的；也能够表现为犯罪持续时间较长的持续性特点，通过所谓钓鱼网站实施普通诈骗，或者利用 P2P 形式从事网络非法集资诈骗等犯罪案件，这些网络犯罪都是通过诱使受害人相信该网站的正规性和可能获得的高额回报而上当受骗，具有持续性犯罪的典型形态。

第四，传统意义上的犯罪，在一般情况下针对的是特定的人或特定的物来实施，而网络犯罪则通常表现为对计算机系统以及在计算机信息系统的网络上对不特定多数人实施犯罪，或者组织、教唆、帮助不特定的多数人实施犯罪的形态。从这个意义上说，网络犯罪具有弥散性的特征。例如，传统的诈骗罪是典型的面对面的犯罪，并且大多数诈骗犯罪具有熟人犯罪的性质。但网络诈骗犯罪则利用网络技术，对身处千里之外的陌生人进行诈骗，其社会危害性大为增加。如传统的销售假药，具有一对一的性质，销售数量是有限的，犯罪的非法所得也是有限的。但现在利用网络实施的销售假药犯罪活动，销售数量和非法所得都数以百倍地增加。因为网络具有跨越时空的特征，利用网络实施的犯罪也就能够借助于网络而突破时空的限制，在更大范围内产生危害后果。

第五，网络犯罪较之传统意义上的犯罪表现出了更具隐蔽性的特点。随着网络加密技术的发展和不断强大，网络犯罪的犯罪分子容易利用加密技术隐藏其犯罪行为，犯罪分子的身份信息难以查证，公安机关侦查人员取证更加困难。

正是基于网络犯罪和传统意义上的犯罪有着很大的不同，为了打击网络犯罪高发态势，维护网络安全和互联网的健康发展，2014 年 5 月 4 日，最高人民法院、最高人民检察院、公安部专门颁布了《关于办理网络犯罪案件适用刑事诉讼程序若干问题的意见》(以下简称《意见》)。《意见》规定的网络犯罪的形式有危害计算机信息系统安全犯罪案件；通过危害计算机信息系统安全实施的盗窃、诈骗、敲诈勒索等犯罪案件；在网络上发布信息或者设立主要用于实施犯罪活动的网站、通讯群组，针对或者组织、教唆、帮助不特定多数人实施的犯罪案件；主要犯罪行为在网络上实施的其他案件等四大类。

从上述网络犯罪在定义、特征上与传统的犯罪行为存在着很大的差别考虑，把网络犯罪归类于刑法的“妨害社会管理秩序罪”章节中，既不利于法律规范的完整性，也不利于司法实践中对网络犯罪的认定处罚。2016 年 11 月 7 日第十二届全国人民代表大会常务委员会第二十四次会议通过、自 2017 年 6 月 1 日起施行的《网络安全法》，已经把网络安全提升到网络空间主权的法律地位。网络犯罪不仅对国家网络安全构成严重威胁，也会对国家安全、社会公共利益，公民、法人和其他组织的合法权益，信息化的健康发展造成严重损害。它所造成的危害具有连锁性反应，这与传统意义上的犯罪所造成的危害是完全不同的。因此，为了适应在互联网时代惩治网络犯罪、维护网络安全的需要，我认为应当对刑法有关计算机犯罪和网络犯罪的法律规定予以整合，增设“网络犯罪”专节，对相关罪名进行规定。这里应当指出，网络犯罪有广义和狭义之分。广义上的网络犯罪包括所有发生在网络空间的犯罪，例如侮辱、诽谤等侵犯人身的犯罪和盗窃、诈骗等侵犯财产的犯罪，以及其他危害国家安全、公共安全和扰乱社会管理秩序的犯罪等。这些犯罪只不过是现实空间的罪名在网络空间实施而已，对此没有必要另设罪名，可在刑法中规定提示性条款，即利用网络实施传统犯罪，应当以传统犯罪论处。狭义上的网络犯罪是指那些发生在网络空间，并且不能为传统犯罪所涵括或者具有不同于传统犯罪的特殊性的犯罪。对此应当在《刑法》中加以专门规定。

现行刑法中的网络犯罪，主要集中在危害网络安全的犯罪领域。此类犯罪主要表现为行为人违反国家规定对计算机信息系统进行破坏的犯罪。例如，未经授权而非法侵入计算机信息系统的犯罪；非法截取计算机信息系统的保密性数据的犯罪；未经授权对计算机信息系统功能及存储、处理或者传输的数据和应用程序进行删除、修改、增加、干扰等破坏计算机信息系统的犯罪；故意制作、传播计算机病毒等破坏性程序，严重妨害计算机系统正常运行的犯罪；提供侵入、非法控制计算机信息系统程序、设备以帮助他人实施网络犯罪的犯罪。但网络犯罪除了危害网络安全的犯罪以外，还应当包括扰乱网络秩序的犯罪，此类犯罪主要表现为对网络管理秩序的破坏。随着网络的发展，网络空间越来越具有独立于现实空间的意义，并且形成了在网络空间通行的秩序。对网络秩序需要予以法律保障，以往我们采用处理现实空间的罪名处理网络空间扰乱秩序的行为，这是在网络犯罪立法尚存在缺失的情况下的应急之策。在将来的网络犯罪立法中应当设置此类罪名，为这些网络犯罪的定罪处罚提供明确的法律根据。此外，电子商务中出现的现实空间所没有的破坏经营秩序的行为，例如店家付款请人假扮顾客，通过购买并填写虚假好评来提高网店销量和信用度，以期达到更容易吸引买家的目的的刷单行为，等等。这些行为对网络经营秩序具有较大的危害性，应当实现将其规定为秩序违法行为。在条件具备的情况下，将其设置为犯罪，给予刑罚的处罚。

综上所述，针对当前网络犯罪的高发态势和网络犯罪形态的不断变化，需要国家及时对刑法有关惩治网络犯罪的规定加以完善，这样有利于公安、司法机关在办理网络犯罪案件过程中，既能够做到准确惩治犯罪，又能够注重公民个人隐私权的保护。在打击网络犯罪的过程中，公安、司法机关还要保证公民合法、合理地共享互联网时代的科技发展成果，必须严格依照法律规定，把握好法律规定的精神，认真履行网络安全的监管职责，积极促进国内互联网的健康发展。

（本文原载《公安学刊》，2016（6））

互联网账号恶意注册黑色产业的刑法思考

随着互联网技术的不断普及和快速发展，网络已彻底改变了人们的生活方式和思维方式，几乎每个人都享受着互联网发展带来的各种红利。然而，互联网生态同时伴生了各种违法犯罪行为。这些网络违法犯罪可以分为三种类型。

第一种类型是针对计算机信息系统的犯罪。对此，我国刑法设置了相关罪名，例如非法侵入计算机信息系统罪、破坏计算机信息系统罪等。这些网络犯罪主要是针对计算机以及计算机信息系统实施的，具有破坏性、毁坏型和侵入型犯罪的特征，但它又不同于对公共设施的破坏（危害公共安全罪）、对财产的毁坏（侵犯财产罪）和对住宅或者居所的侵入（侵犯人身罪）的性质。针对计算机信息系统的犯罪独具一格的属性，决定了它在刑法中应当单独设置罪名。

第二种类型是利用计算机网络实施传统犯罪，例如网络诈骗、网络盗窃、网络诽谤等。这是传统犯罪的网络化。对此《刑法》第287条规定："利用计算机实施金融诈骗、盗窃、贪污、挪用公款、窃取国家秘密或者其他犯罪的，依照本法有关规定定罪处罚"。在刑法教义学中，上述规定称为注意规定。[1] 它的功能

① 参见张明楷：《刑法分则的解释原理》（下），2版，622页，北京，中国人民大学出版社，2011。

在于：在刑法已有规定的情况下，提示司法人员注意对相关规定的适用。因此，注意规定也称为提示性规定。注意规定不同于特别规定，特别规定是刑法对某一特别事项所做的规定，因而对于已有的规定来说，是一种补充性规定。《刑法》第 287 条的规定，提示司法人员对于利用计算机实施刑法已经规定的犯罪的，应当按照相关规定定罪处罚。可以说，大多数传统犯罪都可以利用网络（以网络为工具）实施或者在网络空间（以网络为地点）实施。对于这些发生在网络上的传统犯罪，完全可以根据现行刑法规定进行认定处罚，只不过需要对刑法教义学的犯罪认定原理进行适当的调整。

第三种类型是破坏网络业务活动、妨害网络秩序的犯罪。随着网络空间越来越成为社会生活的重要组成部分，大量的社会活动或者经济活动都以网络空间为平台而展开。其中，破坏网络业务活动犯罪的侵害客体主要是网络经营活动，因而具有破坏经济秩序的性质。而妨害网络秩序犯罪的侵害客体主要是网络空间的公共秩序，因而具有妨害社会管理秩序的性质。在我国刑法中，此类网络犯罪呈现出空白的现状。因此，在司法实践中如何处理这些破坏网络秩序的行为，成为一个亟待解决的问题。

本文以互联网账号恶意注册黑色产业作为一个切入点，对破坏网络业务活动、妨害网络秩序的行为如果认定处罚进行刑法教义学的思考。

一、互联网恶意注册黑色产业概述

网络空间不同于真实的实体空间，它具有一定的虚拟属性。也就是说，现实社会中的人并不是都以真实身份存在于网络空间。计算机技术使得真实的人以匿名的方式存在于网络空间成为可能。如果网络空间中活动主体的身份都是匿名的，就会极大增加网络空间秩序管理的难度，甚至使这种网络空间管理完全不可能。在这种情况下，在客观上就提出了网络身份实名制的需求。为此，我国《网络安全法》第 24 条规定："网络运营者为用户办理网络接入、域名注册服务，办理固定电话、移动电话等入网手续，或者为用户提供信息发布、即时通讯等服务，在与用户签订协议或者确认提供服务时，应当要求用户提供真实身份信息。用户不提供真实身份信息的，网络运营者不得为其提供相关服务”。对网络空间的有效管理，就是建立在网络身份的实名制基础之上的。实名制提高了在网络空间实施违法犯罪活动的成本，同时也为网络安全奠定了基础。值得注意的是，《网络安全法》确立的网络注册实名制，是对网络运营商设立的法律义务，而并没有将个人违反网络注册实名制规定为违法行为并设置处罚。

在现实生活中，某些个人或者单位为了在网络空间从事违法犯罪活动，就会对抗网络身份的实名制，因而出现了互联网账号的恶意注册现象。互联网账号的恶意注册存在狭义和广义之分：狭义上的恶意注册是指不以正常使用为目的，违反国家规定和平台注册规则，使用虚假的或非法取得的身份信息（包括自然人和法人），以手动方式或通过程序、工具自动进行，批量创设网络账号的行为。广义上的恶意注册，除了单一的注册行为以外，还包括注册行为结束后，为防止恶意注册的账户被封禁和提升账号牟利价格，而突破互联网安全策略，模拟正常使用账号形态，保持账号的正常存续和使用的行为，俗称养号行为。[①] 在以网络账号体系为基础的互联网环境中，网络违法犯罪产业都以拥有大量账号资源为前提，这些账号资源为其提供网络身份，并隐蔽真实身份，制造虚假流量，增加溯源难度，逃避法律追究。在这种需求的刺激下，催生了互联网上的恶意注册黑色产业，并使得原本正常的账号注册与使用行为异化为黑色产业人员牟取非法利益的工具。在某种意义上可以说，正是恶意注册黑色产业的存在，为其他互联网犯罪提供了条件。在这种情况下，恶意注册行为就成为源头之恶。[②]

根据腾讯公司《互联网账号恶意注册黑色产业治理报告》的描述，恶意注册黑色产业链可以分为以下三个环节：第一是产业链上游。为恶意注册黑产提供注册所用的信息和资料、程序工具和技术支持。第二是产业链中游。黑产人员利用

① 参见腾讯公司安全管理部刑事法律中心：《互联网账号恶意注册黑色产业治理报告》，2 页。

② 关于恶意注册及养号的黑色产业链，参见《养号黑产调查：水军、黄赌骗何来 批量养号卖百元》，载《新京报》，2019-04-27。

从接码平台处取得的手机号和验证码以及打码平台获得的图像验证码识别，利用公民信息、自动化运行工具和突破安全保护措施的工具，完成整个注册过程和养号过程。第三是产业链下游。各种恶意注册账号的贩卖商人和代理，负责将大量账号出售贩卖，供下游用于多种用途。[①] 如何在刑法上惩治恶意注册黑色产业，成为当前我国刑法理论应当面对的问题。在我国刑法中，互联网账户的恶意注册行为本身并没有被规定为独立罪名，在这种情况下，基于刑法教义学的立场，能否通过法律解释，对恶意注册行为按照现有刑法规定进行惩治，这是值得研究的。

二、恶意注册黑色产业链上游行为是否构成犯罪的评析

恶意注册黑色产业链上游行为是指为恶意注册黑色产业提供注册所用的信息和资料、程序工具和技术支持等。这是恶意注册的帮助或者预备行为，对于形成恶意注册黑色产业链具有推波助澜的作用。其中，帮助行为是指为他人恶意注册提供信息和资料以及技术支持等。在被帮助行为，即恶意注册行为不构成犯罪的情况下，该帮助行为不能根据共犯原理而入罪。只有在该帮助行为本身符合相关犯罪的构成要件的情况下，才能以犯罪论处。预备行为是指为本人恶意注册获取信息和资料，在恶意注册行为不构成犯罪的情况下，该预备行为也不能根据预备犯的原理而入罪。只有在该预备行为符合相关犯罪的构成要件的情况下，才能以犯罪论处。根据我国现行刑法的规定，为恶意注册专门提供用于注册的身份（包括公民自然人和法人）信息和身份资料（身份证照片、营业执照照片等）的行为，主要涉及是否构成侵犯公民个人信息罪等相关罪名。

（一）为恶意注册提供或者获取个人信息和身份资料行为是否构成侵犯公民个人信息罪

为恶意注册提供或者获取个人信息和身份资料，可以分为两种情形：第一种

① 参见腾讯公司安全管理部刑事法律中心：《互联网账号恶意注册黑色产业治理报告》，10～11页。

是提供或者获取真实的个人信息和身份资料，第二种是提供或者获取虚假的个人信息和身份资料。

1. 为恶意注册提供或者获取真实的个人信息和身份资料行为的定性

对于为恶意注册提供或者获取真实的个人信息和身份资料的行为，主要涉及是否构成侵犯公民个人信息罪。我国《刑法》第 253 条之一规定：“违反国家有关规定，向他人出售或者提供公民个人信息，情节严重的，处三年以下有期徒刑或者拘役，并处或者单处罚金；情节特别严重的，处三年以上七年以下有期徒刑，并处罚金。违反国家有关规定，将在履行职责或者提供服务过程中获得的公民个人信息，出售或者提供给他人的，依照前款的规定从重处罚。窃取或者以其他方法非法获取公民个人信息的，依照第一款的规定处罚。单位犯前三款罪的，对单位判处罚金，并对其直接负责的主管人员和其他直接责任人员，依照各该款的规定处罚。”由此可见，在我国刑法中，侵犯公民个人信息罪的行为可以分为两种情形：第一种是向他人出售或者提供公民个人信息，第二种是盗窃或者非法获取公民个人信息。在恶意注册黑色产业中，为他人恶意注册出售或者提供公民个人信息的行为，完全符合侵犯公民个人信息罪的构成要件，应当以该罪论处。因此，为他人恶意注册提供公民个人信息的行为，虽然是恶意注册的帮助行为，由于该行为已经构成独立的犯罪，因而应当按照该罪定罪量刑。

在恶意注册黑色产业中，除为他人提供个人信息和身份资料的情形以外，还存在为本人的恶意注册获取公民个人信息的情形，该行为也构成侵犯公民个人信息罪。在恶意注册黑色产业中，非法获取公民个人信息的方式是多种多样的，其中包括通过交易、互换等方式批量获取公民信息。

在司法实践中，恶意注册的公民个人信息主要是通过交易，亦即购买的方式获取的。那么，批量购买公民个人信息的行为是否构成侵犯公民个人信息罪呢？我国《刑法》第 253 条之一规定向他人出售公民个人信息属于侵犯公民个人信息的行为，但在获取行为中，则规定为窃取或者以其他方法非法获取公民个人信息，并没有明确规定购买这种行为方式。在这种情况下，购买公民个人信息是否属于侵犯公民个人信息的行为，就是一个存在争议的问题。[①] 对此，一种观点认为，这里的“其他方法”应当是与窃取相当的方法，因而排除购买的方法，因为购买方法与窃取方法不具有性质上的同一性。这是基于同类解释所得出的结论，似乎具有一定的合理性。然而，在《刑法》第 253 条之一的规定中，与窃取相并列的是“以其他方法非法获取公民个人信息”。这一规定源自《网络安全法》第 44 条的规定：“任何个人和组织不得窃取或者以其他非法方式获取个人信息，不得非法出售或者非法向他人提供个人信息”。这里的“其他非法方法”应当从广义上理解，这一理解同样适用于《刑法》第 253 条之一。2017 年 6 月 1 日实施的最高人民法院、最高人民检察院《关于办理侵犯公民个人信息刑事案件适用法律若干问题的解释》（以下简称《解释》）第 4 条明确规定：“违反国家有关规定，提供购买、收受、交换等方式获取公民个人信息，或者在履行职责、提供服务过程中收集公民个人信息的，属于刑法第二百五十三条之一第三款规定的‘以其他方法非法获取公民个人信息’。”因此，采取购买的非法方法获取公民个人信息的行为，应当构成侵犯公民个人信息罪。

在司法实践中，恶意注册的公民个人信息，无论是提供者还是获取者都可能采取技术手段取得。因此，通过技术手段非法获取公民个人信息，在恶意注册黑色产业中也是较为常见的现象。这里的技术手段获取公民信息主要包括拖库、撞库等方式。拖库是指黑客对目标网站进行扫描，查找其存在的漏洞，常见漏洞包括 SQL 注入、文件上传漏洞等。通过该漏洞在网站服务器上建立后门（webshell），通过该后门获取服务器操作系统的权限，或者实施权限绕过，最后利用系统权限直接下载备份数据库，或查找数据库链接，将其导出到本地。撞库则是指黑产人员在掌握了部分公民信息（多包括网络账号、密码）后，通过批量登录的方式，利用部分用户在不同互联网平台使用相同账户名和密码的习惯，获取用户多个网络账户名和密码，进而获取更多公民信息。这种通过技术手段非法获取公民个人信息的行为，首先符合侵犯公民个人信息罪的构成要件，应当以该罪论

① 关于该问题的争议，参见喻海松：《网络犯罪二十讲》，220 页，北京，法律出版社，2018。

处；同时，还要分析这种行为是否构成侵入计算机信息系统罪。根据我国《刑法》第285条的规定，非法获取计算机信息系统数据罪，是指违反国家规定，侵入国家事务、国防建设、尖端科学技术领域以外的计算机信息系统或者采用其他技术手段，获取该计算机信息系统中存储、处理或者传输的数据，情节严重的行为。因此，通过技术手段非法获取公民个人信息的行为，在通常情况下，都是通过侵入计算机信息系统而实现的，其所获取的公民个人信息都表现为计算机信息系统的数据，因而该行为同时构成非法获取计算机信息系统数据罪。在这种情况下，侵犯公民个人信息罪与非法获取计算机信息系统数据罪之间存在竞合关系，应当以一重罪处断。

2. 为恶意注册提供或者获取虚假的个人信息和身份资料行为的定性

在恶意注册黑色产业链中，恶意注册的账号可能是所谓白号，即并不存在真实主体的账号。那么，这种根据虚假的公民个人信息进行恶意注册的行为是否构成侵犯公民个人信息罪呢？根据最高人民法院和最高人民检察院《解释》第1条的规定："'公民个人信息'，是指以电子或者其他方式记录的能够单独或者与其他信息结合识别特定自然人身份或者反映特定自然人活动情况的各种信息，包括姓名、身份证件号码、通信通讯联系方式、住址、账号密码、财产状况、行踪轨迹等。"公民个人信息是自然人的信息，这里的自然人是否要求是真实存在的人，这是该问题的核心。从我国法律规定来看，对公民个人信息的保护，并不仅仅是对互联网秩序的保护，更为重要的是对公民个人隐私的保护，即对公民个人人身权利的保护。因此，侵犯公民个人信息罪的保护法益具有双重性：一方面是互联网的正常秩序；他方面是公民个人权利。例如《网络安全法》第1条规定："为了保障网络安全，维护网络空间主权和国家安全、社会公共利益，保护公民、法人和其他组织的合法权益，促进经济社会信息化健康发展，制定本法。"在此，《网络安全法》将公民个人的合法权益和互联网的安全同时规定为该法保护的客体。而侵犯公民个人信息罪就是对公民个人信息保护的最为重要的法律规定。因此，这里的公民个人信息是指真实存在的、能够与个人对应的信息，而不能包括非实名的，即并不真实存在的个人信息。此外，我国刑法中的伪造国家机关、公司、企业、事业单位、人民团体证件、印章罪，也以与其对应的真实的国家机关、公司、企业、事业单位、人民团体为前提。如果捏造并不存在的国家机关、公司、企业、事业单位、人民团体，并制作其印章，并不构成伪造国家机关、公司、企业、事业单位、人民团体证件、印章罪。因为该罪的保护法益是国家机关、公司、企业、事业单位、人民团体的信誉，这种信誉受损以这些单位真实存在为前提。如果并不存在这种单位，虽然这种伪造行为也会扰乱社会管理秩序，但并不会损害国家机关、公司、企业、事业单位、人民团体的信誉，因此不能构成该罪。基于以上论证，笔者认为，利用白号等非实名手机号卡进行注册的行为，不能构成侵犯公民个人信息罪。如果利用这些号卡进行其他犯罪活动的，应当以其他犯罪论处。

（二）利用公开渠道收集的公民个人信息进行恶意注册能否构成侵犯公民个人信息罪

在恶意注册产业链中，有些公民个人信息是通过公开途径收集的。在互联网环境中，大量公开场景提供了公开的公民信息和企业信息，例如通过遗失声明、转让申明等公开面登报的方式，可以获取相关公民个人身份证；通过部分企业信息查询 App、国家企业信用信息公示系统，亦可以获取到企业相关注册信息，而这些信息可能被利用在需要使用企业信息注册的场景之中。这里的问题是侵犯公民个人信息罪中的公民个人信息是否包括公开的公民个人信息？信息法律保护主要区分为两种模式，这就是美国的隐私保护模式和欧盟的人格权保护模式。隐私保护模式将公民个人信息保护理解为对公民个人隐私的保护，因此，如果已经公开的公民个人信息就不在保护之列。而人格权保护模式则认为，个人信息的保护是超越隐私保护利益范围的，它是对公民个人基本权利的保护，因此，即使是公开的个人信息也同样受到保护。我国学者指出：我国关于侵犯公民个人信息罪的司法解释第1条没有采用“涉及个人隐私信息”的表述，而是表述为“反映特定自然人活动情况的各种信息”。因此，公民个人信息不要求具有隐私的特征。即便相关信息已经公开，不属于个人隐私的范畴，仍然有可能成为公民个人信息。[①] 当然，对

① 参见喻海松：《网络犯罪二十讲》，214页，北京，法律出版社，2018。

于已经公开的公民个人信息可以成为侵犯公民个人信息中的个人信息，应当进行适当的限制。例如，被告人收集以广告形式出现的公民个人信息，进行加工并进行出卖，该行为是否构成收集公民个人信息罪呢？笔者的观点是不能构成该罪。因为虽然被告人收集的是公开的公民个人信息，但这些信息是从广告上收集来的，广告本身具有广而告之的性质，对于该信息进行传播并不侵犯公民个人信息权益。

（三）在涉及提供身份信息资料的场景，除认定为侵犯公民个人信息罪之外，能否认定为身份证类型犯罪

这里的身份证类型的犯罪，是指我国《刑法》第280条第3款规定的伪造、变造、买卖身份证件罪和第280条之一规定的使用伪造、变造、买卖的身份证件罪。这里的伪造、变造、买卖身份证件罪，是指伪造、变造、买卖居民身份证、护照、社会保障卡、驾驶证等依法可以用于证明身份的证件的行为。这里的使用伪造、变造、买卖的身份证件罪，是指依照国家规定应当提供身份证明的活动中，使用伪造、变造的或者盗用他人的居民身份证、护照、社会保障卡、驾驶证等依法可以用于证明身份的证件，情节严重的行为。在网络账号恶意注册黑色产业中，黑产人员利用伪造、变造的或者盗用他人的居民身份证、护照、社会保障卡、驾驶证等依法可以用于证明身份的证件进行虚假注册，当然可以构成上述身份证类型的犯罪。因为这里的使用行为，不仅包括伪造、变造、买卖身份证件的行为人自己使用，而且还包括其他明知是伪造、变造、买卖身份证件的人使用。因此，只要黑产人员恶意注册的行为符合上述犯罪的构成要件，就可以构成使用伪造、变造、买卖的身份证件罪。

（四）利用公民自愿提供的个人信息进行注册和身份绑定如何定罪

在现实生活中，社会上部分人员为生活所迫或对个人信息的安全意识不强，将自己的身份证、银行卡等信息以一定价格售卖给他人。这些公民个人信息被恶意注册黑产人员所利用，以少量金钱报酬利诱防范意识相对较差的老人，从而使对方自愿地出售个人信息甚至身份证件照片等。在这种公民个人自愿提供个人信息的情况下，不存在侵犯公民个人信息权益的问题，因此收购者和使用者的行为

不构成侵犯公民个人信息的犯罪。这些大批量地收购居民身份证等个人信息的行为，确实具有较大的社会危害性，但我国刑法对此没有明文规定，目前尚不构成犯罪。

三、恶意注册黑色产业链中游行为是否构成犯罪的评析

恶意注册黑色产业链的中游行为就是指广义上的恶意注册行为，这是恶意注册产业链的核心行为。行为人利用从接码平台处取得的手机号和验证码以及打码平台获得的图像验证码识别，利用公民信息、自动化运行工具和突破安全保护措施的工具，完成整个注册过程和养号过程。应当指出，我国刑法对于恶意注册行为本身并没有规定为犯罪，因此，不能对恶意注册行为直接定罪。然而，在我国刑法理论上，对于这种恶意注册行为能否通过法律解释方法，对其按照相关法律处罚，存在一定的争议。

（一）恶意注册黑产行为是否构成非法经营罪

恶意注册作为一种经营行为是否构成非法经营罪呢？恶意注册在我国已经形成一个黑色产业，黑产人员基于主观上的营利目的，专门从事恶意注册及养号活动，以此作为营利手段，这就提出了恶意注册黑产行为能否按照非法经营罪论处的问题。[①] 对恶意注册黑产行为按照非法经营罪论处观点[②]的主要理由，周光权教授归纳为三点：首先，非法经营罪观点认为，被告人的行为违反了关于实名制的国家规定。国家已经全面实施了网络服务实名制的规则。根据全国人大常委会《关于加强网络信息保护的决定》和《电话用户真实身份信息登记规定》（工业和信息化部令第25号），电话用户真实身份信息登记已于2013年9月1日起全面实施。2017年6月1日起施行《网络安全法》第24条亦明确规定了网络服务的

① 对此的争议，参见腾讯公司安全管理部刑事法律中心：《互联网账号恶意注册黑色产业治理报告》，38页。

② 以下简称非法经营罪观点。

前提是用户提供真实身份信息。由此，销售不具有实名的黑卡和利用黑卡注册不具有实名的互联网账号是违反了国家规定的行为。其次，被告人的行为违反了关于互联网服务的国家规定。依照全国人大常委会《关于维护互联网安全的决定》的规定，利用互联网实施该决定第 1 条、第 2 条、第 3 条、第 4 条所列行为以外的其他行为，构成犯罪的，依照刑法有关规定追究刑事责任。依照《互联网信息服务管理办法》，国家对经营性互联网信息服务实行许可制度，对非经营性互联网信息服务实行备案制度，未取得国家有关部门的许可，不得从事互联网有偿信息服务。提供互联网账号这一行为本身是互联网信息服务中的一种，恶意注册账号和养号群体虽然并非提供用户注册、使用账号的平台，但其行为实质上是为那些不通过自身注册账户的人员提供了账户服务，可以理解为一种互联网服务，由此也违反了关于互联网服务的国家规定。最后，恶意注册账号和养号产业的存在，客观上规避了通信及网络服务实名制的规定，其社会危害性是显而易见的。①

在以上三个理由中，前两个理由是违反国家规定，这是非法经营罪的规范构成要件要素，第三个理由是行为具有社会危害性，这是非法经营罪的实质处罚根据。根据我国《刑法》第 225 条的规定，非法经营罪是指违反国家规定，有下列非法经营行为之一，扰乱市场秩序，情节严重的情形：（1）未经许可经营法律、行政法规规定的专营、专卖物品或者其他限制买卖的物品的；（2）买卖进出口许可证、进出口原产地证明以及其他法律、行政法规规定的经营许可证或者批准文件的；（3）未经国家有关主管部门批准非法经营证券、期货、保险业务的，或者非法从事资金支付结算业务的；（4）其他严重扰乱市场秩序的非法经营行为。值得注意的是，非法经营罪以违反国家法律规定为前提，即使是《刑法》第 225 条第 4 项的兜底规定，即其他严重扰乱市场秩序的非法经营行为，也应当以违反国家法律规定为前提，它只是对于某种经营行为属于国家法律所禁止，只是刑法没有将这种国家法律所禁止的经营行为列入《刑法》第 225 条的规定。在这种情况

① 参见周光权：《刑法软性解释的限制与增设妨碍业务罪》，载《中外法学》，2019（4）。这里应当指出，周光权教授并不赞同该观点。

下，司法机关可以援引第 4 项的规定，以其他严重扰乱市场秩序的非法经营行为而认定为非法经营罪。

对于恶意注册黑产行为来说，该行为本身具有较大的法益侵害性，在刑法上具有处罚必要性，这是没有争议的。同时，这里所讨论的恶意注册黑产行为并不是单一个人违反网络注册实名制的虚假注册行为，而是指以营利为目的，进行产业化的网络恶意注册黑产行为，因而具有经营活动的性质，符合非法经营罪所要求的经营行为的特征。恶意注册黑产行为能否按照非法经营罪论处，关键在于是否具备违反国家法律的规范构成要件要素。非法经营罪观点援引我国关于网络注册实名制的规定，以此论证恶意注册黑产行为违反国家规定。非法经营罪观点认为恶意注册黑产行为违反国家规定，其逻辑是：我国法律确立了网络注册实名制，而恶意注册黑产行为违反了网络注册实名制，因而恶意注册黑产行为违反国家规定。笔者认为，这个逻辑推理是难以成立的。非法经营罪的违反国家规定，是指违反国家法律的禁止性规定。因此，违反国家规定应当根据国家规定的具体内容进行判断。在非法经营罪观点列举的国家规定中，《电话用户真实身份信息登记规定》是工业和信息化部颁布的，属于部门规章，不能认定为非法经营罪规范构成要素中的国家规定。其他法律或者行政法规属于国家法律规定。《关于加强网络信息保护的决定》的立法宗旨在于保障公民个人网络信息安全，其第 6 条涉及网络注册实名制，指出："网络服务提供者为用户办理网站接入服务，办理固定电话、移动电话等入网手续，或者为用户提供信息发布服务，应当在与用户签订协议或者确认提供服务时，要求用户提供真实身份信息。"在此，法律规范的主体是网络服务提供者，因而违法的主体也是网络服务提供者。根据这一规定，不能认为公民没有提供真实身份信息是违法行为，因而不存在违反国家规定的问题。同样，《国家安全法》也并没有将个人在网络注册时没有提供真实身份信息行为规定为违法。至于《关于维护互联网安全的决定》第 1、2、3、4 条提示性规定的各种应当追究刑事责任的网络违法行为，也不包括网络恶意注册行为。至于第 5 条关于利用互联网实施该决定第 1 条、第 2 条、第 3 条、第 4 条所列行为以外的其他行为，构成犯罪的，依照刑法有关规定追究刑事责任的规定，是一个兜底性规定，不能据此认定个人恶意注册行为违反国家规定。不仅如此，我国法律也并没有对经营性的恶意注册黑产行为的禁止性明文规定，因而恶意注册黑产行为也缺乏违反国家法律规定的根据。此外，非法经营罪观点还论及《互联网信息服务管理办法》规定国家对经营性互联网信息服务实行许可制度，这一规定与网络恶意注册是否违法并没有关系，而只是涉及恶意注册黑产人员以营利为目的，为他人违法犯罪活动提供恶意注册的互联网账户行为是否构成非法经营罪的问题。基于以上分析，笔者认为网络恶意注册行为不具备违反国家规定的规范构成要件要素，根本就不存在适用《刑法》第 225 条的规范基础，因而不能构成非法经营罪。

（二）批量自动化注册行为是否构成侵害计算机信息系统罪

我国《刑法》第 285 条第 2 款规定的非法获取计算机信息系统数据罪，是指违反国家规定，侵入国家事务、国防建设、尖端科学技术领域以外的计算机信息系统或者采用其他技术手段，获取该计算机信息系统中存储、处理或者传输的数据的行为。非法控制计算机信息系统罪，是指对计算机信息系统实施非法控制，情节严重的行为。我国《刑法》第 285 条第 3 款规定的提供侵入、非法控制计算机信息系统程序、工具罪，是指提供专门用于侵入、非法控制计算机信息系统的程序、工具，或者明知他人实施侵入、非法控制计算机信息系统的违法犯罪行为而为其提供程序、工具，情节严重的行为。上述三种犯罪都是侵害计算机信息系统的犯罪，具有对计算机信息系统重大的危害性。在现实生活中，存在批量自动化注册的程序、工具，这些程序、工具如果只是追求注册的速度，并没有进入计算机信息系统，则不涉及侵害计算机信息系统的犯罪。但如果具有在软件客户端修改程序的功能，因而能够进入计算机信息系统，则可以理解为侵入和非法控制计算机信息系统，并且提供该种功能和程序的行为，可以认定为《刑法》285 条第 3 款规定的提供侵入、非法控制计算机信息系统程序、工具罪。例如 2018 年 10 月浙江省兰溪市人民法院作出（2018）浙 0781 刑初第 300 号刑事判决书，对首例恶意注册账号案进行宣判。在该案中，被告人汤某某制作畅游注册机. exe 注册软件用于出售获利，该畅游注册机. exe 软件能够实现自动产生注册信息并通过第三方平台获取手机号，以数据包方式发送给畅游注册平台服务器，借助第三方平台自动将获取的手机验证码发送回畅游注册平台完成批量注册，对畅游注册平台的正常操作流程和正常运行方式能造成干扰，属于破坏性程序。法院经审理以提供侵入、非法控制计算机信息系统程序、工具罪对各被告人定罪处罚。① 上述案件虽然被称为首例恶意注册账号案，但这并不意味着恶意注册行为可以入罪，而只是恶意注册的手段行为触犯法律而被入罪。

（三）为实施犯罪而恶意注册黑产行为是否构成帮助信息网络犯罪活动罪

依据我国《刑法》第287条之二的规定，帮助信息网络犯罪活动罪是指明知他人利用信息网络实施犯罪，为其犯罪提供互联网接入、服务器托管、网络存储、通讯传输等技术支持，或者提供广告推广、支付结算等帮助，情节严重的行为。由此可见，帮助信息网络犯罪活动罪的构成要件是：第一，客观上具有帮助信息网络犯罪活动的行为。这里的帮助信息网络犯罪活动的行为是指为他人的互联网犯罪提供互联网接入、服务器托管、网络存储、通讯传输等技术支持，或者提供广告推广、支付结算等帮助。第二，主观上具有对他人利用信息网络实施犯罪的明知。第三，情节严重，这是该罪的罪量要素。只有同时具备以上三个条件，才能构成该罪。

帮助信息网络犯罪活动罪在立法上具有帮助行为正犯化的性质，因而涉及该罪与互联网犯罪的共犯之间的区分问题。从共犯理论上来说，明知他人犯罪而提供帮助的，构成帮助犯，而帮助犯属于共犯。但立法机关考虑到某些帮助行为的特殊性，将这种帮助行为直接规定为正犯。例如我国刑法规定了组织卖淫罪，但同时又规定了协助组织卖淫罪。这里的协助组织卖淫罪其实就是组织卖淫罪的帮助犯，但刑法将其设立为单独犯罪。帮助信息网络犯罪活动罪也是如此：在该罪设立之前，我国司法实践都把这种网络犯罪的帮助行为按照共犯处理。但考虑到网络犯罪的帮助行为具有其特殊性，因而我国刑法单独设立了帮助信息网络犯罪

① 参见周光权：《首例“恶意注册账号案”评析：互联网黑灰产源头之恶的刑法规制》，载 https://www.sxls.com/eyizhuce.html。

活动罪。在该罪设立之后，网络犯罪的帮助行为就不再以共犯论处，而是以帮助信息网络犯罪活动罪论处。

恶意注册黑产行为是否可以构成帮助信息网络犯罪活动罪，首先要考察他人行为是否属于网络犯罪活动，其次还要考察行为人对于网络犯罪是否明知。从恶意注册行为黑产的性质来看，具有帮助性质，如果其帮助的对象属于信息网络犯罪活动，则可以构成帮助信息网络犯罪活动罪。

四、恶意注册黑色产业链下游行为是否构成犯罪的评析

恶意注册黑色产业链的下游行为是指出售恶意注册的账号，以及利用恶意注册的账号从事各种违法犯罪活动。这里的出售恶意注册的账号行为，其实就是恶意注册账号的营利行为，因而这是一个是否构成非法经营罪的问题。笔者认为，在刑法对此没有明文规定的情况下，难以按照非法经营罪论处。在此，主要讨论他人利用恶意注册的账号从事非法活动的定罪问题。

（一）利用恶意注册的账号从事网络正向炒信刷单行为是否构成非法经营罪

网络正向炒信刷单，是指虚构交易量，以此提高商户的信誉，因此该行为具有不正当竞争的性质。这里应当指出，网络正向炒信刷单，既可能是利用真实互联网账户，也可能是利用恶意注册的互联网账号。在利用恶意注册的互联网账号进行网络正向炒信刷单的情况下，就离不开恶意注册黑色产业的支撑。尤其是某种大规模的炒信刷单，背后都存在恶意注册黑色产业的背景。例如，在电商平台存在大量恶意注册账号，它不仅影响了个别商家的商誉，而且使电商平台的评价机制受到根本动摇，互联网场景的诚信体系遭受根本破坏。然而，随着刷单、刷量黑产的逐步成熟，提供的刷单服务日趋细化，并且刷手所使用的电商账号大多与正常买家无异，导致电商平台识别刷单行为需要提取更多的维度特征加以分析，给平台识别刷单带来诸多难题。[①]

① 参见腾讯公司安全管理部刑事法律中心：《互联网账号恶意注册黑色产业治理报告》，7页。

这种利用恶意注册的账号进行网络炒信刷单，具有对网络交易秩序的破坏性，因而在刑法上如何惩治是一个值得研究的问题。从我国司法实践情况来看，对于网络正向炒信刷单行为，涉及是否构成非法经营罪的问题。

正向炒信刷单具有组织性，并且已经成为一种黑色产业，相关商家专门有组织地从事炒信刷单，以此作为一种经营活动。对此，我国有的法院将这种网络正向炒信刷单行为认定为非法经营罪。例如 2013 年，李某某通过创建零距网商联盟网站，利用 YY 语音聊天工具建立刷单炒信平台，吸纳淘宝卖家注册账户成为会员，并收取 300 元至 500 元不等的保证金和 40 元至 50 元的平台管理维护费及体验费。该案被告人李某某组织炒信刷单的行为被法院认定为非法经营罪，判处有期徒刑 5 年 6 个月。这个案件的争议焦点在于如何认定非法经营罪所要求的违反国家规定。对此，法院判决认为，全国人民代表大会常务委员会《关于维护互联网安全的决定》系全国人民代表大会常务委员会制定的决定，《互联网信息服务管理办法》系国务院令，依法均属于《刑法》第 96 条规定的国家规定的范畴。被告人李某某创建并经营的零距网商联盟以收取平台维护管理费、体验费、销售任务点等方式牟利，属于提供经营性互联网信息服务，根据《互联网信息服务管理办法》的相关规定，应当取得互联网信息服务增值电信业务经营许可证。本案中，炒信行为即发布虚假好评的行为虽系在淘宝网上最终完成，但被告人李某某创建炒信平台，为炒信双方搭建联系渠道，并组织淘宝卖家通过该平台发布、散播炒信信息，引导部分淘宝卖家在淘宝网上对商品、服务作虚假宣传，并以此牟利，其主观上显具在淘宝网上发布虚假信息的故意，且系犯意的提出、引发者，客观上由平台会员即淘宝卖家实施完成发布虚假信息，其行为符合全国人民代表大会常务委员会《关于维护互联网安全的决定》第 3 条规定的“利用互联网对商品、服务作虚假宣传”，构成犯罪的，依照刑法有关规定追究刑事责任。对于该案，首先涉及《关于维护互联网安全的决定》的内容是否属于罪状规定的问题。如果属于罪状，当然可以以此作为定罪根据；如果不是罪状，则不能作为定罪根据。综观《关于维护互联网安全的决定》，只是对利用互联网实施犯罪的提示性规定，而不是罪状规定。具体到第 3 条利用互联网对商品、服务作虚假宣传构成犯罪的规定，这里的构成犯罪只能是构成诈骗类犯罪。至于《互联网信息服务管理办法》，确实规定了国家对经营性互联网信息服务实行许可制度。但这里所说的互联网信息服务，是指通过互联网向上网用户提供信息的服务活动。其中，经营性互联网信息服务是指通过互联网向上网用户有偿提供信息或者网页制作等服务活动。这种服务本身具有中立性：如果取得许可即为合法，未取得许可即为非法。而提供虚假交易的炒信刷单并不是这里的互联网信息服务，因为这种活动本身具有非法性，不可能取得许可而成为合法。因此，不能简单地认为炒信刷单行为违反国家规定。2017 年修订的《反不正当竞争法》第 20 条第 1 款将对其商品作虚假或者引人误解的商业宣传，或者通过组织虚假交易等方式帮助其他经营者进行虚假或者引人误解的商业宣传的行为规定为不正当竞争的行为，由此获得违法性。然而，在《反不正当竞争法》修订以后，这种正向炒信刷单仍然不能当然构成非法经营罪，而是有待法律对此加以明确规定。

（二）利用恶意注册的账号从事网络反向炒信刷单行为是否构成破坏生产经营罪

网络反向炒信刷单则是指进行恶意交易或者给予差评，以此损害商户的商誉，因此该行为具有毁坏商誉的性质。在我国刑法理论上，对于网络反向炒信刷单行为，一般以破坏生产经营罪论处。例如南京反向炒信案：被告人董某为谋取市场竞争优势，指使谢某多次以同一账号恶意大量购买北京智齿公司南京分公司淘宝店铺商品，致使淘宝公司错误判定该店铺从事虚假交易，进而对其商品作出搜索降权的处罚，造成消费者无法通过淘宝网搜索到该公司在淘宝网店铺的商品，从而严重影响到该公司的正常经营活动，并由此造成了 10 万余元的经济损失。南京市雨花台区法院一审认为，被告人董某、谢某出于打击竞争对手的目的，其行为属于以其他方法破坏生产经营活动，构成破坏生产经营罪。网络反向炒信刷单行为能否被认定为破坏生产经营罪，关键在于如何理解破坏生产经营罪的性质，以及如何解释。根据我国《刑法》第 276 条的规定，破坏生产经营罪是指由于泄愤报复或者其他个人目的，毁坏机器设备、残害耕畜或者以其他方法破坏生产经营的行为。在刑法理论上，破坏生产经营罪属于毁坏型财产犯罪，而不是经营性财产犯罪。之所以误解为经营性犯罪，主要是被罪状与罪名中“破坏生产经营”的表述所误导。高铭暄教授在论及1979年刑法中破坏集体生产罪和故意毁坏公私财物罪的关系时指出：“前者的目的破坏生产，而毁坏机器设备等只不过是为了达到破坏生产的目的所使用的方法；后者则不直接破坏生产，故意的内容是毁坏公私财物本身。”① 由此可见，在1979年刑法中，破坏集体生产罪和故意毁坏公私财物罪之间就是一种法条竞合关系：前者是以破坏集体生产为目的的故意毁坏公私财物行为。在1997年刑法修订中，将破坏集体生产罪从刑法分则第三章移入刑法分则第五章，使其成为侵犯财产罪，并且罪名也相应修改为破坏生产经营罪。而将故意毁坏公私财物罪的罪名中的“公私”二字删去，修改为故意毁坏财物罪。在1997年刑法中，破坏生产经营罪和故意毁坏财物罪之间的法条竞合关系更为明显。故意毁坏财物罪的手段——毁坏机器设备、残害耕畜，是一种毁坏工农业领域生产资料的行为，因而破坏生产经营罪中的“其他方法”也应当同类解释为毁坏其他生产领域的生产资料的方法。例如，对计算机公司来说，砸毁计算机就属于破坏生产经营罪的“其他方法”。如果破坏计算机信息系统，尽管也会对计算机公司的生产经营造成损失，但该行为不构成破坏生产经营罪，而是构成破坏计算机信息系统罪。在网络反向炒信刷单案中，董某等人通过虚假交易，严重影响到受害公司的正常经营活动，但并没有任何财物受到毁坏。南京中院二审认为，上诉人董某等人具有报复及从中获利的主观目的，客观上实施了通过损害他人商业信誉的方式破坏生产经营的行为，实际造成被害单位10万余元的经济损失，而且上诉人的行为与财产损失之间具有因果关系，其行为符合破坏生产经营罪的构成要件，应以破坏生产经营罪定罪处罚。在此，二审判决认定，在本案中董某等人破坏生产经营罪的“其他方法”表现为“损害他人商业信誉”。显然，商业信誉并不是财物，不可能成为毁坏型财产犯罪的侵害客体。在我看来，本案属于妨害业务行为，而我国目前刑法中妨害业务罪的立法缺失，导致对于这种行为不具有处罚根据。值得注意的是，我国学者从刑法解释的与时

① 高铭暄：《中华人民共和国刑法的孕育诞生和发展完善》，107页，北京，北京大学出版社，2012。

俱进的角度提出了肯定性的解释结论，认为将破坏生产经营罪中的“其他方法”的对象限定于与机器设备、耕畜类似的生产资料，将行为方式限定于暴力、物理性的破坏方式，这完全是停留于农耕社会和机器工业时代的固有思维和解释水平，不能适应如今以第三产业为主体的后工业社会和网络时代的要求。这些学者认为，“其他方法”并不限于破坏工农业生产资料，而是只要危害行为侵犯了生产经营者基于生产经营的利益，就可以认为是“其他方法”[①]。这是一种客观主义的解释立场，不同于主观主义的解释立场。我国刑法理论和司法实践中一般都坚持这种客观解释论，对此并没有问题。问题在于：如何限定刑法解释的边界？我国学者周光权教授将这种解释称为软性解释，并将其归结为类推解释，指出：如果不考虑刑法客观解释的限度，破坏生产经营罪势必会沦为口袋罪。反向刷单客观上会造成竞争对手的损失，但被告人的行为手段是损害他人的商业信誉和商品声誉，而不是故意毁坏他人的生产资料。换言之，反向刷单的手段行为并不符合破坏生产经营罪的客观构成要件，对其行为，在刑法增设妨害业务罪这一新罪之前，按照《网络交易管理办法》（2014 年 1 月 26 日国家工商行政管理总局颁布）第 19 条第 4 项的规定，网络商品经营者、有关服务经营者销售商品或者服务，不得利用网络技术手段或者载体等方式，以虚构交易、删除不利评价等形式，为自己或他人提升商业信誉，因此对该类行为处以行政处罚可能更为合适。[②] 对于这种观点，笔者是完全赞同的。虽然刑法对破坏生产经营罪设置了“其他方法”的兜底式规定，但并不意味着这里的“其他方法”可以不受任何限制，否则，就会违反罪刑法定原则。

（三）恶意注册虚假账号的利用行为是否构成非法利用信息网络罪？

恶意注册虚假账号的利用行为可以分为两种：第一种是营利活动，例如，“褥羊毛”，即不以正常消费为目的，将获取优惠卡券作为牟利途径，通过机器批量获取的方式，在短时间内大量囤积优惠券，再高价倒卖给需要优惠券的用户赚

① 陈洪兵：《双层社会背景下的刑法解释》，载《法学论坛》，2019（2）。

② 参见周光权：《刑法软性解释的限制与增设妨害业务罪》，载《中外法学》，2019（4）。

取差价获利。第二种是违法犯罪活动，例如黑产人员注册利用大量非实名账号，冒充特定身份，购买公民个人信息，精准定位目标人群，使用自动化工具添加好友，编造话术和剧本，对被害人实施精准诈骗。[①] 当黑产人员利用恶意注册的账号从事诈骗等违法犯罪活动的时候，就存在其行为是否构成非法利用信息网络罪的问题。

根据我国《刑法》第 287 条之一的规定，非法利用信息网络罪是指利用信息网络实施下列行为之一，情节严重的情形：（1）设立用于实施诈骗、传授犯罪方法、制作或者销售违禁物品、管制物品等违法犯罪活动的网站、通讯群组的；（2）发布有关制作或者销售毒品、枪支、淫秽物品等违禁物品、管制物品或者其他违法犯罪信息的；（3）为实施诈骗等违法犯罪活动发布信息的。从上述规定可知，我国刑法中的非法利用信息网络罪，是利用网络实施某种犯罪。例如《刑法》第 287 条之一所列举的诈骗、传授犯罪方法、制作或者销售违禁物品、管制物品等违法犯罪，销售毒品、枪支、淫秽物品等违禁物品、管制物品或者其他违法犯罪，诈骗等违法犯罪，实际上是将这些犯罪的预备行为规定为犯罪。因此，恶意注册行为能否构成非法利用信息网络罪，关键问题在于对利用行为的违法犯罪性质的判断。

（本文原载《清华法学》，2019（6））

① 参见腾讯公司安全管理部刑事法律中心：《互联网账号恶意注册黑色产业治理报告》，6 页。

组织男性从事同性性交易行为之定性研究

——李宁案的分析

我国刑法中有组织卖淫罪之规定，按照通常理解，这里的卖淫是女性向男性出卖肉体。但在现实生活中同性之间性交易的行为时有发生，那么，组织男性从事同性性交易的行为是否构成组织卖淫罪呢？在李宁案①的审理过程中凸现出对这个问题的争议，尤其是该案在媒体上披露以后，更是引起社会的广泛关注。本文试图通过对李宁案的分析，阐明刑法解释的立场与方法，以及在罪刑法定原则下刑法解释的限度问题。

一、案情及诉讼过程

被告人李宁，男，1970年10月17日出生，汉族，中专文化，系南京耀身公关礼仪服务中心、南京“正麒”演艺吧业主。因涉嫌犯组织卖淫罪于2003年8月18日被刑事拘留，同年9月25日被取保候审，同年10月24日被逮捕。

① 本案例载于最高人民法院刑一庭、刑二庭编：《刑事审判参考》，2004年第3辑，137～142页，北京，法律出版社，2004。

江苏省南京市秦淮区人民检察院以被告人李宁犯组织卖淫罪，向南京市秦淮区人民法院提起公诉。

江苏省南京市秦淮区人民法院依法经不公开审理查明：

2003年1月至8月，被告人李宁为营利，先后与刘超、冷成宝等人预谋后，采取张贴广告、登报的方式招聘男青年做"公关人员"，并制定了"公关人员管理制度"。该"管理制度"规定："公关人员"台费每次80元，包间费每人50元（由客人付），包房过夜费每人100元；最低出场费每人200元，客人将"公关人员"带离工作场地超过30分钟，"公关人员"可索要出场费并交纳80元；客人投诉某一"公关人员"超过3次，除对该人员罚款外，还立即除名；"公关人员"上岗前需交纳管理费200元和身份证原件，上岗后需交纳押金300元；符合管理规定，离店时押金全部退还；离店需提前15天书面申请，否则不退押金；"公关人员"上岗前须经检查、培训，服务前自备用具；必须服从领导，外出30分钟必须向经理请假，经经理或管理人员同意后方可外出，违者罚款80元；出场后，次日下午2：00前必须报到，每天下午2：00、晚7：30、夜3：00点名，点名不到罚款80元；等等。李宁指使刘超、冷成宝对"公关先生"进行管理，并在其经营的"金麒麟"、"廊桥"及"正麒"酒吧内将多名"公关先生"多次介绍给男性顾客，由男性顾客将"公关人员"带到南京市"新富城"大酒店等处从事同性卖淫活动。

被告人李宁辩称，其行为不构成犯罪。其辩护人提出，刑法及相关司法解释对同性之间的性交易是否构成卖淫未作明文规定，而根据有关辞典的解释，卖淫是指"妇女出卖肉体"的行为。因此，组织男性从事卖淫活动的，不属于组织"卖淫"，不危害社会公共秩序和良好风尚；依照罪刑法定原则，李宁的行为不构成犯罪。

江苏省南京市秦淮区人民法院认为：被告人李宁以营利为目的，招募、控制多人从事卖淫活动，其行为已构成组织卖淫罪，依法应予严惩。被告人李宁关于其行为不构成犯罪的辩解，其辩护人关于卖淫不包括男性之间的性交易的辩护意见不能成立。依据我国刑法规定，组织卖淫罪是指以招募、雇用、引诱、容留等手段，控制、管理多人从事卖淫的行为；组织他人卖淫中的“他人”，主要是指女性，也包括男性。被告人李宁以营利为目的，组织“公关人员”从事金钱与性的交易活动，虽然该交易在同性之间进行，但该行为亦为卖淫行为，亦妨害了社会治安管理秩序，破坏了良好的社会风尚，故李宁的行为符合组织卖淫罪的构成条件。据此，依照《中华人民共和国刑法》第358条、第64条之规定，于2004年2月17日判决如下：(1) 被告人李宁犯组织卖淫罪，判处有期徒刑8年，罚金人民币6万元。(2) 被告人李宁违法所得1 500元予以追缴。

一审判决作出后，被告人李宁不服，以组织同性卖淫不构成犯罪、量刑过重为由，向江苏省南京市中级人民法院提出上诉。

江苏省南京市中级人民法院经审理认为，原审判决认定上诉人李宁的犯罪事实清楚，证据确实、充分，适用法律正确，审判程序合法，应予维持。上诉人李宁所提上诉理由不能成立。据此，依照《中华人民共和国刑事诉讼法》第189条第1项之规定，于2004年4月30日裁定如下：驳回上诉，维持原判。

二、争议问题及裁判理由

李宁案发生以后，其处理过程并非顺畅。根据有关媒体的报道[①]，2003年8月17日，李宁等人归案。警方根据李宁等人的口供，以及掌握的其他证据，以涉嫌组织卖淫罪、协助组织卖淫罪，将李宁等人刑事拘留，随后向检察机关提请批捕。警方向检察机关提请批捕后，对案件如何定性出现了争议。秦淮区人民检察院经过再三研究，最终认定刑法对组织同性卖淫行为没有明确界定，按照“法无明文规定不为罪”的法律原则，李宁等人的行为并不构成组织卖淫罪，李宁等人应当“无罪释放”。此前，鉴于此类案件的特殊性，四川省成都市人民检察院曾拒绝受理同性恋卖淫案件。由于李宁这起案件比较少见，警方为慎重起见，特地请教了南京市一些法律界人士。南京大学法学院刑法学教授、江苏省刑事辩护

① 参见李飞等：《定性一波三折，凸显法律盲点》，载《人民法院报》，2004-02-07，4版。

委员会主任孙国祥和南京市律师协会副会长薛济民律师都认为《刑法》第358条规定的“组织他人卖淫”行为中的“他人”并没有特指女人，就应该理解为包括男人。因此，对李宁就应按有罪论处。同时，警方还找出了全国其他城市的类似判例。检察院认为，上海等地对类似案件作出的有罪判决，并没有请示立法机关或相关上级司法机关，因此不具有借鉴性和参照性。此外，法律界人士的观点属学理解释，也不宜引用。所以，李宁等人应被“无罪释放”。之后，检察院作出不批捕决定。按法律规定，李宁等人必须在最长刑事拘留时间30天之内获释，否则就算超期羁押。不得已，警方按法律规定，在向检察院申请复议的同时，将李宁等人释放。复议的最终结果是，检察院维持原来的意见。鉴于这起案件的特殊性，检察院、警方将案件向上级部门作了汇报。在江苏省政法委的协调下，江苏省级政法部门召开了案件研讨会。江苏省政法委有关负责人认为，李宁等人的行为已造成较为严重的社会危害，符合犯罪的基本特征，会议决定立刻由江苏省高级人民法院向最高人民法院请示。最高人民法院接到请示后随即向全国人大常委会作了汇报。2003年10月下旬，案件的特殊性引起了全国人大常委会的关注，全国人大常委会下属专业委员会听取案件汇报后，作出口头答复：组织男青年向同性卖淫，比照组织卖淫罪定罪量刑。由此可见，本案的最终定性经历了一个曲折的演变过程。本案争议的核心问题在于：组织男性从事同性之间性交易活动的，是否构成组织卖淫罪？而这个问题，又直接与卖淫一词的界定相关。法院将李宁组织男性从事同性之间性交易活动的行为认定为组织卖淫罪的裁判理由如下。

组织卖淫罪，是指组织他人卖淫的行为。所谓“组织”，根据1992年12月11日最高人民法院、最高人民检察院《关于执行〈全国人民代表大会常务委员会关于严禁卖淫嫖娼的决定〉的若干问题的解答》第2条的规定，是指以招募、雇佣、强迫、引诱、容留等手段，控制多人从事卖淫的行为。所谓“他人”，从有关卖淫嫖娼犯罪的立法沿革不难看出，应当是既包括女性，也包括男性。但是，何谓“卖淫”？对此，刑法本身及相关立法、司法解释均未作出明确界定。

本案中，被告人李宁的行为从其方式、对象看，显然符合组织卖淫罪的特征。具体而言：(1) 李宁通过张贴广告、登报的方式招聘多名男青年做"公关人员"，并为他们制定了严格的"管理制度"进行约束。从"管理制度"的内容看，这些所谓"公关人员"的活动均由李宁及其同伙刘超、冷成宝等人安排、布置、调度，亦即均在李宁等人的控制之下。由此可见，李宁的行为明显属于"组织"行为。(2) 李宁组织的虽是男性"公关人员"，但如前所述，组织卖淫罪的对象也可以是男性。因此，从对象上看，李宁的行为也符合组织卖淫罪的特征。但是，李宁组织下的男性"公关人员"所从事的活动是否属于、能否认定为"卖淫"呢？这是本案争执的焦点。在此问题上，辩方给出了否定的回答。其主要理由是，根据有关辞典的解释，"卖淫"是指妇女出卖肉体的行为，而涉案男性"公关人员"所从事的活动不符合这一特点；李宁的行为不构成组织卖淫罪。但控方及审判机关则作出了肯定的回答。他们认为，同性之间的金钱与性的交易活动，也属于"卖淫"的一种；对被告人李宁应当以组织卖淫罪论处。

笔者赞同本案两审法院的意见。笔者认为，"卖淫"，就其常态而言，虽是指女性以营利为目的，与不特定男性从事性交易的行为。但随着立法的变迁，对于男性以营利为目的，与不特定女性从事性交易的行为，也应认定为"卖淫"。而随着时代的发展、社会生活状况的变化，"卖淫"的外延还可以、也应当进一步扩大，亦即还应当包括以营利为目的，与不特定同性从事性交易的行为（为论述方便，以下简称此种卖淫行为为"同性卖淫"）。对"卖淫"作如上界定，并不违背刑法解释原理和罪刑法定原则，相反，是刑法立法精神的当然要求，主要理由是：

(1) 如上所述，至今，刑法本身及相关立法、司法解释均未对刑法中"卖淫"一词的内涵作出过明确界定，均未曾明确限定"卖淫"仅限于异性之间的性交易行为。鉴于此，认为"卖淫"也包括同性卖淫，并不与现行立法和有效刑法解释相抵触，或者说，至少在形式上并不违背罪刑法定原则。

(2) 由于种种原因，辞典，尤其是非专业性辞典对某一刑法用语的解释，往往与我们对该刑法用语所作的规范解释不尽一致，有的甚至与刑法本身规定相冲突。例如，根据有关辞典的解释，"卖淫"是指"妇女出卖肉体"，而如上所述，在《关于严禁卖淫嫖娼的决定》作出后，刑法中的“卖淫”已明显不只限于妇女出卖肉体，也包括男性出卖肉体。再如，根据有关辞典的解释，“抢劫”是指“以暴力把别人的东西夺过来，据为己有”。这一解释，不仅明显与《刑法》第263条关于抢劫是“以暴力、胁迫或者其他方法”强行劫取公私财物的规定不尽一致，同时也模糊了抢劫与抢夺之间的界限，等等。此种状况表明，辞典对刑法用语的解释不能成为我们办理具体案件的“法律依据”；不能以辞典的解释取代我们对刑法用语的规范解释；对刑法用语作出不同于辞典解释的专业解释并不必然违背罪刑法定原则，相反，在有些场合下，是坚持罪刑法定原则的当然要求。

（3）笔者认为，刑法所规定的“卖淫”的本质特征在于，其是以营利为目的，向不特定的人出卖肉体的行为。至于行为人的性别是男是女，以及其对象是异性还是同性，均不是判断、决定行为人的行为是否构成“卖淫”所要考察的因素。之所以这样理解，是因为无论是女性卖淫还是男性卖淫，无论是异性卖淫还是同性卖淫，均违反了基本伦理道德规范，毒害了社会风气，败坏了社会良好风尚。从此角度看，将同性卖淫归入“卖淫”范畴，以组织卖淫罪追究组织同性卖淫的行为人的刑事责任，并不违背而是完全符合刑法有关卖淫嫖娼犯罪规定的立法精神。

（4）根据刑法解释原理，对于刑法用语，应当适应社会发展，结合现实语境，作出符合时代一般社会观念和刑法精神的解释。这并不违背罪刑法定原则，相反，是贯彻罪刑法定的当然要求。因为：其一，一个词的通常的意义是在逐渐发展的，在事实的不断再现中形成的；法律制定以后，其所使用的文字还会不断产生新的含义；任何一种解释如果试图用最终的、权威性的解释取代基本文本的开放性，都会过早地吞噬文本的生命；在解释刑法时，必须正视刑法文本的开放性，适应社会生活事实的发展变化，科学界定法律用语的准确含义，不能将“熟悉与必须”相混淆，否则便会人为窒息刑法的生命，使刑法惩治犯罪、保护法益的功能无法有效实现。其二，坚持罪刑法定原则不仅要求做到“法无明文规定不为罪，法无明文规定不处罚”，也要求做到“法有明文规定应为罪，法有明文规定应处罚”。同时，将罪刑法定原则中的“法无明文规定”曲解为“法无明确规定”是教条的、错误的，在有的场合下，甚至可以说在很多场合下，即使刑法本身及有权刑法解释对某些行为（实质是某些刑法用语）未作出明确、具体的规定，但若能在准确把握刑法精神、科学运用刑法解释原理的前提下，将该行为解释进刑法的明文规定之中，对该行为进行定罪处罚则并不违反罪刑法定原则，相反，恰恰是贯彻罪刑法定原则的当然要求。据此，结合目前社会生活事实的发展变化——已出现同性卖淫行为，现时代一般社会观念对男性之间以营利为目的的性交易行为的认识——人们已习惯用同性“卖淫”来指称这种现象，以及刑法精神——禁止任何有伤风化的淫媒行为，以组织卖淫罪追究本案被告人李宁的刑事责任，是符合罪刑法定原则的。

三、刑法解释的立场探究

李宁案能否定罪的关键是如何解释卖淫一词，裁判理由赞同两级法院对卖淫一词的解释，指出：“对于刑法用语，应当适应社会发展，结合现实语境，作出符合同时代一般社会观念和刑法精神的解释。这并不违背罪刑法定原则，相反是贯彻罪刑法定原则的当然要求。”这一阐述涉及刑法解释与罪刑法定原则的关系以及作者在刑法解释论上的立场，对此有必要加以适当分析。

刑法解释与罪刑法定原则的关系，确实是一个十分重要且又微妙的问题。从历史上看，罪刑法定原则的首倡者恰恰都是以反对刑法解释而著称的，由此表明其立于刑法解释与罪刑法定相对立的立场。例如，孟德斯鸠指出：“在共和国里，政制的性质要求法官以法律的文字为依据；否则在有关一个公民的财产、荣誉或生命的案件中，就有可能对法律作有害于该公民的解释了。”[①] 根据孟德斯鸠的观点，法律是不经解释就可以直接适用的，解释会有损于法律的原意。而贝卡里亚更是从罪刑法定原则出发得出结论：刑事法官根本就没有解释刑事法律的权力，因为他们不是立法者。贝卡里亚深入地阐述了否定法官的法律解释权的理

① ［法］孟德斯鸠：《论法的精神》，张雁深译，76页，北京，商务印书馆，1961。

由，指出：“‘法律的精神需要探询’，再没有比这更危险的公理了。采纳这一公理，等于放弃了堤坝，让位给汹涌的歧见。在我看来，这个道理已被证实。而在凡人看来却似乎是奇谈怪论，他们往往只感触到眼前的一些小麻烦，却察觉不出在一个国家已根深蒂固的荒谬原则所产生的致命而深远的结果。我们的知识和我们的观念是相互联系的，知识愈是复杂，观点的差距也愈大。每个人都有自己的观点，在不同的时间里，会从不同的角度看待事物。因而，法律的精神可能会取决于一个法官的逻辑推理是否良好，对法律的领会如何；取决于他感情的冲动；取决于被告人的软弱程度；取决于法官与被侵害者间的关系；取决于一切足以使事物的面目在人们波动的心中改变的、细微的因素。所以，我们可以看到，公民的命运经常因法庭的更换而变化。不幸者的生活和自由成了荒谬推理的牺牲品，或者成了某个法官情绪冲动的牺牲品。因为法官把从自己头脑中一系列混杂概念中得出的谬误结论奉为合法的解释。我们还可以看到，相同的罪行在同一法庭上，由于时间不同而受到不同的惩罚。原因是人们得到的不是持久稳定的而是飘忽不定的法律解释。”① 这种法律不经解释即可直接适用的观点，是以存在一部明确而完备的刑法典为前提的，即一切事宜均已在刑法典中明白无误地加以规定。在这种情况下，刑法当然不经解释即可直接适用，解释反而添乱。但是，这一前提是根本不存在的。就像本案中涉及的卖淫这一概念，在法律规定上不可谓不明确，但一旦涉及具体案件，就会出现卖淫是否包括同性之间的性交易这样一些疑难问题，而刑法解释就是以解释这些疑难问题为使命的。美国学者梅利曼曾经把否定法律解释的观点称为“法规自动适用”理论，指出：这种理论认为，立法机关制定的法规非常清楚，以至于它的适用成了一个自动实现的过程。然而，当这种理论面对现实时便不攻自破。自从革命（指法国大革命——引者注）时代以来，大陆法系法院在审判案件中总是以成文法规的表述作为判决的根据。这些法规常常被基层法院诉请修改或解释，上诉法院撤销原审判决的情况也很普遍。一个典型的法典中，几乎没有一个条款不需要作司法解释，因为它的意思不仅当

① ［意］贝卡里亚：《论犯罪与刑罚》，黄风译，12～13页，北京，中国大百科全书出版社，1993。

事人及其代理人无法理解，有时就连法官自己也难定其义。[①] 由此可见，刑法解释本身对于法律适用来说是不可或缺的。

那么，刑法解释是否与罪刑法定原则相抵触呢？我认为，随着从绝对罪刑法定向相对罪刑法定转变，正如同罪刑法定并不绝对排斥法官的自由裁量一样，罪刑法定也并非绝对地与刑法解释不相容。关键在于：刑法应当受到罪刑法定的严格限制，例如不能进行类推解释等，否则就会违反罪刑法定原则。因此，刑法解释与民法解释或者其他法律解释在性质上还是有区别的，出于法律定性的考虑，刑法解释更应当受到法律文本的约束，这就是刑法应当严格解释的基本法理。例如，法国新刑法典第 1114 条明确规定了“刑法应当严格解释之”。刑法严格解释是罪刑法定原则的一个直接、必然的结果。刑法之所以应当严格解释，是为了防止法官以“解释”之名，在法律之外增加并专断地惩处立法者并未明文规定的行为，从而实现人权保障的刑法机能。当然，刑法应当严格解释，主要是指对不利于被告的解释应当加以限制，对有利于被告的解释则是不加限制的。关键问题在于：如何理解对不利于被告的解释应当加以限制？例如，在李宁案中，将同性之间的性交易解释为卖淫，当然是不利于被告的。被告辩护人指出：刑法及相关司法解释对同性之间的性交易是否构成卖淫未作明文规定，依照罪刑法定原则，李宁的行为不构成犯罪。有关媒体上的舆论也有观点认为，对组织男青年向同性卖淫的行为“比照组织卖淫罪定罪量刑”是一种类推定罪，法院的判决在司法中再次开启了类推定罪的“先例”，是有悖于罪刑法定原则的。[②] 我不赞同上述观点。当然，“比照”组织卖淫罪定罪量刑的表述本身是有问题的，容易引起误解。因为，比照是类推的习惯用语。同性之间性交易是包含在卖淫含义之中的，而不是比照的问题。因此，刑法的严格解释并不意味着不能作出不利于被告的解释。只要是法律规定本身能够容纳的，完全可以作出不利于被告的解释。对此，法国学

① 参见［美］约翰·亨利·梅利曼：《大陆法系》，顾培东等译，2 版，42～43 页，北京，法律出版社，2004。

② 参见王兆京：《“类推定罪”借同性卖淫案“复活”?》，载《南方周末》，2004-02-26，6 版。

者指出：刑法“严格解释规则”并不强制刑事法官仅限于对立法者有规定的各种可能的情形适用刑法。只要所发生的情形属于法定形式范围之内，法官均可将立法者有规定的情形扩张至法律并无规定的情形。例如，1810年，《刑法典》在规定对盗窃罪进行惩处时，并未就“在电表上作假”进行偷电的行为作出规定，也未对直接与电力公司的输电网进行搭接连线进行“偷电”的行为作出规定。但是，判例并没有因此而对采取这些方法窃电的人不适用《刑法典》第379条的规定，并且法院认为“电是一种可以占有的动产物品”[①]。当然，在理解上述论述时，“法官均可将立法者有规定的情形扩张至法律并无规定的情形”这句话可能引起误解，即如何理解这里的“有规定”与“无规定”？我认为，对于法律之有规定与无规定不能作机械的理解。刑法没有规定偷电是犯罪，从这个意义上说偷电似乎是法律没有规定，但将电解释为财物，从而将偷电行为涵括在盗窃之中，以盗窃罪论处，在这种情况下，偷电就是法律有规定的，这种法律规定是通过刑法解释而得以彰显的。从表面上看，好像是通过刑法解释使法律没有规定能变成法律有规定。但实际上，有解释之前，某一含义在逻辑上已经或者可能为某一概念所涵括，只是受到某种遮蔽而已。通过刑法解释，将此种含义加以明确。因此，刑法解释并不能把法律文本所没有的东西加之于它，而只能把法律文本所隐含的东西彰显。

刑法解释中包含一个方法论的问题，即站在何种立场上解释法律。对此，存在主观解释论与客观解释论之争议。主观解释论认为，法律是立法者为社会一般人设计的行为规范，表达了立法者希望或不希望、允许或不允许人们从事什么样的行为的主观愿望。因而法律应该具有明确性。就刑法而言，刑法应以成文法的形式明确规定什么行为是犯罪以及应受何种和何种程度的刑罚处罚。依据法律规定的行为规范，人们就可以在社会生活中设计自己的行为方式，预见到自己行为的法律后果。法律的明确性同时促使法官严格依法办案，在法律规定的权限范围

---

① ［法］卡斯东·斯特法尼等：《法国刑法总论精义》，罗结珍译，143页，北京，中国政法大学出版社，1998。

行使权力，禁止法官滥用职权，侵犯公民的合法权利，即使犯罪人也不应受到不应有的惩罚。法律的安全价值由此得到保障。因此，任何对法律的解释都是对立法者在立法时表达的立法原意的理解，亦即找出立法原意。由于这种法律解释的主张以立法原意为认识目标，企图达到立法者的主观状况，因而被称为法律解释上的主观解释理论。[①] 主观说的根据主要在于以下几点：(1) 立法行为是立法者的意思行为，立法者透过立法来表示他们的看法和企图，借助于法律表明他们追求的社会目的，这些目的在法律解释中应表现出来。(2) 立法者的意思是一种可以借助立法文献加以感知的历史的事实。只要每一个人取向于这种能历史地被探知的意旨，执行机关的裁判或决定便不会捉摸不定。而法律则只能由立法机关来制定，因此，立法者的意思，在法律的适用上应为决定性的因素，从而法律解释即应以探求立法者的意思为目标。[②]

客观解释论认为，法律是社会的产物，法律解释必须符合实际的社会生活。因此，所谓"客观"在词义上是指客观的社会需要，以此对应于主观解释理论主张的立法者的主观状况。客观解释论者指出，法律并非死文字，而是具有生命的、随时空因素的变化而变化的行为规范。立法者一旦颁布了法律，法律便随着时间的变化而逐渐地并越来越远地脱离立法而独立自主地生存下去，并逐渐地失去了立法者赋予它的某些性质，获得了另外一些性质。法律只有在适应新的社会需要的情况下才能保持活力。激进的客观解释论者认为所谓立法意图只是一个纯属虚构的概念。从否定立法意图开始，法官对法律的解释逐渐演变成在法律解释的名义下对法律的创造，即法官造法。[③] 客观解释论的根据在于：(1) 法律自从颁布时起，即与立法者脱离关系。法律思想也在那时确定下来。因此，裁判应在法律内，而不是法律外找依据。法律典范经常是从同时或先后颁布之不同的法律章节、条款摘取归纳出来。这个事实也说明了法律与立法者（的意思）并非一体

① 参见王平：《论我国刑法解释的有效性》，载《法律科学》，1994 (2)，30 页。
② 参见黄茂荣：《法学方法与现代民法》，275 页，台北，台湾大学印行，1993。
③ 参见王平：《论我国刑法解释的有效性》，载《法律科学》，1994 (2)，31 页。

这一事实。(2) 依据客观解释论的立场去做，可以提高法的安定性。法的安定性的保障，以文义解释为必要。当初法律即是由于习惯法的不确定性而被颁布。如果法律解释以立法者的意思为基准，那么人们势必再求助于那一堆一般人接触不到的庞杂烦琐的立法资料。从而，事实上，受法律规范的人将无法认知法律的所在。法律必须以那人人得认知的意旨为意旨，盖人民因法律而负义务，同时也依法形成自己的法律关系。除此而外，人民在这种情况下，也较容易对治权加以控制。[①]

在上述观点中，激进的客观解释论显然有悖于“解释”一词的原意，从而混淆了立法与司法的界限。在此，有必要对“解释”一词加以科学界定。解释一词，字面含义是指分析说明。在解释学（Hermeneutics，又译为释义学）中，解释（Hermes）来自一个希腊神话。Hermes 是古希腊神话中专司向人传递诸神信息的信使。他不仅向人们宣布神的信息，而且还担任了一个解释者的角色，对神谕加以一番注释和阐发，使诸神的意旨变得可知而有意义。因此，解释主要是指在阿波罗神庙中对神谕的解说，由此衍生出两个基本的意思：(1) 使隐藏的东西显现出来；(2) 使不清楚的东西变得清楚。由此可见，解释不同于创作，而颇类似于翻译，它是以一定的客体（往往是文本）为前提的，是在对文本所包含的意义的理解基础上的阐发。创作虽然要有所本，但其所本的客体并非一定的文本，而是直接面对社会生活的一种精神性创造。立法，根据马克思的说法，是将一定的客观规律以法律条文的形式确认下来，虽然马克思在说明立法对客观规律的反映时使用过“翻译”一词，但这只是借喻而已。立法是否反映客观规律或者反映得好坏，是评价立法的一个客观标准，但立法者在立法的时候，有着充分的自由度。解释则有所不同，它受到文本的限制，不像立法那样是一种从无到有的确立，而是一种从隐到显的阐发。法律解释更是如此：它只是把已经或者应当包含在法律文本中的意义（可以称之为立法意蕴）阐发出来，因此，离开了法律文本的意义，像激进的客观解释论者所主张的那样，从根本上否认立法意图的存在，

① 参见黄茂荣：《法学方法与现代民法》，278 页，台北，台湾大学印行，1993。

就已经不是在解释法律，而是在创制法律了。因此，只有从解释的特定含义出发，才能进一步阐发如何解释的问题。

应该说，主观解释论与客观解释论，两说均有其部分的真理，但亦有其不足。对此，德国学者进行了精辟的评价：主观论的真理在于：法律与自然法则不同，它是由人类为人类所创造的，它表现立法者创造可能的——符合社会需要的——秩序的意志。法律背后隐含了参与立法之人的规定意向、价值、追求，以及其对于事物的考量。客观论的真理在于：法律一旦开始适用，就会发展出固有的实效性，其将逾越立法者当初的预期，法律介入——立法者当时不能全部预见的——多样而且不断变更的生活关系中，对于一些立法者根本没有考虑到的问题，法律必须提供答案。一段时间以后，它渐渐地几乎发展出自己的生命，并因此远离原创者原本的想法。[①] 因此，正确的解释方法，在这位德国学者看来，应当是各取主观解释论与客观解释论之所长。这实际上是一种折中解释论，因为，法律是原创者——企图创设完全或部分的法律规整之——意志的具体化，此中既有“主观的”想法及意志的目标，同时也包含“客观的”目标及事物必然的要求。如果想充分了解法律，就不能不同时兼顾两者。[②] 这种兼顾两者的态度其实就是一种折中的立场。当然，折中也并非完全地不偏不倚，或多或少地有一定的倾向性：偏重于主观解释论或者偏重于客观解释论。

那么，我国在刑法解释上应当采用何种方法论呢？对于这个问题是存在不同观点的，换言之，同样存在主观解释论、客观解释论与折中解释论之争。[③] 在我看来，除了绝对的自由解释论，主观解释论与客观解释论的分歧也许并没有我们想象的那么大。因此，较为现实的态度还是在两者之间寻找某种平衡。首先需要对立法原意本身作出正确的界定，即立法原意是指立法者制定法律时的意图还是法律文本中所蕴含或者隐含的意图。就此而言，我们应当在后者的意义上理解立

① 参见［德］卡尔·拉伦茨：《法学方法论》，陈爱娥译，198页，北京，商务印书馆，2003。

② 参见［德］卡尔·拉伦茨：《法学方法论》，陈爱娥译，199页，北京，商务印书馆，2003。

③ 这些争论的观点综述，参见李国如：《罪刑法定原则视野中的刑法解释》，70页以下，北京，中国方正出版社，2001。

法原意而非在前者意义上。因此，我倾向于将立法原意改称立法意蕴，以免使人将立法原意误解为立法者主观上的意图。这样一种界定，使立法意蕴在一定程度上客观化，但又未脱离法律文本，因而也不与主观解释论的宗旨相背离。此外，客观解释论也并不认为解释是没有限度的，对于明显的法律漏洞也是不能通过类推解释填补的。在李宁案的裁判理由中，作者还是强调刑法解释应当受到罪刑法定原则的限制，同时也阐明刑法解释应当适应社会发展，因而带有某种客观解释论的倾向性。对此，我是持肯定态度的。

四、刑法解释的方法分析

刑法解释存在各种方法，这些方法大体上可以分为：文义解释、体系解释、目的解释、沿革解释等。在这些解释方法中，文义解释是一种最基本的解释方法。在李宁案中，对卖淫一词的解释，就属于文义解释的范畴。

文义解释是建立在词与物的对应关系的基础之上的。物是客观存在的，而“词”是对物的一种描述。福柯在《词与物——人文科学考古学》一书中，对“词”作了界定：“词指定什么，这就是说，就其本性来讲，词是一个名词。它是一个专名，因为它总是指向一个特殊的表象，除此之外，它什么都不指。”[①] 因此，词总是与其所指称的物相对应的，是对该物的命名。正是这种词与物的对应性，才使词具有某种表意功能，使我们能够通过词来理解物。但是，词与物的这种对应性又不是绝对的，而是相对的。词是相对静止与停滞的，而物则是变动与发展的。在这种情况下，就会出现词与物之间的非对应性，甚至某些物已经不复存在而指称该物的词却依然保留，由此可以通过已经不存在与之相对应的物的词去进行考古，发现曾经存在过的物。例如，摩尔根正是通过易洛魁人对亲属的称谓与实际的家庭状况矛盾，从而揭示了这种称谓只不过是已经消失的某种家庭形

① ［法］米歇尔·福柯：《词与物：人文科学考古学》，莫伟民译，130页，上海，上海三联书店，2001。

式的遗留。由此发现一种更早期的家庭形式的存在。马克思指出："摩尔根说：'家庭是一个能动的要素；它从来不是静止不动的，而是随着社会从较低阶段向较高阶段的发展，从较低的形式进到较高的形式。反之，亲属制度却是被动的；它只是把家庭经过一个长久时期所发生的进步记录下来，并且只是在家庭已经根本变化了的时候，它才发生根本的变化。'"①

当然，这种物亡词存的情形只是极少数的，更多的情形是词随着物的变动而演进的情形，这就是所谓语词的流变。卖淫一词就属于此种情形。《现代汉语词典》对卖淫的解释是："旧社会妇女为生活或恶势力所迫而出卖肉体。"② 这一解释给我们的印象是：卖淫这种现象是旧社会才有的，这里的旧社会是指 1949 年 10 月 1 日中华人民共和国成立以前。而在新社会，卖淫现象已经被消灭，因此卖淫也就成为一个行将消亡的名词。此外，卖淫的内容是女性向男性出卖肉体，并且其动机是为生活所迫或被恶势力所迫。考虑到这一词典出版于 1978 年，当时我国确实不存在卖淫现象，该词只是对旧社会卖淫现象的一种描述，因而词典对卖淫一词的解释并无大错。但在改革开放以后，我国卖淫现象死灰复燃。卖淫活动重新成为社会丑恶现象在我国出现的时间，最早是在 1979 年年底，以沿海开放城市和特区为甚。1983 年"严打"后，1984 年有所下降，1985 年起呈回升和逐步蔓延的趋势。近年来，卖淫风已从沿海刮到内地，从城市传到乡村，目前仍在继续发展中。③ 而且，卖淫的形式也出现了新变化，就是男性向女性卖淫现象以及同性之间卖淫现象的出现。正如我国学者指出：传统的观念认为，卖淫是指女人自愿与男人性交而获取金钱的行为。然而，从当前卖淫嫖娼的情况来看，这一概念在很大程度上与现实存在着差距，主要表现在：(1) 卖淫不再是只有女性才能实施的行为，在现实生活中，男性也与女性一样，向他人出卖自己的肉体供人为同性性行为或异性相淫行为，以赚取钱财。他们这种以肉体换取钱财的行

① 《马克思恩格斯选集》，2 版，第 4 卷，26 页，北京，人民出版社，1995。

② 中国社会科学院语言研究所词典编辑室编：《现代汉语词典》，752 页，北京，商务印书馆，1978。

③ 参见康树华主编：《犯罪学通论》，319 页，北京，北京大学出版社，1992。

为与女性以肉体换取钱财的行为，在本质上是完全一致的。(2) 卖淫人员出卖肉体的对象不再仅仅局限于男性。在传统观念和实践中，卖淫者是女性，女性出卖肉体的对象只能是男性。而今，卖淫人员不仅有女性而且也有男性，嫖客中不仅有男性而且同样也有女性。所以，出卖肉体的对象已不再仅限于男性。女性嫖客就是能满足其需要的卖淫人员所追逐出售自己肉体的对象。(3) 卖淫人员把自己的肉体提供给他人不再仅以性交为内容。在传统的概念里，卖淫就是以男嫖客与女娼妓发生性交为内容的性与金钱之间的交易。而现在，有相当多的嫖客，尤其是男性嫖客与女性娼妓之间多不以性交为内容，他们只是想尝试口淫、鸡奸等性交以外的满足性欲的行为。对于同性之间发生的卖淫嫖娼而言，性交不仅不是卖淫嫖娼活动的内容，也不可能是卖淫嫖娼活动的内容，他们只能实施同性之间的猥亵淫乱行为。①

在这种情况下，尽管法律采用了卖淫一词，但用上述在卖淫现象重现之前所编词典对卖淫的解释能够袭用吗？显然不能。在此，需要考虑卖淫一词能否适应现实情况的发生。我国 1979 年刑法有关于强迫妇女卖淫罪及引诱、容留妇女卖淫罪的规定，由于在此明确地显示是“妇女卖淫”，因而这里的卖淫是指妇女向男子出卖肉体。当时出版的刑法教科书对卖淫作如是解释，也是完全正确的。但 1991 年全国人大常委会发布的《关于严禁卖淫嫖娼的决定》将强迫妇女卖淫修改为强迫他人卖淫，1997 年刑法修订时吸纳了这一规定。这里的他人，既包括妇女，也包括男性。② 在这种情况下，卖淫的内涵已经从女性向男性出卖肉体扩大到包括男性向女性出卖肉体。由此可见，在法律规定修改以后，卖淫一词已经在内容上发生了变化。

现在需要解决的问题是，卖淫能否包括同性之间的性交易。关于这种同性之间的性交易行为，从国外立法例看，有不少国家把男性进行以营利为目的的性行为规定为犯罪。如奥地利刑法第 210 条规定：“从事男性间以营利为目的的性猥

① 参见欧阳涛主编：《当代中外性犯罪研究》，301～302 页，北京，社会科学文献出版社，1993。

② 参见胡康生、李福成主编：《中华人民共和国刑法释义》，514 页，北京，法律出版社，1997。

亵行为，处二年以下自由刑。”[①] 我国刑法无此规定，是否可以通过法律解释将这种行为包含在卖淫一词之中呢？这里有一个是否存在解释余地的问题。申言之，同性性交易能够成为卖淫的“可能的定义”吗？基于对词物之间大致对应关系的认识，在语言学上提出了一种语言的核心/边缘理论。按照这种理论，每个语词都有个核心的含义，但语词的边界是含混的、富有弹性的，可以变化、延展的。为解决这个边界含混的问题，习惯的方法是强调定义，通过定义将语词的边界界定清楚。[②] 这种语词的边界应该就是语词的“可能的字义”。德国学者在论及语词的“可能的字义”时指出，我把“可能的字义”理解为：依一般语言用法，或立法者标准的语言用法（这可能只在特殊情况下才存在），这个用语还能够指称的意义。[③] 这里的可能的字义应当不是该词所明确禁止或为该词的限定条件所禁止。例如刑法关于强迫妇女卖淫的规定，明确地将卖淫主体限于妇女，从而排除了将男性卖淫行为解释为包括在刑法所规定的卖淫概念中的可能性。即使现实生活中存在男性卖淫现象，也属于法无明文规定的情形。在语词没有明确禁止时，某一含义是否是该词的“可能的字义”，则要看它是否与该词的基本含义相抵触，若不相抵触，则可以涵括在该词之中。以卖淫而言，其本质含义是性交易，在一般情况下指异性之间的性交易。但在某些特殊情况下，同性之间的性交易包含在卖淫的内涵之中，并不违反该词的基本含义。因此，对卖淫一词作如此解释显然是合乎解释原理的。

（本文原载《国家检察官学院学报》，2005（1））

① 欧阳涛主编：《性犯罪》，199页，郑州，河南人民出版社，1989。

② 参见梁慧星：《民法解释学》，215页，北京，中国政法大学出版社，1995。

③ 参见［德］卡尔·拉伦茨：《法学方法论》，陈爱娥译，202页，北京，商务印书馆，2003。

七、贪污贿赂犯罪

职务犯罪及其法律对策

国家机关的职能之一是根据人民的意志对国家进行管理，这种管理职能的实现，有赖于国家工作人员依法从事公务活动。国家工作人员遵纪守法、廉洁奉公，是廉政的要求。以肃贪为主的惩治职务犯罪，是确保国家工作人员廉洁的必不可少的法律措施，是廉政建设的题中应有之义。本文对职务犯罪及其立法与司法的对策进行初步探讨。

一

根据我国刑法的规定，职务犯罪是指国家工作人员或者其他从事公务的人员不尽职责、滥用职权，从而侵害国家机关的管理秩序和正常活动，致使国家和人民的利益遭受重大损失的行为。它具有以下三个特征。

（一）主体的特定性

职务犯罪的主体，只能是从事公务的人员；非公务人员不能单独构成职务犯罪，而只能成为职务犯罪的共犯。职务犯罪的主体，我国刑法则称之为国家工作人员。依据《刑法》第83条，国家工作人员是指一切国家机关、企业、事业单位和其他依照法律从事公务的人员。又据 1982 年全国人大常委会《关于严惩严重破坏经济的罪犯的决定》（以下简称《决定》），国家工作人员，是指一切国家机关、企业、事业单位和其他依照法律从事公务的人员。包括在国家各级权力机关、各级行政机关、各级司法机关、军队、国营企业、国家事业机构中工作的人员，以及其他依照法律从事公务的人员。后一规定并没有扩大国家工作人员的范围，只是使之进一步明确而已。但 1988 年全国人大常委会《关于惩治贪污罪贿赂罪的补充规定》（以下简称《补充规定》）将某些职务犯罪的主体扩大到集体经济组织工作人员。除上述主体外，我国刑法还规定了某些特定国家工作人员构成的职务犯罪。这主要是指：（1）司法工作人员，指有侦讯、检察、审判、监管人犯职务的人员；（2）邮电工作人员，指在邮电部门从事公务的人员；（3）直接责任人员，指对法人实施的犯罪行为负有决定、策划、组织或者积极实行作用的人员；（4）军人，指中国人民解放军的现役军人和军内在编职工。

（二）职务的相关性

职务犯罪是对一定职务的亵渎。从法律意义上说，职务是指随国家工作人员地位的确立而产生的法律身份，它以执行相应的公务为内容。国家工作人员依法取得一定的资格以后，就必然拥有一定的职权和承担相应的义务。因此，职务是权利和义务的统一。在法理上，职务行为有限定行为和裁量行为之分。限定行为是指法律明文规定的命令性或者禁止性的行为，公务员依法应当实施一定的作为或者不作为；裁量行为是指法律赋予的、公务员依其职权对具体事项的裁量决定行为。违反这两类职务行为而构成的职务犯罪与职务的相关性有所不同。违反限定行为构成的职务犯罪在客观上表现为不尽职责，即违反职责的要求，不履行依法应当履行而且可能履行的义务，致使国家和人民的利益遭受重大损害。这类职务犯罪是以职务所确定的义务为前提的，在认定的时候，应当查明行为人的职务所确定的特定义务之有无。违反裁定行为构成的职务犯罪在客观上表现为滥用职权，即利用职务上的便利进行非法活动，致使国家和人民的利益遭受重大损害。这类职务犯罪是以利用职务上的便利为前提的，故在认定的时候，应当查明行为人的职务上的便利之有无以及利用职务上的便利与否。

（三）客体的双重性

一切职务犯罪无不具有损害国家机关的威信、破坏国家机关的正常活动之共性，这是由其亵渎职责的本质所决定的。各种类型的职务犯罪一般各有其特定之侵害客体，因而具有其个性。例如，贪污罪侵犯公共财物的所有权；刑讯逼供罪侵犯公民的人身权；等等。职务犯罪的这一特征决定了在刑法分则中难以自成一类，立法者基于对双重客体的不同评价而将某些职务犯罪规定在其他章中。例如，贪污罪归于侵犯财产罪；刑讯逼供罪纳入侵犯人身权利罪。因此，职务犯罪作为刑法理论上的分类不同于刑法分则的法定分类，这也正是职务犯罪的复杂性之所在。

职务犯罪的上述三个特征是密切相关的。只有把这三个特征有机地统一起来，才能深刻地揭示职务犯罪的社会危害性，正确地界定职务犯罪的范围，并为认定职务犯罪提供科学的依据。

二

我国刑法分则第八章对渎职罪作了专章规定，主要包括受贿、泄露国家重要机密、玩忽职守、徇私枉法、体罚、虐待被监管人、私放罪犯、破坏邮电通讯等犯罪。此外，在其他章中也规定了一些以国家工作人员为主体的犯罪，主要是指分则第四章规定的刑讯逼供、报复陷害、非法剥夺宗教信仰自由、侵犯少数民族风俗习惯等犯罪；分则第五章规定的贪污罪。1981 年颁布的《中华人民共和国惩治军人违反职责罪暂行条例》，系统地规定了军人的职务犯罪。1982 年颁布的《决定》和 1988 年颁布的《补充规定》中，对现行刑法中的某些职务犯罪进行了修改补充，并增设了若干罪名，使我国关于职务犯罪的立法更趋完善。我国关于职务犯罪的这些规定是当前我们惩治职务犯罪的法律依据，对廉政建设具有重大意义。但是，我国关于职务犯罪的立法仍然有待进一步完善，在完善中应当注意以下四个问题。

（一）多元立法

我国以往职务犯罪的立法是以刑法典为轴心的一元立法。刑法典是职务犯罪的基本立法方式。由于刑法典要求其内容具有稳定性，而职务犯罪随着国家政治生活的变革经常变化，为了克服刑法典的稳定性与职务犯罪的变异性之间的矛盾，我认为应当实行职务犯罪的多元立法。除了通过单行刑事法律和刑法修正案对刑法典中的职务犯罪进行修改补充以外，还应当对职务犯罪采取散在型的立法方式，即在行政、经济法规中规定职务犯罪及其处罚。以往我国往往采取依附型的立法方式，例如1986年全国人大常委会通过的《中华人民共和国企业破产法（试行）》（以下简称《破产法》）第42条第4款规定，破产企业的法定代表人和破产企业的上级主管部门的领导人，因玩忽职守造成企业破产，致使国家财产遭受重大损失的，依照《刑法》第187条的规定追究刑事责任。实际上，《破产法》的这一内容相当于外国刑法中的过怠破产罪，例如瑞士刑法第165条（轻率破产及财产毁败）规定："债务人因重大轻率或不当地浪费或冒险投机或执行事务之重大疏忽，招致无支付能力或明知无支付能力而使其财产状况恶化，并受破产之宣告或受颁财产损失证书者，处轻惩役。"由于在资本主义社会，企业属私人所有，因而过怠破产并非职务犯罪。我国是社会主义国家，企业的法定代表人和上级主管部门的领导人都是国家工作人员，对于企业破产负有主管和领导责任，因此过怠破产是一种职务犯罪。如果在《破产法》中规定过怠破产罪，既可以使之名实相符、罪刑相称；又可以把它与一般的玩忽职守罪加以区分，便于认定。遗憾的是，《破产法》对过怠破产行为没有单独成罪，而是规定依照玩忽职守罪论处。我认为，今后可以在行政、经济法规中规定职务犯罪及其处罚。多元化的立法方式可以根据司法实践的客观需要选择使用，由此编织的惩治职务犯罪的恢恢法网，就可以做到疏而不漏。

（二）增设罪名

我国现行刑法中的职务犯罪罪名约有40个，其中22个是军人的职务犯罪。从目前司法实践的客观需要来看，这些罪名不敷使用，亟须增设一些罪名。其中，最为迫切的可以说是滥用职权罪。在刑法起草过程中，一度曾经考虑设立该罪，最后仍付阙如。由于我国刑法中没有设立滥用职权罪，对于某些滥用职权的行为只能依照玩忽职守罪论处。例如1984年全国人大常委会颁布的《中华人民共和国森林法》第35条规定：违反本法规定，超过批准的年采伐限额发放林木采伐许可证或者超越职权发放林木采伐许可证的，对直接责任人员给予行政处分；情节严重，致使森林遭受严重破坏的，对直接责任人员依照《刑法》第187条的规定追究刑事责任。这种超过批准的年采伐限额发放林木采伐许可证或者超越职权发放林木采伐许可证的行为，主观上是故意的。而根据我国《刑法》第187条的规定及我国刑法理论，玩忽职守罪的罪过形式是过失的。为了解决这个矛盾，我国刑法学界有人提出玩忽职守罪的罪过形式可以是间接故意。不能说这种观点没有一定的法律根据，但这种观点是以削足适履的立法为前提的，在刑法理论上难以自圆其说。解决这个问题的唯一出路是在刑法中增设滥用职权罪，这在外国刑法中都有相应的立法例可供借鉴。例如，苏俄刑法典第170条和第171条分别规定了滥用权力或职务上的地位罪和逾越权力或职权罪，都是故意犯罪；第172条规定了玩忽职守罪，其罪过形式是过失。这样，苏俄刑法典关于故意或者过失违反职责的犯罪就规定得十分完善。显然，在我国刑法中增设滥用职权罪是必要的。此外，1983年全国人大常委会颁布的《中华人民共和国统计法》第25条的违反统计法规，虚报、瞒报统计资料，伪造、篡改统计资料等行为，对国家和人民利益危害极大，情节严重的，也应将其纳入职务犯罪立法的视野。

（三）界定主体

我国现行刑法中的职务犯罪的主体，在立法上存在一些疏漏。例如，1988年的《补充规定》已经把贪污罪、受贿罪的主体扩大到集体经济组织工作人员。那么，集体经济组织工作人员是否也可以成为玩忽职守罪的主体呢？这是司法机关面临的一个十分现实的问题。由于我国刑法明确规定玩忽职守罪的主体是国家工作人员，集体经济组织工作人员当然不能成为玩忽职守罪的主体。因此，集体经济组织工作人员由于玩忽职守过失地造成重大经济损失的行为，不能以玩忽职守罪论处；在刑法上又没有其他相应的条文，就无法追究其刑事责任。如果实行类推，按照通行的观点，主体不能类推，过失犯罪也不能类推。这样，司法机关面对上述案件，就陷入进退两难的境地。因此，我国刑法学界有人指出，为了完善我国的立法和司法，立法机关和最高司法机关有必要对上述问题作出明确的规定和解释。我认为，职务犯罪的主体是一个复杂的问题，不宜拘泥于个罪的修改，而应当加以通盘考虑。职务犯罪的主体范围是与一定的干部管理体制相适应的，因此，它与我国的干部管理体制的改革有着密切关系。我国当前正在酝酿着建立国家公务员制度，那么，是否可以在刑法领域引入公务员的概念呢？关于这个问题，我国刑法学界存在两种观点：一是否定说，认为国家公务员的概念不宜引入刑法学理论范畴中，因为国家工作人员的范围要比公务员广，如果将刑法中的国家工作人员称为公务员，势必使一些国家工作人员的职务犯罪活动被排除在法律的约束之外，得不到应有的制裁。二是肯定说，认为公务员有狭义与广义之分。狭义上的公务员一般指国家公务员任用法、奖励法上规定经过选举或任命或考试录用的官员，包括政务类和业务类官员。广义上的公务员则泛指在一切国家机关、公营企事业机构、公共团体组织中依法执行一定职务的人员。因此，广义上的公务员可以取代国家工作人员这个概念。具体地说，作为职务犯罪主体的公务员可以分为以下三类人员：一是普通公务员，二是特别公务员，三是视同公务员（或称以公务员论）。我认为，从长远的观点来看，上述肯定说是可取的。随着我国公务员制度的建立，可以考虑在刑法中用公务员这个概念取代国家工作人员，并将集体经济组织工作人员以及其他受委托从事公务的人员视同公务员。当然，在目前对玩忽职守罪的主体可以通过立法解释扩大到集体经济组织工作人员，以解司法实践的燃眉之急。

（四）调整刑度

我国现行刑法中职务犯罪的处罚，经过 1982 年的《决定》和 1988 年的《补充规定》的修改以后，出现了某些不协调之处。主要表现在：一方面，某些职务犯罪提高了法定刑，甚至可以判处死刑，显得刑罚过重；他方面，某些职务犯罪的法定刑与其社会危害性不相适应，显得刑罚过轻。前者例如贪污、受贿等职务犯罪，依法可以判处死刑。但对其必要性，大可怀疑，因为职务犯罪是由政治、经济、法律等各种因素促成的，例如行政管理上的混乱，政府机构中的腐败，法律监督的疲软，刑事惩治的不力，等等。由此可见，预防职务犯罪不在于广施重刑，而在于完善法制、堵塞漏洞、清除腐败、违法必究。有鉴于此，我认为职务犯罪不宜规定死刑。后者例如玩忽职守罪，法定最高刑为 5 年。而在现实生活中，有些玩忽职守犯罪的情节特别恶劣、后果十分严重，判处 5 年有期徒刑显然不足以抵罪。在这种情况下，应当适当提高玩忽职守罪的法定刑。

三

只有通过卓有成效的司法活动才能使立法机关制定的死法转化为现实生活中的活法，职务犯罪的立法也是如此，否则只能是一纸空文。因此，加强职务犯罪的司法对于廉政建设具有重要意义。我认为，完善职务犯罪的司法应当注意以下四个问题。

（一）健全机构

由犯罪主体的身份所决定，职务犯罪较之一般犯罪更难查处。为了使犯罪分子无一例外地受到刑事追究，应当健全惩治职务犯罪的专门机构。在这方面，香港廉政公署的经验值得我们借鉴。香港廉政公署，全称是总督特派廉政专员公署，建立于 1974 年，是一个直属港督的独立机构。廉政公署建立十多年来，在打击贪污受贿方面取得了一定的成效，受到世界瞩目。对惩治职务犯罪的机构，我国也已经开始重视。1988 年 5 月，最高人民检察院推广了深圳市检察院建立举报中心的经验，同年 7 月，全国各级检察机关相继建立了举报机构。据统计，仅在 1988 年下半年检察机关就受理举报材料 14 万余件，其中反映贪污、受贿问题的有 5 万余件，立案侦查的达 5 700 多件。1989 年 8 月，最高人民检察院将经济检察厅易名为贪污贿赂检察厅。在此之前，广东省检察机关已成立了专门的反贪污、受贿机构——反贪污贿赂工作局。可以预见，全国各级检察机关将相继成立此类专门机构。关键问题是如何积极开展工作，充分发挥其功能。

（二）调配人员

中国需要一大批肃贪专家，唯此才能适应惩治职务犯罪的实际需要。因为职务犯罪是否能够得以及时查处，司法工作人员的政治素质和业务素质是极为重要的。为此，我们应当培养思想过得硬、业务拿得起的惩治职务犯罪的专门人才。

可喜的是，最高人民法院已于1988年成立了中国高级法官培训中心，1989年9月1日，中国高级检察官培训中心成立，首批学员就专攻有关反贪污、受贿的法律问题和理论问题，以提高反贪污、受贿的实际工作能力。

（三）加强指导

职务犯罪的定罪与量刑，涉及一些复杂的法律和政策的界限。为此，最高司法机关应当重视对下级司法机关的业务指导。其中，十分重要的一个问题就是颁布司法解释，以弥补立法之不足，切实解决职务犯罪的司法活动中的疑难问题。应当指出，自从刑法颁行以来，我国最高司法机关颁布了一系列司法解释，其中许多内容涉及职务犯罪的司法。例如，1985年7月18日最高人民法院、最高人民检察院发布的《关于当前办理经济犯罪案件中具体应用法律的若干问题的解答（试行）》，对贪污罪和受贿罪的概念、构成、处罚等的解释，对于惩治职务犯罪起到了重要作用。这方面的工作，以后还应进一步加强。

（四）从严惩处

职务犯罪应当从严惩处，这是一条原则，古今中外的立法都没有例外。我国对于职务犯罪的立法规定，也基本上体现了这一精神。然而，在司法实践中这一精神并没有得到切实有力的贯彻。例如，贪污罪和盗窃罪之间刑罚的严重不协调，就是明证。此外，职务犯罪判处缓刑的比例也显然高于其他犯罪的。我认为，对于职务犯罪应当依法从严惩处，绝不能心慈手软。在司法活动中，对职务犯罪从严惩处主要表现在，对于只能由国家工作人员构成的纯正职务犯罪，例如玩忽职守罪、受贿罪等，应当在法定量刑幅度内酌情判处。对于由一般主体构成，但法律明确规定国家工作人员利用职务上的便利犯罪应当从重处罚的非纯正职务犯罪，例如走私罪、投机倒把罪等，应当依法从重处罚。

（本文原载《中外法学》，1990（2））

腐败的成因及其抗制

腐败是一个政治学的概念，指公职人员利用公共权力以谋取私利，严重地违反公职行为规范的行为。从法律意义上来说，以贪污、贿赂为主要表现形态的违法犯罪行为是腐败的典型形式。只有从腐败这样一种政治现象的分析中，才能更加深刻地揭示贪污、贿赂的社会危害性。以贪污、贿赂为主要表现形态的腐败现象，对于一个国家的政治机体具有强烈的腐蚀性，从而严重地败坏国家的威信，甚至危及一个国家的民主政体。为此，应当对腐败的成因进行深层次的理论思考，在此基础上提出相应的抗制对策。

一

腐败，原意指物质，尤其是指食物的腐烂变质。例如，《汉书·食货志》云："太仓之粟，陈陈相因，充溢露积于外，至腐败不可食。"在汉语中，腐败引申为一切事物由生机健康的状态向着腐朽、败落状态转变的过程以及表现形态。腐败一词在政治学中使用，源自西方。在英语中，腐败为 corruption，《牛津法律大辞典》对 corruption 的解释是：从原本纯洁的状况中发生的堕落，尤指出于对捐款人有利的考虑而接受金钱或其他好处，也指在淫秽出版物影响下的堕落。[①] 应该指出，以上所说的corruption的两种含义——“出于对捐款人有利的考虑接受金钱或其他好处”是从政治学上对corruption的解释，汉语中称为腐败。“在淫秽出版物影响下的堕落”是从伦理学上对corruption的解释，汉语中称为腐化。腐败与腐化虽然存在近似之处，但在汉语中约定俗成的含义各不相同。当然，腐败虽然是政治学上的一个概念，并非与伦理学毫不相关，因为在腐败这一术语中本身就包含着道德上的否定评价。《牛津英语词典》列举了corruption的九种含义，其中用于政治生活的含义是指：由贿赂或恩惠引出放弃公共义务，正直变质或被破坏，腐败活动的采用和存在与公共机构等有关联。[②] 作为一部政治学词典，《布莱克维尔政治学百科全书》专列政治腐败（political corruption）词条，指出：政治腐败是指政治活动家、政治家或官方决策过程中的官员，利用他们由于担任公职而掌握的资源和便利，为另外一些人谋利益，以作为换取一些已允诺的或实际的好处的报偿。[③] 由此可见，腐败一词虽有多种含义，但使用最为广泛而且普遍接受的含义应该是指政治上的腐败，表现在法律上是指腐败的最狭义的内容，即贪污、贿赂等违法犯罪行为。在这个意义上说，反贪是反腐败的法律意蕴。

如何正确地界定腐败的性质，是政治学上的一个重要课题。世界各国政治学家至今对腐败概念众说纷纭，莫衷一是，其中主要可以归纳为以下三类腐败的定义[④]：(1) 以市场关系为取向的分析方法，强调交换的过程以及供给和需求之间的不平衡。依照这种观点，一个贪污、受贿的官员就是一个商人，他把职权作为谋取私利的资本，即一些政治学研究者所说的“权力资源”，其获利的多少取决于市场行情，即政府能够提供的服务和社会对这种服务的需求。一般来说，需求大于供给越多，则有关当事人为换取官员的服务而向他付出的钱财就越多。例如美国学者克拉弗伦认为：一位腐败的文官视其公共职位如一种经营，他将寻求最

① 参见《牛津法律大辞典》，213页，北京，光明日报出版社，1988。
② 参见王沪宁：《腐败与反腐败》，16页，上海，上海人民出版社，1990。
③ 参见《布莱克维尔政治学百科全书》，549页，北京，中国政法大学出版社，1992。
④ 参见汪志芳等：《反腐败论》，2~3页，杭州，浙江人民出版社，1991。

大限度地扩大这个职位的收益。因而职位变成了一个“最大化的单位”。他收益的多寡有赖于市场状况以及他在公共需求曲线上发现最大盈利点的能力。[①] 依据市场交换规律来解释腐败行为，其特点在于揭示资源分配过程中不正当的利益交换关系。(2) 以公共利益为取向的分析方法，主要从后果上对腐败现象作出界定和解释。依据这种观点，腐败现象是一些公职人员由于收取非法的好处而特别照顾某一些人的利益，从而对整体的公共利益造成危害的行为。例如阿诺德·A. 罗哥和 H. D. 拉斯韦尔认为：一项腐败行为违背对至少一个公共或公民秩序体系的责任，事实上与任何这类体系不相容。一个公共或公民秩序将共同利益置于个别利益之上；为个别利益侵犯共同利益的行为是腐败。[②] (3) 以公共职务为取向的分析方法，把腐败界定为一种为获取个人好处而侵犯或违反正常的公职规则的行为。这种观点不仅提到了腐败行为的动机，而且指出了行为的实质是违反公职人员应遵守的规则。在任何社会，行为的正确与否是相对于人们所承认的现存规范而言的。在一个社会被称为腐败的行为，很可能在另一社会或者同一社会的另一时期被认为是正常的行为。之所以有这样的不同，是因为公职规范发生了变化。在现代，官员的行为规范以法律的形式规定出来，因此，腐败行为首先是个法律问题而非道德问题。腐败行为是追求私利的违法行为，必须在行政法或刑法上承担责任。这种观点的特点在于指出了腐败行为的违法性，由此引申出腐败行为的相对性。我认为，以上三种腐败的定义，分别从市场关系、公共利益和公共职务这三个视角对腐败的内涵进行界定，对于我们理解腐败的性质都具有一定的参考意义。当然，由于腐败是一种复杂的社会现象，仅从某一个方面或某一视角很难全面而深刻地揭示腐败的性质。为此，我倾向于对腐败进行综合的分析。

更为重要的是，腐败总是发生在特定社会之中的，社会性质本身对于腐败的性质具有不可低估的影响。例如，在政治学上腐败可以按三种类型进行估价[③]：

---

① 参见王沪宁：《腐败与反腐败》，18～19 页，上海，上海人民出版社，1990。

② 参见王沪宁：《腐败与反腐败》，18～19 页，上海，上海人民出版社，1990。

③ 参见《布莱克维尔政治学百科全书》，549 页，北京，中国政法大学出版社，1992。

个人的、制度的、整体的。在任何层次上，个人腐败实例一直被视为隐蔽的、零星的和投机取巧式的犯罪活动，这种活动偶然发生在一个政治或行政的环境中。制度的或机构的腐败引起人们更多的关注，因为它表明腐败是一种经济性的或标准的活动；在这种活动中正规程序和责任受到忽视，而且，活动者即使不参与贿赂，也肯定同他们的同僚在行为上相互勾结。如果这种腐败或勾结发生在各个等级，这种类型的腐败将继续存在下去；活动者故意组织和利用其公职的权力与职能来行贿受贿，那么腐败便可能变成制度化的。对于这种制度性腐败，日本学者又称为“构造性腐败”，即这种腐败不是少数公共权力担当者的例外现象，而是公共权力担当者中普遍存在的现象。[①] 整体腐败发生在下述情况：在整个政治制度中，公职和官方权威被公开用来为个人谋取私利服务。它是无所不在的，而且高级官员也参与其中，尤其决策过程的腐败性质更为严重，因为这些决策过程涉及所有的人，从个人到多国公司和外国政府。应该指出，个人的、制度的和整体的这三种腐败类型，绝不能仅仅被理解为一种数量上的区分，而应当看作具有性质上的区别。对于制度的和整体的腐败，尤其需要从社会本身去分析，而不能拘泥于法律上的评价。

二

腐败往往与一定的公共权力相关，在这个意义上说，腐败都是权力滥用所致。正如我国学者王沪宁指出：腐败现象离不开公共权力的运作。在一切社会中，腐败总与公共权力结合在一起，一些人通过运用、影响或操纵公共权力来达到私人目标，获得私人利益。与公共权力无关的行为如不合法度和风尚，够不上腐败。因此，公共权力的非规范非公共运用是腐败行为的核心。[②] 公共权力的非

① 参见中国社会科学研究所日本法研究中心、刑法室编著：《中日公务员贿赂犯罪研究》，1页，北京，中国社会科学出版社，1995。

② 参见王沪宁：《反腐败：中国的实验》，7页，海口，三环出版社，1990。

规范非公共运作导致的权力滥用，主要表现在以下三个方面：（1）权力失控，即一定的个人行使的公共权力缺乏职责的约束，权利与义务相分离。（2）权力失衡，即一定的机关享有的权力缺乏其他机关的制约，从而形成公共权力行使的独断性。（3）权力异化，根据民主政治的原理，人民是权力的主体，公职人员只不过是权力的代行者，因而公职人员的权力理所当然地应当受到人民的监督。但在现实生活中，权力缺乏必要的监督。腐败之权力滥用的表象，形成腐败成因的最直观结论：权力原罪理论。该理论的核心是：权力是要腐败的，绝对的权力必然导致绝对的腐败。该理论的信奉者将权力的滥用视为权力的自然本性，因而得出结论：权力的滥用与权力同在，是一种永恒的现象。我认为，权力原罪理论对于揭示腐败的成因虽然有一定道理，但权力本身是一种复杂的现象，它植根于社会物质生活条件。因此，应该看到权力的存在是腐败产生的前提，却又不能把腐败简单地归咎于权力。而且，在人类社会的发展过程中，公共权力的产生与存在有其客观必然性，它是社会发展的必要基础。恩格斯在论述国家的起源时曾经指出：国家的基本义务在于维护社会生存和发展的一般条件，如生产和交换的一般条件，这种一般条件的法律形态就是所谓的法定权利和义务。而在历史发展的一定阶段上，随着规定生产者、商人、官吏和公众法定权利和义务的法律的产生，以维护法律为职责的机关——公共权力，即国家也就必然产生出来。公共权力一旦产生，就对社会产生了十分深远的影响。在以社会化的生产为基础的现代社会，没有公共权力的存在几乎是不可想象的。因此，权力原罪理论不应导致权力的取消，而只能从权力的限制上寻求根治腐败的对策。

这里存在一个值得深思的问题：权力为什么会导致腐败？无疑，对于这个问题只能从人性的意义上去深刻地把握。英国哲学家罗素把权力欲视为在人的各种无限欲望中最主要的欲望之一，指出：爱好权力，就其最广泛的意义说，是一种愿望，愿望能对外在的世界（无论是人类的还是非人类的）产生预期的效果。这种愿望是人性中的一个主要部分，就奋发有为的人说，还是很大而且重要的部分。每一种愿望如果不能立时得到满足，就会使人希求得到满足它的权力，从而引起对权力的某种形式的爱好。[①] 应该说，人的权力冲动本身无善恶之分，但不受限制的权力冲动则必然有害于社会。在如何限制权力上，涉及人性是善还是恶这个永恒的话题。

在中国古代思想史中，儒家主张性善论，认为人只要发掘内心，就可以找到善的源泉，从而达到道德上的完满境地，这种道德完善同时又是做一个称职的统治者的先决条件。法家则主张性恶论，认为人性是恶的，所以现实中的人总是贪生怕死、趋利避害，因此，为维持社会秩序必须对人性加以利用，表现在政治态度上应取法而排礼。[②] 儒法两家的性善与性恶之争，引申出礼法之争、人治与法治之争。由于中国长期以来儒家思想占统治地位，因而基于性善论，主张对当权者进行道德教化，化性起伪，从而保证公共权力的廉洁公正性。

在西方政治思想史中，性善论不占主导地位，性恶论却源远流长，那些伟大的思想家们总是或明或暗地流露出对人的善性的怀疑。我国学者梁治平认为，西方政治学中性恶的假定可以追溯到古希腊，尤其是支配着近代启蒙学者，这些启蒙思想家几乎无一不是坚守性恶的立场。这种对于人性的深刻的不信任虽然是经验和观察的结果，却也明显带有基督教文明的印痕。[③] 正是在这种人性恶的假定之上，洛克和孟德斯鸠建立了以权力制约权力的分权理论。孟德斯鸠认为，在任何国家体制之下，一切有权力的人们使用权力一直到遇到界限的地方才休止。滥用权力是一种普遍存在的现象。这样，即使在民主国家里，如果国家权力过分集中，超出了人民所能控制的范围，来自民的国家权力也会异化为专制地统治人民的工具——强权，腐败将随之产生。因此，国家必须实行分权。孟德斯鸠精辟地指出：从事物的性质来说，要防止滥用权力，就必须以权力约束权力。[④]

在现代社会，尽管人性善恶之争仍然存在，但以权力制约权力的原则却已

① 参见［英］罗素：《权力论：新社会分析》，吴友三译，187页，北京，商务印书馆，1991。
② 参见张中秋：《中西法律文化比较研究》，291页，南京，南京大学出版社，1991。
③ 参见梁治平：《法辨：中国法的过去、现在与未来》，119页，贵阳，贵州人民出版社，1992。
④ 参见［法］孟德斯鸠：《论法的精神》，上册，张雁深译，154页，北京，商务印书馆，1961。

经成为政治学中的一条定律。从根本上消除腐败，涉及整个国家的权力构造，这个问题已超出本文的论题。具体地说，限制权力以消除腐败的对策表现为以下三个方面：(1) 责权统一，即明确公职人员的权利与义务，在授予一定权力的同时，加诸一定的职责，以防止权力失控；(2) 权力制衡，即以权力约束权力，使权力在动态运行中保持平衡，以防止权力失衡；(3) 权力监督，即加强人民对权力的监督，使权力在阳光下运作，以防止权力的异化。总之，为了消除因权力的滥用而产生的腐败现象，必须从政体上与法治上解决权力的限制问题。

我国曾是一个长期封建专制统治的社会，公共权力在社会生活中始终占据主导地位。在推翻封建专制制度基础上建立起来的人民民主专政的国家，性质发生了根本的变化。但由于传统文化的影响以及高度集中的经济体制所决定，长期以来我国公共权力集中统一，深入到社会生活的各个方面，成为调整社会关系的强大无比的力量。事实已经证明，腐败的可能并不会因权力性质的改变而改变，任何性质的权力只要没有限制都可能导致腐败。在我国进入改革开放以后，传统的权力运作方式发生了很大的变化，新的权力结构尚未形成。因此，腐败现象迅速蔓延，成为一个严重的社会问题。为此，必须从限制权力上入手，逐渐消除腐败产生的条件。只有明确这一点，我们对于反腐败的艰巨性与长期性才能有一个深刻的认识。

三

腐败是以公职人员谋取私利为目的的，因而表现为一定的权钱交易。申言之，这是一种权力商品化现象，由此而形成行政性垄断。我国经济学者厉以宁指出：在处于传统经济体制和双轨经济体制之下的时候，由于资源稀缺而导致的垄断处处存在。当然，这时还存在由于其他因素而造成的垄断。例如，国家使某些部门、某些企业甚至某些个人处于经济上的特殊地位，或者，某些部门、某些企业甚至某些个人利用行政的权力而在经济方面占据了一定的垄断地位，等等，这些都是常见的。[①] 在这里，厉以宁先生把垄断分为两种：资源稀缺导致的垄断和行政权力导致的垄断。前者固然不易消除，后者同样十分顽固。我国当前权力商品化现象十分严重，形成所谓权力经济，即权力进入市场，因而表现为一种寻租现象。寻租理论把一切利用行政权力获取经济利益的行为都称为寻租活动（rent-seeking）。这里的租金指政府干预或行政管制市场竞争而形成的级差收入，即超过机会成本的差价。在解释腐败现象产生的原因时，寻租理论认为，政府对企业进行管制，大大增加了官员决策权的范围，而企业不得不向官员行贿，以求得官员的批准和认可，随之而来的贪污腐败蔓延，使官员对保持这种权力有直接的利益，更不愿意放弃对企业的管制，于是贪污腐败进入了一个因果循环过程。我认为，寻租理论从经济角度对腐败成因的揭示有其可取之处。我国当前腐败现象大量存在就与政府对经济的过多行政干预有一定关联。为了防止这种寻租现象的出现，应当科学地界定行政权力对经济生活干预的范围与程度。

在经济学上，对于市场经济是否需要国家干预这个问题，存在着以下两种观点：一是以亚当·斯密为代表的经济自由主义，主张自由竞争推动经济发展，把市场的自发调节称为“看不见的手”。这种观点反对对市场经济的国家干预。经济自由主义是在自由竞争的资本主义发展时期所奉行的经济政策。在这种自由经济中，国家不具有经济的职能，其作用就在于为市场服务，包括制定自由经济条件下公民在进行经济活动时应遵守的规则。而市场经济的真正主体是那些自由经营者，他们根据公平竞争、诚实信用、等价交换的原则独立地、直接地参与经济活动。一旦他们违背这些原则，进行不正当的经济活动，必然要受到市场经济规则的制裁。因此，在自由竞争资本主义时期，一切经济行为都受市场经济规则支配，并受其制约，无须国家从中干预。在这种情况下，当然也就很少甚至不会有寻租活动。二是以凯恩斯为代表的国家干预主义，认为市场自行调节不能实现充分就业，经济危机难以避免，因而提出市场经济的发展要刺激有效需求的国家干预理论，并把国家干预称为“看得见的手”。随着国家干预主义为各国所接受，

① 参见厉以宁：《非均衡的中国经济》，216页，北京，经济日报出版社，1991。

权力对市场经济的干预的广度与深度不断扩大，寻租活动也就应运而生。在现代西方经济学中，自由放任主义与国家干预主义随着经济起伏变化而彼此消长，“看不见的手”与“看得见的手”互相结合，共同调节市场经济。

我国以往长期实行以高度集中为特征的计划经济，国家垄断一切经济活动。在这种完全的国家垄断经济制度下，当然也就不存在寻租活动。随着从计划经济向市场经济转轨，出现了经济体制上的双轨制，在这一特定的历史条件和经济环境中，寻租活动突出地暴露出来。双轨制是新旧经济体制交叉、并存的过渡状态。因此，寻租活动的出现，与双轨制有着密切的关系。双轨制的特点是计划（权力）与市场（竞争）的混杂，突出表现就是政企不分，政府机构既从宏观上管理又代替微观经济活动，以双重的身份出现在经济活动中，使宏观、微观在企业经营上相互冲突，既造成宏观管理名存实亡，又造成微观经济活动宏观化，从而失去应有的经济活动。在这种情况下，权力主体与经济活动主体合而为一，官商不分，因此，使某些人能够凭借特殊权力获取租金。这里的租金表示，由于政策干预和行政管制，例如进口配额、生产许可证发放、物价管制，乃至特定行业从业人员的人数限制等，抑制了竞争，扩大了供求差额，从而形成的差价收入。既然政策干预和行政管制能够创造差价收入，即租金，自然就会有追求这种租金的活动，即寻租活动。[①] 在这种情况下，腐败就不再是个别现象，而是带有行业性的特点，被称为行业腐败。这些行业往往是具有行政垄断性的经营行业，例如邮电、电业等。这种行业腐败是从计划体制向市场体制过渡的一个表征，正如美国学者罗伯特·蒂尔曼指出：腐败意味着从指令性价格制定模式转向自由市场模式。中央集权的分配机制（是现代行政的理论模式）可能会因供需的严重不平衡而崩溃。顾客们可能认为值得冒一下受众所周知的惩罚的风险，付出更高的代价以保证取得预期的利益。当这种状况发生时，政府就不再按指令性价格调整市场

① 参见《经济社会体制比较》编辑部编：《腐败：货币与权力的交换》，2页，北京，中国展望出版社，1989。

行为，而具备了自由市场的特点。[①]

要消除这种寻租活动所带来的腐败，尤其是行业腐败，关键在于进一步放权，在经济运行中实现计划与市场的内在统一。也就是说，国家对企业的管理逐步转向以间接控制为主，从而形成“国家调节市场，市场引导企业”的机制。在这种情况下，权力不再直接介入市场活动，而是从宏观上对市场进行调节。例如，我国学者方流芳对《公司法》颁布之前的公司审批制度进行了研究，认为公司审批制度与行政性垄断存在着不解之缘，垄断与部门权力分割交织一体，随着权力优势与营利宗旨相结合，行政性垄断也就在同一程度上转化为产生腐败的温床。解决这个问题，唯一的出路就是要用公司的准则成立来取代公司的审批成立。[②] 审批是权力之行使，权力机构就下属单位或个人请求之事项作出允准与否的裁断。在审批制度之下，审批机构（往往是归口行业的主管部门）就形成行政性垄断，它在扼杀竞争的同时又刺激非法交易：垄断权无疑具有商业性质，转让垄断权是一条没有任何商业风险（当然，在理论上存在着法律风险，但在法不责众的情况下，法律风险也微乎其微）却又能迅速致富的捷径。因此，进出口批件、各种许可证、配额、指标、书号、刊号总是在非法交易中经久不衰，并极大地刺激着寻租活动。只有代之以注册制，即只要符合法律规定的一定条件，就应当予以注册成立，才能消除行政垄断，削弱有关主管部门的权力，为自由竞争创造平等的机会；同时也会在相当程度上减少寻租活动。应该指出，我国 1993 年颁布的《公司法》废除公司成立的审批制，对有限责任公司的设立采取严格准则主义，只要符合公司法规定条件的，一般可登记为公司，但对特定行业和项目，还须在公司登记前报经有关部门审批。对于股份有限公司的设立，则必须经过国务院授权的部门或省级人民政府批准。我认为，《公司法》的这一规定具有典型意义。它昭示着随着经济体制改革的深入、市场经济法律秩序的建立与健全、双轨制的逐步结束，我国市场经济进入一个良性循环状态，寻租现象必将趋于减

① 参见王沪宁：《腐败与反腐败》，18 页，上海，上海人民出版社，1990。

② 参见方流芳：《公司审批制度与行政性垄断》，载《中国法学》，1992（4）。

少，腐败，尤其是行业腐败也就失去存在的土壤，从而受到强有力的遏制。

四

腐败作为一种社会现象，是在一定社会中存在的，因而与社会环境有着十分密切的联系。事实表明，在不同的社会形态以及不同的社会阶段，腐败具有不同的特点以及不同成因。美国学者亨廷顿曾经研究了现代化和腐败之间的关系，得出结论：在所有的国家都存在着腐败。某些国家中的腐败现象比另一些国家中的腐败现象更普遍；某个国家处于变革时期的腐败现象比该国在其他时期的腐败现象更为普遍。大致看来，有理由认为，腐败程度与社会和经济迅速现代化有关。为什么现代化滋生腐败呢？亨廷顿认为原因有三：（1）现代化涉及社会基本价值观的转变。那些按照传统规范是可以被接受并合法的行为，在这些现代人士的眼里就成了不能接受的和腐化的行为。因此，处于现代化之中的社会中的腐化现象，在某种程度上与其说是行为背离了公认的规范，还不如说是规范背离了公认的行为方式。（2）现代化开辟了新的财富和权力来源，从而进一步助长了腐败行为。因这些新的财富和权力的来源与政治的关系，在该社会居统治地位的传统规范中没有明确的定义，处理这些新旧财富和权力的来源的现代规范也没有被该社会内部居统治地位的集团接受。（3）现代化通过它在政治体制输出方面所造成的变革来加剧腐化。现代化，特别是处于后期现代化之国家里的现代化，涉及政府权威的扩大和各种各样受制于政府的活动的增加。① 应该说，亨廷顿关于现代化与腐败的关系的论述对于分析我国当前社会中存在的腐败现象是有一定参考意义的，尽管他的观点我不能完全苟同。我国当前正处于社会转型的过程之中，即从过去封闭自守的传统农业社会向开放搞活的现代化社会过渡。这一过渡不可能是平稳的，必然带来社会震荡，引起社会结构、价值观念的重大变化。在这种情况下，社会整合力有所减弱，处于一种失范状态。腐败作为这种失范状态的表征之

① 参见［美］亨廷顿：《变化社会中的政治秩序》，54～57页，北京，三联书店，1989。

一，其产生具有一定的社会必然性。在这个意义上，我们不妨说，腐败是现代化进程中必然出现的一种消极的社会现象。

现代化过程中出现的失范状态可以成为我们对当前中国出现的腐败现象的一种社会学的解释。失范（anomie，anomy）一词，最先由法国社会学家迪尔凯姆（Emile Durkheim）使用，从字面含义来说，指规范的缺乏或者丧失，因此也称为乏范。从内容上理解，失范状态是指旧有的价值观念和行为模式被普遍否定或遇到严重破坏，逐渐失去对社会成员的有效约束力，使得社会成员的行为缺乏明确的社会规范约束，形成社会规范真空这样一种社会状态。[①] 作为失范状态的表现，腐败的产生主要有以下社会原因：（1）价值观念冲突。价值观念是指人们对现实事物或现象的意义的认定，认定所依据的标准就是价值准则，它是人们长期社会生活的心理积淀，具有相对稳定性，并影响与制约着人们的行为方式。现代化进程所带来的社会转型意味着原有那些价值准则开始失去其现实合理性，由此而产生新旧价值观念的冲突。例如，在计划经济体制之下，虽然行政权力无所不在，但由于不存在市场，因而行政官员在一定信仰的感召下，能够基本上保持廉洁公正。而在实行市场经济以后，权力本位的观念顽强存在，而市场的拜物教又极大地诱惑着人们。在这种情况下，权力商品化现象应运而生。为了消除这种现象，要转移人们的价值观念，建立起符合市场经济的价值准则，由此调整人们的行为。（2）权威失落。德国社会学家韦伯把权威分为感召权威、传统权威和法理权威三种类型。[②] 感召权威，又称为卡里斯马统治，它建立在人们对领袖个人的魅力即他的超凡品质的信仰之上，人们服从他是因为信仰领袖个人的魅力。这种权威的实施不需要规范，领袖的言行是神圣的，具有当然的权威。传统权威的基础是人们对于始终存在的事物的虔诚态度，人们信仰传统，认为日常的惯例是不可违反的行为规范。家长制和世袭制是传统权威的典型方式。法理权威既不是建立在对先知、英雄的信仰之上，也不是建立在对传统秩序或其代表人物的虔敬之

① 参见郑杭生等：《社会运行导论》，448页，北京，中国人民大学出版社，1993。

② 参见苏国勋：《理论化及其限制：韦伯思想引论》，193页，上海，上海人民出版社，1988。

上，它的基础是没有人格色彩的法律、条例、规章制度等制度化的社会契约，是普遍性的公务职责。在经济体制改革之前，我国的统治基本上是建立在感召权威和传统权威之上的，以此来约束行政官员的行为。行政官员之所以能够遵纪守法，也主要是对这两种权威服从的结果。在经济体制改革之后，随着市场观念的影响和自主意识的加强，感召权威和传统权威受到强有力的冲击。法理权威正在树立，但还没有受到社会的普遍认同，缺乏有效的约束力和影响力。在这种权威失落的情况下，行政官员缺乏有效的控制，腐败行为由此滋生。为此，必须加强法理权威，健全法制，使行政官员的行为受到有效的法律监督。(3) 角色失调。现代化进程对于一定的个人来说，意味着一个社会角色模式的转换过程。这里的角色是指与人们的某种社会地位、身份相一致的一整套权利、义务和行为模式，是人们对具有特定身份的人的行为期望。经济体制的改革，对行政官员提出了角色转换的要求，但由于原有角色形成的一定的定势与惯性，角色转移难以到位，因而出现角色失调。角色失调使一定个人的角色行为与社会对其的期待出现差距。腐败现象也是这种角色失调的产物之一，它严重偏离了行政官员的角色要求，将权力职位作为经营手段，以权谋私。为此，应当推动角色转换，强化角色模式，防止行政官员的行为偏离其角色要求。只有这样，才能使行政官员的行为符合其角色所要求的行为模式，防止腐败现象的发生。

(本文原载《法律科学》，1995 (6))

侵占罪与贪污罪之比较

1995年2月28日，全国人大常委会通过了《关于惩治违反公司法的犯罪的决定》(以下简称《决定》)，该决定为惩治公司犯罪提供了刑法武器，其中《决定》第10条设立了侵占罪。由于《决定》第14条规定有限责任公司、股份有限公司以外的企业职工有该决定第10条规定的犯罪行为的，适用该决定，因此，侵占罪设立的意义已经超出了惩治公司犯罪的范围。更为重要的是，侵占罪的设立，在一定程度上缩小了贪污罪的构成范围。因而，从刑法理论上界定贪污罪和侵占罪的关系，就成为当前司法实践中亟待解决的一个问题。本文拟对贪污罪和侵占罪的构成要件加以比较，以便司法机关正确地认定这两种犯罪。

一

在我国刑法中，贪污罪是一个具有悠久历史的犯罪，而且其构成要件有一个逐渐演变的过程。1952年的《惩治贪污条例》就规定了贪污罪，以此作为惩戒国家工作人员利用职务上的便利侵吞公共财物的法律根据。根据《惩治贪污条例》第2条之规定，贪污罪是指一切国家机关、企业、学校及其附属机构的工作人员，侵吞、盗窃、骗取、套取国家财物，强索他人财物，收受贿赂以及其他假公济私违法取利的行为。由此可见，上述条例规定的贪污罪是个相当广泛的概念，这主要表现在贪污行为不仅指非法占有国家财物，而且包括收受贿赂、强索他人财物、假公济私违法取利等。几乎可以说，国家工作人员利用职务违法取利的一切行为，都可以视为贪污。这种立法规定，反映了在那个历史条件下惩治贪污罪的特定需要，因为当时没有制定刑法典，所以把一切国家工作人员利用职务违法取利的行为都纳入贪污罪的构成范围。

1979年制定的《刑法》第155条对贪污罪作了专门规定，由于把受贿罪从贪污罪中分离出去，因而形成了一个内涵明确的贪污罪概念，这就是国家工作人员以及受国家机关、企业、事业单位、人民团体委托从事公务的人员，利用职务上的便利，贪污公共财物的行为。但是，一个在立法中没有很好解决而司法实践中迫切需要解决的问题是：集体经济组织工作人员能不能成为贪污罪的主体？按照传统习惯理解，国家工作人员不应包括集体经济组织的工作人员；《刑法》（指1979年《刑法》，下同）第83条对国家工作人员所作的规定，也不能认为当然包括集体经济组织工作人员；《刑法》第155条第3款规定的受国家机关、企业、事业单位、人民团体委托从事公务的人员，也不好理解为是集体经济组织工作人员。但在司法实践中，又确实存在集体经济组织工作人员利用职务上的便利进行贪污的问题。为此，高铭暄教授提出了几个可供选择的办法：（1）对“刑法”第155条第1款进行修改，在国家工作人员之后增加集体经济组织工作人员；（2）对“刑法”第155条第3款进行修改，在人民团体之后增加规定集体经济组织；（3）对“刑法”第155条第1款中的国家工作人员作特定的扩大的立法解释，解释为包括集体经济组织的工作人员在内；（4）对“刑法”第83条关于国家工作人员的定义加以修改，使之包括集体经济组织工作人员。高铭暄教授认为，在立法机关作修改或解释之前，司法机关就只能从实际出发，按照自己对《刑法》第155条之精神的理解去执行。[①]

① 参见高铭暄：《中华人民共和国刑法的孕育和诞生》，211～212页，北京，法律出版社，1981。

经济体制改革以来，我国的经济生活发生了剧烈的变动。在以往高度集中统一的计划经济体制之下，我国的所有制表现为单一的全民所有制和集体所有制的公有制形式。而且由于政企不分，即行政组织与经济组织合一，企业沦为国家行政机构的附庸。在这种传统的公有制经济模式下，由于缺少经济发展的动力机制和国民经济的宏观调控机制，因此，国民经济无论是宏观效益还是微观效益都难以满足人民群众日益增长的物质需要。改革开放以后，我国开始从计划经济体制向市场经济体制转轨，打破了单一的公有制经济结构，形成以公有制为主体、多种经济成分并存的经济格局。

由于市场经济主体与财产所有关系的多元化，贪污罪的主体与客体都发生了变异。从贪污罪的主体来说，在计划经济体制下，政企不分，经济组织行政化，因而企业工作人员往往都是国家干部，可以成为贪污罪的主体。但那时干部与工人之间界限明确，一般不难认定。在经济体制改革以后，为了搞活经济，实行经济责任承包制。在实行经济承包的情况下，过去不具备国家工作人员身份的人，由于承包关系取得了对国有企业或者集体企业的经营管理权，因而就提出了这些人能否构成贪污罪的问题。从贪污罪的客体来说，在计划经济体制下，所有制形式是公有制的一统天下，基本上不存在私有经济。因此，公共财产与私人财产之间的界限分明。凡是企业财产，无论是国有企业还是集体企业，都属于当然的公共财产。少数在国家、人民公社、合作社、合营企业和人民团体管理、使用或者运输中的私人财产，按照《刑法》第81条之规定，以公共财产论，因而属于拟制的公共财产。因此，公共财产的范围易于认定。但在经济体制改革以后，经济所有制形式发生了巨大的变化，私人经济蓬勃发展，有的以合伙形式出现，有的以合作形式出现。而且，还发生了私人经济与公有经济之间的经济联合。引入外资，出现了大量的中外合资与中外合作的企业。在这种情况下，单纯的公有财产与私有财产之间的界限被打破了，出现了一种公有财产与私有财产交融在一起的混合经济。在这种情况下，贪污罪的客体复杂化了。由于我国保护公共财产的刑法手段较为单一，因而随着经济关系的变化，在客观上提出了扩张贪污罪的主体与客体的要求。为此，1985年7月8日“两高”司法解释明确将贪污罪的主体规定为：国家工作人员、集体经济组织工作人员和其他受国家机关、企业、事业单位、人民团体委托从事公务的人员。而且指出：凡生产资料、资金全部或者基本上为集体经济组织所有，交由个人或若干人负责经营的，应视为集体经济组织的经营层次，其主管人员或者管理财物的人员，利用经营之便，以侵吞、盗窃或骗取等手段，将属于集体经济组织的生产资料、资金或应上交集体经济组织的利润非法占为私有的，以贪污罪论处。这是对承包经营中贪污罪认定问题的解释，根据这一解释，贪污罪的主体扩大到不具有国家工作人员身份的承包人，客体也不必是全部的公共财产，只要基本上属于公有，即使其中有少量的私有财产，也不妨碍贪污罪的构成。

1988 年全国人大常委会《关于惩治贪污罪贿赂罪的补充规定》（以下简称《补充规定》）将贪污罪界定为：国家工作人员、集体经济组织工作人员或者其他经手、管理公共财物的人员，利用职务上的便利，侵吞、盗窃、骗取或者以其他手段非法占有公共财物的行为。根据这一立法规定，贪污罪无论从主体上还是从客体上都有所扩张。从主体来说，贪污罪的主体除国家工作人员和集体经济组织工作人员以外，还包括其他经手、管理公共财物的人员。根据 1989 年“两高”司法解释，其他经手、管理公共财物的人员包括以下五种人：（1）《刑法》第 155 条中规定的“受国家机关、企业、事业单位、人民团体委托从事公务的人员”；（2）基层群众性自治组织（如居民委员会、村民委员会）中经手、管理公共财物的人员；（3）全民所有制企业、集体所有制企业的承包经营者；（4）以全民所有制和集体所有制企业为基础的股份制企业中经手、管理财物的人员；（5）中方是全民所有制或集体所有制企业性质的中外合资经营企业、中外合作经营企业中经手、管理财物的人员。从客体上来说，虽然《补充规定》仍将贪污罪的对象限定为公共财物，但中方是全民所有制或集体所有制企业性质的中外合资经营企业、中外合作经营企业中经手、管理财物的人员都可以成为贪污罪的主体，且这些人员是中方人员还是外方人员没有限制，因此，公共财物包含混合财产。在这种情况下，贪污罪实际上已经成为一个无所不包的“口袋罪”，而且严重背离了设立贪污罪惩治国家工作人员职务犯罪这一立法初衷。尤其是贪污罪与盗窃罪在作为定罪量刑标准的犯罪数额上的严重失调，引起社会的强烈反响，认为我国现行立法关于贪污罪的规定，未能彻底贯彻“从严治吏”的指导思想，在司法实践中影响了惩腐倡廉的实际效果。[①] 为此，社会公众提出了完善贪污罪立法的强烈要求。

二

1995 年 2 月 28 日，全国人大常委会通过的《关于惩治违反公司法的犯罪的决定》就是在这种历史背景下设立了侵占罪，它在一定程度上限制了贪污罪的构成范围，因而值得我们注意。

根据《决定》第 10 条之规定，侵占罪是指有限责任公司、股份有限公司的董事、监事或者职工及上述公司以外的企业职工，利用职务或者工作上的便利，侵占本公司或本企业的财物，数额较大的行为。从这一规定来看，侵占罪在客观上具有侵占行为。那么，如何理解这里所谓侵占呢？侵占，从狭义上来说，指将他人之物作为本人之物而予以处分，即变“持有”为“占有”。持有指他人之物依一定原因归于自己实际支配，占有则指以本人之物予以处分。因此，侵占之义，可以概括为“合法持有，非法占用”。《决定》关于侵占罪的规定，对侵占不是从狭义上理解的，而应从广义上理解，指的是以侵吞、盗窃、骗取或者其他非法手段占有公司、企业财物归个人所有的行为。因此，这里的侵占无论从内涵还是外延上来说，都与贪污相同。侵占罪与贪污罪的主要区别，在于主体与客体两个方面。

从主体上来说，侵占罪的主体是指公司的董事、监事或者职工及上述公司以外的企业的职工。因此，侵占罪的主体范围较之贪污罪的更为广泛，它基本上涵括了所有经济组织的工作人员。从这个意义上来说，侵占罪是一种具有经济犯罪性质的业务犯罪。侵占罪的主体中，有一部分是从贪污罪主体中分离出来的，这

① 参见王作富：《论贪污罪立法的完善》，载《人民检察》，1995（11），40 页。

主要是指以下几种人：(1) 集体经济组织工作人员。对这部分人员按照《补充规定》应以贪污罪论处，但按照《决定》则应论以公司、企业人员侵占罪。(2) 其他经手、管理公共财物的人员。这部分人员包括全民所有制企业、集体所有制企业中经手、管理公共财物的人员，中方是全民所有制或集体所有制企业性质的中外合资经营企业、中外合作经营企业中经手、管理财物的人员等。按照《补充规定》及司法解释，这部分人员利用职务上的便利，侵吞、盗窃、骗取或者以其他方法占有公共财物的，都应以贪污罪论处，但按照《决定》的规定，这部分人不再定贪污罪，而应定侵占罪。在这种情况下，贪污罪主体限制在单一的国家工作人员的范围之内。在侵占罪的主体中，还有一部分是从盗窃、诈骗或者其他财产犯罪中分离出来的。因为贪污罪必须是利用职务上的便利构成的，在司法实践中，有些全民所有制企业或者集体所有制企业的职工不是利用职务上的便利，而是利用工作上的便利非法占有企业财物的，一般都按照占有财物的方式，或者定盗窃罪或者定诈骗罪。现在，《决定》规定侵占罪不仅利用职务上的便利可以构成，而且利用工作上的便利也可以构成，因而这部分人不应再定盗窃罪或者诈骗罪，而应定侵占罪。至于国家工作人员，根据《决定》第 12 条之规定，如果利用职务上的便利侵占公司或者企业财物的，仍应以贪污罪论处。但是，如果公司或者企业中的国家工作人员，不是利用职务上的便利，而是利用工作上的便利，非法占有公司或者企业财物的，仍然应以侵占罪论处。

从客体上来说，侵占罪侵害的是公司或者企业的财产所有权。这里的公司是指有限责任公司或者股份有限公司。根据我国《公司法》之规定，有限责任公司是指由一定人数的股东组成，每个股东仅以其出资额为限对公司负责，公司以其全部资产对其债务承担责任的公司。股份有限公司是指依法由一定人数的股东发起设立，全部资本划分为等额股份，股东仅以其所认购的股份为限对公司债务负清偿责任的公司组织形式。在这两种公司中，国有独资公司的财产是单一的公共财产。依据《公司法》第 64 条之规定，国有独资公司是指国家授权投资的机构或者国家授权的部门单独投资设立的有限责任公司。在这种公司中，公司财产全部是公共财产。除此以外，其他公司的财产都属于法人财产。这种法人财产，既不属于公民的私人财产，也不属于公共财产。《公司法》第 4 条规定：“公司股东作为出资者按投入公司的资本额享有所有者的资产受益、重大决策和选择管理者等权利。公司享有由股东投资形成的全部法人财产权，依法享有民事权利，承担民事责任。公司中的国有资产所有权属于国家。”由此可见，公司财产虽然来自股东，但一旦投资入股，就成为公司享有的法人财产。这种股权式公司的财产，是一种不同于私人财产与国有财产的新型财产所有形式。除公司以外，企业财产所有权也可以成为侵占罪侵害的客体。这里的企业，是指依法设立、具有法人资格的经济组织，其经济性质与公司的相同，只不过财产所有权构成方式不尽相同。企业具体包括以下经济组织：（1）全民所有制企业。（2）集体所有制企业，例如集体所有制的工厂、矿山、商店以及各种服务性行业。（3）私营企业，即以公民个人或者若干公民合伙出资建立的生产、经营或服务性的经济实体。（4）中外合资、中外合作企业，即由外国企业或其他经济组织与我国的企业或者其他经济组织在我国境内共同举办的合资或者合作企业。（5）外资企业，即在我国境内设立的全部资本由外国投资者投资的企业。（6）外国公司在我国境内设立的分支机构，这是指在外国成立的公司在我国境内设立的从事业务活动的办事机构。以上各种形式的企业，只要没有采取有限责任公司或者股份有限公司的形式的，都属于《决定》所规制的企业。这些企业的财产所有权形式是十分复杂的，既有公共财产，又有混合财产，还有私人财产。但不论财产所有权形式如何，只要是依法成立的公司或企业，都受法律保护。侵占其财产的，都应以侵占罪论处。

在以上侵占罪的客体中，私营企业的财产所有权显然不在贪污罪的客体范围之内，国有企业和集体企业的财产都属于公共财产，因而其财产所有权本来都是贪污罪侵害的客体。但在《决定》设立侵占罪以后，这种情况已经有所变化：由于集体经济组织工作人员不再是贪污罪的主体，因而集体企业的财产所有权已经不再是贪污罪侵害的客体。国有企业的财产所有权仍然是贪污罪侵害的客体，但只有国家工作人员侵害这一客体才构成贪污罪，而国有企业的职工侵害这一客体的构成侵占罪。由此可见，在客体上，侵占罪与贪污罪存在交叉，但侵占罪的客体范围更为广泛。应该指出，侵占罪的设立，使贪污罪的客体单一化为国有财产，以往公共财产这一概念实际上已经发生了分化。在这种情况下，侵占罪与贪污罪在客体上的区别，主要就表现为贪污罪侵害的只能是国有财产的所有权，而侵占罪侵害的客体在所有制形式上并无限制，既可以是国有财产所有权，又可以是混合财产所有权，还可以是私人财产所有权。

三

侵占罪的设立，使贪污罪的构成范围大为缩小，同时也使这两种犯罪互相交织，给在司法实践中正确地认定带来了一定的困难。但是，我认为这一立法顺应了我国当前经济发展与社会发展的实际情况，因而具有重大意义。

首先，在经济体制改革以后，以往政企不分的国家管理模式正在发生变化。我国传统经济体制是以高度集中的行政管理为特征的计划经济体制，在这种经济体制下，企业只是各级行政机构的附属物，企业的政企职能不分。在这种情况下，企业管理人员都视同国家工作人员，以管理国家工作人员的方式管理企业工作人员。在经济体制改革中，打破了政企不分的管理模式，国家从直接管理经济变为对国民经济实行宏观控制。而企业的自主权得以落实，企业成为市场主体，直接面向市场并承担经营风险。与此同时，我国的干部管理制度也实行了改革，国家公务员制度正在建立与完善的过程中，以往我国的干部管理制度存在的主要缺陷是注重对干部的政治管理，对于干部的专业特点注意不够，因而各个部门、各个行业的干部统一管理。这种干部管理体制与当前我国的社会发展、经济发展严重不相适应。为此，我国开始对干部管理体制实行改革，改革的发展趋势是对干部进行分类管理，其结果是国家工作人员这个概念逐渐分化乃至于最终取消，即国家行政机关工作人员按照国家公务员制度实行管理，国家司法机关和权力机关工作人员根据专业特点实行专业化的管理，对这部分人员视同公务员。对于公务员主要以监督管理为主，加强廉政建设。因此，以后职务犯罪的主体主要限于上述人员。而从事经济管理活动的人员，从国家工作人员中分离出来，对于这部分人员的管理主要依赖于建立并健全经济管理制度，使之在法律范围内从事经济活动，以后不再成为职务犯罪的主体，而是成为具有经济犯罪性质的业务犯罪的主体。从广义上来说，可以把业务犯罪归之于职务犯罪，因为它与行为人的职责相关。但从狭义上来说，职务犯罪是一种公务犯罪，而公务与业务还是有所区别的。区分职务犯罪与业务犯罪，对于重点惩治掌握国家权力的各级官员的违法犯罪，具有重要意义。而且，还可以把职务犯罪与经济犯罪明确地加以区分，根据两种犯罪的不同特点采取有效的惩治措施。

其次，在经济体制改革以后，财产所有制形式发生了重大的变化。以往在计划经济体制下，实行的是单一的公有制，贪污罪的设立主要是为了保护公有财产不受非法侵害。而现在公有制一统天下已经不复存在，以公有制为主体，其他所有制的经济蓬勃发展。事实已经证明，公有制以外的其他所有制经济的存在与发展，对于我国生产力水平的提高是有促进作用的，它们将在我国经济活动中起到越来越大的作用，在这种情况下，就提出了一个如何保护公有制以外的其他所有制的财产不受非法侵害的问题。这里所谓其他所有制的财产，包括私营企业的财产、外资企业的财产和中外合作、合资企业的财产以及股权式企业的财产等。由于这些财产形式在我国都是经济体制改革以后才出现的，因此开始的时候都通过扩大贪污罪的主体与客体来加以保护。例如，对于以股权形式出现的公私混合财产，往往以《刑法》第 81 条关于在“合营企业”管理、使用、运输中的私人财产，以公共财产论的规定为根据，论证私人投资应以公共财产论，因而侵占这种财产的，应以贪污罪论处。这里的“合营企业”，在刑法草案第 33 稿中是“公私合营企业”。而当时的公私合营企业，在 1956 年实行社会主义改造以后采取了赎买政策，在这种情况下，视同公共财产是可以的。在刑法定稿时修改为“合营企业”，之所以修改为“合营企业”，根据参与刑法制定工作的高铭暄教授的介绍，是因为实际情况发生了变化：公私合营企业不存在了，中外合资经营企业开始出现了。[①] 因而，似乎可以根据《刑法》第 81 条将中外合资企业的财产解释为公共财产。但实际上中外合资企业与我国 20 世纪 50 年代的公私合营企业在性质上是

① 参见高铭暄：《中华人民共和国刑法的孕育与诞生》，129 页，北京，法律出版社，1981。

根本不同的，因而将中外合资企业财产视为公共财产的解释，难免有削足适履之嫌。更何况，还有外商独资企业财产、私营（或者民营）企业财产显然难以被涵括在公共财产之中。由此可见，以单一的所有制形式作为犯罪客体的贪污罪，已经难以适应当前保护各种所有制形式的公司（企业）财产所有权的实际需要。为此，对于贪污罪的构成范围，只能严格从主体身份上去界定，视为一种职务犯罪。侵占罪，只是从利用职务上或者工作上的便利侵占公司或者企业财物这一本质特征去把握，不再考虑公司或者企业财产的所有权性质。换言之，对于公司或者企业的财产，不论是公共财产、私人财产还是混合财产，都一视同仁地予以保护。

当然，这里存在一个刑罚协调问题，因为目前法律对贪污罪规定的法定最高刑为死刑，而侵占罪的法定最高刑为有期徒刑 15 年，刑度差别比较大。同是侵占公共财产，国家工作人员与其他公司、企业人员在刑罚处罚上大不相同。那么，应当怎么认识这个问题呢？我认为，出于廉政的要求，对于国家工作人员（主要是指公务员）应当从严惩处，因而贪污罪的刑罚处罚重于侵占罪的是完全应该的。当然，对于在公司、企业中从事经济管理活动的国家工作人员，同是侵占公司、企业财物，其处罚重于其他公司、企业人员，也存在不尽合理之处。从立法完善上来说，在公司、企业中工作的国家工作人员也应当从贪污罪主体中分离出来，与其他公司、企业人员一样对待。最后一点，即使贪污罪与侵占罪的刑罚应当协调，也存在一个趋重协调还是趋轻协调的问题。以我之见，考虑到目前我国刑罚已经存在重刑化的倾向，应当趋轻协调而不是趋重协调。当然，这不仅涉及贪污罪、侵占罪这两种犯罪的刑罚协调，而且还涉及与其他犯罪以及其他犯罪之间的刑罚协调，应当在刑法修改中加以统筹安排。

四

侵占罪的设立，在一定程度上加强了对各种所有制的公司、企业财产的刑法保护，具有一定的现实意义。但从立法完善的角度来说，也还存在一些值得进一步研究的问题。

《决定》颁布以后，关于本罪的罪名就存在不同认识，有称为业务侵占罪的，有称为商业侵占罪的，有称为公司、企业人员侵占罪的。1995 年 12 月 25 日最高人民法院颁布的《关于办理违反公司法受贿、侵占、挪用等刑事案件适用法律若干问题的解释》则将本罪的罪名确定为侵占罪。除直接称为侵占罪的以外，其他几种罪名基本上大同小异，强调《决定》设立的不是普通侵占罪，而是特殊的侵占罪。这就提出了一个问题，将来在刑法中是否应当设立普通侵占罪，以及普通侵占罪与特殊侵占罪应当如何协调。这个问题不仅涉及侵占罪本身，而且涉及它与贪污罪、诈骗罪、盗窃罪以及这些财产犯罪之间的协调问题。在外国刑法中，大多都设立了侵占罪，例如日本刑法中的侵占罪分为三种：(1) 单纯侵占罪，指侵占由自己占有而属于他人的财物，或者经公务机关命其保管情况下的自己财物。(2) 业务侵占罪，指侵占业务上由自己占有而属于他人的财物。(3) 侵占脱离占有的财物罪，指侵占遗失物、漂流物等脱离占有的他人的财物。[①] 我国在刑法制定过程中，在历次刑法草案中都规定了侵占公私财物罪。现行刑法定稿时删掉了这一犯罪，当时主要是考虑到利用职务便利侵占公共财物的犯罪已为贪污罪所包含，剩下的其他侵占公私财物行为，数量有限，可以不作为犯罪处理。[②] 近年来，非法侵占财物的行为日趋增多，其中某些侵占行为的性质十分严重，需要作为犯罪处理。在当前刑法没有设立侵占罪的情况下，大多按照盗窃罪类推处理。例如《最高人民法院公报》［1990 (1)］刊登的马晓东侵占他人财产类推案中，最高人民法院审判委员会审核认定：被告人马晓东以非法占有为目的，窃取他人财物 3.95 万余元，数额巨大，具有社会危害性，已构成犯罪，应处以刑罚。马晓东的行为与盗窃罪的主体、主观方面和客体相符合。但是，马晓东所侵占的财物，是失主委托的、在其实际控制下的他人财物，这与盗窃罪的客观方面即秘密窃取公私财物的行为不相符合，这种犯罪我国刑法分则没有明文规定，应当依

① 参见［日］木村龟二主编：《刑法学词典》，720 页，上海，上海翻译出版公司，1991。

② 参见《最高人民法院公报》，1990 (1)，29 页。

法适用类推，对被告人定罪判刑。[①] 此外，还有侵占他人遗忘物类推的案件。在这种情况下，我国刑法学界提出设立侵占罪的立法建议。例如有的学者主张应将侵占罪分为普通侵占罪与业务侵占罪。普通侵占罪是指行为人将自己所持有的他人数额较大的财物非法侵占为己有的行为。业务侵占罪是指行为人在经营业务的过程中，将持有的他人数额较大的财物加以侵占的行为。[②] 显然，这一立法建议是符合当前我国惩治犯罪的实际需要的；并且，立法机关已经考虑将来在刑法中设立侵占罪。但现在的问题是，如何界定侵占的概念以及侵占与贪污如何区分。

如前所述，从狭义上来说，侵占是指“合法持有、非法占有”。世界各国刑法关于侵占罪的规定，也是在这一意义上理解侵占的，因而是刑法理论上的共识。而《决定》设立的侵占罪都是从广义上理解侵占一词的，因而侵占行为包含侵吞、盗窃、骗取以及其他非法手段。这里的侵占与贪污含义相同，因此，公司、企业人员侵占罪实际上就是公司、企业人员贪污罪。但在我国当前刑法中，同一种行为，在不同罪名中有两种称法：在贪污罪中称为贪污，在侵占罪中又称为侵占。因此，如果在将来刑法修改中设立了普通侵占罪，而把公司、企业人员侵占罪作为业务侵占罪加以规定，就会出现普通侵占罪之侵占与业务侵占罪之侵占含义并不相同的尴尬局面。

这里，需要对贪污一词加以考察。贪污，在英文中为 corruption，历来被用作对官吏或公职人员的一种道德上的评价，既含贬义，又是泛指，如贪官污吏、贪赃枉法，等等，可以表示官僚阶层内与中饱私囊有关的一切腐败现象。[③] 因此，在古代及外国刑法中，贪污都不是一个具体罪名，而是官吏腐败的同义语。我国于 1952 年颁布的《惩治贪污条例》首次把贪污确立为一个罪名，但其内容包括侵吞、盗窃、骗取、套取国家财物，强索他人财物，收受贿赂以及其他假公济私的违法取利之行为。由此可见，它的内容十分庞杂，基本上接近于贪污的本

① 参见《最高人民法院公报》，1990（1），29 页。

② 参见赵秉志主编：《刑法修改研究综述》，339 页，北京，中国人民公安大学出版社，1990。

③ 参见郑伟：《刑法个罪比较研究》，235 页，郑州，河南人民出版社，1990。

义。1979年制定的现行刑法，把贿赂罪分离出去，贪污罪定型化为一个利用职务上的便利侵吞、盗窃、骗取公共财物的概念，并且为社会所接受。但贪污罪中的这几种行为方式中，除侵吞以外，盗窃与诈骗都另有罪名。贪污罪的设立表明在刑事立法上对国家工作人员从严惩处的原则。但在司法实践中，这一原则不仅得不到贯彻，处罚反而要轻。这主要体现在贪污罪与盗窃罪、诈骗罪在定罪量刑所要求的犯罪数额的悬殊上。为此，我国刑法学界有的学者提出在修改刑法时，在立法上撤销贪污罪的罪名，而把其包含的几种行为方式分别纳入其他犯罪。具体设想是：(1) 以单独条文规定盗窃罪，把利用职务便利盗窃公共财物的犯罪，规定为本罪从重处罚的情况。(2) 以单独条文规定诈骗罪，把利用职务便利诈骗公共财物的犯罪，规定为本罪从重处罚的情况。(3) 增设侵占罪的条文，它含两种犯罪行为，其一为普通的侵占公私财物的行为，定罪上通过情节和数额严加控制；其二为利用职务之便侵占（即侵吞）公共财物的行为，规定量刑上应较前者从重处罚。[①] 应该说，这一立法建议对于协调贪污罪与盗窃、诈骗等其他财产犯罪的刑罚，为司法实践切实贯彻从严惩治国家工作人员贪利犯罪提供立法保障，具有一定的现实意义。但由于贪污这一罪名已经约定俗成，与其说它是由立法机关强加给社会的观念，倒不如说是由社会体验自发形成的产物。[②] 在这种情况下，取消贪污罪几乎是不可能的，难以为社会所接受。而且，贪污罪与盗窃罪、诈骗罪的刑罚协调，同样存在一个是趋重协调还是趋轻协调问题，因此，我认为，完善贪污罪的立法，并非一定要取消这一罪名，而是可以严格限定贪污罪的主体范围，使之成为名副其实的职务犯罪。在此基础上，从立法与司法两个方面体现贯彻对职务犯罪从严惩处的精神。

而就当前《决定》设立的侵占罪而言，我认为在将来的刑法修改中，应当把侵占与贪污在行为特征上作出区分，恢复侵占的本来含义，作为业务侵占罪加以

① 参见高铭暄、王作富主编：《新中国刑法的理论与实践》，632页，石家庄，河北人民出版社，1988。

② 参见郑伟：《刑法个罪比较研究》，235页，郑州，河南人民出版社，1990。

规定。现在侵占的含义中，侵吞与侵占含义基本相同。盗窃即所谓监守自盗，无论是利用职务上的便利还是利用工作上的便利，实际上都是侵占。“合法持有，非法占有”也是一种侵占行为，与盗窃则毫无共同之处。“监守自盗”一词出自《唐律》。按照《唐律·贼盗律》，监临主守自盗，加凡盗二等。《唐律》之所以这样规定，是因为《唐律》中没有侵占罪与贪污罪的罪名，所以对于官吏侵占监守财物（即公物）的，按照盗窃罪从重处罚。而现在刑法中已经有贪污罪与侵占罪的罪名，也就不再存在监守自盗的问题。至于侵占中的骗取行为，应当予以分离。在普通诈骗罪之外，单独设立业务诈骗罪。总之，应当还侵占的本来面目，把它与贪污在行为特征上严加区别，从而进一步完善关于侵占罪的立法规定。

（本文原载《法学家》，1996（4）。刊载时略有删节）

国家出资企业国家工作人员的范围及其认定

国家工作人员是我国刑法中特有的一个概念，这一点与其他国家刑法的规定颇为不同。其他国家刑法一般都将国家工作人员称为公务员，而公务员的范围完全以《公务员法》的规定为准。在这种情况下，刑法中的公务员的认定根本就不成其为问题。但在我国刑法中，国家工作人员的概念是由刑法加以规定的，并且与相关法律，例如《公务员法》并不衔接。我国《公务员法》第 2 条规定："本法所称公务员，是指依法履行公职、纳入国家行政编制、由国家财政负担工资福利的工作人员。"由此可见，这一公务员的概念是以行政编制为根据加以界定的。当然，除了典型的公务员以外，还包括按照公务员管理的人员，例如司法工作人员等。即使如此，公务员的范围也是相对确定的。但是，我国刑法中的国家工作人员则是范围要广泛得多。尤其是"其他依法从事公务的人员"这一兜底式规定，使得国家工作人员的范围处于一种不确定的状态。从历史上看，随着我国社会管理体制和经济管理体制的改革，国家工作人员的含义也处于不断的变动之中。因此，国家工作人员的认定也就成为我国刑法中职务类犯罪定罪量刑中的一个难点问题。本文以《企业国有资产法》和最高人民法院、最高人民检察院《关于办理国家出资企业中职务犯罪案件具体应用法律若干问题的意见》（以下简称

《意见》）为依据，结合相关案例，对国家出资企业国家工作人员的范围及其认定问题，进行法理探讨。

一、国家出资企业国家工作人员的演变

在2008年10月28日全国人大常委会通过、2009年5月1日起施行的《企业国有资产法》之前，我国并无国家出资企业这个概念。此前的《公司法》只有关于国有独资公司的规定："本法所称国有独资公司，是指国家单独出资、由国务院或者地方人民政府授权本级人民政府国有资产监督管理机构履行出资人职责的有限责任公司。"（第64条）在国有独资公司中从事管理活动的人员，当然属于国家工作人员，对此并无争议。除了国有独资公司，还有其他国有企业，也属于国有单位，其中从事管理活动的人员也是国家工作人员。以上国家独资企业和国有企业都是指国家全资的公司或者企业，此外，在现实生活中还存在着国家占有一定股份的合资公司或者企业。这些公司、企业被称为国有资本控股、参股的公司、企业，其中对从事管理活动的人员如何认定国家工作人员，刑法并没有规定。对此，相关司法解释作了规定。根据颁布时间的顺序，规范这种国家工作人员的司法解释主要有以下三个。

（1）2001年5月23日最高人民法院《关于在国有资本控股、参股的股份有限公司中从事管理工作的人员利用职务便利非法占有本公司财物如何定罪问题的批复》（以下简称《批复》）。《批复》规定："在国有资本控股、参股的股份有限公司中从事管理工作的人员，除受国家机关、国有公司、企业、事业单位委派从事公务的以外，不属于国家工作人员。"由此可见，《批复》根据是否受委派作为认定国有资本控股、参股的股份有限公司中国家工作人员的标准。

（2）2003年11月13日最高人民法院《全国法院审理经济犯罪案件工作座谈会纪要》（以下简称《纪要》）。《纪要》对国家机关、国有公司、企业、事业单位委派到非国有公司、企业、事业单位、社会团体从事公务的人员的认定问题作了以下规定："所谓委派，即委任、派遣，其形式多种多样，如任命、指派、提名、

批准等。不论被委派的人身份如何，只要接受国家机关、国有公司、企业、事业单位委派，代表国家机关、国有公司、企业、事业单位在非国有公司、企业、事业单位、社会团体中从事组织、领导、监督、管理等工作，都可以认定为国家机关、国有公司、企业、事业单位委派到非国有公司、企业、事业单位、社会团体从事公务的人员。如国家机关、国有公司、企业、事业单位委派在国有控股或者参股的股份有限公司从事组织、领导、监督、管理等工作的人员，应当以国家工作人员论。"《纪要》明确地界定了委派的概念，即委派是指委任和派遣。无论是委任还是派遣，都是从国有单位委派到非国有单位，而这里的非国有单位包括国有控股或者参股的股份有限公司。

（3）2005 年 8 月 1 日最高人民法院《关于如何认定国有控股、参股股份有限公司中的国有公司、企业人员的解释》（以下简称《解释》）。《解释》规定："国有公司、企业委派到国有控股、参股公司从事公务的人员，以国有公司、企业人员论。"这一规定的精神与《纪要》是完全一致的。

根据以上三个司法解释或文件的规定，国有控股、参股的公司属于非国有公司、企业，只有受委派从事公务的人员是国家工作人员，其他人员均属非国家工作人员，即公司、企业工作人员。

及至 2008 年 10 月 28 日全国人大常委会颁布《企业国有资产法》，该法首次提出来国家出资企业的概念，第 5 条指出："本法所称国家出资企业，是指国家出资的国有独资企业、国有独资公司，以及国有资本控股公司、国有资本参股公司。"在此，《企业国有资产法》将国有独资的公司、企业和国有资本控股、参股的公司、企业相提并论，同等对待。值得注意的是，《企业国有资产法》还对履行出资人职责的机构做了专门规定。这里的履行出资人机构，依据该法第 11 条的规定，是指代表各级人民政府履行出资人职责的机构、部门，主要是指国有资产监督管理机构。

在《企业国有资产法》颁布以后，最高人民法院、最高人民检察院颁布了《意见》。该司法解释的制定，是为了与《企业国有资产法》相衔接，进一步对国家出资企业国家工作人员职务犯罪的法律适用问题加以规定。其中，《意见》所涉及的国家出资企业国家工作人员的规定，主要有以下两项。

(1) 经国家机关、国有公司、企业、事业单位提名、推荐、任命、批准等，在国有控股、参股公司及其分支机构中从事公务的人员，应当认定为国家工作人员。具体的任命机构和程序，不影响国家工作人员的认定。

(2) 经国家出资企业中负有管理、监督国有资产职责的组织批准或者研究决定，代表其在国有控股、参股公司及其分支机构中从事组织、领导、监督、经营、管理工作的人员，应当认定为国家工作人员。

上述第一项是对受委派到国家出资公司、企业从事公务的国家工作人员的规定。应该说，这一规定的内容，甚至表述都与以往的司法解释相同。在这个意义上可以说，这是对以往司法解释规定的一种重复，并没有新意。因此，对此也不存在争议。

关键在于第二项，该项规定将国家出资企业中负有管理、监督国有资产职责的组织批准或者研究决定的人员，只要代表其在国有控股、参股公司及其分支机构中从事组织、领导、监督、经营、管理工作，就应当认定为国家工作人员。这种人员并非受国家机关、国有公司、企业、事业单位的委派，而是由国家出资企业中负有管理、监督国有资产职责的组织批准或者研究决定。因此，这种人员难以说是受委派的国家工作人员。当然，这一规定也没有完全将国有控股、参股公司等国家出资企业等同于国有单位。否则，国有控股、参股公司等国家出资企业中从事管理活动的人员将一概被认定为国家工作人员。《意见》将国有控股、参股公司等国家出资企业中从事管理活动的人员分为两部分：一部分是国家出资企业中负有管理、监督国有资产职责的组织批准或者研究决定的人员，另一部分是国家出资企业其他机构任命的人员，前者属于国家工作人员，后者属于非国家工作人员。

《意见》关于国家出资企业中负有管理、监督国有资产职责的组织批准或者研究决定的人员属于国家工作人员的规定，明显扩大了国家出资企业中国家工作人员的范围。我们可以对比《批复》对国家出资企业中国家工作人员的规定。《批复》指出，“在国有资本控股、参股的股份有限公司中从事管理工作的人员，除受国家机关、国有公司、企业、事业单位委派从事公务的以外，不属于国家工作人员。”根据《批复》的规定，在国家出资企业中，只有受委派从事公务的人员是国家工作人员。但是，按照《意见》的规定，在国家出资企业中，除了受委派从事公务的人员是国家工作人员以外，经国家出资企业中负有管理、监督国有资产职责的组织批准或者研究决定，代表其在国有控股、参股公司及其分支机构中从事组织、领导、监督、经营、管理工作的人员，也被认定为国家工作人员。

在这种情况下，为了使经国家出资企业中负有管理、监督国有资产职责的组织批准或者研究决定，代表其在国有控股、参股公司及其分支机构中从事组织、领导、监督、经营、管理工作的人员所获得的国家工作人员身份，具有法条上的根据，参与《意见》研究讨论并起草的有关人员（以下简称有关人员）提出了间接委派的概念。这里的间接委派，是指对委派概念所进行的扩大解释。据此将过去通常认为不属于国家工作人员的部分间接委派的人员，有条件地纳入委派人员的认定范畴。[①] 所谓间接委派是相对于直接委派而言的，直接委派是指国家机关、国有公司、企业、事业单位向非国有公司、企业、事业单位的委派，包括向国家出资企业的委派。本来在刑法当中并没有间接委派的说法，只是在《意见》颁布以后，经国家出资企业中负有管理、监督国有资产职责的组织批准或者研究决定，代表其在国有控股、参股公司及其分支机构中从事组织、领导、监督、经营、管理工作的人员被扩大解释为国家工作人员，为了使这种解释获得合法依据，而提出了间接委派的概念。严格来说，间接委派的概念并不科学。因为委派是从外部派遣有关人员到内部，因此，站在被委派单位的角度来说，被委派人员来自外部的委派单位。在此，存在委派单位与被委派单位的内外之别，这是两个单位之间的关系。但是，间接委派实际上是把内部的任命也理解为委派，突破了委派存在于两个单位之间这一基本特征。因此，与其说是对委派的扩大解释，不

① 参见刘为波：《〈关于办理国家出资企业中职务犯罪案件具体应用法律若干问题的意见〉的理解与适用》，载最高人民法院刑事审判第一、二、三、四、五庭主办：《刑事审判参考》，第77集，133页，北京，法律出版社，2010。

如说是对国家出资企业国家工作人员做了超出原先范围的重新规定。

应该指出，在《意见》颁布之前，虽然没有间接委派的概念，但存在所谓二次委派的概念。二次委派是指经被国有公司、企业委派到非国有公司、企业工作后，又被非国有公司、企业委派到由该非国有公司、企业出资的其他非国有公司、企业工作。例如，国有公司、企业委派到国家出资企业，这是一次委派。如果该人员又被国家出资企业委派到其出资的企业从事管理活动，这就是所谓二次委派。二次委派不同于一次委派的地方在于：一次委派的委派主体是国有公司、企业，而二次委派的主体则是国家出资企业。在《意见》颁布之前，对于二次委派人员是否属于国家工作人员，存在着争议。其中，一种观点认为，二次委派的委派主体是非国有公司、企业，因此，不得将这种受委派的人员认定为国家工作人员；另一种观点认为，如果二次委派是经过原国有单位批准或者同意的，应视为原国有单位的委派；如果原国有单位对其第二次委派并不知情或者根本不同意的，则被委派人员的身份应视为已经改变，不能再以国家工作人员论。在我国司法实践中一般认为虽然被委派单位具有国有财产成分，但国有资本若未直接持有公司股份，不能认定为国有控股、参股公司，若将被二次委派人员视为国家工作人员，则打击面过大，因此不予以认定。[①] 由此可见，二次委派是指受国有控股或者参股的股份有限公司的委派，而到国有控股或者参股的股份有限公司控股、参股的公司从事管理活动。在二次委派的情况下，委派主体不是国家机关、国有公司、企业、事业单位等国有单位，因此二次委派的人员也就不得视为国家工作人员。基于前引三个司法解释所确定的国家工作人员的范围，二次委派不属于国家工作人员应该说是通说。但在《意见》颁布以后，这种所谓二次委派的人员也被纳入国家出资企业国家工作人员的范围。《意见》第 6 条明确地把国家出资企业的分支机构包含在内。相关人员指出："在公司、企业还是在其分支机构，在法律意义上对于国家工作人员的认定并无必然关联，鉴于国家出资企业中普遍存

① 参见朱晓玉：《"受委派"国家工作人员的认定》，载《人民法院报》，2013-07-17。

在分支机构，故《意见》特别加以说明"①。因此，只要是国家出资企业中负有管理、监督国有资产职责的组织批准或者研究决定，无论是否分支机构，都被认为是获得国家工作人员的根据。

应该说，《意见》在相当程度上扩张了国家出资企业中的国家工作人员的范围。其实，国家出资企业包括两种情况：一种是国有公司上市以后，国有公司单独从事经营、管理活动的情形。例如，目前的国有银行都已经上市，成为上市公司。在这种情况下，银行就不再是国有独资公司，而是国有资本的控股公司。但从经营、管理体制上来看，并没有发生变化，仍然是原先的国有公司中的国家工作人员在从事经营、管理活动。对于这种国有出资企业来说，将国家出资企业中负有管理、监督国有资产职责的组织批准或者研究决定，代表其在国有控股、参股公司及其分支机构中从事组织、领导、监督、经营、管理工作的人员，认定为国家工作人员是具有一定合理性的。即使是这种国家出资企业委派到下属单位从事经营、管理活动的人员，即所谓二次委派的人员，也应当认定为国家工作人员。另一种是国有出资企业的国有方与非国有方共同进行经营、管理的国有出资企业。对于这种国有出资企业来说，将国家工作人员限制在受国有单位，尤其是履行国有出资人职责的机构的委派，更为合理。

二、国家出资企业中负有管理、监督国有资产职责的组织的认定

根据《意见》第6条的规定，国家出资企业中负有管理、监督国有资产职责的组织也可以成为委派的主体，即经国家出资企业中负有管理、监督国有资产职责的组织批准或者研究决定，就可以成为国家工作人员。那么，如何理解这里的负有管理、监督国有资产职责的组织呢？对于这个问题法院内部讨论的时候，也

① 刘为波：《〈关于办理国家出资企业中职务犯罪案件具体应用法律若干问题的意见〉的理解与适用》，载最高人民法院刑事审判第一、二、三、四、五庭主办：《刑事审判参考》，第77集，138页，北京，法律出版社，2010。

存在分歧意见。关于负有管理、监督国有资产职责的组织的范围，存在三种不同的意见[①]：一种意见认为，负有管理、监督国有资产职责的组织仅指国家出资企业中党委和党政联席会。还有一种意见认为负有管理、监督国有资产职责的组织，不仅包括国家出资企业中党委和党政联席会，还包括公司股东会、董事会、监事会。多数意见认为，负有管理、监督国有资产职责的组织，除国家资产监督管理机构，国有公司、企业、事业单位外，主要是指上级或者本级国家出资企业内部的党委、党政联席会。国家出资企业中的董事会、监事会不能认定是适格的委派主体。以上争议主要涉及在国家出资企业中，究竟哪个机构对国有资产负有管理、监督职责这个问题。其中，董事会、监事会对整个国有出资企业的资产负有管理、监督的职责，而不是仅对国有资产负有管理、监督的职责。因此，将国有出资企业中的董事会、监事会排除在负有管理、监督国有资产职责的组织的范围之外，是合理的。除了国家资产监督管理机构对国家出资企业的国有资产负有专门的监督职责，党委在我国也被认为是代表国家在国家出资企业中行使管理、监督的职责，这是由我国目前的国家出资企业实际情况所决定的。因此，正如相关人员指出，这里所谓组织，除国有资产监督管理机构、国有公司、企业、事业单位之外，主要是指上级或者本级国家出资企业内部的党委、党政联席会。[②] 因此，是否经党委或者党政联席会批准或者研究决定，就成为认定国家出资企业国家工作人员的形式要件。

以下我们通过宋涛非国家工作人员受贿案[③]，对国家出资企业中负有管理、监督国有资产职责的组织的理解与认定问题进行论述。

被告人宋涛，男，1970 年 10 月 3 日出生，系上海国际港务（集团）股份有

---

① 参见宋国蕾、张宁：《国家出资企业人员职务犯罪研讨会综述》，载最高人民法院刑事审判第一、二、三、四、五庭主办：《刑事审判参考》，第 89 集，238～239 页，北京，法律出版社，2012。

② 参见刘为波：《〈关于办理国家出资企业中职务犯罪案件具体应用法律若干问题的意见〉的理解与适用》，载最高人民法院刑事审判第一、二、三、四、五庭主办：《刑事审判参考》，第 77 集，137 页，北京，法律出版社，2010。

③ 该案载最高人民法院刑事审判第一、二、三、四、五庭主办：《刑事审判参考》，第 97 集，北京，法律出版社，2014。

限公司（以下简称上港集团）生产业务部调度室经理。2012 年 11 月 14 日因涉嫌犯受贿罪被逮捕。

上海市虹口区人民检察院以被告人宋涛犯受贿罪，向上海市虹口区人民法院提起公诉。

上海市虹口区人民法院经审理查明：2009 年年底至 2012 年 8 月，被告人宋涛担任上港集团生产业务部生产调度室副经理、经理期间，利用负责上港集团下属港区码头货物装卸、船舶到港、浮吊作业计划分配、调度和管理等职务便利，先后多次收受上海铨兴物流有限公司负责人丁华给予的价值人民币（以下币种相同）1.5 万元的联华 OK 消费积点卡及 LV 皮包 1 只，收受上海顶晟国际货物运输代理有限公司负责人陈立军给予的现金 20 万元。上述收受的消费积点卡、贿赂款共计价值 21.5 万元，均被宋用于个人消费。

另查明，上港集团于 2005 年改制为国有控股、中外合资的股份有限公司，并于 2006 年 10 月在上海市证券交易所上市。上港集团的高层领导，列入上级领导部门管理范围；集团总部部门领导的任命，由集团人事组织部根据相关规定，向集团领导部门提出任用人选，经集团领导部门扩大会议讨论同意，然后发文任命。同时，按照上港集团的公司章程，公司员工的聘用和解聘，由公司总裁决定。宋涛在上港集团生产业务部下设的生产调度室从主管到担任副经理、经理的职务变动，均由其上级部门领导个人提出聘任意见，由人事组织部审核后，由公司总裁在总部机关职工岗位变动审批表上签署同意意见即成，无须经过人事组织部提名、领导部门扩大会议讨论决定的程序。

上海市虹口区人民法院认为：被告人宋涛身为上港集团公司工作人员，利用职务上的便利，非法收受他人财物，为他人谋取利益，数额巨大，其行为构成非国家工作人员受贿罪。上海市虹口区人民检察院指控宋涛犯罪的事实清楚，但是指控的罪名不当，应予纠正。宋涛具有自首情节，且在家属帮助下退缴全部赃款，确有悔罪表现，可以减轻处罚并适用缓刑。关于宋涛提出的非国家工作人员的辩解及其辩护人提出的宋涛不构成受贿罪、请求从宽处罚并适用缓刑的辩护意见，有事实及法律依据，应予采纳。据此，依照《中华人民共和国刑法》第 163

条第1款，第67条第1款，第72条第1款、第3款，第64条之规定，以被告人宋涛犯非国家工作人员受贿罪，判处有期徒刑3年，缓刑4年，并处没收财产人民币3万元；退缴的赃款予以没收。

一审宣判后，被告人宋涛未提起上诉，检察机关亦未抗诉，该判决已发生法律效力。

在宋涛案的定性上，检察机关指控的罪名是受贿罪，但法院却以非国家工作人员受贿罪定罪。由此可见，检法两家在该案的定罪上存在分歧。这种分歧主要来自对宋涛的身份的认定上，即宋涛到底是否属于国家工作人员？

在宋涛一案中，其所任职的上港集团属于国家出资企业，这是没有问题的。在《意见》颁布之前，上港集团可以定性为非国有公司。对于非国有公司的国家工作人员的认定，就在于是否属于受委派从事公务的人员。从宋涛任职的具体情况来看，宋涛不存在委派关系，这也是明确的。因此，宋涛极为容易地会被认定为非国家工作人员。但在《意见》颁布以后，宋涛是否属于国家工作人员这个问题就变得比较复杂。检察机关将宋涛认定为国家工作人员，其实是在一定程度上把国家出资企业等同于国有企业。因此，只要是在国家出资企业中任职的人员，就都属于国家工作人员。显然，这种理解是不适当地扩大了国家出资企业中的国家工作人员的范围。这样理解的话，则国家出资企业中的管理人员基本上都会被认定为国家工作人员。因为，除了经国家机关、国有公司、企业、事业单位提名、推荐、任命、批准等，在国有控股、参股公司及其分支机构中从事公务的人员以外，其他人员都是国家出资企业的股东会、董事会、监事会任命的。但是，《意见》并没有把所有在国家出资企业任职的人员都界定为国家工作人员，而是以是否经国家出资企业中负有管理、监督国有资产职责的组织批准或者研究决定而在国家出资企业中担任职务，作为国家出资企业中国家工作人员与非国家工作人员区分的标准：凡是经国家出资企业中负有管理、监督国有资产职责的组织批准或者研究决定而在国家出资企业中担任职务的，就是国家工作人员；否则，就是非国家工作人员。在国家出资企业中，股东会、董事会、监事会作为国家出资企业中的决策部门、执行部门和监督部门，要对整个企业的资产承担经营责任，并不只是对国有资产负有管理、监督职责，因此其所任命的人员，如果未经国家出资企业中负有管理、监督国有资产职责的组织批准或者研究决定的，则不能认定为国家工作人员。宋涛案的裁判理由在论及宋涛不具有国家工作人员的身份时指出，股东会、董事会、监事会等都不是负有管理、监督国有资产职责的组织，总裁更不能认定为上述组织，其对宋涛的任命是基于其代表股份公司行使的总裁职权，而非代表负有管理、监督国有资产职责的组织行使职权。因此，就宋涛而言，其职务的任命并不具有“经国家出资企业中负有管理、监督国有资产职责的组织批准或者研究决定”的形式要件。[①]

对国家出资企业中负有管理、监督国有资产职责的组织会产生误解，与《批复》对这一概念的表述本身存在密切关联。因为在以往的法律、法规和司法解释中，从来都没有国家出资企业中负有管理、监督国有资产职责的组织这个概念，它是《批复》所独创的一个概念。在这种情况下，对这个概念的理解发生误解也就是十分正常的现象。即使是在宋涛案的裁判理由中，还是认为这里的负有管理、监督国有资产职责的组织一般是指上级或者本级国家出资企业领导部门和联席会议。根据有关组织原则，改制后的国家出资企业一般仍设有领导部门，并由本级或者上级领导部门决定人事任免。由其任命并代表其从事公务的人员，应当认定为国家工作人员。[②] 这里以领导部门解释国家出资企业中负有管理、监督国有资产职责的组织，仍然让人不得要领。其实，这里的领导部门就是指党委，而联席会是指党政联席会。对此，相关人员在论述中已经表述得十分清楚。[③]

既然所谓国家出资企业中负有管理、监督国有资产职责的组织就是指国家出资企业中的党委，并且将党委任命的人员认定为国家工作人员是党管干部这一组

---

① 参见最高人民法院刑事审判第一、二、三、四、五庭主办：《刑事审判参考》，第 97 集，17 页，北京，法律出版社，2014。

② 参见最高人民法院刑事审判第一、二、三、四、五庭主办：《刑事审判参考》，第 97 集，16 页，北京，法律出版社，2014。

③ 参见刘为波：《〈关于办理国家出资企业中职务犯罪案件具体应用法律若干问题的意见〉的理解与适用》，载最高人民法院刑事审判第一、二、三、四、五庭主办：《刑事审判参考》，第 77 集，137 页，北京，法律出版社，2010。

织原则的体现，为什么在司法解释中不能明确地加以表述，而变得扭扭捏捏呢?这里还是反映了法律规定与现实状况之间的脱节。在《企业国有资产法》中根本就没有关于国家出资企业中党委的权责的相关规定，而是规定了股东会、董事会、监事会的权责。但在国家出资企业的实际运作中，党委除了主管思想工作、政治工作以外，还主管组织人事工作，这就势必涉及国家出资企业内部干部的任免问题。基于这一现实状态，将党委或者党政联席会批准或者研究决定的人员，认定为国家工作人员具有其现实合理性。

三、代表其在国有控股、参股公司及其分支机构中从事组织、领导、监督、经营、管理工作的认定

国家出资企业国家工作人员的认定，除了必须具备“经国家出资企业中负有管理、监督国有资产职责的组织批准或者研究决定”这一形式要件，还必须具备“代表其在国有控股、参股公司及其分支机构中从事组织、领导、监督、经营、管理工作”这一实质要件。因此，正确理解“代表其在国有控股、参股公司及其分支机构中从事组织、领导、监督、经营、管理工作”，对于国家出资企业国家工作人员的认定具有十分重要的意义。以下，我们通过章国钧案[①]，讨论“代表其在国有控股、参股公司及其分支机构中从事组织、领导、监督、经营、管理工作”的认定问题。

被告人章国钧，男，1977 年 1 月 3 日出生，大学文化，原系交通银行股份有限公司湖州新天地支行行长助理。2012 年 9 月 17 日因涉嫌犯受贿罪被逮捕。

浙江省湖州市吴兴区人民检察院以被告人章国钧犯受贿罪，向浙江省湖州市吴兴区人民法院提起公诉。

浙江省湖州市吴兴区人民法院经公开审理查明：交通银行股份有限公司（以

① 最高人民法院刑事审判第一、二、三、四、五庭主办：《刑事审判参考》，第 97 集，北京，法律出版社，2014。

下简称交通银行）是国有参股的股份制银行。2003 年 7 月至 2012 年 2 月 26 日，被告人章国钧系交通银行湖州分行的合同制职工。经交通银行湖州分行党委研究决定，2008 年 8 月至 2011 年 3 月，章国钧担任交通银行湖州新天地支行公司（以下简称新天地支行）的业务管理经理。2011 年 3 月至 2012 年 2 月，章国钧担任新天地支行行长助理，主要负责公司类客户的营销和日常管理工作，及公司客户经理队伍的日常管理。2011 年 2 月至 9 月，章国钧利用担任新天地支行业务管理经理、行长助理职务上的便利，为李金星谋取利益，先后多次非法收受李金星贿送的现金，共计人民币 49 200 元。

浙江省湖州市吴兴区人民法院认为：被告人章国钧身为国家工作人员，利用职务上的便利，非法收受他人财物，为他人谋取利益，其行为构成受贿罪。公诉机关指控的罪名成立，依法应予惩处。章国钧到案后，能如实供述犯罪事实，且当庭认罪，依法可以从轻处罚。章国钧已退缴全部赃款，酌情可以从轻处罚。据此，依照《中华人民共和国刑法》第 385 条第 1 款、第 386 条、第 383 条第 1 款第 3 项、第 93 条第 2 款、第 67 条第 3 款、第 64 条之规定，以被告人章国钧犯受贿罪，判处有期徒刑 2 年 6 个月。扣押在案的赃款，予以追缴，上缴国库。

一审宣判后，被告人章国钧未提起上诉，公诉机关亦未抗诉，该判决已发生法律效力。

该案在审理过程中，对被告人章国钧的行为定性，存在两种不同意见。

第一种意见认为：章国钧的行为构成非国家工作人员受贿罪。根据《刑法》第 93 条、2001 年最高人民法院《关于在国有资本控股、参股的股份有限公司中从事管理工作的人员利用职务便利非法占有本公司财物定罪问题的批复》，以及 2005 年最高人民法院《关于如何认定国有控股、参股股份有限公司中的国有公司、企业人员的解释》的规定，交通银行系国有资本参股的股份有限公司，不属于国有公司，而且章国钧与交通银行湖州分行签订的是聘用合同，二者之间系劳动合同关系，章国钧既不属于国家机关中从事公务的人员，亦不属于受委派的人员，不能被认定为国家工作人员。章国钧利用职务之便收受他人财物，为他人谋取利益的行为，构成非国家工作人员受贿罪。

第二种意见认为：章国钧的行为构成受贿罪。2010年最高人民法院、最高人民检察院《关于办理国家出资企业中职务犯罪案件具体应用法律若干问题的意见》规定，“经国家出资企业中负有管理、监督国有资产职责的组织批准或者研究决定，代表其在国有控股、参股公司及其分支机构中从事组织、领导、监督、经营、管理工作的人员，应当认定为国家工作人员”。章国钧经交通银行湖州分行党委研究决定，先后担任新天地支行的业务管理经理、行长助理的职务，其工作内容主要是通过对贷款客户的调查、贷款的申报，以及贷款发放后的监控与实地查访，对国有财产进行监督、经营、管理。被告人章国钧属于国家工作人员，其利用职务之便，收受他人财物，为他人谋取利益的行为，构成受贿罪。

以上两种意见的争议，其实是新旧司法解释之争。因此，严格来说，无所谓对错。因为，在《意见》颁布之前，按照《批复》和《解释》的规定，章国钧确实应当认定为非国家工作人员。但在《意见》颁布以后，根据《意见》第6条的规定，是否属于国家出资企业中的国家工作人员，就应当重新界定。

这里首先涉及一个《意见》的时效问题。从本案被告人章国钧的行为来看，都发生在《意见》颁布以后，适用《意见》当然没有问题。但对于发生在《意见》颁布之前的行为，是否也适用《意见》呢？这个问题是值得讨论的。对于这个问题，法院内部在业务探讨时，曾经进行过讨论，并且形成了三种意见①：一种意见认为，《意见》是一个准司法解释文件，是否具有溯及力，应当参照相关司法解释的规定予以认定。最高人民法院、最高人民检察院《关于适用刑事司法解释时间效力问题的规定》（以下简称《规定》）第1条明确规定：“司法解释是……具有法律效力的解释，自发布或者规定之日起施行，效力适用于法律的施行期间。”参照该规定，《意见》与被解释法律条款同步生效，应当认定具有溯及既往的效力。还有一种意见认为，《意见》既涵盖了之前相关司法解释的部分内容，又与之前相关司法解释的部分条款相矛盾。根据《规定》第3条的规定，对

① 参见宋国蕾、张宁：《国家出资企业人员职务犯罪研讨会综述》，载最高人民法院刑事审判第一、二、三、四、五庭主办：《刑事审判参考》，第89集，226～237页，北京，法律出版社，2012。

于新的司法解释实施前发生的行为，行为时已有相关司法解释，依照行为时的司法解释办理，但适用新的司法解释对犯罪嫌疑人、被告人有利的，适用新的司法解释。《意见》对“委派”主体作了扩大化的规定。因此，不具有溯及既往的效力。多数意见认为，《意见》将“国家出资企业中负有管理、监督国有资产职责的组织”有条件地纳入了委派主体，与之前司法解释并不矛盾。《意见》虽然不是正式意义上的司法解释，但其是在结合近年来反腐工作实践，根据相关政策精神和特定历史条件，并充分考虑国家出资企业人员职务犯罪新情况、新问题的前提下，制定的一个司法文件，司法实践中应当原则上遵照执行。在以上三种意见中，只有第二种意见是正确的。第一种意见只看到了《规定》第1条的原则性规定，而没有看到《规定》第3条的例外规定，并不是对《规定》全面、准确的理解。在目前法官知识水平和专业素养的情况下，是否还存在这种对司法解释的断章取义的解读，都是十分可疑的。至于第三种意见，虽然看到了《规定》第3条的规定，但又认为不具备适用该条的条件，因为《规定》与先前的司法实践并不矛盾。那么，对于国家出资企业国家工作人员的新旧司法解释之间是否存在矛盾呢？在章国钧案中，根据旧的司法解释得出了其不属于国家工作人员的结论，而根据新的司法解释得出了其属于国家工作人员的结论，怎么能说没有矛盾呢？

当然，在章国均案中，其行为发生在《意见》颁布之后，所以不存在适用旧的司法解释的问题。不过，这个问题对于行为发生在《意见》颁布之前的案件，还是具有重要意义的。我认为，《规定》对于对同一事项前后存在司法解释的行为，确立了从旧兼从轻的原则，因此，《意见》关于国家出资企业国家工作人员的重新界定不具有溯及既往的效力。

对于章国均案，需要讨论的还是依据《意见》第6条的规定，章国均是否属于国家工作人员的问题。从该案的实际情况来看，虽然章国均系合同制聘用的人员，但其担任经理、行长助理的管理职务，是经党委研究决定的，因此，他具备了国家出资企业国家工作人员的第一个要件，即经国家出资企业中负有管理、监督国有资产职责的组织批准或者研究决定，这是没有疑问的。现在的问题是：是否符合国家出资企业国家工作人员的第二个要件，即代表其在国有控股、参股公司及其分支机构中从事组织、领导、监督、经营、管理工作？相关人员将这个要件分解为代表性和公务性两个要素。关于代表性，相关人员指出：有无代表性是认定委派来源的一个内含要件。虽经有关组织研究决定，但任职与该组织没有必然联系，被委派人对该组织亦无职责义务关系的，不应认定为国家工作人员。关于公务性，相关人员指出：国家出资企业的公务活动主要体现为国有资产的组织、领导、监督、经营、管理活动，企业中的具体事务活动一般不应当被认定为公务。[①] 应该说，这个界定还是十分严格的。但是，在具体案件中，所谓代表性和公务性能否起到界分作用，还是值得讨论的。

就代表性而言，是指代表党委在国家出资企业对国有资产进行管理、监督，使之增值、保值。这种代表性，主要表现为其所担任的职务。因此，只要是经国家出资企业党委或者联席会议研究决定或者批准担任某项职务的，一般来说都会被认定为国家出资企业国家工作人员。因此，代表性这一要素的界分功能其实是极弱的，甚至根本就没有这种界分功能。

就公务性而言，是指在国家出资企业中从事公务活动。公务本来不仅是与劳务相区分的一个概念，而且是与国家管理活动相联系的一个概念。国家工作人员不仅在从事工作的内容上具有非劳务性，而且在从事工作的性质上具有国家性。因此，公务的概念对于定义国家工作人员的主体身份具有一定的意义。但是，随着 1997 年刑法关于国家工作人员的概念中出现了受委派从事公务的内容，更强调的是委派的形式，而从事公务这一内容只是保留了与劳务的区别性，而国家性则被虚化了。例如，国家机关、国有公司、企业、事业单位、人民团体委派到非国有公司、企业、事业单位、社会团体从事公务的人员。所谓从事公务只是指非劳务的管理活动，包括会计出纳等。同样是会计出纳，如果是受委派的人员，其会计出纳工作就被认为是公务；如果不是受委派的人员，而是非国有单位自身聘

① 参见刘为波：《〈关于办理国家出资企业中职务犯罪案件具体应用法律若干问题的意见〉的理解与适用》，载最高人民法院刑事审判第一、二、三、四、五庭主办：《刑事审判参考》，第 77 集，138 页，北京，法律出版社，2010。

任的会计出纳，就会被认为不是从事公务。因此，对于这种情况下的受委派从事公务的国家工作人员的认定而言，根本标准在于受委派而不是从事活动的性质。

在章国钧案中，其担任交通银行湖州新天地支行业务管理经理、行长助理，职责是负责公司类客户的营销和日常管理工作，及公司客户经理队伍的日常管理。这些业务活动可以说是银行的普通业务。不仅在国有出资银行存在这种业务，而且在其他任何银行都存在这种业务。在宋涛案的裁判理由中，将所谓公务活动区分为公司性公务和国家性公务，并且认为："行为人的身份如果符合形式要件，即经国家出资企业中负有管理、监督职责的组织批准或者研究决定，即使从事的是公司性的公务，也应以国家工作人员从事公务论。"① 因此，只要是符合形式要件，对于公务性这一要件来说，是不需要专门加以考察的，只是区别于劳务性活动即可。但在章国钧案中，裁判理由对其从事管理活动与公务的相关性进行了以下论述："实践中，国家出资企业中的受委派人员本质上往往存在两种身份的融合，即公司工作人员身份和公司管理人员身份，身份的融合也随之导致工作性质的融合，换言之，受委派人员在国家出资企业中不仅要从事最本质的公务性工作，也要从事一般的事务性工作。本案中，章国钧作为新天地支行的业务管理经理和行长助理，其工作职责可以分为两部分：一部分是对客户经理的日常考核和管理，以及协助行长从事一般的管理工作，该部分工作可以理解为是一般的事务性工作。而另一部分则是其工作的重点，即对贷款的审查和监督，通过对贷款客户进行评估和初审等贷前审查，确定贷款客户的经济状况和信誉度，再将贷款申报到授信部和审贷会进行最终的贷款审批。章国钧在供述中也提到，通常情况下，只要贷款客户能够通过其负责的贷前审查，基本上都是可以通过贷款审批取得贷款的，而如果贷款客户经济状况较差，其也会在调查报告中帮助企业作出相应的调整，使企业能够贷到款，行贿人之所以送予其财物主要是为了得到其的关照和帮助，能够顺利取得贷款。章国钧在贷款客户审批通过之后，再根据贷

① 最高人民法院刑事审判第一、二、三、四、五庭主办：《刑事审判参考》，第89集，18页，北京，法律出版社，2012。

款通知书具体和企业进行放贷操作，并在贷款发放后，通过对贷款的贷后监控与实地查访，考察贷款客户的经济状况是否正常稳定，以确保国有资产的保值增值。章国钧对贷款审查和监管的工作职责属于对国有资产的管理、监督，属于‘从事公务’，系代表委派组织从事监督、经营、管理工作，符合国家工作人员的本质要求。”① 在以上论证中，将章国钧的工作分为两部分：一是日常管理活动，认为这是属于事务性的活动；二是对贷款审查和监管活动，认为这是属于公务性的活动。但就活动的内容来说，不仅国家出资银行存在对贷款审查和监管的活动，而且其他具有发放贷款业务的银行都存在这种对贷款审查和监管的活动。只是在与劳务活动相区分的意义上，可以认为是公务活动。决定其具有确保国有资产的保值增值这一性质的，不是这种活动本身，而是国家出资银行这一性质。由此可见，所谓代表性是从国家出资企业这一单位性质获得的，而不是从管理活动的性质获得的。

综上所述，在国家出资企业国家工作人员的认定中，《意见》虽然确定了两个标准，即（1）经国家出资企业中负有管理、监督国有资产职责的组织批准或者研究决定；（2）代表其在国有控股、参股公司及其分支机构中从事组织、领导、监督、经营、管理工作。但在实际案件的认定中，真正起作用的是前者，而后者在很大程度上被虚置。

（本文原载《法学评论》，2015（4））

① 最高人民法院刑事审判第一、二、三、四、五庭主办：《刑事审判参考》，第89集，116页，北京，法律出版社，2012。

贪污受贿犯罪司法解释：刑法教义学阐释

《刑法修正案（九）》将贪污受贿罪的具体的数额规定修改为盖然性的数额后，贪污受贿案件的数额标准面临重大调整。最高人民法院、最高人民检察院《关于办理贪污贿赂刑事案件适用法律若干问题的解释》（以下简称《解释》）的正式出台，宣告这种调整的最终完成。本文拟对《解释》关于贪污受贿罪的规定进行法教义学的阐释，以期获得对《解释》的正确理解。

一、《解释》关于贪污受贿罪数额的规定

（一）《解释》的主要使命

明确地界定贪污受贿罪的数额，是《解释》的最主要使命，也是其关注的中心之所在。不同于其他国家刑法的规定，我国刑法中的犯罪规定的一个重要特征是具有数量因素，这就是笔者所称的罪量。在我国刑法总则中这体现为但书的规定，即明确地将犯罪情节显著轻微、危害不大的行为，从犯罪概念中予以排除。在我国刑法分则中这体现为大量规定了数额犯和情节犯，以及数额加重犯和情节加重犯，即将一定的犯罪数额或者犯罪情节作为入罪或者法定刑升格的条件。这

种以一定的数额或者情节作为入罪条件的立法体例，决定了我国刑法规定的贪污受贿罪不可能不受数额和情节的限制，这与大陆法系其他国家对贪污受贿罪没有数额或者情节限制的立法体例完全不同。当然，这并不是放任那些数额或者情节没有达到入罪条件的贪污受贿行为，而是给党纪、行政处分留下一定的空间。因此，适当提高贪污受贿罪的入罪门槛，与对贪腐犯罪零容忍政策的精神并不矛盾。

我国以往的刑法分则的规定，对于财产犯罪与经济犯罪一般都设置数额犯或者数额加重犯，对于其他犯罪则一般设置情节犯或者情节加重犯。数额犯因其内容的单一性，具有较强的唯数额论的性质，逐渐被立法者所摒弃。例如，在1979年刑法中，财产犯罪一般都是数额犯，体现了计赃论罪的原则，及至1997年刑法，财产犯罪这种单一的数额犯的现象已经有所改变。例如，在1997年刑法分则第五章侵犯财产罪中，除了抢劫罪、破坏生产经营罪没有数额与情节的规定以外，其他犯罪都有数额或者情节的规定，其中诈骗罪、抢夺罪、职务侵占罪、挪用资金罪、敲诈勒索罪是数额犯，挪用特定款物罪是情节犯。此外，盗窃罪、侵占罪、聚众哄抢罪、故意毁坏财物罪则采取了数额加情节的立法方式。侵占罪是数额加拒不退回或者拒不交出；故意毁坏财物罪是数额加其他严重情节。在1997年刑法施行以后，立法者又进一步通过刑法修正案的方式，将财产犯罪中单纯的数额犯都修改为数额加其他情节的规定，例如，对抢夺罪增设了多次抢夺，对敲诈勒索罪增设了多次敲诈勒索的规定。这种数额加情节的立法方式，既能够以数额体现这些财产犯罪的性质，又能够包含其他对于财产犯罪的定罪量刑具有重大影响的情节。

然而，对于贪污受贿罪，1997年刑法沿袭了1988年全国人大常委会《关于惩治贪污罪贿赂罪的补充规定》(以下简称《补充规定》)，采取了较为极端的具体数额的立法方式，而没有体现其他情节在定罪量刑中的作用。在1997年刑法修订过程中，对于是否维持这种规定具体数额的立法方式，存在两种不同的意见。第一种意见主张将《补充规定》确定定罪处刑具体数额的做法，改为不确定的笼统的数额较大等概念表述。司法中具体的定罪处刑标准，可以授权最高人民法院在司法解释中加以明确。因为人民币的币值在不断变化中，若为此而经常修改刑法，不利于维护法律稳定性和权威性。第二种意见则认为，仍应沿用《补充规定》的做法，以便准确、严肃认定和惩处犯罪，避免司法实践中可能任意理解执行法律，放纵犯罪的弊端。[①] 在刑法条款中具体规定犯罪数额，虽然有明确之利，但存在难以适应社会发展与犯罪变动所带来的影响之弊。而且，我国刑法中绝大多数犯罪都没有规定具体数额，而是采用数额较大等盖然性规定的方式，并不存在放纵犯罪的问题。因此，那种认为如果不规定具体数额，就会导致司法实践中任意理解执行法律的担忧，是完全没有必要的。所以，在以上两种意见中，笔者赞同第一种意见。

在《刑法修正案（九）》制定过程中，立法机关认识到数额规定过死，有时难以根据案件的不同情况做到罪刑相适应，在一定程度上影响了惩治与预防贪污受贿罪的成效。在司法实践中较为突出体现在贪污受贿数额在 10 万元以上的犯罪，由于《刑法》第 383 条明确规定个人贪污数额在 10 万元以上的即处 10 年以上有期徒刑或无期徒刑，对于犯罪数额为一二十万元的案件和一二百万元甚至更多的案件，往往只能判处刑期相近的 10 年以上有期徒刑，造成量刑不平衡，甚至失衡，无法做到罪刑相适应。[②] 在这种情况下，立法机关废除了对贪污受贿罪的具体数额规定，采用数额较大、数额巨大、数额特别巨大的规定方式。与此同时，鉴于贪污受贿罪的社会危害性不仅仅体现在数额大小，还表现在国家工作人员滥用权力的情况或者给国家利益造成重大损失等情节，在有些案件中，贪污受贿数额可能不大，但给国家和人民利益造成的损害、恶劣的社会影响等其他情节的危害远远大于其贪污受贿数额的危害。[③] 为此，立法机关在规定贪污受贿罪的数额较大、数额巨大和数额特别巨大的同时，还规定了与之匹配的其他较重情节、其他严重情节和其他特别严重情节。在这种情况下，我国刑法对贪污受贿罪

---

① 参见周道鸾、单长宗、张泗汉主编：《刑法的修改与适用》，774～775 页，北京，人民法院出版社，1997。

② 参见郎胜主编：《中华人民共和国刑法释义》，6 版，654 页，北京，法律出版社，2015。

③ 参见郎胜主编：《中华人民共和国刑法释义》，6 版，650 页，北京，法律出版社，2015。

的规定采取的以犯罪数额为主、辅之以情节的方法，对于保证贪污受贿罪的定罪正确、量刑均衡具有重要意义。

在制定《解释》过程中，如何对贪污受贿罪的数额标准进行界定，涉及两个问题：一是定罪数额的确定，二是量刑数额的确定。

（二）《解释》的定罪数额

定罪数额是指作为入罪条件的数额，也就是数额较大的数额。定罪数额涉及贪污受贿罪的犯罪圈，即处罚范围问题。原《刑法》第 383 条规定的贪污受贿罪的定罪数额为 5 000 元，但对于不满 5 000 元，如果情节较重的，处 2 年以下有期徒刑。由此可见，在存在情节较重的情况下，定罪数额对犯罪的成立与否其实没有任何限制。5 000 元的定罪数额，在 1997 年《刑法》修订时也许是合适的，然而，随着时间的推移，僵化的数额规定业已落后于流动的社会发展。事实上，早在十多年前，这个数额标准在某些经济发达地区就已经被突破。在《解释》颁布之前，贪污受贿 5 000 元而被追究刑事责任的案件已经十分罕见，甚至完全绝迹。因此，提高贪污受贿罪的定罪数额势在必行，成为问题的只是，根据何种标准设定数额标准呢？对此，还是存在意见分歧。

较为激进的意见认为，应该一步到位地将贪污受贿罪的定罪数额提高到 5 万元。对于不满 5 万元的，只有情节较重的，才追究刑事责任，没有达到情节较重程度的，可以进行党纪、行政处分。另一种是较为保守的意见，认为贪污受贿罪的定罪数额关系到惩治腐败犯罪的力度，存在一个社会公众的接受程度问题，还要考虑与其他财产犯罪的衔接。不能骤然提高幅度太大，应当先做较小程度的调整，在将来条件具备以后或者社会情况发生变化，再通过司法解释的方法进行调整。在以上两种意见中，应该说第一种意见较为符合目前司法实际情况。因为现在贪污受贿 5 万元以下的案件，进入司法程序的，已经较为少见，在经济发达地区这些案件有一部分消化在司法程序之外，以党纪、行政处分结案。但从与其他财产犯罪的衔接来说，第二种意见更为可取，而且也符合社会公众对惩治腐败犯罪的诉求。因为根据现在的司法解释，盗窃罪、抢夺罪的数额较大标准是 1 000 元至 3 000 元（具体数额标准由各地根据本地具体情况确定），诈骗罪的数额较大标准是 3 000 元。如果将贪污受贿数额较大标准确定为 5 万元，将是这些财产犯罪数额较大标准的 10 倍以上，它们之间的差距过大。在这种情况下，采取较为保守的做法，也许更为合适。现在《解释》确定的贪污受贿罪的数额较大标准是 3 万元，并且在具有其他较重情节的情况下，数额标准下降到 1 万元。换言之，《解释》确定的贪污受贿罪的定罪数额标准是 1 万元至 3 万元。就 1 万元这个数额而言，与贪污受贿罪数额 5 000 元的原标准，以及与其他财产犯罪的数额标准还是能够保持一定的衔接与对应，显得较为稳妥。如果仅仅从《解释》规定的数额来看，从 5 000 元到 3 万元，似乎存在较大幅度的提高，但考虑到司法实践中贪污受贿 5 万以下而被追究刑事责任的案件已经很少，因此，这种定罪数额的调整对于贪污受贿罪的实际惩治其实不会发生太大的影响。也就是说，贪污受贿罪的犯罪圈并不会骤然缩小。

（三）《解释》的量刑数额

量刑数额是指作为加重法定刑的数额，也就是数额巨大和数额特别巨大的数额。不同于定罪数额，量刑数额是法定刑提升或者加重的数额。一定的数额只有在相应的法定刑幅度内对量刑具有影响。如果数额达到一定程度，则导致法定刑升格，即适用更重的法定刑幅度。从这个意义上说，量刑数额关系到刑罚资源在某一犯罪中的配置。如果这种刑罚资源配置不合理，同样也会带来消极影响。在 1997 年刑法中，贪污受贿罪的量刑数额分别规定为 5 万元以下、5 年以上 10 年以下有期徒刑和 10 万元以上、10 年以上有期徒刑、无期徒刑或者死刑这两个档次。在这两个数额中，最遭诟病的是 10 万元以上、10 年以上有期徒刑、无期徒刑或者死刑的规定。根据 10 万元以上、10 年以上有期徒刑、无期徒刑或者死刑的规定，10 万元以下的贪污受贿犯罪，基本上是 1 万元对应 1 年有期徒刑。但 10 万元以上的贪污受贿犯罪，在司法实践中可能会达到 10 万元对应 1 年有期徒刑，在某些情况下，甚至是 100 万元对应 1 年有期徒刑。例如，贪污受贿 500 万元而被判处 15 年有期徒刑的案例是较为常见的。在这种情况下，就形成了贪污受贿 10 万以下和贪污受贿 10 万以上的案件，在刑罚处罚上的不平衡与不合理。这次《解释》将贪污受贿罪的数额巨大标准调整为 20 万元，数额特别巨大标准调整为 300 万元，即贪污受贿数额达到 20 万元以上不满 300 万元的，处 3 年以上 10 年以下有期徒刑；贪污受贿数额达到 300 万元以上的，处 10 年以上有期徒刑、无期徒刑或者死刑。就判处 10 年以上有期徒刑而言，《解释》将量刑标准由 10 万元以上提高到 300 万元以上，几乎提高了 30 倍。尽管调整的幅度较大，但这一数额标准还是较为合理的。

（四）确定定罪量刑数额的实质根据

其实，因为数额并不是评价犯罪的唯一标准，完全以数额作为定罪量刑的标准，存在缺陷。对于贪污受贿罪也是如此。即使是贪污罪和受贿罪，也具有不同特征。相对来说，数额对贪污罪的定罪量刑影响较大，但对受贿罪的定罪量刑影响相对较小。因为，尽管贪污罪是利用职务上的便利实施的，但其可以说是较为单纯的财产性犯罪。而受贿罪的保护法益是职务行为的廉洁性以及不可收买性，更多地体现在权钱交易过程中，对于国家利益和人民利益所造成的严重损害。此外，即使以数额衡量，对于同一个犯罪也无法做到刑罚与数额的完全对应。例如，根据《解释》对贪污受贿罪规定的数额标准，当贪污受贿 3 万元以上不满 20 万元时，对应的刑罚是 3 年以下有期徒刑。因此，平均 5 万元对应 1 年有期徒刑。当贪污受贿数额在 20 万元以上 300 万元以下时，对应的刑罚是 3 年以上 10 年以下有期徒刑。因此，平均 40 万元对应 1 年有期徒刑。假如以 2 000 万元作为判处无期徒刑的标准，那么，当贪污受贿数额在 300 万元以上 2 000 万元以下时，平均 300 万元对应 1 年有期徒刑。如此计算，5 万元对应 1 年有期徒刑，40 万元对应 1 年有期徒刑和 300 万元对应 1 年有期徒刑，显然是难以达至绝对平衡的。从表象来看，似乎贪污受贿的数额越小，处罚越重；贪污受贿的数额越大，处罚越轻。因此，这种规定有利于重罪而不利于轻罪。对这种现象的合理解释，也许就在于当刑罚的严厉性达到一定程度时，刑罚的区分度就逐渐降低。例如，杀死 1 人判处死刑，杀死 10 人同样只能判处死刑。在这种情况下，杀死 1 人的法律评价与杀死 10 人的法律评价无法再进行区分。从表面现象来看，这似乎不合理，但受到人只有一死这一事物性质的限制，刑法上的合理性是相对的。以数额作为贪污受贿罪定罪量刑的标准，同样存在这个问题。

由以上的分析可以看出，数额对于定罪量刑而言不具有绝对的合理性，仅具有相对的合理性。然而成为问题的是，这种相对合理性的标准究竟如何获得。具体而言，涉及两个问题：一个是确定数额标准的根据问题，另一个是贪污受贿罪的数额标准与其他财产犯罪的数额标准的平衡问题。对于第一个问题，传统的做法是在规定数额之际，主要考虑与原有规定的衔接，即在原数额标准的基础上适当提高。但提高到何种程度才具有合理性，并没有进行充分的论证。对于第二个问题，涉及为什么贪污受贿罪一定要与其他财产犯罪的数额标准相协调，其理由何在？对此并没有进一步的探讨。

从我国刑法的规定来看，对于贪污受贿罪和其他财产犯罪，在罪刑单位的设置上，一般都分为数额较大、数额巨大和数额特别巨大这三个档次，与之对应的法定刑幅度是 3 年以下、3 年以上 10 年以下和 10 年以上有期徒刑。也就是说，各种财物性犯罪，包括经济犯罪和财产犯罪，以及具有财物性的贪污受贿罪，都将犯罪分为较轻犯罪、较重犯罪和特别严重犯罪这三个犯罪层次。与之对应，法定刑也相应地分为 3 年以下有期徒刑、3 年以上 10 年以下有期徒刑和 10 年以上有期徒刑、无期徒刑或者死刑三个幅度。在一般情况下，每个犯罪的轻重各种形态应当正态分布，即将较轻犯罪按照一定比例分布在 3 年以下有期徒刑这个量刑档次；将较重犯罪按照一定比例分布在 3 年以上 10 年以下有期徒刑这个档次；将特别严重犯罪按照一定比例分布在 10 年以上有期徒刑、无期徒刑或者死刑这个档次。在 10 年以上有期徒刑、无期徒刑或者死刑这个档次中，根据犯罪的严重性程度的不同，特别严重犯罪又应当根据一定比例分布在 10 年以上有期徒刑、无期徒刑或者死刑这三种刑罚种类之间。

这样，立法上的刑罚资源才能通过司法活动合理地配置到具体犯罪当中，由此不仅实现立法上的刑罚均衡，而且实现司法上的刑罚均衡。假如在司法实践中某一犯罪的刑罚不是呈现为这种正态分布，而是或重或轻地畸形分布，这种刑罚分配显然既不均衡也不合理。例如，虽然立法机关对贪污受贿罪规定了 3 年以下有期徒刑、3 年以上 10 年以下有期徒刑和 10 年以上有期徒刑、无期徒刑或者死刑这三个量刑档次，但所有犯罪都分布在 3 年以下有期徒刑、3 年以上 10 年以下有期徒刑这两个量刑档次，10年以上有期徒刑、无期徒刑或者死刑这个量刑档次的案件极为少见。在这种情况下，可以得出数额特别巨大的标准设定得过高的结论，10年以上有期徒刑、无期徒刑或者死刑的刑罚就被虚置，这显然并不符合立法精神。反之，如果数额巨大和数额特别巨大的标准设置过低，3年以下有期徒刑的案件极为少见，由此显示被判处3年以上10年以下有期徒刑，甚至10年以上有期徒刑、无期徒刑或者死刑的案件所占的比例过高，这就使3年以下有期徒刑的刑罚虚置，也不符合立法精神。因此，数额较大、数额巨大和数额特别巨大的标准应当科学设置，并且具有一定的实证根据。

那么，如何根据一定的数额将三个层次的犯罪加以切分呢？笔者认为，较为合理的根据是某种犯罪的实际状态。在一般情况下，较轻犯罪应当占到50%左右，较重犯罪应当占到30%左右，特别严重犯罪占到20%左右。如果这个比例是合理的，那么，就可以根据前推十年在一定区域范围内同种犯罪的实际数据，然后根据以上比例进行换算，就可以确定三种数额标准。假如10万件贪污或者受贿案件，根据数额大小进行排列，贪污或者受贿3万元以上20万元以下的案件是5万件；贪污或者受贿20万元以上300万元以下的案件是3万件；贪污或者受贿300万元以上的案件是2万件。在这种情况下，将贪污罪或者受贿罪数额较大的标准确定为3万元以上20万元以下；将数额巨大的标准确定为20万元以上300万元以下；将数额特别巨大的标准确定为300万元以上，就是合理的。这样，就可以将贪污罪或者受贿罪的刑罚按照一定的比例较为均衡地配置在相同犯罪的不同层次。这个数额标准在实行了若干年以后，当以上三个层次的犯罪之间的比例发生重大变动时，就应当对数额标准进行适当的调整，而调整的根据仍然是实际案件的分布与比例。调整的结果既可能是数额标准的下移，也可能是数额标准的上升，这完全取决于案件变动的实际状态以及刑事政策上的需要。在这种情况下，只有刑罚分配的比例是人为确定的，因此也是可以商讨的。而具体数额标准就不是主观设定的，而是根据案件的实际分布情况计算出来的。

以上确定贪污受贿罪的数额标准的公式，完全可以适用于其他数额型犯罪。

在这种情况下，贪污受贿罪与其他犯罪在数额标准上也就没有必要强行追求平衡，而应根据各种犯罪案件的实际分布状态决定其数额标准。这样，我们就可以在定罪量刑数额的确定问题上摆脱仅凭主观想象的窘迫现状。

二、《解释》关于贪污受贿罪情节的规定

如前所述，《刑法修正案（九）》对贪污受贿罪采取了数额加情节的立法方式。具体而言，就是在规定数额较大的同时，规定有其他较重情节的；在规定数额巨大的同时，规定有其他严重情节的；在规定数额特别巨大的同时，规定有其他特别严重情节的。由此而形成数额与情节的互相搭配，对于贪污受贿罪的定罪量刑具有重要意义。

在我国刑法中，情节通常是独立于数额的罪量要素。但现在越来越多的立法规定，将数额与情节并列，表述为数额较大或者有其他（较重、严重或者特别严重）情节。在这种情况下，其他情节就不是完全独立于数额的罪量要素，而是对数额标准进行补充的罪量要素。应该说，在我国刑法中，以“其他”为措辞的法律规定是极为常见的。这种规定，在刑法理论上称为盖然性规定。从字面上看，与数额并列的其他情节，当然是指数额以外的、对于量刑具有重大影响的各种要素。但在这种财产性的犯罪中，只有个别情况下，可以单独把某一情节作为定罪或者量刑的根据。例如，盗窃罪，除了数额以外，刑法将多次盗窃、携带凶器盗窃和扒窃作为入罪根据。但其他大多数犯罪，都还是要以一定的数额标准为基础，在此之上，再设定一定的情节标准。《解释》对于贪污受贿罪的其他情节就采取了这种解释方法，即在一般数额标准的基础上，下降 50%，然后设定一定的情节，以此作为其他情节的标准。

在以上《解释》对贪污受贿罪的情节解释中，贪污罪的其他情节和受贿罪的其他情节有相当一部分是重合的，只有少部分是受贿罪所特有的。并且，每个规定最后都有造成恶劣影响或者其他严重后果的兜底性条款。以下，对这些规定进行具体阐释。

（1）贪污特定款物

《解释》将贪污救灾、抢险、防汛、优抚、扶贫、移民、救济、防疫、社会捐助等特定款物，规定为其他情节。这是《解释》从贪污对象的角度对贪污罪特有的规定。上述《解释》所列举的款物是刑法中所谓特定款物，因其特殊性质而受刑法的特别保护。例如，我国《刑法》第 273 条专门设置了挪用特定款物罪，这里的特定款物就是指救灾、抢险、防汛、优抚、扶贫、移民、救济、防疫、社会捐助等款物。应当指出，我国《刑法》规定的挪用特定款物罪的挪用和挪用公款罪的挪用是两个不同的概念：前者是指违反专款专用的原则动用公款，但仍然属于公款公用的范畴。后者则是公款私用，具有侵犯公款使用权的性质。我国《刑法》第 384 条第 2 款明文规定，挪用用于救灾、抢险、防汛、优抚、扶贫、移民、救济款物归个人使用的，从重处罚。在以往的司法解释中，虽然没有明文规定，但特定款物具有特殊用途，关系到民生，因此，在司法实践中，对于贪污特定款物的犯罪，一般都会予以从重处罚。这次《解释》明确将贪污特定款物规定为其他情节，体现对特定款物的特殊保护，有利于惩治这些犯罪。

（2）因特定违纪、违法行为受过处分

《解释》将曾因贪污、受贿、挪用公款受过党纪、行政处分的，规定为贪污受贿罪共同的其他情节。由于我国立法采取定性加定量的立法方式，那些数额较小、情节较轻、未构成犯罪的贪污、受贿和挪用公款行为，一般会给予当事人党纪、行政处分。这不仅是对当事人的一种惩罚，而且也是一种警戒。如果当事人在受到党纪、行政处分以后，并不悔改，继续实施贪污、受贿犯罪，则应当受到较为严厉的刑罚处罚。因此，《解释》将曾因贪污、受贿、挪用公款受过党纪、行政处分的，规定为贪污受贿罪的其他情节。

（3）犯罪前科

前科是指曾经因为犯罪受过刑事追究。我国刑法并没有规定前科制度，只是对累犯做了从重处罚的规定。但在司法实践中，是否具有前科，往往对被告人的刑事责任具有较大的影响。因为具有前科往往意味着特殊预防的必要性增强。据此，《解释》将曾因故意犯罪受过刑事追究，规定为贪污受贿罪的其他情节，这是具有法理根据的。值得注意的是，《解释》将因故意犯罪作为前科的条件，如果是曾经过失犯罪，则不能成为贪污受贿罪的前科，这是考虑到故意犯罪具有较大的主观恶性和人身危险性，以此作为贪污受贿罪的前科，更具有合理性。

（4）赃款赃物的用途

作为贪污受贿罪的对象的财物，也是贪污受贿罪的赃款赃物。被告人通过贪污受贿的手段非法获取赃款赃物，当然是为了利用这些赃款赃物。在大多数情况下，贪污受贿所得的赃款赃物一般会被用于个人消费、投资经营活动等合法事项。但也不能排除，将赃款赃物用于嫖娼、赌博、吸毒、买官或者非法经营活动等非法用途。基于打击下游犯罪的考虑，相较于将赃款赃物用于合法用途的犯罪，更有必要严厉打击那些将贪污受贿的赃款赃物用于非法活动的犯罪。因此，《解释》将赃款赃物用于非法活动的，规定为贪污受贿罪的其他情节。

（5）赃款赃物的追缴

为了挽回国家损失，在侦查、审理贪污受贿罪的过程中，查明贪污受贿罪的赃款赃物的去向十分重要。如果被告人不配合司法机关对贪污受贿罪的赃款赃物的追缴工作，往往无法追缴赃款赃物。为此，《解释》将拒不交代赃款赃物去向或者拒不配合追缴工作，致使无法追缴的，规定为贪污受贿罪的其他情节。这里应当指出，并不是被告人拒不交代赃款赃物去向或者拒不配合追缴工作，就属于其他情节，关键还要看是否致使无法追缴这一后果。换言之，即使被告人拒不交代赃款赃物去向或者拒不配合追缴工作，但司法机关通过其他途径将款赃物追缴的，就不能认为具有其他情节。

（6）索贿次数

我国刑法中的受贿罪可以分为收受财物和索取财物两种情形。其中，索取财物也简称为索贿。索取财物型的受贿被告人处于积极主动的地位，并且由于是利用职务上的便利实施的，因此，在某些情况下具有敲诈勒索的性质。这都导致相较于收受财物型的受贿罪，索贿型的受贿罪的不法和责任程度更高。因此，《刑法》第 386 条明确规定“索贿的从重处罚”。《解释》将多次索贿规定为受贿罪的其他情节，这是从受贿的手段、情节和次数上所做的规定。多次索贿必须同时具索贿与多次这两方面的内容。在认定索贿的时候，要看到索贿本身也有轻重不同的情节。例如，利用职务敲诈勒索就是情节较重的索贿，而利用职务上的便利，主动提出贿赂的要求，这是情节较轻的索贿。至于多次，一般是指 3 次以上，而且每次都应该是独立的受贿。如果对一个人索贿，分多次交付，笔者认为这仍然属于一次索贿而非多次索贿。当然，并不是说对同一个人就不存在多次索贿。如果基于不同的事由，在不同的时间，分数次向同一个人索贿的，还是可以认定为多次索贿。

（7）贪赃枉法造成损失结果

受贿罪可以分为两种情况：一是受贿不枉法，二是受贿枉法。这里所谓枉法或者不枉法，是指在收受他人财物以后，为他人谋利益的行为是违背职责还是不违背职责。受贿不枉法，是指受贿以后为他人谋利益的行为没有违背职责。例如，他人在完全符合招生条件的情况下，向负责招生工作的国家工作人员行贿，而国家工作人员在受贿以后按照规定为他人办理入学手续。在这种情况下，虽然受贿是违法的，但受贿以后为他人谋利益的行为则没有违背职责。受贿枉法，是指受贿以后为他人谋利益的行为违背职责。例如，他人在不符合招生条件的情况下，向负责招生工作的国家工作人员行贿，而国家工作人员在受贿以后违反规定为他人办理入学手续。在这种情况下，不仅受贿是违法的，而且受贿以后为他人谋利益的行为也是违背职责的。在某些受贿罪中，甚至还存在受贿以后为他人谋利益的行为又触犯其他罪名的情形。例如，国家工作人员在受贿以后，挪用公款给他人使用，该为他人谋利益的行为同时构成挪用公款罪。对于这种情形，《解释》第 17 条明确规定：“国家工作人员利用职务上的便利，收受他人财物，为他人谋取利益，同时构成受贿罪和刑法分则第三章第三节、第九章规定的渎职犯罪的，除刑法另有规定外，以受贿罪和渎职犯罪数罪并罚。”这里的“刑法另有规定”，是指《刑法》第 399 条第 4 款的规定，即司法工作人员收受贿赂，犯徇私枉法罪，民事、行政枉法裁判罪，执行判决、裁定失职罪，执行判决、裁定滥用职权罪，同时又构成受贿罪，依照处罚较重的规定定罪量刑。由此可见，受贿枉法是一种较之受贿不枉法更为严重的受贿犯罪类型。为此，《解释》将为他人谋取不正当利益，致使公共财产、国家和人民利益遭受损失，规定为受贿罪的其他情节。这里的为他人谋取不正当利益，就是受贿枉法。作为受贿罪的其他情节，不仅要求具备受贿枉法，而且还要求这种枉法行为造成公共财产、国家和人民利益的损失结果。

（8）为买官而受贿

在现实生活中，吏治腐败现象最为人所不齿，也是刑法的惩治重点。为此，《解释》将为他人谋取职务提拔、调整的，规定为受贿罪的其他情节，对于惩治腐败犯罪具有十分重要的意义。

（9）兜底规定

《解释》还按照司法解释的惯例，在贪污受贿罪的其他情节中，做了兜底性的规定，这就是“造成恶劣影响或者其他严重后果”。这一规定既适用于贪污罪，也适用于受贿罪。这里的恶劣影响是指无形的损害结果，而严重后果则是有形的损害后果。

作为两种主要的贪腐犯罪类型，贪污罪和受贿罪于存在较大的共性的同时也存在不同之处。因此，在具体化贪污罪和受贿罪的“其他情节”之时，《解释》既有交叉，又有各自的特殊规定。这种设置方法，有利于对贪污罪和受贿罪的正确认定和处罚。

三、贪污受贿罪定罪量刑的疑难问题

贪污受贿罪的数额和情节是《解释》的重点。除此以外，《解释》还对贪污受贿罪在定罪量刑中的某些疑难问题作了规定，以便对贪污受贿罪的认定和处罚的司法实践活动起到指导作用。应当指出，这些规定主要是针对受贿罪的，只有个别问题涉及贪污罪。

（一）贿赂犯罪中的财物

在我国刑法中，受贿罪和行贿罪以及其他贿赂犯罪行为对象都被称为财物。对于这里的财物，在刑法理论上一般都作扩大解释，认为既包括有形的物品，同时也包括财产性利益，甚至认为包括非财产性利益。例如，我国学者指出："根据实践的发展，为了更有利于同贿赂这一严重的腐败行为作斗争，切实维护国家工作人员职务行为的廉洁性和国家机关、单位的正常管理活动及声誉，有必要在条件成熟的时候修订法律，把贿赂的范围扩大到财产性利益甚至非财产性利益。"① 在司法实践中存在收受财产性利益构成受贿罪的案例。值得注意的是，2008 年 11 月 20 日最高人民法院、最高人民检察院《关于办理商业贿赂刑事案件适用法律若干问题的意见》第 7 条明确规定："商业贿赂中的财物，既包括金钱和实物，也包括可以用金钱计算数额的财产性利益，如提供房屋装修、含有金额的会员卡、代币卡（券）、旅游费用等。具体数额以实际支付的资费为准。"这一规定只是将贿赂犯罪的财物扩大到财产性利益，但并未扩大到非财产性利益。《解释》沿袭了上述司法解释对贿赂犯罪的财物的解释，第 12 条指出："贿赂犯罪中的'财物'，包括货币、物品和财产性利益。财产性利益包括可以折算为货币的物质利益如房屋装修、债务免除等，以及需要支付货币的其他利益如会员服务、旅游等。后者的犯罪数额，以实际支付或者应当支付的数额计算。"根据这一规定，贿赂犯罪的财物除了常见的货币和物品外，还包括财产性利益。

这里的财产性利益是指具有财产价值的利益，以此区别于非财产性利益。因为我国刑法对贿赂犯罪以一定的货币数额作为定罪量刑的根据，如果没有一定的财产性质，不能折算为一定的货币数额，就无法进行定罪量刑活动。在这种情况下，司法解释将贿赂犯罪的财物限于财产性利益，是有一定道理的。《解释》对财产性利益列举了以下这些情形：(1) 房屋装修；(2) 债务免除；(3) 会员服务；(4) 免费旅游。这些情形的共同特点是可以折算为一定的货币数额。对于那些虽然没有列举，但具有可以折算为一定货币数额这一特点的其他利益，也可以归入财产性利益。例如，出资为国家工作人员召妓，该出资款就可以直接认定为受贿数额，没有必要理解为性贿赂。那些直接提供性服务，由此获取一定的经济利益的情形，不构成行贿罪，而是一种性交易。如果这些人员利用与国家工作人

① 王作富主编：《刑法分则实务研究》(下)，5 版，1621 页，北京，中国方正出版社，2013。

员的特殊关系，利用国家工作人员职务上的便利，为他人谋取利益的，可以成为受贿罪的共犯或者单独构成利用影响力受贿罪。

当然，非财产性利益在逻辑上是可以成为贿赂犯罪的媒介的，国外一般都认同其为贿赂犯罪的媒介。在我国，一方面因为以非财产性利益作为贿赂犯罪的媒介的案件极为罕见，尚没有将其入罪的必要性；另一方面，如前所述，我国刑法对贿赂犯罪采取计赃论罪的处罚方法，在客观上将非财产性利益排除在刑法保护范围之外。当然，如果对于此类贿赂案件确有惩治的必要，就需要通过刑法的特别规定加以解决。

（二）为他人谋取利益

如前所述，我国刑法中的受贿罪可以分为索贿和收受财物这两种行为类型。根据刑法规定，只有收受财物构成犯罪，才以为他人谋取利益为要件。

关于为他人谋取利益要件的性质，在刑法理论上存在客观说与主观说之争。[①] 客观说认为，为他人谋取利益是一种客观行为，只有国家工作人员具体实施了为他人谋取利益行为才具备该要素。而主观说则认为，为他人谋取利益是主观意图，只要国家工作人员主观上具有为他人谋取利益的意图，即具备该要素。考虑到受贿罪的本质是侵害国家工作人员的职务廉洁性，是否事实上实施为他人谋取利益的行为，并不重要。因此，笔者赞同主观说，为他人谋取利益应被理解为主观违法要素。至于在某些案件中，国家工作人员已经具体实施了为他人谋取利益的行为，甚至已经实际为他人谋取利益，这些具体行为也并不是受贿罪的构成要件，而只是为他人谋取利益这一主观意图的客观显示。

我国的司法解释和指导性案例，事实上也是倾向于将为他人谋取利益作为主观的违法要素。例如，2003 年 11 月 13 日最高人民法院《全国法院审理经济犯罪案件工作座谈会纪要》（以下简称《纪要》）曾经规定："为他人谋取利益包括承诺、实施和实现三个阶段的行为。只要具有其中一个阶段的行为，如国家工作人员收受他人财物时，根据他人提出的具体请托事项，承诺为他人谋取利益的，就

---

① 参见王作富主编：《刑法分则实务研究》（下），5 版，1626 页，北京，中国方正出版社，2013。

具备了为他人谋取利益的要件。明知他人有具体请托事项而收受其财物的，视为承诺为他人谋取利益。”根据这一规定，为他人谋取利益可以分为以下四种情形：(1) 承诺为他人谋取利益；(2) 实施为他人谋取利益；(3) 实现为他人谋取利益；(4) 明知他人有具体请托事项而收受财物。以上的 (2) 和 (3) 虽然涉及为他人谋取利益的客观行为，但就 (1) 和 (4) 的规定来看，实际上还是把为他人谋取利益当作主观意图进行规定的，符合主观违法要素的特征。此外，在指导性案例 3 号潘玉梅、陈宁受贿案中，裁判理由认为：“请托人许某某向潘玉梅行贿时，要求在受让金桥大厦项目中减免 100 万元的费用，潘玉梅明知许某某有请托事项而收受贿赂；虽然该请托事项没有实现，但‘为他人谋取利益’包括承诺、实施和实现不同阶段的行为，只要具有其中一项，就属于为他人谋取利益。承诺‘为他人谋取利益’，可以从为他人谋取利益的明示或默示的意思表示予以认定。潘玉梅明知他人有请托事项而收受其财物，应视为承诺为他人谋取利益，至于是否已实际为他人谋取利益或谋取到利益，只是受贿的情节问题，不影响受贿的认定。”由此，该指导性案例确立了以下裁判要点：“国家工作人员明知他人有请托事项而收受其财物，视为承诺‘为他人谋取利益’，是否已实际为他人谋取利益或谋取到利益，不影响受贿的认定。”由此可见，指导性案例也是将受贿罪的为他人谋取利益视为主观违法要素而不是客观行为。

《解释》承袭了上述规定，并且在此基础上作了进一步的规定。《解释》第 13 条规定：“具有下列情形之一的，应当认定为‘为他人谋取利益’，构成犯罪的，应当依照刑法关于受贿犯罪的规定定罪处罚：(一) 实际或者承诺为他人谋取利益的；(二) 明知他人有具体请托事项的；(三) 履职时未被请托，但事后基于该履职事由收受他人财物的。国家工作人员索取、收受具有上下级关系的下属或者具有行政管理关系的被管理人员的财物价值三万元以上，可能影响职权行使的，视为承诺为他人谋取利益。”以上规定，为受贿罪的为他人谋取利益要素的认定，提供了较为明确的法律根据。根据上述规定，为他人谋取利益要素的认定，应当从以下四个方面考虑。

(1) 实际或者承诺为他人谋取利益。实际或者承诺为他人谋取利益其实包含了前引《纪要》所规定的三种情形，即承诺为他人谋取利益、实施为他人谋取利益和实现为他人谋取利益。这三种情形当然属于为他人谋取利益。

（2）明知他人有具体请托事项。明知为他人谋取利益在《纪要》中是被规定为“视为承诺为他人谋取利益”的情形。当时之所以如此规定，可能还是把为他人谋取利益向具有客观外在表现上尽量靠拢。而承诺是通过语言表示同意的，明知他人有具体请托事项而收受他人财物属于心照不宣的情况，尽管没有语言同意，但其性质与语言同意相似，因此推定为承诺为他人谋取利益。这次《解释》明确地将明知他人有具体请托事项规定为为他人谋取利益的表现之一，是更大程度上认同为他人谋取利益是一种主观违法要素。

（3）履职时未被请托，但事后基于该履职事由收受他人财物。据《解释》的规定，只要基于履职事由收受他人财物，就应当认定为具备为他人谋取利益的要素。这实质上是肯定事后受贿构成受贿罪。事后受贿是否构成受贿罪，在刑法理论上是存在争议的。争议的焦点还是在于：收受财物的行为与受贿故意以及为他人谋取利益的要素之间，是否存在对应关系，因而符合受贿罪的构成要件。在事后收受财物的时候，如果认识到对方交付财物是为感谢其履职行为为他人在客观上带来的利益，该主观认识以及建立在此基础上的受财意思，就可以被认定为受贿故意。然而，由于业已履行完职务行为，在事后收受财物之时，不可能再具有为他人谋取利益的主观目的，因此，《解释》确立的，只要基于履职事由收受他人财物，就应当认定为具备为他人谋取利益的要素的规定，显然是对为他人谋取利益主观意图的一种拟制。

（4）索取、收受具有上下级关系的下属或者具有行政管理关系的被管理人员的财物价值 3 万元以上，可能影响职权行使的。《解释》还规定国家工作人员索取、收受具有上下级关系的下属或者具有行政管理关系的被管理人员的财物价值 3 万元以上，可能影响职权行使的，视为“为他人谋取利益”。这里的视为为他人谋取利益，并非对为他人谋取利益的推定，实际上是对为他人谋取利益的一种拟制。通常情况下，国家工作人员收受具有上下级关系的下属或者具有行政管理关系的被管理人员的财物，都具有具体请托或者承诺，因此具备为他人谋取利益的要素。《解释》的上述规定显然不是指这些情况，而是指没有具体请托或者承诺的情形。这种情形也就是刑法理论上所称的感情投资，这里的感情投资是指具有上下级关系的下属或者具有行政管理关系的被管理人员以赠送礼金或者红包的形式向国家工作人员交付财物，但不能证明国家工作人员曾经或者意图为对方谋取利益。在这种情况下，虽然没有具体请托事项，但因为彼此之间存在上下级关系或者行政管理关系，不能排除在以后需要的时候，财物交付者会提出具体请托事项。因此，这种感情投资与没有利害关系的人员之间的给付礼金或者给付红包的情况在性质上是有所不同的。

对于这种没有利害关系的给付礼金或者给付红包的行为，在刑法没有设立收受礼金罪的情况下，不应当认定为受贿罪。但对于国家工作人员索取、收受具有上下级关系的下属或者具有行政管理关系的被管理人员的财物的，如果认定为受贿罪，就存在一个如何认定为他人谋取利益的问题。在这种情况下，《解释》将这种所谓感情投资拟制为具备为他人谋取利益要素。当然，这种情形构成受贿罪，《解释》还做了以下两点限制：一是收受财物 3 万元以上。如果不满 3 万元的，则不构成受贿罪，只是作为一般的违法或者违纪处理。二是可能影响职权行使。也就是说，并不是只要收受 3 万元以上财物就一定构成受贿罪，还要具体考察是否会影响职权行使。如果不会影响职权行使的，同样不能构成受贿罪。笔者认为，可能影响职权行使是一个具有实体内容的入罪条件，在诉讼过程中控方应当对此承担举证责任。那么，如何认定可能影响职权行使呢？应当从关系的紧密程度进行考察。上下级关系和行政管理关系是基于职务或者地位形成的一种法律关系，这种关系具有不同的紧密程度。在一般情况下，关系紧密程度与职权的影响力之间具有正相关性，即关系越是紧密，职权的影响力越大；反之亦然。因此，这种上下级关系和行政管理关系直接而密切的，可以认定为收受财物可能影响职权行使。可以说，《解释》将国家工作人员索取、收受具有上下级关系的下属或者具有行政管理关系的被管理人员的财物行为，在一定条件下认定为受贿罪，实际上是将某些收受礼金或者红包的行为认定为受贿罪。

从以上《解释》关于受贿罪的为他人谋取利益的规定来看，《解释》对“为他人谋取利益”的具体化，为司法机关处理事后受贿和感情投资等较大争议的问题，提供了明确的规则。然而，不得不说《解释》在（3）（4）这两种情形中，都对为“他人谋取利益”的主观违法要素的认定采取了拟制的方法。拟制与推定不同，推定是一种对事实的认定方法，在对主观事实的认定中经常被采用。但拟制是将甲事实看作乙事实，使甲事实产生与乙事实相同的法律效果；或者将原本不符合某种规定的行为按照该规定处理。拟制在一定程度上使不具有法律规定的事项按照法律规定的事项处理。这实际上超越了受贿罪的界限，是一种类推解释，因而与罪刑法定原则或多或少存在抵牾。

其实，解决这个问题的最好途径，还是明确在《刑法》中设立收受赠贿罪。所谓收受赠贿，实际上就是基于国家工作人员的身份收受他人礼金。关于该行为是否应被单独设立为犯罪，在《刑法修正案（九）》制定过程中，曾经展开过讨论，并且一度将其纳入《刑法修正案（九）》的草案，最后由于政策界限不好把握，未能从立法上将这些现实生活中较为常见的腐败现象入罪。现在，《解释》将具有上下级关系或者行政管理关系的收受礼金行为以受贿罪处理。

（三）特定关系人与国家工作人员的受贿共犯

《解释》第16条第2款规定：“特定关系人索取、收受他人财物，国家工作人员知道后未退还或者上交的，应当认定国家工作人员具有受贿故意。”这是关于特定关系人与国家工作人员的受贿共犯的规定，它涉及利用影响力受贿罪与受贿罪的关系以及界限。

2007年7月8日最高人民法院、最高人民检察院《关于办理受贿刑事案件适用法律若干问题的意见》（以下简称《意见》）对特定关系人以及其他关系人受贿问题做了专门规定。这里的特定关系人，根据《意见》第11条的规定，是指与国家工作人员有近亲属、情妇（夫）以及其他共同利益关系的人。至于其他关系人，《意见》未做具体规定，但从逻辑上可以界定为除了特定关系人以外的其他人员。特定关系人与其他关系人的区分，就在于：特定关系人与国家工作人员之间具有共同利益关系，而其他关系人则没有这种利益关系。根据《意见》的规定，由特定关系人以及其他关系人受贿可以分为以下三种情形。第一种情形是国家工作人员利用职务上的便利为请托人谋取利益，授意请托人以本《意见》所列形式，将有关财物给予特定关系人的，以受贿罪论处。第二种情形是特定关系人与国家工作人员通谋，共同实施前款行为的，对特定关系人以受贿罪的共犯论处。第三种情形是特定关系人以外的其他人与国家工作人员通谋，由国家工作人员利用职务上的便利为请托人谋取利益，收受请托人财物后双方共同占有的，以受贿罪的共犯论处。这三种情形都构成受贿罪的共同犯罪，因为特定关系人或者其他人与国家工作人员是在具有犯意联络的情况下实施了相应的行为。

如果这些人没有与国家工作人员进行犯意联络，而是利用或者通过国家工作人员的职权或者职务上的便利为他人谋取利益，从而收受财物的，因为在这种情况下国家工作人员并不知情，因此，国家工作人员不构成受贿罪，而特定关系人或者其他人也就不能构成受贿罪的共犯。此时，将会出现刑事政策上的可罚性漏洞。为此，《刑法修正案（七）》在我国《刑法》第 388 条之一设立了利用影响力受贿罪。根据这一规定，利用影响力受贿罪是指国家工作人员的近亲属或者其他与该国家工作人员关系密切的人，通过该国家工作人员职务上的行为，或者利用该国家工作人员职权或者地位形成的便利条件，通过其他国家工作人员职务上的行为，为请托人谋取不正当利益，索取请托人财物或者收受请托人财物，数额较大或者有其他较重情节的行为。在这种情况下，特定关系人或者其他人就可能单独构成利用影响力受贿罪。当然，如果这些人与国家工作人员之间具有犯意联络，仍然构成受贿罪的共犯。

如前所述，特定关系人与国家工作人员构成受贿罪的共犯的前提是两者之间具有犯意联络。这种犯意联络主要表现为国家工作人员授意特定关系人或者国家工作人员与特定关系人共谋，在这种情况下，双方构成受贿罪的共犯是没有疑问的。反之，如果没有这种共谋，则国家工作人员不构成受贿罪，但特定关系人可以单独构成利用影响力受贿罪。除了以上两种界限较为明确的情形，还存在着这种情况，即特定关系人事先并没有与国家工作人员共谋，其利用国家工作人员的职务上的便利为请托人谋取利益并收受请托人的财物，但在收受财物以后告知国家工作人员，国家工作人员知道以后并没有退还或者上交，对此应当如何处理呢?《解释》明确规定，在这种情况下，应当认定国家工作人员具有受贿故意。因此，对于国家工作人员应当以受贿罪论处，与此同时，特定关系人也应当以受贿罪的共犯论处。当然，如果国家工作人员直至案发并不知情，则国家工作人员没有受贿故意，不能认定为受贿罪，对于特定关系人应当以利用影响力受贿罪论处。由此可见，《解释》的以上规定，对于正确认定国家工作人员的受贿罪以及正确划分受贿罪共犯与利用影响力受贿罪之间的界限具有重要意义。

（四）贪污受贿罪的赃款赃物去向

对于一般犯罪来说，赃款赃物去向不会影响犯罪的性质，只是对量刑具有一定的影响。但在贪污受贿罪的司法实践中，却经常讨论贪污受贿的赃款赃物用于公务开支或者社会捐赠，是否构成犯罪的问题。例如，一日，李某（系张某同学）找到张某（系某市政府领导）请求张某帮助其子李某某找工作。起初张某以工作忙没时间为由推脱，李某见状找到张某以“张某帮李某某找工作辛苦了”为由送给张某 10 万元“辛苦费”，后张某将李某之子李某某安排进入自己分管的二级单位工作。事后，张某将收受李某的 10 万元“辛苦费”全部用于公务支出并有相关票据证明。关于张某的行为的性质，存在以下两种观点：第一种观点认为，根据 2007 年 7 月 8 日最高人民法院、最高人民检察院《意见》第 9 条“国家工作人员收受请托人财物后及时退还或者上交的，不是受贿”的规定，行为人虽然具有非法收取了他人财物的行为，但是没有非法占有他人财产的故意，将收受的财物及时退还或者上交并未实际占为已有，不是受贿。在本案中，行为人张某虽然实施了收取他人财物的行为，但是其没有非法占有财物的故意并将收受的财物用于公务支出，其并没有实际占有收受的财物。故本案中，张某的行为不构成受贿罪。第二种观点认为，根据受贿罪犯罪形态既未遂的标准来判断，行为人在收受他人财物并将财物置于自己实际控制之下的那一刻开始，受贿过程已经完成，受贿行为已经侵害了国家工作人员的职务廉洁性，行为人的行为已经构成受贿罪。至于受贿款物的用途问题只是受贿人对受贿款物的事后处理方式而已，不影响受贿罪的成立。故本案中，张某利用职务便利、收受他人财物行为，侵犯了国家工作人员的职务廉洁性，应当追究其受贿罪的刑事责任。[①] 在本案中，讨论的重点是被告人张某的行为是否属于及时上交的问题。其中一种观点就认为如果属于及时上交没有个人占有，则不构成受贿罪。这种观点并没有得到司法机关的认同，在司法实践中此类案件一般都被认定为受贿罪成立。贪污罪也是如此。

事实上，《解释》第 16 条也明确规定“国家工作人员出于贪污、受贿的故意，非法占有公共财物、收受他人财物之后，将赃款赃物用于单位公务支出或者社会捐赠的，不影响贪污罪、受贿罪的认定，但量刑时可以酌情考虑”。然而此时面临的问题是，如何协调《解释》第 16 条的规定和上述《意见》第 9 条规定的关系。对此，我们注意到，根据《解释》第 16 条的规定，只有当国家工作人员出于贪污受贿的故意，非法占有公共财物或者利用职务上的便利收受他人财物之后，将赃款赃物用于单位公务开支或者社会捐赠，才不影响贪污受贿罪的认定。与之相对，或许我们可以将《意见》第 9 条的规定理解为，行为人虽然收受了财物，但是不具有受贿故意的情形。因此，如果在占有公共财物或者收受他人财物之前，就具有用于公务开支的意思，例如，在现实生活中较为常见的国家工作人员为规避财务制度，利用虚假发票套取公款用于公务开支，就应该否定存在贪污或者受贿的故意。这种情形下，国家工作人员在套取公款之前，已经明确是为了用于公务开支而非个人占有。故其行为就不属于贪污的性质，不能认定为贪污罪。收受他人财物之前，就已经明确不是个人收受，而是以赞助给单位等名义收受，则同样也不能认定为受贿罪。

对于上述张某受贿案，首先，应当查明在收受他人财物之际是否具有用于公务开支的意思。如果其收受财物的时候就具有用于公务开支的意思，则其行为不属于受贿，而是单位的不正当收入，甚至在某些情况下可以构成单位受贿罪而非个人受贿罪。至于用于社会捐赠，情况较为复杂，这里存在一个捐赠的名义问题。在贪污的情况下，如果以单位名义捐赠，则是滥用职权的问题。只有贪污公

① 参见朱芳红：《受贿财物用于公务开支是否构成受贿罪》，载 http//www. Hblaohekou. Jcy. gov. cn/ly201306t20130603_1124995. html，最后访问日期：2016-04-10。

共财物，以个人名义捐赠，才不影响贪污罪的成立。在受贿的情况下，只有要求他人以国家工作人员的名义捐赠，才不影响受贿罪的成立。如果是以他人名义捐赠，则国家工作人员不能成立受贿罪。例如，国家工作人员利用职务上的便利为他人谋取利益，他人送给国家工作人员 10 万元表示感谢。国家工作人员要求他人以自己的名义将 10 万元捐赠给自己儿子所在的学校作为办学资金。这一行为构成受贿罪，属于在受贿以后对赃款的处置。但如果国家工作人员要求他人以其单位或者个人的名义，将 10 万元捐赠给自己儿子所在的学校作为办学资金，则不能认为国家工作人员构成受贿罪。

（五）贪污受贿罪的刑罚适用

贪污受贿罪的刑罚适用，关系到对贪污受贿罪的惩治。《解释》多个条款涉及贪污受贿罪的刑罚适用问题，需要从刑法理论上加以解读。

1. 贪污受贿罪的死刑适用

《解释》第 4 条第 1 款规定："贪污、受贿数额特别巨大，犯罪情节特别严重、社会影响特别恶劣、给国家和人民利益造成特别重大损失的，可以判处死刑。"根据这一规定，贪污受贿罪适用死刑，必须具备以下四个条件：一是数额特别巨大，二是犯罪情节特别严重，三是社会影响特别恶劣，四是给国家和人民利益造成特别重大损失。只有同时具备这四个条件，才能适用死刑。由此可见，《解释》对贪污受贿罪的死刑设立了极为严格的适用条件。贪污受贿罪从性质上说是一种非暴力犯罪，它与暴力犯罪相比，法益侵害程度还是要小一些，因而在严格控制死刑的背景之下，贪污受贿罪的死刑还是要加以限制。因此，《解释》对贪污受贿罪设立十分严格的死刑适用条件，是完全正确的。对于贪污受贿罪来说，其死刑适用不能仅仅根据数额特别巨大，还要考察是否存在特别严重情节和特别恶劣社会影响，尤其是要考察是否给国家和人民利益造成特别重大损失。只有经过以上各种因素的综合考察，才能最终确定对某一犯罪人是否适用死刑。

《解释》第 4 条第 2 款对贪污受贿罪的死刑立即执行与死刑缓期执行之间的界限作了规定，指出："符合前款规定情形的，但具有自首、立功，如实供述自己罪行、真诚悔罪、积极退赃，或者避免、减少损害结果的发生等情节，不是必须立即执行的，可以判处死刑缓期 2 年执行。”《解释》前款规定是对于贪污受贿罪的死刑适用条件的规定。根据死刑执行方法，我国刑法规定的死刑可以分为死刑立即执行和死刑缓期执行。对于贪污受贿罪的死刑适用也是如此。在本款中，《解释》明确地规定了适用死缓的条件，包括自首、立功、坦白和退赃，以及减少、避免损失结果发生等情节。当然，这不意味着这些情节必须同时具备，而是只要具有其中之一，就可以适用死缓。当然，如果同时具有以上若干个情节，对于死缓是更为有利的适用条件。

《解释》第 4 条第 3 款是对犯贪污受贿罪被判处死缓的犯罪分子的终身监禁的规定。《刑法修正案（九）》将终身监禁作为贪污受贿罪的死刑替代措施作了规定，这里的终身监禁并不是一种独立的刑罚方法，而只是死缓的一种执行方法。《解释》第 4 条第 3 款规定：“符合第一款规定情形的，根据犯罪情节等情况可以判处死刑缓期二年执行，同时裁判决定在其死刑缓期执行二年期满依法减为无期徒刑后，终身监禁，不得减刑、假释。”这一规定与《刑法修正案（九）》的表述基本相同，都是规定终身监禁是在判处死缓的时候裁判决定的，并且适用终身监禁的根据是犯罪情节。从逻辑上分析，在刑法对贪污受贿罪规定终身监禁以后，贪污受贿罪的死刑就不再像其他犯罪那样只是分为死刑立即执行和死刑缓期 2 年执行这两种情形，而是进一步细化为三种情形：(1) 死刑立即执行；(2) 死刑缓期 2 年执行并终身监禁；(3) 死刑缓期 2 年执行。因此，适用死刑缓期 2 年执行并终身监禁的贪污受贿罪犯罪分子，其实是原本应当适用死刑立即执行的犯罪分子。考虑到终身监禁本身所具有的严厉性程度，对于贪污受贿罪终身监禁的适用也应当加以严格限制。从表面上看，对贪污受贿罪规定终身监禁是加重刑罚之举，但从其具有替代原先应当适用死刑立即执行的功能来看，又是限制死刑适用之举，从而也是减轻之举，可以说是宽严相济的刑事政策的生动体现。对此，立法机关指出：“对贪污受贿数额特别巨大、情节特别严重的犯罪分子，特别是其中本应当判处死刑的，根据慎用死刑的刑事政策，结合案件的具体情况，对其判处死刑缓期 2 年执行减为无期徒刑后，采取终身监禁的措施，不得减刑、假释。在立法上保留死刑的同时，司法实践中严格控制和慎重适用死刑的情况下，这一规定，有利于体现罪刑相适应的刑法原则，维护司法公正，符合宽严相济的刑事政策。”[①] 鉴于以上立法精神，在司法活动中就不能将终身监禁适用于原本就应当适用死缓的贪污受贿罪的犯罪分子。

2. 贪污受贿数额的累计计算

贪污受贿罪是数额犯，其数额计算对于贪污受贿罪的定罪量刑具有重大意义。贪污受贿罪不仅是数额犯，而且是累积犯，只有极个别犯罪数额是一次性的贪污受贿数额，绝大多数都是多次贪污受贿累计的数额。因此，这里存在一个对贪污受贿数额如何进行累积计算的问题。对于贪污罪，刑法有关于“对多次贪污未经处理的，按照累计贪污数额处罚”的规定，但对于受贿罪并无此规定。当然，在司法实践中对于受贿罪的数额也是累计计算的。《解释》第 15 条规定：“对多次受贿未经处理的，累计计算受贿数额。国家工作人员利用职务上的便利为请托人谋取利益前后多次收受请托人财物，受请托之前收受的财物数额在 1 万元以上的，应当一并计入受贿数额。”这里涉及受贿数额的累计和请托之前的受贿数额的累计问题。

关于贪污受贿数额的累计计算，主要涉及对未经处理的理解。这里的未经处理是指未经刑事处理还是也包括未经党纪、行政处理，需要进一步讨论。对于贪污罪的未经处理，立法机关认为是指两次以上的贪污行为，以前既没有受过刑事处罚，也没有受过行政处理，追究责任时，应当累计计算贪污数额。[②] 这一理解应同样适用于受贿罪的数额累计计算。

除了贪污受贿罪的数额累计计算以外，《解释》还对国家工作人员长期收受他人财物，有些收受财物的行为发生在请托之前的情形作了规定。对于发生在请托之后的收受他人财物行为当然应当认定为受贿罪。那么发生在请托之前的收受他人财物的数额是否应当累计计算呢？对此，《解释》规定应当累计计算。因为请托前后的收受财物行为是一个具有连续性的整体，不能分割开来看，而是应当

① 郎胜主编：《中华人民共和国刑法释义》，6 版，656 页，北京，法律出版社，2015。

② 参见郎胜主编：《中华人民共和国刑法释义》，6 版，656～657 页，北京，法律出版社，2015。

整体评价为受贿行为。当然，《解释》对发生在请托之前的收受财物的数额做了某种限制，即只有 1 万元以上才累计计算。如果不满 1 万元，则不予累计计算。这主要是考虑了人情往来的因素。

3. 对贪污受贿罪的经济处罚

贪污受贿罪具有财产犯罪和经济犯罪的某些特征，因此，在对贪污受贿罪进行处罚的时候，不仅要科以人身处罚，而且要科以经济处罚。《刑法》第 383 条对贪污受贿罪规定了罚金、没收财产等经济处罚措施。由于我国刑法总则对罚金的具体数额没有规定，加之《刑法》第 383 条对贪污受贿罪的罚金数额也没有规定，这对在司法实践中正确适用罚金刑造成一定的困难。为此，《解释》第 19 条第 1 款对贪污受贿罪的罚金数额做了以下规定："对贪污罪、受贿罪判处三年以下有期徒刑或者拘役的，应当并处十万元以上五十万元以下的罚金；判处三年以上十年以下有期徒刑的，应当并处二十万元以上犯罪数额二倍以下的罚金或者没收财产；判处十年以上有期徒刑或者无期徒刑的，应当并处五十万元以上犯罪数额二倍以下的罚金或者没收财产。"在此，《解释》对贪污受贿罪的罚金数额规定了一定的幅度，在此幅度内，法官可以根据贪污受贿案件的具体情节，酌情裁量。

这里应当指出，犯贪污受贿罪所判处的罚金和对贪污受贿的赃款赃物进行追缴是两个不同的问题，不能混淆。《解释》第 18 条对贪污贿赂罪的赃款赃物追缴问题专门作了规定："贪污贿赂犯罪分子违法所得的一切财物，应当依照刑法第六十四条的规定予以追缴或者责令退赔，对被害人的合法财产应当及时返还。对尚未追缴到案或者尚未足额退赔的违法所得，应当继续追缴或者责令退赔。"因此，对于贪污受贿的赃款赃物进行追缴，应当依法进行，它与对贪污受贿罪的经济处罚不能混同。

（本文原载《法学》，2016（5））

《关于办理贪污贿赂刑事案件适用法律若干问题的解释》总置评

司法界翘首以盼的最高人民法院、最高人民检察院司法解释——《关于办理贪污贿赂刑事案件适用法律若干问题的解释》（以下简称《解释》）终于在 2016 年 4 月 18 日正式出台了。这个司法解释中引人注目的当然是贪污贿赂案件定罪量刑数额标准的调整。自从《中华人民共和国刑法修正案（九）》（以下简称《刑法修正案（九）》）在 2015 年 11 月 1 日施行以后，随着原刑法关于贪贿案件法定刑的数额修改为盖然性的数额，其具体数额亟待最高人民法院、最高人民检察院通过司法解释加以规定。在这种情况下，贪贿案件的数额标准面临重大调整。《解释》的正式出台，宣告这种调整的最终完成。本文拟对《解释》的指导思想和具体条文进行法教义学的阐释，以期获得对《解释》的正确理解。

一、《解释》的制定背景以及指导思想

《解释》是《刑法修正案（九）》的副产品，是为实施《刑法修正案（九）》关于贪污受贿罪的修订而出台的司法解释。《刑法修正案（九）》对刑法作了较大幅度的修订，其中涉及贪污受贿罪修改的是《刑法修正案（九）》第 44 条。该条

规定："将刑法第三百八十三条修改为：'对犯贪污罪的，根据情节轻重，分别依照下列规定处罚：（一）贪污数额较大或者有其他较重情节的，处三年以下有期徒刑或者拘役，并处罚金。（二）贪污数额巨大或者有其他严重情节的，处三年以上十年以下有期徒刑，并处罚金或者没收财产。（三）贪污数额特别巨大或者有其他特别严重情节的，处十年以上有期徒刑或者无期徒刑，并处罚金或者没收财产；数额特别巨大，并使国家和人民利益遭受特别重大损失的，处无期徒刑或者死刑，并处没收财产。对多次贪污未经处理的，按照累计贪污数额处罚。犯第一款罪，在提起公诉前如实供述自己罪行、真诚悔罪、积极退赃，避免、减少损害结果的发生，有第一项规定情形的，可以从轻、减轻或者免除处罚；有第二项、第三项规定情形的，可以从轻处罚。犯第一款罪，有第三项规定情形被判处死刑缓期执行的，人民法院根据犯罪情节等情况可以同时决定在其死刑缓期执行2年期满依法减为无期徒刑后，终身监禁，不得减刑、假释。'"在以上内容中，对贪污受贿罪的修订包括以下三项重要内容：（1）贪污受贿罪数额标准的修改。在原刑法中，对贪污受贿罪规定了具体数额，即5 000元、5万元、10万元，分别对应于5年以下有期徒刑、5年以上10年以下有期徒刑和10年以上有期徒刑、无期徒刑或者死刑这三个量刑档次。《刑法修正案（九）》废除了贪污受贿罪的具体数额，而代之以数额较大、数额巨大和数额特别巨大，分别对应于3年以下有期徒刑、3年以上10年以下有期徒刑和10年以上有期徒刑、无期徒刑或者死刑这三个量刑档次。（2）对贪污受贿罪规定了特别的从轻、减轻或者免除处罚情节。我国刑法总则规定了自首、立功和坦白等从轻、减轻或者免除处罚的情节，对于所有犯罪都是适用的，对贪污受贿罪也不例外。但《刑法修正案（九）》对贪污受贿罪的从轻、减轻或者免除处罚情节做了单独的规定。根据这一规定，凡是具有如实供述自己罪行、真诚悔罪、积极退赃，避免、减少损害结果的发生情节的，根据犯罪情节轻重分别可以获得从轻、减轻或者免除处罚。（3）对贪污受贿罪判处死刑缓期执行2年期满依法减为无期徒刑后，终身监禁，不得减刑、假释的规定。以上三方面内容的修改，充分体现了对贪污受贿罪的宽严相济的刑事政策。

《刑法修正案（九）》颁布以后，对于贪污受贿罪的刑法修改亟待进行司法解释。尤其是《刑法修正案（九）》对贪污受贿罪的数额标准的修订，需要通过司法解释进一步明确贪污受贿罪的定罪量刑的数额标准。最高人民法院、最高人民检察院在《刑法修正案（九）》颁布以后，就紧锣密鼓地展开司法解释的起草工作。因为这一司法解释不仅涉及贪污受贿罪的定罪量刑标准的把握，同时还牵动了其他相关职务犯罪的数额标准，因此需要慎重对待。[①] 如前所述，《刑法修正案（九）》对贪污受贿罪的修改，体现了宽严相济的刑事政策，这一刑事政策精神同样在《解释》的相关内容中得到了有效的贯彻。这种宽严相济的刑事政策主要体现在宽缓和严厉两个方面。

（一）《解释》的宽缓方面

宽严相济的刑事政策首先表现为宽缓性，这种宽缓并不是放纵犯罪，而是对犯罪的惩治更加合情合理，有利于对犯罪人的教育改造。在《解释》的有关规定中，宽缓性主要表现为对贪污受贿罪的数额标准进行合理化的调整。调整以后的条文，贪污受贿罪的定罪量刑的数额标准更加合理：既考虑了物价上涨因素给贪污受贿数额标准带来的直接影响；同时还使不同档次之间的数额互相衔接，避免因判处 10 年以上有期徒刑的数额过低而带来的刑罚配置不合理。调整以后，在起刑点上基本保持了立法的稳定性，而在 3 年以上 10 年以下有期徒刑和 10 年以上有期徒刑、无期徒刑或者死刑这两个量刑档次上，将 5 000 元调整为 20 万元，将 10 万元调整为 300 万元，反映了对这部分贪污受贿罪的较为宽缓的处罚。

（二）《解释》的严厉方面

《解释》在体现刑罚的宽缓性的同时，也体现了严厉性。这种严厉性主要体现在对贪污受贿罪的定罪标准在一定程度上的放宽。例如，《解释》对《刑法修正案（九）》关于“其他严重情节”的解释，在数额规定的基础上降低 1/2 或者 1/3 标准。其中，“数额较大”虽然规定为 3 万元，但具有“其他严重情节”的，

① 关于解释制定背景的详细说明，可参见万春等：《〈关于办理贪污贿赂刑事案件适用法律若干问题的解释〉的理解和适用》，载《人民检察》，2016 (10)。

可以降低到 1 万元；“数额巨大”虽然规定为 20 万元，但具有“其他严重情节”的，可以降低到 10 万元；“数额特别巨大”虽然规定为 300 万元，但具有“其他严重情节”的，可以降低到 150 万元。此外，《解释》对受贿罪的财物（第 12 条）、对受贿罪的为他人谋取利益（第 13 条）、对受贿罪的赃款赃物用于公务支出或者社会捐赠（第 16 条）等情形都作出了较为宽泛的规定，有利于对受贿犯罪的严厉惩治。

当前，我国社会处于腐败高发时期，惩治贪污受贿罪主要还是应当坚持严厉的刑事政策，使贪污受贿犯罪分子面对法律的威慑，形成不敢贪贿的心理。当然，我们必须看到，贪污受贿罪的蔓延与我国权力过于集中，缺乏有效监督是存在密切关联的。如果不从源头上铲除腐败产生的土壤，就不可能根绝腐败，因为刑罚惩治只是治标之策。在这种情况下，虽然刑法要对贪污受贿罪保持高压态势，以起到震慑作用，但鉴于腐败产生原因的复杂性，刑罚惩治应当保持一定的合理限度。因此，对于贪污受贿罪与其他犯罪一样，要实行宽严相济的刑事政策，即“应当有宽有严，而且在宽与严之间还应当具有一定的平衡，互相衔接，形成良性互动”①。

二、《解释》的主要内容

（一）贪污罪的数额与情节规定

《刑法修正案（九）》对贪污罪的定罪量刑采取了数额加情节的规定方式，即数额较大或者有其他较重情节的、数额巨大或者有其他严重情节的、数额特别巨大或者有其他特别严重情节的。在这种情况下，数额与情节互相补充，形成贪污罪定罪量刑的法律标准。应当指出，在以上数额与情节的双重标准中，数额还是基本的标准，而情节只是补充性的标准。《解释》确立的这一原则不同于一些学者所主张的数额和情节并重的主张。如赵秉志教授认为：“应当提升情节在贪污

① 陈兴良：《宽严相济刑事政策研究》，载《法学杂志》，2006（1）。

受贿犯罪定罪量刑标准中的地位，确立数额与情节并重的二元标准，将数额和情节都作为衡量贪贿行为社会危害程度的基本依据，使之在贪污受贿犯罪的定罪量刑中都发挥决定性的作用。”①

在原刑法的规定中，贪污罪的定罪量刑规定了绝对的数额标准，这就是5 000元、1万元和10万元这三个数额标准，对应于5年以下、5年以上10年以下和10年以上有期徒刑、无期徒刑和死刑这三个档次的法定刑。这个数额标准在1997年刑法制定时是合适的，但随着两个因素的变化，这个数额标准已经不再合适，这也是《刑法修正案（九）》对贪污罪的数额标准的规定方式进行调整的主要原因。第一个因素的变化是货币的贬值。近年来，随着我国经济的发展，出现货币大幅贬值，这也是市场经济条件下的正常现象。其他财产犯罪的数额标准，因为刑法中未予明确规定，所以司法解释已经做过多次调整。但贪污罪的数额标准由于是刑法条文明确加以规定的，也就未能随着货币的贬值而作出及时调整。第二个因素是贪污罪的大案要案的不断增加。在百万元的贪污案较为少见的情况下，以10万元作为判处10年以上有期徒刑、无期徒刑或者死刑的标准是合适的。但于现在数以百万元，甚至千万元的贪污案已经较为常见的情况下，10万元的标准就显得过低，亟待调整。

经过谨慎考量，《解释》最终将贪污罪的数额较大标准的起点确定为3万元，将数额巨大标准的起点确定为20万元，将数额特别巨大标准的起点确定为300万元。这三个数额标准分别对应于3年以下有期徒刑、3年以上10年以下有期徒刑和10年以上有期徒刑、无期徒刑或者死刑。其中，较为瞩目的是将10年以上有期徒刑、无期徒刑或者死刑的数额标准从10万元提高至300万元，这是一个较大幅度的调整。我认为，这一数额调整还是充分考虑了各种相关因素，因而是极为合适的数额标准。

在对贪污罪的数额标准进行调整的同时，《解释》还对贪污罪的定罪量刑的情节作了具体规定，并且也与一定的数额相配套。其中，贪污数额在1万元以上

① 赵秉志：《贪污受贿犯罪定罪量刑标准问题研究》，载《中国法学》，2015（1）。

不满 3 万元，具有下列情形之一的，应当认定为“其他较重情节”：（1）贪污救灾、抢险、防汛、优抚、扶贫、移民、救济、防疫、社会捐助等特定款物的；（2）曾因贪污、受贿、挪用公款受过党纪、行政处分的；（3）曾因故意犯罪受过刑事追究的；（4）赃款赃物用于非法活动的；（5）拒不交代赃款赃物去向或者拒不配合追缴工作，致使无法追缴的；（6）造成恶劣影响或者其他严重后果的。根据《解释》的规定，贪污数额在 10 万元以上不满 20 万元，具有上述六种情形之一的，应当认定为“其他严重情节”。贪污数额在 150 万元以上不满 300 万元，具有上述六种情形之一的，应当认定为“其他特别严重情节”。

在以上贪污罪的定罪量刑情节中，第一种情形，即贪污救灾、抢险、防汛、优抚、扶贫、移民、救济、防疫、社会捐助等特定款物，是从贪污对象上所作的规定。贪污的对象在一般情况下是公共财物，对于财物的用途并没有限制。但上述具有特殊用途的款物不同于其他款物，我国刑法对于改变这些款物的特定用途的行为规定了挪用特定款物罪，对于挪用这些特定款物归个人使用的，规定以挪用公款罪从重处罚。在刑法中并没有规定贪污这些特定款物的应当从重处罚，但《解释》将贪污这些特定款物的作为贪污罪的定罪量刑情节，这是完全正确的。第二种和第三种情形，即曾因贪污、受贿、挪用公款受过党纪、行政处分的和曾因故意犯罪受过刑事追究，都是犯罪前的表现，反映了行为人的人身危险性。尤其是曾因故意犯罪受过刑事追究，类似于前科，这在量刑时是一个从重处罚的情节。《解释》将这些个人表现规定为贪污罪定罪量刑的情节，试图从人身危险性方面为贪污罪的定罪量刑提供根据。第四种情形，即赃款赃物用于非法活动，这是从赃款赃物的去向上所做的规定。在一般情况下，赃款赃物的去向并不影响定罪，但在某些情况下影响量刑。例如，挪用公款罪就根据挪用公款的不同用途，设置了不同的数额标准和量刑幅度。《解释》将贪污的赃款赃物用于非法活动作为贪污罪的定罪量刑的情节，认为这种情形对于社会具有较大的危害性。第五种情形，即拒不交代赃款赃物去向或者拒不配合追缴工作，致使无法追缴，这是从行为人犯罪后的表现所做的规定。退缴赃款赃物是犯罪以后认罪态度较好的表现，而拒不交代赃款赃物去向或者拒不配合追缴工作，致使贪污的赃款赃物无法追缴，使得国家损失不能挽回，因此具有较大的社会危害性，则是认罪态度不好的表现。第六种情形，即造成恶劣影响或者其他严重后果是一个兜底条款，给予法官在具体贪污案件的定罪量刑中一定的自由裁量权。

（二）受贿罪的数额与情节规定

在我国1997年刑法中，受贿罪与贪污罪是共用一个法定刑，这固然有着节省法条的考虑，但也是因为贪污与受贿往往相提并论，在刑罚上也予以相同的评价。不过，贪污和受贿相比，两者虽然都是职务犯罪，但在性质与情节上还是有些不同，完全适用同一法定刑并不十分妥当。一般来说，贪污罪的轻重主要决定于贪污数额的大小。但受贿罪的轻重除了受贿数额大小以外，还取决于为他人谋取利益是否对国家和人民利益造成损失。有些受贿案件，虽然受贿数额大，但受贿不枉法，因此没有造成国家和人民利益的损失；而有些受贿案件，虽然受贿数额小，但受贿枉法，因此造成国家和人民利益的重大损失。对于以上两种受贿案件，就不能简单地根据受贿数额大小进行量刑。所以，“无论从应然的角度还是实然的角度，都应当在立法上单独设置受贿罪的法定刑，与贪污罪分而治之”①。

根据《解释》的规定，受贿罪的数额较大标准是3万元以上，数额巨大的标准是20万元，数额特别巨大的标准是300万元。这三个数额标准分别对应于3年以下有期徒刑、3年以上10年以下有期徒刑和10年以上有期徒刑、无期徒刑或者死刑。由此可见，《解释》对受贿罪的数额的规定，与贪污罪是完全相同的。但在情节上，《解释》对受贿罪的规定与贪污罪则有所不同。根据《解释》的规定，受贿数额在1万元以上不满3万元，具有下列情形之一的，认定为受贿“其他较重情节”：(1) 曾因贪污、受贿、挪用公款受过党纪、行政处分的；(2) 曾因故意犯罪受过刑事追究的：(3) 赃款赃物用于非法活动的；(4) 拒不交代赃款赃物去向或者拒不配合追缴工作，致使无法追缴的；(5) 造成恶劣影响或者其他严重后果的；(6) 多次索贿的；(7) 为他人谋取不正当利益，致使公共财产、国家和人民利益遭受损失的；(8) 为他人谋取职务提拔、调整的。根据《解释》的

① 于雪婷：《受贿罪法定刑设置研究》，200页，北京，法律出版社，2013。

规定，受贿数额在10万元以上不满20万元，具有上述八种情形之一的，应当认定为受贿“其他严重情节”。受贿数额在150万元以上不满300万元，具有上述八种情形之一的，应当认定为受贿“其他特别严重情节”。

在以上受贿罪的情节中，除前五项与贪污罪相同以外，后三项是专门为受贿罪规定的，体现了受贿罪的特殊性。其中，第六种情形，即多次索贿，涉及索贿和多次两种情形的竞合。我国刑法中的受贿行为可以分为收受财物与索取财物这两种情形，索取财物就是索贿，对此我国刑法明确规定应当从重处罚。多次是3次以上，这是从索取财物的次数上对受贿罪的社会危害性所做的规定。在同时具备索贿和多次这两个要素的情况下，《解释》规定为受贿罪的定罪量刑情节。第七种情形，即为他人谋取不正当利益，致使公共财产、国家和人民利益遭受损失，这也就是所谓受贿枉法的问题。为他人谋取不正当利益，是否致使公共财产、国家和人民利益遭受损失，对于受贿罪的定罪量刑都具有重要意义。《解释》明确地将造成损失的大小规定为受贿罪的定罪量刑的重要衡量要素，这是完全正确的。第八种情形，即为他人谋取职务提拔、调整，这是指为卖官而受贿，属于吏治腐败的问题，《解释》规定为受贿罪的情节。以上受贿罪的情节设置，从客观与主观等不同方面反映了行为人的人身危险性和社会危害性，对于受贿罪的定罪量刑具有指导意义。

（三）相关犯罪的数额与情节规定

《解释》除对贪污受贿罪进行重点规定以外，考虑到贪污受贿罪与其他相关犯罪之间的刑罚平衡，对相关犯罪的数额也作了调整，并且对相关犯罪的其他定罪量刑问题一并作了规定。这些相关犯罪是指以下罪名。

1. 挪用公款罪的定罪数额与情节规定

挪用公款罪是与贪污罪密切相关的一个罪名，因为贪污罪侵犯的是公共财产的所有权，而挪用公款罪侵犯的是公共财产的使用权。因此，两罪相对而言，贪污罪较重而挪用公款罪较轻，两罪的数额也应当保持平衡。关于挪用公款罪的数额，根据1998年4月29日最高人民法院《关于审理挪用公款案件具体应用法律若干问题的解释》的规定，挪用公款归个人使用，数额较大，进行营利活动的，或者数额较大、超过3个月未还的，以挪用公款1万元至3万元为数额较大的起点，以挪用公款15万元至20万元为数额巨大的起点。挪用公款归个人使用，进行非法活动的，以挪用公款5 000元至1万元为追究刑事责任的数额起点。挪用公款数额5万元至10万元以上的，属于挪用公款归个人使用，进行非法活动，情节严重的情形之一。现在，《解释》对贪污罪的数额标准进行了调整，如果不同时对挪用公款罪的数额标准进行调整，就会出现挪用公款罪比贪污罪轻，但处罚却可能比贪污罪更重的不合理现象。因此，《解释》在调整贪污罪的数额标准的同时，对挪用公款罪的数额标准也做了调整。

依据《解释》第5条的规定，挪用公款归个人使用，进行非法活动的定罪数额，从5 000元至1万元提高到3万元以上，基本与贪污罪持平。数额巨大的标准从5万元至10万元提高到300万元以上，这是挪用公款不退还，处10年以上有期徒刑或者无期徒刑的数额标准，也能够与贪污罪保持协调。依据《解释》第6条的规定，挪用公款归个人使用，进行营利活动或者超过3个月未还的定罪数额从1万元提高到5万元以上。数额巨大的标准从15万元至20万元提高到500万元以上，提高的幅度还是相当大的。

挪用公款罪中除了数额以外，还有情节严重的规定。依据《刑法》第384条的规定，挪用公款情节严重的，处5年以上有期徒刑。这里虽然只是涉及情节而没有规定数额，但在情节中同样包含了数额的内容。因此，对挪用公款罪的情节也要重新规定。根据《解释》分别对挪用公款归个人使用，进行非法活动和挪用公款归个人使用，进行营利活动或者超过3个月未还这两种情形的情节严重作了规定。其中，前者的情节严重是指具有下列情形之一的：（1）挪用公款在100万元以上的；（2）挪用救灾、抢险、防汛、优抚、扶贫、移民、救济特定款物，数额在50万元以上不满100万元的：（3）挪用公款不退还，数额在50万元以上不满100万元的；（4）其他严重情节。后者的情节严重是指具有下列情形之一的：（1）挪用公款在200万元以上的；（2）挪用救灾、抢险、防汛、优抚、扶贫、移民、救济特定款物，数额在100万元以上不满200万元的；（3）挪用公款不退还，数额在100万元以上不满200万元的；（4）其他严重情节。

2. 行贿罪的定罪数额与情节规定

最高人民法院、最高人民检察院在《关于办理行贿刑事案件具体应用法律若干问题的解释》中，对行贿罪的数额和情节都曾经作了规定。值得注意的是，我国《刑法》第 390 条关于行贿罪的处罚，并没有规定数额与情节，而只是规定："对犯行贿罪的，处五年以下有期徒刑或者拘役，并处罚金；因行贿谋取不正当利益，情节严重的，或者使国家利益遭受重大损失的，处五年以上十年以下有期徒刑，并处罚金；情节特别严重的，或者使国家利益遭受特别重大损失的，处十年以上有期徒刑或者无期徒刑，并处罚金或者没收财产。"将行贿罪的法定刑与受贿罪的法定刑相比，我们发现，虽然受贿罪的法定最高刑是死刑，而行贿罪的法定最高刑只是无期徒刑，因此受贿罪重于行贿罪；但就前两个罪刑单位的规定而言，行贿罪似乎要比受贿罪更重。因为受贿罪有数额较大或者有其他严重情节作为入罪门槛，但行贿罪则在刑法条文上无此限制。而且，受贿罪的前两个罪刑单位是 3 年以下有期徒刑和 3 年以上 10 年以下有期徒刑；而行贿罪的前两个罪刑单位则是 5 年以下有期徒刑和 5 年以上 10 年以下有期徒刑。在这种情况下，就需要通过司法实践，将行贿罪的定罪量刑条件与受贿罪的定罪量刑条件加以协调，使之保持一定的均衡。

虽然《刑法》第 390 条对行贿罪没有规定入罪的数额标准，但一如以往的司法解释，《解释》还是对行贿罪规定了入罪的数额标准。在《解释》颁布之前，行贿罪的起刑数额是 1 万元，与原刑法规定的受贿罪的起刑数额 5 000 元相比，要高出 1 倍。《解释》第 7 条第 1 款规定："为谋取不正当利益，向国家工作人员行贿，数额在三万元以上的，应当依照刑法第三百九十条的规定以行贿罪追究刑事责任。"这一规定将行贿罪的起刑数额提高到 3 万元，与受贿罪的数额保持一致。由此可以看出，立法机关具有对受贿罪与行贿罪科以相同之刑的立法精神，这是明显地加重了对行贿罪的处罚力度。

值得关注的是，不仅《刑法》第 390 条没有规定行贿罪入罪的其他情节，而且以往的司法解释也没有加以规定。就此而言，在《解释》颁布之前，行贿罪是单纯的数额犯。《解释》除对行贿罪规定入罪数额以外，还规定了其他较重情节，采取了数额加情节的入罪体例，由此而与受贿罪保持一致。依据《解释》的规定，行贿数额在 1 万元以上不满 3 万元，具有下列情形之一的，应当以行贿罪追究刑事责任：（1）向 3 人以上行贿的；（2）将违法所得用于行贿的；（3）通过行贿谋取职务提拔、调整的；（4）向负有食品、药品、安全生产、环境保护等监督管理职责的国家工作人员行贿，实施非法活动的；（5）向司法工作人员行贿，影响司法公正的；（6）造成经济损失数额在 50 万元以上不满 100 万元的。这一规定从行贿次数、行贿资金来源、行贿对象、行贿后果等方面作了规定，为全面考察行贿罪的法益侵害程度提供了法律根据。

依据《刑法》第 390 条的规定，对犯行贿罪，情节严重的，或者使国家利益遭受重大损失的，处 5 年以上 10 年以下有期徒刑，并处罚金。在此，刑法没有涉及行贿数额的要素。但数额显然是行贿情节严重的构成要素之一。对此，《解释》做了以下规定：犯行贿罪，具有下列情节之一的，应当认定为行贿罪的“情节严重”：（1）行贿数额在 100 万元以上不满 500 万元的；（2）行贿数额在 50 万元以上不满 100 万元，并具有本解释第 7 条第 2 款第 1 项至第 5 项规定的情形之一的；（3）其他严重的情节。《解释》还规定，为谋取不正当利益，向国家工作人员行贿，造成经济损失数额在 100 万元以上不满 500 万元的，应当认定为《刑法》第 390 条第 1 款规定的“使国家利益遭受重大损失”。以上对于行贿罪的情节严重的规定，主要还是行贿的数额。对比受贿罪的数额巨大的标准，不难发现，行贿罪的数额标准要高出受贿罪的数额标准数倍以上。受贿罪数额巨大的一般数额标准是 20 万元以上不满 300 万元，具有其他严重情节的特殊数额标准是 10 万元以上不满 20 万元。而与之对应的行贿罪的一般数额标准是 100 万元以上不满 500 万元，具有其他严重情节的特殊数额标准是 50 万元以上不满 100 万元。例如，被告人受贿 80 万元或者行贿 80 万元，对于受贿罪，根据《解释》的上述规定，属于数额巨大，应当判处 3 年以上 10 年以下有期徒刑。而对于行贿罪，根据《解释》的上述规定，应当判处 5 年以下有期徒刑。在这两个法定刑之间，存在一定的重合。在这种情况下，就不会出现受贿和行贿数额相同，受贿罪判处的刑罚低于行贿罪的情形。通过这种数额配比，在一定程度上消弭了刑法对受贿罪和行贿罪的法定刑规定所具有的不均衡性。

依据《刑法》第390条的规定，对于犯行贿罪，情节特别严重的，或者使国家利益遭受特别重大损失的，处10年以上有期徒刑或者无期徒刑，并处罚金或者没收财产。在此，刑法没有涉及行贿数额的要素，但数额显然是行贿情节特别严重的构成要素之一。为此，《解释》作了以下规定，犯行贿罪，具有下列情节之一的，应当认定为行贿罪的“情节特别严重”：(1) 行贿数额在500万元以上的；(2) 行贿数额在250万元以上不满500万元，并具有本解释第7条第2款第1项至第5项规定的情形之一的；(3) 其他特别严重的情节。《解释》还规定，为谋取不正当利益，向国家工作人员行贿，造成经济损失数额在500万元以上的，应当认定为《刑法》第390条第1款规定的“使国家利益遭受特别重大损失”。

3. 其他犯罪数额的参照性规定

除对挪用公款罪和行贿罪的数额与情节作出具体规定以外，对于其他相关犯罪的数额，《解释》则规定参照执行。这些相关犯罪包括以下罪名。

(1) 利用影响力受贿罪，参照受贿罪的定罪量刑标准适用。

(2) 对有影响力的人行贿罪，参照行贿罪的定罪量刑标准适用。

(3) 非国家工作人员受贿罪的数额较大、数额巨大按照受贿罪数额标准的2倍、5倍执行。

(4) 职务侵占罪的数额较大、数额巨大按照贪污罪数额标准的2倍、5倍执行。

(5) 挪用资金罪的数额较大、数额巨大以及进行非法活动情形的数额起点，按照挪用公款罪数额较大、情节严重以及进行非法活动的数额标准的5倍执行。

(6) 对非国家工作人员行贿罪的数额较大、数额巨大的数额起点，按照行贿罪的数额标准的2倍执行。

三、《解释》的适用问题

(一)《解释》的溯及力

《解释》是否具有溯及力，这是一个司法解释的时间效力问题。《解释》第

20条明确规定："本解释自2016年4月18日起施行。"那么能不能说司法解释不存在溯及力问题呢？我认为，不能得出这个结论。2001年12月7日最高人民法院、最高人民检察院《关于适用刑事司法解释时间效力问题的规定》（以下简称《规定》）对这个问题作了规定，主要精神是：司法解释不具有独立于法律的溯及力，即司法解释效力及于法律施行期间。《规定》第2条指出："对于司法解释实施前发生的行为，行为时没有相关司法解释，司法解释施行后尚未处理或者正在处理的案件，依照司法解释的规定办理"。从这个意义上说，司法解释具有溯及力，即司法解释采从新原则。对于司法解释施行前的行为都是适用的，这与刑法不具有溯及既往的效力的从旧原则是不同的。但《规定》第3条指出："对于新的司法解释实施前发生的行为，行为时已有相关司法解释，依照行为时的司法解释办理，但适用新的司法解释对犯罪嫌疑人、被告人有利的，适用新的司法解释"。根据这一规定，司法解释又采取从轻原则。在旧的司法解释对被告人有利的情况下，应当适用旧的司法解释。由此可见，我国刑事司法解释在溯及力问题上采取的是从新兼从轻原则。依据以上规定，关于司法解释的溯及力问题，可以分为以下三种情形。

（1）对于在司法解释颁布之前，没有相关司法解释规定的，应当适用司法解释，由此肯定司法解释的溯及力。对此，并不存在疑问。

（2）行为时已有相关司法解释，此后又颁布了司法解释。在这种对于同一个问题存在新旧司法解释的情况下，应当采取从轻原则。即，旧的司法解释对被告人有利的，应当适用旧的司法解释；新的司法解释对被告人有利的，应当适用新的司法解释。对于这一原则本身也没有疑问，但如何确定对于同一个问题存在新旧司法解释，因而根据有利于被告人的原则适用新旧不同的司法解释，则是一个值得研究的问题。这里的同一个问题，当然包括对于犯罪数额的调整。犯罪数额的调整既包括从小到大的调整，又包括从大到小的调整。在从小到大调整的情况下，新的司法解释对被告人是有利的，因此应当适用新的司法解释。在从大到小的情况下，旧的司法解释是对被告人有利的，应当适用旧的司法解释。但如果旧的司法解释和新的司法解释对同一个概念进行的解释，使该概念所涵括的范围发生重大变化，进而影响罪与非罪或者此罪与彼罪的界限，对此，应当如何选择呢？我认为，对此同样应当适用有利于被告人的原则，而不是简单地适用新的司法解释。例如，在2010年11月26日最高人民法院、最高人民检察院《关于办理国家出资企业中职务犯罪案件具体应用法律若干问题的意见》（以下简称《意见》）颁布之前，在国有控股或者参股企业，即所谓国家出资企业中的管理人员，除了受国有企业委派的人员以外，其他管理人员均属于非国家工作人员。但依据《意见》第6条的规定，经国家出资企业中负有管理、监督国有资产职责的组织批准或者研究决定，代表其在国有控股、参股公司及其分支机构中从事组织、领导、监督、经营、管理工作的人员，应当认定为国家工作人员。这一规定较之先前的司法解释，扩大了国家工作人员的范围。因此，在《意见》颁布之前，这些非受委派而在国家出资企业从事管理工作的人员，利用职务上的便利，侵占本单位财物的，应当认定为职务侵占罪。但在《意见》颁布之后，这些虽非受委派，但符合《意见》第6条规定的管理人员，利用职务上的便利，侵占本单位财物的，就应当认定为贪污罪。对于这种情况，如果不认为属于新旧司法解释对相关问题都有规定的情形，就不能按照有利于被告人的原则解决司法解释的追溯力问题。我认为，对于这些情况，应当视为行为时已有相关司法解释的规定，因此应当采取从轻原则适用司法解释。

（3）对刑法的空白规定所作的司法解释，基于期待可能性的考虑，也应当采取不得溯及既往的原则。例如，我国《刑法》第225条关于非法经营罪的规定，该条第4款关于“其他严重扰乱市场秩序的非法经营行为”的规定，就属于刑法的空白规定。最高人民法院、最高人民检察院通过司法解释，将某些严重扰乱市场秩序的行为规定为非法经营罪。在这种情况下，司法解释实际上是将先前不是犯罪的行为规定为犯罪。因此，这种具有设置新罪性质的司法解释，即所谓的“造法性解释”[①]，也应当不具有溯及力。

---

① 根据解释内容的不同，可将刑法解释分为释法性解释和造法性解释。如果解释仅是明确刑法条文用语的含义，并不涉及规范的创设问题，则为释法性解释；如果解释不仅明确刑法条文用语的含义，而且还创设了一个新的规范，则属于造法性解释。参见叶良芳：《将信用卡套现入罪是司法“造法”》，载《法学》，2010（9）。

(4) 某些司法解释超越了法律规定界限，或者属于类推解释。这些司法解释规定本身对被告人是不利的，如果承认这些司法解释具有溯及力，就会导致不利于被告人的法律后果。例如，《解释》对于收受礼金行为，如果没有为他人谋取利益的意图，不符合受贿罪要件，不能认定为受贿罪。但《解释》将具有上下级关系或者行政管理关系的情况下收受礼金的行为拟制为具有为他人谋取利益的意图，由此规定构成受贿罪，这是扩大了受贿罪的界限。对于这一司法解释适用于《解释》施行前的行为，对被告人极为不利。当然，这些行为在《解释》施行之前，各地做法并不统一：有些地方司法机关认定为受贿罪，有些地方司法机关则认为不构成受贿罪。这就给确定司法解释的溯及力问题带来了难度。对此，最高人民法院、最高人民检察院作出了具体规定，予以统一规范。

以上关于司法解释的溯及力问题的修改的理解，对于确定《解释》的溯及力问题，具有重要意义。从《解释》的内容来看，贪污受贿罪的数额调整等内容，都是有利于被告人的，因此应当具有溯及力，适用于尚未审结的贪污受贿案件。但《解释》也包含一些扩张犯罪范围的规定，这些是否具有溯及力，尚需要认真对待。

(二)《解释》的追溯时效

《解释》实施以后，还会产生追溯时效问题。这主要是因为《解释》对贪污受贿罪的定罪量刑数额进行了较大幅度的调整，因此贪污受贿一定数额但应当判处的刑罚有所降低。在这种情况下，就导致原先没有超过追诉时效的案件，在《解释》施行以后，超过了追溯时效。例如，某国家工作人员被指控在 2006 年收受贿赂 5 万元，2014 年对其刑事立案，目前在二审期间。根据《解释》的规定，受贿 5 万元的，判处 3 年以下有期徒刑。根据《刑法》第 87 条的规定，法定最高刑为不满 5 年有期徒刑的，追诉时效为 5 年。因此，该案已经超过追诉时效，不能再继续追诉。

(三)《解释》与此前司法解释的关系

《解释》第 20 条规定："最高人民法院、最高人民检察院此前发布的司法解释与本解释不一致的，以本解释为准。"这一规定涉及《解释》与此前颁布的司法解释之间的关系问题。在《解释》颁布之前，最高人民法院、最高人民检察院联合或者分别对贪污受贿罪作出的一系列司法解释，对于各个时期贪污受贿罪的定罪量刑起到重要作用。这些司法解释中，较为重要的规范性文件包括：（1）2003 年 11 月 13 日最高人民法院《全国法院审理经济犯罪案件工作座谈会纪要》；（2）2007 年 7 月 8 日最高人民法院、最高人民检察院《关于办理受贿刑事案件适用法律若干问题的意见》；（3）2008 年 11 月 20 日最高人民法院、最高人民检察院《关于办理商业贿赂刑事案件适用法律若干问题的意见》；（4）2012 年 12 月 26 日最高人民法院、最高人民检察院《关于办理行贿刑事案件具体应用法律若干问题的解释》等。在《解释》颁布以后，这些司法解释是否都失效了呢？答案是否定的。因为《解释》只是对贪污受贿罪的部分内容做了重新规定，因此，只有此前发布的司法解释与本解释不一致的部分，根据新法优于旧法的原则，才被《解释》的内容所取代。其他《解释》并未涉足的内容，此前颁布的司法解释仍然具有效力。例如，2007 年 7 月 8 日最高人民法院、最高人民检察院《意见》对各种新型受贿犯罪的定罪量刑问题进行了具体规定，这些规定至今仍然应当执行。

（本文原载《浙江社会科学》，2016（8））

建立受贿罪罪名体系的构想

我国《刑法》第185条关于受贿罪的立法规定，虽然经过《关于严惩严重破坏经济的罪犯的决定》和《关于惩治贪污罪贿赂罪的补充规定》的修改和补充，仍不能适应司法实践的需要。显然，在关于受贿罪的现行立法框架内进行修补是无济于事的。在本文中，我们提出建立受贿罪罪名体系的构想，以期引起立法机关的重视，并推进对受贿罪的理论研究。

现行刑法中受贿罪的全部疑难问题，集中体现在对利用职务便利这一要件的理解与认定上。利用职务便利，作为我国刑法明确规定的受贿罪的必要要件之一，对其理解科学与否、认定正确与否，在很大程度上关系到受贿罪的罪与非罪、此罪与彼罪的界限是否能够准确地加以界定。但恰恰在这一关键问题上，诸说并在，在理论和实践上产生极大的混乱。产生这种现象的症结何在？我们认为，问题在于以往的研究只囿于现有的法律条文，力图将现实生活中出现的错综复杂的情况硬往过于简单的法条中塞，其结果是牵强附会，甚至曲解法律，不仅未能解决现实生活中出现的问题，反而混乱百出、莫衷一是。因此，我们应该重新站在刑事立法的高度来审视现行的立法与研究，借鉴外国立法例，以行政法关于行政职务的一般规定为根据，对受贿罪的利用职务便利进行科学分类，在此基础上，建立完整的受贿罪罪名体系。

对外国立法例的比较，是借鉴外国立法例的必要途径。许多国家对受贿行为规定得十分细密，创制了不少罪名。例如，日本刑法用6个条文分别规定了受贿罪、事前受贿罪、第三人受贿罪、枉法受贿罪、事后受贿罪和斡旋受贿罪等六种情况。西班牙刑法典用8个条文分别规定了一般受贿、放弃执行职务受贿、非法接受礼物等。这些国家的刑法普遍认为公务员具有“职务的不可收买性”和“身份的廉洁性的义务”，对于利用自己职务、地位和身份进行斡旋受贿的，规定为斡旋受贿罪，而且对于事前受贿、事后受贿都作了详细的规定，给予严惩。对照外国立法例，我国刑法学界对利用职务便利争论不休的许多问题，盖源于受贿罪立法的单一化。例如，利用职务便利按其本意应该理解为利用本人职务便利，这与利用他人职务便利是两个完全不同的概念，利用本人职务便利属于一般受贿，利用他人职务便利属于斡旋受贿。但由于我国刑法中没有斡旋受贿这一罪名，因而只能在利用职务便利这一概念中容纳利用他人职务便利的内容。又如离退休国家工作人员利用过去的职务便利收受贿赂，应属于事后受贿，由于我国刑法中没有这一罪名，因而司法解释规定以受贿罪论处，这与受贿罪的利用职务便利是指利用现在的职务便利的原意也是相违背的。

不仅外国立法例可资借鉴，而且我国行政法中关于行政职务的一般规定也可供我们参考。在我国行政法中，行政职务是国家职务的一种，是为了有效地实施国家和社会的管理而设置在各种行政组织中具有法定权利和义务的国家公职。行政公职有两种表述：当它用于行政组织时称职位，即指国家设置在行政组织中的位置；当它用于人员时称职务，即处于这种位置的人。因此，可以说职位和职务是对同一客体的两种不同角度的表述。职务一般分为两种：实际职务和荣誉职务。有实际地位的称为实际职务。荣誉职务主要是指一部分老干部由于年老体弱不能继续担任实际工作，安排其当顾问或某些荣誉性的职位。虽然受贿罪利用职务上便利的职务不限于行政职务，但通过研究行政职务可以基本上揭示一般职务的本质。

借鉴外国立法例并根据行政法中关于行政职务产生、变更和消灭的原理，根据利用职务的对象，可以分成利用本人职务便利和利用他人职务便利。从利用职务便利的时间来分，可以分成利用现在职务便利、利用过去职务便利和利用将来职务便利。据此，我们认为，受贿罪的罪名体系应包括：一般受贿罪、事前受贿罪、事后受贿罪、斡旋受贿罪。

上述受贿罪罪名体系的建立的意义在于：立法上，可以改变我国关于受贿罪的刑法条文过于简单、概括的现状，对受贿罪进行分类立法，有效地威慑罪犯，此其一。实践中，可以避免司法机关在处理受贿案件时有法难依的情况，有利于司法工作人员完整、系统地把握受贿罪的全部内容，根据不同情况分别进行处罚，此其二。理论上，可以防止牵强附会地解释法律，甚至曲解法律的现象，从而推动对受贿罪的理论研究，此其三。以下，分别对这四个罪名加以探讨。

（一）一般受贿罪

一般受贿罪是典型的受贿罪的模式，其本质在于利用本人现在的职务上的便利收受或者索取贿赂。就利用职务上便利而言，应当从以下两个方面加以把握。

1. 利用现在职务上的便利

利用现在职务上的便利之所谓“现在”，可以根据行政职务的产生、变更和消灭来界定，即发生在职务任职后到职务变更或者消灭以前期间。凡在这一期间利用职务上便利收受或者索取财物的，都是一般受贿罪。有些人在职期间利用职务上便利为他人谋利益，约定在离退休以后收受财物。在这种情况下，收受财物的行为虽然发生在离退休以后，但为他人谋取利益的行为却发生在任职期间，因此仍然属于利用现在职务上的便利。

2. 利用本人职务上的便利

利用本人职务上的便利包含两层含义：一是利用本人职权范围内的便利条件，二是利用与职务有关的便利条件。关于利用职权范围内的便利条件，在理解上一般不存在分歧。但如何理解利用与职务有关的便利条件，往往认识不一。我们认为，从职务上的联系性来看，利用与职务有关的便利条件，形式上似乎是利用了他人职务便利，实质上是利用本人职务为基础而产生的具有职务上的制约关系，以达到为他人谋利益而收受财物的目的。因此，所谓利用与职务有关的便利条件，是指利用自己的职务产生的能够制约他人利益的便利条件。在这种情况下，这种便利条件是由本人职务派生出来的，与本人职务具有内在的本质的必然的联系；由本人职务派生的与职务有关的便利条件能够制约、挟持被利用者。因此，利用与本人职务有关的便利条件的实质仍然是利用本人职务便利，而不是一般的利用工作便利，也不是利用他人职务便利。

在司法实践中大量发生的，是一般受贿罪。因此，加强对一般受贿罪的研究是十分必要的。在整个受贿罪的罪名体系中，一般受贿罪是基本罪名，是受贿罪的一般形态；而其他受贿罪是补充罪名，是受贿罪的特殊形态。

（二）事前受贿罪

事前受贿罪是指将任某项职务的国家工作人员，承诺请托人任职时为请托人谋取利益，而向请托人索取或者收受贿赂的行为。事前受贿罪的本质在于利用将来本人职务上的便利。事前受贿罪具有如下特征。

（1）事前受贿是受贿人与行贿人之间的一种约定，这种约定规定了行为人为请托人将来谋取利益，请托人给予一定的财物，正是这种约定促使他们之间达成权与利之间的某种“期货”交易。

（2）请托人利益的实现是行为人通过将来的职务便利来实现的，这种利益的实现将来能否真正实现在所不问，不影响本罪的成立。

（3）事前受贿与事后受贿、一般受贿的主要区别在于利用职务便利的时间不同。事前受贿是利用将来的职务便利，事后受贿是利用过去的职务便利，一般受贿是利用现在的职务便利。

虽然事前受贿有别于一般受贿，但它仍然具备受贿罪的本质特征。在事前受贿的情况下，虽然行为人在受贿时并未担任某项职务，但其受贿行为是凭借自己即将担任某项职务的身份实施的。正是因为行为人即将担任某项职务，具备了为他人谋取利益的资本，他才胆敢在任职之前收受他人财物。而且，从客观行为的联系性来看，虽然行为人索取或者收受贿赂的行为是在任职之前，而为他人谋取利益是约定在任职之后，从时间上来说似乎是互相脱节的，但事前受贿的行为人之所以在任职之前敢于收受他人财物，就是因为约定了任职以后为他人谋取利益，因而，事前受贿行为侵害了职务的廉洁性，应予刑罚处罚。

（三）事后受贿罪

事后受贿罪是指国家工作人员利用原职务造成的便利条件为请托人谋取利益而索取或者收受贿赂的行为。事后受贿罪的本质在于利用过去本人职务上的便利。事后受贿罪具有如下特征。

(1) 行为人具有期约或者彼此的协议，这种期约和协议规定了双方的责任，即行为人利用过去的职务为请托人谋取利益，行贿人给予财物。

(2) 行为人为请托人谋利益利用的不是现在的职务，而是已经离任的职务，这是与一般受贿罪的主要区别。

事后受贿罪既可以是在调任其他职务以后利用原职务为他人谋利益而收受财物，也可以是在离退休以后利用原职务为他人谋利益而收受财物。在以上两种情况下，由于行为人不是利用本人现在的职务上便利，因此，事后受贿与一般受贿有所不同。但行为人利用过去职务上的便利为他人谋取利益而收受财物，败坏了国家机关的信誉，侵害了职务的廉洁性，应予刑罚处罚。

（四）斡旋受贿罪

斡旋受贿罪是指国家工作人员利用本人身份，通过其他国家工作人员职务上的便利，为请托人谋利益，而向请托人索取或者收受贿赂的行为。斡旋受贿罪的本质在于利用他人职务上的便利。

斡旋受贿罪中的利用他人职务上的便利与一般受贿罪中的利用与职务有关的便利条件极为相似，因为二者在形式上都有利用他人职务便利的特征，在某些场合难以区分。我们认为，两者的区别主要在于以下几点。

(1) 利用与职务有关的便利条件具有本人职务产生的制约关系的特征。而利用他人职务上的便利是基于国家工作人员的身份，是一种非制约性的关系。

(2) 利用与职务有关的便利条件是以本人职务产生的制约关系，其归结点在本人职务上。而利用他人职务上的便利只要具有以国家工作人员的身份斡旋就可以了。

斡旋受贿罪虽然利用的不是本人现在的职务上便利，因而有别于一般受贿罪；但行为人利用本人的国家工作人员的身份，接受行贿人的请托，从中斡旋，利用其他国家工作人员的职务上的便利为他人谋利益，损害了国家机关的声誉，因此应受刑罚处罚。

（本文与王玉珏合著，原载《法学》，1991（6））

受贿罪构成新探

受贿罪，具有经济犯罪和职务犯罪的双重属性，在当前推行廉政、惩治腐败的呼声日益高涨的形势下，更是成为我国刑法的打击重点之一。为此，有必要立足于我国的刑事立法与刑事司法，站在一定的理论高度，对受贿罪进行重新审视，以便为惩治受贿罪提供理论依据。

一

受贿罪侵犯的客体是什么？这关系到对受贿罪性质的认识问题。我认为，有必要对此加以重新探讨。

我国刑法把受贿罪规定在渎职罪中，根据传统观点，受贿罪侵犯的客体是国家机关的正常活动。1982 年 3 月 8 日，全国人大常委会《关于严惩严重破坏经济的罪犯的决定》公布以后，由于该决定规定受贿罪比照《刑法》第 155 条贪污罪论处，并将受贿罪作为一种经济犯罪，因此，我国刑法学界对受贿罪的客体发生了分歧，主要有以下三种观点：第一种观点坚持认为受贿罪只侵害国家机关正常活动。[①] 第

① 参见高铭暄主编：《中国刑法学》，601 页，北京，中国人民大学出版社，1989。

二种观点则认为受贿罪不仅侵害国家机关正常活动，而且侵害了公私财产所有权。[①] 第三种观点认为，受贿罪不仅侵害了国家机关正常活动，而且主要是侵害国家经济管理正常活动。[②] 那么，对于上述观点应如何认识呢？

受贿罪的直接客体是国家机关的正常活动。这是传统观点。实际上，这种观点本身是大可责难的。国家机关的正常活动，应该是渎职罪的侵害客体。对于受贿罪来说是同类客体。对于这一点，大概是难以否定的。同类客体与直接客体相重合，这是完全可能的。那么，受贿罪的同类客体与直接客体难道也重合吗？回答是否定的。正如有些同志指出的，把国家机关的正常活动作为受贿罪的直接客体会面临一些难题：第一，对受贿人利用职务便利索取收受了贿赂，但并未利用职务便利为行贿人谋利益的行为，难于定受贿罪。第二，对不违反职务的受贿行为难于定受贿罪。第三，从受贿罪直接客体是国家机关的正常活动这一认识出发，就会提出应以受贿人为行贿人谋取了利益为受贿罪既遂。而这显然于理不通，在司法实践中也势必会发生宽纵犯罪的问题。上述表明，把受贿罪的直接客体归结为国家机关的正常活动，是不妥当的。[③] 我们认为，这种观点是完全有根据的，既然国家机关的正常活动作为受贿罪的直接客体不妥，那么应如何认识受贿罪的直接客体呢？为了正确认识这个问题，我们看一看外国刑事立法和刑法理论上的观点。在贿赂罪性质问题上，国外有两种不同的见解：一种认为是职务行为的不可收买性；另一种认为是职务行为的纯粹性和职务行为的不可侵犯性。一般认为，前一种看法起源于罗马法，后一种看法起源于日耳曼法，有些国家的立法例对这两种见解兼收并蓄。[④] 无论上述职务行为的不可收买性说还是职务行为的纯粹性和不可侵犯性说，都没有简单地把受贿罪与国家机关的正常活动联系在一起，而是不约而同地把受贿罪的性质与职务联系起来。由此给我们以这样的启发：揭示受贿罪的性质须从职务入手。在这个意义上，我们同意受贿罪的直接客

① 参见刘白笔、刘用生：《经济刑法学》，504 页，北京，群众出版社，1989。

② 参见张穹主编：《中国经济犯罪罪刑论》，485 页，北京，大地出版社，1989。

③ 参见郝力挥、刘杰：《对受贿罪客体的再认识》，载《法学研究》，1987 (6)。

④ 参见甘雨沛、何鹏：《外国刑法学》，下册，808 页，北京，北京大学出版社，1985。

体应是国家工作人员职务行为的廉洁性的观点。

我们再来辨析受贿罪的客体是公私财产所有权的观点。这种观点显然是把受贿罪视为一种财产犯罪。对此，我们认为不正确。因为在构成受贿罪的情况下，行为人的行为并没有侵犯公私财产的所有权。在收受贿赂的情况下，受贿人没有侵犯行贿人财物的所有权，这一点不难理解。因为行贿人是心甘情愿地将自己所有的财产奉送给他人，用来收买他人利用职务为自己谋取非法利益。那么，在索取贿赂的情况下，是否侵犯了被索取贿赂人的财产所有权呢？我国刑法学界有人认为，索贿是索贿人以为人谋利益为要挟，非法敲诈勒索他人财物，这样便侵犯了其财产所有权。所以最高人民法院在有关文件中规定："行贿人因被敲诈勒索而给予国家工作人员财物的，不以行贿论"①。我们认为，这种观点是不妥的。索贿与国家工作人员利用职务上的便利敲诈勒索是两个不同的概念。对此，高铭暄教授指出："如果是国家工作人员以满足某人的某种合法要求为诱饵，通过威胁要挟手段向他敲诈勒索财物，也即俗称'敲竹杠'，则被敲诈勒索者乃是受害的一方，既不能把他当做行贿人，也不能把被迫给予的财物当做贿赂，这时就不会发生没收问题，而应当把财物追还给被害人，对于实施敲诈勒索行为的该国家工作人员，也不是依照本条的收受贿赂罪追究刑事责任，而应当依照刑法第154条的敲诈勒索罪追究刑事责任"②。在外国刑法中，不用索贿一词而是用"要求"一词（参见日本刑法第197条、德国刑法第331条、瑞士刑法第315条）。这里的要求，是指请求提供贿赂，具有向对方要求提供贿赂的意思表示。③ 由此可见，我国刑法中的索贿相当于外国刑法中的要求贿赂，但它并不包括敲诈勒索的意思在内。在外国刑法中，公务员在有关职务上采取恐吓的方法让对方交付财物，一般认为是恐吓罪与受贿罪的想象上的竞合。④ 我国刑法中没有恐吓罪，只

① 熊选国：《关于受贿罪的问题》，载赵登举主编：《打击经济犯罪指导手册》，404页，长春，东北师范大学出版社，1987。

② 高铭暄：《中华人民共和国刑法的孕育与诞生》，251页，北京，法律出版社，1981。

③ 参见甘雨沛、何鹏：《外国刑法学》，下册，805页，北京，北京大学出版社，1985。

④ 参见甘雨沛、何鹏：《外国刑法学》，下册，805页，北京，北京大学出版社，1985。

有敲诈勒索罪，索贿与敲诈勒索的关系就如同抢夺与抢劫的关系，应以敲诈勒索罪论处。当然，考虑到我国《刑法》第154条敲诈勒索罪的法定刑比较低，我们建议在规定敲诈勒索罪的第154条中增加一款，把国家工作人员利用职务上的便利敲诈勒索公私财物的，规定为敲诈勒索罪的加重构成，并适当提高其法定刑。当然，在侵犯财产罪中单独规定国家工作人员敲诈勒索罪也不失为一个选择方案。总之，在敲诈勒索的情况下，无疑是侵犯了他人的财产所有权，但这已经不属于受贿罪的范畴。索贿的实际含义是要求对方提供贿赂，如果他人满足了索贿人的要求，那么仍然是一种行贿行为。有关司法解释和法律规定，例如《关于惩治贪污罪贿赂罪的补充规定》（以下简称《补充规定》）第7条第3款规定："因被勒索给予国家工作人员、集体经济组织工作人员或者其他从事公务的人员以财物，没有获得不正当利益的，不是行贿。"我们认为，这实际上是把索贿之索规定为勒索之索，因而不妥。为了避免这种情况，我们建议将来修改刑法时对这一条款予以改正，并摈弃索贿这个概念，而使用要求一词，表述为收受或者要求贿赂。总之，受贿罪不可能侵犯公私财产的所有权，因而公私财产所有权不能成为受贿罪的直接客体。

那么，受贿罪是否侵害了国家经济管理的正常活动呢？这实际上是一个受贿罪是否具有经济犯罪的属性的问题。对于这个问题，我国刑法学界存在否定与肯定两说。否定说认为，根据我国刑法的规定和贿赂犯罪的实际情况，贿赂罪只是一种破坏国家机关正常活动的犯罪，而不是经济犯罪，也不是既破坏国家机关正常活动又破坏经济的犯罪。肯定说认为，受贿罪的社会危害性，更主要、更直接地表现在它对社会主义经济的发展的侵害上。我们认为，根本否定受贿罪是经济犯罪，这当然是不足取的。因为受贿罪，主要是指发生在经济交往过程中的受贿罪，无疑具有经济犯罪的性质。正是在这个意义上，《补充规定》对经济交往中的受贿罪作了明文规定，这实际上相当于经济受贿罪。我们主张在将来修改刑法时，从受贿罪中剥离出经济受贿罪，使之独立成罪。在这种情况下，一般受贿罪的直接客体只能是职务的廉洁性；而经济受贿罪的直接客体则是双重的：一方面侵犯了职务行为的廉洁性，另一方面侵犯了国家经济管理的正常活动，但在当前的刑事立法中，还不能简单地认为受贿罪具有双重客体，因为在双重客体的情况下，行为一经实施，两种客体必然同时受到侵害，而在受贿罪中，只有经济交往中的受贿罪才侵犯双重客体，在其他受贿罪中则不存在双重客体。

综上所述，我们认为受贿罪侵犯的直接客体是职务行为的廉洁性，这是受贿罪的最本质的特征。

二

利用职务之便，是受贿罪的一个重要的构成要件。但对于这一构成要件的内涵，在理解上存在分歧。因此，在认定受贿罪的时候，正确地理解利用职务之便是十分重要的。

为了准确地理解利用职务上的便利，我们先看看司法解释的有关规定，1989年11月6日“两高”《关于执行〈关于惩治贪污罪贿赂罪的补充规定〉若干问题的解答》（以下简称《解答》）指出：“受贿罪中‘利用职务上的便利’，是指利用职权或者与职务有关的便利条件。‘职权’是指本人职务范围内的权力。‘与职务有关’，是指虽然不是直接利用职权，但利用了本人的职权或地位形成的便利条件。国家工作人员不是直接利用本人职权，而是利用本人职权或地位形成的便利条件，通过其他国家工作人员职务上的行为，为请托人谋取利益，而本人从中向请托人索取或者非法收受财物的，应以受贿论处。”根据这一司法解释，以下三种情况均属于利用职务上的便利。

（一）利用职权的便利条件

职权是指国家机关及其公职人员依法作出一定行为的资格，是权利特殊的表现形式。[①] 一定的职权是法律赋予的，因而必须依法履行职责。如果利用这种权力为他人谋取利益而受收财物，是典型的以权谋私，是为法律所不允许的。因此，利用职权是名副其实的利用职务上的便利。在司法实践中，大量受贿罪是利

① 参见《法学词典》（增订版），832页，上海，上海辞书出版社，1984。

用职权的便利条件构成的。例如，主管基建的国家工作人员利用主管基建的条件谋取私利，掌握物资的国家工作人员利用物资批准权谋取私利，公安局掌管户口的国家工作人员利用户口审批权谋取私利等，都属于利用职权的便利条件。由于国家工作人员的职权是依法确定的，因此利用职权的便利条件一般在认定中不会发生疑问。

（二）利用与职务有关的便利条件

与职务有关并非职务范围之内的，因此与前述利用职权有所区别。它虽然不是职务范围之内，却也绝非与职务毫无关系，而是与职务有关，是利用了本人的职权或地位形成的便利条件。应当指出，利用与职务有关的便利条件并不像利用职权那样明确因而容易认定，因此更需要加以严格的界定。我们认为，利用与职务有关的便利条件，一般只能发生在职务上存在制约关系的场合，这种制约关系可以表现为两种情况：一是从纵的方面看，存在职务上的上下级领导和被领导关系，也就是职务上的从属关系。例如县长批条子让县物资局长平价拨给他人钢材十吨，然后收取他人财物。在这种情况下，县长并不直接掌握物资，因而不是利用职权上的便利。但县长作为一县之长，是县里的行政最高长官，于是这种职权或地位形成的便利，使其能够为他人谋取利益而收受财物，从而构成受贿罪。二是从横的方面看，有关工作人员在执行职务过程中存在着制约关系。例如，供电局电管科长向某重点中学校长批条子，要求接纳一个考分不够的学生，因学校用电有求于电管科长，只能同意接纳。为此，电管科长向该学生家长收取财物。在这种情况下，电管科长并不主管招生，因此不是利用职权上的便利。但他因管电大权在握，学校慑于其权势，只能接纳考分不够的学生。如果他没有管电权，就不可能达到让考分不够的学生上重点中学的目的，因而构成受贿罪。我们认为，对于与职务有关的便利条件的认定，必须立足于职务上的制约性。没有这种制约性，就不存在利用职务上的便利问题。

（三）利用第三者的职务上的便利

关于利用第三者的职务上的便利能否构成受贿罪，在我国刑法界存在三种观点：一是否定说，认为利用职务上的便利仅指利用行为人自己的职务之便，不包括利用第三人职务之便。[①] 二是肯定说，认为国家工作人员要求其他国家工作人员为请托者谋取非法利益，并非法收取请托者的财物的，也是利用职务上的便利。[②] 三是折中说，认为对利用第三者职务之便要作具体分析，不能认为都属于利用职务上的便利，也不能认为都不属于利用职务上的便利。受贿人利用第三者的职务之便受贿，如果认定为利用职务上的便利，必须具备两个条件：其一，利用第三者的职务之便，必须是以自己的职务为基础的，或者利用了与本人职务活动有紧密关系的身份便利。其二，行贿人通过行贿所得到的利益，无论是非法利益，还是合法利益，都是由于受贿人利用其职务从中斡旋的结果。在以上三种观点中，第一种观点对利用职务上的便利限定较严，第二种观点对利用职务上的便利解释较宽，第三种观点则宽严适中，较为确切。实际上，所谓利用第三者的职务上的便利，存在以下三种情况：一是亲属关系；二是私人关系；三是职务关系。在前两种关系的情况下，利用的主要是血缘与感情的联系，与本人职务毫无关系。在第三种情况下，则与本人职务具有一定的关联。1989 年 11 月 6 日“两高”的《解答》实际上是认可了上述折中说，指出国家工作人员不是直接利用本人职权，而是利用本人职权或地位的便利条件，通过其他国家工作人员职务上的行为，为请托人谋取利益，而本人从中向请托人索取或者非法收受财物的，应以受贿论处。《解答》还明确规定：对于单纯利用亲友关系，为请托人办事，从中收受财物的，不应以受贿论处。

以上，我们对“两高”之司法解释规定的利用职务上的便利的三种情况作了说明。应该指出，在利用职务上的便利的上述三种情况中，第一种和第二种情况属于利用职务上的便利，这是没有疑问的。第三种情况是否属于利用职务上的便利却值得探讨。我国刑法学界有人认为，上述第三种情况与《日本刑法》中的斡旋受贿罪相似。[③] 日本刑法第 197 条之四（斡旋受贿罪）规定：“公务员受请托而

---

① 参见朱孝清：《关于受贿罪认定中的三个问题》，载《人民检察》，1988（4）。

② 参见邢斐：《试论受贿罪利用职务上的便利》，载《法学研究》，1988（3）。

③ 参见张穹：《论“利用职务上的便利”的法律含义》，载《法制日报》，1988-08-02。

将斡旋或斡旋他公务员为违背职务之行为或不为相当之行为，收受、要求或期约贿赂，以为报酬者，处三年以下徒刑。”从这一规定的内容来看，与我国的利用第三者职务上的便利确实是相似的，但这也正好说明利用第三者的职务上的便利不属于利用职务上的便利。因为在日本刑法中，斡旋受贿罪是一个独立罪名，与一般受贿罪是不同的，日本刑法第197条（受贿）规定：“公务员或仲裁人，就其职务收受、要求或期约贿赂者，处三年以下惩役”。由此可见，日本刑法中的一般受贿罪，是以“就其职务”即利用职务上的便利为条件的，并且从字面上明确是利用本人职务。而斡旋受贿罪则是利用第三者职务上的便利为他人谋取利益，这与职务上的便利的本来含义是大相径庭的。总之，我们认为，利用第三者的职务上的便利收受财物的行为具有一定的社会危害性，予以刑罚处罚是必要的；但它与利用本人职务上的便利收受财物的行为还是有原则区别的。宜在立法上加以明确规定，通过司法解释将其纳入受贿罪的范围，是牵强附会的，对此应当引起立法机关的重视。当然，司法解释具有法律效力，当前还是应当执行。

三

依据《补充规定》，“利用职务上的便利，索取他人财物的，或者非法收受他人财物为他人谋取利益的，是受贿罪”。这里，法律明确规定了受贿罪的两种客观表现形式：索取贿赂与收受贿赂。对此没有疑问。但如何理解“为他人谋取利益”这一要件，却值得进一步探讨。

（一）为他人谋取利益是受贿罪的客观条件还是主观条件的问题

现行刑法教科书通常将为他人谋取利益列入客观要件，认为受贿罪在客观方面表现为，行为人利用职务上的便利，索取他人财物或者非法收受他人财物为他人谋取利益的行为。所谓为他人谋取利益是指受贿人为行贿人谋取某种非法利益或合法的利益，这是行贿人与受贿人之间的一个交换条件。[①] 如果把为他人谋取

① 参见高铭暄主编：《中国刑法学》，604、694页，北京，中国人民大学出版社，1989。

利益视为受贿罪的客观表现，那么，受贿罪就具有双重行为：一是非法收受贿赂；二是为他人谋取利益。因此，受贿罪的既遂就应当同时具备这两种行为，因为只有这样才能认为是齐备了受贿罪的构成，因而满足了既遂的要求。但一般刑法教科书又同时认为，受贿罪应以收受财物为既遂，未收受财物为未遂，而不问是否实行了为他人谋取利益的行为。显然，这与刑法理论是不相吻合的。实际上，刑法教科书在具体论述时也指出：行贿人送礼物给受贿人的条件是要求受贿人为他谋取某种利益；反之，受贿人是以答应为行贿人谋取某种利益为接受财物的条件。[①] 由此可见，为他人谋取利益，只是行贿人与受贿人之间货币与权力互相交换达成的一种默契。就行贿人来说，是对受贿人的一种要求；就受贿人来说，是对行贿人的一种许诺或曰答应。因此，为他人谋取利益只是受贿人的一种心理状态，属于主观要件的范畴，而不像通行观点所说的那样是受贿罪的客观要件。当然，从《补充规定》的字面来看，确实给人以为他人谋取利益属于客观要件的印象。为此，我们主张修改刑法时，将为他人谋取利益明确规定为受贿人的主观要件，以免发生理解上的歧义。

（二）索贿是否要求以为他人谋取利益为条件的问题

1985 年 7 月 18 日“两高”《关于当前办理经济犯罪案件中具体应用法律的若干问题的解答（试行）》规定：“受贿罪是指国家工作人员利用职务上的便利，为他人谋取利益，而索取或者非法收受他人财物的行为”。据此，不仅收受贿赂以为他人谋取利益作为主观要件，而且索取贿赂也以为他人谋取利益作为主观要件。但 1988 年《补充规定》表述为：“索取他人财物的，或者非法收受他人财物为他人牟取利益的，是受贿罪。”对此，1989 年 11 月 6 日“两高”《解答》明确指出：“1. 索取他人财物的，不论是否‘为他人谋取利益’，均可构成受贿罪。2. 非法收受他人财物，同时具备‘为他人谋取利益’的，才能构成受贿罪。”应该说，这一司法解释是符合立法原意的。问题在于：这一立法原意是否正确？立法者之所以对索取贿赂与收受贿赂是否要求为他人谋取利益作出不同规定，主要

① 参见高铭暄主编：《中国刑法学》，604、694 页，北京，中国人民大学出版社，1989。

是表明立法者对索贿从严、受贿从宽的态度，这本来是无可非议的。但值得考虑的是：索贿不以为他人谋取利益为主观要件，它是否还属于受贿罪的范畴？因为索贿与受贿都是受贿罪的客观表现形式，就其本质而言，都是利用职务上的便利为本人谋取私利。但它又不同于一般的渎职罪，其特点在于货币与权力的交易。正是在这个意义上，才把收受的财物称为贿赂，把交付这种财物的行为规定为行贿罪，一并惩处。如果索贿人主观上根本没有为他人谋取利益的心理，而是凭借职务上的便利，勒索他人财物，那就超出了受贿罪的性质，属于敲诈勒索罪的问题。在这种情况下，被勒索的财物不是贿赂，被勒索的人也根本不构成行贿罪。对此。我们已经在本文第一部分加以论述，在此不赘述。因此，我们认为无论是索贿还是受贿，都应以为他人谋取利益为主观要件。

（三）为他人谋取利益付诸实施的问题

为他人谋取利益虽然是受贿罪的主观要件，法律并不要求实际地实施为他人谋取利益的行为，但在贿赂犯罪的过程中，受贿人却可能将为他人谋取利益付诸实施。在这种情况下，对于受贿罪的构成没有影响，对其量刑却具有一定的意义，因而应当加以注意。而且，如果为他人谋取利益的行为构成犯罪的，依照有关司法解释，应当实行数罪并罚。

四

我国《刑法》第185条规定受贿罪的主体只能是国家工作人员，《补充规定》对此作了补充，主要是以下两点：一是受贿罪的主体除国家工作人员以外，还包括集体经济组织工作人员和其他从事公务的人员；二是受贿罪的主体除自然人以外，还包括全民所有制企业事业单位、机关、团体。《补充规定》完善了关于受贿罪主体的规定，但在刑法理论上，仍有以下问题值得探讨。

（一）受国家机关、企业事业单位委托从事公务的人员能否成为受贿罪的主体的问题

关于这个问题，《补充规定》没有明文规定。因此，我国刑法学界存在肯定

与否定两种观点。肯定说认为，受委托从事公务的人员虽无正式职务，但他们在受委托从事某项公务时，就具有了该项公务的职权，因此，可以成为受贿罪的主体。[①] 否定说认为，受委托从事的职责范围具有很大的随意性和不确定性，受委托从事公务的人员不宜作为受贿罪的主体。[②] 1989 年 11 月 6 日"两高"《解答》规定，受委托从事公务的人员涵括在其他从事公务的人员之内，可以成为受贿罪的主体。我们认为，这一解释是完全正确的。因为受贿罪主体的本质特征在于从事公务，而受委托从事公务的人员具备这一本质特征。受委托从事公务的人员不同于国家工作人员、集体经济组织工作人员的地方，主要在于其职务的取得方式不同，即国家工作人员、集体经济组织工作人员是根据一定的法定程序，通过选举、任命等方式取得职务，而受委托从事公务的人员则是根据委托关系取得职务的。但就从事公务这一点，国家工作人员、集体经济组织工作人员和受委托从事公务的人员是完全相同的。而且，一旦受委托取得了一定的职务，哪怕是临时的职务，在其职务范围内享有权利和承担义务无异于国家工作人员、集体经济组织工作人员。国家工作人员、集体经济组织工作人员不许利用职权收受贿赂，当然受委托从事公务的人员也不许利用职权收受贿赂。所以，将受委托从事公务的人员纳入受贿罪的主体是完全应当的。当然，委托本身存在合法委托与非法委托、有效委托与无效委托之分。只有在合法委托与有效委托的情况下，受委托从事公务的人员才能成为受贿罪的主体；在非法委托与无效委托的情况下，受委托从事公务的人员不能成为受贿罪的主体。对此必须加以注意。

（二）关于离、退休的国家工作人员能否成为受贿罪的主体

关于这个问题，在法律上没有规定。1989 年 9 月 8 日监察部《国家行政机关工作人员贪污贿赂行政处分暂行规定实施细则》第 3 条规定，利用本人现任或曾任职务地位形成的便利条件收受财物的，也是受贿行为。如果说，这只是一种行政解释，对司法机关没有法律约束力，那么 1989 年"两高"《解答》首次以司法

---

① 参见林准主编：《中国刑法教程》，637 页，北京，人民法院出版社，1989。

② 参见林建华、包如星：《回扣法律问题探讨》，载《法学》，1988（10）。

解释的形式明确规定离、退休国家工作人员可以成为受贿罪的主体："已离、退休的国家工作人员，利用本人原有职权或地位形成的便利条件，通过在职的国家工作人员职务上的行为，为请托人谋取利益，而本人从中向请托人索取或者非法收受财物的，以受贿论处"。我们认为，司法解释对于在司法工作中统一政策，无疑将起到重要作用，而且这样处理离、退休工作人员的问题，对于教育干部保持晚节，铲除社会上的腐败现象，也具有重要意义。但是，这一司法解释本身是否科学，仍然值得研究。我们认为，作为受贿罪主体的国家工作人员，应当是在职的；而离、退休的国家工作人员已经退离其原来的职位，所以不能成为受贿罪的主体。持这一观点的理由是：法律规定受贿罪的主体只能是国家工作人员的意义就在于，国家工作人员的身份总是和一定的职务相联系的，因此利用其职务上的便利为他人谋取利益而非法收受贿赂就成为可能，这就会使国家工作人员的职务受到亵渎，所以受贿罪是严重的职务犯罪之一。而离、退休的国家工作人员既然已经脱离了原来的职位，利用职务上的便利为他人谋取利益而非法收受贿赂就成为不可能，因而无职可渎，岂能以渎职罪论处？显然，那种认为离、退休国家工作人员可以成为受贿罪的主体的观点是不能成立的。当然，我们否认离、退休的国家工作人员可以成为受贿罪的主体，并不意味着可以对这种现象放任不管。如果离、退休的国家工作人员利用原来的职权以及影响，为他人谋取利益而收受了大量的财物，其行为按照有关行政规范是违法的，或是为党纪所不容许的，可以对其采取行政处分或者党纪处理，但这和受贿是不同性质的两种行为，不可混为一谈。有些国家工作人员犯受贿罪，在离、退休以后才被发现，只要没有超过追诉时效，当然可以而且应当追究其受贿罪的刑事责任。但在这种情况下，作为受贿罪主体的仍然是国家工作人员，而不是离、退休的国家工作人员，这一点是必须明确的。有些国家工作人员在离、退休以前利用职务上的便利为他人谋取利益，约定在其离、退休以后收受贿赂，仍然应以受贿罪论处。因为受贿罪的社会危害性要体现在对国家机关正常活动的侵犯，而该国家工作人员在离、退休以前利用职务上的便利为他人谋取了利益，已经对国家机关正常活动造成危害，所以，离、退休以后再收受贿赂不影响犯罪的成立。在这种情况下，受贿罪主体仍然是国家工作人员，而不是离、退休的国家工作人员。外国刑法称这种情况为事后受贿。例如日本刑法第197条之三规定，“因曾为公务员或仲裁人之人，就其在职中受请托所为违背职务之行为或未为相当之行为，而收受、要求或期约贿赂者，处三年以下惩役”。在司法实践中还有一种情况，就是某些国家工作人员在离、退休以前利用职务上的便利为他人谋取利益而非法收受贿赂，离、退休以后又通过关系为他人谋取利益而收受财物。对此，应该分别论处：离、退休以前的行为构成受贿罪，应依法被追究其刑事责任；而离、退休以后的行为则属于行政违法或违反党纪的行为，应受到行政处分或党纪处理。在处理的时候，不可将离、退休前后的两种行为的性质混为一谈，否则，势必混淆罪与非罪的界限，扩大打击面。最后应当指出，如果在现实生活中离、退休国家工作人员利用原任职务为他人谋取利益收受财物的现象严重，立法者认为有必要加以刑事制裁，应当由立法机关通过立法加以明确，以便和一般受贿罪加以区别，而不宜采取司法机关对现行法律关于受贿罪主体的规定进行扩张解释的方法。

五

《补充规定》第4条第2款规定：“国家工作人员、集体经济组织工作人员或者其他从事公务的人员，在经济往来中，违反国家规定收受各种名义的回扣、手续费，归个人所有的，以受贿论处。”我们在本文中已经指出，这是经济受贿，并建议将来单独设立经济受贿罪。但根据现行刑法的规定，经济受贿只是受贿罪的一种特殊情况，罪名仍然是受贿罪。非法收受回扣、手续费在当前社会经济活动中大量发生，特别在某些乡镇企业发达的地区，更为普遍。但是，司法实践处理这些案件有相当复杂性。我们认为，对经济受贿行为追究刑事责任，应当注意以下问题。

（一）正确界定回扣、手续费

什么是回扣？我国刑法学界有人指出：回扣是指在商品交易中，卖方在收取的货款中扣出一部分回送给买方或其委托代理人（指经办人）的钱财。回扣具有以下特征：其一，回扣发生在商品流通过程中的买卖双方之间。其二，回扣在形式上由卖方支付，用以酬谢买方或者其委托代理人，而不是付给处于中介人地位的其他人。其三，回扣是买方支付的货款中的一部分的返回。其四，实质是对销售利润的再分配。我们认为，这一定义基本上反映了回扣的本质特征。回扣作为商品经济的产物，是经营竞争的手段之一，它对于促进商品经济的发展具有一定的积极意义。但在我国当前实行双轨制，多种经济成分并存，商品经济的竞争机制尚不健全的情况下，回扣利小弊大，应予禁止。早在 1981 年 7 月 15 日，国务院就发出了《关于制止商品流通中不正之风的通知》，该通知明文规定，“一切社会主义的企事业单位、经济单位之间的购销活动，一律禁止提取‘回扣’，过去实际上存在提取‘回扣’的做法，要立即废除。关于我国在国际贸易活动中的‘回扣’问题，另行规定……购销人员只能在本单位领取奖金，不得从外单位获取任何费用和私利”。1986 年 6 月 5 日国务院办公厅在《关于严禁在社会经济活动中牟取非法利益的通知》中指出：当前，在社会经济活动中，以“回扣”等名目非法收受“酬金”，违反财经法律，牟取非法利益的现象相当严重。这些行为不仅危害社会主义经济秩序，干扰经济体制改革，而且腐蚀干部、职工思想，败坏社会主义风气，必须严加禁止。该通知还规定：“任何单位、个人，在国际贸易等活动中根据国际惯例收取的回扣，必须按照财经制度全部列入单位收入，不准归个人所有。”及至 1988 年 1 月 21 日，全国人大常委会《关于惩治贪污罪贿赂罪的补充规定》明确规定，国家工作人员、集体经济组织工作人员或者其他从事公务的人员，在经济往来中，违反国家规定收受各种名义的回扣归个人所有的，以受贿罪论处。1988 年 7 月 18 日，财政部有关负责人提出了处理我国回扣问题的政策界限和具体办法：对商品物资交易，如需给买方优惠，可尽量用价格折扣办法处理，如要采用回扣办法，只能在单位之间通过合理或协议公开进行，严禁回扣在暗中进行。交易双方支付或收受回扣的款项都必须如数入账。任何单位都不得以任何名义或方法给个人回扣；任何人不得以任何名义或方式索取或收受回扣，否则，按行贿受贿从严惩处。各单位不得从收到的回扣中给有关人员提成奖励，对业务人员工作成绩突出，需要奖励的，应按现行的职工奖励办法办理。这些规定划清了有关政策、法律界限，应该照此办理。

什么是手续费？我国刑法学界有人指出：所谓手续费，是指单位或个人为了推销产品、购买原料、联系承包业务或者进行其他经济活动，给予对方单位或对方推销人员、采购人员、业务人员等作为“酬劳”的财物。一般将其称为“好处费”“辛苦费”“介绍费”“酬劳费”“活动费”“信息费”“奖励”等等。[①] 违反国家有关政策、法律的规定，索取或者收受手续费，从来就是被明令禁止的。例如1986年6月5日国务院办公厅在《关于严禁在社会经济活动中牟取非法利益的通知》中指出：“企事业单位在经营活动中，根据国家规定收取的手续费，必须按照财经制度全部列入单位收入，除国家另有规定的外，不得分给个人。”所以，国家工作人员或者受委托从事国家经济管理活动的人员，在经济往来中，违反国家规定收受各种名义的手续费归个人所有的，应以受贿罪论处。

在界定受贿罪的犯罪对象的时候，我们还必须将佣金剔除出去。应该指出，佣金和回扣是有根本区别的，两者不可混为一谈。在经济学中，居间人为提供订约机会或充当订约介绍人所得的报酬，通称为佣金。根据我国现行有关法律的规定，佣金具有以下法律特征：第一，佣金是居间人获得的劳务报酬。佣金是居间人通过自己的劳动服务所取得的合理报酬，它体现居间人一定劳务活动的价值。第二，佣金是居间人为委托人提供订约机会或者充当订约介绍人所获的报酬。居间人不代表订约的任何一方当事人，而是独立的法律主体，对自己提供订约机会和充当订约介绍人的行为负法律责任，佣金由订约的一方当事人或者两方当事人给付。第三，佣金是委托人依照居间合同向居间人支付的劳务报酬。居间合同是委托人与居间人就有关权利义务所达成的协议。它既是居间人履行一定劳务的依据，也是居间人取得佣金的依据。第四，佣金的获取，必须以合法有效的居间合同为前提。第五，佣金的数额是委托人与居间人依法在居间合同中订立的，是当事人协商一致的结果，应符合平等自愿、等价有偿的法律原则。第六，佣金的给

① 参见邢思：《〈关于惩治走私罪的补充规定〉〈关于惩治贪污罪贿赂罪的补充规定〉释义》，58页，北京，中国政法大学出版社，1988。

付，必须以居间合同的实际履行为前提。[①] 根据上述佣金的法律特征，我们认为，佣金与回扣具有以下区别：其一，从本质上看，佣金是劳务报酬，其资金来源是买卖双方或者一方，正当的销与购的经营开支。而回扣是由卖方强加给买方的不合理负担，其资金来源是买方高额付出的价款，最终转嫁到消费者身上，使物价人为地被抬高。其二，佣金的产生基于合法的居间合同关系，不仅有法律根据，也反映了商品交换的等价有偿原则。而回扣代表与卖方合伙进行的坑害买方的非法活动，不仅没有法律依据，而且破坏了正常的商品交换关系。其三，佣金的居间人通过提供订约机会或充当订约介绍人获得报酬，是合法的。居间人是独立的法律关系主体，从事法定的居间活动，取得法定的报酬。而回扣是由于坑害买方而获得的非法收入。其四，佣金的客观效果是加速了商品的流转，维护了正常的交易活动，为买卖的成交提供了广泛的机遇和市场。回扣的客观效果是阻碍了商品的正常流转，人为地哄抬了物价，破坏了正常的交易活动。根据以上分析，我们认为，基于居间合同取得佣金，不能被视为非法。由此，佣金不应被归入受贿罪的犯罪对象。

（二）正确理解经济交往

经济受贿发生在经济活动中，这是它和普通受贿的根本区别之一。这里的经济活动既包括国家经济管理活动，又包括国家工作人员参与的直接经济交往活动。前者如国务院 1988 年 6 月 25 日公布、1988 年 7 月 1 日施行的《中华人民共和国私营企业暂行条例》第 46 条规定的管理机关的工作人员违反本条例规定，滥用职权、徇私舞弊、收受贿赂触犯刑律的，依法追究刑事责任。这里所说的管理机关的工作人员收受贿赂，就是指国家工作人员在经济管理活动中的经济受贿行为。后者如 1985 年 7 月 18 日最高人民法院、最高人民检察院《关于当前办理经济犯罪案件中具体应用法律的若干问题的解答（试行）》中提出的：当前，在经济活动中，国家工作人员利用职权或者工作便利，为他人谋取利益，以“酬谢费”等名义索取、收受财物的；利用职务上的便利，与他人勾结，以次充好、以

① 参见刘兴义：《佣金与回扣的法律辨析》，载《法学杂志》，1989（4）。

假冒真、以少报多、以多报少、抬高或降低物资价格、提高工程造价、降低工程质量等手段为他人谋取利益，使国家或集体受到损失，而以“酬谢费”等名义索取或者收受财物的，均应认定为受贿罪。

（三）正确认定违反国家规定

经济受贿必须是违反国家规定收受回扣、手续费。这里所谓违反国家规定，是指人收受的财物，不是按规定其所应得的合理的报酬或奖励，如果是个人应得的报酬或奖励，就不存在违反国家规定的问题，因而不构成受贿罪。关于这一点，1985 年最高人民法院、最高人民检察院《关于当前办理经济犯罪案件中具体应用法律的若干问题的解答（试行）》明确指出：如经本单位领导批准，为外单位提供业务服务，按规定得到合理奖励的；为本单位推销产品，承揽业务作出成绩按规定取得合理报酬的；经国家有关主管部门批准，成立专门机构，从事提供信息、介绍业务、咨询服务等工作按规定提取手续费的，都属于正当的劳动报酬，不属于受贿。例如在科技部门，改革开放以来，不少科技人员业余从事科技服务、技术咨询等活动，收取一定报酬的，应依法予以保护，不能按受贿处理。此外，某些地方成立了商品交易所、货栈之类的机构，其中有专门从事信息介绍的经纪人，对这种经批准成立的提供信息的机构，通过介绍信息，而收取手续费，不能按受贿处理。

（本文与王作富合著，原载《政法论坛》，1991（1））

受贿罪研究

受贿犯罪是职务犯罪中常见多发的一种犯罪，在司法认定上也存在颇多的疑难问题。我国刑法除第 385 条规定了受贿罪以外，第 387 条规定了单位受贿罪，第 163 条规定了公司、企业人员受贿罪以及第 388 条规定了以受贿罪论处的间接受贿。本文以论述受贿罪为主，兼而论及其他各种特殊的受贿罪。

一、受贿罪的概念

依据我国《刑法》第 385 条的规定，受贿罪是指国家工作人员利用职务之便，索取他人财物的，或者非法收受他人财物，为他人谋取利益的行为。

我国刑法中的受贿罪存在一个发展演变的过程。1952 年发布的《惩治贪污条例》是将受贿罪作为贪污罪的一种表现形式加以规定的，强索他人财物和收受贿赂都包括在贪污罪的概念之中，没有独立的受贿罪。1979 年《刑法》首次在立法上将受贿罪作为一种独立的犯罪加以规定；此外，还规定了行贿罪和介绍贿赂罪，从而形成了关于贿赂罪的罪名体系。1979 年《刑法》第 185 条规定，国家工作人员利用职务上的便利，收受贿赂的，是受贿罪。可以看出，这一规定对于受贿罪的构成要件作出了简单描述，反映了当时简明扼要这样一种立法思想，随着经济体制改革进程的启动，现实生活中的受贿犯罪逐渐增加。为适应惩治受贿罪的需要，1985 年最高人民法院、最高人民检察院《关于当前办理经济犯罪案件中具体应用法律的若干问题的解答（试行）》，以司法解释的形式，对受贿罪作了进一步的规定，指出：受贿罪是指国家工作人员利用职务上的便利，为他人谋取利益，而索取或者非法收受他人财物的行为，是渎职罪的一种。这一规定，在受贿行为中补充规定了索取贿赂，并将其与收受贿赂相并列，由于为他人谋取利益是置于索取或者非法收受他人财物之前，因而无论是索取贿赂还是收受贿赂，都应以为他人谋取利益为要件。此后，1988 年全国人大常委会《关于惩治贪污罪贿赂罪的补充规定》又以立法的形式，规定了受贿罪的法定概念："国家工作人员、集体经济组织工作人员或者其他从事公务的人员，利用职务上的便利，索取他人财物的，或者非法收受他人财物为他人谋取利益的，是受贿罪。"这一规定反映了在受贿罪立法上的某些变化：首先是对索取他人财物构成受贿罪的不再要求为他人谋取利益。这一变化反映出立法者通过扩大受贿罪的范围以适应惩治受贿罪的立法意图。1995 年全国人大常委会通过了《关于惩治违反公司法的犯罪的决定》，该决定设立了商业受贿罪，从而在一定程度上缩小了受贿罪的范围。根据该决定第 9 条的规定，公司董事、监事或者职工利用职务上的便利，索取或者收受贿赂的是商业受贿罪，而依当时刑法规定，公司、企业中的国家工作人员实施上述行为的，则以受贿罪论处。这样，就把 1988 年《补充规定》中的受贿罪主体限于国家工作人员。1997 年刑法修订过程中，承袭了上述规定，分别设立受贿罪与公司、企业人员受贿罪，使我国刑法中关于受贿罪的规定更加完善。

二、受贿主体

根据受贿罪的主体不同，我国刑法分别设立了三个受贿罪的罪名，这就是受贿罪，公司、企业人员受贿罪和单位受贿罪。

(一)受贿罪的主体

受贿罪的主体是国家工作人员，根据我国《刑法》第93条之规定，国家工作人员是指国家机关中从事公务的人员。国有公司、企业、事业单位、人民团体中从事公务的人员和国家机关、国有公司、企业、事业单位委派到非国有公司、企业、事业单位、社会团体从事公务的人员，以及其他依照法律从事公务的人员，以国家工作人员论。在上述各种国家工作人员中，国家机关工作人员是容易认定的，而后三种人员则不易认定，下面分别加以论述。

1. 关于国有公司、企业、事业单位、人民团体中从事公务人员的认定

这类人员作为受贿罪的主体，其特点在于：其所在的单位是国有公司、企业、事业单位、人民团体，并且这些人员在这些单位中从事公务活动。只有上述两个条件同时具备，才能成为受贿罪的主体。如果不是在上述单位，而是在非国有公司、企业、事业单位、社会团体从事管理活动，则不能成为受贿罪主体。而且，在国有公司、企业、事业单位、人民团体中工作的人员，还必须是从事公务活动的，才能成为受贿罪主体。如果在上述单位工作，但并非从事公务活动，而是从事劳务的，仍然不能成为受贿罪的主体。这里的公务，是指依法行使一定职权、履行一定职务的活动。劳务则是指直接从事物质生产活动和劳动服务活动。[①] 由此可见，一切公务活动都直接或间接地表现出对国家和社会公共事务的管理活动，而劳务活动是单纯的体力劳动或者技术劳动。因此，正确地认定在国有公司、企业、事业单位、人民团体中从事的是公务活动还是劳务活动，对于区分受贿罪与公司、企业人员受贿罪具有重要意义。

2. 关于受委派从事公务人员的认定

这类人员的特点是受国家机关、国有公司、企业、事业单位的委派，到非国有公司、企业、事业单位、社会团体从事公务活动。从其所从事活动的所在单位来看，是非国有公司、企业、事业单位、社会团体，但之所以这类人员能够成为受贿罪的主体，是因为他们是受委派去上述单位从事公务活动的。这里的委派，

① 参见孙谦主编：《国家工作人员职务犯罪研究》，94页，北京，法律出版社，1998。

主要是指在一些具有国有资产成分的中外合资企业、合作企业、股份制企业当中，国有公司、企业或者其他有关国有单位为了行使对所参与的国有资产的管理权，而派驻管理人员。这里也包括有的国家机关、国家事业单位委派一些人员到非国有企事业单位、社会团体中从事公务的人员。[①] 从这种委派关系来看，其权力来源在于国家机关、国有企业、事业单位、人民团体，因而属于国家工作人员。应当指出，这些受委派的人员，在委派之前，既可以是国家机关、国有公司、企业、事业单位、人民团体的工作人员，也可以是非上述单位人员而从社会上招聘的。同时，委派到非国有公司、企业、事业单位、社会团体以后，既可能直接任职，也可能被上述单位聘任，这些都不影响其国家工作人员的性质。此外，受委派到非国有公司、企业、事业单位、社会团体中必须是从事公务。如果虽是受委派，但并非从事公务而是从事劳务，同样也不能成为受贿罪的主体。因此，在上述非国有公司、企业、事业单位、社会团体中，只有受委派从事公务的人员才能成为受贿罪的主体，其他人员则只能成为公司、企业人员受贿罪的主体。最后还应当指出，在某些复杂的公司组建形式中，国有公司与其他经济成分共同组建的公司、企业根据经济发展的需要，又单独组建或者与其他单位共同组建公司、企业，由前者再委派到这些单位中从事管理活动的人员，不应视为受贿罪的主体，而是公司、企业人员受贿罪的主体。

在认定受委派从事公务的人员时，应当注意将委派与委托加以区分。委派是委任、派遣，而委托是指基于信任或者其他关系而产生的权利义务关系。在刑法修订以前，我国学者曾经认为，受委托从事公务的人员虽无正式职务，但在受委托从事某项公务时，就具有了该项公务的职权，因此，可以构成受贿罪的主体。[②] 但在1997年刑法中，受委托从事公务的人员只能构成贪污罪。这就是《刑法》第382条第2款的规定："受国家机关、国有公司、企业、事业单位、人民团体委托管理、经营国有财产的人员，利用职务上的便利，侵吞、窃取、骗取或

① 参见胡康生、李福成主编：《中华人民共和国刑法释义》，104页，北京，法律出版社，1997。

② 参见林准主编：《中国刑法教程》，637页，北京，人民法院出版社，1989。

者以其他手段非法占有国有财物的，以贪污论。”这是刑法的一种特别规定，根据这一规定，受委托从事公务的人员可以成为贪污罪主体。但刑法对于受贿罪并未作出这种特别规定。因此，受委托从事公务的人员不能成为受贿罪的主体。在刑法理论上，委派是一种内部关系，因此受委派人员是本单位人员。如果本单位是国家机关、国有公司、企业、事业单位、人民团体，那么这种受委派人员就属于国家工作人员。而委托是一种外部关系，受委托人员是外部人员，只是接受委托代为本单位从事某种公务活动。对于这种受委托人员就不能视为国家工作人员，其构成以国家工作人员为特殊主体的犯罪，须有法律的专门规定。若无此种规定，则不能构成这种特殊主体的犯罪。

3. 关于其他依法从事公务人员的认定

这里的其他依法从事公务的人员，是刑法的一种兜底性规定，防止有所遗漏。在刑法理论上，对此应当作出严格解释，不得任意地把有关人员解释进来。界定其他依法从事公务的人员，关键在于如何理解这里的“依照法律”。我国学者认为，依照法律有两种情况：一是法律有规定。例如，法律规定法院的审判实行人民陪审员制度，人民陪审员享有与审判员同等的权利，因而应视为依照法律从事公务的人员。二是国有单位的委托和聘用，即行为人本来不具有国家工作人员的法定身份，但是由于国有单位的工作需要，临时聘用其代表国有单位从事某种公务或者某项管理活动。[①] 上述第一种人员，属于依照法律从事公务的人员没有问题，因为《人民法院组织法》第 38 条第 2 款规定：“人民陪审员在人民法院执行职务期间，是他所参加的审判庭的组成人员，同审判员有同等权利。”至于第二种人员属于依照法律规定从事公务的人员则值得推敲。在我看来，受委托人员不属于依照法律从事公务人员这是没有疑问的，否则，《刑法》第 382 条第 2 款的特别规定就没有任何意义了。至于临时聘用从事公务人员，我认为可以直接认定为在国有公司、企业、事业单位、人民团体中从事公务的人员，而不是其他

① 参见关福金：《刑法中国家工作人员概念的理解》，载陈兴良主编：《刑事法判解》，第 2 卷，198 页，北京，法律出版社，2000。

依照法律规定从事公务的人员。因此，在认定其他依照法律规定从事公务人员的时候，这里的法律规定应当是法律或者法规的明文规定。

值得注意的是，关于村委会、居委会等群众性自治组织的组成人员是否可以视为其他依照法律从事公务的人员，因而可以成为受贿罪的主体，在刑法理论上存在以下三种观点：一是否定说，认为村委会、居委会的组成人员不能视为其他依照法律从事公务的人员。二是肯定说，认为村委会、居委会的组成人员可以成为其他依照法律从事公务的人员。三是区分说，认为村委会、居委会的组成人员在处理单纯的自治事务时不能视为其他依照法律从事公务的人员，但当上述人员从事具有政府行政性质的工作时，可以成为其他依照法律从事公务的人员。[①] 关于这个问题，2000 年 4 月 29 日全国人大常委会颁布了《关于〈中华人民共和国刑法〉第九十三条第二款的解释》，该解释规定，村民委员会等村基层组织人员协助人民政府从事下列行政管理工作，属于《刑法》第 93 条第 2 款规定的“其他依照法律从事公务的人员”：(1) 救灾、抢险、防汛、优抚、扶贫、移民、救济款物的管理；(2) 社会捐助公益事业款物的管理；(3) 国有土地的经营和管理；(4) 土地征用补偿费用的管理；(5) 代征、代缴税款；(6) 有关计划生育、户籍、征兵工作；(7) 协助人民政府从事的其他行政管理工作。这一立法解释采纳了上述折中说，区分是否从事行政管理工作，以确定是否属于其他依照法律从事公务的人员。但该立法解释只对村民委员会等基层组织人员作了规定，而未涉及居民委员会的组成人员，这是一个缺憾。

（二）公司、企业人员受贿罪的主体

根据我国《刑法》第 163 条的规定，公司、企业人员受贿罪的主体是公司、企业的工作人员。第 163 条第 3 款还规定，国有公司、企业中从事公务的人员和国有公司、企业委派到非国有公司、企业从事公务的人员有前两款行为的，应以受贿罪论处。由此可见，公司、企业人员受贿罪的主体与受贿罪的主体是相对应

① 上述三种观点的理由参见关福金：《刑法中国家工作人员概念的理解》，载陈兴良主编：《刑事法判解》，第 2 卷，205 页以下，北京，法律出版社，2000。

而存在的。关于公司、企业的工作人员，一般认为包括董事、监事、经理、会计等行政人员和其他业务人员。[①] 应当指出，这里的公司、企业包括私营公司、企业、股份制公司，以及其他各种类型的公司、企业。国有公司、企业，除从事公务的国家工作人员成为受贿罪主体以外，其他从事劳动的人员都可以成为公司、企业人员受贿罪的主体。值得注意的是，刑法关于公司、企业人员受贿罪的主体与关于职务侵占罪的主体在规定上是有所不同的。《刑法》第 271 条规定，职务侵占罪的主体是公司、企业或者其他单位的人员。这里的其他单位，是指公司、企业以外的其他组织，如农村的村民委员会、城镇的居民委员会、医院、学校、文艺单位，等等。[②] 显然，职务侵占罪的主体范围大于公司、企业人员受贿罪的主体范围。由于公司、企业人员受贿罪的主体不包括其他单位的人员，因此村委会、居委会或者其他非国有事业单位、社会团体中从事管理工作的人员，利用职务上的便利受贿的，如果不能构成受贿罪，同时也就不能构成公司、企业人员受贿罪。我认为，这是一个明显的法律漏洞，而且是一种法外漏洞[③]，只有通过立法方式加以弥补。

（三）单位受贿罪的主体

在我国刑法中，关于单位犯罪的规定，在一般情况下与自然人犯罪共用一个罪名，而受贿罪中则专门对单位受贿作了规定。这确是法条搭配上的原因决定的，更重要的是由于单位受贿罪与个人受贿罪存在较大的区别，因而刑法对单位受贿罪规定的法定刑远远低于个人受贿罪的，这在我国刑法中是绝无仅有的。单位受贿罪的单位，依据《刑法》第 387 条之规定，是指国家机关、国有公司、企业、事业单位、人民团体。因此，集体经济组织、中外合资企业、中外合作企

---

① 参见胡康生、李福成主编：《中华人民共和国刑法释义》，200 页，北京，法律出版社，1997。

② 参见高铭暄主编：《新编中国刑法学》，下册，794 页，北京，中国人民大学出版社，1998。

③ 法律漏洞是指现行法体系上存在影响法律功能，且违反立法意图之不完全性。法律漏洞可以分为法内漏洞与法外漏洞。法内漏洞是指须评价性地予以补充的法律概念、不确定的法律概念等情形。对于法内漏洞，可以通过法律解释加以弥补。法外漏洞则是指无权予以补充的法律漏洞，即属于法无明文规定的情形。关于法律漏洞及其补充的详细论述，参见梁慧星：《民法解释学》，250 页以下，北京，中国政法大学出版社，1995。

业、外商独资企业和私营企业不能成为单位受贿罪的主体。同样，上述单位也不能成为公司、企业人员受贿罪的主体。

三、利用职务上的便利

利用职务上的便利是受贿罪的重要构成要件之一。如何正确地理解受贿罪的利用职务上的便利，是认定受贿罪中的一个重要问题。

为了正确理解利用职务上的便利，首先要从职务的概念着手。在行政法中，行政职务是指为了有效地实施国家和社会管理而设置在各种行政组织中具有法定权利和义务的国家公职。行政公职有两种表述：当它们用于行政组织时称职位，即指国家设置在行政组织中的职位；当它用于人员时称职务，即处于这种位置的人。因此，可以说职位和职务是同一客体的两种不同角度的表述。职务，一般分为两种：实际职务和荣誉职务。有实际地位的称为实际职务。荣誉职务主要是指一部分老干部由于年老体弱不能继续担任实际工作，安排其当顾问或某些荣誉性的职位。虽然受贿罪利用职务上的便利的职务不限于行政职务，但通过研究行政职务可以基本上揭示一般职务的本质。借鉴外国立法例并根据行政法中关于行政职务产生、变更和消灭的原理，依据利用职务的对象，可以分为利用本人职务上的便利和利用他人职务上的便利；从利用职务上的便利的时间来分，可以分为利用现在职务上的便利、利用过去职务上的便利和利用将来职务上的便利。我认为，从一般定义上理解，利用职务上的便利是指利用本人现在职务上的便利，而不包括利用他人职务上的便利或者利用本人将来或过去职务上的便利。但为了使我们对利用职务上的便利有更深入的理解，我们分别对利用本人职务上的便利、利用他人职务上的便利、利用现在职务上的便利、利用将来职务上的便利和利用过去职务上的便利加以论述。

（一）利用本人职务上的便利

利用本人职务上的便利是利用职务上的便利的本来含义。1989 年最高人民法院、最高人民检察院《关于执行〈关于惩治贪污罪贿赂罪的补充规定〉若干问题的解答》（以下简称“两高”《解答》）指出：“受贿罪中‘利用职务上的便利’是指利用职权或者与职务有关的便利条件，‘职权’是指本人职务范围内的权力。‘与职务有关’，是指虽然不是直接利用职权，但利用了本人的职权或地位形成的便利条件。”由此可见，利用本人职务上的便利包括以下两种情况。

1. 直接利用本人职务上的便利

直接利用本人职务上的便利就是指“两高”《解答》中所说的利用职权。职权是指国家机关及其公职人员依法作出一定行为的资格，是权利特殊的表现形式。[①] 一定的职权是法律赋予的，因而必须依法履行职责。如果利用这种权力为他人谋取利益而收受贿赂的，是典型的以权谋私，是为法律所不允许的。因此，利用职权是名副其实的利用职务上的便利。在司法实践中，大量受贿罪是利用职权构成的。例如，主管基建的国家工作人员利用主管基建的便利谋取私利，掌握物资的国家工作人员利用物资批准权谋取私利，公安局掌管户口的国家工作人员利用户口审批权谋取私利等，都属于利用职权的便利条件。应该指出，认定利用职权的便利条件，关键是要界定其职权范围。职权有法定职权与实际职权之分。我认为，受贿罪的利用职权，既包括利用法定职权，也包括利用实际职权。

2. 间接利用本人职务上的便利

间接利用本人职务上的便利就是“两高”《解答》中所说的利用与职务有关的便利条件。与职务有关并非职权范围之内，因此与前述职权有所区别。它虽然不是职务范围之内，却也绝非与职务毫无关系，而是与职务有关，是利用了本人的职权或地位形成的便利条件。利用与职务有关的便利条件，从表现上看是通过他人的职务为行贿人谋取利益，从而收受贿赂。但从实质上看，行为人是利用了本人职务而产生的制约关系，这种制约关系可以左右和影响被利用者的利益，使之就范，否则就会损害被利用者的利益。因此，利用与职务有关的便利条件应当被认为是利用职务上的便利。

应该指出，利用与职务有关的便利条件并不像利用职权那样明确因而容易认

---

① 参见《法学词典》编辑委员会编：《法学词典》，增订版，832页，上海，上海辞书出版社，1984。

定，因此更需要加以严格的界定。我认为，利用与职务有关的便利条件，一般只能发生在职务上存在制约关系的场合，这种制约关系可以表现为两种情况：一是从纵的方面看，存在职务上的上下级领导和被领导关系，也就是职务上的从属关系。例如县长批条子让县物资局长平价拨给他人钢材 10 吨，然后收取他人财物。在这种情况下，县长并不直接掌握物资，因而不是利用职权上的便利。但县长作为一县之长，是县里的行政最高长官，于是这种职权或地位形成的便利，使其能够为他人谋取利益而收受财物，从而构成受贿罪。二是从横的方面看，有关工作人员在执行职务过程中存在着制约关系。例如，供电局电管科科长向某重点中学校长批条子，要求接纳一个考分不够的学生，因学校用电有求于电管科科长，校长只能同意接纳。为此，电管科科长向该学生家长收取了财物。在这种情况下，电管科科长并不主管招生，因此不是利用职权上的便利。但他因管电大权在握，学校慑于其权势，只能接纳考分不够的学生。如果他没有管电权，就不可能达到让考分不够的学生上重点中学的目的，因而构成受贿罪。我认为，对于与职务有关的便利条件的认定，必须立足于职务上的制约性，包括纵向制约与横向制约。没有这种制约性，就不存在利用职务上的便利问题。

（二）利用他人职务上的便利

利用他人职务上的便利，又称为利用第三者的职务上的便利。在论述之前，首先必须正确地界定利用第三者的职务上的便利。我认为，所谓利用第三者的职务上的便利，是指利用与本人职务无关的第三者的职务上的便利。因而，这是一种利用本人的身份，或者说是利用工作上的便利条件。如果与自己职务有关，就不是利用第三者职务上的便利，而是利用本人职务上的便利。因此，以下观点是不妥的：认为利用第三者的职务之便包括职务关系，即第三者在行为人职务管辖范围之内，行为人可利用职务支配、左右或影响第三者，或第三者有求于行为人的职务权限内的事情，行为人即反求于第三者。[①] 因此，我认为，利用第三者职务上的便利与利用本人职务上的便利具有以下区别：第一，利用与职务有关的便

① 参见蒋元清：《利用第三人职务之便收受财物的行为定性问题探讨》，载《人民检察》，1989（4）。

利条件具有本人职务产生的制约关系的特征。而利用他人职务上的便利是基于国家工作人员的身份，是一种非制约关系。第二，利用与职务有关的便利条件是利用本人职务产生的制约关系，其归结点在本人职务上。而利用他人职务上的便利只要具有以下国家工作人员的身份斡旋就可以了。① 关于利用第三者的职务上的便利能否构成受贿罪，在刑法修订以前我国刑法学界存在三种观点：一是否定说，认为利用职务上的便利仅指利用行为人自己的职务之便，不包括利用第三人职务之便。因为刑法之目的是要惩罚受贿犯，是因为行为人对自己的职务不依法正确履行，即不是利用职务为党和人民工作，而是利用职务谋取非法利益。正因为如此，受贿罪才成其为渎职罪。② 二是肯定说，认为国家工作人员要求其他国家工作人员为请托者谋取非法利益，并非法收取请托者的财物的，也是利用职务上的便利。之所以提出这一类也应以受贿论处，主要是从国家工作人员必须守法这一角度考虑的。三是折中说，认为对利用第三者职务之便要作具体的分析，不能认为都属于利用职务上的便利，也不能认为都不属于职务的便利。受贿人利用第三者的职务之便受贿，如果认定为职务上的便利必须具备两个条件：第一，利用第三者的职务之便，必须是以自己的职务为基础的，或者利用了与本职务活动有紧密联系的身份便利。第二，行贿人通过行贿所得到的利益，无论是非法利益，还是合法利益，都是由于受贿人利用其职务从中斡旋的结果。③ 我认为，利用第三者的职务上的便利实际上存在以下三种情况：一是亲属关系，即以血缘和婚姻关系为纽带联结而成的关系。二是友情关系，即以感情友谊为纽带联结而成的关系。三是工作关系，即由于工作的联系联结而成的关系。在前两种关系中，利用的主要是血缘与感情的联系，与本人职务和工作毫无关系。在第三种情况下，虽与本人职务无关，但与本人的工作与身份具有一定的关系。“两高”1989年11月6日的《解答》实际上认可了上述折中说，指出：国家工作人员不是直

① 参见陈兴良、王玉珏：《建立受贿罪罪名体系的构想》，载《法学》，1991（6），16页。

② 参见朱孝清：《关于受贿罪认定中的三个问题》，载《人民检察》，1988（4）。

③ 参见张穹：《论“利用职务上的便利”的法律含义》，载《法制日报》，1988-08-02。

接利用本人职权，而是利用本人职权或地位形成的便利条件，通过其他国家工作人员职务上的行为，为请托人谋取利益，而本人从中向请托人索取或者非法收受财物的，应以受贿论处。《解答》还明确规定：对于单纯利用亲友关系，为请托人办事，从中收受财物的，不应以受贿论处。

我认为，司法解释规定利用第三者的职务上的便利以受贿论处值得商榷。我国刑法学界有人认为，这种情况类似于日本刑法中的斡旋受贿罪。[①] 日本刑法第197条之四“斡旋受贿罪”规定：“公务员受请托而斡旋或斡旋其他公务员为违背职务之行为或不为相当之行为，收受、要求或期约贿赂，以为报酬者，处3年以下惩役”。从这一规定的内容来看，与我国的利用第三者职务上的便利确实是相似的，但这也正好说明利用第三者的职务上的便利不属于利用职务上的便利。因为在日本刑法中，斡旋受贿罪是一个独立罪名，与一般受贿罪是不同的。日本刑法第197条（受贿）规定：“公务员或仲裁人，就其职务收受、要求或期约贿赂者，处3年以下惩役”。由此可见，日本刑法中的一般受贿罪是以“就其职务”即利用职务上的便利为条件的，并且从字面上明确是利用本人职务。而斡旋受贿罪则是利用第三者职务上的便利收受财物的行为，具有一定的社会危害性，予以刑罚处罚是必要的。但它与利用本人职务上的便利收受贿赂的行为还是有原则区别的，宜在立法上加以明确规定。事实上，我国刑法学界也已经有人提出在我国刑法中设立斡旋受贿罪，认为斡旋受贿罪是指国家工作人员利用本人身份，通过其他国家工作人员职务上的便利，为请托人谋利益，而向请托人索取或者收受贿赂的行为。[②] 在立法未作规定前，通过司法解释将其纳入受贿罪的范围，是牵强的。

在1997年《刑法》修订中，吸纳了司法解释的上述规定，在第388条作了如下规定：国家工作人员利用本人职权或者地位形成的便利条件，通过其他国家工作人员职务上的行为，为请托人谋取不正当利益，索取请托人财物或者收受请

① 参见张穹：《论“利用职务上的便利”的法律含义》，载《法制日报》，1988-08-02。
② 参见陈兴良、王玉珏：《建立受贿罪罪名体系的构想》，载《法学》，1991（6），16页。

托人财物的，以受贿论处。这一规定，依据最高人民法院关于罪名的司法解释，不是一个独立的罪名，而是受贿罪的一种情况。① 关于这里的利用本人职权或者地位形成的便利条件应当如何理解，即本人职务对于他人职务是否要有制约关系，在认识上并不相同。有的学者认为，这里的"职权"，是指行为人职务范围内，并能对其他国家工作人员形成或施加影响的权力。"地位"，是指行为人所在的，能对其他国家工作人员形成或施加影响的领导岗位、在领导身边工作或担负特定职责的工作岗位。"通过其他国家工作人员职务上的行为"，是指行为人本人没有直接为请托人谋取利益（因其不具有这种职务便利），而是让其他国家工作人员利用职务上的便利，为请托人谋取利益。② 在此，论者并未直接论及对其他国家工作人员的职务行为是否具有制约关系，而只是论及施加影响，可谓语焉不详。但有的学者则明确论及这种制约关系，认为间接受贿罪的职务要件与普通受贿罪相比，具有以下三个特征：（1）间接性，即间接受贿不是直接利用本人职权范围内的便利条件，而是利用职权或地位形成或派生的便利条件，仅是利用这种便利条件还不能取得请托人的贿赂，还必须通过其他工作人员的职务行为，才能使贿赂得以实现。（2）双重性，即间接受贿既利用了本人职务，又利用了他人职务，对职务的利用具有双重性。（3）关联性，即行为人要驱动他人实施职务的行为，为请托人谋取不正当的利益，必须是本人职务与他人职务之间存在着一定程度的关联性。

根据这种关联性，利用这种职务关系，主要有以下几种表现形式：（1）利用职务上的制约关系。这种制约关系可以分为：一是纵向制约关系，即上级对下级的制约关系。这种制约关系可分为从属关系和非从属关系，具有从属关系的是利用本人职务上的便利，只有非从属关系才是利用他人职务上的便利。二是横向制约关系，即无隶属关系的同级国家机关工作人员职务之间的制约关系。（2）利用影响关系。影响关系主要存在于不同系统的具有从属关系的下级与上级之间，以

① 最高人民检察院关于罪名的司法解释认为，这是规定了一个独立罪名——间接受贿罪。

② 参见周道鸾、张军主编：《刑法罪名精释》，926页，北京，人民法院出版社，1998。

及同一单位不同部门人员之间。（3）利用协作关系。协作关系存在于职务活动中无利害冲突，甚至有互助互惠的国家机关单位之间。[①] 根据这一观点，制约关系包括在间接受贿的职务条件之中。对于上述观点，值得商榷。首先，在上述存在着本人职务与他人职务的制约关系的情况下，是直接受贿还是间接受贿？我认为可以包括或者说可以解释在直接受贿之中。而且，我国刑法关于间接受贿的规定类似于日本刑法中的斡旋受贿，而斡旋受贿并不是这种制约关系。例如日本学者指出：关于过去的日本斡旋受贿罪的立法以及在立法程序上，常常是以公务员“利用他的地位”进行斡旋作为要件的。但是“利用他的地位”作为斡旋的要件，在现行的斡旋受贿罪中没有明确表示。所以，即使在上述规定里没有条文的记载，是否应视同其存在，则有不同的见解。立法当局采取否定态度，它认为只有具有公务人员的身份，可以认为利用其职权或与其公职人员的立场无关而利用亲属、朋友及其他私人关系进行斡旋时也构成本罪。[②] 由此可见，斡旋受贿罪并不要求普通受贿罪的利用职务上的便利。我国刑法中的间接受贿当然不完全等于日本刑法中的斡旋受贿罪，但作为普通受贿罪的特别规定，必然具有不同于普通受贿的特征，这些是利用职务上的便利这一要件的特殊性。如果不承认这一点，就是否认了间接受贿特别规定的必要性。

综上所述，我认为利用他人职务上的便利是间接受贿的特点。这种利用他人职务便利又是以斡旋为前提的，而不是建立在本人职务对他人职务的制约关系之上的；否则，就不是间接受贿。

（三）利用现在职务上的便利

国家公职人员的职务都有一定的期限，在这期限之内是现职。只有在担任现职的情况下，法律才赋予其一定的职权。由此可见，利用职务上的便利中的职务只能是指现职。因此，确切地说应该是利用现在职务上的便利，对受贿罪中的利

① 参见刘光显：《间接受贿的几个问题》，载丁慕英等主编：《刑法实施中的重点难点问题研究》，85页以下，北京，法律出版社，1998。

② 参见［日］木村龟二主编：《刑法学词典》，544页，上海，上海翻译出版公司，1991。

用职务上的便利加上时间（任职期限）的限制，是十分必要的，也是利用职务上的便利的题中应有之义。

（四）利用将来职务上的便利

利用将来职务上的便利是利用尚未但即将担任的职务上的便利。对于这个问题，我国刑法学界讨论得较少，因为问题不太突出。但这样的案例还是时有发生的。例如某甲将到税务局担任税务专管员，某乡镇企业为了企业免税，将 5 000 元人民币作为某甲担任税务专管员后为该企业免税的条件，某甲答应并收了这 5 000 元。这就是利用将来职务上的便利，收受他人贿赂。那么，利用将来职务上的便利能否解释为我国刑法中的利用职务的便利之中呢？回答是否定的。如前所述，利用职务上的便利只能是利用现在职务上的便利，而不包括利用将来职务上的便利。我认为，利用将来职务上的便利属于职前受贿，是指将任某项职务的国家工作人员，承诺请托人任职时为请托人谋取利益，而向请托人索取或者收受贿赂的行为。职前受贿是受贿人与行贿人之间的一种不法约定，这种不法约定规定了行为人为请托人将来谋取利益，请托人给予一定的财物。正是这种约定促使他们之间达成权与利之间的某种“期货”交易。职前受贿与一般受贿的主要区别在于利用职务便利的时间不同。职前受贿是利用将来的职务上的便利，而一般受贿是利用现在的职务上的便利。在职前受贿的情况下，虽然行为人在受贿时并未担任某项职责，但其受贿行为是凭借自己即将担任某项职务的身份实施的。正是因为行为人即将担任某项职务，具备了为他人谋取利益的资本，他才胆敢在任职之前收受他人财物。而且，从客观行为的联系来看，虽然行为人索取或者收受贿赂的行为是在任职之前，而为他人谋取利益是约定在任职之后，从时间上来说似乎是互相脱节的；但职前受贿的行为人之所以在任职之前敢于收受他人财物，就是因为约定了任职以后为他人谋取利益。因而，职前受贿行为侵害了职务行为的廉洁性。为此，有些国家刑法专门作了规定。例如日本刑法第 197 条第 2 款规定，“将要成为公务员或仲裁人的人关于自己将要担任的职务的事情，接受请托而收受、要求或约定贿赂，事后成为公务员或仲裁人的，处 3 年以下的惩役”。类似规定还见诸瑞士刑法第 315 条的规定：“官署成员、公务员、执行司法职务之人、仲裁人、官署委托人、鉴定人、翻译人或通译，对于将来违背义务之职务行为要求，收受或期约贿赂或免费之利益者，处3年以下重惩役或轻惩役”。我国刑法对此未作规定，在这种情况下，根据罪刑法定原则，对于利用将来职务上的便利，收受财物的行为，似不应作为犯罪处理，但考虑到这种行为具有一定的社会危害性，在将来刑法修改时，有必要对此作出补充规定。

（五）利用过去职务上的便利

利用过去职务上的便利是指利用曾经担任、现已不担任的职务上的便利条件。这个问题在我国是一个离、退休的国家工作人员能否构成受贿罪主体的问题。

关于这个问题，在法律上没有规定。1989年9月8日监察部《国家行政机关工作人员贪污贿赂行政处分暂行规定实施细则》第3条规定，利用本人现任或曾任职务地位形成的便利条件收受贿物的，也是受贿行为。如果说，这只是一种行政解释，对司法机关没有法律约束力，那么，1989年“两高”的规定首次以司法解释的形式明确规定：“离、退休的国家工作人员，利用本人原有职权或地位形成的便利条件，通过在职的国家工作人员职务上的行为，为请托人谋取利益，而本人从中向请托人索取或者非法收受财物的，以受贿罪论处。”我认为，司法解释对于在司法工作中统一政策，无疑会起到重要作用。但是，这一司法解释本身是否科学，仍然值得研究。我认为，利用职务上的便利，只能是现任职务，而不能当然地包括过去职务，因而离、退休国家工作人员不能构成受贿罪。我的理由是：法律规定受贿罪的主体只能是国家公职人员的意义就在于，国家公职人员的身份总是和一定的职务相联系的，因此，利用其职务上的便利为他人谋取利益而非法收受贿赂就成为可能，这就会使国家公职人员的职务受到亵渎，所以应予惩处。而离、退休国家公职人员既然已脱离了原来的职位，利用职务上的便利为他人谋取利益而非法收受贿赂就成为不可能，因而无职可渎，岂能以渎职罪论处？显然，肯定离、退休国家公职人员可以构成受贿罪，无异于否认受贿罪必须以利用职务上的便利为要件。正因为如此，我国刑法学界有人认为，离、退休的国家工作人员，已不是严格意义上的国家工作人员，已无职可谈。因此，建议从立法上去掉利用职务上的便利的限制。[①] 显然，这种观点是不能接受的。

当然，我们否认离、退休国家公职人员能构成受贿罪，并不意味着可以对这种现象放任不管。如果离、退休国家公职人员利用原来的职权以及影响，为他人谋取利益而收受了财物，其行为按照有关行政法规是违法的，或是为党纪所不容许的，可以对其采取行政处分或是党纪处理；同时，可以考虑在刑法中增设职后受贿罪。我国学者提出设立职后受贿罪，认为职后受贿罪是指国家工作人员利用原职务产成的便利条件为请托人谋取利益，而索取或者收受贿赂的行为。[②] 职后受贿罪的本质在于利用过去职务上的便利。这里的职后受贿罪既可以是在调任其他职务以后利用原职务为他人谋利益而收受财物，也可以是在离、退休以后利用原职务为他人谋利益而收受财物。在以上两种情况下，行为人不是利用现在职务上的便利，因而与一般受贿罪有所不同。至于有些国家工作人员在离、退休以前利用职务上的便利为他人谋取利益，约定在其离、退休以后受贿赂，这属于事后受贿的范畴，应以受贿罪论处。对此，最高人民法院已经作出明确的司法解释，应当照此办理。

在 1997 年刑法修订中，仍然未设立职后受贿罪。在这种情况下，对于离、退休的国家工作人员能否根据刑法修订前的司法解释视为受贿罪的主体呢？对此，我持否定的观点，这里涉及如何贯彻罪刑法定原则的问题，既然法律没有明文规定，就不应再作为犯罪处理。

四、索取或收受

我国刑法将索贿与受贿相提并论，在刑法理论上将索取与收受作为受贿罪的两种表现形式。

---

① 参见唐光诚：《关于受贿罪应删除“利用职务上的便利”的思考》，载《江西法学》，1990（5），34 页。

② 参见陈兴良、王玉珏：《建立受贿罪罪名体系的构想》，载《法学》，1991（6），16 页。

索取，是指主动索要并收取。因此，索取具有两个特点：一是主动性，是受贿人先提出贿赂的要求。二是由索要与收取两个行为构成，应该说是一种复合行为。如前所述，这里的“索”与勒索是有所区别的，而仅仅是指要求。正如台湾学者林山田指出：如借势勒，使人生畏惧而取财，则为恐吓取财而非本罪之要求贿赂。[①] 这里的“取”就是指收受，索而取之。因而在索取中包含了收受的含义。应该指出，索取既可以是明示的，也可以是暗示的。明取是明火执仗地索要贿赂，如果对方不付贿赂，就不履行其职务行为，以此为要挟，迫使对方就范。暗示是暗度陈仓地索要贿赂，往往使用暗示的方法，使对方领会，从而乖乖地交付贿赂，无论是明示还是暗示，都以索贿论处。

收受，是指被动地收取。因此，与索取相比，收受的最大特点就是其被动性。因为索取是受贿人首先言，而收受则是在行贿人主动交付贿赂的情况下，消极地接受。

在外国（地区）刑法中，关于受贿行为，一般表述为“收受”“同意收受”“索取”“要求”“期约”等。值得注意的是，我国台湾地区“刑法”将受贿行为表述为要求、期约、收受。这里的要求，系指行为人索求相对人交付贿赂或其他不正当利益而言。[②] 因此，其类似于我国大陆刑法中的索取，但两者又有所不同。因为我国大陆刑法中的索贿只是受贿的客观表现形式之一，而且索取包含索要与收取两个行为，因而是与收受贿赂并列的一种行为，只不过具有索要情节，因而应予以重处罚而已。而台湾地区“刑法”中的要求贿赂是一个独立罪名，它并不包含收取的意思。期约，是指行为人与相对人双方就其所期约之事项而为约定收受贿赂或其他不正当利益而言。[③] 在我国大陆刑法中，对期约并无规定，一般将其包含于收受贿赂之中。但收受贿赂的行为仅指一方交付、一方收取的动作而言，而在许多情况下，受贿人与行贿人先就贿赂进行约定，事成之后再行交

① 参见林山田：《刑法各罪论》，55页，台北，1995。
② 参见林山田：《刑法各罪论》，55页，台北，1995。
③ 参见林山田：《刑法各罪论》，55页，台北，1995。

付。但若在事成之后而交付之前案发，其行为到底处于犯罪发展什么阶段？殊难界定。称其为既遂，则因贿赂尚未交付，显然不符合构成要件；称其为未遂，则因已经为行贿人谋取利益，对之轻处甚不合理。因此，将期约贿赂规定为一个单独罪名，是一个明智的选择，也值得大陆参考。收受是指收取或接受贿赂或其他不正当利益而言。[①] 这里的收受与我国大陆刑法中的收受并无二致。

从我国现行刑法来理解，索贿并非一个独立罪名。但我国刑法学界往往有人提出应当使索贿单独成罪。应该说，索贿与受贿的社会危害性有较大的区别，因而这种观点有一定的道理。但从立法技术上说，将索贿规定为一个独立罪名，因为它包含了受贿的内容，因而势必使索贿罪与受贿罪发生不必要的包容关系。为此，我认为将受贿行为分解为要求、期约与收受，并使之单独成罪，从立法技术上来说更为可取。因为要求、期约或收受等三行为具有先后顺序之阶段性：要求系期约或收受行为之先行为，期约则系收受行为之先行为。虽然并非所有之收贿行为均有此三个阶段行为，但是收贿行为若存有阶段现象，即先要求，次期约，后再收受，则低度之先行为应为高度之后行为所吸收，故可径论以收受贿赂罪。[②] 在这种情况下，只有要求、期约、收受三行为之一的，分别定为要求贿赂罪、期约贿赂罪或收受贿赂罪。如果同时具备三行为的，则收受吸收要求与期约，以收受贿赂罪论处，而且，受贿罪之要求、期约与收受三行为正好与行贿罪之要求、期约与交付三行为相对合。

五、贿赂

贿赂是受贿罪的行为客体，它不仅对于认定受贿罪，而且对于认定行贿罪与介绍贿赂罪，都具有十分重要的意义。没有贿赂，也就无所谓贿赂罪。所以，确立贿赂的内涵与外延，是认定贿赂罪的关键之一。

---

① 参见林山田：《刑法各罪论》，56页，台北，1995。
② 参见林山田：《刑法各罪论》，57页，台北，1995。

（一）贿赂的立法比较

自从有了贿赂罪的立法，就有了关于贿赂的规定。从纵向与横向两个方面考察贿赂的立法规定，对于确定我国刑法中的贿赂具有重要参考价值。

我国古代法律明确规定贿赂为财物。从字面上解释，贿者，财也；赂者，遗也。贿赂，用作名词，就是指用以行请托的财物。例如《汉书·刑法志》载："吏坐受赇枉法"，《说文》解："赇，以财物枉法相谢也"。在《唐律》中，对贿赂罪实行"计赃论罪"，这里的赃指的就是财物。例如《唐律》中规定的"诸监临主司受财而枉法""诸受人财而为请求"等，都明确将贿赂限定为财物。

各国刑法对贿赂的法律规定，大体上有以下几种情况：第一，对贿赂的形式没有任何限制。例如俄罗斯联邦刑法典第 173 条规定：公职人员为了行贿人的利益，履行或者不履行他所应当实施的某种行为，因而亲自或经由中间人收受任何方式的贿赂的，是受贿罪。在以上规定中，表述为任何方式的贿赂，表明从立法上对贿赂形式未加限制，这就为贿赂的解释提供了广阔的余地。第二，规定为贿赂但对贿赂的内容未加限定。例如捷克斯洛伐克刑法典第 181 条规定，因对于有任何社会意义的事件作出决定或因执行这种决定，而收受贿赂或同意收受贿赂的是受贿罪。又如日本刑法第 197 条规定：公务员或仲裁人关于职务上的事情，收受、要求或约定贿赂的，是受贿罪。在此，法律只提贿赂，未规定贿赂的具体内容，也给解释提供了余地。例如日本的判例就认为贿赂包括一切有形的或无形的利益，除金钱、财物外，还有提供保证或担保、介绍就业、介绍公私有利职务、宴请、艺妓演艺、嫖妓、异性性交等。第三，规定为利益或报酬。例如德国刑法典第 331 条规定：公务员或从事公务之人员对现在或者将来职务上之行为要求、期约或收受利益的是受贿罪。又如，新加坡反贪污法规定为报酬，并详细列举报酬的内容，包括：（A）金钱、礼品、贷款、赏金、奖金、酬金、高额保证金、其他财产和各种动产、不动产的利息。（B）提供官职、职业机会和承包契约。（C）交付款项，让与财产，全部或部分地免除或解除某种债务、责任和其他诸如此类的义务。（D）给予其他帮助、祖护和各种好处，包括使某人免遭处罚、免于逮捕、免受处分、免予起诉，还包括行使、延缓行使某种权利、职务和义务。

第四，规定为财物或其他利益。例如意大利刑法第319条规定：公务员对其不执行职务或迟延执行或违背职务之行为，而为自己或第三人收受期约金钱或其他利益的是受贿罪。此外，泰国刑法规定为“财物或其他利益”。加拿大刑法典规定为“金钱、对价财物、职位、住所或雇佣”。第五，明确规定为财物。例如西班牙刑法第七集第九章规定为“赠品或礼品”。南斯拉夫刑法规定为“礼物及其他财物”。

值得注意的是，我国台湾地区“刑法”将受贿罪的行为客体规定为“贿赂或其他不正当利益”。根据刑法理论的解释，称“贿赂”系指金钱或其他可以金钱折算之财物，“其他不正当利益”则指贿赂以外之一切足以供人需要或满足欲望之有形或无形的不正当利益而言，包括物质上之利益与非物质利益，前者如设定债权、免除债务、给予无息或低利贷款；后者如给予地位、允许性交或其他性行为等。[①] 此外，香港地区《防止贿赂条例》规定为“利益”，并将利益解释为：(A) 礼物、贷款、费用、报酬或佣金，其形式包括金钱、有价证券、其他财产或任何财产之权益。(B) 任何职位，雇佣或契约。(C) 支付、免除、清还或清理任何贷款、责任或其他负责之全部或部分。(D) 任何其他服务或优惠（款待除外)，包括加以维护，以使免受任何刑罚或褫夺资格或免除此等忧虑，或维护以使免受任何纪律、民事或刑事性质之诉讼或控告，无论该等诉讼或控告已进行或尚未进行者。(E) 执行或不执行任何权利、权力或职责。同时，香港政府在《铨叙科一九八一年第二号通告》中，对公务员接受利益及款待，制定了严格而详细的细则，作为刑法意义上的贿赂的认定根据。该通告明确把公务员接受的利益分成两大类：一类为受限制的利益，指礼物（包括金钱或物件)、折扣、贷款、机费、车费、船费。这类利益只能在若干情况下索取或接受，除亲属给予的之外，必须经过特别批准。另一类利益为不受限制的利益，包括：(1) 亲属给予利益。这类利益可以接受，但亲属的范围为19种，法律一一罗列，不可随意解释。(2) 商人、商号、公司、营业机构或社会给予的利益，规定为：(A) 雇员的配

① 参见林山田：《刑法各罪论》，53页，台北，1995。

偶、父母或子女之受雇条件可享受；（B）雇员本人，或其配偶、父母或子女为某营业机构或社会之成员而可享受；（C）雇员身为长期顾客而可享有；（D）依正常习惯可享有，才能索取或接受。但同时又给予严格限制：这些利益必须为非政府雇员根据同等条件也能享用，给予利益的人士与政府雇员服务的机关并无公事往来，否则必须要申请批准。（3）私交友好给予的利益，规定为：（A）要求或接受贷款，每次以不超过 1 000 元为限，且必须在 14 天内还清。（B）于政府雇员本人生辰、结婚、结婚周年纪念或洗礼场合，或于传统上有致送礼物的节日，可以接受私交友好给予的一份或多份礼物、机费、车费、船费，但不得索取。每人在每一场合或节日所馈赠的礼物的表面总值不得超过 1 000 元。（C）在其他场合，可以接受私交友好给予的表面总值不超过 200 元的礼物。同时又严格限制如下：有关的私交友好必须与雇员所服务的机关无公事往来，倘在同一机关工作则必须不是下属；出席典礼、节庆必须不是因职务或政府职责的关系，否则，也必须经申请批准，才能接受利益。（4）政府给予的利益，规定为《铨叙规例》准许由政府雇员福利基金拨给的利益，可以索取或接受。香港政府还规定，款待不在利益之列，接受款待一般来说不会构成违法。《铨叙规例》对款待作了明确规定。款待是指“供应食物或饮品以供该场合内即时饮食之用，以及其他附带或同时供应之款待”。规定公务员接受款待的限制有两条：一条是凡款待过于优厚或由于接受者与提供者之关系或提供者品德之故而致有可能：（1）使该公务员在执行职务时感到尴尬；（2）使该公务员或全体政府人员声名狼藉者，则公务员于未得所属机关首长批准前，不得从任何人士接此种款待。另一条限制是机关首长根据本机关工作性质，经铨叙司的批准，可以对本机关任何人员发出训示，禁止事先未批准而接受原来的可以接受的款待。公务员如违反这种训示，依据《铨叙规例》，有可能受到起诉。

新中国成立前后有关刑事法都把收受贿赂视为贪污、把贿赂规定为财物。例如，1942 年《晋察冀边区惩治贪污条例》第 2 条第 9 款规定，“勒索敲诈收受贿赂者”以贪污罪论处。1952 年《中华人民共和国惩治贪污条例》第 2 条规定：国家工作人员强索他人财物，收受贿赂之行为，均属贪污。第 6 条关于行贿和介绍贿赂罪的规定中，明确指出贿赂即为财物。1979 年《刑法》第 185 条关于贿赂罪的规定只言贿赂未称财物。但 1988 年《补充规定》又明确把贿赂规定为财物，1997 年《刑法》关于贿赂罪的规定也把贿赂规定为财物。

从以上各国及我国关于贿赂的立法规定可以看出，贿赂的含义及范围大不相同。我认为，这主要取决于以下几个因素。

(1) 传统。一个国家的法律无疑是具有继承性的，关于贿赂的立法也是如此。中国自《唐律》以来。一直将贿赂解释为财物，因而这种传统观念对于我国刑法等有关贿赂的规定也产生了深远的影响。即使台湾“刑法”虽然规定受贿罪的行为客体包括“不正当利益”，但把它与贿赂相提并论，说明贿赂这个概念并不包含“不正当利益”的内容。

(2) 文化。文化的蕴意是十分宽泛的，它与法律有着十分密切的关系。显然，无论是法律的制定还是法律的实施都受到一定社会的文化氛围的影响。贿赂解释的宽与窄，也与社会文化有着很大关系。贿赂罪涉及的是国家公职人员与一般公民的关系问题。而在一个传统文化意识比较浓厚的国家，社会礼节认可请客送礼这一套，并且是表示互相之间亲密关系的必要形式之一。如果予以拒绝，就被认为不懂礼节，因而有损于互相之间的友情。即使是国家公职人员与一般公民的往来或者国家公职人员互相之间的往来，也免不了受这种习俗的影响。在这种情况下，贿赂的范围肯定是比较窄的，否则就会把正当的礼尚往来行为归之于犯罪，从而与社会文化相冲突。而在一个现代意识较浓的国家，礼仪比较简单，人与人之间的关系也比较淡漠，因而对国家公职人员的要求就比较严格，贿赂的范围较宽泛也就是十分自然的了。总之，文化因素对于各个国家贿赂范围的界定具有重要影响。

(3) 国情。不同的国家有不同的国情，一个国家的法律只有适合于一个国家的国情才能得以正确实施。对于贿赂范围的界定来说，国情也是一个影响因素。从我国的国情来看，当前贿赂犯罪蔓延面广，缘于经济体制的转轨、国家公职人员构成的庞杂等方面的复杂原因。但从司法上来说，也还存在一个承受能力的问题。如果贿赂的范围界定得过于宽泛，打击面扩大了，司法体制却跟不上去，那么必然会导致立法与司法的脱节。当然，一个国家的国情也是不断变化的，因而贿赂的范围也存在一个逐步扩张的问题。

（二）贿赂的理论聚讼

关于贿赂的范围，不仅各国在立法方面各有区别，而且在刑法理论上也是观点聚讼、莫衷一是。显然，从理论上科学地界定贿赂的范围是十分必要的。

在外国刑法理论中，关于贿赂的界定，大体上存在以下三种学说：一是有形利益说，即把贿赂看成有形的或者物质上的利益。所谓有形的或物质上的利益是广义的，不要求这种利益用金钱来估价。二是金钱估价说，这种学说从量刑角度出发，把贿赂的目的物仅限于能够用金钱来估价的物质利益。三是需要说，把凡是能够满足人的需要的一切有形的或无形的利益，都看作是贿赂的目的物。在日本刑法理论中，较为通行的是需要说，例如，《日本刑法》认为贿赂之所得，不一定限定为金钱，物品和其他财产利益，不论有形、无形，以能满足人的需要、欲望的一切利益为范围。例如艺妓的表演艺术，男女间不正当的性行为、公私职务的其他有利地位等，也都视为贿赂。① 由此可见，外国刑法理论基本上倾向于对贿赂作较为宽泛的解释。应该说，这与外国刑事立法的倾向基本是一致的。

在我国刑法学界，关于贿赂的概念，存在以下三种观点：第一种观点认为，贿赂即财物，而不包括其他不正当利益。其主要理由在于：（1）从文字上说，贿赂的词义就是指财物，是指用财物来买通别人，或者说用来买别人的财物。（2）从历史上看，《唐律》规定的贿赂罪，是采取“计赃定罪”的原则，财物数额与经济价值是定罪量刑的主要依据。（3）从刑事立法来看，我国刑法明确规定受贿是索取他人财物，或者非法收受他人财物。（4）从司法解释来看，最高人民法院、最高人民检察院对贿赂的解释也是指财物。因此，持这种观点的学者认为：刑事立法规定贿赂内容指财物，明确具体，便于执行。如把贿赂内容解释为包括不正当利益则笼统抽象，会给守法、执法带来困难，进而会混淆罪与非罪、

① 参见吕继贵：《渎职罪的理论与实践》，21页，上海，上海社会科学院出版社，1988。

此罪与彼罪的界限，不可避免会产生扩大化的错误。[①] 第二种观点认为，贿赂包括财物的其他物质性利益，但不包括其他非物质性利益。这种观点不太明确，有人表面上也赞同贿赂即财物，但对财物的解释中又包含财产性利益。例如有人指出：贿赂就其本意来说是仅指财物而言。财物首先是金钱，金钱是贿赂的一种主要形式，其中大量的是现金，也可以是有价证券、货币票据，如支票、汇票、股票等。其次，贿赂还包括物品，物品作为贿赂的物质手段必须具有经济价值，即具有价值和使用价值。司法实践中常见的有电视机、收录机、电冰箱等高档物品，也有食品、家具、服装等日常生活用品。最后，贿赂还包括其他财产性的利益，如债权的设立、债务的免除、酒席招待、免费旅游等等，这些利益之所以能成为贿赂，是因为它与财物有着不可分割的联系，受贿人得到的和行贿人交付的实际是财物。与财物无关的非物质性利益，如升学就业、招工指标、提升职务、迁移户口、提供女色等等，不能成为贿赂。[②] 还有些人则把财产性利益与财物相并列，认为都属于贿赂。例如有人指出：贿赂通常是指金钱和物品，物品包括动产和不动产。但在某些特定场合，贿赂也可以是指财产性的利益，如债权、劳务等。[③] 这种观点与第一种观点的区别就在于：财产性利益是否包括在贿赂概念之中。第一种观点对此予以否定，第二种观点则予以肯定。第三种观点认为，贿赂不仅指财物，而且还应包括财产性的或非财产性的不正当利益。其主要理由是：（1）从文字上说明贿赂的含义，不是固定不变的，亦可根据新情况、新特点，对原有的文字作新的解释和说明。（2）历史上有关贿赂的法律规定与解释是发展变化的，不应墨守成规。（3）在外国刑法中，许多国家规定贿赂的内容除财物外，亦有其他财产性利益或非财产性的不正当利益，如德国、瑞士、意大利的刑法规定，可以借鉴。（4）贿赂包括其他不正当利益，有利于同这种犯罪作斗争。如有

① 参见高铭暄主编：《中国刑法学》，603～604 页，北京，中国人民大学出版社，1989。

② 参见刘光显：《论贿赂》，载《贪污贿赂论文集》，529～593 页，中国高级检察官培训中心印行，1989。

③ 参见中国人民大学法律系刑法教研室：《刑法各论》，2 版，322 页，北京，中国人民大学出版社，1985。

的人接受为其本人或亲属解决住房、落户口、招工、升学、提供出国留学、出国签证等财产性与非财产性的不正当利益，如果不把这些作为贿赂内容，就会放纵犯罪，危害国家与人民的利益。正如我国学者指出：我国目前正处在对外开放、对内搞活经济的新形势下，随着经济的不断发展，贿赂犯罪必然会出现各种新的形式、新的特点。如果我们固守陈规，仍然认为贿赂只能指财物，就必然会放纵那些更加狡猾的贿赂犯罪分子。对此我们必须有一个清醒的认识，对那些利用财物以外的不正当利益进行贿赂犯罪的，必须严厉打击，绝不能使之逍遥法外。[①]

以上三种观点中，第一种观点有法律根据，第二种观点符合实际，第三种观点在理论上能够成立。下面，对这三种观点分别加以辨析。

将贿赂归结为财物，是法律的明文规定，也有司法解释作为根据，并且符合我国对贿赂罪按照数额量刑的惩治体系。但是，这种观点对贿赂的理解显然过于狭窄。因为物质性利益或者说财产性利益虽然在形式上有别于财物，但在实质上是一致的，并且都具有可计量性，可以折算成一定的金钱数额。而且，从我国贿赂犯罪的实际情况来看，以物质性利益作为贿赂的情况大量存在，且手法比较隐蔽、狡猾，将之归于贿赂是恰当的。现在分歧较大的问题是：非物质性利益能否视为贿赂？应该说，过去我国鲜有以非物质性利益作为贿赂的，但当前已出现了这种趋势，例如性贿赂就是突出的例子。有这样一个案例：被告人娄某，男，36岁，汉族，中专文化，某海关工作人员。娄在某海关工作期间，某走私集团的首要分子沈某为了达到大批私货走私入境的目的，曾企图用金钱向娄行贿，让娄利用值班之机放走私货入境，没有成功，后来沈打听到娄喜欢玩女人，遂指使走私集团成员渠某之妹渠某某去勾引娄下水。在渠的勾引下，娄果然上当，与之多次发生两性关系。后来娄接受了渠提出的让他（她）们的走私货过关的要求，利用其值班之机，先后四次放进该走私集团价值 1 990 余万元的走私货入境。[②] 对于这种情况，我国刑法学界存在两种观点：一种观点认为性交可以被看成是某种利

① 参见姜代境：《关于贿赂罪几个问题的探讨》，载《法学研究》，1985（5）。
② 参见赵长青主编：《贿赂罪个案研究》，14 页，成都，四川大学出版社，1991。

益。基于其特性，此种利益乃一种无形的非物质利益，但又与有形的物质利益有着密切的关系，因为性交的背后，隐藏着某些利益的交换。因此，这些学者把性贿赂作为贿赂罪的一种具体表现形式。[①] 另一种观点则认为，允诺性行为定为受贿罪，不论从刑法理论或从司法实践的角度，恐怕都很难令人接受；因为它显然不符合我国人民关于贿赂的观念和我国的法律规定。况且受贿罪是以收受一定数额的财物为构成犯罪的界限或科刑轻重的依据的，如果以性行为作为贿赂，以性交几次作为罪与非罪的界限或科刑轻重的依据，不易确定，也没有法律根据。[②] 我认为，允诺性交能否成为贿赂，是贿赂是否包括非物质性利益这个问题的一个重要组成部分。而要解决这个问题，需要从以下几个方面着手。

（1）贿赂罪的性质。这里主要指受贿罪的性质而言，它取决于受贿罪的客体。关于贿赂是否包括非物质性利益的两种观点，主要分歧之一就在于对贿赂罪的性质的认识。例如否定的观点认为，贿赂罪虽然属于渎职罪，侵犯的主要客体是国家机关的正常活动，但是正因为它是一种涉及钱财的犯罪，所以它又属于经济犯罪，侵犯的不是单一客体，而是复杂客体。索贿受贿的犯罪行为不仅损害了国家机关的声誉和正常活动，而且使他人的财产遭受损失。受贿人受贿后，又常常贪赃枉法为行贿人谋取非法利益或为其经济犯罪大开绿灯，给国家造成严重的经济损失，破坏了社会主义经济秩序。所以，贿赂罪的贿赂物就应当是具有货币经济价值的金钱、财物及可以折算为货币的物质性利益。单纯的非物质性的不正当利益怎么能构成经济犯罪呢？[③] 而肯定的观点则认为，贿赂罪并不是经济犯罪，贿赂罪的本质特征在于这种行为严重破坏了国家机关的声誉，破坏了国家机关的正常活动。主张贿赂只包括钱财的学者，错误就在于他们把贿赂罪这种渎职破坏国家机关正常活动的犯罪认为是一种经济犯罪，因此就只能得出一个错误的结论：贿赂罪的贿赂物应当是具有货币经济价值的金钱、财物以及可以折算为货

① 参见湖南省高级人民法院研究室：《谈谈性贿赂》，载《法治通讯》，1989（3）。

② 参见马克昌：《受贿罪客观要件探讨》，载《刑法运用问题探讨》，248页，北京，法律出版社，1992。

③ 参见杨再明：《贿赂不应包括非物质性的“其他不正当利益”》，载《法学研究》，1986（5）。

币的物质性利益。[①] 我认为，受贿罪的直接客体是职务行为的廉洁性，而非泛泛而指的国家机关的正常活动。同时，受贿罪的选择客体是国家经济管理活动。因此，在经济受贿的情况下，认为受贿罪具有职务犯罪与经济犯罪双重属性并无不可。但以此否认贿赂不包括非物质性利益却是不妥的。因为受贿罪的直接客体是职务行为的廉洁性，行贿罪的直接客体是职务行为的不可收买性，这就是贿赂罪的本质。贿赂是行贿人针对受贿人的某种职务行为的相对给付，与此职务行为存在一种对价关系。因此，一切能够满足受贿人各种性生活需要和精神欲望的财物、物质性利益和非物质性利益，都应视为贿赂。因为不论是财物、物质性利益还是非物质性利益，只要是受贿人所愿望的，行贿人加以满足，便能起到收买作用，从而侵犯职务行为的不可收买性。而国家公职人员只要接受了这些物质性的或非物质性的利益，就侵犯了职务行为的廉洁性。而且，非物质性利益作为贿赂，其收买性远非一定数额的财物所能比拟，从而表现出比后者更严重的腐蚀性和危害性。显然，将其排除在贿赂的范围之外是不妥当的。

（2）贿赂的传统观念。能否把非物质性利益作为贿赂，与贿赂的传统观念有一定的关系，因而否定与肯定两方的观点在这一点上是针锋相对的。否定的观点认为，从我国法制史上看，贿赂的概念中历来都不包括非物质性的“其他不正当利益”。所谓贿赂历来的解释是：贿者，财也（金钱和财物）；赂者，遗也（赠送）。贿赂二字是指“私赠财物而行请托”之意。[②] 而肯定的观点则认为，从贿赂一词本身的含义来讲，在古代它确实是仅指金钱和财物的。但是它也同我国的其他文字一样，是可以在历史的发展中被赋予新的含义的。对某一文字、某一词组的解释，如果仅仅拘泥于古代某人的解释，而不看后世人们又赋予了它哪些含义，则是片面的。[③] 这里所涉及的是对贿赂这个词的字面含义的解释问题。谁都不否定在中国古代刑法中贿赂是指财物，但分歧在于能否将贿赂的含义固定化、

① 参见姜代境：《对贿赂概念的再认识——兼答杨再明同志》，载《西北政法学院学报》，1987（3）。
② 参见杨再明：《贿赂不应包括非物质的“其他不正当利益”》，载《法学研究》，1986（5）。
③ 参见姜代境：《对贿赂概念的再认识——兼答杨再明同志》，载《西北政法学院学报》，1987（3）。

绝对化，也不能对刑法规范中贿赂的含义墨守成规地去解释，以至于置贿赂的新形式、新特点于不顾，无视其他不正当利益同财物和物质性利益一样都是行贿人收买受贿人使之利用职务上的便利为行贿人谋取利益的手段，或者受贿者渴望获得某种利益而不惜利用自己职务之便利为他人谋取利益。人为地将其他不正当利益排除出贿赂的范围，实际上是缩小了贿赂罪的范围，不利于同贿赂作有效斗争。[①] 因此，贿赂一词的含义本身也是会变化的，不必拘泥于古义。

（3）贿赂的司法认定。将贿赂的范围扩大到非物质性利益，是否会影响对贿赂的司法认定，这也是否定与肯定两种观点争论的一个焦点。否定的观点认为：从司法的角度上来看，把单纯行送、接受、介绍非物质性的“其他不正当利益”的行为作贿赂罪来处理是行不通的。首先，把非物质性的“其他不正当利益”作为一个司法中的概念来使用，本身就含义模糊，无法把握它的具体内容。其次，难以定罪和量刑。非物质性的“其他不正当利益”与拉关系、走后门、一般性的以权谋私等不正之风和一般违法行为无法划清界限。就量刑来看，如果只有非物质性的不正当利益，没有任何财物或货币或可以折算的物质性利益，也无法比照贪污罪处罚。[②] 肯定的观点则认为：上述观点在判断一个行为是否应属于犯罪行为时，以这个行为的内容是否容易把握，是否难以定罪量刑为标准，是犯了本末倒置的错误。[③] 我认为，在界定贿赂范围的时候，司法上的可操作性确实是一个应该考虑的因素，但是根本的还是要看行为的社会危害性。在这个意义上说，本末倒置当然是不应该的。事实上，不正当利益这个概念本身，并非含义模糊。其内涵确定，其外延一般来说也是明确的。当然，从定罪量刑的角度上来说，确实存在一些困难。就定罪而论，像有些学者所举的例子，甲开后门把乙的儿子提干，乙开后门把甲的女儿招工，双方都从对方获得了非物质性利益，是否对双方都要以行贿罪论呢？如果这种情况要以行贿、受贿罪论处，又怎能划清罪与非罪

① 参见肖常纶：《论贿赂罪的几个问题》，载《经济体制改革与打击经济犯罪》，131页，上海，上海社会科学院出版社，1987。

② 参见杨再明：《贿赂不应包括非物质性的“其他不正当利益”》，载《法学研究》，1986（5）。

③ 参见姜代境：《对贿赂概念的再认识——兼答杨再明同志》，载《西北政法学院学报》，1987（3）。

的罪限呢？我认为，对于这种情况，从社会危害性程度上来说是应该论罪的。从具体定性上来说，虽然有一定困难，但并非不能认定。在上述案件中，甲乙双方实际上是非物质性利益与物质利益的交换，应以主动一方为行贿，被动一方为受贿。当然，以职务行为行贿的，是行贿罪的一种特殊表现形式，应该在法律上加以明确规定。就量刑而言，非物质性利益由于无法折算成一定数额的财物，确实与我国对贿赂罪采取以一定财物的数额而建立起来的惩治体制难以协调，在量刑上存在一定困难。因为我国刑法对贿赂罪的惩治体制是建立在贿赂即是财物这一观念基础之上的，将贿赂的范围扩大到非物质性利益，则这一惩治体制势必发生变动。

（三）贿赂的科学界定

我认为，我国刑法中贿赂的范围应从理论和实际两个方面综合考虑。从理论上来说，贿赂的范围应与贿赂罪的性质保持一致。根据贿赂罪的性质，贿赂应该是指行贿人自愿交付给受贿人的，能满足受贿人物质需要和精神欲望，从而换取受贿人以其职务行为使行贿人某种利益或权利得以实现的一切物质性和非物质性的利益。把财物以外的其他不正当利益排除在贿赂的范围之外，确实与贿赂罪的性质相矛盾，也不符合贿赂罪的实际。法具有指引、评价、教育的社会功能，刑法也是如此。把财物以外的其他不正当利益纳入贿赂的范围，有利于社会大众对这种利益进行的贿赂行为性质的正确认识，从而有效地遏制这种贿赂行为的发生。从实际出发考虑，如果把一切非物质性利益都置于贿赂的范围之外，则在一定程度上会助长以这种利益进行的贿赂行为的蔓延。如果把一切非物质性利益都纳入贿赂的范围，则立法与司法都将面临亟待解决的问题：首先，在立法上需要重新设置贿赂的惩治体制。因为非物质性利益不像财物那样可以通过量化的规定设置处罚标准，只能根据贿赂的性质、行为的社会危害性程度、对国家机关声誉及正常活动的破坏程度等各种情节进行综合考虑。因此，目前我国刑法以财物的数额大小为基础的处罚标准体系便不适应，需要重新设置。其次，在司法上功能需要强化。因为扩大贿赂的范围，贿赂犯罪惩罚概率有所提高；同时，重新设置处罚标准体系，司法的困难有所增加。这样，就必须进一步强化对贿赂的司法功能。最后，对贿赂罪的惩治与国家公务员制度的建立与完善具有重要关系。我国公务员制度尚未建立起来，当前的人事管理制度还存在较大的缺陷。因此，贿赂范围的扩大应该与国家公务员制度的建立予以同步考虑。因为只有建立了国家公务员制度，并健全了有关的行政管理法规，才能对国家公务员严加要求，并且保证对贿赂犯罪惩治的有效性。

综上所述，从理论上来说，贿赂的范围应该包括财物、物质性利益与非物质性利益。但目前马上把非物质性利益纳入贿赂的范围存在一定的困难。在条件成熟的情况下，应该把非物质性利益纳入贿赂的范围，以便有力地惩治贿赂犯罪。现行刑法将贿赂限于财物，范围过于狭窄，应当扩大到物质性利益。

六、受贿故意

受贿罪的主观方面主要是指受贿故意。我认为，受贿故意只能是直接故意，其内容表现为行为人明知利用职务上的便利为他人谋取利益而索取或者收受贿赂的行为是一种损害其职务行为廉洁性的行为，仍然故意地实施这种行为。

（一）受贿是否存在事后故意

受贿是否存在事后故意，主要涉及受贿故意的内容问题。受贿故意当然具有收受财物的故意，即明知是财物而予以收受。那么，收受财物的故意是否可以等同于受贿故意呢？显然不能，受贿故意的内容中，除收受财物的故意以外，还应当包括明知财物是本人利用职务上的便利为他人谋取利益的报答物而予以收受的故意。换言之，受贿故意包括权钱交易的内容，这是一种贿赂的故意。就利用职务上的便利为他人谋取利益与收受财物的关系而言，可以分为两种情况：一是先收受财物后为他人谋取利益，即所谓事前受贿。在刑法理论上，这是一种收买性贿赂。这种事前受贿，在客观上，收受财物与为他人谋取利益之间存在因果关系；在主观上，行为人之间往往存在收受财物之后为他人谋取利益的约定，即主观上明知是贿赂而予以收受。在这种情况下，受贿故意是十分明显的。二是先为他人谋取利益后收受财物，即所谓事后受贿。在刑法理论上，这是一种酬谢性贿赂。关于这种事后受贿，是否必须以事前约定为条件，在刑法理论上存在争论。例如苏联刑法理论对此存在三种观点[①]：第一种观点认为，公职人员即使在事先没有商定他实施有利于行贿人的行为后收取非法报酬，但事后收受的，也应按有关受贿责任的规定惩处。第二种观点认为，在这种情况下，报酬已不是实施某种行为的动机，以至于会影响公职人员，使其因非法报酬而执行有利于行贿人的某种行为。公职人员没有事先约定过收取报酬，他并不是按贪利的想法行事，而是由于一般职责的缘故执行的。所以不能把这种行为看作是受贿。第三种观点则认为，这种情况下不应按受贿罪处理，但应通过制定另外的刑法规范来追究其刑事责任。我国《唐律》规定，“诸有事，先不许财，事过之后而受财者，事若枉，准枉法论；事不枉者，以受所监临财物论”。我国学者认为，事前虽然与行贿人没有收取财物的期约，甚至是没有或没想到收受财物，但是事后起意索要或者在行贿人提供财物时接受，只要说财物是对其行贿人谋取利益的“报酬”，就应该看作有受贿的故意，认定受贿罪。[②] 我认为，事前没有约定而事后收受了财物的，行为人主观上没有受贿的故意，而且就赠送财物的对方来说，也没有收买国家公职人员的职务为自己谋取利益的故意，因而所谓事先没有约定，并不限指明文约定，而且包括暗示约定。对于事前没有约定而事后收受他人财物的，可予以必要的行政处罚，尤其是对那些枉法履行职务而事后收受他人财物的，更应严肃处理。

（二）索贿是否以为他人谋取利益为要件的问题

1985 年“两高”《解答》将为他人谋取利益置于索贿与受贿之前，说明无论是索贿还是受贿都以为他人谋取利益为要件。但 1988 年《补充规定》则将为他人谋取利益置于索贿之后受贿之前，说明受贿以为他人谋取利益为要件，而索贿则并不以为他人谋取利益为要件。因此，1989 年“两高”《解答》对此作了确

① 参见［苏］E.B. 鲍尔迪列夫、B.A. 普罗特钦科：《贿赂行为和其他形式的非法收取报酬的责任》，载《法学译丛》，1982（4），10 页。

② 参见最高人民检察院研究室：《经济犯罪疑难案件定性解说》，102 页，哈尔滨，黑龙江人民出版社，1997。

认，并且应该说是符合立法原意的。1997 年《刑法》第 385 条作了同样的规定。问题在于：这一立法原意本身是否正确？立法者之所以对索取贿赂与收受贿赂是否要求为他人谋取利益作出不同的规定，主要是表明立法者对索贿从严、受贿从宽的态度，这本来是无可非议的。但值得考虑的是：索贿不以为他人谋取利益为要件，它是否还属于受贿罪的范畴？因为索贿与受贿都是受贿罪的客观表现形式，就其本质而言，都是利用职务上的便利为本人谋取私利。但它又不同于一般的渎职罪，其特点在于货币与权力的交易。正是在这个意义上，才把收受的财物称为贿赂，把交付这种财物的行为规定为行贿罪，一并予以惩处。如果索贿人主观上根本没有为他人谋取利益的意图，而是凭借职务上的便利，勒索他人财物，那就超出了受贿罪的范围，属于敲诈勒索的问题。在这种情况下，被勒索的财物不是贿赂，被勒索的人也根本不构成行贿罪。因此，我认为无论是索贿还是受贿，都应以为他人谋取利益为要件。

（三）为他人谋取利益是受贿罪的客观要件还是主观要件问题

1979 年《刑法》第 185 条对受贿罪的规定并未涉及为他人谋取利益的问题，1985 年“两高”《解答》在受贿罪的概念中规定了为他人谋取利益。1988 年《补充规定》在受贿罪的概念中也提到为他人谋取利益，将之与非法收受他人财物的受贿行为联系在一起。1997 年《刑法》第 385 条同样在受贿的概念中，规定了为他人谋取利益。那么，为他人谋取利益是受贿罪的客观要件还是主观要件？对此，我国刑法学界存在两种观点。第一种观点认为，为他人谋取利益属于受贿罪的客观要件，指出：“受贿罪在客观方面表现为，行为人利用职务上的便利，索取他人财物或者非法收受他人财物为他人谋取利益的行为。所谓为他人谋取利益，是指受贿人为行贿人谋取某种非法利益或合法的利益，这是行贿人与受贿人之间的一个交换条件。”① 第二种观点认为，为他人谋取利益属于受贿罪的主观要件，指出：为他人谋取利益只是行贿人与受贿人之间货币与权力互相交换达成的默契。就行贿人来说，是对受贿人的一种要求；就受贿人来说，是对行贿人的

① 高铭暄主编：《中国刑法学》，692 页，北京，中国人民大学出版社，1989。

一种许诺或者答应。因此，为他人谋取利益只是受贿人的一种心理态度，属于主观要件的范畴。[①] 对于这个问题，从法律规定来看，是作为受贿罪的客观要件来规定的。“两高”对此也是这样解释的。例如1989年“两高”《解答》指出，根据《补充规定》第4条第1款的规定，认定受贿罪的行为应当掌握：(1) 索取他人财物的，不论是否“为他人谋取利益”，均可构成受贿罪。(2) 非法收受他人财物，同时具备“为他人谋取利益”的，才能构成受贿罪。为他人谋取的利益是否正当，为他人谋取的利益是否实现，不影响受贿罪的成立。我主张为他人谋取利益是受贿罪的主观要件的观点。因为如果把为他人谋取利益视为受贿罪的客观表现，那么，受贿罪就具有双重行为：一是非法收受贿赂，二是为他人谋取利益。因此，受贿罪的既遂就应当同时具备这两种行为，因为只有这样才能认为是齐备了受贿罪的构成，因而满足了既遂的要求。但认为为他人谋取利益是受贿罪客观要件的学者又认为，受贿罪应以收受财物为既遂，未收受财物为未遂，而不问是否实行了为他人谋取利益的行为。显然，这与刑法理论是不相吻合的。

（四）为他人谋取利益在主观要件中属于什么性质

如上所述，我认为为他人谋取利益是受贿罪的主观要件，但它在主观要件中属于什么性质呢？对此，我国刑法学界鲜有论及，同时这也是一个难度较大的问题。我认为，为他人谋取利益，在受贿罪的构成要件中只是一种主观上的“意图”。例如，俄罗斯刑法典关于受贿罪的规定就表述为“为了行贿人的利益”，这显然是指受贿人的主观意图由具有这种特定的主观意图而构成犯罪，在大陆法系的刑法理论中称为目的犯。目的犯之目的，通常超越构成要件的客观要素的范围，所以也叫作超越的内心倾向。通常，目的犯可以分为两种：一是断绝的结果犯。这种目的是根据行为本身，或作为附带现象，由自己来实现，特别是在其实现上，不需要新的其他行为。例如阴谋犯之意图，就是断绝的结果犯的适例。二是短缩的二行为犯。根据这个构成要件的行为本身，不能达到目的，于是，行为人又要通过第三者的其他行为才能实现其目的。例如伪造货币罪之供行使之用的

① 参见王作富、陈兴良：《受贿罪构成新探》，载《政法论坛》，1991 (1)，24页。

意图，就是短缩的二行为犯的适例。显然，受贿罪由为他人谋取利益之意图而构成，是短缩的二行为犯。这里的二行为，一是指受贿行为，二是指为他人谋取利益的行为。为他人谋取利益并不能由受贿行为本身实现，而有赖于将这一意图付诸实施。但为他人谋取利益这一行为又不是受贿罪本身的构成要件之行为，因而称为短缩的二行为犯，以与纯正的二行为犯相区别。立法者之所以规定短缩的二行为犯是为了防止其他违法犯罪的发生。也就是说，根据法律的规定，不待其他违法犯罪发生（即只有其他违法犯罪之意图），就足以构成本罪。这里所谓目的，相对于本罪的构成要件的行为来说是动机，是立法者想要防止的那个犯罪的目的。例如，伪造货币罪之行使意图，对于伪造行为来说是动机，对于将来的行使行为来说是目的。在受贿罪中，为他人谋取利益之意图，对于受贿行为来说是动机；而对于为他人谋取利益的行为来说则是目的。应该指出，大陆法系国家在目的犯的立法例中鲜有使用目的一词的，一般使用意图这一概念。在刑法理论上一般概括为目的犯，实际上应该是动机犯，只是因为在大陆法系刑法理论中，动机和目的没有严格意义上的区别，一般没有动机的概念，对于犯罪人的主观心理状态除故意以外，就用目的概括之。综上所述，我认为受贿罪是短缩的二行为犯，为他人谋取利益是受贿罪的动机。

（五）为他人谋取利益的认定

如前所述，为他人谋取利益是受贿罪的主观要件，那么，如何加以正确地认定呢？我认为，为他人谋取利益应当根据其表现加以认定。在刑法理论上，一般认为为他人谋取利益具有以下几种情况：（1）意图为他人谋取利益，尚未实际进行；（2）正为他人谋取利益尚未获得成功；（3）已为他人谋取了部分利益，还未完全实现；（4）为他人谋取的利益，全部满足了要求。[①] 下面，分别这几种情况，对受贿罪的为他人谋取利益认定问题论述如下。

（1）意图为他人谋取利益，尚未实际进行。这是受贿罪中为他人谋取利益的

① 参见马克昌：《受贿罪客观要件探讨》，载《刑法运用问题探讨》，251 页，北京，法律出版社，1992。

最低要求。在这种情况下，为他人谋取利益是行为人主观上的一种意图，尚未付诸实施；但这并不意味着为他人谋取利益是纯主观的东西，它往往通过与行贿人约定等活动表现出来，因而可以正确加以认定。

（2）正为他人谋取利益尚未获得成功。在这种情况下，受贿人已经着手利用职务上的便利为他人谋取利益，因而为他人谋取利益已经不再单纯是主观上的意欲，而是已转化为为他人谋取利益的实际行为。当然，在这种情况下，为他人谋取利益尚未获得成功，但仍然可以根据为他人谋取利益的实际行动加以认定。

（3）已为他人谋取了部分利益，还未完全实现。这比前一种情况要更进一步，不仅已经着手利用职务上的便利为他人谋取利益，而且已经谋取了部分利益。因而，对于这种情况在认定上一般不会发生困难。

（4）为他人谋取的利益，全部满足了要求。这是为他人谋取利益的完成式，因而受贿罪中为他人谋取利益这一主观意图也是容易认定的。在这种情况下，为他人谋取利益已经不再是有受贿人的主观意图，而是已经转化为客观行为。因而，在这种情况下，从客观方面来说，具有受贿行为与为他人谋取利益这两种行为。对于受贿罪的构成来说，只要求具有受贿这一种行为，为他人谋取利益并不是受贿罪所要求的，但它对于认定受贿人是否具有为他人谋取利益的意图仍然具有一定的意义。

（六）关于谋取不正当利益

对于普通受贿罪来说，为他人谋取的利益是否正当，并不影响犯罪的成立。但对于间接受贿来说，依据《刑法》第388条的规定，只有为请托人谋取不正当利益的，才能构成犯罪。从行为人主观上来说，具有为请托人谋取不正当利益的目的，那么，对于这里的不正当利益如何理解呢？对此，司法解释作了明文规定。1999年9月16日最高人民检察院《关于人民检察院直接受理立案侦查案件立案标准的规定（试行）》附则（五）指出：本规定中有关贿赂罪中的“谋取不正当利益”，是指谋取违反法律、法规、国家政策和国务院各部门规章规定的利益，以及谋取违反法律、法规、国家政策和国务院各部门规章规定的帮助或者方便条件。这里的违反法律、法规、国家政策和国务院各部门规章规定的利益，是指这种利益本身是违法的，理应属于不正当利益。这里所谓违反法律、法规、国家政策和国务院各部门规章规定的帮助或者方便条件而谋取利益，是指利益本身并不违法，但获取这种利益的手段是违法的。在这个意义上，司法解释对不正当利益作了扩大解释。尽管对此学理上存在争议，但司法机关应当照此办理。

七、经济受贿

《刑法》第385条第2款规定，“国家工作人员在经济往来中，违反国家规定，收受各种名义的回扣、手续费，归个人所有的，以受贿论处”。这是一种经济受贿，是受贿罪中的一种特殊情况。非法收受回扣、手续费在当前社会经济活动中具有相当的复杂性。我认为，对经济受贿行为追究刑事责任，应当注意以下问题。

（一）正确界定回扣、手续费

回扣、手续费是经济受贿中贿赂的主要表现形式，是在改革开放的市场经济大潮中出现的敏感问题。对于这个问题，在实践中感到茫然，在理论上感到困惑。因此，对于回扣、手续费的态度问题，不仅是一个认定经济受贿的罪与非罪的法律问题，而且也是一个涉及我国改革开放之经济政策的严肃问题。对此，我们不应回避，而是应该正视它，从有利于生产力发展出发，科学地予以解释。

1. 回扣

（1）回扣的概念。

关于回扣的概念，我国刑法学界存在着分歧意见，主要有以下几种观点：第一种观点认为，回扣是卖主或者买主支付给替其“出力”的人的钱。[①] 第二种观点认为，回扣是卖方付给替其“出力”或“促成交易”的人的钱。[②] 第三种观点认为，回扣是在商品交易中，卖方支付给买方的委托代理人（亦即经办人）的一

① 参见黄正学：《关于回扣、佣金等问题的来由、现状与对策》，载《法讯》（增刊），7页。

② 参见黄正学：《关于回扣、佣金等问题的来由、现状与对策》，载《法讯》（增刊），7页。

定数量的金钱。[1] 第四种观点认为，回扣是经手采购或代卖方招徕顾客的人向卖方索取的佣金。这种钱实际上是从买方支付的价款中扣出来的，所以叫回扣，有的地方也叫回佣。[2] 第五种观点认为，回扣是购销双方在成交过程中，卖方为了肯定和发展这种关系，讨好买方，按照成交时约定或惯常做法，使钱款又回到了买方手中，所以叫回扣。[3] 第六种观点认为，回扣指在商品或劳务买卖中，由卖方从其卖得价款中退还给买方单位或经办人的款项。[4] 上述定义从各自的角度对回扣作了界定，揭示了回扣的一些合理内涵，但也存在分歧点，这些分歧点主要有：第一，付回扣方应该是卖方还是买方，抑或是卖方和买方皆可。第二，收回扣方是买方，还是买方的代理人，抑或是卖方或买方的代理人，能不能是居间人。第三，回扣发生的领域是仅限于商品购销交易，还是包括劳务买卖的一切购销交易。第四，回扣的表现形式是仅指金钱，还是包括实物及其他物质性利益。

我认为，可以为回扣下这样的一个定义：回扣是指商品交易中，卖方在收取的价款中扣出一部分回送给买方或其委托代理人（经办人）的金钱、实物或其他物质利益。由此可见，回扣具有以下特征。

其一，回扣发生在经济往来过程中的买卖双方之间，存在于一切商品交易中。只要有买卖双方存在，就有可能出现回扣。劳务、科技、信息等在市场经济中都是商品，也要在市场上进行交易，因而同样可能存在回扣现象。因此，那种把回扣发生的领域仅限定于一般货物买卖中的观点是不全面的。其二，回扣只能由卖方（包括劳务付出方）支付。卖方是价款的获得者，只有卖方才可能有权从自己获得的价款中扣出一部分返还给买方或买方的代理人。因此，把由买方支付给卖方或卖方经办人的额外款物也归入回扣是不科学的。其三，回扣只能付给买方（包括劳务接受方）或买方的经办人，或者既付给买方，又同时付给买方的经

---

① 参见黄正学：《关于回扣、佣金等问题的来由、现状与对策》，载《法讯》（增刊），7页。

② 参见林琨：《社会主义商品经济条件下，佣金回扣的法律调查》，载《法讯》（增刊），15页。

③ 参见吴保魁：《不能使回扣合法化》，载《人民检察》，1988（10）。

④ 参见佟勇、李晓斌：《关于回扣的非法性质及对策》，载《贪污贿赂文集》，748页，北京，中国高级检察官培训中心印行，1989。

办人。显然，回扣不是付给居间人的，居间人获得的报酬是佣金，而佣金不同于回扣，对此必须加以区分。其四，回扣的表现形式既可以是金钱，也可以是实物，还可以是其他物质性利益。因此，不能把回扣的表现形式局限于金钱。

（2）回扣的界定。

从上面回扣的概念可以看出，回扣与佣金、折扣、奖金都是有区别的，下面分别论述。

一是回扣与佣金的区别。佣金是买卖双方或一方因居间人或经纪人为交易双方介绍或代买代卖商品而向居间人或经纪人支付的一种劳务报酬。佣金主要在以下几方面不同于回扣：第一，回扣只能由卖方支付；而佣金既可由卖方支付，也可由买方支付，还可由买卖双方共同支付。第二，回扣的收受方是买方或买方的经办人。买方的经办人从属于买方，不是独立的第三人。佣金的收受方是独立于买卖双方之外的第三人，一般称为中间人、居间人或经纪人，是独立的主体。第三，佣金是居间人或经纪人因为交易双方介绍或代买代卖商品而获取的劳务报酬，且佣金的多少往往是以交易数额或为委托人谋取利益数额的百分比计算的，具有公正性，是正当合法的，目的是使佣金收受者更加积极忠实地履行其职责。而回扣则并不都是正当合法的。让利性和劳务报酬性回扣是合理的，而不正当竞争之回扣和贿赂性回扣都是违法的。第四，佣金的客观作用是沟通产销，促进流通，它不仅有益于双方当事人，而且也有益于社会经济的发展，对国家和社会一般来说是有利的。当然，佣金的收取应当有一定的限制，并且其收入应当依法纳税。回扣的客观效果具有两面性，既有其积极的一面，又有其消极的一面。不正当竞争之回扣和贿赂性回扣不仅阻碍商品的正常运转，人为地哄抬了物价，破坏正常的商品经济秩序，而且还会腐蚀人们的心灵，破坏廉政建设，玷污社会风尚。

二是回扣与折扣的区别。折扣是商品或劳务买卖业务中，由卖方给予买方价格上的优惠。打折售卖是独立的商品生产者、经济者的一种自主定价行为，只要不违反国家计划、政策及财纪纪律，都是合法的。回扣与折扣的主要区别在于：回扣必须先由买方支付给卖方，然后再由卖方返回给买方或买方代理人部分价款。回扣并不冲减付款，而是在付清合同规定的全部款项以后再予返还的金钱或者代替金钱的实物。折扣则是一种实质意义上的明码标价，是减价的一种表现形式，只需买方或买方代理人按照折扣价支付价款，无须再由卖方返回部分价款，而且折扣冲减付款。

三是回扣与奖金。奖金一般是对本企业职工超额劳动的报酬或奖赏，是一种内部按劳分配原则的体现。回扣则是由外单位（一般是卖方）支付的。在当前的经济交往中，还有一种回扣称为“奖金回扣”，这种回扣主要有两种表现形式：一种是“有奖订货”，另一种是“推销奖励”。前者是按订货额给定货经办人奖金；后者是授权推销员给买方塞回扣，作为奖金。奖金的多少与订货或购买额的多少成正比。实质上，二者都是以奖励形式支付回扣，名为奖金，实则是回扣。当然，在回扣交归单位后，经单位审核后又重新发给买方单位的经办人的部分或全部回扣，就内部而言，可称之为奖金；就外部而言，可称之为回扣，但都是合法的。

（3）回扣的性质。

对回扣性质的认定，关系到对回扣采取正确的态度，因而十分重要。关于回扣的性质，在我国法学界存在不同的观点，概括起来大致有以下几种：第一种观点认为，回扣实质上是利润的分配，付方是让利，收方是在买卖获利的基础上再次与付方分付。① 第二种观点认为，回扣同佣金一样，都是在商业界给付中间人的劳务报酬，是促进商品交换、保证商品流通的不可缺少的商业手段。② 第三种观点认为，回扣由于是一种商品账面价格以外的金额，它是卖方用账面价格以外的金额，来引诱对方或交易人员按照自己所希望的价格来达到目的。这样有无回扣、回扣比例高低就代替了价格、质量等成为竞争手段。这种不正常行为，造成了“劣货驱逐良货”的不正常现象，这显然是一种经济弊端。③ 第四种观点认

---

① 参见徐勉利：《从武汉工贸市场回扣的现状看其利与弊》，载《法讯》（增刊），2页。

② 参见林琨：《社会主义商品经济条件下，佣金回扣的法律调查》，载《法讯》（增刊）。

③ 参见佟勇、李晓斌：《谈谈回扣的非法性质及对策》，载《贪污贿赂罪论文集》，749页，北京，中国高级检察官培训中心印行，1989。

为，大量事实证明，无论是国内还是国际贸易往来中，收受回扣的情况虽有不同，但一般肯送回扣的，不少情况下，商品质量的高低与回扣数额大小成反比。商品质量越高，付回扣越少或不送回扣，有的还要倒过来向卖方经办人送礼行贿；商品的质量越低，送回扣就越多。卖方高价推销残次品或冒牌货的“秘诀”就是向买方经办人等多次送回扣，许多买方经办人明知商品质量低劣，但由于拿了回扣而促成交易，至此，回扣的贿赂实质不是昭然若揭吗?[①] 我认为，以上各种观点，都是在一定程度上揭示了回扣的性质，但又都失之偏颇，需要细加辨析。

我认为，回扣具有以下属性。

一是让利性。回扣的让利性是指在一定意义上说，回扣是买方与卖方之间的利润分配。因为商品流通中，买卖双方追逐的都是利润。无论是生产厂家还是销售企业，都是为了从商品流通中获得利润，但同时也承担着亏本的风险。为了加速资金流转，尽快实现利润，卖方往往以回扣刺激买方的购买欲。因而，回扣具有一定程度的让利性。应当指出，这种让利性回扣只能是卖方与买方之间的利润分配，因此也只能是直接支付给买方或经由买方的经办人间接转归买方，而不能是支付给买方的委托人所有。

二是劳务报酬性。不可否认，卖方支付给买方委托人的回扣在某些情况下是一种劳务性报酬，因而具有对买方委托人的劳务报酬性。由此可见，作为劳务报酬的回扣只能支付给买方的经办人或代理人，这种报酬是买方经办人从卖方那里获得的额外报酬，因为买方的经办人或代理人在为买方购货时，买方对其委托经办人或代理人已经以工资或其他名义支付了劳务报酬。在回扣作为劳务报酬时，我们应该正确认识卖方、买方与买方的经办人或代理人之间的关系，尤其是要弄清买方经办人的特殊地位。买方经办人受买方之委托，服务于买方，并应效忠于买方，争取以最低的价格为买方购得最理想的商品或劳务，因而从买方领取劳务报酬或额外的奖金。然而，买方的经办人在为买方效力时，客观上同时也是在帮

① 参见吴保魁:《不能使回扣合法化》，载《人民检察》，1988 (10)。

助成交的卖方推销了商品。卖方为了表示感谢，向买主经办人支付一定量的回扣作为奖励或报酬也具有其合理性。

三是不正当竞争性。应该指出，回扣对于买方来说虽然具有让利性，但任何事物都有一定的度，突破度就会发生质变。在商品经济的社会里，无论是生产厂家还是销售企业，都是唯利是图，其让利总是有一定限度的，支付回扣是为了更快更多地实现利润。如果生产厂家或销售企业既能不给回扣又能顺利推销其商品时，他们是不会自愿通过回扣让利于人的，更不可能无限地给予回扣。如果为了垄断某一商品市场，故意损害其他生产厂家或销售企业的利润，给予的回扣便发生了质变，成了一种不正当竞争的手段。大多数国家对于让利性回扣都是承认和允许的，而对于不正当竞争之回扣则大多作了法律限制。

四是贿赂性。如前所述，回扣对于买方的经办人或代理人具有劳务报酬性，但这种劳务报酬性是有条件和有限度的。如果卖方有意向买方的经办人支付回扣，收买买方的经办人，买方的经办人在金钱的利诱下，只顾个人中饱私囊，见利忘义，不顾商品质量和市场销路，盲目进货，造成成批商品的大量积压或闲置，就会严重损害买方的利益。那么，这种回扣便超出了劳务报酬性回扣的范围，而成为一种实质性的贿赂。例如，我国台湾地区学者林山田指出：公务员于从事采购公物或发包工程时，向商人或包商索取或收受回扣，或商人或包商期约或交付回扣而请托公务员向其购买或使其得以承包工事等情事时有所闻。在此等情况下，公务员因要求、期约或收受回扣而向交付或允诺交付回扣之商人采购，商人亦因交付或允诺交付回扣而得将其货物售予公家机关；同样地，公务员因要求、期约或收受回扣而使交付或允诺交付回扣之包商得以承包工事，包商亦因交付或允诺交付回扣而得承包工事，并且可以偷工减料而于竣工时顺利获得验收等等。在此等公务员图利渎职行为中，回扣于本质上显为对于公务员之特定职务行为之相对给予，而与公务员之职务行为构成对价之必要关系。因此，流行于机关之采购公物或发包工程之回扣，应属受贿罪之贿赂，自为不争之论。①

① 参见林山田：《刑法各罪论》，852页，台北，1995。

综上所述，回扣的让利性与不正当竞争性同在，劳务报酬性与贿赂性并存。当回扣的收受方为批发商、零售商、集体、国有单位或消费者个人时，回扣具有让利性。在这种情况下，在货物质量相同时，买方支付的货款往往低于市场价格。这种让利性回扣有利于市场经济的发展，应当允许。但是，如果卖方是为了不正当竞争之目的而给付这些单位或个人回扣时，这种回扣就具有不正当竞争性。判断是让利性回扣还是不正当竞争性回扣，应当以是否违背正当竞争为标准。正当的竞争应该是在等价交换的基础上所进行的价格与质量的竞争，应该是符合国家法律和政策的竞争。当回扣的收受所有方是买方的经办人或代理人时，回扣具有劳务报酬性。在这种情况下，在货物质量相同时，买方支付的货款往往或低于市场价格，或等于市场价格。卖方从买方支付的款项中抽出一部分货款作为对买方代理人与其合作的奖酬。但是，如果卖方向买方经办人支付回扣是以损害买方之利益为目的，从而为自己谋取不正当利益时，回扣便具有贿赂性。判断这种回扣之贿赂性有无的标准，应该看卖方是否具有收买买方的经办人，以损害买方利益的故意。如果买方的经办人虽然收受了一定量或较大量的回扣，但并不损害买方的利益，卖方给付回扣也不具有损害买方的故意，那么，即使回扣数量再大，也不具有贿赂性。可见，回扣利弊兼具，因此应当区别对待，兴利除弊。

2. 手续费

（1）手续费的概念。手续费，一般来说是指因办理一定事务或付出一定劳动而收取的费用。经济受贿中的手续费是指单位或个人为了推销产品、购买原料、联系承包业务或者进行其他经济活动时，给予对方单位或对方推销人员、采购人员、业务人员等作为“酬劳”的财物。一般将其称为“好处费”“辛苦费”“介绍费”“酬劳费”“活动费”“信息费”“奖金”等等。由此可见，手续费具有以下特征：1）支付手续费的一方是接受劳务的一方。支付方既可以是单位，也可以是个人。2）接受手续费的一方是提供劳务的一方。接受方同支付方一样，既可以是单位，也可以是个人。3）手续费既可以表现为金钱，也可以表现为实物，或其他物质性利益。

（2）手续费的性质。手续费就其本质而言是一种劳务报酬，只有在接受了对方付出的一定劳务之后，才能向其支付手续费。同样，只有向对方付出了一定劳务以后，才有权要求对方支付手续费。就此而言，手续费是按劳分配原则的具体体现，本身并无非法性可言。问题在于，当前社会上有些犯罪分子并未付出劳动，而是履行其职务行为，而在收受手续费的名义之下大行受贿之实，对此应当严加禁止并予以处罚。

（二）正确理解经济交往

经济受贿发生在经济活动中，这是它和普通受贿的根本区别之一。这里的经济活动包括国家经济管理活动，又包括国家工作人员参与的直接的经济交往活动。前者如国务院1988年6月25日公布、1988年7月1日施行的《中华人民共和国私营企业暂行条例》第46条规定，管理机关的工作人员违反本条例规定，滥用职权、徇私舞弊、收受贿赂触犯刑律的，依法追究刑事责任。这里所说的管理机关的工作人员收受贿赂，就是指国家工作人员在经济管理活动中的经济受贿行为。后者如1985年7月8日“两高”在《解答》中提出的：当前，在经济活动中，国家工作人员利用职权或者工作便利，为他人谋取利益，以“酬谢费”等名义索取、收受财物的；利用职务上的便利，与他人勾结，以次充好、以假冒真、以少报多、以多报少、抬高或降低物资价格、提高工程造价、降低工程质量等手段为他人谋取利益，使国家或集体受到损失，而以“酬谢费”等名义索取或者收受财物的，均应认定为受贿罪。

（三）正确认定违反国家规定

我国有关政策、法律或司法解释对于回扣、手续费早有明文禁止的规定。1981年7月15日，国务院发出《关于制止商品流通中不正之风的通知》，该通知明文规定：“一切社会主义企事业单位、经济单位之间的购销活动，一律禁止提取‘回扣’，过去实际上存在的提取‘回扣’的做法，要立即废除。关于我国在国际贸易活动中的‘回扣’问题，另行规定……购销人员只能在本单位领取奖金，不得从外单位获取任何费用和私利”。1986年6月5日国务院办公厅在《关于严禁在社会经济活动中牟取非法利益的通知》中指出：当前，在社会经济活动中，以“回扣”等名目非法收受“酬金”，违反财经纪律，牟取非法利益的现象相当严重。这些行为不仅危害社会主义经济秩序，干扰经济体制改革，而且腐蚀干部、职工思想，破坏社会风气，必须严加禁止。该通知还规定：任何单位、个人，在国际贸易等活动中根据国际惯例收取的回扣，必须按照财经制度全部列入单位收入，不准归个人所有。企事业单位在经营活动中，根据国家规定收取的手续费，必须按照财经制度全部列入单位收入，除国家另有规定的外，不得分给个人。及至 1988 年 1 月 21 日全国人大常委会《关于惩治贪污罪贿赂罪的补充规定》明确规定，国家工作人员、集体经济组织工作人员或者其他从事公务的人员，在经济往来中，违反国家规定收受各种名义的回扣、手续费，归个人所有的，以受贿论处。1988 年 7 月 18 日，财政部有关负责人提出了处理我国回扣问题的政策界限和具体办法：对商品物资交易，如需给买方优惠，可尽量用价格折扣办法处理。如要采用回扣办法，只能在单位之间通过合同或协议公开进行，严禁回扣在暗中进行。交易双方支付或收受回扣的款项都必须如数入账。任何单位都不得以任何名义或方法给个人回扣；任何人不得以任何名义或方式索取或收受回扣，否则按行贿受贿从严惩处。各单位不得从收到的回扣中给有关人员提成奖励，对业务人员工作成绩突出，需要奖励的，应按现行的职工奖励办法办理。尤其是 1993 年 12 月 1 日施行的《反不正当竞争法》第 8 条规定："经营者不得采用财物或者其他手段进行贿赂以销售或者购买商品。在账外暗中给予对方单位或者个人回扣的，以行贿论处；对方单位或者个人在账外暗中收受回扣的，以受贿论处。"该规定进一步明确了对回扣立法禁止的精神。应该指出，以上政策、法律规定，对于认定经济受贿具有一定的意义。但随着社会主义市场经济的发展，我认为，以下回扣、手续费应属合法：(1) 在经济交往中，付出一定的劳务而收取不超过规定的回扣、手续费。(2) 收受回扣、手续费用于集体福利或者奖励，包括对在经济活动中作出贡献的业务人员的奖励。(3) 收受回扣、手续费归单位所有，并有单据发票，按照会计制度建账。以下回扣、手续费应属非法：(1) 利用职务上的便利收受回扣、手续费，中饱私囊的。(2) 收受回扣、手续费，少数人私分的。(3) 收受回扣、手续费，给本单位造成重大损失的。非法收受回扣，情节严重的，应以犯罪论处。

八、受贿罪与非罪的界限

受贿罪与非罪的区分，应当严格按照法律规定的受贿罪的构成要件，凡是符合受贿罪构成要件的，即构成犯罪；凡是不符合受贿罪构成要件的，即不构成犯罪。在司法实践中，正确区分受贿罪与非罪的界限，应当注意以下几个问题。

（一）区分受贿行为与接受馈赠的界限

受贿行为与接受馈赠在表面上颇为相似，都是国家工作人员收受他人交付的财物，但两者的性质截然不同：前者是以权谋私的职务犯罪，后者是联络感情的正当行为。因此，从法律规定上来看，受贿行为与接受馈赠还是有区别的，这主要表现在受贿行为是利用职务上的便利收受他人财物并为他人谋取利益，是一种权钱交易，是损害职务行为的廉洁性的犯罪行为。而接受馈赠则是基于当事人之间的亲友关系收受礼物，与职务没有关系。但在司法实践中，往往存在以接受馈赠为名行受贿之实，致使受贿罪的认定发生一定的困难。我认为，区分受贿行为与接受馈赠应从以下三个方面入手。

（1）双方关系。馈赠的发生不是无缘无故的，是基于个人之间的友谊与感情，因此，只有在双方之间具有长期的友情交往的情况下，才有可能发生馈赠。所以，在区分受贿行为与接受馈赠的时候，应当考察双方之间是否存在长期的、深厚的友情关系。不存在这种友情关系，则这种馈赠往往是虚假的，必定另有所图；接受这种馈赠也不是无条件的，而要付出一定的代价，即利用职务上的便利为他人谋利益。因而，在这种情况下，结合其他案情分析，有可能构成受贿行为。如果双方之间确实存在友情关系，则应当认定为馈赠。应当指出，国家工作人员也是具有正常的感情的，因而在工作交往中也会交识朋友，经过长期来往，由于习性相投，也会产生友情，因此难免有礼尚往来，不能由此简单地认定为受贿行为。例如，某国营大公司经理王某与乡镇小企业厂长陈某互相之间存在业务往来，陈某有求于王某，为此陈某曾经向王某送过一些礼物，数额均不大。后来，双方的儿子结成干亲，继续往来。王某的儿子结婚时，陈某送1万元钱作为贺礼。那么，这1万元是馈赠还是贿赂呢？从数量上来看，陈某馈送的礼金远远超过王某付出的，似乎存在贿赂的嫌疑；但考虑到双方关系，尤其是陈某所流露出来的攀附心理，又不能简单地将这1万元认定为贿赂。总之，区分受贿行为与接受馈赠，首先应当考虑双方之间是否存在友情关系，是否存在馈赠的感情基础。

（2）馈赠价值。馈赠由于是一种无偿赠送，因而价值总是有一定限制的，并且应当符合礼节习俗。超出常规的巨额馈赠，难免有贿赂之嫌。因此，馈赠价值也是在区分受贿行为与接受馈赠时应当考虑的一个因素。在大陆法系刑法理论中，存在违法阻却的一种称之为社会相当性的理论，根据这种理论，判断某一行为是否违法，不能简单地看法益是否受到侵害，而要根据社会相当性加以判断。这里所谓社会相当性，是指在社会生活中历史所形成的社会伦理秩序所允许的行为。根据社会相当性理论，国家工作人员接受一定数量的馈赠，没有超出社会习惯和礼仪的范围，就是应当允许的。如果巨额馈赠明显超出社会习惯和礼仪的范围，就不具有社会相当性。对于不具有社会相当性的收受财物行为，结合案情是否具有利用职务上的便利为他人谋利益的行为，可以确定是否具有贿赂的性质。当然，馈赠价值也不是绝对的，没有一个刻板的标准，还要根据交付者的财力以及双方友情的深浅而定。

（3）馈赠方式。馈赠有公开的，也有秘密的。公开馈赠，一般没有特别掩饰的必要，因而出于友情关系的可能性较大；而秘密馈赠，私下里进行，不让外人知道，别有用心的可能性较大。当然，这也不是绝对的。一般说来，馈赠方式并不能单独地确定是受贿行为还是接受馈赠，只有与其他因素结合起来考虑，才能起到一定的作用。

（二）区分受贿行为与合法收入的界限

国家工作人员，尤其是科技人员从事业余兼职获取的合理报酬，应当视为合法收入而不是受贿行为。例如被告人杨某，原系某市卫生局药政处处长，被检察院指控犯有受贿罪并免予起诉。免予起诉决定书认定被告人杨某在担任卫生局药政处处长期间，在负责审批中国医学科学药用植物资源开发研究实验药厂报请的生产“洋参蜂王浆”“洋参保肺丸”药品及对新药“朝阳丹”组织临床验证过程中，于1987年2月至1988年5月，先后多次收受该实验厂给予的贿赂共计3 600元。而事实上，被告人杨某系中医世家出身，对于药学深有造诣，被聘请参与药材资源的开发利用。为此，杨某利用节假日深入调查研究，做了大量的技术指导工作。例如提出应扩大西洋参种植面积，为收获鲜参需立即做好药材加工和综合利用参须、碎参、秧苗叶茎提取皂苷并生产系列西洋参制剂、保健品，应尽快建药厂的建议。经过论证，引种成功，制药厂投产，取得了很好的经济效益。为此，药厂以技术顾问费的名义发给杨某3 600元，这应视为合法收入，而不是收受贿赂。经过申诉以后，最高人民检察院裁定撤销某市检察院的免予起诉决定书，宣告被告人杨某无罪。我认为，最高人民检察院的这一裁定是完全正确的，它区分了受贿行为与合法收入的界限，因此，区分受贿行为与合法收入，尤其是科技人员的合法收入的界限，应当注意以下两个问题。

1. 是否付出劳务

受贿之财物收受是通过转让职责即利用职务上的便利为他人谋利益而取得的，因而是一种渎职的犯罪行为。而合法收入则是按照劳务支出付给的一定的劳务报酬。因此，区分受贿行为与合法收入首先要看有无劳务支出。我认为，对于劳务要作广义的理解，它不仅指劳动，还包括各种服务，中介服务也是一种劳务。例如，被告人吴月辉原系某航空专业单位工程师。1984年9月，被告人吴月辉写信给江西景德镇某厂工作的朋友任永明，建议任所在单位引进电视机生产技术，组织生产电视机。任将这一信息转介绍给宁波某公司。10月，任永明和宁波公司的王克实、李永开，以及吴月辉和开发总公司电器技术部部长宋明达在上海宾馆等处洽谈电视机技术转让问题。其间，被告人吴月辉同王克实、李永开一起就宁波市生产14英寸黑白电视机的可行性进行了分析，并就技术转让费以及介绍费等作了商谈。王、李回宁后，向区委、县委进行了汇报，同时报告区委要求对支持和协作人员支付一定的报酬和费用。区委同意拨出技术开发费2万元，待产生经济效益时，作为上述人员的报酬和费用转以经营费支付或以技术开发费支付。如该项目无经济效益，此笔开支收回。1984 年 10 月 22 日，宁波某公司与开发总公司电子电器部签订了 14 英寸黑白电视机生产技术转让合同，受让方支付 13 万元技术转让费（实际支付 9 万元），而被告人吴月辉收取宁波方 1.1 万元，宋明达收取宁波方 5 000 元。1986 年 3 月初，王克实以电视机生产经济效益不佳为由，向吴讨回所付 1.1 万元，吴如数将此款归还宁波某公司。本案处理时，存在两种不同的意见：第一种意见认为，被告人吴月辉身为国家工作人员，本应奉公守法，但他却利用职务之便索取和收受贿赂，数额巨大，构成受贿罪。第二种意见认为，被告人吴月辉所从事的是技术中介工作，收取的是技术中介费，其行为并没有利用职务之便，也没有违法，故不构成任何犯罪。我认为，本案在技术交易中，中介方运用已有的知识、信息和经验，促成买卖双方订立技术合同，并为买卖双方提供科技信息、法律知识、经营管理等多方面服务。技术中介服务在开拓技术市场，密切科技与经济的结合，推进技术成果商品化的过程中起着极为重要的作用。1985 年 1 月 10 日国务院在《关于技术转让的暂行规定》中明确指出："经技术转让有关各方协商议定，促成技术商品交易的中介人（包括单位、个人）可以取得合理的报酬"。依据这一规定，从事技术中介服务的可以是单位，也可以是个人，并允许中介方提取一定数额的中介费，对中介方的中介行为和合理报酬应予以保护。同年 3 月 13 日，中共中央在《关于科技体制改革的决定》中再次指出："科学技术人员在完成本职工作和不侵犯本单位技术权益和经济利益的前提下，可以业余从事技术工作和咨询服务，收入归已"。这就意味着科技人员在允许的范围内，利用业余时间从事技术中介服务而获取相应的报酬是符合党的政策的。应当指出，本案被告人吴月辉的行为虽发生于 1984 年，但案发处理却是在 1986 年。此时，对技术中介服务及其报酬的合法性已不容置疑。如果我们能够证实被告人吴月辉从事的确是技术中介服务活动，收取的是合理的技术中介服务费，那么，推定吴当时的行为符合科技体制改革的方向，有利于社会经济的发展，因而不构成犯罪，则是无可非议的。总之，只要付出了劳务，无论这种劳务的性质是什么，都应当属于合法收入，而不能认为是受贿行为。

2. 是否利用职务

受贿罪是利用职务上的便利而收受财物，而合法收入则与职务没有关系。因此，是否利用了职务对于受贿行为与合法收入的区分也具有重要意义。在科技人员业余兼职中，认定是否利用了职务，还要看其所利用的技术成果是职务技术成果还是非职务技术成果。

例如被告人曹时中，建筑结构设计高级工程师，原任浙江省建筑总公司副总工程师和浙江省建筑技术发展中心副主任。1982 年曹时中创“沉井纠偏法”，在总结过去经验的基础上进行实践，扶正危房、抢救斜塔计 25 座（幢）。1984 年，响应党中央关于科技人员可以业余兼职为祖国多做贡献的号召，曹时中创立了浙江建筑技术发展中心（独立法人），兼任副主任。1984 年年底，某市振兴建筑公司（农村建筑队）正副经理聘请其当技术顾问，两次相求共给予曹时中 1 000 元钱，在振兴建筑公司的再三请求下，曹时中接受了聘请，并归还了先前收受的 1 000 元钱。在具体工程中，浙江建筑技术发展中心作为咨询单位参与，振兴公司作为施工单位参与。曹时中既是咨询单位的人员，负责工程的设计、计算、绘图等；又是施工单位的业余技术顾问，帮助解决一些施工技术问题。在 1984 年至 1988 年与振兴公司合作期间共做了 8 个工程，挽回损失超过千万元，使振兴公司获得几十万元，并在实践中学到了特殊技术。在几年中，曹时中断断续续地共得到各种费用 11 万多元。对于被告人曹时中收受 11 万多元费用是否构成犯罪，各方意见分歧很大，主要有以下两种意见：第一种意见认为，此案中曹时中的行为不构成犯罪。理由是：(1) 曹时中的“沉井纠偏法”及其配套技术，属于一项非职务技术成果。按技术合同法的规定，非职务技术成果的使用权、转让权属于完成技术成果的本人，故曹时中有权收取技术使用费及转让费。振兴公司作为使用曹时中技术成果的受益方，理应付其技术使用费。(2) 曹时中是利用业余兼职活动取得合理报酬。曹时中兼任建筑技术发展中心的副主任，为建设单位提供了工程设计、计算、绘图，且又兼任振兴建筑公司的业余技术顾问，解决一些施工技术问题，进行了具体施工，没有曹时中的指导及具体施工，是不可能扶正斜楼、危房的，曹时中于业余兼职活动中取得的报酬当然是合法的。(3) 曹时中兼任建筑技术发展中心副主任，与施工单位是业务往来，与建筑单位是技术咨询关系，他依靠自己的“沉井纠偏法”及其配套技术取得技术服务报酬，没有利用自己的职权收受财物。第二种意见认为，曹时中的行为已构成受贿罪，理由是：(1) 曹时中的行为不是科技人员的业余兼职活动。科技人员的业余兼职活动是指科技人员在完成本职工作的前提下，利用业余时间，受聘到外单位从事技术开发、技术咨询等利用科学技术为经济建设服务的工作，且都应与聘用单位签订兼职合同。从曹时中的行为及有关情况来看，发展中心行政上隶属于省建筑公司，曹时中所任职务是由总公司任命的，这是一种行政兼职，不同于一般意义上的科技人员业余兼职。而且曹时中以副主任身份，并以该中心的名义对外签订技术咨询合同，尔后受该中心的委托担任具体的技术咨询人，其从事的技术咨询工作应属本职工作的一部分。另外，曹时中进行技术咨询包含工作时间，虽然部分技术咨询活动是在业余时间进行的，但曹时中亦从该中心提取过咨询津贴。(2) 从主观上看，受贿罪表现为明知收受他人财物为他人谋利有悖于国家工作人员职务的廉洁性而故意实施。被告人曹某身为省建筑总公司副总工程师兼发展中心副主任，属于国家工作人员，他通过其职务之便使振兴公司获利几十万元，自己收受财物达 11 万余元。(3) 从客观上看，曹时中收受他人钱财是利用职务之便而并非借技术之便。曹时中是具体工程的技术咨询人，这一身份决定了他拥有每个工程技术咨询的应有权力，如怎样处理和解决施工中的难题以及技术难题的权力，参与决定验收合格与否的权力，等等。它客观上形成了振兴公司与曹时中之间的依附关系，这种身份足以在其他建设单位确定施工单位时起支配或影响作用，振兴公司基于此才不断地给予曹时中钱财，以钱铺道。因此，曹时中的行为符合受贿罪的构成要件，构成受贿罪。

某市上城区检察院认为，被告人曹时中利用业余兼职活动收受的 11 余万元系合理报酬，其行为不构成受贿罪，并决定撤销对其立案。我认为，被告人曹时中是否构成受贿罪，关键在于收受 11 万元是否利用了职务上的便利，而确定这一点又要从区分职务技术成果与非职务技术成果着手。依照我国《技术合同法》第 6 条第 1 款规定，本单位职务技术成果的参与人和非参与人都不享有职务技术成果的使用权和转让权。兼职的科技人员（即使是本单位职务技术成果的参与人），只要明知是本单位的职务技术成果而在兼职活动中擅自使用或者提供给兼职单位或他人的，即应视为利用职务上的便利，其所获取的财物应视为受贿行为。反之，如果科技人员在兼职活动中利用的是自己的非职务技术成果，根据《技术合同法》第 6 条第 2 款的规定，由于“非职务技术成果的使用权、转让权属于完成技术成果的个人，完成技术成果的个人有权就该项非职务技术成果订立技术合同”。因此，对于在兼职活动中使用或者转让本人非职务技术成果的，不能视为利用职务上的便利，由此获得的报酬，亦不属于收受贿赂，不能以受贿罪论处。而且，根据国家科委《关于科技人员业余兼职若干问题的意见》第 4 条规定，科技人员“利用在本职工作中积累和掌握的知识、技术、经验和信息为经济建设服务，不属本单位技术权益范围，不受限制”。由此获得的报酬，应当是合法收入而非受贿。据此，我认为曹时中收受的 11 万多元财物应属于合法收入，因而对之不能论以受贿罪。

（三）区分受贿行为与违纪行为的界限

在现实生活中，国家工作人员收受财物的并非一律都构成受贿罪，有些属于违反政纪的行为，对于两者应当予以区别。在违纪行为中，类似于受贿行为的是送红包之类的行为，又称为感情投资。这种情况是指下属单位或具有业务往来的其他单位以及个人向有关国家工作人员，尤其是向领导干部或者其他掌握实权的干部交付巨额财物，但并未要求国家工作人员利用职务上的便利为其谋利益，国家工作人员收受财物以后也未利用职务上的便利为交付者谋利益，甚至连谋利益的允诺也没有。这种情况，显然不同于接受馈赠，因为接受馈赠是合法的，而在这种情况下，交付财物的价值已经远远超出社会习俗所认可的正常范围。但这种情况又不符合受贿罪的构成要件，主要在于没有利用职务上的便利为他人谋利益，因此，也不能以受贿罪论处。这种情况在国外有的称为收受赠贿罪，是有别于一般受贿罪的一种职务犯罪。我国刑法未将这种行为规定为犯罪，因此也只能作一般违法行为予以政纪处分，接受的财物可以予以没收，但不能当作受贿罪来处理。

九、受贿罪与其他犯罪的区分

在认定受贿罪的时候，不仅要正确区分罪与非罪的界限，而且还要正确划清此罪与彼罪的界限。关于受贿罪与其他犯罪的区分，主要应当注意以下几个问题。

（一）受贿罪与贪污罪的界限

在我国刑法中，贪污罪和受贿罪是两个独立罪质的罪名。从理论上说，贪污罪和受贿罪的区别是明显的：贪污罪利用职务上的便利所非法占有的是本人保管、经手的公共财物，而受贿罪利用职务上的便利收受或者索取的是他人交付的财物。因此，只要从行为人占有财物的归属性质出发，就可以正确地区分贪污罪和受贿罪的界限。但在司法实践中，受贿罪与贪污罪在以下两种情况下不好区别。

1. 受贿罪与内外勾结贪污共犯的区分

内外勾结贪污是指国家工作人员与非国家工作人员互相勾结，利用国家工作人员职务上的便利非法占有公共财物的行为。这种情况与受贿罪往往容易混淆，因而应注意区分。例如，被告人杨世超带领某乡工程队承包了某机车车辆厂招待所扩建工程，承包费 11 万余元。在施工过程中，杨世超多次找该厂基建办公室主任陆安忠，以承包该工程亏损为由，要求增加承包费，并表示事成之后不会忘记陆的好处。陆安忠向该厂分管基建工作的王副厂长汇报后，王不同意给该工程队增加承包费。陆将厂领导不同意增加承包费的意见转告杨世超，杨无奈央求陆帮忙，陆便答应想想其他办法。此后，在杨世超请陆安忠审核工程材料开支费和工人加班名单时，陆授意杨加大材料开支数量和工人加班工时，陆安忠签字审核后，由杨世超拿到该厂财务科报销，共虚报冒领工程经费 14 000 余元。此款陆安忠自己留下 5 000 余元，其余 9 000 元由杨世超作为工资和奖励分给工程队的工人。对于本案应当如何处理，存在以下两种不同的意见：第一种意见认为杨世超为了给工程队增加收入而求助于陆安忠，并言明不会忘记陆的好处，事后又将所得款项分给陆安忠一部分，这是在向陆安忠行贿；而陆安忠身为基建办公室主任，利用职务上的便利，为工程队增加收入，自己收受杨世超所给的5 000余元，这是受贿行为。因此，对陆、杨分别以受贿罪和行贿罪论处。第二种意见认为，陆安忠身为基建办公室主任，利用职务上的便利，串通工程队队长杨世超，虚报冒领，骗取工程经费14 000余元，应以共同贪污论处。我同意上述第二种观点，应以贪污共犯论处。从本案的事实看，被告人杨世超最初为了给工程队增加收入，找到陆安忠要求增加承包费，并表示事成之后不会忘记陆的好处。这种行为是准备向他人行贿的意思表示，如果被他人接受并发展下去，就可能出现行贿和受贿的结果。但是这个过程由于陆安忠没有采取收受贿赂的方法来取得财物而没有继续下去。陆安忠向分管副厂长请求给工程队增加承包费没有得到允许，于是利用他给工程队审核材料开支和加班工时单据的职权，伙同杨世超，采取涂改、伪造单据的办法，虚报冒领工程经费。这种犯罪方法改变了整个犯罪原来的发展方向，使得杨世超已不能通过行贿来为工程队增加收入。从陆安忠非法占有财物的方法看，他并不是向杨世超索取或收受，而是利用职务上的便利，与杨内外勾结，涂改、伪造单据，共同向本厂虚报冒领。从财物的所有权看，这14 000余元并不是工程队或杨世超所有的，而是属于机车车辆厂所有的工程经费，所以工程队或杨世超并没有拿出财物来向陆安忠行贿。这两点足以说明陆的行为所侵害的是其所经管的公共财物的所有权，故属于贪污罪。至于陆将部分赃款分给了杨世超，表面上看似乎是给工程队谋取了利益，其实这是陆和杨共同犯罪后的分赃行为。总之，受贿罪与内外勾结贪污共犯的区分，主要是看其所非法占有的财物的性质。

2. 经济活动中的受贿罪与贪污罪的区分

经济活动中的贪污罪是指从事经济管理活动的国家工作人员，在经营管理活动中，利用职务上的便利非法占有公共财物的行为。在司法实践中，经济活动中的受贿罪与贪污罪往往容易混淆，因为两者都发生在经济往来中，并都通过回扣等形式表现出来。例如，被告人曹某受工厂指派到外地采购山楂。曹到某县山区后，得知当地山楂丰收，正在为山楂销路发愁，便从某乡供销社购买了7万斤

(3.5 万公斤）山楂，价款为 6 万多元。由于曹某购买的数量较多，为该供销社解决了山楂销路，所以该社主任陈某主动提出山楂由他们发运，不收运费。曹某临走时，陈某送给他一些土特产以示感谢，并把发运山楂的 5 000 元运费收据也给了曹某。曹回厂后，没有向有关领导汇报供销社没收取山楂运费的情况，而将 5 000 元的运费收据和 6 万多元的货款收据一并在厂财务科报销，把 5 000 元的运费据为己有。在审理过程中，对被告人曹某利用职务上的便利，采取非法手段占有这 5 000 元的行为已构成犯罪，应追究刑事责任，并无不同意见，但对于构成何种犯罪，却有不同意见。第一种意见认为，被告人曹某代表工厂从某乡供销社购买山楂，该社主动提出发运山楂不收运费，实际上是把运费当成了回扣。而陈某将托运费收据交给曹某，是在暗示这笔运费是给曹某的好处费。曹据为己有的 5 000 元，实际上是供销社所有的。曹某作为国家工作人员，利用职务上的便利，为他人谋取利益，收取“好处费”，应以受贿罪论处。曹某把运费收据拿去报销，是受贿行为的继续，应视为整个受贿行为的一个组成部分。第二种意见认为，曹某作为工厂的采购员，他明知供销社没有收取山楂运费，却把这张“运费收据”拿去报销，实际上是在利用职务上的便利欺骗本单位，骗取公款。因此，应以贪污罪论处。在本案中，曹某的行为具有一些受贿罪的特征。例如他自己负责采购工作，从某乡供销社购买了大量山楂，为该社谋取了利益；该社为山楂实际支出了 5 000 元运费，这笔运费最终被曹某非法占有。这就使人产生这样的印象，即曹某为供销社谋取了利益，他所得的 5 000 元是供销社付给他的“好处费”。不过，这种看法恰恰忽视了本案的特殊性，即这 5 000 元虽然出自供销社，但却不能说是付给曹某个人的“好处费”。在当前的商品经济交往中，有些企业事业单位为了促进经济交往，往往单方面为对方（或双方相互）提供一定的优惠条件，如适当降低价格、代办托运、免费提供零配件和售后服务等。这种优惠是提供给对方的，有利于其提高经济效益，促进生产发展。因此只要不违反国家政策和法律，是应当允许的。在本案中，供销社不收山楂运费，使工厂降低了采购山楂的成本，这实际上是供销社让利于工厂。对于供销社所让之利，受益的只应是购买山楂的工厂，作为采购的经办人，曹某个人无权据为己有。他明知供销社没有收取运费，却向厂领导隐瞒此情，利用职务上的便利，将并没有真实反映工厂和供销社经济交往的“运费收据”拿到本厂报销，骗取本厂应得的5 000元，这完全符合贪污罪的特征，应以贪污罪论处。由此可见，区分经济受贿罪与经济贪污罪，关键还是在分析被告人非法占有的财物的归属性质。

（二）受贿罪与诈骗罪的界限

诈骗罪是指以非法占有为目的，虚构事实，隐瞒真相，骗取财物数额较大的行为。诈骗罪与受贿罪在构成要件上明显存在差别，应该说不易混淆。但在某些情况下，国家工作人员利用职务上的便利骗取他人财物时，可能会与受贿罪相混淆。我认为，两罪区分的关键是：受贿罪的行为人具有为对方谋取利益的意图。例如，在司法实践中，有的国家工作人员以为他人谋取利益为名而收受他人财物，实际上他根本没打算，甚至根本不可能为他人谋利益。在这种情况下，应以诈骗罪论处，而不能以受贿罪追究刑事责任。

（三）受贿罪与非法经营的界限

非法经营罪是指以牟取非法利润为目的，违反国家规定，扰乱市场秩序，情节严重的行为。在一般情况下，非法经营罪与受贿罪不易混淆。但在司法实践中，由于经济犯罪的复杂性，这两种犯罪在一些具体问题上又有相似之处，以致不易区分，如，行为人都获取了一定的财物，其中哪些属于获利分赃，哪些属于收受贿赂，二者不易区分。收受贿赂要利用职务上的便利，和某些利用职务上的便利非法经营的行为不易区分。收受贿赂而为他人谋取利益，包括了为他人谋取非法利益，这和为非法经营的犯罪分子提供资源或其他方便条件不易区分。我认为，区分的关键是要看被告人是利用职务上的便利从商品流通领域取得财物，还是仅仅利用职务上的便利从他人手中取得财物。凡是前者，应定非法经营罪；凡是后者，应定受贿罪。

十、受贿罪的未遂

受贿罪是一种直接故意的犯罪，犯罪分子在实施犯罪的过程中，并不是总能实现其预期的犯罪目的，往往可能因犯罪分子意志以外的原因而未得逞，这就发生了受贿罪的既遂与未遂的区分问题。在认定受贿罪的时候，划分受贿罪的既遂与未遂是十分重要的，因为两者对社会造成的危害有所不同。对此在司法实践中必须严格加以区分，以便正确地确定犯罪分子的刑事责任。

（一）收受贿赂的未遂

收受贿赂的构成要件较为复杂，因此划分既遂与未遂的界限具有一定的难度，在理论上容易产生分歧。在我国刑法学界，关于收受贿赂的既遂与未遂的划分标准，存在以下几种观点：第一种观点认为，受贿人的承诺是区分受贿罪的既遂与未遂的标准。也就是说，只要受贿人承诺为他人谋取利益，无论其贿赂是否已经收受，均应视为受贿罪的既遂。只有在承诺以前，才存在受贿未遂的问题。第二种观点认为，受贿人收受贿赂是区分受贿罪的既遂与未遂的标准。也就是说，只要受贿人收受了贿赂，无论其是否已经为他人谋取利益，均应视为受贿罪的既遂。只有因意志以外的原因而未得到贿赂，才是受贿罪的未遂。第三种观点认为，受贿人为他人谋取了利益是区分受贿罪的既遂与未遂的标准。也就是说，只要受贿人为他人谋取了利益，无论其是否已经得到贿赂，均应视为受贿罪的既遂。只有因意志以外的原因而未为他人谋取利益的，才是受贿罪的未遂。以上关于区分受贿罪的既遂与未遂的标准的三种观点，实际上提出了三种行为：一是承诺行为，二是收受行为，三是谋利行为。在某些受贿犯罪案件中，可能同时具备上述三种行为，也可能只具备一种或两种行为。在这种情况下，区分受贿罪的既遂与未遂的标准不同，对于同一案件可能会得出截然相反的结论。例如，1983年，周某因贪污、诈骗被判处有期徒刑20年，投入到某监狱服刑。周的父母在探监时认识了管教干事云某，经常请云某吃喝，送些礼物，并进而达成协议：云某想办法整理材料，为周某减刑，减刑1年，酬金3 000元。在事情办成之前，先送了一台价值2 770元的进口原装彩电给云某。云某自知上报减刑材料须经中队长同意，云某便对周父母说：“给周减刑，中队长很关键，非他不行”。周父母便要求云某介绍认识了中队长张某，并在第二次来劳改农场时，送给张某同样一台彩电，还给张某一条价值820元的项链。在收受周父母的财物后，云某、张某二人互相配合，伪造了一系列有关周在劳改农场改造表现的材料，并安排周到干部食堂帮伙。材料上报法院后，法院在调查核实时发现破绽。经多方侦查，云某、张某交代了受贿的犯罪事实。本案在审理过程中，一致认为被告人云某、张某利用监狱干部职务之便，为周家谋取非法利益，收受周家财物，其行为已构成受贿罪。但在认定犯罪形态时，则存在意见分歧。第一种意见认为，两被告是受贿罪既遂。其主要理由是，区分受贿罪既遂与未遂的标准是受贿人是否实际收受了贿赂。受贿罪的客体主要是国家机关的正常活动，损害了国家机关的威信和声誉，已经构成受贿罪。至于是否为行贿人谋取了利益，只是量刑的情节，不影响本罪的成立。第二种意见认为，两被告是受贿既遂，但理由不同于前一种意见。持这种意见的人认为，区分受贿罪既遂与未遂的标志是受贿人作出利用职务便利为他人谋利益而收受他人贿赂的承诺。只要有了这种承诺，即为受贿罪既遂。因为受贿罪侵犯的客体是国家机关的正常活动，承诺受贿即已产生危害国家机关正常活动，破坏国家机关和国家工作人员声誉的结果，因而云某和张某应构成受贿罪既遂。第三种意见认为，云某和张某构成受贿罪未遂。主要理由是，受贿是一种带有交换性质的犯罪，其客观行为包括两个方面：一是收受贿赂，二是为他人谋利益。受贿是行为人的目的所在，谋利是受贿的必要条件。只受贿不为行贿人谋利，或者只为行贿人谋利而未收受贿赂，都不能说是受贿的完成。所以，仅从控制贿赂的角度或者从对国家机关活动的危害上划分犯罪的形态，都是片面的。详言之，承诺为他人谋利益尚处于共同商量的阶段，是犯罪的预备；已经开始实施为他人谋利益或收受贿赂，或已收受了贿赂尚未达到行贿人的要求，是犯罪的未遂；收受了贿赂，并为行贿人谋利益已达到行贿人的要求，完成了整个犯罪过程，是犯罪的既遂。云某和张某只收受了周家的钱，尚未满足为周某减刑的要求，没有完成整个犯罪过程。因此，对于本案只能以受贿罪未遂论处。由此可见，有必要在对以上各种观点进行评价的基础上，确定区分受贿罪既遂与未遂的可行标准。

第一，以承诺行为作为受贿罪的既遂与未遂的区分标准是不妥的。因为承诺往往还只是受贿人和行贿人之间沟通联系，受贿犯罪正在着手。这时犯罪分子还没有利用职务上的便利，还谈不上渎职的问题。而且在受贿罪中，只有收受贿赂的行为才是各种具体受贿犯罪所必备的，在许多情况下，并没有单独的承诺行为，在这种情况下，如果以承诺作为区分受贿罪的既遂与未遂的标准显然是不妥的。而如果是在收受贿赂的同时承诺为行贿人谋取利益，即在承诺行为和收受行为并存的情况下，收受行为是主行为，承诺行为是从行为，收受行为对于区分受贿罪的既遂与未遂更有决定性的意义，当然应以收受行为作为区分受贿罪的既遂与未遂的标准。如果是先承诺，承诺以后未及收受贿赂而案发，完全符合犯罪未遂的特征，应以受贿罪的未遂论处。如果认为只要实施了承诺行为，就是受贿罪的既遂，这就混淆了受贿罪的既遂与未遂的界限。把承诺作为受贿罪的既遂处理，显然是失之过严。

第二，以谋利行为作为受贿罪的既遂与未遂的标准，也是不妥的。谋利行为，在实行受贿犯罪的程度上超过承诺行为。谋利行为既可能发生在收受贿赂以前，也可能发生在收受贿赂以后。但是，无论发生在以前还是以后，对于受贿罪的构成来说，都不是必备的要件，对于受贿罪的性质都不具有决定性的意义。因此，是否为他人谋取了利益，对于受贿罪的社会危害性程度虽然具有一定的影响，但却不能把它作为区分受贿罪的既遂与未遂的标准。所以，在收受贿赂以前为他人谋利益，但因意志以外的原因贿赂未到手的，仍然是犯罪未遂。而在收受贿赂以后为他人谋取利益的，即使因故而未为他人谋取利益，也是受贿既遂。

第三，受贿罪的既遂与未遂的区分应以是否得到了贿赂作为标准。因为收受贿赂是受贿罪的根本内容。离开了收受行为，就无所谓受贿罪，为他人谋取利益的行为对于构成受贿罪来说，并不是必备要件，而只是在量刑时应当考虑的加重被告人刑事责任的条件。按照我们的理解，为他人谋取利益只是受贿罪的主观要件，即使由主观意图外化为客观行为，也是从属于受贿行为而存在的。因此，把收受行为作为区分受贿罪的既遂与未遂的标准是有法律依据的。而且，从行为人的主观意图来看，得到贿赂是行为人的真正目的之所在。依据我国刑法的规定，犯罪未得逞是既遂与未遂相区别的根本标志。具体到受贿罪，所谓未得逞，应该指因意志以外的原因贿赂未到手。所以，把是否得到贿赂作为区分受贿罪的既遂与未遂的标准也是有理论根据的。在司法实践中，受贿的形式可以分为两种：一是事前受贿，二是事后受贿。在事前受贿的情况下，应以是否收受了贿赂作为区分受贿罪的既遂与未遂的标准，一般比较容易理解。问题在于，在事后受贿的情况下，以此作为区分受贿罪的既遂与未遂的标准，会不会失之过宽，放纵了犯罪分子呢？我认为不会。因为依照我国《刑法》第23条的规定，“对于未遂犯，可以比照既遂犯从轻或者减轻处罚”。由此可见，我国刑法对未遂犯实行得减主义，是否从轻或者减轻应根据具体案情决定。所以，贿赂未到手而已经为他人谋取利益，认定为未遂的，并不会放纵犯罪分子。

根据以上论述，我认为区分收受贿赂的既遂与未遂，应以收受行为为标准。因此，在前述案例中，云某和张某已经收受了贿赂，应以受贿罪既遂论处。

（二）索取贿赂的未遂

索取贿赂作为受贿罪的表现形态之一，它具有不同于收受贿赂行为的特点。因此，索取贿赂的未遂有其特殊性，对此有必要从理论上加以研究。在索取贿赂的情况下是否发生未遂问题，我国刑法学界存在两种观点：一为否定说，认为索取贿赂不以收受贿赂为必要条件，国家工作人员索取贿赂行为实施完毕，就是犯罪既遂。因此，这种观点视索取贿赂为举动犯，不存在未遂。一为肯定说，认为在索取贿赂的情况下，仍应以是否收受贿赂作为区分既遂和未遂的标准。因为犯罪的既遂乃某一犯罪齐备了法律所规定的构成要件，由于犯罪分子意志以外的原因而使构成要件未能齐备。索取遭到拒绝而未得到贿赂，就是没有齐备法律所规定的构成要件，之所以未得到贿赂是由于遭到拒绝，这对于犯罪分子来说是意志以外的原因。因此，索贿遭到拒绝完全符合犯罪未遂的特征，应视为未遂。对于那些否认在索取贿赂的情况下存在未遂的学者来说，还有一个棘手的问题：既然一经实施索取贿赂行为就构成犯罪既遂，那么，索取而又收受贿赂的该当何论呢？论者认为索取而又收受贿赂的，构成索贿罪和受贿罪，应实行数罪并罚。这显然是荒谬的。我认为，索取贿赂是受贿罪的表现形式之一，索取贿赂之“取”就包含着收受的含义。在我国刑法中，索贿并不是一个独立的罪名。在域外立法例中，一般也都把索取贿赂作为受贿罪的从重情节，或称为加重受贿。因此，不能认为索取贿赂而又收受的构成数罪。总之，在索取贿赂的情况下也存在犯罪未遂，并应以是否收受贿赂作为认定其既遂与未遂的标准。

十一、受贿罪的共犯问题

（一）国家工作人员和其家属共同受贿的认定

受贿罪的共犯，主要涉及的是国家工作人员和其家属共同受贿的认定问题。在刑法理论上，受贿罪是身份犯，它以国家工作人员作为特殊主体。因此，非国家工作人员不能独立构成受贿罪。但在共犯的情况下，不具有国家工作人员身份的人，包括国家工作人员的家属，可以和国家工作人员构成受贿罪的共犯。对此，1988年《补充规定》明确规定，与国家工作人员、集体经济组织工作人员或者其他从事公务的人员勾结，伙同受贿的，以共犯论处。1997年刑法虽然未作这一规定，但根据共同犯罪的基本原理，这一规定的精神显然是有效的。

既然国家工作人员的家属可以和国家工作人员构成受贿罪的共犯，那么，是不是说只要家属明知是国家工作人员收受贿赂而与其共享或明知是贿赂而加以收受，就构成受贿罪的共犯呢？我认为，国家工作人员的家属和国家工作人员构成受贿罪的共犯是有条件的。对此，必须严格依照我国刑法关于共同犯罪的规格掌握，否则势必扩大打击面，而且也不合乎情理。如果说，只要家属明知国家工作人员收受贿赂而与其共享就构成共犯，那么，国家工作人员受贿的，其家属十有八九要构成共犯。因为大多数情况下，家属不可能不知道财物的来路，犯罪分子也没有必要瞒着家属收受贿赂。家属明知国家工作人员收受贿赂而与其共享，至多是知情不举。而我国刑法并没有规定知情不举的刑事责任。因此，那种认为家属对国家工作人员收受贿赂知情不举就和国家工作人员构成受贿罪共犯的观点，既不合乎法理，也不合乎情理。

关于国家工作人员的家属明知是贿赂而加以收受是否构成共犯，也不可简单地作出认定。有些学者认为，国家工作人员家属，不管他（她）是否事先与国家工作人员通谋，只要他（她）接受行贿人的财物，由国家工作人员利用职权为行贿人谋取利益，便构成受贿罪的共犯。这种观点把家属收受贿赂行为和国家工作人员为他人谋取利益的行为统一起来，认为这是共同犯罪人在犯罪活动中的分工，每个犯罪人都直接地实施了构成受贿罪所必不可少的行为之一。因此，构成受贿罪的共同正犯。显然，这种观点在共犯理论上是难以成立的。按照共犯理论，在身份构成的犯罪中，没有身份的人只能成为共同犯罪中的教唆犯或者帮助犯，而不可能是实行犯。因为身份犯构成犯罪，其犯罪的实行行为是与主体的特殊身份相联系的。没有这种身份，就不存在实施这种实行行为的前提。在受贿中，虽然国家工作人员的家属从形式上看似乎收受了贿赂，实施了受贿行为，但因为该家属没有国家工作人员的身份，不可能实施受贿罪的实行行为。提出上述观点的学者的出发点，是为了严惩那些让家属出面接受贿赂而自己则利用职务上的便利为他人谋取利益的国家工作人员。因为在这种情况下，国家工作人员往往以缺乏故意为借口推卸责任，逃避惩罚。有人则认为，在这种情况下国家工作人员缺乏收受贿赂行为因而难以构成受贿罪。有鉴于此，这些学者提出家属收受贿赂而国家工作人员为他人谋取利益的，构成共同犯罪。我认为，只要国家工作人员对受贿具有犯罪故意并利用了本人职务上的便利，无论贿赂是本人收受还是家属收受的，都构成受贿罪。至于家属明知是贿赂而收受下来，是否构成受贿罪的共犯还需要看有无其他情节。否则，仅凭收受这一点就作为受贿罪的共犯论处，会不适当地扩大刑事责任的范围。因为就受贿罪的立法精神而言，主要是打击那些以权谋私、收受甚至索取贿赂的国家工作人员。

那么，在什么情况下国家工作人员的家属可能和国家工作人员构成受贿罪的共犯呢？我认为，国家工作人员的家属可能构成受贿罪的教唆犯和帮助犯。

国家工作人员的家属作为教唆犯，一般表现在开导、劝说、指使，甚至胁迫国家工作人员利用职务上的便利收受贿赂并为他人谋取利益。例如，被告人韩某，某县公安局刑警队干部；被告人蔡某，某县丝绸厂工人，系韩某之妻。该县偷税、抗税犯徐某被逮捕后，徐的妻子龙某找到韩某要求帮忙，要韩想办法把徐放出来，一定给予重谢。韩拒绝说：“我是公安干部，有罪无罪不该我们管。放不放，我们没有权。这是犯罪的事，你再给我好多钱我都坚决不干这种事”。当晚，韩把这个情况向妻子蔡说了，蔡便大骂韩某是“笨蛋”“没有用”“送到门上来的钱不知道要”，并给韩出主意说：“你不要怕，他家犯了法，收了她的钱她也不敢怎么样。如果她拿个上万元的话，你就去给你舅父（许某，检察院起诉科副科长）讲一讲，弄个免予起诉就放了。这样做，钱也得了，对龙某的人情也买了，你又不担风险”。韩听了以后，虽有些动摇，但还是说：“弄不好自己要坐牢的呦!”蔡又威胁说：“嫁给你这个钱都不会找的穷光蛋，我怕日子过不长!”这样，韩才不得已说：“那么，你去找龙某，看她愿意拿多少钱嘛”。次日，蔡到龙某处说：“你找我们小韩的事，又担风险又花钱，钱少了还办不下来”。龙说：“明天我去找钱，找好了晚上送来”。蔡回家又对韩说：“拿来了，一定要收下，你们两个对谈，又找不到第三者，你就给搞个免予起诉，放人就是了。”第二天晚上龙送来 5 000 元现金、5 000 元债券。韩收钱后对龙说：“我准备给你弄个免予起诉，由检察院放人”。由于检察机关未审结，龙某又常去韩某处要求放人，引起领导的怀疑。公安局领导找韩谈话时，韩便交代了受贿事实。在本案中，蔡某不仅指使、劝说韩某受贿，而且直接参与受贿犯罪活动，是本案的教唆犯。从蔡某在犯罪中所起的作用来看，应以主犯论处。

国家工作人员的家属作为帮助犯，主要表现在：用各种方法为国家工作人员收受贿赂创造必要的便利条件，如为国家工作人员受贿积极出谋献策；事先与国家工作人员通谋；事后帮助国家工作人员转移赃物、掩盖罪行；帮助国家工作人员向行贿人索取贿赂；等等。例如，被告人智某，某市郊区副区长；鹿某，某市政府农业区划办公室文书，系智某之妻。某工程队要在郊区购买土地建商品楼出售，负责人吕某找到当时主管此项工作的智某，要求批准征用土地 4.2 万亩，智表示同意。后因上级规定不准在城市规划区内建商品楼，吕某便又假冒建农民自住楼的名义，将征用土地手续报送郊区政府审批。一天，吕某带着一台彩电来到智某家，对鹿说（当时智不在家）能否在智面前吹吹风，鹿收了电视机，并答应帮助说情。当日智回家后，鹿说："老吕能给咱点好处"。智未置可否，同年6月24日批准了吕某的征用土地申请。7月12日在鹿的要求下，吕送给鹿某现金1万元，当天鹿将吕某送钱的事告诉了智，遭到智的斥责，让鹿把钱送回去。次日，智便到外地学习去了。直到同年10月27日鹿见到智时，智又问："那笔钱怎么处理了?"鹿说买了经济开发债券，智没再说什么。在本案中，财物虽然是鹿某收下的，但利用职务为他人谋利益的是身为国家工作人员的智某。对于1万元贿赂，智虽让鹿退还，但事后得知未还，并未再坚持，而是采取了默许的态度，因而应以受贿罪的共同犯罪论处，其中鹿某是帮助犯。

（二）受贿罪共同犯罪与身份

受贿罪作为身份犯，不仅存在与其家属构成共犯如何认定的问题，而且存在与其他人构成共犯如何认定的问题。在此分为几个问题加以论述。

1. 国家工作人员共同受贿的认定

国家工作人员由于都有身份，因而在共同受贿的情况下，往往构成共同实行犯。但在双方都有身份而未利用其职务上的便利的情况下，是否构成受贿的共同实行犯呢？例如，张常胜、叶之枫一案。张常胜系中国少数民族经济文化开发总公司职员，具有国家工作人员的身份；叶之枫系国家经济委员会进出口局技贸结合处副处长，也具有国家工作人员的身份。那么，是否意味着只要二人互相勾结进行受贿活动，就必然构成共同实行犯呢？事实上，在这个案件中，张常胜并无职务上的便利可以利用，而是利用叶之枫职务上的便利进行受贿活动。因此，这种虽然双方都有身份，但未共同利用职务上的便利的，不能认为是受贿罪的共同实行犯。

2. 国家工作人员教唆非国家工作人员实施索贿行为的认定

国家工作人员教唆非国家工作人员向有关公民索取贿赂，在这种情况下，非国家工作人员不能单独构成犯罪，但又需要处罚，应如何适用法条呢？对于这个问题，在刑法理论上存在以下三种观点：第一种观点认为，具有特定身份的人教唆没有特定身份的人实施因身份而构成的犯罪，两者已结为一体而取得该种身份，因而可依共犯处理。据此，国家工作人员教唆非国家工作人员索贿的，应视为共犯。第二种观点认为，具有特定身份的人教唆没有特定身份的人实施因身份而构成的犯罪，具有特定身份的人构成教唆犯，没有特定身份的人构成帮助犯。据此，国家工作人员教唆非国家工作人员索贿的，国家工作人员是教唆犯，非国家工作人员是帮助犯。第三种观点认为，具有特定身份的人教唆没有特定身份的人实施因身份而构成的犯罪，具有特定身份的人构成间接实行犯，没有特定身份的人构成间接实行犯的帮助犯。据此，国家工作人员教唆非国家工作人员索贿的，国家工作人员以间接实行犯论处，非国家工作人员以间接实行犯的帮助犯论处。我认为，上述第一种观点根据具有特定身份的人与没有特定身份的人之间在主观上具有同心一体的关系，因而没有特定身份的人取得了该种身份的提法是没有科学根据的。因为身份是客观存在的一种主体特征，它是不以人的主观意志为转移的。没有特定身份的人不可能因为与具有特定身份的人具有共同犯罪故意而取得该种身份。在国家工作人员教唆非国家工作人员索贿的情况下，不能说因为两者之间具有犯意上的联系，非国家工作人员因而取得了国家工作人员的身份。因此，第一种观点难以成立。第二种观点将具有特定身份的人与没有特定身份的人分别解释为教唆犯与帮助犯，似乎有理。但在没有实行犯的情况下，教唆犯与帮助犯的立论根据颇可责难。如果进一步地问：教唆犯是对实行犯的教唆呢，还是对帮助犯的教唆？如果是对帮助犯的教唆，那么，帮助犯又是对谁的帮助？由于不存在实行犯，当然也谈不上对实行犯的帮助。如果是对教唆犯的帮助，那么，就犯了逻辑学上的循环论证的错误。在国家工作人员教唆非国家工作人员索贿的情况下，如果作为教唆犯的国家工作人员是对非国家工作人员的教唆，而作为帮助犯的非国家工作人员又是对国家工作人员的帮助，这显然是不能自圆其说的。我认为，第三种观点对问题的解释虽然不是十分圆满，但基本上还是可取的。将具有特定身份的人解释为犯罪主体具有特定身份的间接实行犯，可以直接按照刑法分则的有关规定论处。而没有特定身份的人虽然也是帮助犯，但既不是实行犯的帮助犯，也不是教唆犯的帮助犯，而是间接实行犯的帮助犯，这在理论上是说得通的。因此，在国家工作人员教唆非国家工作人员索贿的情况下，国家工作人员是受贿罪的间接实行犯，而非国家工作人员则是受贿罪的间接实行犯的帮助犯。

3. 非国家工作人员利用国家工作人员的身份收受或索取财物行为的认定

在司法实践中，非国家工作人员（主要是国家工作人员的家属）在国家工作人员知情的情况下，利用国家工作人员的身份收受或者索取财物的行为时有发生，对于这类案件如何定性是一个较为复杂的问题。例如，某县建委主任张某之妻，收受了某包工头送的人民币 1 万元，答应通过其夫张某为包工头批准某项工程。而实际上，张某之妻收受财物以后并未告诉张某，也没有利用张某职务上的便利为请托人谋利益。对于本案的处理，存在分歧意见：有的人主张定诈骗罪，有的人主张定受贿罪，还有的人则主张类推定罪。我认为，在这种情况下，对非国家工作人员定诈骗罪较为合适。因为非国家工作人员以能够通过国家工作人员为请托人谋取利益之名，骗取他人财物，完全符合诈骗罪的特征，应以诈骗罪论处。

十二、受贿罪的罪数问题

犯罪人在实施受贿罪时，往往会发生罪数问题。在受贿罪中正确解决一罪与数罪问题，对于认定受贿罪具有重要的现实意义。

关于受贿罪的罪数问题，主要涉及的是牵连犯问题。在刑法理论上，牵连犯指以实施某一犯罪为目的，而其犯罪的方法行为或者结果行为又能犯其他罪名的情况。以受贿罪而论，国家工作人员收受贿赂以后，其为行贿人谋取利益的行为又触犯其他罪名，属于犯罪的结果行为触犯其他罪名。例如，某国家工作人员收受了他人的贿赂，向其泄露国家重要经济情报，其行为在触犯《刑法》第 385 条受贿罪的同时，又触犯了《刑法》第 398 条故意泄露国家秘密罪。对牵连犯如何处理，我国刑法没有明文规定。在我国刑法学界也存在争论，但一般认为，牵连犯是裁判上的一罪，不宜以数罪论。在司法实践中，一般对牵连犯采用吸收原则，按照数行为所触犯的罪名中最重的罪论处，即在该罪所规定的法定刑范围内酌情决定执行的刑罚，而不必判处最重之罪的最重之刑。简言之，对牵连犯应从一重罪从重处断。但是，有些司法解释和法律先后作出对某些犯罪的牵连犯应予数罪并罚的规定，包括对受贿罪的规定。例如，1985 年，“两高”《关于当前办理经济犯罪案件中具体应用法律的若干问题的解答（试行）》规定：犯受贿罪，同时犯投机倒把罪、诈骗罪、贪污罪的，应依法实行数罪并罚。1988 年《补充规定》作出了更为一般的规定：“因受贿而进行违法活动构成其他罪的，依照数罪并罚的规定处罚。”但在刑法修订中，并未将这一规定吸纳到刑法中来。而且，[依照 2002 年《刑法修正案（四）》修改过的]《刑法》第 399 条第 4 款还规定：“司法工作人员收受贿赂，有前三款行为的，同时又构成本法第三百八十五条规定之罪的，依照处罚较重的规定定罪处罚。”这里的前三款行为，是指徇私枉法罪、枉法裁判罪和执行判决、裁定失职罪；这里的本法第 385 条规定之罪，是指受贿罪。根据上述规定，因收受贿赂而徇私枉法、枉法裁判或执行判决、裁定失职罪的这种牵连形态，不实行数罪并罚，而是根据处罚较重的规定定罪处罚，即实行从一重罪处断。在这种情况下，对于受贿罪的牵连犯是否还实行数罪并罚呢？我国学者在论及《刑法》第 385 条的规定时指出：本条删去了《关于惩治贪污罪贿赂罪的补充规定》规定的“因受贿而进行违法活动构成其他罪的，依照数罪并罚的规定处罚”，并不是说对这种情况不适用数罪并罚的规定，而是因为刑法总则对数罪并罚已有规定，适用于任何分则规定的犯罪，没有必要在分则的具体条文后再作规定。① 我认为，对牵连犯是否实行数罪并罚，并不属于刑法总则已有明文规定的情形。刑法理论上一般认为，牵连犯是数行为触犯了数个罪名，因为行为人在主观上出自犯一罪而在客观上行为之间又表现为不可分离，而在处罚上采取吸收主义，按数罪中的重罪并处以重罪之刑，轻罪被重罪吸收，所以牵连犯的处罚原则是“从一重处断”，虽然是数个行为，但不实行数罪并罚。但如果法律明文规定互相牵连的两种犯罪实行数罪并罚时，则应依法实行数罪并

① 参见胡康生、李福成主编：《中华人民共和国刑法释义》，552 页，北京，法律出版社，1997。

罚。[1] 因此，我倾向于对于受贿以后为他人谋取利益行为又触犯其他罪名构成牵连犯的，应从一重罪处断，而不实行数罪并罚。

十三、受贿罪的处罚

我国《刑法》第 386 条规定：对犯受贿罪的，根据受贿所得数额及情节，依照本法第 383 条的规定处罚。比照《刑法》第 383 条的规定，对犯受贿罪的，根据情节轻重，分别依照下列规定处罚：（1）个人受贿数额在 10 万元以上的，处 10 年以上有期徒刑或者无期徒刑，可以并处没收财产；情节特别严重的，处死刑，并处没收财物。（2）个人受贿数额在 5 万元以上不满 10 万元的，处 5 年以上有期徒刑，可以并处没收财产；情节特别严重的，处无期徒刑，并处没收财产。（3）个人受贿数额在 5 000 元以上不满 5 万元的，处 1 年以上 7 年以下有期徒刑；情节严重的，处 7 年以上 10 年以下有期徒刑。个人受贿数额在 5 000 元以上不满 1 万元，犯罪后有悔改表现、积极退赃的，可以减轻处罚或者免予刑事处罚，由其所在单位或者上级主管机关给予行政处分。（4）个人受贿数额不满 5 000 元，情节较重的，处 2 年以下有期徒刑或者拘役；情节较轻的，由其所在单位或者上级主管机关酌情给予行政处分。此外，对于多次受贿未经处理的，按照累计受贿数额处罚。《刑法》第 387 条还规定，单位受贿的，对单位判处罚金；并对其直接负责的主管人员和其他直接责任人员，处 5 年以下有期徒刑或者拘役。

在对受贿罪量刑的时候，应当注意以下问题。

1. 区分收受贿赂和索取贿赂

收受贿赂和索取贿赂，虽然都是受贿罪的客观表现形式，但两者犯罪手段不同，其社会危害性也有所不同。中国古代把收受贿赂和行贿称为“彼此俱罪之赃”，也就是说受贿和行贿互为犯罪对象，双方都构成犯罪，是对合犯。而索取贿赂则称为“取与不和之赃”，也就是说被索的人是无可奈何的，是不同意的。

---

① 参见马克昌主编：《犯罪通论》，3 版，687 页，武汉，武汉大学出版社，1999。

从上述两种行为的特点可以清楚地看出：收受贿赂是被动的，而索取贿赂是主动的。因此，无论是客观危害还是主观罪过，索取贿赂都要比收受贿赂严重。所以，我国刑法规定：索贿的从重处罚。

2. 区分受贿枉法和受贿不枉法

区分受贿枉法是指收受贿赂以后为行贿人谋取利益的行为是违背其职务的违法行为，为行贿人谋取了非法利益；而所谓受贿不枉法是指受贿以后为行贿人谋取利益是其职务上的行为，为行贿人谋取了合法利益。中国古代就有“受财枉法”和“受财不枉法”之别。我国现行刑法虽然没有受贿枉法和受贿不枉法之分，但两者的社会危害性程度有着明显的差别。因此，在对受贿罪量刑时，应将两者加以区分，对受贿枉法的应从重处罚。

3. 区分受贿数额的大小

收受贿赂的数额大小是反映受贿行为的社会危害性程度的一个重要因素。因此，在对受贿罪量刑时，应当考虑受贿数额的大小。我国刑法比照贪污罪，对受贿数额作了不同规定，便于司法机关正确地对受贿罪处罚。总之，对受贿罪区分数额大小，对于量刑有着重要意义。

4. 区分受贿以后是否使国家和集体利益遭受重大损失

收受贿赂数额大小，只是反映受贿罪的社会危害性程度的一个因素，而不是唯一的因素。受贿罪的社会危害性程度还表现在是否使国家和集体利益遭受重大损失。如果收受贿赂的数额虽然不是很大，但却使国家和集体利益遭受重大损失，也应视为情节严重，处以较重的刑罚。所以，在对受贿罪量刑时，不仅要考虑受贿数额的大小，而且还要考虑对国家和集体利益造成损失的大小。

（本文原载陈兴良主编：《刑事法判解》，第3卷，北京，法律出版社，2001）

关于贿赂的比较研究

一、贿赂的立法比较

自从有了贿赂罪的立法，就有了关于贿赂的规定。从纵向与横向两个方面考察贿赂的立法规定，对于确定我国刑法中的贿赂具有重要意义。

我国古代法律明确规定贿赂为财物。从字面上解释，贿者，财也；赂者，遗也。贿赂，用作名词，就是指用以行请托的财物。例如，《汉书·刑法志》载，“吏坐受赇枉法”。《说文》解：“赇，以财物枉法相谢也。”在《唐律》中，对贿赂罪实行“计赃论罪”，这里的赃指的就是财物。例如《唐律》中规定的“诸监临主司受财而枉法”，“诸受人财而为请求”等，都明确将贿赂限定为财物。

各国刑法对贿赂的法律规定，大体上有以下几种情况：第一，对贿赂的形式没有任何限制。例如苏俄刑法典第 173 条规定：“公职人员为了行贿人的利益执行或者不执行因自己职位始能实施或应当实施的某种行为，接受任何种类的贿赂的”是受贿罪。阿尔巴尼亚刑法典规定：“公职人员为了执行或不执行某种同他的职位有关的行为或者在执行或不执行上述行为以后，以任何形式收受贿赂的”

是受贿罪。在以上规定中，表述为“任何种类的贿赂”或者“以任何形式收受贿赂”，表明从立法上对贿赂未加限制，这就为贿赂的解释提供了广阔的余地。第二，规定为贿赂但对贿赂的内容未加限定。例如《捷克斯洛伐克刑法典》第181条规定：“因对于有任何社会意义的事件作出决定或因执行这种规定，而收受贿赂或同意收受贿赂的”是受贿罪。又如日本刑法第197条规定：“公务员或仲裁人关于职务上的事情，收受、要求或约定贿赂的”，是受贿罪。在此，法律只提贿赂，未规定贿赂的具体内容，也给解释提供了余地。例如，日本的判例就认为贿赂包括一切有形的或无形的利益，除金钱、财物外，还有提供担保，介绍就业，介绍有利职务、宴请、艺妓演艺、嫖妓等。第三，规定为利益或报酬。例如德国刑法第331条规定：“公务员或从事公务之人员对现在或者将来职务上之行为要求，期约或收受利益”的是受贿罪。又如，新加坡《反贪污法》规定为报酬，并详细列举报酬的内容，包括：（A）金钱、礼品、贷款、赏金、奖金、酬金、高额保证金，其他财产和各种动产、不动产的利息。（B）提供官职、职业机会或成全契约。（C）交付款项，让与财产，全部或部分地免除或解除某种债务、责任和其他诸如此类的义务。（D）给予其他帮助、袒护和各种好处，包括使某人免遭处罚，免于逮捕，免受处分，免于起诉，还包括行使、延缓行使某种权利、职权和义务。第四，规定为财物或其他利益。例如意大利刑法第319条规定：“公务员对其不执行职务或迟延执行或违背职务之行为，而为自己或第三人收受期约金钱或其他利益”的是受贿罪。此外，泰国刑法规定为“财物或其他利益”。加拿大刑法典规定为“金钱、对价财物、职务、住所或雇佣”。第五，明确规定为财物。例如西班牙刑法第七集第九章规定为“赠品或礼品”。南斯拉夫刑法规定为“礼物及其他财物”。

值得注意的是，我国台湾地区“刑法”将受贿罪的行为客体规定为“贿赂或其他不正当利益”。根据刑法理论的解释，称“贿赂”系指金钱或其他可以金钱折算之财物，“其他不正当利益”则指贿赂以外之一切足以供人需要或满足欲望之有形或无形的不正当利益而言，包括物质上之利益与非物质利益，前者如设定债权，免除债务，给予无息或低利贷款，后者如给予地位、允与性交或其他性行为等。[①] 此外，香港地区《防止贿赂条例》规定为“利益”，并将利益解释为：（A）礼物、贷款、费用、报酬或佣金，其形式包括金钱、有价证券、其他财物或任何财产之权益。（B）任何职位、雇佣或契约。（C）支付、免除、清还或清理任何贷款、责任或其他负责之全部或部分。（D）任何其他服务或优惠（款待除外），包括加以维护，以使免受任何刑罚或褫夺资格或免除此等忧虑，或维护以使免受任何纪律、民事或刑事性质之诉讼或控告，无论该等诉讼或控告已进行或尚未进行者。（E）执行或不执行任何权利、权力或职责。同时，香港政府在《铨叙科一九八一年第二号通告》中，对公务员接受利益及款待，制订了严格而详细的细则，作为刑法意义上的贿赂的认定依据。《铨叙规例》对款待作了明确规定。款待是指“供应食物或饮品以供该场合内即时饮食之用，以及其他附带或同时供应之款待”。规定公务员接受款待的限制有两条。一条是凡款待过于优厚或由于接受者与提供者之关系或提供者品德之故而致有可能：（1）使该公务员在执行职务时感到尴尬；（2）使该公务员或全体政府人员声名狼藉者，则公务员于未得所属机关首长批准前，不得从任何人士接受此种款待。另一条限制是机关首长根据本机关工作性质，经铨叙司的批准，可以对本机关内任何人员发出训示，禁止事先未经批准而接受原来可以接受的款待，公务员如违反这种训示，依据《铨叙规例》，有可能受到起诉。

新中国成立前后有关刑事法律都把贿赂视为贪污，把贿赂规定为财物。例如1942年《晋察冀边区惩治贪污条例》第2条第9款规定“勒索敲诈受贿赂者”以贪污罪论处。1952年《中华人民共和国惩治贪污条例》第2条规定：国家工作人员强索他人财物，收受贿赂之行为，均属贪污。第6条关于行贿和介绍贿赂罪的规定中，明确指出贿赂即为财物。现行《刑法》第185条关于贿赂罪的规定只言贿赂未称财物，但1988年《补充规定》又明确把贿赂规定为财物。

从以上各国（地区）及我国关于贿赂的立法规定可以看出，贿赂的含义及范围，大不相同。我们认为，这主要取决于以下几个因素。

---

① 参见林山田：《刑法特论》，下册，851页，台北，三民书局，1979。

（一）传统

一个国家的法律无疑具有继承性，关于贿赂的立法也是如此。中国自《唐律》以来，一直将贿赂解释为财物，因而这种传统观念对于我国刑法关于贿赂的规定也产生了深远的影响。即使台湾地区“刑法”受贿罪的行为客体包括“不正当利益”，但把它与贿赂相提并论，说明贿赂这个概念并不包含“不正当利益”的内容。

（二）文化

文化的蕴意是十分宽泛的，它与法律有着十分密切的关系。显然，无论是法律的制定还是法律的实施都受到一定社会的文化气氛的影响。贿赂解释的宽与窄，也与社会文化有着很大关系。贿赂罪涉及的是国家公职人员与一般公民的关系问题。而在一个传统文化意识比较浓厚的国家，社会礼节认可请客送礼这一套，并且是表示互相之间亲密关系的重要形式之一。如果予以拒绝，就被认为不懂礼节，因而有损于互相之间的友情。即使是国家公职人员与一般公民的往来或者国家公职人员互相之间的往来，也免不了受这种习俗的影响。在这种情况下，贿赂的范围肯定是比较窄的，否则就会把正当的礼尚往来行为归之于犯罪，从而与社会文化相冲突。而在一个现代意识较浓的国家，礼仪比较简单，人与人之间的关系也比较淡漠，因而对国家公职人员的要求也就比较严格，贿赂的范围较为宽泛也就是十分自然的了。总之，文化因素对于各个国家贿赂范围的界定具有重要影响。

（三）国情

不同的国家有不同的国情，一个国家的法律只能适合于一个国家的国情才能得以正确地实施。对于贿赂范围的界定来说，国情也是一个影响因素。从我国的国情来看，当前贿赂犯罪蔓延面广，涉及经济体制的转轨、国家公职人员构成的庞杂等方面的复杂原因。但从司法上来说，也还存在一个承受能力的问题。如果贿赂的范围界定得过于宽泛，打击面扩大了，司法体制却跟不上去，从而导致立法与司法的脱节。当然，一个国家的国情也是不断变化的，因而贿赂的范围也存在一个逐步扩张的问题。

二、贿赂的理论聚讼

关于贿赂的范围，不仅各国在立法上各有所别，而且在刑法理论上也是观点聚讼，莫衷一是。显然，从理论上科学地界定贿赂的范围是十分必要的。

在外国刑法理论中，关于贿赂的界定，大体上存在以下三种学说：一是有形利益说，即把贿赂看成有形的或者物质上的利益，所谓有形的或物质上的利益是广义的，不要求这种利益用金钱来估价。二是金钱估价说，这种学说从量刑角度出发，把贿赂的目的物仅限于能够用金钱来估价的物质利益。三是需要说，把凡是能够满足人的需要的一切有形的或无形的利益，都看作是贿赂的目的物。在日本刑法理论中，较为通行的是需要说。例如日本刑法典认为贿赂之所得，不一定限定为金钱、物品和其他财产利益，不论有形、无形，以能满足人的需要、欲望的一切利益为范围。例如，艺妓的表演艺术、男女间不正当的性行为、公私职务的其他有利地位等也都视为贿赂。[①] 由此可见，外国刑法理论基本上倾向于对贿赂作较为宽泛的解释。应该说，这与外国刑事立法的倾向基本是一致的。

在我国刑法学界，关于贿赂的概念，存在以下三种观点。第一种观点以为，贿赂即财物，而不包括其他不正当利益。其主要理由在于：(1) 从文字上说，贿赂的词义就是指财物，是指用财物来买通别人，或者说用来买通别人的财物。(2) 从历史上看，唐律规定的贿赂罪，是采取“计赃定罪”的原则，财物数额与经济价值是定罪量刑的主要依据。(3) 从刑事立法来看，我国《刑法》第185条规定：“收受贿赂的，处五年以下有期徒刑或者拘役。赃款、赃物没收，公款、公物追还。”其含义也是指财物，才能没收与追还。《关于惩治贪污罪贿赂罪的补充规定》更明确规定受贿是索取他人财物，或者非法收受他人财物。(4) 从司法解释来看，最高人民法院、最高人民检察院《关于当前办理经济犯罪案件中具体应用法律的若干问题的解答（试行）》中对贿赂的解释也是指财物。

---

① 参见吕继贵：《罪与罚——渎职罪的理论与实践》，21页，上海，上海社会科学院出版社，1988。

因此，持这种观点的同志认为，刑事立法规定贿赂内容指财物，明确具体，便于执行。如把贿赂内容解释为包括不正当利益则笼统抽象，会给守法、执法带来困难，进而会混淆罪与非罪、此罪与彼罪的界限，不可避免会产生扩大化的错误。① 第二种观点认为，贿赂包括财物和其他物质性利益，但不包括其他非物质性利益，这种观点不太明确，有人表面上也赞同贿赂即财物，但对财物的解释中又包含财物性利益。例如，有人指出：贿赂就其本意来说是仅指财物而言。财物首先是金钱，金钱是贿赂的一种主要形式，其中大量的是现金，也可以是有价证券、货币票据，如支票、汇票、股票等。其次，贿赂还包括物品。物品作为贿赂的物质手段必须具有经济价值，即具有价值和使用价值。司法实践中常见的有电视机、收录机、电冰箱等高档物品，也有食品、家具、服装等日常生活用品。最后，贿赂还包括其他财产性的利益，如债权的设立、债务的免除、酒席招待、免费旅游等等，这些利益之所以能成为贿赂是因为它与财物有着不可分割的联系，受贿人得到的和行贿之交付的实际上是财物。与财物无关的非物质利益，如升学就业、招工指标、提升职务、迁移户口、提供女色等等，不能成为贿赂。② 还有些人则把财产性利益与财物相并列，认为都属于贿赂。例如有人指出：贿赂通常是指金钱和物品，物品包括动产和不动产。但在某些特定场合，贿赂也可以是财产性的利益，如债权、劳务等。③ 这种观点与第一种观点的区别就在于，财产性利益是否包括在贿赂概念之中。第一种观点对此予以否定，第二种观点则予以肯定。第三种观点认为，贿赂不仅指财物，而且还应包括财产性的或非财产性的不正当利益。其主要理由是：(1) 从文字上说明贿赂的含义，不是固定不变的，亦可根据新情况、新特点，对原有的文字作新的解释和说明；(2) 历史上有关贿赂的法律规定与解释是发展变化的，不应墨守成规；(3) 在外国刑法中，许多国家规定贿赂内容除了财物外，亦有其他财产性利益或非财产性的不正当利益，如联

① 参见高铭暄主编：《中国刑法学》，603、604页，北京，中国人民大学出版社，1989。

② 参见刘光显：《论贿赂》，载《贪污贿赂论文集》，592～593页，中国高级检察官培训中心，1989。

③ 参见中国人民大学法律系刑法教研室：《刑法各论》，2版，322页，北京，中国人民大学出版社，1985。

邦德国、瑞士、意大利的刑法规定，可以借鉴；（4）贿赂包括其他不正当利益，有利于同这种犯罪作斗争。如有的人接受为其本人或亲属解决住房、落户口、招工、升学、提供出国留学、出国签证等财产性与非财产性的不正当利益，如果不把这些作为贿赂内容，就会放纵犯罪，危害国家和人民利益。正如我国学者指出：我国目前正处在对外开放、对内搞活经济的新形势下，随着经济的不断发展，贿赂犯罪必然会出现各种新的形式、新的特点。如果我们固守陈规，仍然认为贿赂只能指财物，就必然会放纵那些更加狡猾的贿赂犯罪分子。对此我们必须有一个清醒的认识，对那些利用财物以外的不正当利益进行贿赂犯罪的，必须严厉打击，绝不能使之逍遥法外。①

以上三种观点中，第一种观点有法律根据，第二种观点符合实际，第三种观点在理论上也能够成立。下面，对这三种观点分别加以辨析。

将贿赂归结为财物，是法律的明文规定，也有司法解释作为根据，并且符合我国对贿赂罪按照数额量刑的惩治体系。但是，这种观点对贿赂的理解显然过于狭窄。因为物质性利益或者说财产性利益虽然在形式上有别于财物，但在实质上是一致的，并且都具有可计量性，可以折算成一定的金钱数额。例如，农村女青年张某（16 岁）到某企业人事干部王某家当保姆，王某保证将张某招收为该企业的工人，以此免除付给张某三年保姆的工资。为使张某相信，王某还写了一张字据给张。这实际上也是行贿和受贿行为，因为王不付给张三年的工资 1 800 元，同张某送给王某这笔钱是相同的。而且，从我国贿赂犯罪的实际情况来看，以物质性利益作为贿赂的情况大量存在，且手法比较隐蔽、狡猾，将之归于贿赂是恰当的。现在分歧较大的问题是：非物质性利益能否视为贿赂？应该说，过去我国鲜有以非物质性利益作为贿赂的，但当前也出现了这种趋势。例如性贿赂就是突出的一例。有这样一个案例：被告人娄某，男，30 岁，汉族，中专文化，某海关人员。娄某 1983 年至 1984 年在某海关工作期间，某走私集团的首要分子沈某，为了达到大批私货走私入境的目的，曾企图用金钱向娄某行贿，让娄利用值

① 参见姜代境：《关于贿赂罪几个问题的探讨》，载《法学研究》，1985（5）。

班之机放走私货入境，没有成功。后来沈某打听到娄某喜欢玩女人，指使走私集团成员渠某之妹渠某某去勾引娄某下水。在渠某某的勾引下，娄某果然上当，与之多次发生两性关系。后来娄某接受了渠提出的让他们的走私货过关的要求。在1984年4月7日，利用其值班之机，娄某先后四次放进该集团价值1 900余万元的走私货入境。① 对于这种情况，我国刑法学界存在两种观点：一种观点认为性交可以被看成是某种利益。基于其特性，此种利益乃一种无形的非物质利益，但又与有形的物质利益有着密切的关系，因为性交的背后，隐藏着某种利益的交换。因此，这些学者把性贿赂作为贿赂罪的一种具体表现形式。② 另一种观点则认为，允诺性行为定为贿赂罪，不论从刑法理论还是从司法实践的角度，恐怕都很难令人接受；因为它显然不符合我国人民关于贿赂的观念和我国的法律规定。况且受贿罪是以是否收受一定数额的财物为是否构成犯罪的界限或科刑轻重的依据，如果性行为作为贿赂，以性交几次作为罪与非罪的界限或科刑轻重的依据，不易确定，也没有法律依据。③ 我认为，允诺性交能否成为贿赂，是贿赂是否包括非物质性利益这个问题的一个重要组成部分。而要解决这个问题，需要从以下几个方面着手。

（一）贿赂罪的性质

贿赂罪的性质，这里主要就受贿罪的性质而言，它取决于受贿罪的客体。关于贿赂是否包括非物质性利益的两种观点，主要分歧之一就在于对受贿罪的性质的认识。例如否定的观点认为，贿赂罪虽然属于渎职罪，侵犯的主要客体是国家机关的正常活动，但是正因为它是一种涉及钱财的犯罪，所以它又属于经济犯罪，侵犯的不是单一客体，而是复杂客体。索贿受贿的犯罪行为不仅损害了国家机关的声誉和正常活动，而且使他人的财产遭受损失。受贿人受贿后，又常常贪赃枉法为行贿人谋取非法利益或为其经济犯罪大开绿灯，给国家造成严重的经济

① 参见赵长青主编：《贿赂罪个案研究》，14页，成都，四川大学出版社，1991。

② 参见湖南省高级人民法院研究室：《谈谈性贿赂》，载《法治通讯》，1989 (3)。

③ 参见马克昌：《受贿罪客观条件探讨》，载《刑法运用问题探讨》，248页，北京，法律出版社，1992。

损失，破坏了社会主义经济秩序。所以贿赂罪的贿赂物就应当是具有货币经济价值的金钱、财物及可以折算为货币的物质性利益。单纯的非物质性的不正当利益怎么能构成经济犯罪呢？① 而肯定的观点则认为，贿赂罪并不是经济犯罪，贿赂罪的本质特征在于这种行为严重破坏了国家机关的声誉，破坏了国家机关的正常活动。主张贿赂只包括钱、财的学者，错误就在于他们错把贿赂罪这种渎职的破坏国家机关正常活动的犯罪，认为是一种经济犯罪，因此就只能得出一个错误的结论：贿赂罪的贿赂物就应当是具有货币经济价值的金钱、财物及可以折算为货币的物质性利益。② 我认为，受贿罪的直接客体是职务行为的廉洁性，而非泛泛而指的国家机关的正常活动。同时，受贿罪的选择客体是国家经济管理活动。因此，在经济受贿的情况下，认为受贿罪具有职务犯罪与经济犯罪双重属性并无不可；但以此否认贿赂不包括非物质性利益却是不妥的。因为受贿罪的直接客体是职务行为的廉洁性，行贿罪的直接客体是职务行为的不可收买性，这就是贿赂罪的本质。贿赂是行贿人针对受贿人的某种职务行为的相对给付，与此职务行为存在一种对价关系。因此，一切能够满足受贿人各种生活需要和精神欲望的财物、物质性利益和非物质性利益，都应是贿赂。因为不论是财物、物质性利益还是非物质性利益，只要是受贿人所愿意得到的，行贿人加以满足，便能起到收买作用，从而侵犯职务行为的不可收买性。而国家公职人员只要接受了这些物质性的或非物质性的利益，就侵犯了职务行为的廉洁性。

（二）贿赂的传统观念

能否把非物质性利益作为贿赂，与贿赂的传统观念有一定的关系，因而否定与肯定两方的观点在这一点上是针锋相对的。否定的观点认为，从我国法制史上看，贿赂的概念中历来都不包括非物质性的“其他不正当利益”。而肯定的观点则认为，从贿赂一词本身的含义来讲，在古代它也确实是仅指金钱和财物的。但是它也同我国的其他文字一样，是可以也会在历史的发展中被赋予新的含义的。

① 参见杨再明：《贿赂不应包括非物质性的“其他不正当利益”》，载《法学研究》，1986（5）。

② 参见姜代境：《对贿赂概念的再认识——兼答杨再明同志》，载《西北政法学院学报》，1987（3）。

对某一文字、某一词组的解释，如果仅仅拘泥于古代某人的解释，而不看后世人又赋予了它哪些含义，现时的人们普遍是怎样理解的，也是不会理解它的全部含义的。[①] 这里所涉及的是对贿赂这个词的字面含义的解释问题。谁都不否定在中国古代刑法中贿赂指财物，但分歧在于能否对贿赂作出适应社会需要的解释。正如我国刑法学界有人指出：不能把一般文字意义中贿赂的含义固定化、绝对化，也不能对刑法规范中贿赂的含义墨守成规地去解释，以致置贿赂的新形式、新特点于不顾，无视其他不正当利益同财物和物质性利益一样都是行贿人收买受贿人使之利用职务上的便利为行贿人谋取利益的手段，或者索贿，渴望获得某种利益而不惜利用自己职务之便利为他人谋取利益。人为地将其他不正当利益排除出贿赂的范围，实际上是缩小了贿赂罪的范围，不利于同贿赂犯罪作有效的斗争。[②] 因此，贿赂一词的含义本身也是会变化的，不必拘泥于古义。

（三）贿赂的司法认定

将贿赂的范围扩大到非物质性利益，是否会影响对贿赂的司法认定，这也是否定与肯定两种观点争论的一个焦点。否定的观点认为：从执法的角度上来看，把单纯行送、接受、介绍非物质性的“其他不正当利益”的行为作为贿赂罪来处理是行不通的。首先，把非物质性的“其他不正当利益”作为一个司法中的概念来使用，本身就含义模糊，无法把握它的具体内容。其次，难以定罪和量刑。非物质性的“其他不正当利益”与拉关系、走后门、一般性的以权谋私等不正之风和一般违法行为无法划清界限。就量刑来看，如果只有非物质性的不正当利益，没有任何财物或可以折算成货币的物质性利益，也无法比照贪污罪处罚。[③] 肯定的观点则认为：上述观点在判断一个行为是否应属于犯罪行为时，以这个行为的内容是否容易把握，是否难以定罪量刑为标准，是犯了本末倒置的错误。[④] 我认

---

① 参见姜代境：《对贿赂概念的再认识——兼答杨再明同志》，载《西北政法学院学报》，1987（3）。

② 参见肖常纶：《论贿赂罪的几个问题》，载《经济体制改革与打击经济犯罪》，131页，上海，上海社会科学院出版社，1987。

③ 参见杨再明：《贿赂不应包括非物质性的“其他不正当利益”》，载《法学研究》，1986（5）。

④ 参见姜代境：《对贿赂概念的再认识——兼答杨再明同志》，载《西北政法学院学报》，1987（3）。

为，在界定贿赂范围的时候，司法上的可操作性确实是一个应该考虑的因素，但是根本的还是要看行为的社会危害性。在这个意义上说，本末倒置当然是不应该的。事实上，不正当利益这个概念本身，并非含义模糊。其内涵应该是清楚的，这就是能够满足人的需要的一切物质的或者精神的利益。由此内涵而确定其外延，一般来说并不困难。当然，从定罪量刑的角度上来说，确实存在一些困难。就定罪而论，像有些同志所举的例子，甲开后门把乙的儿子提干，乙开后门把甲的女儿招工，双方都从对方获得了非物质性利益，是否双方都要以行贿罪论处呢？如果对这种情况要以行贿、受贿罪论处，又怎能划清罪与非罪的界限呢？我们认为，对于这种情况，从社会危害性程度上来说是应该论罪的。从具体定性上来说，虽然有一定困难，但并非不能认定。在上述案件中，甲乙双方实际上是非物质利益与非物质利益的交换，应以主动一方为行贿，被动一方为受贿。当然，以职务行为行贿，是行贿罪的一种特别表现形式，应该在法律上加以明确规定。以量刑而言，非物质性利益由于无法折算成一定数额的财物，确实与我国对贿赂罪采取以一定财物的数额而建立起来的惩治体制难以协调，在量刑上存在一定困难。因为我国刑法对贿赂罪的惩治体系是建立在贿赂即是财物这一观念基础之上的，将贿赂的范围扩大到非物质性利益，则这一惩治体系势必发生变动。

三、贿赂的科学界定

我认为我国刑法中贿赂的范围应从理论和实际两个方面综合考虑。从理论上来说，贿赂的范围应当与贿赂罪的性质保持一致。根据贿赂罪的性质，贿赂应该是指行贿人自愿交付给受贿人的，能满足受贿人物质需要和精神欲望从而换取受贿人以其职务行为使行贿人某种利益或权利得以实现的一切物质性和非物质性的利益。把财物以外的其他不正当利益排除在贿赂的范围之外，确实与贿赂罪的性质相矛盾，也不符合贿赂罪的实际。把财物以外的其他不正当利益纳入贿赂的范围，有利于社会大众对这种利益进行的贿赂行为性质的正确认识，从而有效地遏制这种贿赂行为的发生。将其排除在贿赂的范围之外，则在一定程度上会助长以这种利益进行的贿赂行为的变迁。从实际出发考虑，如果把一切非物质性利益都纳入贿赂的范围，则立法和司法都将面临亟待解决的问题：首先，在立法上需要重新设置贿赂罪的惩治体系。因为非物质性利益不像财物那样可以通过量化的规定设置处罚标准，只能依据贿赂的性质、行为的社会危害性程度、对国家机关声誉及正常活动的破坏程度等各种情节进行综合考察。因此，目前我国刑法上以财物的数额大小为基础的处罚标准体系便不适应需要，需要重新设置。其次，在司法上功能需要强化。因为扩大贿赂的范围，贿赂犯罪惩罚概率有所提高；同时，重新设置处罚标准体系，司法的困难度有所增加。这样，就必须进一步强化对贿赂罪的司法功能。最后，对贿赂罪的惩治与国家公务员制度的建立和完善具有重要关系。我国公务员制度尚未建立起来，当前的人事管理制度还存在较大缺陷。因此，贿赂范围的扩大应该与国家公务员制度的建立予以同时考虑。因为只有建立了国家公务员制度，并健全了有关的行政管理法规，才能对国家公务员严加要求，并且保证对贿赂犯罪惩治的有效性。综上所述，我认为，从理论上来说，贿赂的范围应该包括财物、物质性利益与非物质性利益。但目前马上把非物质性利益纳入贿赂的范围存在一定的困难，而现行刑法将贿赂限于财物，范围过于狭窄，应当扩大到物质性利益。

（本文原载《法学家》，1993（5））

受贿罪的利用职务上的便利之探讨

利用职务上的便利，是受贿罪的基本特征之一，它涉及罪与非罪的界限问题。我国刑法学界对受贿罪“利用职务上的便利”进行了较为深入的探讨，但对于这一构成要件的内涵，在理论上仍然存在分歧。本文拟立足于我国的立法与司法，对受贿罪“利用职务上的便利”加以界定。

借鉴外国立法例并根据行政法中关于行政职务产生、变更和消灭的原理，从利用职务的对象来分，可以分成利用本人职务上的便利和利用他人职务上的便利。从利用职务上的便利的时间来分，可以分成利用现在职务上的便利、利用过去职务上的便利和利用将来职务上的便利。我们认为，从一般意义上理解，利用职务上的便利指利用本人现在职务上的便利，而不包括他人职务上的便利或者利用本人将来或过去职务上的便利。但为了使我们对利用职务上的便利有更为深入的理解，我们分别对利用本人职务上的便利、利用他人职务上的便利、利用现在职务上的便利、利用将来职务上的便利和利用过去职务上的便利加以论述。

一、利用本人职务上的便利

利用本人职务上的便利是利用职务上的便利的本来含义。1989 年最高人民法院、最高人民检察院《关于执行〈关于惩治贪污罪贿赂罪的补充规定〉若干问题的解答》(以下简称《解答》)指出:“受贿罪中‘利用职务上的便利’,是指利用职权或者与职务有关的便利条件。‘职权’是指本人职务范围内的权力。与职务有关’,是指虽然不是直接利用职权,但利用了本人的职权或地位形成的便利条件。”由此可见,利用本人职务上的便利包括以下两种情况。

(一)直接利用本人职务上的便利

直接利用本人职务上的便利就是指《解答》中所说的利用职权。职权是指国家机关及其公职人员依法作出一定行为的资格,是权利特殊的表现形式。① 一定的职权是法律赋予的,因而必须履行职责。如果利用这种权力为他人谋取利益而收受贿赂的,是典型的以权谋私,是为法律所不允许的。因此,利用职权是名副其实的利用职务上的便利。在司法实践中,大量受贿罪是利用职权构成的。例如,主管基建的国家工作人员利用主管基建的条件谋取私利,掌握物资的国家工作人员利用物资批准权谋取私利,公安局掌管户口的国家工作人员利用户口审批权谋取私利等,都属于利用职权的便利案件。应该指出,认定利用职权的便利条件,关键是要界定其职权范围。当前,我们正面临着一场政治改革,处于新旧体制的交替时期。长期以来形成的党政职能不分,政企职能不分,政府机构庞大、职责不清等现象还没有从根本上解决。国家公务员制度尚未建立、某些党政干部权力集中于一身,他们实际上掌握的权力,要比法律(或者某些规章)赋予他们“直接主管、经营的权力”大得多。② 在这种情况下,职权有法定职权与实际职权之分。我认为,受贿罪的利用职权,既包括利用法定职权,也包括利用实际职权。

(二)间接利用本人职务上的便利

间接利用本人职务上的便利就是《解答》中所说的利用与职务有关的便利条件。与职务有关并非职权范围之内,因此,与前述利用职权有所区别。它虽然不

---

① 参见《法学词典》(增订版),832页,上海,上海辞书出版社,1984。

② 参见邢雯:《试论受贿罪利用职务上的便利》,载《法学研究》,1988(6)。

是职务范围之内的，却也绝非与职务毫无关系，而是与职务有关，是利用了本人的职权或地位形成的便利条件。利用与职务有关的便利条件，从表面上看是通过他人的职务为行贿人谋取利益，从而收受贿赂；但从实质上看，行为人是利用了本人职务而产生的制约关系，这种制约关系可以左右和影响被利用者的利益，使之就范，否则就会损害被利用者的利益。因此，利用与职务有关的便利条件应当认为是利用职务上的便利。

我认为，利用与职务有关的便利条件与利用工作上的便利是有区别的，两者不可混为一谈。前者便利产生于行为人职务上的权力，而后者与其职权没有内在联系。由于利用工作上的便利缺乏内涵与外延的确定性，可以任意解释，不利于正确地认定受贿罪。正如有人指出："工作便利"一词容易产生扩大解释的后果，使人产生凡利用工作关系，都应被视为"利用职务便利"。因此，最高人民法院、最高人民检察院于 1989 年 11 月 6 日发布的《关于执行〈关于惩治贪污罪贿赂罪的补充规定〉若干问题的解答》中将这一概念表达为："与职务有关"的便利。[①] 我认为，这一论述是正确的，以后应当摒弃利用工作之便这种不科学的提法。

应该指出，利用与职务有关的便利条件并不像利用职权那样明确，因而容易认定，因此更需要加以严格的界定。我们认为，利用与职务有关的便利条件，一般只能发生在职务上存在制约关系的场合，这种制约关系可以表现为两种情况：一是从纵的方面看，存在职务上的上下级领导和被领导关系，也就是职务上的从属关系。例如县长批条子让县物资局局长平价拨给他人钢材 10 吨，然后收取他人财物。在这种情况下，县长并不直接掌握物资，因而不是利用职权上的便利。但县长作为一县之长，是县里的最高行政长官，于是这种职权或地位形成的便利，使其能够为他人谋取利益而收受财物，从而构成受贿罪。二是从横的方面看，有关工作人员在执行职务过程中存在着制约关系。例如，供电局电管科科长向某重点中学校长批条子，要求接纳一个考分不够的学生，因学校用电有求于电

① 参见卢泰山主编：《最高人民检察院司法解释评析（1979—1989）》，68 页，北京，中国民主法制出版社，1991。

管科科长，只能同意接纳。为此，电管科科长向该学生家长收取财物。在这种情况下，电管科科长并不主管招生，因此不是利用职权上的便利。但他因管电大权在握，学校慑于其权势，只能接纳考分不够的学生。如果他没有管电权，就不可能达到让考分不够的学生上重点中学的目的，因而构成受贿罪。我认为，对于与职务有关的便利条件的认定，必须立足于职务上的制约性，包括纵向制约与横向制约。没有这种制约性，就不存在利用职务上的便利问题。

二、利用他人职务上的便利

利用他人职务上的便利，又称为利用第三者的职务上的便利。在论述之前，首先必须正确地界定利用第三者的职务上的便利。我认为，所谓利用第三者的职务上的便利，是指利用与本人职务无关的第三者的职务上的便利。因而，这是一种利用本人身份，或者说是利用工作上的便利条件。如果与自己职务有关，就不是利用第三者职务上的便利，而是利用本人职务上的便利。因此，以下观点是不妥的：认为利用第三者的职务之便包括职务关系，即第三者在行为人职务管辖范围之内，行为人可利用职务支配、左右或影响第三者；或第三者有求于行为人的职务权限内的事情，行为人即反求于第三者。[①] 我认为，利用第三者职务上的便利与利用本人职务上的便利具有以下区别：第一，利用与职务有关的便利条件具有本人职务产生的制约关系的特征。而利用他人职务上的便利是基于国家工作人员的身份，是一种非制约性的关系。第二，利用与职务有关的便利条件是基于本人职务产生的制约关系，其归结点在本人职务上。而利用他人职务上的便利，只要具有以国家工作人员的身份斡旋就可以了。[②]

关于利用第三者的职务上的便利能否构成受贿罪，在我国刑法学界存在三种观点：一是否定说，认为利用职务上的便利仅指利用行为人自己的职务之便，不

---

① 参见蒋元清：《利用第三人职务之便收受财物的行为定性问题探讨》，载《人民检察》，1989（4）。

② 参见陈兴良、王玉珏：《建立受贿罪罪名体系的构想》，载《法学》，1991（6）。

包括利用第三人职务之便。因为刑法之所以要惩罚受贿犯，是因为行为人对自己的职务不依法正确履行，即不是利用职务为党和人民工作，而是利用职务谋取非法利益。正因为如此，受贿罪才成其为渎职罪。① 二是肯定说，认为国家工作人员要求其他国家工作人员为请托者谋取非法利益，并非法收取请托者的财物的，也是利用职务上的便利。之所以提出这一类也应以受贿论处，主要是从国家工作人员必须守纪这一角度考虑的。国家工作人员，无论职务高低，都应当尽遵法守法的义务。不履行这种义务，支持、纵容违法活动，并要求其他国家工作人员利用职务之便为他人谋取非法利益，自己从中索取或接受财物，就是一种渎职行为，与受贿罪的本质特征没有多大差别。比如某科研所的一位干部郑某，与某卷烟厂的副厂长过去是老同事，郑某通过这一关系，长期为烟贩子批出大量高级香烟。烟贩子转手倒卖，获取了暴利。同时，郑某也先后从烟贩子那里收取现金2 000多元，还有高级烟酒、布料、沙发等。在这一案件中，郑某既没有利用本人的职务，也不存在利用职务左右对方某种利益的情况，纯粹是托老熟人的关系，为请托人办事。但是，郑某明知烟贩子从事的是倒卖香烟的非法活动仍然为其提供方便，从中捞取好处，并坑害了消费者的利益。这种情况在刑法尚未修改时，可以作为特殊的受贿罪予以处罚。② 三是折中说，认为对利用第三者职务之便要作具体分析，不能认为都属于利用职务上的便利，也不能认为都不属于利用职务上的便利。受贿人利用第三者的职务之便受贿，如果认定为利用职务上的便利，必须具备两个条件：其一，利用第三者的职务之便，必须是以自己的职务为基础的，或者利用了与本人职务活动紧密联系者的身份便利。其二，行贿人通过行贿所得到的利益，无论是非法利益，还是合法利益，都是由于受贿人利用其职务从中斡旋的结果。③ 我认为，利用第三者的职务上的便利实际上存在以下三种情况：一是亲属关系，即以血缘和婚姻关系为纽带联结而成的关系。二是友情关

① 参见朱孝清：《关于受贿罪认定中的三个问题》，载《人民检察》，1988（4）。

② 参见邢雯：《试论受贿罪利用职务上的便利》，载《法学研究》，1988（6）。

③ 参见张穹：《论“利用职务上的便利”的法律含义》，载《法制日报》，1988-08-02。

系，即以感情和友谊为纽带联结而成的关系。三是工作关系，即由于工作上的联系联结而成的关系。在前两种关系中，利用的主要是血缘与感情的联系，与本人职务与工作毫无关系，在第三种情况下，虽与本人职务无关，但与本人的工作与身份具有一定的关系。1989 年 11 月 6 日的《解答》实际上是认可了上述折中说，指出：国家工作人员不是直接利用本人职权，而是利用本人职权或地位形成的便利条件，通过其他国家工作人员职务上的行为，为请托人谋取利益，而本人从中向请托人索取或者非法收受财物的，应以受贿论处。《解答》还明确规定：对于单纯利用亲友关系，为请托人办事，从中收受财物的，不应以受贿论处。

我认为，利用第三者的职务上的便利以受贿论处值得商榷。我国刑法学界有人认为，这种情况类似于日本刑法中的斡旋受贿罪。日本刑法第 197 条之四（斡旋受贿罪）规定："公务员受请托而将斡旋或斡旋其他公务员为违背职务之行为或不为相当之行为，收受、要求或期约贿赂，以为报酬者，处三年以下惩役"。从这一规定的内容来看，与我国的利用第三者职务上的便利确实是相似的，但这也正好说明利用第三者的职务上的便利不属于利用职务上的便利。因为在《日本刑法》中，斡旋受贿罪是一个独立罪名，与一般受贿罪是不同的。《日本刑法》第 197 条（受贿）规定："公务员或仲裁人，就其职务收受、要求或期约贿赂者，处三年以下惩役。"由此可见，日本刑法中的一般受贿罪是以"就其职务"即利用职务上的便利为条件的，并且从字面上明确是利用本人职务。而斡旋受贿罪则是利用第三者职务上的便利为他人谋利益，这与利用本人职务上的便利本来含义是大相径庭的。总之，我们认为利用第三者的职务上的便利收受财物的行为具有一定的社会危害性，予以刑罚处罚是必要的。但它与利用本人职务上的便利收受贿赂的行为还是有原则区别的，宜在立法上加以明确规定。事实上，我国刑法学界也已经有人提出在我国刑法中设立斡旋受贿罪，这是指国家工作人员利用本人身份，通过其他国家工作人员职务上的便利，为请托人谋利益，而向请托人索取或者收受贿赂的行为。[①] 在立法未作规定前，通过司法解释将其纳入受贿罪的范

① 参见陈兴良、王玉珏：《建立受贿罪罪名体系的构想》，载《法学》，1991 (6)。

围，是牵强附会的，对此应当引起立法机关的重视。

三、利用现在职务上的便利

国家公职人员的职务都有一定的期限，在这期限之内的是现职。只有在担任现职的情况下，法律才赋予其一定的职权。由此可见，利用职务上的便利中的职务只能是指现职。因此，确切地说应该是利用现在职务上的便利。对受贿罪中的利用职务上的便利加上时间（任职期限）的限制，是十分必要的，也是利用职务上的便利的题中应有之义。

四、利用将来职务上的便利

利用将来职务上的便利是指利用尚未担任但即将担任的职务上的便利。对于这个问题，我国刑法学界讨论较少，因为问题不太突出。但这样的案例还是时有发生的，例如甲将到税务局担任税务专管员，某乡镇企业为了企业免税将 5 000 元人民币作为甲担任税务专管员后为该企业免税的条件，甲答应并收受了这 5 000 元。这就是利用将来职务上的便利，收受他人贿赂。那么，利用将来职务上的便利能否解释为我国刑法中的利用职务上的便利之中呢？我的回答是否定的。如前所述，利用职务上的便利只能是现在职务上的便利，而不包括利用将来职务上的便利。我认为，利用将来职务上的便利属于职前受贿，是指将任某项职务的国家工作人员，承诺请托人任职时为请托人谋取利益，而向请托人索取或者收受贿赂的行为。职前受贿是受贿人与行贿人之间的一种不法约定，这种不法约定规定了行为人为请托人将来谋取利益，请托人给予一定的财物。正是这种约定促使他们之间达成权与利之间的某种“期货”交易。职前受贿与一般受贿的主要区别在于利用职务便利的时间不同。职前受贿是利用将来的职务上的便利，而一般受贿是利用现在的职务上的便利。在职前受贿的情况下，虽然行为人在受贿时并未担任某项职务，但其受贿行为是凭借自己即将担任某项职务的身份实施的。

正是因为行为人即将担任某项职务，具备了为他人谋取利益的资本，他才胆敢在任职之前收受他人财物。而且，从客观行为的联系性来看，虽然行为人索取或者收受贿赂的行为是在任职之前，而为他人谋取利益是约定在任职之后，从时间上来说似乎是互相脱节的；但职前受贿的行为人之所以在任职之前敢于收受他人财物，就是因为约定了任职以后为他人谋取利益。因而，职前受贿行为侵害了职务行为的廉洁性。为此，有些国家刑法专门作了规定。例如日本刑法第197条第2款规定："将要成为公务员或仲裁人关于自己将要担任的职务的事情，接受请托而收受、要求或约定贿赂。事后成为公务员或仲裁人的，处三年以下的惩役。"类似规定还见诸《瑞士刑法》第315条的规定："官署成员、公务员、执行司法职务之人、仲裁人、官署委托之鉴定人、翻译人或通译，对于将来违背义务之职务行为要求、收受或期约贿赂或免费之利益者，处三年以下重惩役或轻惩役。"我国刑法对此未作规定，但在将来刑法修改时，有必要对此作出补充规定。

五、利用过去职务上的便利

利用过去职务上的便利是指利用曾经担任但现已不担任的职务上的便利条件。这个问题在我国是一个离、退休的国家工作人员能否构成受贿罪的问题。

关于这个问题，在法律上没有规定。1989年9月8日监察部《国家行政机关工作人员贪污贿赂行政处分暂行规定实施细则》第3条规定，利用本人现任或者曾任职务地位形成的便利条件收受财物的，也是受贿行为。如果说，这只是一种行政解释，对司法机关没有法律约束力，那么，1989年"两高"《解答》首次以司法解释的形式明确规定离、退休国家工作人员可以构成受贿罪。《解答》规定："已离、退休的国家工作人员，利用本人原有职权或地位形成的便利条件，通过在职的国家工作人员职务上的行为，为请托人谋取利益，而本人从中向请托人索取或者非法收受财物的，以受贿论处。"我认为，司法解释对于在司法工作中统一规定，无疑会起到重要作用。但是，这一司法解释本身是否科学，仍然值得研究。我认为，利用职务上的便利，只能是利用现任职务的便利，而不能当然地包括利用过去职务的便利，因而离、退休国家工作人员不能构成受贿罪。我的理由是：法律规定受贿罪的主体中只能是国家公职人员的意义就在于，国家公职人员的身份总是和一定的职务相联系的，因此利用其职务上的便利为他人谋取利益而非法收受贿赂就成为可能，这就会使国家公职人员的职务受到亵渎，所以应受惩处，而离、退休国家公职人员既然已经脱离了原来的职位，利用职务上的便利为他人谋取利益而非法收受贿赂就成为不可能，无职可渎，岂能以渎职罪论处？显然，肯定离、退休国家公职人员可以构成受贿罪，无异于否认受贿罪必须以利用职务上的便利为条件。正因为如此，我国刑法学界有人认为，离、退休的国家工作人员已不是严格意义上的国家工作人员，已无职可谈，因此，建议从立法上去掉利用职务上的便利的限制。[①] 显然，这种观点是不能接受的。

当然，我否认离、退休国家公职人员不能构成受贿罪，并不意味着可以对这种现象放任不管。如果离、退休国家公职人员利用原来的职权以及影响，为他人谋取利益而收受了财物，其行为按照有关行政法规是违法的，或是为党纪所不容许的，可以对其采取行政处分或是党纪处理。同时，可以考虑在刑法中增设职后受贿罪。我国刑法学界有人提出设立职后受贿罪，认为职后受贿罪是指国家工作人员利用原职务产成的便利条件为请托人谋取利益，而索取或者收受贿赂的行为。[②] 职后受贿罪的本质在于利用过去职务上的便利。这里的职后受贿罪既可以是在调任其他职务以后利用原职务为他人谋利益而收受财物，也可以是在离、退休以后利用原职务为他人谋利益而收受财物。在以上两种情况下，由于行为人不是利用现在职务上的便利，因而与一般受贿罪有所不同。至于有些国家工作人员在离、退休以前利用职务上的便利为他人谋取利益，约定在其离、退休以后收受贿赂，这属于事后受贿的范畴，应以受贿罪论处。

（本文原载《中国人民大学学报》，1994（2））

---

① 参见唐光诚：《关于受贿罪应删除“利用职务上的便利”的思考》，载《江西法学》。

② 参见陈兴良、王玉珏：《建立受贿罪罪名体系的构想》，载《法学》，1991（6）。

贿赂罪谋取利益之探讨

在贿赂罪中受贿罪表现为，“为他人谋取利益”，行贿罪表现为“谋取不正当利益”。因此，“谋取利益”对于受贿罪与行贿罪的认定具有重要意义。本文分别对受贿罪与行贿罪中的“谋取利益”问题加以探讨，就教于我国刑法学界。

一、受贿罪“为他人谋取利益”问题

受贿罪中的“为他人谋取利益”问题，可以从以下四个方面加以探讨。

（一）索贿是否以“为他人谋取利益”为条件的问题

《刑法》第185条对受贿罪的规定，对受贿罪客观表现方式并未区分索取与非法收受两种类型，并且也未涉及为他人谋取利益的问题。1982年全国人大常委会《关于严惩严重破坏经济的罪犯的决定》（以下简称《决定》）将索贿与受贿并列，1985年最高人民法院、最高人民检察院《关于当前办理经济犯罪案件中具体应用法律的若干问题的解答（试行）》在规定受贿罪的概念中指出：“受贿罪是指国家工作人员利用职务上的便利，为他人谋取利益，而索取或者非法收受他人财物的行为”。在此，司法解释将为他人谋取利益置于索贿与受贿之前，说明无论是索贿还是受贿都以为他人谋取利益为条件。但 1988 年全国人大常委会《关于惩治贪污罪贿赂罪的补充规定》（以下简称《补充规定》）则将为他人谋取利益置于索贿之后、受贿之前，说明受贿以为他人谋取利益为条件，而索贿则并不以为他人谋利益为条件。对此，1989 年最高人民法院、最高人民检察院《关于执行〈关于惩治贪污罪贿赂罪的补充规定〉若干问题的解答》（以下简称《解答》）指出："索取他人财物的，不论是否'为他人谋取利益'，均可构成受贿罪。"应该说，这一解释是符合立法原意的。问题在于：这一立法原意本身是否正确？立法者之所以对索取贿赂与收受贿赂是否要求为他人谋取利益作出不同的规定，主要是表明立法者对索贿从严、受贿从宽的态度，这本来是无可非议的。但值得考虑的是：索贿不以为他人谋取利益为条件，它是否还属于受贿罪的范畴。因为索贿与受贿都是受贿罪的客观表现形式，就其本质而言，都是利用职务上的便利为本人谋取私利。但它又不同于一般的渎职罪，其特点在于货币或其他财产性利益与权力的交易。正是在这个意义上，才把收受的财物称为贿赂，把交付这种财物的行为规定为行贿罪，一并予以惩处。如果索贿人主观上根本没有为他人谋取利益的意图，而是凭借职务上的便利，勒索他人财物，那就超出了受贿罪的范围，属于敲诈勒索的问题。正如高铭暄教授指出：如果是国家工作人员以满足某人的某种合法要求为诱饵，通过威胁、要挟手段向他敲诈勒索财物，也即俗称"敲竹杠"，则被敲诈勒索者乃受害的一方，既不能把他当作行贿人，也不能把被迫给予的财物当作贿赂，这时就不会发生没收问题，而应当把财物追还给被害人，对于实施敲诈勒索行为的该国家工作人员，也不是依照本条的受贿赂罪追究刑事责任，而应当依照《刑法》第 154 条的敲诈勒索罪追究刑事责任。[①] 在外国刑法中，不用索贿一词而是用"要求"一词（参见日本刑法第 197 条、德国刑法第 331 条、瑞士刑法第 315 条）。这里的"要求"，是指请求提供贿赂，具有向对方要求提供贿赂的意思表示。显然，这种要求是以为他人谋利益为条件的，而不是纯粹的敲诈勒索。公务员在有关职务上采用恐吓的方法让对方交

① 参见高铭暄：《中华人民共和国刑法的孕育和诞生》，251 页，北京，法律出版社，1981。

付贿赂，一般认为是恐吓罪与受贿罪的想象上的竞合。① 如果说，依据《刑法》第 185 条的立法原意，受贿不包括职务上的敲诈勒索，因而必须以为他人谋利益为条件，那么，在此后的刑法修改中，立法上发生了一定程度的变形，将索贿之索等同于勒索之索，并明确规定索贿不以为他人谋利益为条件。显然，这在刑法理论上是难以成立的。因此，我认为无论是收受财物还是索取财物，都应以为他人谋取利益为条件。

（二）"为他人谋取利益"是受贿罪的客观条件还是主观条件

关于这个问题，我国刑法学界存在两种观点：第一种观点认为，为他人谋取利益属于受贿罪的客观条件，指出：受贿罪在客观方面表现为，行为人利用职务上的便利，索取他人财物或者非法收受他人财物为他人谋取利益的行为。所谓为他人谋取利益，是指受贿人为行贿人谋取某种非法利益或合法利益，这是行贿人与受贿人之间的一个交换条件。② 第二种观点认为，为他人谋取利益属于受贿罪的主观条件，指出：为他人谋取利益只是行贿人与受贿人之间货币与权力互相交换达成的默契。就行贿人来说，是对受贿人的一种要求；就受贿人来说，是对行贿人的一种许诺。因此，为他人谋取利益只是受贿人的一种心理态度，属于主观条件的范畴。③ 对于这个问题，从法律规定来看，是作为受贿罪的客观条件来规定的，"两高"对此也是这样解释的。例如 1989 年"两高"《解答》指出：非法收受他人财物，同时具备"为他人谋取利益"的，才能构成受贿罪。为他人谋取的利益是否正当，为他人谋取的利益是否实现，不影响受贿罪的成立。我主张为他人谋取利益是受贿罪的主观条件的观点。因为如果把为他人谋取利益视为受贿罪的客观表现，那么，受贿罪就具有双重行为：一是非法收受贿赂，二是为他人谋取利益。因此，受贿罪的既遂就应当同时具备这两种行为，因为只有这样才能认为是齐备了受贿罪的构成，因而才满足了既遂的要求。但认为为他人谋取利益

① 参见甘雨沛、何鹏：《外国刑法学》，下册，805 页，北京，北京大学出版社，1985。

② 参见高铭暄主编：《中国刑法学》，692 页，北京，中国人民大学出版社，1989。

③ 参见王作富、陈兴良：《受贿罪构成新探》，载《政法论坛》，1991 (1)。

是受贿罪客观条件的学者又认为，受贿罪应以收受财物为既遂，未收受财物为未遂，而不问是否实行了为他人谋利益的行为。显然，这与刑法理论是不相吻合的。另外，肯定为他人谋取利益是受贿罪的客观条件，那么，为他人谋取利益就属于受贿罪的客观表现形式之一。但《补充规定》第5条第2款明确规定："因受贿而进行违法活动构成其他罪的，依照数罪并罚的规定处罚"。这里所谓进行违法活动构成其他罪，就是指国家工作人员、集体经济组织工作人员或者其他从事公务的人员收受贿赂以后，为行贿人谋取利益，而触犯法律构成犯罪的情形。按照《补充规定》，对此应实行数罪并罚。但为他人谋取利益的行为一方面是受贿罪的客观条件，另一方面又构成他罪，这显然违背了刑法中禁止重复评价的原则，犯了"一事两头沾"的毛病，在刑法理论上难以成立。

（三）"为他人谋取利益"在主观条件中属于什么性质

我认为，为他人谋取利益是受贿罪的主观条件，但它在主观条件中属于什么性质呢？对此，我国刑法学界鲜有论及，同时这也是一个难度较大的问题。我认为，为他人谋取利益，在受贿罪中只是一种主观上的"意图"。例如，苏俄刑法典关于受贿罪的规定就表述为"为了行贿人的利益"，这里显然是指受贿人的主观意图。由具有这种特定的主观意图而构成的犯罪，在大陆法系的刑法理论中称为目的犯。目的犯之目的，通常超越构成条件的客观要素的范围，所以也叫作超越的内心倾向。通常，目的犯可以分为两种：一是断绝的结果犯，这种目的根据行为本身，或作为附带现象，由自己来实现，特别是在其实现上，不需要新的其他行为。例如阴谋犯之意图，就是断绝的结果犯的适例。二是短缩的二行为犯，根据这个构成条件的行为本身，不能达到目的，于是，行为者又要通过第三者的其他行为才能实现其目的。例如伪造货币罪的伪造与供行使之意图，就是短缩的二行为犯的适例。显然，受贿罪由为他人谋取利益之意图而构成，是短缩的二行为犯。这里的二行为，一是指受贿行为，二是指为他人谋取利益的行为。为他人谋取利益并不能由受贿行为本身实现，而有赖于将这一意图付诸实施。但为他人谋取利益这一行为又不是受贿罪本身的构成条件之行为，因而被称为短缩的二行为犯，以与纯正的二行为犯相区别。立法者之所以规定短缩的二行为犯，是为了防止其他违法犯罪的发生。也就是说，根据法律的规定，不待其他违法犯罪发生（即只有其他违法犯罪之意图），就足以构成本罪。这里所谓目的，相对于本罪的构成条件的行为来说是动机，是立法者想要防止的那个犯罪的目的。例如，伪造货币罪之行使意图，对于伪造行为来说是动机，对于将来的行使行为来说是目的。在受贿罪中，为他人谋取利益之意图，对于受贿行为来说是动机，而对于为他人谋利益的行为来说则是目的。应该指出，大陆法系国家在目的犯的立法例中鲜有使用目的一词的，一般使用意图这一概念。在刑法理论上一般概括为目的犯，实际上应该是动机犯，只是因为在大陆法系刑法理论中，动机和目的没有严格意义上的区别，一般没有动机的概念，对于犯罪人的主观心理状态，除故意以外，就用目的概括之。综上所述，我认为，受贿罪是短缩的二行为犯，为他人谋取利益是受贿罪的动机。将来修改刑法时，宜将受贿罪表述为意图为他人谋取利益而要求、期约或者收受财物的行为。

（四）"为他人谋取利益"的认定

为他人谋取利益既然是受贿罪的主观动机，那么，如何加以正确认定呢？在刑法理论上，一般认为，为他人谋取利益具有以下几种情况：（1）意图为他人谋取利益，尚未实际进行；（2）正为他人谋取利益尚未获得成功；（3）已为他人谋取了部分利益，还未完全实现；（4）为他人谋取的利益，全部满足了要求。下面，分别根据这几种情况，对受贿罪的为他人谋取利益的认定问题论述如下。

（1）意图为他人谋取利益，尚未实际进行。在这种情况下，为他人谋取利益是行为人主观上的一种意图，尚未付诸实施。但这并不意味着为他人谋取利益是纯主观的东西，它往往通过与行贿人约定等活动表现出来，因而是可以正确认定的。

（2）正为他人谋取利益尚未获得成功。在这种情况下，受贿人已经着手利用职务上的便利为他人谋取利益，因而为他人谋取利益已经不再单纯是主观上的意图，而是已经转化为为他人谋取利益的实际行动。在这种情况下，为他人谋取利益尚未获得成功，但仍然可以根据为他人谋取利益的实际行动加以认定。

(3) 已为他人谋取了部分利益，还未完全实现。这比前一种情况要更进一步，因而，这种情况在认定上一般不会发生困难。

(4) 为他人谋取的利益，全部满足了要求。这是为他人谋取利益的完成式，从客观方面来说，具有受贿与为他人谋取利益这两种行为。因而受贿罪中为他人谋取利益这一主观意图也最容易认定。但对于受贿罪的构成来说，只要求具有受贿这一种行为，为他人谋取利益行为并不是受贿罪所要求的，但它对于认定受贿人是否具有为他人谋取利益的意图仍然具有相当充分的意义。

二、行贿罪“谋取不正当利益”问题

行贿罪中的“谋取不正当利益”问题，可以从以下三个方面加以探讨。

（一）“谋取不正当利益”的规定

我国现行《刑法》第185条对行贿罪，并没有明文规定行贿必须是为谋取不正当利益。1985年，最高人民法院、最高人民检察院在《关于当前办理经济犯罪案件中具体应用法律的若干问题的解答（试行）》中规定：“个人为谋取非法利益，向国家工作人员行贿或者介绍贿赂的，应按刑法第一百八十五条第三款追究刑事责任。”在此，司法解释明确将行贿罪的目的确定为谋取非法利益。这实际上是对刑法作了限制性的解释，是否符合立法原意尚可商榷。1988年《补充规定》以立法的形式明确规定把“为谋取不正当利益”作为行贿罪的构成条件，目的是把不是“为谋取不正当利益”而给予财物的行为排除在外。这样规定，确实有利于区分罪与非罪的界限，避免打击面过宽，以集中打击严重的经济犯罪。应该说，这一立法用意是好的，但在立法上确定行贿罪必须出于为谋取不正当利益以后，在对这个问题的理论解释与司法运用上都出现了一些亟待解决的问题。

（二）“谋取不正当利益”的性质

关于谋取不正当利益的性质，我国刑法学界主要存在以下三种观点：第一种观点认为，谋取不正当利益是行贿目的，可以称之为目的说。这是我国刑法学界较为通行的观点。[①] 第二种观点认为，谋取不正当利益不是行贿犯罪目的，而仅仅是行贿人实施行贿犯罪的动机，即是行贿者所希望达到的愿望。行贿人的犯罪目的是收买国家工作人员，即行贿行为人所希望达到的结果。[②] 这种观点可以称之为动机说。第三种观点认为，谋取不正当利益既是行贿的目的又是行贿的动机，可以称之为目的兼动机说。[③] 在以上三种观点中，我们同意第三种观点。应该指出，在心理学中，动机和目的是两种既相互联系又相互区别的概念。在人的简单行为中，动机和目的常表现出直接的相符。在这种情况下，对某一事物的反映，就其对人的推动作用来说，是活动的动机；就其作为活动所要达到的预期结果而言，又可以是活动的目的。就犯罪动机与犯罪目的的关系而言，也是如此。即在同一种犯罪中，犯罪动机与犯罪目的的内容可以是同一的。在行贿罪中，谋取不正当利益既是推动行为人实施行贿行为的内心动因，也是通过行贿活动所要达到的预期结果。

（三）“谋取不正当利益”的认定

谋取不正当利益的认定，关键在于如何界定不正当利益。关于不正当利益的范围，我国刑法学界存在不同的观点。第一种观点认为，不正当利益是指根据法律、法令及有关政策规定不应得到的利益。[④] 这种观点将不正当利益等同于非法利益，对不正当利益作了狭义的解释。第二种观点认为，不正当利益是非法利益或者其他不应当得到的利益。其中，非法利益指违反法律、法规、政策所取得的利益。其他不应当得到的利益主要是指违反社会主义道德而取得的利益。[⑤] 这种观点将非法利益与违反社会主义道德取得的利益都包括在不正当利益的范围之内。第三种观点认为，对于不正当利益应从广义的角度去解释，它只是区别于国

---

① 参见高铭暄主编：《中国刑法学》，612页，北京，中国人民大学出版社，1989。

② 参见卢勤忠：《行贿罪的客体之我见》，载《中央政法管理干部学院学报》，1990（1）。

③ 参见孙谦主编：《国家工作人员职务犯罪研究》，2版，63、64页，北京，中国检察出版社，1990。

④ 参见赵长青主编：《贿赂罪个案研究》，191页，成都，四川大学出版社，1991。

⑤ 参见蔚文明等：《经济犯罪新论》，500页，青岛，青岛海洋大学出版社，1989。

家、集体、他人利益的中性概念，并不仅指非法利益，而是述指采取不正当的行贿手段获得的利益，包括不确定的合法利益。① 我认为，不正当利益显然包括非法利益，但非法利益不能等同于不正当利益。不正当利益除非法利益以外，还包括为特定时期的政策和社会伦理道德观念所不容许的利益。现在的问题是：不确定利益是否属于不正当利益？所谓不确定利益，又称为可得利益，是指根据有关政策、法律及任何人采取合法、正当方式、手段或通过正当途径都可取得的利益。这种利益，由其不确定性的特点所决定，对该利益的取得具有竞争性。有些人通过不正当手段取得这些利益，能否说就是不正当利益？我国刑法学界有人指出，行为人不是通过正当的竞争，而是用法律所禁止的行贿手段，拉拢腐蚀国家工作人员，取得不确定的利益，不是说行为人根本没有资格取得这种利益，问题在于他要具备一定的条件才能取得这些利益，在具备这些条件之前，他用行贿这一不正当手段得到这些利益，也应属于不正当利益。② 我认为，上述观点在逻辑上难以自圆其说。不确定利益本身应该说并非不正当利益。但通过不正当的手段取得这种不确定利益的，不仅侵犯了国家公职人员职务行为的不可收买性，而且还损害了其他公民的合法权益，对之不以行贿罪论处显然不妥。但如果将这种不确定利益视为不正当利益，以取得方式的正当与否决定利益性质的正当与否，则否定了利益自身的独立性质。显然，按照这种逻辑，就根本没有正当利益可言了。因此，将谋取不正当利益作为行贿罪的构成条件，在认定的时候会发生一定的困难，尤其是不确定利益的性质如何界定，确实是一个难题。

由于在对谋取不正当利益的理解上存在较大分歧，且在司法实践中不易掌握，因此，我国刑法学界有人提出删除谋取不正当利益，认为行贿罪的此项构成条件不利于打击行贿，束缚政法机关的手脚。因为正当与不正当的界限难以区分，并且即使谋取的是正当的利益，也不能用非法的手段取得。因而主张删除

① 参见张穹主编：《中国经济犯罪罪刑论》，500页，北京，大地出版社，1989。

② 参见张穹主编：《职务犯罪概论》，186、187页，北京，中国检察出版社，1991。

"为谋取不正当利益"的条件或改为"谋取某种利益"①。我认为，立法上规定行贿罪必须以谋取不正当利益作为构成条件，用意在于将那些谋取正当利益而向国家工作人员交付财物的行为从行贿罪中排除出去，从而缩小打击面。应该说，这一立法意图本身是可取的。关键是不正当利益的范围不好掌握。为此，有人又主张应将谋取不正当利益改为非法利益，以便进一步明确利益的性质。但实际上，非法利益的范围仍然不好确定。例如，行为人所希望得到的利益是合法的，但其手段是非法的，严重腐蚀了国家工作人员。对此类行贿的人员，当达到一定程度时，应该依法给予打击。② 根据这种观点，这种利益就其本身性质来说是合法的，显然不能归之于非法利益。但就其取得手段来说，是不正当的或者说是非法的，又似乎可以归之于非法利益。但如果纯粹以取得手段的性质决定利益的性质，那么在行贿的情况下，确实没有谋取正当或合法利益可言了。我认为，行贿罪中谋取不正当利益之所谓不正当，应该是指利益本身不正当，而不能以取得方式的性质为转移。因此，即使将谋取不正当利益改为谋取非法利益，仍然没有从根本上解决问题。为此，我认为，限制行贿罪的构成范围不应从行贿目的上入手，而应从受贿人为行贿人谋取利益是否违背职务义务上加以限定。一般来说，凡是为行贿人谋取非法利益的，受贿人必然是违背职务义务的；即使是为行贿人谋取不确定利益，受贿人的行为也必然违反有关该种利益取得的有关规定，因而是违背职务义务的。因为在不确定利益的情况下，例如数人竞争一个招工指标，虽然数人都符合招工条件，但由于指标只有一个，不可能同时满足数人的招工愿望。国家工作人员在分配这一招工指标的时候，必须秉公办事，不徇私情，这是其职务的必然要求。如果国家工作人员收受数人中一人的财物，将招工指标分配给这个人，其行为显然违背职务义务，因而对行贿人应以犯罪论处。因此，我认为行贿罪不应以谋取不正当利益为限制条件，而应以要求受贿人违背职务为其谋利益为限制条件。例如我国台湾地区"刑法"中的行贿罪，就是违背职务义务之

① 唐光成：《完善反贪污贿赂立法有关犯罪规定的建议》，载《江西法学》，1991（6）。

② 参见严晋华：《对行贿罪有关问题的探讨》，载《人民检察》，1986（6）。

行贿罪。本罪之行为人必须对于公务员或仲裁人关于违背职务义务之行为而行贿方构成本罪，换言之，即行为人必须就公务员或仲裁人违背职责之公务行为有所请托而行贿，方足以成罪，否则，行为人若系针对公务员或仲裁人职务上之行为而行贿或送礼，但因刑法未作处罚之规定而不成立犯罪。我认为，这种立法例值得借鉴。在修改刑法的时候，宜将行贿罪表述为要求工作人员、集体经济组织工作人员或其他从事公务的人员实施违背职务之行为而实施要求、期约或者交付贿赂的行为。

（本文原载《法学与实践》，1993（5））

为他人谋取利益的性质与认定

——以两高贪污贿赂司法解释为中心

2016年4月18日最高人民法院、最高人民检察院颁布了《关于办理贪污贿赂刑事案件适用法律若干问题的解释》（以下简称《解释》），这是在《刑法修正案（九）》对我国刑法中的贪污贿赂罪的数额规定修订以后，对贪污受贿罪的具体数额与情节所进行的司法解释，对于正确认定贪污受贿罪具有重要的指导意义。值得注意的是，《解释》除了主要对贪污受贿罪的数额与情节进行规定以外，还涉及对受贿罪的若干疑难问题的解释，其中就包括对受贿罪之为他人谋取利益的解释。《解释》第13条规定："具有下列情形之一的，应当认定为'为他人谋取利益'，构成犯罪的，应当依照刑法关于受贿犯罪的规定定罪处罚：（一）实际或者承诺为他人谋取利益的；（二）明知他人有具体请托事项的；（三）履职时未被请托，但事后基于该履职事由收受他人财物的。国家工作人员索取、收受具有上下级关系的下属或者具有行政管理关系的被管理人员的财物价值三万元以上，可能影响职权行使的，视为承诺为他人谋取利益。"本文拟以两高《解释》为根据，结合有关案例，对受贿罪之为他人谋取利益的认定问题进行刑法教义学的探讨。

一、实际或者承诺为他人谋取利益

为他人谋取利益是我国刑法规定的受贿罪的成立条件之一，仅从条文表述看，这一受贿罪成立条件更像是对客观行为的描述。因此，在该要件被刑法规定之初，将为他人谋取利益理解为客观行为的观点较为流行。根据这种观点，国家工作人员虽然收受了他人的财物，但没有为他人谋取利益，不构成受贿罪。① 这种观点称为客观说。显然，根据这种观点，只有国家工作人员为他人谋取利益而收受财物的，才构成受贿罪；如果国家工作人员没有为他人谋取利益，即使收受财物，也不构成受贿罪。可以说，这种观点在一定程度上限缩了受贿罪的范围。值得注意的是，张明楷教授将上述为他人谋取利益理解为客观行为的观点称为旧客观说，而将其所主张的观点称为新客观说。根据张明楷教授的新客观说，为他人谋取利益仍然是受贿罪的客观构成要件要素，其内容的最低要求是许诺为他人谋取利益。② 这种观点将承诺为他人谋取利益理解为是为他人谋取利益的行为，显然是名不副实的。因为承诺为他人谋取利益并不等同于实施了为他人谋取利益的行为。更何况，2003 年 11 月 13 日《全国法院审理经济犯罪案件工作座谈会纪要》（以下简称《纪要》）明确地把明知他人有具体请托事项而收受财物的，视为为他人谋取利益。这种情况不仅没有为他人谋取利益的行为，而且也没有口头承诺，但同样被《纪要》推定为具备为他人谋取利益的要件。同时，如果把为他人谋取利益理解为受贿罪的客观要件，则还存在一个在受贿罪的构成要件中的体系性地位问题，即为他人谋取利益行为与收受财物行为之间的关系问题。而对于这个问题，客观说都未能给出合理的论证。

对于为他人谋取利益的理解，在与客观说对立的意义上出现了主观说。主观说认为，为他人谋取利益，只是行贿人与受贿人之间就货币与权力交换达成的一

① 参见张瑞幸主编：《经济犯罪新论》，305 页，西安，陕西人民出版社，1991。

② 参见张明楷：《刑法学》，4 版，1068 页，北京，法律出版社，2011。

种默契。就行贿人来说，是对受贿人的一种要求；就受贿人来说，是对行贿人的一种许诺或曰答应。因此，为他人谋取利益只是受贿人的一种心理状态，属于主观要件的范畴。① 在此，主观说将为他人谋取利益的承诺界定为是为他人谋取利益这一主观要件的客观征表。就其实质而言，为他人谋取利益是受贿罪的主观要件而非客观要件。

为他人谋取利益从客观要件到主观要件，这是理解上的重大变化。然而，只是将为他人谋取利益理解为主观要件还是未能彻底解决该要件的司法认定问题。因为这里还存在一个为他人谋取利益在受贿罪的构成要件中的体系性地位问题，即为他人谋取利益到底是受贿故意的内容还是主观违法要素？这个问题如果得不到解决，则对于为他人谋取利益这一受贿罪的要件在认识与理解上仍然难以到位。

从受贿故意的内容来说，为他人谋取利益并不是受贿故意不可或缺的要素。因为受贿故意受到受贿罪的构成要件的规制，只有纳入受贿罪构成要件的要素才能成为受贿故意的认识对象。因此，如果要求受贿人认识到为他人谋取利益，则必然要把为他人谋取利益确定为受贿罪的构成要件要素，但主观说已经排除了这种情形。在为他人谋取利益不是受贿罪的客观构成要件要素的前提下，将其纳入受贿故意讨论是缺乏逻辑根据的。既然为他人谋取利益的意图不是受贿故意的内容，那么，它只能是主观违法要素。也就是说，为他人谋取利益虽然是主观要素，但并不是主观责任要素，而是主观违法要素，应当在受贿罪的构成要件中进行讨论。为他人谋取利益具有限缩受贿罪构成要件的功能，即将那些虽然收受他人财物但不具备为他人谋取利益要素的情形排除在受贿罪的构成要件之外。

我国司法解释对为他人谋取利益进行了规定，从而为司法机关认定为他人谋取利益这一要件提供了法律根据。例如《纪要》规定："为他人谋取利益包括承诺、实施和实现三个阶段的行为。只要具有其中一个阶段的行为，如国家工作人员收受他人财物时，根据他人提出的具体请托事项，承诺为他人谋取利益的，就

① 参见王作富、陈兴良：《受贿罪构成新探》，载《政法论坛》，1991 (1)。

具备了为他人谋取利益的要件。”在此，《纪要》把承诺、实施和实现这三种情形并列，认为只要具有这三种情形之一，就应当认为具备了为他人谋取利益的要素。承诺、实施和实现虽然被《纪要》表述为客观行为，但这只是为他人谋取利益这种主观违法要素的客观征表。尤其是在《纪要》将承诺规定为为他人谋取利益的客观征表的情况下，更表明构成受贿罪并不需要国家工作人员在客观上实施为他人谋取利益的行为。如果说《纪要》还只是一种准司法解释，其效力要低于严格意义上的司法解释，那么，《解释》正式将实际或者承诺作为为他人谋取利益的客观征表，对于正确认定受贿罪的为他人谋取利益具有重要意义。

二、明知他人有具体请托事项

明知他人有具体请托事项，在《纪要》中推定为承诺为他人谋取利益。《纪要》规定：“明知他人有具体请托事项而收受其财物的，视为承诺为他人谋取利益。”这里的“视为”，就是一种推定。推定是英美法系中的一个概念，在其司法活动中广泛地采用。法官应该对陪审团作出这样的指示，即他有权从被告人已经实施的违禁行为的事实中，推定出被告人是自觉犯罪或具有犯罪意图，如果被告未作任何解释，推断通常成立。[①] 在英美法系国家法律中，推定可以分为立法推定与司法推定、法律推定与事实推定，对目的犯之目的的推定，属于司法推定中的事实推定。[②] 事实推定，可以理解为根据对某个事实的证明可以认定另外某个事实（通常称推定事实）的存在。只要证明基础事实的存在，推定事实即可成立，除非有足够的反证。因此，推定是一种间接的证明方法，并且是允许反证的，当然，推定一经成立，即具有法律上的效果。可以说，推定为司法机关认定

---

① 参见［英］鲁珀特·克罗斯、菲利浦·A. 琼斯：《英国刑法导论》，赵秉志等译，56页，北京，中国人民大学出版社，1991。

② 参见陈兴良：《目的犯的法理探究》，载《法学研究》，2004（3）。

行为人的主观要素提供了一种科学方法，同时也减轻了控方的举证负担。对于某些无法通过直接证明方法证实的证明对象利用推定予以证明，可以有效克服诉讼证明的困境，降低诉讼证明成本，提高诉讼效率。

《纪要》之所以将明知他人有具体请托事项而收受其财物的视为承诺为他人谋取利益，是因为在这种情况下，国家工作人员与请托人之间虽然没有就权钱交易进行具体协商，达成口头协议，但双方心知肚明，存在默契。因此，在明知他人有具体请托事项的情况下，收受财物本身就是对为他人谋取利益的一种承诺。因此，《纪要》规定对于明知有具体请托事项而收受财物的情形，推定为具有为他人谋取利益的意图。

值得注意的是，在最高人民法院颁布的指导性案例中，涉及明知他人有具体请托事项的情形。在指导性案例 3 号潘玉梅、陈宁受贿案中，包含以下受贿事实：2004 年上半年，被告人潘玉梅利用担任迈皋桥街道工委书记的职务便利，为南京某发展有限公司受让金桥大厦项目 100 万元费用提供帮助，并在购买对方开发的一处房产时接受该公司总经理许某某为其支付的房屋差价款和相关税费 61 万余元（房价含税费 121.081 7 万元，潘支付 60 万元）。2006 年 4 月，潘玉梅因检察机关从许某某的公司账上已掌握其购房仅支付部分款项的情况而补还给许某某 55 万元。对于这起受贿事实，被告人潘玉梅及其辩护人提出潘玉梅没有为许某某实际谋取利益的辩护意见。法院经查，请托人许某某向潘玉梅行贿时，要求在受让金桥大厦项目中减免 100 万元的费用，潘玉梅明知许某某有请托事项而收受贿赂；虽然该请托事项没有实现，但“为他人谋取利益”包括承诺、实施和实现不同阶段的行为，只要具有其中一项，就属于为他人谋取利益。承诺“为他人谋取利益”，可以根据为他人谋取利益的明示或默示的意思表示予以认定。潘玉梅明知他人有具体请托事项而收受其财物，应视为承诺为请托人谋取利益，至于是否已实际为他人谋取利益或谋取到利益，只是受贿情节问题，不影响受贿的认定。因此，法院判决这起受贿事实成立受贿罪。由此，指导性案例确立了以下裁判要点：“国家工作人员明知他人有请托事项而收受其财物，视为承诺为他人谋取利益，是否已实际为他人谋取到利益，不影响受贿罪的认定。”[1] 值得注意的是，在上述裁判要点中，表述为“有请托事项”而不是“有具体请托事项”，因此与《纪要》的表述存在些微差异。我认为，这里的其他事项必须是具体的，以此区别于没有具体请托事项而交付财物的所谓感情投资的情形。从潘玉梅受贿案的案情来看，许某某为南京某发展有限公司受让金桥大厦项目100万元费用而有求于潘玉梅，潘玉梅虽然没有明确承诺，但其收受财物本身就应当视为承诺为他人谋取利益。

现在，《解释》将明知他人有具体请托事项列为应当认定为为他人谋取利益的情形，对于认定受贿罪的为他人谋取利益提供了司法解释的根据。但《解释》不同于《纪要》，它没有像《纪要》那样表述为“视为为他人谋取利益”，而是直接认定为具有为他人谋取利益的要件。这就是说，明知他人有具体请托事项不再推定为承诺为他人谋取利益，而是直接推定为具有为他人谋取利益的主观意图。在此，我认为还是具有一种推定的性质。因为只有实际或者承诺为他人谋取利益才能直接认定为国家工作人员主观上具有为他人谋取利益的主观意图。在明知他人有具体请托事项的情况下，可以推定国家工作人员主观上具有为他人谋取利益的主观意图。但这种推定不以承诺为他人谋取利益为中介。因此，这是一种从间接的推定改为直接的推定，并不改变推定的性质。

三、履职时未被请托，但事后基于该履职事由收受他人财物

《解释》第13条第1款第3项规定，履职时未被请托，但事后基于该履职事由收受他人财物的，认定为具有为他人谋取利益的要素。这里涉及事后受财行为的定性问题，而这个问题在我国刑法中始终存在较大的争议。

在我国刑法中，事后受财是指国家工作人员事前没有与他人约定，在正常履行职务以后，他人为表示感谢而向国家工作人员交付财物，国家工作人员明知该

---

① 陈兴良、张军、胡云腾主编：《人民法院刑事指导案例裁判要旨通纂》（下卷），1179～1180页，北京，北京大学出版社，2013。

财物系他人对此前履职行为的酬谢，并收受财物的行为。因此，这里的事后受财之“事”，是指国家工作人员履行职务的行为。在刑法理论上，一般认为，贿赂可以分为收买性贿赂与酬谢性贿赂。所谓收买性贿赂是指请托人先向国家工作人员交付财物，国家工作人员在收受财物以后，再为请托人谋取利益。而所谓酬谢性贿赂则是指国家工作人员先为请托人谋取利益，请托人在获取利益以后，再向国家工作人员交付财物。这种酬谢性贿赂通常都以事先约定为前提，即在国家工作人员为请托人谋取利益之前，双方已经就权钱交易达成合意。因此，事后交付的财物名曰酬谢，实则收买。因为贿赂的根本特征在于侵犯职务行为的不可收买性。而那种事先没有约定，事后以感谢名义交付财物的事后受财行为，并不能简单地定性为酬谢性贿赂。事后受财行为，是否构成事后受贿，关键还在于刑法有无明文规定，这也恰恰是本文所要讨论的焦点问题之所在。

这里应当指出，我国刑法中所讨论的事后受财，与日本刑法规定的事后受贿罪是两个完全不同的概念。日本刑法对受贿罪，除了规定单纯受贿罪以外，还另外规定了特殊类型的受贿罪，其中就包括事前受贿罪与事后受贿罪。依据《日本刑法》第197条第2项的规定，事前受贿罪是指将要成为公务员或者仲裁人的人，就其成为公务员之后所要担任的职务，接受请托，收受、要求或约定贿赂的行为。依据《日本刑法》第197条之3第3项的规定，事后受贿罪是指曾任公务员或者仲裁员的人，就其在任职期间接受请托而在职务上曾实施不正当行为，或者未曾实施适当行为，而收受、要求或约定贿赂的行为。由此可见，日本刑法中的事前受贿罪与事后受贿罪之所谓“事”，是指担任一定职务。而我国刑法中所讨论的事后受财之所谓“事”，不是指担任职务，而是指为他人谋取利益。

日本刑法对事后受财行为之所以没有专门规定，是因为不需要规定，可以直接按照单纯受贿罪论处。单纯受贿罪是日本刑法中贿赂罪的基本罪名，依据《日本刑法》第197条第1项的规定，单纯受贿罪是指公务员或者仲裁人有关其职务收受、要求或者约定贿赂的行为。由此可见，日本刑法中的单纯受贿罪虽然在其贿赂犯罪的罪名体系中的地位，相当于我国刑法中的受贿罪，然而，日本刑法中的单纯受贿罪的构成要件却与我国刑法中的受贿罪存在重大差异。日本刑法中的单纯受贿罪的成立仅要求与其职务相关，而并不要求为他人谋取利益。公务员或者仲裁员只要基于其职务而收受请托人的财物，即可以构成该罪。而我国《刑法》第385条规定的受贿罪，是指国家工作人员利用职务上的便利，索取他人财物，或者收受他人财物，为他人谋取利益的行为。从以上规定可以看出，我国刑法中的受贿罪，在受贿行为上表述为索取或者收受财物，与日本刑法中的单纯受贿罪表述为收受、要求或者约定贿赂的行为特征存在较大的区别。此外，上述两个罪名之间最大的不同还在于：是否要求为他人谋取利益的主观要素。日本刑法中的单纯受贿罪并不要求为他人谋取利益，而我国刑法中的受贿罪则要求为他人谋取利益。

在日本刑法中，单纯受贿罪的成立并不要求为他人谋取利益，受贿故意表现为明知是贿赂而收受的主观心理状态。在这种情况下，只要明知他人交付的是贿赂而收受，主观上就具有受贿故意，就可以成立受贿罪，而不需要在受贿故意之外另行要求为他人谋取利益的主观违法要素。这里的贿赂是指作为公务员或者仲裁人的职务行为对价的不正当的报酬。就单纯受贿罪的认定而言，只要客观上所收受的财物具有职务关联性，那么，这种财物就属于贿赂。公务员或者仲裁人只要主观上对此具有认识，就具有受贿故意。在这种情况下，无论是先交付财物后为请托人谋取利益的收买性贿赂，还是先为请托人谋取利益后交付财物的酬谢性贿赂，公务员或者仲裁人主观上都具有受贿故意。对于所谓酬谢性贿赂来说，如果事先约定在公务员或者仲裁人为请托人谋取利益以后，再交付财物，主观上当然具有受贿故意。而且，即使是在事先没有约定的情况下，公务员或者仲裁人明知对方交付财物具有与其职务行为的对价性因而属于贿赂而收受，则主观上同样具有受贿故意，对于这种情况完全可以按照单纯受贿罪论处。张明楷教授曾经援引日本学者论证事后受财行为的性质，指出：从行为性质而言，收受财物是“事前”还是“事后”，并不影响行为的性质。正如日本学者在解释日本刑法中的单纯受贿罪的构成要件时所说：“所谓‘收受’，是指接受贿赂……不问收受的时间是在职务执行之前还是之后。”即使是将受贿罪的本质理解为权钱交易关系，也没有必要限定为事前受财。因为事后受财也会存在权钱交易关系。换言之，事前有约定的事后受财与事前没有约定的事后受财只是形式上不同，没有实质区别。[①] 这一观点当然适用于日本刑法中的单纯受贿罪，但并不适用于我国刑法中的受贿罪。这是因为我国刑法中的受贿罪具有不同于日本刑法中的单纯受贿罪的构成要件。在这种法律语境不同的情况下，参照日本刑法学者的观点解释我国刑法规定，我认为存在抵牾之处。

事后受财在我国刑法中有所不同，因为我国刑法规定的受贿罪，不仅要求主观上具有受贿故意，而且要求具有为他人谋取利益的意图。这里的为他人谋取利益，如前所述属于主观违法要素而非客观要素，司法解释的规定也印证了这一点。在这种情况下，收买性贿赂，即先交付财物后为请托人谋取利益，因为国家工作人员在收受财物时就具有为他人谋取利益的意图，具备受贿罪的构成要件；而且，国家工作人员主观上具有受贿故意，因而构成受贿罪。此外，在国家工作人员履行职务之前，事先约定国家工作人员先为请托人谋取利益然后收受财物的情况下，国家工作人员在客观上实施的为他人谋取利益的行为已经印证了国家工作人员主观上所具有的为他人谋取利益的意图，而且主观上具有受贿故意，也可以构成受贿罪。而在事先没有约定的情况下，国家工作人员履行职务时并没有为他人谋取利益以作为对方交付财物的对价的意思，他人是因为国家工作人员正常履行职务行为而获得实际利益，为表示感谢而交付财物。在这种情况下，国家工作人员在客观上具有利用职务上的便利收受他人财物的行为，主观上具有明知该财物是其职务行为的对价而收受的主观故意，但却没有为他人谋取利益并以之作为收受他人财物的对价的意图。这是因为，在收受财物的时候，职务行为已经实施完毕，而实施职务行为之时，并没有预想到以此作为他人交付财物的对价。因此，即使在客观上已经实施了为他人谋取利益的行为，国家工作人员主观上也不可能产生为他人谋取利益以此作为交付财物的对价的意图。换言之，为他人谋取利益的要素，在所谓事后受财的情况下如何认定，这是一个值得商榷的问题。对此，无论是在司法实践中还是在刑法理论上，都曾经展开过争论，陈晓受贿案就

① 参见张明楷：《刑法学》，4版，1072页，北京，法律出版社，2011。

是这一争论的集中反映。①

被告人陈晓，自1986年至1996年间担任中国电子物资公司安徽公司（以下简称安徽公司）总经理。1992年初，安徽公司正式下达公司各部门承包经营方案，1992年4月，下属单位能源化工处处长兼庐海实业有限公司（以下简称庐海公司）经理李剑峰向被告人递交书面报告，提出新的承包经营方案，建议超额利润实行3∶7分成。被告人陈晓在没有通知公司其他领导的情况下，与公司党委书记、副总经理徐德臣（另案处理）、财务处长吴某某及李剑峰四人研究李剑峰提出的建议，决定对李剑峰承包经营的能源化工处、庐海公司实行新的奖励办法，由被告人陈晓亲笔拟草，并会同徐德臣签发《关于能源化工处、庐海实业有限公司试行新的奖励办法》，以中电皖物办字（92）049号文件的形式加以明确。该办法规定超额利润70%作为公司利润上缴，30%作为业务经费和奖金分成，并由承包人支配。发文范围仅限于财务处、能源化工处、徐德臣及陈晓个人。

李剑峰依据中电皖物办字（92）049号、（93）019号文件规定，于1992年提取超额利润分成21万余元，1993年提取超额利润提成160万余元。李剑峰为感谢陈晓为其制定的优惠政策及承包经营业务中给予的关照，于1993年春节前、1994年春节前后三次送给陈晓33万元人民币、15万元港币，陈晓予以收受。

检察机关认为，陈晓利用职务上的便利，为李剑峰谋取利益，收受李剑峰财物，其行为已构成受贿罪。被告人陈晓及其辩护人辩称，陈晓的行为不构成犯罪。

安徽省合肥市中级人民法院经审理认为：被告人陈晓系由中国电子物资总公司任命的安徽公司总经理，是领导和管理国有企业相关事务的工作人员，其主持制定《关于能源化工处、庐海实业有限公司试行新的奖励办法》，出发点是为了公司利益，不是为他人谋取利益。被告人陈晓帮助李剑峰承包的能源化工处向省计委申请并获得进口原油配额，是其正当的职务行为，不是为李剑峰谋取利益。

---

① 参见陈兴良、张军、胡云腾主编：《人民法院刑事指导案例裁判要旨通纂》（下卷），1145～1146页，北京，北京大学出版社，2013。

现有证据无法证实被告人陈晓主观上具有权钱交易的受贿故意。陈晓的行为在客观上给李剑峰带来一定的个人利益，李剑峰在事后给付陈晓钱财表示感谢而陈晓予以收受，这是一种事后收受财物行为。故认定被告人陈晓的行为构成受贿罪的证据不足。判决被告人陈晓无罪。一审宣判后，合肥市人民检察院认为，一审判决认定事实错误，适用法律不当，显系错判，提起抗诉。

安徽省高级人民法院经审理认为，原判认定事实不清，裁定：（1）撤销合肥市中级人民法院的刑事判决；（2）发回合肥市中级人民法院重新审判。

安徽省合肥市中级人民法院经重新审理后认为：原审被告人陈晓身为国家工作人员，利用职务便利，根据下属部门承包经营人李剑峰建议，制定新的承包经营政策，协调、帮助李剑峰承包经营，在李剑峰获取巨额利润后，非法收受李剑峰所送33万元人民币、15万元港币，其行为侵害了国家工作人员公务活动的廉洁性，已构成受贿罪，依法应予惩处。判决：（1）原审被告人陈晓犯受贿罪，判处有期徒刑10年。（2）原审被告人陈晓以违法所得购买广东珠海市吉大园林花园房屋一套，予以没收。宣判后，原审被告人陈晓没有上诉，检察机关也未抗诉。

对于陈晓受贿案的事实本身，控、辩、审三方并没有分歧，关键是对陈晓的行为如何定性。我们看到，辩护方认为陈晓无罪的理由是陈晓实施的是履行职务的正当行为；未利用职务之便为李剑峰谋取利益；没有受贿故意。这一辩护意见存在值得推敲之处，陈晓履行职务的行为虽然是正当的，当然也存在程序上的瑕疵，但它在客观上给李剑峰带来好处，这就是为他人谋取利益的行为。不能认为，只要是正常履行职务就不存在为他人谋取利益的问题。因为，为他人谋取利益既可以是正当履行职务为他人谋取利益，也可以是违背职务为他人谋取利益。在该案中，辩护方同时还以没有受贿故意否定陈晓构成受贿罪。对于这一观点，法院在判决中予以采信。原一审判决认定：现有证据无法证实被告人陈晓主观上具有权钱交易的受贿故意。因此，陈晓无罪的理由主要就是没有受贿故意。我认为，受贿故意和为他人谋取利益是两种性质完全不同的主观要素。毫无疑问，在陈晓受贿案中，辩护方和法院都将这两者等同起来，这是难以成立的。

这里涉及为他人谋取利益在犯罪论体系中的体系性地位问题。如果认同为他人谋取利益是主观违法要素的观点，那么，为他人谋取利益就是构成要件要素而不是责任要素，应当在三阶层犯罪论体系的第一阶层进行考察，其考察顺序是先于受贿故意的，因为受贿故意是在第三阶层进行考察的。在这种情况下，首先需要确定的是被告人是否具有为他人谋取利益的意图，而不是受贿故意。如果没有为他人谋取利益的意图，则受贿罪的构成要件不具备，也就不再需要讨论被告人是否具有受贿故意的问题。如前所述，陈晓在收受财物之前确实因为其正常履行职务而使李剑峰获得利益，这当然是为李剑峰谋取利益的行为。那么，陈晓在收受财物的时候是否具有为他人谋取利益的意图呢？换言之，能否将已经为李剑峰谋取利益作为认定陈晓主观上具有为他人谋取利益的事实根据呢？答案是否定的。问题在于：为他人谋取利益作为受贿罪的主观违法要素，并不是价值中立的履行职务行为，而是将职务行为作为收受财物的对价，具有主观违法的意思。这种意思，也可以说是出卖权力以换取对方财物，即权钱交易的主观心理状态。但在这种事后受财的情况下，履行职务行为时，并没有权钱交易的意思，因此没有为他人谋取利益的主观违法要素。由此可以得出结论，这完全不是一个受贿故意的问题，而是一个为他人谋取利益的问题。在检察机关抗诉以后，合肥市中级人民法院在重审中，对陈晓受贿案作出了完全不同于原一审的有罪判决。这也充分说明事后受财问题，在我国司法实践中的重大分歧。

当然，陈晓受贿案的情况较为复杂。如果仅是一次性的事后受财，则为他人谋取利益的要件就成为一个问题。但陈晓受贿案并不是一次交付与收受财物，而是 1993 年春节前、1994 年春节前后三次收受财物。第一次收受陈晓已经知道是为感谢自己的履行职务行为而交付的财物，在这种情况下，此后两次继续收受，就应当认为陈晓已经明知有具体请托事项而收受财物，因而可以推定陈晓主观上具有为他人谋取利益的意图。因此，经检察机关抗诉，最终法院认定陈晓构成受贿罪，还是具有事实根据与法律根据的。由此可见，对于类似陈晓这样的案件，要真正吃透案情，在此基础上再进行法律上的判断。从这个意义上说，认定陈晓构成受贿罪，并不能就此认为事后受财行为在我国刑法中认定为受贿罪具有法律根据。

《解释》第13条第1款在对为他人谋取利益的规定中，明确地将履职时未被请托，但事后基于该履职事由收受他人财物的情形认定为具有为他人谋取利益的要素。依据《解释》的规定，对于事后受财行为，应当按照受贿罪论处。这在司法解释的层面，统一了对事后受财行为的处理规则。当然，从刑法教义学上看，这一司法解释规定还是存在商榷的空间。按照《解释》的这一规定，实际上是将刑法对受贿罪所规定的为他人谋取利益要件取消了，因而不适当地扩张了受贿罪的构成要件范围，与罪刑法定原则之间存在一定的抵牾。

四、收受具有上下级关系的下属或者具有行政管理关系的被管理人员的财物，可能影响职权行使

《解释》第13条第2款规定："国家工作人员索取、收受具有上下级关系的下属或者具有行政管理关系的被管理人员的财物价值三万元以上，可能影响职权行使的，视为承诺为他人谋取利益。"对于这种收受具有上下级关系的下属或者具有行政管理关系的被管理人员的财物的情形，是以没有具体请托事项为前提的。如果具有具体请托事项，根据《解释》就可以直接认定为具有为他人谋取利益的意图。只有在没有具体请托事项的情况下，才需要推定为承诺为他人谋取利益，由此而间接认定为具有为他人谋取利益的意图。

在司法实践中，这种收受具有上下级关系的下属或者具有行政管理关系的被管理人员的财物的情形，一般称为感情投资。感情投资是一种十分形象的描述，意在说明在这种情况下，他人对国家工作人员目前暂时无所求。为了与国家工作人员建立亲密关系，以便在有所求时，能够利用国家工作人员的职务上的便利为其个人谋取利益，而事先给予国家工作人员财物。当然，感情投资是一个范围较为宽泛的概念，既包括《解释》所规定的具有上下级关系的下属或者具有行政管理关系的被管理人员之间的经济往来，也包括不具有上下级关系的下属或者不具有行政管理关系的被管理人员之间的经济往来。从《解释》只是将具有上下级关

系的下属或者具有行政管理关系的被管理人员之间的经济往来规定为构成受贿罪来看，还是做了一定的限制。

应当指出，在《解释》颁布之前，我国司法实践中对于这种收受具有上下级关系的下属或者具有行政管理关系的被管理人员财物的行为如何处理，是较为混乱的。在多数情况下，只要累计的数额较大，对于这种行为一般都直接认定为受贿罪。只有较少情况，未按受贿罪论处。随着《纪要》的颁布，明确规定对于明知他人具有具体请托事项而收受财物的，视为具有为他人谋取利益的意图。因此，在我国司法实践中存在着将没有具体请托事项的收受财物行为，按照明知有具体请托事项视为承诺为他人谋取利益论处的情形。刘爱东受贿案就是一个典型。[①] 被告人刘爱东，原系四川省大邑县人民政府副县长。经法院审理查明：2000 年 4 月的一天，一建公司经理王志明在被告人刘爱东驾驶的汽车上，送给刘爱东 5 万元，请其多关照。2001 年 8—10 月间的一天，市政公司经理张映松（另案处理）到被告人刘爱东家，以装修房子“送礼”为名给其 5 万元，要其在今后承建工程等事情上多关照。刘爱东收下此款后，全部用于装修私人住宅。

成都市中级人民法院认为：控方的证据，只能证明王志明、张映松各给刘爱东送现金 5 万元，不能证明刘爱东收受这些钱财与其签字付款之间存在刑法上的因果关系，即不能证明刘爱东因收受这些钱财而通过签字付款为二人谋取了利益。刘爱东及其辩护人关于“未给王志明、张映松实际谋取利益”的辩解和辩护意见，与查明的事实相符，应予采纳。王志明、张映松是一建公司、市政公司的负责人，二人给当时分管建委和城建工作的刘爱东分别送钱时请刘多关照，送钱的意图是明显的，即想在项目承建上得到刘爱东的照顾。刘爱东在供述中，承认其明白二人送钱的这一意图，但仍收取了这 10 万元现金，是以收钱的行为向送钱人承诺，要为送钱人谋取利益。刘爱东后来虽未实际给王志明、张映松谋取利益，但其收取二人钱财的行为，符合受贿罪中权钱交易的本质特征。该行为已触犯《刑法》第 385 条第 1 款的规定，构成受贿罪，未给行贿人谋取实际利益，可

① 参见《最高人民法院公报》（2004 年卷），328～335 页，北京，人民法院出版社，2005。

在量刑时酌情考虑。成都市中级人民法院于 2003 年 12 月 11 日判处刘爱东有期徒刑 10 年。

一审宣判后，被告人刘爱东不服，向四川省高级人民法院提起上诉，请求从轻处罚。

四川省高级人民法院认为：被告人刘爱东身为国家工作人员，明知他人因其具有能在建设工程方面给予关照的职务而送钱，仍利用职务之便接受所送的钱款，是承诺为他人谋取利益。事后，刘爱东虽然没有给送钱人谋取实际利益，但却否定不了收受这笔钱财时的权钱交易情形。刘爱东收受王志明、张映松所送钱款的行为符合受贿罪的本质特征，应依法处罚。刘爱东的受贿罪中有自首情节，且受贿后没有给行贿人谋取实际利益，并已在案发后退清全部赃款，有悔罪表现。在此情况下，原判尽管是依照《刑法》第 383 条第 1 项规定的最低刑罚对刘爱东判刑，仍显过重。根据本案具体情节，对刘爱东可减轻处罚。刘爱东上诉请求从轻处罚一节，应酌情考虑。原判认定事实和定罪正确，审判程序合法，但量刑不当，应当改判。据此，四川省高级人民法院依照《中华人民共和国刑事诉讼法》第 189 条第 2 项的规定，于 2004 年 2 月 4 日判决上诉人刘爱东有期徒刑 6 年。

在刘爱东受贿案中，法院判决明确认定刘爱东没有给送钱人谋取实际利益，而且送钱人在当时也没有提出具体请托事项。判决认为："被告人刘爱东身为国家工作人员，明知他人因其具有能在建设工程方面给予关照的职务而送钱，仍利用职务之便接受所送的钱款，是承诺为他人谋取利益"。我认为，送钱人仅仅抽象地提出予以关照但并没有提出具体请托事项，国家工作人员也没有提供实际帮助，就认定为承诺为他人谋取利益，这是对《纪要》规定的误解。《纪要》规定的承诺为他人谋取利益，是针对具体请托事项而言的。在没有具体请托事项的情况下，即使具有为他人谋取利益的职务，也不能认定为具有为他人谋取利益的意图。刘爱东受贿案中的情形，实际上就是所谓的感情投资，即在没有具体请托事项的情况下，向国家工作人员交付财物，笼络感情，以期在将来有所求时，国家工作人员能够利用职务上的便利，为其谋取利益。

这种所谓感情投资，因为不具有为他人谋取利益的意图，因此在认定受贿罪上存在一定的法律障碍。对此，可以选择的做法有二：一是取消我国刑法中受贿罪的为他人谋取利益这一要件，这就相当于将我国刑法中的受贿罪修改为日本刑法中的单纯受贿罪，这当然就可以涵摄基于职务而收受他人财物的感情投资这种情形。二是在我国刑法中增设收受礼金罪。对于前一种做法，我国刑法学界早就有人提出。例如，在1997年刑法修订过程中，对于为他人谋取利益是否应当规定为受贿罪的要件，存在两种不同的意见：一种意见主张删除“为他人谋取利益”的要件，认为只要是利用职务上的便利，索取或者非法收受他人财物的，就构成受贿罪。这样规定，更能体现对国家工作人员的严格要求。另一种意见认为，“为他人谋取利益”应作为受贿罪的要件，这样规定才能体现权钱交易的特征。“索取”和“非法收受”，都是受贿，都是权钱交易，因此，构成犯罪的条件不应有区别，即均应以“为他人谋取利益”为要件。[①] 其实，删除为他人谋取利益并不等于否定受贿罪的权钱交易的性质。无论是事后受财还是感情投资，即使国家工作人员主观上没有为他人谋取利益的意图，其收受财物的行为也都具有权钱交易的性质。在事后受财的情况下，国家工作人员是明知他人交付的财物系对先前职务行为的报偿，因而其予以收受就是事后认可了权钱交易，构成事后受贿。至于在感情投资的情况下，他人交付财物是意在将来国家工作人员利用职务上的便利，为其谋取利益。国家工作人员在收受财物时，因为没有具体请托事项，所以不具有为他人谋取利益的意图，但同样不能排除权钱交易的性质。将为他人谋取利益规定为受贿罪的要件，其实是对犯罪成立限定了更为严苛的条件。只有那种具有为他人谋取利益的承诺或者已经实施或者已经谋取利益的情形，才能具备这一要件。这就把受贿受财和感情投资等较为边缘的受贿行为排除在受贿罪的构成要件范围之外。在1997年刑法修订中，最终还是采纳了保留为他人谋取利益的意见。我国学者认为，感情投资型受贿犯罪是以人情往来为名、行权钱

① 参见高铭暄：《中华人民共和国刑法的孕育诞生和发展完善》，608页，北京，北京大学出版社，2012。

交易之实的新型受贿犯罪类型。随着感情投资型受贿罪逐渐成为当前最为常见多发的受贿罪类型，阻碍其司法认定的为他人谋取利益要件备受争议与批判。出于反腐败的现实需要，司法机关与理论界都在事实上采取了对该要件进行实质消解的策略，这是突破罪刑法定原则的危险行为。解决感情投资型受贿犯罪的司法认定难题，应当取消受贿罪中的“为他人谋取利益”要件，这一方案比增设收受礼金罪更具合理性。①

在不能删除受贿罪为他人谋取利益的要件，而又要将感情投资行为入罪的情况下，不得已的选择就是在刑法中增设收受礼金罪。收受礼金中的礼金是我国司法实践中的一种表述，它指国家工作人员基于其职务而收受的财物，因为这种收受财物没有形成与职务行为的对价关系，并且是以送礼的名义交付和以收礼的名义收受的，因此称为收受礼金。其实，这种行为称为收受赠贿更为合适，赠贿这个用语显然要比礼金更能反映其收受行为的贿赂性。例如，我国学者曾经指出：“赠贿是指送赠人在行贿时并没有当时谋求某项具体的、现实的利益，只是单纯的给予贿赂，在形式上类似‘赠予’，不是具体的对职务行为的‘买卖’。正是由于送贿人没有提出谋利的要求，收贿人也无必要做出‘利用职务行为为其谋取利益的承诺’。因此，收受赠贿罪有别于典型的受贿罪。”②

在《刑法修正案（九）》的制订过程中，曾经将收受礼金罪纳入草案，但最终未能入罪，主要还是考虑到政策界限不好划分。确实，在现实生活中国家工作人员收受礼金的情形较为普遍而常见，如果一概入罪，可能会产生打击面过宽的副作用。当然，还有些人士也担忧设立收受礼金罪，因其刑低于受贿罪的，是否会出现对受贿罪降格为收受礼金罪处理，从而消减惩治贿赂犯罪的刑罚效果。

《解释》对感情投资的情况作了一定的区分，将收受具有上下级关系的下属或者具有行政管理关系的被管理人员财物的行为推定为承诺为他人谋取利益，因

① 参见李琳：《论“感情投资”型受贿犯罪的司法认定——兼论“为他人谋取利益”要件之取消》，载《法学论坛》，2015（5）。

② 肖扬主编：《贿赂犯罪研究》，318页，北京，法律出版社，1994。

而以受贿罪论处。这是一种有条件地将情感投资行为入罪的方式，以此作为对情感投资问题处理的一种解决方案。我认为，这个问题如果采取刑事立法的方式解决，则可以避免违反罪刑法定原则的责难。因为司法解释毕竟具有其限度，不能超出刑法规定的范围。我们可以看到，《解释》对于这个问题是采取了一种拟制而非推定的解释方法。这里涉及推定与拟制之间的区别，值得从法理上加以探讨。

如前所述，推定是对主观要素的一种证明方法。因此，在推定的情况下，主观要素本来就是客观存在的，通过推定而使其获得证明。但拟制则有所不同，拟制是对不同行为赋予相同的法律后果。刑法中的拟制通常包括两种情形：一是对此种犯罪行为按照彼种犯罪行为处理，二是对非犯罪行为按照犯罪行为处理。拟制可以分为立法拟制与司法拟制。立法拟制是一种立法方式，例如我国《刑法》第 236 条第 2 款规定，奸淫幼女的，以强奸论。这就是一种典型的立法拟制。强奸是以暴力、胁迫或者其他方法强行与妇女发生性行为的犯罪。而奸淫幼女则包含并不采用暴力、胁迫或者其他方法，而是在幼女的同意之下与其发生性行为。由此可见，奸淫幼女与强奸在行为特征上是不同的，但立法机关将奸淫幼女拟制为强奸，适用强奸罪的法定刑。立法拟制是合法的，因为立法机关具有立法权，这种立法权就包括了法律拟制，既包括对此种犯罪行为按照彼种犯罪行为处理的权力，又包括对非犯罪行为按照犯罪行为处理的权力。例如，对于奸淫幼女行为立法机关完全可以单独规定为犯罪，并设置与强奸罪相同的法定刑。因此，立法机关将奸淫幼女拟制为强奸罪，适用强奸罪的法定刑只不过是一种立法规定方式上的变通。与立法拟制不同，司法拟制是指司法机关在法律解释或者法律适用中采用拟制的方法。因为拟制具有逻辑上的推导性，所以，在刑法的解释与适用中采用拟制方法，就会混淆或者扩张法律界限，尤其是采用不利于被告人的拟制，与罪刑法定原则的矛盾就不可避免。[①] 例如，在刑法已经明文规定为不同罪名的情况下，司法机关就不得对此种犯罪行为按照彼种犯罪行为处理。至于在刑法对

① 参见李振林：《刑法中法律拟制论》，31 页，北京，法律出版社，2014。

某一行为没有明文规定犯罪构成要件的情况下，更不能对非犯罪行为按照犯罪行为处理；否则，就会违反罪刑法定原则。因此，在刑法明确将为他人谋取利益规定为受贿罪的构成要件的情况下，不能将不具备为他人谋取利益的行为拟制为具备为他人谋取利益。在刑法没有修改或者增设其他罪名的情况下，我认为不得虚化乃至于消解为他人谋取利益在受贿罪构成要件中的地位。

司法解释在我国具有法律规范的效果，尤其是刑法司法解释应当受到罪刑法定原则的限制。在这种情况下，立法与司法解释之间的分工与协作就显得十分重要。司法解释不能越权，同样，立法也应当及时有效地为司法活动提供规则，减少司法实践因为规则的模糊或者匮乏而带来的混乱。无论是立法还是司法解释，都既要回应惩治犯罪的现实需要，又要坚守罪刑法定原则。受贿罪是我国刑法中一个重要罪名，围绕着受贿罪的构成要件在刑法理论上一直存在争议。司法解释与时俱进，在消解这种争议，为司法活动提供更为明确的规则方面，作出了自己的贡献。对此，应当予以充分肯定。但司法解释如何避免逾越其权力边界，这显然是一个值得关切的问题。

（本文原载《法学评论》，2016年第4期）

论回扣

回扣，伴随着改革开放的大潮，伴随着商品经济的蓬勃发展，从沿海到内地，从个体工商户到私营企业，从乡镇集体企业到国营全民所有制企业，从东到西，从南到北，步步渗透，愈演愈烈，大有势不可挡之势。面对这一现实，对回扣大加赞扬，鼓吹其利者有之；对回扣严加指责，例数其弊者有之；折中调和者也有之。众说纷纭，莫衷一是。我们认为，回扣问题是关系着我国社会主义商品经济能否健康发展，关系着我国廉政建设能否顺利进行，关系着广大消费者切身利益的一个重大现实问题，应该予以公开、深入的讨论。

一、回扣的概念

回扣，作为产生并客观存在于商品经济中的一种经济现象或经济事物，具有比较悠久的历史。在人类社会进入 19 世纪时，商品经济发达的国家便已经开始把回扣作为一种重要手段适用于市场竞争，铁路运输部门为增加货运量而早于 19 世纪中期就实行了回扣，继而发展到工商活动的各个角落。尽管回扣在商品经济活动中客观存在，但在理论上并没有给回扣界定一个科学统一的概念，这不能不说是一个历史的缺憾。正因为如此，对回扣的理解各不相同。比如，在英语中有称回扣为 rebatr 的，也有称回扣为 discount 的，还有称回扣为 sales commission 的。在我国目前公开发行的报刊和著作中，回扣概念的界定，更是五花八门，各具千秋。现择其要者，略述于下：(1) 回扣是卖主或者买主支付给替其“出力”的人的钱。(2) 回扣是卖方付给替其“出力”或“促成交易”的人的钱。(3) 回扣是在商品交易中，卖方支付给买方的委托代理人（亦即经办人）的一定数量的金钱。(4) 回扣是经手采购或代卖主招揽顾客的人向卖主索取的佣钱。(5) 回扣是购销双方在成交付款过程中，卖方为了肯定和发展这种关系，讨好买方，按照成交时约定或惯常做法，以折扣的名义退回给买方部分货款的行为，由于这笔款是从已付的货款总额中折扣出来的，并且又回到了买方手中，所以叫回扣。(6) 回扣指在商品或劳务买卖中，由卖方从其卖得价款中退还给买方单位或经办人的款项。另外，《布莱克法律词典》也对回扣作出了解释，该词典称：回扣，是作为立即付款的现金折扣、扣还；或是在保险合同中订明于保障单的优惠折扣；或是有关合同付款、费用、收费率的折扣或退款，这种折扣或退款并不冲减付款，而是在付清合同订明全部款项后予以返还。《简明不列颠百科全书》把回扣解释为：“在收到商品或劳务全部付款后退回其中一部分的款项。”

纵观上述中外对回扣概念的界定，我们可以看出，尽管上述界定从不同的角度揭示了回扣的一些合理内涵，但都不尽如人意，缺乏相关的解释说明，仍存在着许多分歧点，这些分歧点主要集中在以下几个方面：(1) 回扣发生的领域是仅在一般的商品买卖交易中，还是也包括劳务买卖、保险合同等一切具有收付特点的商业交易中；(2) 付回扣方应该是卖方，还是买方，抑或是卖方和买方皆可；(3) 收回扣方是买方，还是买方的代理人，抑或是买方或买方的代理人均可，能不能是居间人（即为卖主或买方“出力”的人是否包括居间人）；(4) 回扣的表现形式是仅指金钱，还是包括有价证券、实物及其他一切物质性利益。承认这些分歧是统一的基础，统一分歧又是进一步探索回扣的性质、回扣的利弊以及回扣立法的前提。

比较上述回扣概念的分歧点，我们认为应该这样界定回扣的概念：回扣是在一切只有收付特点的商品买卖、劳务买卖、保险合同等商业交易中，收方从其得到的价款、实物或其他物质性利益中退还给付方或付方代理人的金钱、有价证券、实物或其他物质性利益。

首先，回扣发生在经济往来过程中的收付双方之间，存在于一切具有收付特点的商业交易中。只要有收付双方存在，就有可能出现回扣。那种仅把回扣发生的领域限制在一般的商品买卖交易中的观点，是狭隘的、不全面的。因为在劳务买卖中也同样存在着回扣。劳动力、科学技术、市场信息等在商品经济的社会中也是商品，也需要在劳务市场上进行交易，只不过在这种交易中，卖方是付出劳务方，买方是接受劳务方，在上述特殊商品的交易中存在着付方和收方，收方便有可能从其所得中扣出一部分退还给付方，因而有可能产生回扣。如在基建承包、承运合同等劳务交易中，承包方和承运方是劳务付出方，是价款收受方；发包方和托运方是劳务接受方，是价款付出方。承包方和承运方从因其付出劳务而获得的价款中扣出一部分返还给发包方和托运方的事例，是不胜枚举的。除了一般的商品买卖和劳务买卖之外，在其他具有收付性质的经济往来中，回扣也是大量存在的。例如，在租赁交易中，收租方可能从其获得的租金中扣出一部分退还给承租方；在保险合同中，保险费收受方可能从其收取的保险费中抽出一部分退还给保险费支付方；等等。总之，回扣发生的范围是比较广泛的。我们可以按照回扣所发生的领域的不同，把回扣分为：一般商品买卖中的回扣、劳务买卖中的回扣、租赁交易中的回扣、保险业务中的回扣、借贷业务中的回扣，等等。

其次，回扣只能由收方支付。所谓收方既指收受价款方，也指收受实物方。例如，在一般的商品买卖中，出卖者既是商品的支付方，又是价款的收受方；购买者既是价款的支付方，又是商品的收受方。出卖者作为价款的收受方可以从其获得的价款中拿出一部分退还给作为付款方的购买者，同时，购买者作为商品的收受方也可能从其获得的商品中拿出一部分退还给卖方（一般为出卖方的代理人或经办人），但无论是出卖者还是购买者，都必须是特定回扣对象物的收受方。只有价款的收受方才有可能从其获得的价款中扣出一部分返还给价款的支付方或支付方的代理人；也只有商品的收受方才有可能从其获得的商品中扣出一部分返还给商品的支付方或其代理人。总而言之，只有收受方才可能有由“收受”到“回扣”的经历，如果没有“收受”，那么从何处去“回扣”呢？值得注意的是，我们在这里没有简单地使用“回扣只能由卖方支付”的表达方法，因为，正如前述，回扣并不都发生在具有买卖双方的经济往来中，例如在租赁交易中，尽管不存在卖方，但回扣仍然是可能发生的事情。况且，即使在买卖交易中，买方也不是不可能把其买得的商品作为回扣对象物回扣给卖方的代理人或经办人，因此，我认为，使用“回扣只有由收方支付”的表达方法更为确切、全面、科学。

再次，回扣只能付给付方或付方的经办人，或者既付给付方，又同时付给付方的经办人。因为付方或付方的经办人是价款或实物的支出者，只有他们方可能有由“出”到“回”的过程。有些人把回扣的收受方仅局限为付方，或仅局限为付方的经办人，这种观点是与现实情况不符的。在这里，付方是付方所有人，通常指全民所有制企事业单位、机关、团体、私营企业主或个人；而付方经办人通常是指单位职工或受托代理人。现实中发生的回扣，既可能是付给付方所有者的，也可能是付给付方的经办人，且大部分情况下是付给付方经办人的。但是，回扣不能是付给处于居间人地位的其他人的钱或物，居间人所得的钱或物具有佣金性质，这种佣金可能是合法的，也可能是违法的，但不属于回扣。为了购进紧缺物资、信息或急需的劳务，买方也可能给自己的代办人以额外的报酬，这种额外的报酬不能称为回扣，而是一种内部奖励。为了购进紧缺物资、信息等，买方也可能给卖方或卖方的经办人以额外的金钱、实物或其他物质性利益，这种额外的金钱实物或其他物质性利益也不具有回扣的性质。因为在买方来讲，这种给付不是“回”而是“出”，不是“扣”而是“加”，是正常价款之外的一种附加款物。如果这笔款物不是归卖方所有而是归卖方的经办人所有，我们可以称之为手续费。有些人把此类款物也归入回扣，是不科学的。根据回扣收受方的不同，我们可以把回扣分为付给付方的回扣和付给付方经办人的回扣。回扣的弊端多源于付给付方经办人的回扣。

最后，回扣的表现形式既可以是金钱，也可以是实物，还可以是其他物质性利益。那种把回扣仅圈定在金钱范围内的观点，是不足取的，因为在购销交易中并不都必须支付现金，在易货交易中，是不需要现金支付的，物扣也是实际存在的。即使在现金交易中，以物或其他物质性利益抵价作为回扣也是常见的。例如，买方在购得紧俏商品后，从购得的紧俏商品中拿出一部分返还给卖方经办人，这种“逆向”回扣便是采用了实物回扣的形式。再如，A 商业大厦购进 B 公司的大量产品，B 公司从所得款项中拿出一部分，出资组织 A 商业大厦的有关人员到美国、苏联和我国香港旅游、考察，包吃包住，包来回机船票。这种变相回扣便属于其他物质利益的回扣。我们可以根据回扣的表现形式，把回扣分为现金回扣、实物回扣、支票回扣和其他物质性利益回扣。就目前来看，我国现阶段最普遍的回扣形式多是现金回扣，这种回扣大部分落入个人之手。

（一）回扣与佣金

佣金是买卖双方或一方因居间人或经纪人为交易双方介绍或代买代卖商品而向居间人或经纪人支付的一种劳务报酬。回扣不同于佣金，主要表现在：(1) 回扣只能由原交易的收方支付；而佣金既可以由交易双方的收方支付，也可由付方支付，还可由收付双方共同支付。(2) 回扣的收受方是原交易的付方或付方经办人，付方的经办人从属于付方，不是独立的第三人；而佣金的收受方是独立于原收付双方之外的第三人，通常称之为中间人、居间人或经纪人。在国外，佣金的收受者多为代理人、居间人、受托管理人、遗嘱执行人、破产企业管理人或售货人等。(3) 佣金是居间人或经纪人因为交易双方介绍或代买代卖商品而获取的劳务报酬，佣金的多少往往是以交易数额或为委托人谋取利益数额的百分比计算的，具有公正性；回扣则并不都是正当合法的，有的回扣具有不正当竞争性和贿赂性，甚或构成犯罪。(4) 佣金的客观效果是沟通产销，加速流转，不仅有益于三方当事人，而且也有益于社会经济的发展，对国家和社会没有任何危害；而回扣的客观效果具有两面性，既有积极的一面，又隐藏着消极的一面。

（二）回扣与折扣

折扣是商品或劳务买卖业务中，由卖方给予买方价格上的优惠。打折售卖是独立的商品生产者、经营者的一种自主定价行为，只要不违反国家计划、政策及财经纪律，都是合法的。回扣与折扣的主要区别在于：回扣必须先由原交易付方支付给收方，然后再由收方返回给付者或付方代理人部分价款、实物或其他物质性利益。回扣并不冲减付款，而是在付清交易规定的全部款物以后再予返还的金钱、实物或其他物质利益。折扣则是一种实质意义上的明码标价，是减价的一种表现形式，只需要买方或买方代理人按照折扣价支付价款，无须再由卖方返回部分价款。折扣冲减付款。

（三）回扣与奖金

奖金一般是对本企业职工超额劳动的报酬或奖赏，是一种内部按劳分配原则的体现。回扣则是由外单位支付的。在当前的经济交往中，有一种回扣被称作“奖金回扣”，这种回扣主要有两种表现：一种表现为“有奖订货”，另一种表现为“推销奖励”。前者是按照订货额给予订货经办人“奖金”；后者是授权推销员给买方塞“奖金”。“奖金”的多少与订货或购买额的多少成正比。实质上，二者都是以奖金形式支付回扣，出于种种动机和目的，掩盖回扣。当然，在回扣交归单位，经单位审核后又重新发给买方单位经办人的部分或全部回扣，就内部而言，我们可称之为奖金；就外部来源而言，我们可称之为回扣，二者之间存在着交叉和重合，但都是合法的。

（四）回扣与手续费

二者经常被人们相提并论，有的甚至认为回扣是手续费的一种，反之者也有。事实上，二者是不相同的。回扣的支付方只能是原交易的收受方，而手续费的支付方可以是包括买方在内的所有接受劳务的单位和个人，具有劳务报酬性，这是其本来的含义。另外，回扣的来源只能是原支付方支付的价款，而手续费的来源则不受限制，可以是原交易以外的金钱。

二、回扣的性质

回扣是在一切具有收付特点的商品买卖、劳务买卖、保险、信贷等商业交易中，收方从其得到的价款、实物或其他物质性利益中退还给付方或付方经办人的金钱、实物或其他物质性利益。回扣自在我国经济生活中重新出现以来，一直是人们的热门话题。经济学界和法学界对回扣问题亦曾在理论上展开过热烈的讨论，但未能达成共识。邓小平同志南方谈话后，回扣问题研究再度兴起。实践中，人们对回扣态度不一：爱不释手，心驰神往者有之；敬而远之，犹豫彷徨者有之；视之为弊，禁之如毒者也有之。何以成此？皆因对回扣性质认识之不同也。本文试就回扣的性质问题，略述己见，以求教于同人。

（一）回扣是一种历史性产物，是商品经济发展的必然产物

自然经济、商品经济和产品经济是人类社会发展过程中的三种基本经济形式。在自然经济社会，科学技术不发达，生产力水平低下，产品尚无剩余或极少有剩余，生产的主要目的不是交换，更不是售卖盈利，而是维持基本的生活需要。即使存在极个别的简单物物交换，也只是为了简单的生活需要，根本不存在产生回扣的土壤。人类进入资本主义社会后，跨进了商品经济的洪流。在商品经济体制下，每个企业都是相对独立的商品生产者和经营者，企业经营的目的是尽可能多地获得利润，商品交换则是其获得利润必不可少的手段。企业利润的实现是以产品的销售为前提的，如果销货不畅，产品积压，则必然影响资金周转速度，从而减少利润，甚至生产出现危机，导致破产。因此，企业经营者都十分重视推销手段。回扣，作为本源意义上的让利性推销手段，便应运而生，并逐渐被适用于商业交往中的各个角落。新中国成立后，在我国绝迹三十余年的回扣现象的再度出现，也是我国商品经济迅猛发展的产物。在产品经济体制下，回扣是没有市场的。新中国成立以后，我国长期实行计划性产品经济，企业的一切经济活动都要严格按照国家的指令性计划进行，企业的原材料供应由国家计划调拨，企业的产品由国家计划包销，企业既不愁搞不到原材料，也不愁产品推销不出去，作为竞争手段的回扣便失去了存在的必要和可能。将来实现了人类理想的共产主义，人们也将进入真正的产品经济时代。在这种产品经济社会里，科学技术高度发达，生产力水平极大提高，物质产品极大丰富，人们的觉悟普遍提高，各尽所能，按需分配，商业买卖不复存在，回扣也便永远消逝了。因此，我们说，回扣的产生、发展与消灭也是个历史的必然过程，是不以人们的意志为转移的。

（二）回扣是一种竞争手段

竞争是商品经济的必然产物，是商品经济的固有属性，也是商品经济发展的动力。无论对于资本主义商品经济，还是对于社会主义商品经济，它都起着不可估量的作用。随着商品经济的发展，竞争越来越激烈。为了追逐利润，为了自身的利益，竞争者想方设法，千方百计采取各种手段去战胜对方，以求得自己的存在与发展。回扣便是竞争的一种手段。在商品经济贸易中，存在着各种各样的竞争手段，有的产品以优质取胜，有的产品以独具特色诱人，有的产品以价廉物美占先，有的则以回扣促销。在商品质量相同，价格相等的情况下，支付回扣具有极大的竞争力。商品的竞争力同回扣的有无和多少成正比。回扣直接关系到商品的畅销或滞销。适当的回扣能够把某种商品由滞销变为平销甚或畅销，从而扩大销售，压缩库存，加速资金周转，增加利润。有的商品生产者为了夺取市场，扩大生产，即使是出售畅销商品，也照样给付回扣。当然，如果某种商品创出了名牌，质优价廉，明显好于同类其他商品，那么即使不给回扣，也会顾客盈门。但有些商品经营者之所以给付回扣，是因为其产品在竞争中处于劣势，没有在同类商品中创出名牌，没有在同类商品中形成鹤立鸡群之势，因而不得不以回扣让利于对方，在竞争中求得生存与发展。回扣的多少代表着让利的大小，购买者在同等条件下买谁的货都可以的情况下，当然是选择价廉质高的商品。选择有回扣的，不选择没有回扣的；选择回扣多的，不选择回扣少的。

在我国，回扣是乡镇企业、中小型企业参与竞争的一种高能武器。乡镇企业、中小型企业在设备落后、技术力量薄弱、机械化程度低、成本较高的情况下，能在激烈的商品竞争中立于不败之地并焕发出勃勃生机，某种程度上不能不归功于回扣这种竞争手段。因此，我们认为，如果回扣这一竞争手段适用得当，一定会成为搞活经济、发展生产力的积极因素，成为名副其实的商品经济的润滑剂。企业作为相对独立的商品生产者和经营者参与市场竞争，应该允许它们利用经济杠杆促进其经济的发展。事实上，回扣本身也是经济杠杆的有机组成部分，回扣作为一种经济竞争手段，在我国经济生活中的作用是不可低估的。

（三）回扣是一种按劳分配的形式

按劳分配是社会主义社会个人消费品的分配原则，是社会主义经济关系的体现。凡有劳动能力的人都应该尽其所能为社会劳动，社会以劳动作为分配个人消费品的尺度，按照劳动者提供的劳动的数量和质量分配个人消费品，等量劳动领取等量报酬，多劳多得，少劳少得，不劳不得。在现阶段，劳动还仅仅是个人谋生的手段，劳动者必然要求按所贡献的劳动数量和质量获得相应的报酬。然而，人们的劳动又存在着重大差别，所以，按劳分配原则对不同的劳动者又是不平等的，因而造成劳动者在生活富裕程度上的差别和报酬分配方面事实上的不平等，这也是社会主义社会不可避免的。贯彻按劳分配原则，不能直接以劳动时间为尺度，而只能以通过商品交换所实现的价值量所曲折反映的劳动量为尺度。

因此，再回过头来看回扣，我们会惊奇地发现：回扣也是按劳分配的体现。回扣不是生产性因素，本身不创造任何价值，它只是在已生产出的价值基础上进行收入的重新分配，是一种分配性因素。回扣与工资、奖金等个人劳动收入以及利润、利息、税收等密切相关。回扣的收受者可以是机关、团体、企事业单位或个人，这些组织或个人实际上也是分配的主体。当回扣归机关、团体、企事业单位等集体组织时，回扣体现着这些组织与支付回扣者之间的利润或价值分配，但这种分配不是一种个人消费品的分配。只有当回扣归个人所有时，回扣才在一定意义上讲是按劳分配的一种形式，这种回扣不是利润或价值在买卖双方之间的分配，而是作为对经办人的个人劳动的报酬或奖励而支付的。因为这些经办人在客观上为付回扣方实现利润或价值付出了劳动，他们付出的劳动越多，实现的利润或价值越大，其得到的回扣分配就可能越多，这正是按劳分配原则中多劳多得的体现。因此，收受回扣者只要不损害国家、集体、消费者，尤其是其委托人的利益，不违反法律规定，其回扣不管有多大，都应被视为其劳动收入。我们不能仅因为其回扣大而将其视为违法或犯罪，因为在商品经济交易中，实现利润或价值量的大小是衡量这些人劳动量大小的主要尺度。如果他们不为别人实现任何利润或价值，别人是不会向他们支付回扣的。

（四）回扣既具有让利性，又具有劳务报酬性

有人认为“回扣实质上是利润的分配，付方是让利。收方是在买卖获利的基础上再次与付方分利”[①]。有人认为“回扣同佣金一样都是在商业活动中给付中间人的劳务报酬，是促进商品交流，保证商品流通的不可缺少的商业手段”[②]。笔者认为上述这两种观点都从不同角度触及了回扣的本质，但仍不够全面。

前一种观点认为，回扣具有让利性质，从买方与卖方之间的利润分配角度揭示了回扣的部分性质，有其一定的合理之处。因为在商品流通中，利润的大小既魂牵梦绕着卖方，也同时影响着买方。从流通过程分析，最初的卖方是商品的生产者，把自己生产的商品卖给批发商、零售商或消费者，实现利润。批发商和零售商购买商品并不是为了自己消费，而是为了转手再卖，从中获取利润。因此，利润的大小也直接影响着批发商和零售商的购买态度和情绪。商品生产者为了加速资金流转，尽快获利，便以回扣刺激批发商或零售商的情绪和态度，诱使他们购买自己的产品，从而产生了第一次让利性利润分配。批发商和零售商为了尽快地出售自己从商品生产者那里已经购得的商品，便效仿商品生产者向自己的购买者施以回扣，让出部分利润，加速和扩大销售，由回扣的收受方转变为回扣的支付方，从而产生了第二次让利性利润分配。无论是商品生产者支付的回扣，还是批发商或零售商支付的回扣，二者都具有让利性。让利性回扣实质上也是一种低价出售。值得注意的是，让利性回扣只是在卖方与买方之间的利润分配，因此也只能是直接支付给买方或经由买方的经办人间接地转归买方，而不能是支付给买方的经办人所有，但也不能排除回扣支付给买方经办人的情况。笔者认为，当回扣是支付给买方经办人所有时，回扣具有劳务报酬性，而不再是让利性，不是利润在买卖双方之间的分配，而是作为对买方经办人的一种报酬或奖励。

后一种观点从卖方、买方与买方经办人或代理人三者之间关系出发，揭示出了回扣的劳务报酬性，这是合乎一定道理的。劳务报酬性回扣只能支付给买方的

---

① 徐勉利：《从武汉工贸市场回扣的现状看其利与弊》，载《法讯》（增刊），1988（7）。

② 林昆：《社会主义商品经济条件下佣金、回扣的法律调整》，载《法讯》（增刊），1988（5）。

经办人或代理人，它是买方经办人或代理人从卖方那里获得的额外报酬，因为他们在为买方购货时，买主已经对其以工资或其他名义支付了劳务报酬。在分析回扣的劳务报酬性时，我们应该正确认识卖方、买方与买方经办人之间的关系，尤其是要弄清买方经办人的特殊地位。买方经办人受买方之委托，服务于买方，在代买商品时，应该争取以最低的价格为买主购进最理想的商品或劳务，这也是其借以从买主那里领取工资或其他报酬的前提。然而，买方的经办人在为买方购买商品或劳务时，客观上同时也是在帮助成交的卖方推销了商品或劳务。卖方为了表示感谢合作，向买方经办人支付一定量的回扣作为其客观上所提供的劳务的报酬，也是合情合理、无可非议的。因此，买方经办人的劳动具有双向性，既是对买方的劳动支出，也是对卖方的劳动支出。但买方经办人的这种劳动支出不同于居间人的劳动支出。居间人是完全独立的第三人，在法律地位上，既不从属于买方，也不从属于卖方。而买方经办人在法律地位上则从属于买方，在主客观上都为买方服务的同时，客观上也为卖方提供了服务。上述后种观点把回扣的收受者说成是居间人，这就混淆了居间人同买方经办人的区别。

总之，我们认为回扣的让利性和劳务报酬性都是存在的，当回扣的收受所有方为批发商、零售商或消费者本身时，回扣具有让利性；当回扣的收受所有方为买方代理人或经办人时，回扣具有劳务报酬性。

（五）回扣在使用中具有正负效应性

辩证唯物主义告诉我们：任何事物都是一分为二的，既有对立，又有统一；没有对立，便没有统一。有百弊而无一利或有百利而无一弊的事物是不存在的。就回扣而言，它既有有利的一面，即正效应性，又有不利的一面，即负效应性。只看到回扣的正效应性而看不到其负效应性，或只看到其负效应性而忽视其正效应性，都是不全面的。如前文所述，回扣作为一种历史性产物，作为商品经济的必然产物，是商品经济社会的一种竞争手段，是一种新的按劳分配形式，既具有让利性，又具有劳务报酬性，这些都是其正效应性的体现。当回扣发挥其正效应时，它确实能够加速商品流通，搞活市场；确实有利于发展经济，提高生产力；也确实能够刺激买方或买方经办人的积极性。

但是，我们也不能否认回扣在发挥其正效应的同时，也可能产生负效应，不法商品生产者、经营者或其经办人也可能把回扣用作不正当竞争的手段，利用回扣向买方经办人行贿，拉拢腐蚀国家公务人员，损人利己，坑害国家、集体和消费者，妨碍正常的商品竞争和商品流通秩序，从而成为商品经济发展中的一颗毒瘤，滋生新的违法犯罪。因为当回扣作为一种让利性或劳务报酬性竞争手段时，回扣的支付是有一定的量度的，突破量度则会发生质的变化。如果生产商或销售商既能不给回扣或少给回扣又能顺利推销其商品时，他们是不会用回扣让利或报酬于人的，更不可能无限量地给付回扣。如果他们是为了垄断而给付回扣，那么这种回扣便会失去其让利性而成为不正当竞争的手段；如果他们支付回扣是为了收买买方经办人或代理人，坑害买方，那么这种回扣便会失去其劳务报酬性而成为贿赂的遮羞布。

回扣的负效应在现实生活中是确实存在的，而且往往比其正效应更引人注意，我们能不能因此而不加区分地完全禁止一切回扣呢？回答是否定的。道理也很简单：药品是医生救死扶伤的手段，如果使用得当，那么这种药就是一种良药，发挥其正效应；如果医生出于不正当动机而故意用错药或用量过大，那么这种药就成了置人于死地的工具，成为毒药，发挥其负效应，但人们绝不会因此而提出要彻底禁止药品生产和上市，因为问题的关键并不在于药品的生产与销售，而在于药品的不当使用。同理，回扣的负效应的产生也不在于回扣的存在，而在于对回扣的不当管理和使用。因此，我们认为，对待回扣的正确态度应该是：承认回扣的存在，并把它纳入法制的轨道，加紧回扣立法，兴其利，除其弊，发挥其正效应，抑制其负效应。

三、回扣的对策

回扣是商品经济发展的一种必然社会经济现象，是商品经济的一种竞争手段。回扣在使用中具有正负双重效应。我们认为，从有利于发展我国商品经济，有利于提高生产力的精神出发，应该借鉴外国立法例，对我国现有的有关回扣的法律规定进行修改、补充和整理，制定出专门的回扣法，利用法律手段，发挥回扣的正效应，抑制回扣的负效应。

（一）制定回扣法的必要性

(1) 制定回扣法是我国商品经济发展的必然要求。新中国成立以后，我国长期实行公有制基础上的产品经济，企业的一切产供销活动都严格按照国家的计划进行，企业之间缺乏竞争，作为竞争手段的回扣便也因此失去了市场。自改革开放以来，我国的经济体制逐渐由产品经济向商品经济转轨，所有制形式也逐渐由单一的公有制转变为以公有制为主体，以个体经济、私营经济和三资企业为补充的多元化所有制形式。不同所有制以及同种所有制的不同企业间展开了激烈的竞争。回扣这一竞争手段在我国绝迹三十余年后，又悄然在经济活动中出现。回扣的数额有差异，手段多样，收付主体复杂。因此，对回扣有人主禁，有人主倡，有人折中，使人们不知所从。然而，面对这种情况，除了在国务院及有关部委的行政法规、规章和全国人大常委会在 1988 年 1 月颁布的《关于惩治贪污罪贿赂罪的补充规定》中可以看到几条简单重叠、笼统概括的规定以外，却找不到令人满意的专项回扣法规。这种立法状况的滞后同回扣现象的发展极不相适应，界限不清、责任不明的散在性回扣法规已不能适应我国商品经济发展的客观需要。由此可见，制定专项性的回扣法完全必要。

(2) 制定回扣法是企业界的呼唤。在商品经济下，企业是相对独立的商品生产者和经营者，自主经营、自负盈亏，原材料的供应要靠它们自己去寻找，产品要靠它们自己去销售，市场要靠它们去打开，在激烈的竞争中，每个企业都在不断地探索有效的竞争手段，作为本源意义上的让利性和劳务报酬性推销手段，回扣一经出现，便被各个企业视为商品流通中的“润滑剂”，竞相采用。特别是个体企业、私营企业和乡镇企业，为了求生存、图发展，为了弥补自己机械化程度低、技术力量差、资金少、竞争力弱的不足，它们便求助于回扣，从价格上同国营大中型企业进行竞争，创造优于竞争对象的条件。而一些国营大中型企业在失去了昔日的产供销由国家计划统揽的“吃皇粮”时日之后，也不得不在激烈的商品竞争中探索原料采购和商品推销的新手段，经过实践它们也效仿乡镇企业等把回扣奉为市场竞争的高能武器。然而，面对回扣的广泛采用，依据我国现有的有关法律，除在国际贸易中允许回扣存在外，其他回扣则被不加区分地一概禁止，轻者视为违反行政法规，重者视为犯罪，从而使企业对回扣这一竞争手段既歆羡又望而生畏。不知何为正当，何为不当。有的企业经理说，“这是在顶着炸弹经营”；有的说，“这好比是脚踏两只船，一只脚在狱内，一只脚在狱外”；有的说，“不搞回扣，企业难以在竞争中生存，搞回扣又担心触犯法网”。总之，企业界忧心忡忡，胆大者公开或秘密地搞回扣，战果辉煌，利润倍增；胆小者不敢搞，竞争失利，险些造成危机。这种不健全的回扣立法把企业放到了不公平的竞争地位上。因此，企业界强烈呼吁制定一个统一的专项“回扣法”。

（3）制定回扣法是司法界的希冀。在回扣大潮中，有些人利用回扣进行不正当竞争，推销假冒伪劣产品，腐蚀国家公务人员，坑害国家、集体和消费者，从而构成违法犯罪。司法机关对此类犯罪行为应该严厉打击，然而，1988 年 1 月全国人大常委会颁布的《关于惩治贪污罪贿赂罪的补充规定》第 4 条第 3 款、第 7 条第 2 款和第 9 条虽然对有关回扣的贿赂犯罪作出了规定，但仍因过于简单而不能适应当前司法机关处理回扣案件的需要，还有大量的回扣案件难以定性。因而，司法界也强烈希望立法机关能尽快制定回扣法。

（二）制定回扣法的可行性

（1）十几年的回扣现象为我们制定回扣法提供了丰富的立法资料。回扣自 20 世纪 80 年代在我国经济生活中重现以来，无论在其发生的领域和收付的主体上，还是在收付的数额和收付的形式上，都从正反两方面给我们提供了大量有益的经验和教训，尤其是司法机关的有关判例，对我们制定回扣法是十分有益的。对那些实践证明是有益的、合理的回扣，我们应该用立法的手段加以保护，使其在我国的商品经济发展中发挥更大的作用；对那些实践证明是有害的、不合理的回扣，我们应该用立法的手段严加禁止，迫使其从我国的经济领域退出去。

（2）对回扣的理论研究为制定回扣法提供了理论上的指导。回扣重现于我国经济领域的十多年来，经济学界和法学界一直予以极大的关注，对回扣问题作了大量的调查研究，就回扣的起源、概念、性质、范围、利弊、法律调整等问题展开了热烈的讨论，在有关报纸、杂志上发表了不少论文，从不同角度提出了各自的见解，这些都是制定回扣法的宝贵财富。

(3) 国外和我国港台地区的立法例为我们制定回扣法提供了可资借鉴的有益经验。国外及我国港台地区制定了许多有关回扣方面的法律法规，诸如：德国在19世纪30年代初期制定的《回扣法》；澳大利亚的《1905—1973年秘密佣金法》；新加坡的《防止贿赂法》；我国香港的《防止贿赂条例》；我国台湾地区的“戡乱时期贪污治罪条例”（1950年6月颁行）等，其中最值得一提的是德国的《回扣法》，这是唯一单独规定回扣的法律，从内容和体例上都为我们提供了有益的参考。

（三）制定回扣法的具体建言

1. 立法权问题

根据我国宪法规定，全国人大负责制定和修改刑事、民事、国家机构的和其他的基本法律；全国人大常委会则有权制定和修改除应当由全国人大制定的法律以外的其他法律；国务院有权制定行政法规。回扣法不属于我国的基本法律，但也不是单纯的行政法规，而是融民事、经济、行政和刑事法律规范为一体的综合性立法。因此，“回扣法”适宜由全国人大常委会制定，这样既能保证该法的权威性，又能保证该法的统一性。

2. 名称问题

该法的名称应为回扣法，而不宜用“回扣条例”或“回扣细则”之类的名称，因为“条例”是行政性法规的名称，“细则”往往是对某一法规的解释适用。

3. 非规范性内容

回扣法在内容上，既应该有规范性内容，也应该有非规范性内容，尤其应该注重对回扣、代理人之类的非规范性概念作出科学、统一的界定。

4. 基本原则

回扣法应明确规定回扣收付应遵守的基本原则，如回扣收付必须遵循自愿、公平、等价有偿、诚实信用的原则，不得采购或推销违禁品及假冒伪劣商品，不得从事非法经营，不得损害购销双方的利益，不得侵害国家、集体和消费者的利益。

5. 数额规定

回扣法应明确规定收付回扣的数额。数额的计算宜采用比例制，即按总经营额或成交额的一定比例计算应收付回扣的多少，这个比例不宜太高，也不宜太低。在国外的回扣立法中，有的国家规定以收付回扣数量的多少作为违法与合法、罪与非罪的界限标准。例如德国《回扣法》允许在正常交易中给予顾客不超过交易总额的3%回扣，如果回扣超过交易额的3%，则视为非法。在规定回扣数额时，不宜采用上限封顶的做法，因为这种做法过于机械，不利于保护和促成巨额交易。

6. 收付形式

回扣法应规定回扣的收付公开化。我国目前的回扣收付都是秘密进行的，没有任何手续或凭证，不利于接受监督检查，易滋生违法犯罪。即使个别企业间收付回扣是公开的，但在双方的账目中也多没有真实反映。因此，我们主张在制定回扣法时，应该要求一切回扣都要公开化，实行回扣单制度，以避免回扣收付中的混乱和失控，防止损害国家、集体、被代理人和消费者的利益。国家工作人员、集体经济组织工作人员及其他从事公务的人员，收付的回扣应如实上报所属单位；代理人收付的回扣应如实告知被代理人；单位之间收付回扣应通过合同或协议形式，并如实进账，依法纳税。

7. 禁止性规定

国家工作人员、集体经济组织工作人员以及其他从事公务的人员，应严禁收受回扣归个人所有。廉洁奉公是公务人员的应有本色，当公务人员代表所属集体对外进行经济交往时，其所属集体已经向他们支付了工资、奖金或提供了其他服务，他们在按规定行使其权利的同时，也有义务维护本集体的利益，如实向所属集体汇报自己的活动情况，其中包括私自收取的回扣费。如果允许上述人员私自收受回扣归个人所有，则难免侵害国家利益，损害公务人员的形象，有碍廉政建设。即使在资本主义国家，公务人员也是严禁私自收受回扣归个人所有的。例如新加坡刑法典第161条规定，公务员索取、收受任何合法报酬以外的酬劳、报酬

（包括回扣），而履行或不履行职务上的行为，构成受贿罪。

8. 归属问题

回扣法应明确规定回扣的归属。我们建议：个人或个体户在经济往来中收受的回扣，应归个人所有；个体企业、私营企业或三资企业的代理人或雇员在经济往来中收受的回扣，应归被代理企业或雇主处置；国家机关、团体、事业单位、国营或集体企业的工作人员或其他从事公务的人员在经济往来中收受的回扣，应归其所属单位处置。

9. 法律界限

回扣法应明确划定合法、违法和犯罪的界限。我们认为回扣收付的合法与违法判定，应以是否有利于生产力发展和搞活经济为标准。结合回扣收付应遵循的基本原则及前述有关规定意见，凡有利于生产力发展和搞活经济，不违反回扣收付之基本原则及前述有关规定的回扣收付，都是合法的；否则，便是违法的。违法回扣与犯罪回扣的判定，应以情节是否严重为标准。情节较轻的，属一般违法行为；情节严重的，构成犯罪。在确定情节是否严重时，应结合收付回扣的数额、危害后果、社会影响等进行综合分析。另外，对违法收付回扣而构成犯罪的行为并不能不加区分地都认定为行贿罪或受贿罪，而应当依据犯罪构成理论，结合具体收付回扣的主客观表现，分别依照刑法及《补充规定》的有关条款，认定为行贿、受贿、贪污、投机倒把、诈骗、敲诈勒索等犯罪，做到罚当其罪。我们认为：

（1）支付回扣，具有下列情形之一的，应视为合法：1）在合法的经济活动中，向对方单位或个人支付不超过规定比例限额的回扣，并履行规定之手续的。"合法的经济活动"包括在不损害国家、集体、其他单位、被代理人和消费者利益的情况下，依法（甲）推销滞销产品，减少库存；（乙）建立、保证、疏通企业产供销渠道；（丙）承揽加工、承运、承包工程业务及提供其他劳务；（丁）获取其他正当利益。2）在合法的经济活动中，被勒索而给予对方单位或个人回扣，但本方已履行规定之手续的。因为被勒索者是处于被害人的地位。

（2）支付回扣，具有下列情形之一的，应视为违法，情节严重者，构成犯罪：1）为推销假冒伪劣产品，向国家工作人员、集体经济组织工作人员及其他从事公务的人员支付回扣，情节严重者，以行贿罪论。向上述公务人员以外的其他单位或个人支付回扣，情节严重者，以投机倒把罪论。2）在不具备加工、承运、施工技术或设备的情况下，为获取承揽加工业务、承运业务、建筑施工以及其他劳务而向国家工作人员、集体经济组织工作人员以及其他从事公务的人员施以回扣，情节严重者，以行贿罪论。3）为提高加工费、工程造价，获取非法高额利益而向负责该项业务的国家工作人员、集体经济组织工作人员及其他从事公务的人员施以回扣，情节严重的，以行贿罪论。4）为谋取其他不正当利益，向国家工作人员、集体经济组织工作人员以及其他从事公务的人员施以回扣，情节严重者，以行贿罪论。5）在合法经济往来中，出于不正当竞争之目的而支付超过规定限额比例的回扣，情节严重的，以投机倒把罪论。6）在合法经济往来中，支付回扣没有超过规定之比例限额，但没有履行规定之手续的，一般只以违法处理。

（3）收受回扣，具有下列情形之一的，应视为合法：1）在合法经济往来中，企业单位收受不超过规定比例限额之回扣，且履行规定之手续后，依法纳税，用于本单位集体福利或奖金的。2）在合法经济往来中，依靠行政拨款的机关、团体、事业单位收受回扣不超过规定之比例限额，履行规定之手续后，如数返归行政拨款的。3）在合法经济往来中，经办人收取不超过规定比例限额之回扣，如实向所属单位上报并愿意接受单位处置的。4）个人在与其他单位或个人之间的经济往来中，收受回扣的。

（4）收受回扣，具有下列情形之一的，应视为违法，情节严重的，以犯罪论。1）在非法经济往来中，单位或个人在明知经济往来非法的情况下，收受回扣，不管数量多少，均属违法，情节严重者，以投机倒把罪论。2）在合法经济往来中，单位收受回扣，少数人私分，数额较大的，以贪污罪论。3）国家工作人员、集体经济组织工作人员以及其他从事公务的人员，在经济往来中利用职务之便，收受回扣归个人所有，情节严重的，以受贿罪论。4）国家工作人员、集体经济组织工作人员及其他从事公务的人员在经济往来中，捏造事实，隐瞒真相，以骗取回扣为目的，数额较大的，以诈骗罪论处。5）个体企业、私营企业或三资企业的经办人在经济往来中收受回扣，隐而不向雇主上报，据为己有的，一般应以民事代理欺诈追究其民事责任。6）在经济往来中，用要挟的手段索要回扣，情节严重的，以敲诈勒索罪论处。

10. 法律责任

（1）个体企业、私营企业和三资企业的雇员在经济往来中收付非法回扣，损害被代理人利益的，应依据《民法通则》中有关代理的规定，追究民事责任；（2）国家工作人员、集体经济组织工作人员以及其他从事公务的人员在经济往来中，利用职务之便收付非法回扣，情节较轻的，应依据有关行政法规，追究行政责任；（3）无论是国家工作人员、集体工作人员以及其他从事公务的人员，还是个体企业、私营企业、三资企业以及其代理人，在经济往来中违法收付回扣，情节严重的，都应依法追究其刑事责任。

（本文与黄振中合著，第一部分原载《云南法学》，1993（1）；第二部分原载《广东法学》，1992（6）；第三部分原载《政治与法律》，1993（2））

新型受贿罪的司法认定：以刑事指导案例（潘玉梅、陈宁受贿案）为视角

在最高人民法院发布的指导性案例中①，刑事指导性案例具有重要的地位。刑事指导性案例对犯罪认定与刑罚裁量等有关法律问题，采取提炼指导性案例中的裁判要点的方式，确立了有关司法规则。这些司法规则对于此后处理类似案件提供了法律根据，因而具有重要的指导意义。本文拟对潘玉梅、陈宁受贿案进行规范分析，重点研究裁判要点，以加深我们对该案所确立的司法规则的正确理解。

一、潘玉梅、陈宁受贿案的内容

指导案例3号：潘玉梅、陈宁受贿案（最高人民法院审判委员会讨论通过 2011年12月20日发布）。

该案的关键词：刑事；受贿罪；“合办”公司受贿；低价购房受贿；承诺谋利；受贿数额计算；掩饰受贿退赃。

① 参见最高人民法院《关于发布第一批指导性案例的通知》（法〔2011〕第354号）。

本案的裁判要点：国家工作人员利用职务上的便利为请托人谋取利益，并与请托人以“合办”公司的名义获取“利润”，没有实际出资和参与经营管理的，以受贿论处；国家工作人员明知他人有请托事项而收受其财物，视为承诺“为他人谋取利益”，是否已实际为他人谋取利益或谋取到利益，不影响受贿的认定；国家工作人员利用职务上的便利为请托人谋取利益，以明显低于市场的价格向请托人购买房屋等物品的，以受贿论处，受贿数额按照交易时当地市场价格与实际支付价格的差额计算；国家工作人员收受财物后，因与其受贿有关联的人、事被查处，为掩饰犯罪而退还的，不影响认定受贿罪。

本案裁判的相关法条：《中华人民共和国刑法》第385条第1款。

本案的基本案情：2003年8、9月间，被告人潘玉梅、陈宁分别利用担任江苏省南京市栖霞区迈皋桥街道工委书记、迈皋桥街道办事处主任的职务便利，为南京某房地产开发有限公司总经理陈某在迈皋桥创业园区低价获取100亩土地等提供帮助，并于9月3日分别以其亲属名义与陈某共同注册成立南京多贺工贸有限责任公司（简称多贺公司），以“开发”上述土地。潘玉梅、陈宁既未实际出资，也未参与该公司经营管理。2004年6月，陈某以多贺公司的名义将该公司及其土地转让给南京某体育用品有限公司，潘玉梅、陈宁以参与利润分配名义，分别收受陈某给予的480万元。2007年3月，陈宁因潘玉梅被调查，在美国出差期间安排其驾驶员退给陈某80万元。案发后，潘玉梅、陈宁所得赃款及赃款收益均被依法追缴。

2004年2月至10月，被告人潘玉梅、陈宁分别利用担任迈皋桥街道工委书记、迈皋桥街道办事处主任的职务之便，为南京某置业发展有限公司在迈皋桥创业园购买土地提供帮助，并先后4次各收受该公司总经理吴某某给予的50万元。

2004年上半年，被告人潘玉梅利用担任迈皋桥街道工委书记的职务便利，为南京某发展有限公司受让金桥大厦项目减免100万元费用提供帮助，并在购买对方开发的一处房产时接受该公司总经理许某某为其支付的房屋差价款和相关税费61万余元（房价含税费121.081 7万元，潘支付60万元）。2006年4月，潘玉梅因检察机关从许某某的公司账上已掌握其购房仅支付部分款项的情况而补还给许某某55万元。

此外，2000年春节前至2006年12月，被告人潘玉梅利用职务便利，先后收受迈皋桥办事处一党支部书记兼南京某商贸有限责任公司总经理高某某人民币201万元和美元49万元、浙江某房地产集团南京置业有限公司范某某美元1万元。2002年至2005年间，被告人陈宁利用职务便利，先后收受迈皋桥办事处一党支部书记高某某21万元、迈皋桥办事处副主任刘某8万元。

综上，被告人潘玉梅收受贿赂人民币792万余元、美元50万元（折合人民币398.1234万元），共计收受贿赂1 190.2万余元；被告人陈宁收受贿赂559万元。

本案的裁判结果：江苏省南京市中级人民法院于2009年2月25日以（2008）宁刑初字第49号刑事判决，认定被告人潘玉梅犯受贿罪，判处死刑，缓期二年执行，剥夺政治权利终身，并处没收个人全部财产；被告人陈宁犯受贿罪，判处无期徒刑，剥夺政治权利终身，并处没收个人全部财产。宣判后，潘玉梅、陈宁提出上诉。江苏省高级人民法院于2009年11月30日以同样的事实和理由作出（2009）苏刑二终字第0028号刑事裁定，驳回上诉，维持原判，并核准一审以受贿罪判处被告人潘玉梅死刑，缓期二年执行，剥夺政治权利终身，并处没收个人全部财产的刑事判决。

本案的裁判理由：法院生效裁判认为，关于被告人潘玉梅、陈宁及其辩护人提出二被告人与陈某共同开办多贺公司开发土地获取“利润”480万元不应认定为受贿的辩护意见。经查，潘玉梅时任迈皋桥街道工委书记，陈宁时任迈皋桥街道办事处主任，对迈皋桥创业园区的招商工作、土地转让负有领导或协调职责，二人分别利用各自职务便利，为陈某低价取得创业园区的土地等提供了帮助，属于利用职务上的便利为他人谋取利益；在此期间，潘玉梅、陈宁与陈某商议合作成立多贺公司用于开发上述土地，公司注册资金全部来源于陈某，潘玉梅、陈宁既未实际出资，也未参与公司的经营管理。因此，潘玉梅、陈宁利用职务便利为陈某谋取利益，以与陈某合办公司开发该土地的名义而分别获取的480万元，并非所谓的公司利润，而是利用职务便利使陈某低价获取土地并转卖后获利的一部分，体现了受贿罪权钱交易的本质，属于以合办公司为名的变相受贿，应以受贿论处。

关于被告人潘玉梅及其辩护人提出潘玉梅没有为许某某实际谋取利益的辩护意见。经查，请托人许某某向潘玉梅行贿时，要求在受让金桥大厦项目中减免100万元的费用，潘玉梅明知许某某有请托事项而收受贿赂；虽然该请托事项没有实现，但“为他人谋取利益”包括承诺、实施和实现不同阶段的行为，只要具有其中一项，就属于为他人谋取利益。承诺“为他人谋取利益”，可以从为他人谋取利益的明示或默示的意思表示予以认定。潘玉梅明知他人有请托事项而收受其财物，应视为承诺为他人谋取利益，至于是否已实际为他人谋取利益或谋取到利益，只是受贿的情节问题，不影响受贿的认定。

关于被告人潘玉梅及其辩护人提出潘玉梅购买许某某的房产不应认定为受贿的辩护意见。经查，潘玉梅购买的房产，市场价格含税费共计应为121万余元，潘玉梅仅支付60万元，明显低于该房产交易时当地市场价格。潘玉梅利用职务之便为请托人谋取利益，以明显低于市场的价格向请托人购买房产的行为，是以形式上支付一定数额的价款来掩盖其受贿权钱交易本质的一种手段，应以受贿论处，受贿数额按照涉案房产交易时当地市场价格与实际支付价格的差额计算。

关于被告人潘玉梅及其辩护人提出潘玉梅购买许某某开发的房产，在案发前已将房产差价款给付了许某某，不应认定为受贿的辩护意见。经查，2006年4月，潘玉梅在案发前将购买许某某开发房产的差价款中的55万元补给许某某，相距2004年上半年其低价购房有近两年时间，没有及时补还巨额差价；潘玉梅的补还行为，是由于许某某因其他案件被检察机关找去谈话，检察机关从许某某的公司账上已掌握潘玉梅购房仅支付部分款项的情况后，出于掩盖罪行目的而采取的退赃行为。因此，潘玉梅为掩饰犯罪而补还房屋差价款，不影响对其受贿罪的认定。

综上所述，被告人潘玉梅、陈宁及其辩护人提出的上述辩护意见不能成立，不予采纳。潘玉梅、陈宁作为国家工作人员，分别利用各自的职务便利，为他人谋取利益，收受他人财物的行为均已构成受贿罪，且受贿数额特别巨大，但同时鉴于二被告人均具有归案后如实供述犯罪、认罪态度好，主动交代司法机关尚未掌握的同种余罪，案发前退出部分赃款，案发后配合追缴涉案全部赃款等从轻处罚情节，故一、二审法院依法作出如上裁判。

二、潘玉梅、陈宁受贿案的分析

受贿罪是刑法中的一个重要罪名，也是在司法实践中认定较为复杂的一个罪名。尤其是在现实生活中出现了一些新类型的受贿犯罪，对于受贿罪的定罪量刑都带来一定的困难。为此，2007年7月8日最高人民法院、最高人民检察院发布了《关于办理受贿刑事案件适用法律若干问题的意见》（以下简称《意见》），对于新类型的受贿案件中的法律适用问题提出了具体的处理意见。潘玉梅、陈宁受贿案就是在《意见》颁布以后，适用《意见》形成裁判要旨的一个案例。该案的裁判要点在《意见》中大都已经作了规定，该案的裁判要点在一定程度上是《意见》的适用结果。在这个意义上说，该案并没有创制新的司法规则。尽管如此，该案还是对于司法机关正确地认定新类型的受贿罪具有指导意义。以下，本文对该案涉及的四个裁判要点进行法理的分析。

（一）国家工作人员利用职务上的便利为请托人谋取利益，并与请托人以“合办”公司的名义获取“利润”，没有实际出资和参与经营管理的，以受贿论处

受贿罪的客观行为是收受财物，这里的收受财物是指无对价地取得他人的财物。然而，在现实生活中，出现了各种较为隐蔽的收受财物的行为方式，其中之一就是以合作经营获取利润的名义无偿地取得他人财物。对此，《意见》第3条对以开办公司等合作投资名义收受贿赂问题作了以下明文规定：“国家工作人员利用职务上的便利为请托人谋取利益，由请托人出资，‘合作’开办公司或者进行其他‘合作’投资的，以受贿论处。受贿数额为请托人给国家工作人员的出资额。国家工作人员利用职务上的便利为请托人谋取利益，以合作开办公司或者其他合作投资的名义获取‘利润’，没有实际出资和参与管理、经营的，以受贿论处。”以上规定涉及两种情形：一是在合作开办公司或者进行

其他合作投资活动中，国家工作人员没有实际出资，而是请托人出资，由此获得所谓合办公司的股权或者其他合作投资的份额。在这种情况下，出资额即为受贿数额。这是一种无偿取得公司股权或者其他投资份额的一种受贿方式，相当于收受干股。二是在合作开办公司或者进行其他合作投资活动中，没有实际出资，也未参与管理、经营，而获取利润。在这种情况下，对于获取利润行为应以受贿论处。这是一种名为获取利润的变相受贿行为。由此可见，以上两种合作经营型的受贿行为，在性质上存在一定的区分：前者是以出资名义受贿，其受贿数额就是出资额；后者是以获取利润的名义受贿，其受贿数额就是获取的利润数额。这里尤其需要指出，在前一种情况下，以出资名义受贿，其既可能参与了公司的管理、经营活动，也可能没有参与公司的管理、经营活动。但是，无论是否参与了管理、经营活动，国家工作人员从公司获取利润，则该利润都不能再视为受贿数额。而在后一种情况下，以获取利润的名义受贿，其不仅没有出资，而且没有参与管理、经营，其所获取的利润完全是一种无对价取得的财物。在这种情况下，为什么该国家工作人员在公司的出资也是虚假的，却不是像前一种情形那样将出资额认定为受贿数额，而是将获取的利润认定为受贿数额？关于这个问题，如果仅从文字表述来看是不太容易理解的。即前后两种情形都获取了利润，为什么第一种情形按照出资额计算受贿数额，第二种情形却按照所获取的利润计算受贿数额？通过潘玉梅、陈宁案，对于上述问题就获得了较为明确的认识。潘玉梅、陈宁案涉及的是以上第二种情形，其裁判要点与《意见》的表述也是极为近似的。从潘玉梅、陈宁案的案情来看，2003 年 8、9 月间，被告人潘玉梅、陈宁分别利用担任江苏省南京市栖霞区迈皋桥街道工委书记、迈皋桥街道办事处主任的职务便利，为南京某房地产开发有限公司总经理陈某在迈皋桥创业园区低价获取 100 亩土地等提供帮助，并于 9 月 3 日分别以其亲属名义与陈某共同注册成立南京多贺工贸有限责任公司（以下简称多贺公司），以“开发”上述土地。潘玉梅、陈宁既未实际出资，也未参与该公司经营管理。2004 年 6 月，陈某以多贺公司的名义将该公司及其土地转让给南京某体育用品有限公司，潘玉梅、陈宁以参与利润分配名义，分别收受陈某给予的 480 万元。由此可见，在该案中，所谓利润并非经营所获取的分红性质的利润，而是将公司以及资产转让以后的收益。潘玉梅、陈宁是以参与利润分配的名义获取收益的，这与具有分红性质的利润是两个不同的概念。如果在该案中，潘玉梅、陈宁名义出资，也没有参与管理、经营，却以利润的名义获取分红，则其行为属于前一种性质的受贿，其受贿数额应以出资数额计算。

依据《意见》的规定，两种以合作开办公司或者进行其他合作投资名义进行的受贿，在成立条件上存在一定的差异：前者只要求没有出资，后者则不仅要求没有出资，而且要求没有参与管理、经营活动。在这之间到底存在何种区别呢？因为《意见》对于前者，没有要求没有参与管理、经营活动的条件，因此，即使参与了管理、经营活动也构成受贿罪。之所以如此理解，是因为受贿对象是出资额，因而与此后的是否参与管理、经营活动无关，只要公司成立，其受贿犯罪已经既遂。根据出资所获取的利润，是其所收受的出资的衍生物，不能再次认定为受贿数额。正如挪用公款罪中，其所挪用的公款存入银行的利息收入，不能再次计算为犯罪数额一样。更何况，《意见》第 2 条关于收受干股型的受贿罪，对于转让干股获取的红利，是按照贿赂款的孳息处理的。对此，我国学者指出："对于国家工作人员收受请托人出资额后又按照该出资额比例收受利润的，情况与根据股份获得分红类似，也应该按照《意见》第 2 条规定的上述认定原则办理，即将所收利润按照受贿孳息办理，这也是为了保持《意见》内部相似情况认定精神的一致性。"① 这一观点，我认为是正确的。但在后者的情况下，没有出资并且没有参与管理、经营活动，以利润的名义获取的公司整体转让以后的收益，认定为受贿数额。如果虽然没有出资但参与了管理、经营活动，无论是以利润的名义收取分红，还是获取公司整体转让以后的收益，我认为都应当以其出资额为受贿数额。只有在既没有出资也没有参与公司管理、经营活动的情况下，其以利润的名义获取的公司整体转让以后的收益才能认定为受贿数额。

---

① 郭竹梅：《受贿罪新型暨疑难问题研究》，305 页，北京，中国检察出版社，2009。

（二）国家工作人员明知他人有请托事项而收受其财物，视为承诺“为他人谋取利益”，是否已实际为他人谋取利益或谋取到利益，不影响受贿的认定

这一裁判要点涉及受贿罪的为他人谋取利益这一要件的司法认定问题。根据我国《刑法》第385条的规定，受贿可以分为收受财物与索取财物两种情形：前者要求为他人谋取利益，后者则不要求为他人谋取利益。在要求为他人谋取利益的情况下，如何理解这里的为他人谋取利益的含义呢？对此，我国刑法学界始终是存在争议的，我国学者把这种争议归纳为旧客观要件说、主观要件说与新客观要件说①，这是颇为形象的。旧客观要件说认为，为他人谋取利益是受贿罪的客观要件，即行为人必须实施为他人谋取利益的行为，如果国家工作人员收受财物但事实上并没有为他人谋取利益的，就不成立受贿罪。该说同时认为，为他人谋取利益是否已经实现，并不影响受贿罪的成立。主观要件说认为，为他人谋取利益是受贿罪的主观要件，即构成受贿罪以行为人主观上具有为他人谋取利益的心理态度就够了，并不要求具体实施为他人谋取利益的行为。新客观要件说认为，为他人谋取利益是受贿罪的客观要件，只是其内容是许诺为他人谋取利益。在以上三种观点中，其实主观要件说也是将许诺为他人谋取利益作为其内容的，只不过认为许诺是主观要件而已。例如，我和王作富教授较早提出了主观要件说，并且把其内容归结为许诺或者答应，指出：“为他人谋取利益，只是行贿人与受贿人之间货币与权力互相交换达成的一种默契。就行贿人来说，是对受贿人的一种要求；就受贿人来说，是对行贿人的一种许诺或者答应。因此，为他人谋取利益只是受贿人的一种心理状态，属于主观要件的范畴，而不像通行观点所说的那样是受贿罪的客观要件。”② 新客观要件说之提出，是认为许诺或者答应本身都是客观要件的内容而非主观要件，相对于要求实施为他人谋取利益行为的客观要件说，这是一种新客观要件说。在这个意义上，主观要件说与新客观要件说在对为他人谋取利益的内容理解上其实已经没有区别。这种所谓新客观要件说为某些学

① 参见黎宏：《刑法学》，955页，北京，法律出版社，2012。

② 王作富、陈兴良：《受贿罪构成新论》，载《政法论坛》，1991（1）。

者所主张，例如张明楷教授指出："'为他人谋取利益'仍然是受贿罪的客观构成要件要素，其内容的最低要求是许诺为他人谋取利益。国家工作人员在非法收受他人财物之前或者之后许诺为他人谋取利益，就在客观上形成了以权换利的约定，同时使人们产生以下认识：国家工作人员的职务行为是可以收买的，只要给予财物，就可以使国家工作人员为自己谋取各种利益。这本身就使职务行为的不可收买性受到了侵害。这样理解，也符合刑法的规定：为他人谋取利益的行为本身是一种行为，故符合刑法将其规定为客观构成要件要素的表述。"① 从以上论述可以看出，符合刑法条文的规定是主张为他人谋取利益属于客观要件的主要理由之一，也是新客观要件说批驳主观要件说的根据。例如我国学者黎宏教授指出："'主观要件说'的缺陷也是极为明显的。从为他人谋取利益这句话本身来讲，应该说，它是受贿罪的客观要件。因为，很明显，它所描述的是一种行为。'为他人'是用来说明'谋取利益'这种行为是为谁实施的。因此，从法律规定上来看，为他人谋取利益应当是受贿罪的客观要件。"② 但是，如果把为他人谋取利益视为客观要件，也是受贿罪构成要件中的行为，那么它与收受财物行为之间究竟是一种什么关系？是否意味着受贿罪的构成要件中存在双重行为？这些问题在刑法理论上是难以解决的。当然，将许诺或者答应视为主观要件的内容，也确实存在瑕疵。因为在一定意义上说，许诺或者答应的确是一种行为。因此，应该把为他人谋取利益的规定理解为是行为人的主观要素，而许诺或者答应只不过是这一主观要素的客观显现而已。而且，为他人谋取利益的实现行为也是这一主观要素的客观显现。它们的作用在于印证主观要素的存在，而在法律上并不要求。此后，我采用目的犯理论来解释为他人谋取利益，指出："为他人谋取利益，在受贿罪中只是一种主观上的'意图'。受贿罪由为他人谋取利益之意图而构成，是短缩的二行为犯。这里的二行为，一是指受贿行为，二是指为他人谋取利益的行为。为他人谋取利益并不能由受贿行为本身实现，而有赖于将这一意图付诸实

① 张明楷：《刑法学》，4版，1068页，北京，法律出版社，2011。

② 黎宏：《刑法学》，955页，北京，法律出版社，2012。

施。但为他人谋取利益这一行为又不是受贿罪本身的行为，因而被称为短缩的二行为犯，以与纯正的二行为犯相区别。立法者之所以规定短缩的二行为犯，是为了防止其他违法犯罪的发生。也就是说，根据法律的规定，不待其他违法犯罪发生（即只有其他违法犯罪之意图），就足以构成本罪。在受贿罪中，为他人谋取利益之意图，对于受贿行为来说是动机，而对于为他人谋取利益的行为来说则是目的。”① 在这个意义上，我们可以把原先的主观要件说称为旧主观要件说，而把目的犯意义上的主观要件说称为新主观要件说。对于刑法规定的解释，我认为不能机械地拘泥于字面，而是要根据刑法教义学的理论对其加以塑造。从刑法的文字来看，确实应当理解为客观行为，但刑法规定的是为他人谋取利益这一主观意图的实现行为，真正应当纳入受贿罪的构成要件的是主观要素。在这个意义上，我认为我国刑法规定的受贿罪是一种隐性的目的犯，可以从为他人谋取利益这一主观目的的实现行为，推导出行为人主观上的目的。

尽管在刑法学界对于为他人谋取利益这一要件的性质存在争议，但在司法解释中对于为他人谋取利益的解释逐渐明确。例如 2003 年 11 月 13 日最高人民法院《全国法院审理经济犯罪案件工作座谈会纪要》（以下简称《纪要》）对为他人谋取利益作了以下解释：“为他人谋取利益包括承诺、实施和实现三个阶段的行为。只要具有其中一个阶段的行为，如国家工作人员收受他人财物时，根据他人提出的具体请托事项，承诺为他人谋取利益的，就具备了为他人谋取利益的要件。明知他人有具体请托事项而收受其财物的，视为承诺为他人谋取利益。”在这一规定中，承诺、实施和实现当然都是客观行为，但在明知他人有具体请托事项而收受其财物的情况下，客观上并无行为，司法解释规定视为承诺为他人谋取利益。对此，我认为可以解释为为他人谋取利益是一种主观要件。因为在没有客观行为的情况下，仅仅明知他人有具体请托事项就视为具备了为他人谋取利益这一要件，在这种情况下，还把为他人谋取利益解释为客观要件就十分勉强。

在司法实践中，对于“明知他人有具体请托事项而收受其财物的，视为承诺

① 陈兴良：《贿赂罪谋取利益之探讨》，载《法学与实践》，1993（5）。

为他人谋取利益”这一规定如何认定上，我认为还是存在一些值得探讨的问题。主要问题在于：对于上述规定中的“具体请托事项”如何理解？从目前有些案例来看，对这里的“具体请托事项”作了较为宽泛的理解，从而使为他人谋取利益这一要件所具有的规范功能几乎丧失殆尽。例如成都市人民检察院诉刘爱东贪污、受贿案（载《最高人民法院公报》2004年卷）提炼的裁判摘要指出：“根据《刑法》第三百八十五条第一款的规定，国家工作人员明知他人有具体请托事项，仍利用职务之便收受其财物的，虽尚未为他人谋取实际利益，其行为亦构成受贿罪。”这一裁判摘要当然是正确的，但该案中涉及的案情是：“王志明、张映松是一建公司、市政公司的负责人，二人给当时分管建委和城建工作的刘爱东分别送钱时请刘多关照，送钱的意图是明显的，即想在项目承建上得到刘爱东的照顾。刘爱东在供述中承认其明白二人送钱的这一意图，但仍收取了这10万元现金，是以收钱的行为向送钱人承诺，要为送钱人谋取利益。刘爱东后来虽未实际给王志明、张映松谋取利益，但其收取二人钱财的行为，符合受贿罪中权钱交易的本质特征”[①]。在这一案情中，只是一般性的请求在项目承建上得到照顾，这是否就是司法解释所规定的“具体请托事项”呢？这是值得质疑的。而在潘玉梅、陈宁案中，请托人许某某向潘玉梅行贿时，要求在受让金桥大厦项目中减免100万元的费用，潘玉梅明知许某某有请托事项而收受贿赂；虽然该请托事项没有实现，但“为他人谋取利益”这一要件已经具备。在这一认定中，存在着“在受让金桥大厦项目中减免100万元的费用”这一具体请托事项，因而可以认定具备为他人谋取利益的要件。因此，在为他人谋取利益的“具体请托事项”的认定中，如何理解请托事项的具体性，关系到受贿罪的成立。从目前的司法实践情况来看，往往是只要请托人与受财人之间具有职务上的相关性，例如属于行政上的相对人，在予以照顾等这样十分笼统的请求下，就视为明知有具体请托事项而收受，认定其收受行为具备了为他人谋取利益的要件。这样一种对具体请托事项的理解，无形之间消解了为他人谋取利益这一受贿罪的构成要件，因而有所不妥。

① 《最高人民法院公报》（2004年卷），334页，北京，人民法院出版社，2005。

我们将潘玉梅受贿案与刘爱东受贿案相比可以看出，前者的请托事项是具体的，而后者的请托事项并不具体。潘玉梅受贿案作为指导性案例，虽然在裁判要旨的表述上与刘爱东受贿案似乎相同，都是在一定程度上重复了司法解释的规定；但在请托事项具体细节上的差异，对于司法机关正确认定受贿罪的为他人谋取利益这一要件，仍然具有重要的参考价值。

（三）国家工作人员利用职务上的便利为请托人谋取利益，以明显低于市场的价格向请托人购买房屋等物品的，以受贿论处，受贿数额按照交易时当地市场价格与实际支付价格的差额计算

以低于市场价格购买房屋等物品的形式受贿，也是受贿罪的一种新类型，司法解释称为以交易形式收受贿赂。对此，《意见》第1条规定："国家工作人员利用职务上的便利为请托人谋取利益，以下列交易形式收受请托人财物的，以受贿论处：(1) 以明显低于市场的价格向请托人购买房屋、汽车等物品的；(2) 以明显高于市场的价格向请托人出售房屋、汽车等物品的；(3) 以其他交易形式非法收受请托人财物的。"《意见》还规定："受贿数额按照交易时当地市场价格与实际支付价格的差额计算。"这种以交易形式构成的受贿罪的认定，难点在于：(1) 如何确定这里的市场价格？(2) 如何确定这里的交易时点？(3) 如何确定这里的"明显"低于或者高于市场价格？

关于以上第一点，这里的市场价格是差价的基准价，其如何确定对于以交易形式构成的受贿罪的认定具有重要意义。应当说，由于交易对象的差别，其市场价格也是有所不同的。尤其是各类房屋等商品，存在程度不等的优惠价。在这种情况下，以最低优惠价作为市场价格，我认为是较为合理的。关于这一点，《意见》规定："前款所列市场价格包括商品经营者事先设定的不针对特定人的最低优惠价格。根据商品经营者事先设定的各种优惠交易条件，以优惠价格购买商品的，不属于受贿。"在这一规定中，在作为以交易形式受贿的数额计算的基准价的确定上，强调了两个条件，这就是 (1) 事先设定；(2) 不针对特定人。据此，可以把以交易形式构成的受贿与以优惠价格购买商品的界限予以划清，因而是可取的。

关于以上第二点，市场价格的确定应该以交易时及交易地作为工具。在一般情况下，交易的时间与地点是单一的，因此也是容易确定的。但是，在某些情况下，交易的时间与地点可能是较为复杂的。例如购买商品房，其价格是以口头约定时计算，还是以合同签订时计算，或者以房屋交付时计算？这就是一个较为复杂的问题。因为在这几个时点，房屋的市场价格是波动的，按照不同的时点，其市场价格是有所不同的。对于，我认为应该按照合同签订时确定的市场价格才是较为合理的。

关于以上第三点，即明显低于或者高于市场价格的问题，具有一定的裁量性。在以往的司法实践中，关于明显低于市场价格的认定曾经以成本价作为基准。也就是说，只有在低于成本价的情况下，才能认定为低于市场价格。我认为，按照成本价计算显然是不合适的。只要低于或者高于市场价格的幅度较大，就应当将差价认定为以交易形式构成的受贿罪的犯罪数额。

在潘玉梅受贿案中，潘玉梅购买的房产，市场价格含税费共计应为 121 万余元，潘玉梅仅支付 60 万元，明显低于该房产交易时当地的市场价格。尽管这里的房屋的市场价格是如何计算出来的，案例没有说明。但从市场价格为 121 万余元，而潘玉梅仅支付 60 万元的这一差距而言，可以说是明显低于市场价格，将其差价认定为受贿数额是完全正确的。

（四）国家工作人员收受财物后，因与其受贿有关联的人、事被查处，为掩饰犯罪而退还的，不影响认定受贿罪

在一般情况下，国家工作人员利用职务便利为他人谋取利益以后，收受他人财物，其受贿罪即为既遂。既遂以后如何处置财物，并不影响受贿罪的成立。当然，也有一些例外的情况，在对行为人定罪或者量刑时是应当考虑的。例如，收受财物以后上交的，是否构成受贿罪，就是一个较为复杂的问题。其实，除了上交的以外，还有一个退还的问题。如果及时退还，就不能认为是受贿既遂以后的行为，而是应当视为拒贿的行为，其行为不构成受贿罪。同样，收受他人财物以后及时上交，也是一种拒贿行为，其行为不构成受贿罪。对此，《意见》第 9 条规定：“国家工作人员收受请托人财物后及时退还或者上交的，不是受贿。”我认

为，这一规定是完全正确的。但是，这里的退还与上交必须是及时。这里的及时，是指立即或者马上的意思。如果国家工作人员在收受他人财物以后，不是立即退还或者马上上交，而是在行将案发之际或者案发以后，为掩盖受贿罪行而退还或者上交，则仍然构成受贿罪。对此，《意见》第9条规定："国家工作人员受贿后，因自身或者与其受贿有关联的人、事被查处，为掩饰犯罪而退还或者上交的，不影响认定受贿罪。"应该说，这一规定是正确的，对于区分受贿犯罪的罪与非罪界限具有重要意义。

在潘玉梅受贿案中，潘玉梅购买许某某开发的房产，在案发前已将房产差价款给付了许某某，是否认定为受贿罪，这是在控辩之间存在争议的问题。法院认定，2006年4月，潘玉梅在案发前将购买许某某开发房产的差价款中的55万元补给许某某，相距2004年上半年其低价购房有近两年时间，没有及时补还巨额差价；潘玉梅的补还行为，是由于许某某因其他案件被检察机关找去谈话，检察机关从许某某的公司账上已掌握潘玉梅购房仅支付部分款项的情况后，出于掩盖罪行目的而采取的退赃行为。因此，潘玉梅为掩饰犯罪而补还房屋差价款，不影响对其受贿罪的认定。从以上叙述尚不能完全看出，潘玉梅购买房屋的差价款在2004年购买房屋时在房屋开发商那里，是已经平账还是仍然挂账？我认为，只有在已经平账的情况下，其两年后因许某某被查而补交差价的行为，才不影响受贿罪的认定。但如果没有平账，在开发商的账目上显示只是交了一部分购房款，其余的购房款没有交齐，那么，在这种情况下，应当视为是欠账，是一种债务关系。其行为是否构成受贿罪，要根据是否属于名为欠账实为受贿来确定。因此，其补交房款的行为不能一概视为受贿以后为掩盖罪行而实施的退还行为。

三、潘玉梅、陈宁受贿案的评论

案例指导制度是我国建立的一种通过发布案例，提炼裁判要旨以指导司法活动的制度，对于我国法律体系的完善具有重要意义。潘玉梅、陈宁受贿案是最高人民法院发布的第一批指导性案例，从本案的裁判要点来看，基本上是最高人民法院发布的《意见》中有关规定的重复。因此，在规则的创制上有所不足，这是不可否认的。当然，考虑到案例指导制度建立伊始，没有更多的经验可供借鉴，在这种情况下，采取一种较为稳妥的方法，也是可以理解的。但是，这里必须指出，案例指导制度存在的意义就在于创制规则，从而成为司法解释以外，满足司法活动对规则需求的另一种途径。因此，如果指导性案例不去创制规则，而仅仅是重复现有的司法解释，那么，案例指导制度的设立初衷就可能无法实现。尽管如此，我们还是可以通过本案，发现一些在阅读条文化的司法解释时不能得到的收获，尤其是具体的案情对于我们理解司法解释提供了一个全新的视角。当然，我们期待着指导性案例创制更多的司法规则。

（本文原载《南京师大学报（社会科学版）》，2013（1））

没有事前约定的事后受财行为之定性研究

——从陈晓受贿案切入

受贿罪是我国刑法中的一种疑难复杂犯罪，在司法认定中经常发生争议，其中没有事前约定的事后受财行为是否构成受贿罪就是一个争议的焦点问题。本文从陈晓受贿案切入，以期对此问题进行深入研究。

一、案情及诉讼过程

陈晓受贿案是一个曾经发生过激烈争论的案件，不仅控、辩双方，而且检、法两家对本案都存在分歧意见。现在，本案已经尘埃落定，经最高人民法院《刑事审判参考》刊登，几乎具有判例的性质。在这种情况下，对其探讨尤为必要。安徽省合肥市中级人民法院认定的陈晓的受贿事实如下。

被告人陈晓自 1986 年至 1996 年间任中国电子物资总公司安徽公司总经理。1992 年年初，安徽公司下达公司各部门承包经营方案。同年 4 月，能源化工处处长兼庐海公司经理李剑峰向陈晓递交书面报告，提出新的承包经营方案，建议超额利润实行三七分成。陈晓在没有通知公司其他领导的情况下，与公司党委书记、副总经理徐某（另案处理），财务处处长吴某及李剑峰四人研究李剑峰提出的建议，决定对李剑峰承包经营的能源化工处、庐海公司实行新的奖励办法，由陈晓亲笔草拟，并同徐某签发《关于能源化工处、庐海实业有限公司试行新的奖励办法的通知》，规定超额利润70%作为公司利润上缴，30%作为业务活动经费和奖金分成，并由承包人支配，发文范围仅限财务处、能源处、徐某及陈晓个人。1993年年初，陈晓在公司办公会上提出在全公司实行新的承包方案，主持制订《业务处室六项费用承包核算办法实施细则》。依据《关于能源化工处、庐海实业有限公司试行新的奖励办法的通知》《业务处室六项费用承包核算办法实施细则》的规定，李剑峰于1992年提取超额利润提成21万余元，1993年提取超额利润提成160万余元。在李剑峰承包经营期间，被告人陈晓以公司总经理身份及公司名义于1992年11月、1993年5月先后两次向安徽省计划委员会申请拨要进口原油配额6.5万吨，交给李剑峰以解决其进口加工销售业务所需，并多次协调李剑峰与公司财务部门之间就资金流通、使用等方面的矛盾。李剑峰为感谢陈晓为其制定的优惠政策及承包经营业务中给予的关照，于1993年春节前，送陈晓人民币3万元，1994年春节前后又两次送给陈晓人民币30万元、港币15万元。

对于上述事实，安徽省合肥市中级人民法院1998年10月8日判决认为：被告人陈晓系由中国电子物资总公司任命的安徽公司总经理，是领导和管理国有企业相关事务的工作人员，其主持制订《关于能源化工处、庐海实业有限公司试行新的奖励办法通知》，出发点是为了公司利益，不是为他人牟取利益。此文件的出台，没有经过由公司所有领导参加的经理办公会的讨论，且控制发文范围，在制订程序上不完备，但安徽公司实行总经理负责制，被告人陈晓曾于1992年5月就此文件向原中国电子物资总公司总经理赵德海汇报，赵表示可以试试，同意承包三七分成，故不能完全否定《关于能源处、庐海实业有限公司试行新的奖励办法的通知》的合法有效性。被告人陈晓主持制订《关于试行业务人员六项费用承包经营核算办法的报告》，帮助李剑峰承包的能源化工处向省计委申请并获得进口原油配额，是其正当的职务行为，不是为李剑峰牟取利益。现有证据无法证实被告人陈晓主观上具有权钱交易的受贿故意。陈晓的行为在客观上给李剑峰带来一定的个人利益，李剑峰在事后给付陈晓钱财表示感谢而陈晓予以收受，这是一种事后收受财物的行为。故认定被告人陈晓的行为构成受贿罪的证据不足，起诉书指控的罪名不能成立。遂判决被告人陈晓无罪。

一审宣判后，安徽省合肥市人民检察院认为，一审判决认定事实错误，适用法律不当，显系错判，遂提起抗诉。安徽省高级人民法院经审理认为，原判认定事实不清，遂依照《中华人民共和国刑事诉讼法》第 189 条第 3 项的规定，于 1999 年 12 月 10 日裁定发回重审。

合肥市中级人民法院依法重新组成合议庭，经公开审理，于 2001 年 1 月 10 日重新作出判决认为：被告人陈晓身为国家工作人员，利用职务便利，根据下属部门承包经营人李剑峰建议，制定新的承包经营政策，协调、帮助李剑峰承包经营，在李剑峰获取巨额利润后，非法收受李剑峰所送 33 万元人民币、15 万元港币，其行为侵害了国家工作人员公务活动的廉洁性，已构成受贿罪，依法应予惩处，判决被告人陈晓有期徒刑 10 年。

二、争议及其理由

本案涉及的争议问题是：没有事先约定的事后受财行为是否构成受贿罪？对此存在以下两种观点。

（一）肯定说

肯定说认为，只要行为人认识到他人交付的财物是对自己职务行为的不正当报酬，就完全可能成立受贿罪。换言之，当国家工作人员事前实施某种职务行为（不管是否正当、合法），客观上为他人谋取了利益时，他人向国家工作人员交付的财物，就是对国家工作人员职务行为的不正当报酬；国家工作人员明知该财物是对自己职务行为的不正当报酬而收受，就具有了受贿罪的故意。理由在于：就故意的认识因素而言，核心的内容是认识到行为的危害结果，而受贿罪的本质是侵犯了职务行为的不可收买性，危害结果表现为职务行为的不可收买性受到了损害。如果形成了职务行为与财物的相互交换，就表明产生了危害结果；而职务行为与财物的交换，意味着财物成为职务行为的不正当报酬。所以，只要国家工作人员认识到他人交付的财物是自己职务行为的不正当报酬，就意味着认识到了自己行为的危害结果。由于索取或收受职务行为的不正当报酬的行为，侵害了职务行为的不可收买性，故当国家工作人员认识到他人交付的财物是自己职务行为的不正当报酬而仍然索取或者收受时，就表明行为人希望或者放任职务行为的不可收买性受到侵害。①

（二）否定说

否定说认为，事前没有贿赂的约定，由于行为人正当行使职务行为在客观上对他人形成利益，为此受益人在事后向行为人交付财物表示感谢而行为人予以收受的所谓事后受财行为，由于行为人主观上虽有收受财物的故意但没有为他人谋取利益作为交换条件而收取他人财物的故意，因此不构成受贿罪。②

在上述两种观点中，对于事前约定事后收受财物或者事前虽无约定事后索要财物以及事前违背职责为他人谋取利益事后收受财物，均应以受贿罪论处，并无异议。争议问题在于：

没有事前约定的事后收受他人财物行为是否构成受贿罪？

三、理论分析

没有事前约定的事后受财行为是否构成受贿罪，是一个刑法解释论的问题，应从法条出发进行理论上的分析。本人主张没有事前约定的事后受财行为不构成受贿罪的观点，以下是对这一观点的论证。

我国《刑法》第 385 条规定，受贿罪是指国家工作人员利用职务上的便利，索取他人财物的，或者非法收受他人财物，为他人谋取利益的行为。在这一规定中，涉及以下受贿罪的构成要素：（1）国家工作人员，这是行为人的主体身份，

---

① 参见张明楷：《刑法学》，2 版，929～930 页，北京，法律出版社，2003。

② 参见陈兴良：《刑法疏议》，629 页，北京，中国人民公安大学出版社，1997。

为受贿罪构成犯罪所必备，表明受贿罪是刑法理论上的所谓身份犯。(2) 利用职务上的便利，这是由行为主体的特定身份而产生的行为前提，表明受贿罪是职务犯罪。(3) 索取他人财物，是受贿行为之一种，只要有这一行为即可构成受贿罪。(4) 收受他人财物为他人谋取利益，是受贿行为的另一种表现形式。在此，我们要分析的是"收受他人财物为他人谋取利益"这一规定。

收受他人财物为他人谋取利益，涉及两部分内容：一是收受他人财物，二是为他人谋取利益。从这一规定来看，我国刑法中的受贿罪，是以为他人谋取利益作为条件的，并非只要基于职务而收受财物的均构成受贿罪。因此，在我国刑法中，收受财物构成的受贿罪应以为他人谋取利益为条件。

那么，为他人谋取利益到底是受贿罪的客观要件呢，还是主观要件？从刑法条文的表述上来看，为他人谋取利益似乎是客观行为，在以往相当长的一个时期内，我国刑法学界也都是将为他人谋取利益作为客观行为加以理解的。因此，收受他人财物只有在实施了为他人谋取利益的行为的情况下才构成受贿罪，如果只是收受他人财物而没有实施为他人谋取利益的行为，就不构成受贿罪。这种解释存在明显的不当之处。因此，在理论上又将为他人谋取利益解释为承诺为他人谋取利益，并将其理解为主观要件。然而，承诺本身仍然是一种客观要件。因此，这一理解虽然在一定程度上解决了受贿罪司法认定中的问题，但为他人谋取利益在受贿罪构成中的属性问题仍然没有得到解决。从司法解释的规定来看，对于他人谋取利益这一要件的理解也存在一个逐渐变化的过程。1989 年"两高"《关于执行〈关于惩治贪污罪贿赂罪的补充规定〉若干问题的解答》第 3 条第 4 项规定：关于构成受贿罪的行为如何掌握的问题，根据《关于惩治贪污罪贿赂罪的补充规定》第 4 条第 1 款的规定，认定受贿的行为应当掌握：(1) 索取他人财物的，不论是否"为他人谋取利益"，均可构成受贿罪。(2) 非法收受他人财物，同时具备"为他人谋取利益"的，才能构成受贿罪。为他人谋取的利益是否正当，为他人谋取的利益是否实现，不影响受贿罪的成立。在上述司法解释中，对涉及为他人谋取利益这一要件的，作出了以下三点解释：一是为他人谋取利益是收受他人财物构成受贿罪的要件；二是这里的为他人谋取利益，既包括为他人谋取不正当利益，也包括为他人谋取正当利益；三是这里的为他人谋取利益，既包括谋取的利益已经实现，也包括谋取的利益没有实现。在此，谋取的利益已经实现当然是容易理解的，但谋取的利益没有实现，如何理解就有些费思量。从文字上分析，这种谋取的利益没有实现而又必须具备为他人谋取利益的要件，我们应当理解为至少须已经实施为他人谋取利益的行为。因此，从这一司法解释推定，在很大程度上还是将为他人谋取利益理解为一种客观行为，只是不要求这种行为的结果而已。目前在司法实践中，通常将刑法规定的为他人谋取利益理解为包括承诺、实施和实现三个阶段的行为，认为只要具有其中一个阶段的行为，就具备了为他人谋取利益的要件。对于国家工作人员收受了他人财物，虽没有利用职务便利为他人谋取利益，但国家工作人员在收受他人财物时，根据他人提出的请托事项，承诺为他人谋取利益的，或者明知他人有具体的请托事项而收受他人财物的，应当认定为受贿。[①] 在此，也是将为他人谋取利益理解为客观行为，只是进一步明确了这一行为可以分为承诺、实施和实现三个阶段。此外，将明知他人有具体的请托事项而收受他人财物的，也理解为具备了为他人谋取利益的要件，明显是在将为他人谋取利益理解为客观行为的基础上对此的一种更为扩大的解释。因为这里的“明知”，已经不是客观要件而是主观要件。由此可见，在司法实践中，对于为他人谋取利益的理解存在着从客观要件向主观要件转变的迹象。但是，为他人谋取利益是一种什么性质的主观要件，以及它与谋取利益行为之间的关系，仍然是一个需要从刑法理论上加以界定的问题。

我主张为他人谋取利益是受贿罪的主观要件的观点，应当将刑法规定的为他人谋取利益理解为“意图为他人谋取利益”。这里的意图，对于收受财物的行为来说，是一种超过的主观要素或者超越的内心倾向，由此构成的犯罪，在大陆法

---

① 参见《准确理解和适用刑事法律，惩治贪污贿赂和渎职犯罪——全国法院审理经济犯罪案件工作座谈会讨论办理贪污贿赂和渎职刑事案件适用法律问题意见综述》，载最高人民法院刑一庭、刑二庭编：《刑事审判参考》，2002 年第 4 辑，220 页，北京，法律出版社，2002。

系刑法理论上称为目的犯或者意图犯。[①] 在我国刑法中，明确规定以一定的目的作为犯罪构成要件的是显性的目的犯。例如《刑法》第152条规定，构成走私淫秽物品罪须以牟利或者传播为目的。除此以外，还存在隐性的目的犯，甚至非法定的目的犯。隐性的目的犯是指刑法没有规定以一定的目的作为犯罪成立条件，但规定了这一目的的实现行为，受贿罪的为他人谋取利益就是适例。至于非法定的目的犯，是指刑法虽然未规定构成某罪必须具备某种特定的犯罪目的，但从司法实践和刑法理论来看，则必须具备某种特定犯罪目的才能构成该犯罪，即所谓不成文的目的犯。在大陆法系刑法理论中，目的犯可以分为两种：一是断绝的结果犯。这种目的根据行为本身，或者作为附带现象，由自己来实现，特别是在其实现上，不需要新的其他行为。例如阴谋犯之意图，就是断绝的结果犯的适例。二是短缩的二行为犯。根据这个构成要件的行为本身，不能达到目的，于是，行为者又要通过第三者的其他行为才能实现其目的。例如伪造货币罪之供使用之意图，就是短缩的二行为犯的适例。显然，受贿罪由为他人谋取利益之意图而构成，是短缩的二行为犯。这里的二行为，一是指收受他人财物的行为，二是指为他人谋取利益的行为。为他人谋取利益并不能由收受财物行为本身实现，而有赖于将这一意图付诸实施。但为他人谋取利益这一行为又不是受贿罪本身的构成要件的行为，因而称为短缩的二行为犯，以区别于纯正的二行为犯。

受贿罪作为目的犯，为他人谋取利益的意图是在受贿故意以外的罪责要素，尽管为他人谋取利益的意图并不一定要付诸实施，但这种意图本身是受贿罪成立所必要的。那么，这一意图与收受财物之间是一种什么样的关系呢？根据目的犯的一般原理，对于意图犯的整体构成要件，如不能确定意图的存在，则虽行为该当所有的客观事实情状，亦不能认为该意图犯的整体构成要件已实现，即并未有构成要件该当的情况。[②] 因此，在收受他人财物的情况下，如果不具有为他人谋

① 目的犯的称谓更为普及，参见［日］小野清一郎：《犯罪构成要件理论》，王嘉译，35页，北京，中国人民公安大学出版社，1991。意图犯的称谓，参见柯耀程：《变动中的刑法思想》，240页，北京，中国政法大学出版社，2003。在本文中，目的犯与意图犯可以通用。

② 参见柯耀程：《变动中的刑法思想》，253页，北京，中国政法大学出版社，2003。

取利益的意图，就不构成受贿罪。这就是从受贿罪是目的犯这一命题中引申出来的必然结论，也是没有事前约定的事后受财行为，根据我国刑法规定不构成受贿罪的主要理论根据。

四、观点辩驳

在肯定没有事前约定的事后受财行为构成受贿罪的观点中，存在以下理由，这些理由需要加以辩驳。

（一）事后故意说

在论证没有事前约定的事后受财行为构成受贿罪的时候，往往存在一种事后故意的观点。这种观点认为，受贿的故意可以是产生在为他人谋取利益之前，也可以产生于其后。实践中，有的行为人在为他人谋取利益时，并没有与他人约定贿赂，甚至并没有想到对方会在事后送给他财物，而在他为对方谋取利益之后，对方以感谢的名义送给他财物，他明知这种财物是对其已实施的职务行为的"答谢"，完全符合受贿罪的主客观特征。不应把事后的故意排除在受贿罪的故意之外。应当说，任何凭借执行职务之机而收取非法报酬的行为，均为我国法律所不允许，其中情节严重达到应罚程度的应追究其刑事责任。① 在论及陈晓案时，同样涉及事后故意。例如，我国学者认为，大多数情况下，行为人是因为收受了他人财物，或者是为了得到他人的财物而利用职务为他人谋取利益的，其受贿的故意产生于为他人谋取利益之前。但是，虽然在为他人谋取利益之时没有受贿的故意，但是，当事后面对他人送来的财物，并且明知这是对其职务行为的不正当酬谢时，如果接受，就在事实上形成了权钱交易，有损职务行为的廉洁性，却置此于不顾而仍然予以接受，这就不能说不是受贿的故意。② 事后故意的观点，已经不是把受贿故意简单地等同于收受财物的故意，这是值得赞许的。如果将受贿故

① 参见张穹主编：《职务犯罪概论》，167页，北京，中国检察出版社，1991。

② 参见王作富主编：《刑法分则实务研究》（下），1781页，北京，中国方正出版社，2001。

意理解为收受财物的故意，当然也就不存在事后故意之说。但在刑法理论上，事后故意是相对于事前故意而言的。所谓事前故意，是指事先对犯罪事实的整体有认识，而后实施行为的场合。所谓事后故意，是指已经实施了会侵犯一定法益的行为之后才产生的犯罪的故意，并按照已有行为的发展势头，放任结果发生的状况。例如，医生合法地将病人的胸部打开之后，产生杀人念头，将病人放置不管，让其死去就属于这种情况。这种情形实际上只是在不作为犯的场合才成为问题，但是，并不妨碍成立故意。① 实际上，任何故意都是支配着实行行为的主观心理态度，除原因上的自由行为等个别例外的情形以外，故意与实行行为具有时间上的对应性。因此，犯罪故意都是事中故意而无所谓事前故意或者事后故意。事前故意，是指预谋性的犯罪，其预谋本身不是实行行为，如果行为止于预谋就是预谋的故意而非实行故意。犯罪故意，一般情况下都是指实行故意。而事后故意，在这种故意产生时不存在作为，却存在不作为，应理解为具有不作为故意，这种故意也是事中故意。犯罪故意不具有溯及力，因而事后故意的概念也是不科学的。

在没有事前约定事后受财的情况下，存在收受财物的故意，但这不是受贿故意，这已如前所述。受贿故意是指明知是利用职务上的便利索取他人财物或者收受他人财物为他人谋取利益的行为而有意实施的主观心理状态。因此，在受贿故意内容中，除收受财物的故意以外，还应包括明知财物是本人利用职务上的便利为他人谋取利益的报答物而予以收受的故意。在没有事前约定事后受财的情况下，这种故意也是存在的，但由于不存在为他人谋取利益的意图，因而不构成受贿罪。由此可见，没有事前约定的事后受财行为能否以受贿罪论处，与受贿故意无关，事后故意说不能成为没有事前约定的事后受财行为认定为受贿罪的理论根据。

（二）职务行为的不可收买性说

在论证没有事前约定的事后受财行为构成受贿罪时，我国学者从受贿罪的法

---

① 参见［日］大谷实：《刑法总论》，黎宏译，131页，北京，法律出版社，2003。

益——职务行为的不可收买性出发加以阐述。我国刑法理论上，对于受贿罪的客体存在一个从国家机关的正常活动到职务行为的廉洁性的转变过程。① 职务行为的廉洁性较之国家机关的正常活动更为明确，更能说明受贿罪的性质。但是，职务行为的廉洁性仍然存在过于宽泛的特点。在这个意义上说，职务行为的不可收买性作为受贿罪的客体是更为科学的。基于职务行为不可收买性，我国学者指出：只要行为人认识到他人交付的财物是对自己（所许诺的）职务行为的不正当报酬，就完全可能成立受贿罪。换言之，当国家工作人员事前实施某种职务行为，客观上为他人谋取了利益时，他人向国家工作人员交付的财物，就是对国家工作人员职务行为的不正当报酬；国家工作人员明知该财物是对自己的职务行为的不正当报酬而收受，就具有了受贿罪的故意。② 这一观点将职务行为的不可收买性纳入受贿故意的概念之中，这是正确的。

在这种没有事前约定的事后受财的情况下，职务行为的不可收买性即使确实受到了侵害，就此还不足以说明没有事前约定的事后受财行为构成受贿罪，关键在于：如何理解为他人谋取利益这一要件。我国学者根据职务行为的不可收买性解释为他人谋取利益的要件，认为为他人谋取利益仍然是受贿罪的客观要件，但它只是受贿人的一种许诺，而不要求客观上有为他人谋取利益的实际行为与结果。只要许诺为他人谋取利益，即可构成受贿罪。因为受贿罪的法益是职务行为的不可收买性，国家工作人员在非法收受财物之前或者之后许诺为他人谋取利益，不仅在客观上形成了职务行为与财物相互交换的约定，同时使人们产生以下认识：国家工作人员的职务行为是可以收买的，只要给予财物，就可以使其为自己谋取利益。这本身就使职务行为的不可收买性受到了侵犯。③ 在这一观点中，将为他人谋取利益理解为客观要件而非主观要件，其理由是从刑法的规定来看，为他人谋取利益显然是作为客观要件规定的，而不是主观要件的表述方式。但我

① 参见肖扬主编：《贿赂犯罪研究》，163页以下，北京，法律出版社，1994。

② 参见张明楷：《法益初论》，639～640页，北京，中国政法大学出版社，2000。

③ 参见张明楷：《法益初论》，637～638页，北京，中国政法大学出版社，2000。

认为，对刑法规定是可以根据法理作出合理化解释的。目的犯在一般情况下直接规定一定的目的，但也不排除在个别情况下没有规定目的，而是规定了目的的实施行为。例如为他人谋取利益，理解为客观行为显然不当。作为构成要件，只能理解为这一行为的实施意图，而这些行为只不过是该意图的表征而已。即使理解为客观行为，即所谓许诺，那么在存在这种许诺的情况下当然可以认为具备了为他人谋取利益的法定要件。但在没有事前约定事后受财的情况下，行为人不存在这种许诺，又怎么认定为他人谋取利益的要件呢？我国学者对此并未作出明确回答，而是将之归结为受贿故意，认为只要行为人认识到他人交付的财物是对自己职务行为的不正当报酬，就完全可能成立受贿罪。[①] 应该指出，这种主观认识只是收受财物的故意，既没有论者所主张的客观要件说所要求的为他人谋取利益的许诺，也没有主观要件说所要求的为他人谋取利益的意图，仅仅是职务行为的不可收买性受到侵犯，就可以构成我国刑法中的受贿罪？更何况，在没有事前约定事后受财的情况下，职务行为的不可收买性是否受到侵害本身也是一个值得商讨的问题。买与卖之间存在对应关系，收买对应于出卖。受贿与行贿是对合犯，彼此俱罪；受贿罪是出卖权力以获得财物，而行贿是支付财物而收买权力，这就是俗语所谓权钱交易。正是在权钱交易中，职务行为的不可收买性受到侵害。但在没有事前约定事后受财的情况下，财物交付者已经通过国家工作人员的正常职务行为获得一定利益，不存在需要收买国家工作人员的职务行为的问题。因此，交付财物是单纯酬谢，而不同于事先约定的酬谢性贿赂。对于国家工作人员来说，在正常行使职务行为的时候，没有约定收受财物，即使事后受财，并且明知是对事前职务行为的报答，也不能认为是在出卖权力，因为在职务行为实施时并无此意图。

（三）事与财客观联系说

事后受财与事前受财是相对应的。这里的事，是指为他人谋取利益；这里的

---

① 参见张明楷：《刑法学》，2版，429页，北京，法律出版社，2003。同一句话，在《法益初论》中作者表述为：只要行为人认识到他人交付的财物是对自己（所许诺的）职务行为的不正当报酬，就完全可能成立受贿罪。参见该书第639页。注意括弧中的话，有与没有含义全然不同。

财则是指作为为他人谋取利益的报酬的财物。刑法规定，受贿罪是收受他人财物，为他人谋取利益。我同意以下观点：刑法中表述的“收受他人财物，为他人谋取利益”，将收受行为置于谋利行为之前，这只是表述问题，也就是典型的受贿方式，但并不意味着只有先收受财物，后谋取利益才是受贿，而先谋利后收受财物就不构成受贿。① 但由此并不能直接得出事前没有约定的事后受财行为构成受贿罪的结论，尚需对事与财的关系进一步加以分析。事前受财，是指先收受财物然后为他人谋取利益。在这种情况下，权钱交易性质是极为明显的。而事后受财，可以分为事前约定的事后受财行为与事前没有约定的事后受财行为。显然，事前约定的事后受财行为，是先为他人谋取利益而后收受作为报酬的财物，其性质与事前受财无异，同样具有权钱交易的性质。但事前没有约定的事后受财行为则与此不同，不能因为客观上存在事与财的对应关系即认为具有权钱交易的性质。我国学者指出：受贿罪的本质是以公权谋私利，即权钱交易。先取得利后使用权，属权钱交易；先使用权后取得利，也是权钱交易。公权与私利，孰先孰后，均不影响交易的成立，这是常识。② 尽管这是常识，其实也并不是那么简单。关键在于：除了考虑事与财之间客观上的关联性以外，是否还应当考虑事与财之间主观上的关联性？那种认为既然是事后受财，就表明“事”与“财”之间具有某种联系，而所谓的“事”正是职务行为；所谓的“财”正是职务行为的不正当报酬。既然如此，就没有理由否认受贿罪成立的观点③，也恰恰只看到了事与财之间的客观联系而没有考虑事与财之间的主观联系，这不能不说是一种简单化的做法。

事实上，除陈晓受贿案以外，尚没有明文的司法解释规定这种没有事前约定

---

① 参见王锦亚：《陈晓受贿案——事后收受财物能否构成受贿罪》，载最高人民法院刑事审判第一庭、第二庭等《刑事审判案例》，604 页，北京，法律出版社，2002。

② 参见储槐植、杨健民：《“事后受贿”能否构成受贿罪——析陈晓受贿案和徐德臣受贿罪》，载最高人民检察院刑事起诉厅编：《刑事司法指南》，2000 年第 2 辑，1750 页，北京，法律出版社，2000。应当指出，该文标题中的事后受贿与事后受财尤其是事前没有约定的事后受财是有区别的。事后受贿已经属于受贿，当然就不存在能否构成受贿罪的问题。

③ 参见张明楷：《刑法学》，2 版，929 页，北京，法律出版社，2003。

的事后受财行为构成受贿罪。我注意到，在最高人民法院刑二庭、最高人民检察院公诉厅《关于贪污贿赂、渎职犯罪适用法律问题座谈会纪要（稿）》中存在以下表述：国家工作人员依法正常履行职务，使他人得到了某种利益，接受“感谢”而收受他人财物，这种情况也具备了为他人谋取利益的要件。这是对没有事前约定的事后受财行为构成受贿罪的直接规定，但这是并未正式施行的草案。在此后的《全国法院审理经济犯罪案件工作座谈会讨论办理贪污贿赂和渎职刑事案件适用法律问题意见综述》中，关于“为他人谋取利益”的规定中已经不见这一内容。尤其是2000年6月30日通过的最高人民法院《关于国家工作人员利用职务上的便利为他人谋取利益离退休后收受财物行为如何处理问题的批复》规定：“国家工作人员利用职务上的便利为请托人谋取利益，并与请托人事先约定，在其离退休后收受请托人财物，构成犯罪的，以受贿罪定罪处罚。”根据这一规定，如果没有事前约定的，则不构成受贿罪。在该意见综述中还进一步指出：根据最高人民法院《关于国家工作人员利用职务上的便利为他人谋取利益离退休后收受财物行为如何处理问题的批复》规定的精神，国家工作人员利用职务上的便利为请托人谋取利益，并与请托人事先约定，在其离职、辞职后收受请托人财物，构成犯罪的，也应以受贿罪定罪处罚。根据这一规定，不仅离退休人员，而且离职、辞职人员，在职时为他人谋取利益，没有事前约定，而在离职、辞职以后收受他人财物的，也不构成受贿罪。而如果将即使没有事前约定，事后受财行为也构成受贿罪的观点贯彻到底，上述情形也是应当构成犯罪的。

（四）立法本意推定说

在肯定没有事前约定的事后受财行为构成受贿罪的观点中，都存在这样一种逻辑：否定没有事前约定的事后受财行为构成受贿罪，就会导致“事前受财的有罪，事后受财的无罪”的局面。[①] 更为详尽的论证如下：如果对于事后收受财物，且在行使权力为行贿方谋利时双方无暗示、约定以后给予好处，就属于受贿证据不足，不能认定犯罪，那么，刑法规定的受贿罪将会被稍有智慧的行为人予

① 参见张明楷：《法益初论》，639页，北京，中国政法大学出版社，2000。

以规避，受贿将大行其道地、光明磊落地进行。这显然不是立法的本意。也就是说，对某一类行为是否应依法追究刑事责任，在充分论证其犯罪构成的基础上，还必须考虑裁判的后果：是促进了社会正常秩序的维护，还是敞开了大门，使稍做手脚者均可“绕过”法律规定，使立法的某一条文实际上被废止。本案的处理就是这样，如果陈晓的行为可不受追究，作为一个案例，社会广为知晓后，哪一个潜在的受贿人还会“事前”“事中”受贿？原本廉洁的国家工作人员怎么不可以“事后”得到好处、报答，从而规避刑罚处罚呢？这样，受贿罪将不复存在。因此，对所谓的“事后受贿”，也应当依法定罪处刑。① 上述这一论证已经超出法律范围，涉及一些重大的理论问题。

首先，规避法律是否等同于违反法律？刑法中的规避法律，是指行为人为了不法目的，利用刑法规定中的漏洞，实施不正当行为，从而规避刑事法律，避免承担刑事责任的行为。② 由此可见，规避法律是以法律存在漏洞为前提的，它不同于违反法律：违法是以存在法律规定为前提的。对于法律漏洞如何处理，是司法中的一个难题。就刑法而言，如果这种法律漏洞属于法无明文规定的情形，根据罪刑法定原则是不能认定被告人有罪的。

那么，我国刑法关于受贿罪的规定是否存在漏洞呢？答案是肯定的。在1979年刑法中，我国刑法中只有一个受贿罪，及至1997年刑法，设立了三个受贿罪的罪名，这就是公司、企业人员受贿罪（第163条），受贿罪（第385条）和单位受贿罪（第387条）。这三个受贿罪是以主体划分的，并且都以为他人谋取利益为要件，没有涉及受贿的主观与客观情节，因而不能形成一个有机的受贿罪的罪名体系。而在外国，大多存在数个互相衔接的受贿罪的罪名体系。例如日本刑法设立了以下罪名：受贿罪、受托受贿罪和事前受贿罪（第197条），向第三者提供受贿罪（第197条之二），加重受贿罪和事后受贿罪（第197条之三），

① 参见王锦亚：《陈晓受贿案——事后收受财物能否构成受贿罪》，载最高人民法院刑事审判第一庭、第二庭等：《刑事审判案例》，605页，北京，法律出版社，2002。

② 参见卢宇蓉：《刑事法律规避对策研究》，载陈兴良主编：《刑事法判解》，第3卷，506页，北京，法律出版社，2001。

斡旋受贿罪（第197条之四）。在上述罪名中，值得我们注意的是：日本刑法中的受贿罪，又称为单纯受贿罪，是指公务员或仲裁人，在其职务上，收受、要求或约定贿赂的行为。因此，这里的受贿罪是指基于职务而收受、要求或约定贿赂，并无为他人谋取利益的要求。而受托受贿罪是指在其职务上，接受请托，收受、索要或约定贿赂的行为。根据日本学者的解释，这里的请托，是指对公务员、仲裁人，请求其实施一定职务行为。[①] 我国学者对日本刑法中的接受请托与中国刑法中的为他人谋取利益这两个要件进行了比较，认为为他人谋取利益在理解上存在客观说、主观说和承诺说之分歧，承诺说使得为他人谋取利益之规定与日本刑法中受请托的含义相差无几。[②] 至于日本刑法中的事后受贿罪，是指曾为公务员或仲裁人的人，就其在职时接受请托，在职务上曾经实施的不正当行为或没有实施的适当行为，收受、索要或约定贿赂的行为。通过比较，我们可以得出以下结论：(1) 日本刑法中的受托受贿罪与我国刑法中的受贿罪在构成要件上相当。(2) 日本刑法中的受贿罪或称单纯受贿罪，不以为他人谋取利益为要件，与本文所讨论的没有事前约定的事后受财相当，还包括没有具体请托事由的财物给予或者赠与，也就是通常所说的感情投资。这些行为在日本刑法中构成受贿罪，在我国刑法中由于不具备为他人谋取利益的要件，因而不构成犯罪。(3) 日本刑法中的事后受贿与本文所讨论的事后受财是两个不同的概念，是指曾为公务员或仲裁人的人的单纯受贿罪。显然，日本刑法中的受贿罪法网是十分严密的，尤其是单纯受贿罪与受托受贿罪之间形成低度犯罪与高度犯罪的协调关系：公务员或仲裁人只要收受财物就构成犯罪，如果能够证明是接受请托而受贿的，就构成作为高度犯罪的受托受贿罪；否则，就构成作为低度犯罪的单纯受贿罪。而在我国刑法中，只有受贿罪之罪名，除索贿以外，收受财物构成的受贿罪以为他人谋取利益为要件，因而使那些不具有为他人谋取利益意图的收受财物行为，包括本文

① 参见［日］大谷实：《刑法各论》，黎宏译，457页，北京，法律出版社，2003。

② 参见陈泽宪：《中日受贿罪》，载《中日公务员贿赂犯罪研究》，39页，北京，中国社会科学出版社，1995。

所称没有事前约定的事后受财行为不能认定为受贿罪。为此，我国刑法学界提出以下两种方案解决这个问题：一是取消受贿罪的为他人谋取利益。二是在受贿罪之外再设一个不以为他人谋取利益为要件的单纯受贿罪，或者将为他人谋取利益作为受贿罪的加重处罚的事由。这样，就可以填补受贿罪的法律漏洞。

那么，在刑法得到修改、补充以前，司法机关是否可以通过法律解释将没有事前约定的事后受财行为确认为犯罪呢？这里就涉及对立法本意的推定问题，即立法本意是否可以推定？确实，对于没有事前约定的事后受财行为不以受贿罪论处，会在一定程度上削弱对腐败的惩治力度，但绝不能由此推定立法本意是要对这一行为追究刑事责任的。关键问题在于：这一行为是否在逻辑上能够为刑法规定所包含？如果回答是否定的，那么就是立法的疏漏所造成的，而立法的疏漏所造成的不利后果不应由被告人承担，否则必然有悖于罪刑法定原则。

五、陈晓受贿案评析

陈晓受贿案首先涉及的一个问题是：是否属于没有事前约定的事后受财行为？这里的关键是如何理解“事”，以及“事后”。在这一问题的认定上似乎存在分歧。第一种意见认为：如果把“事后”理解为行为人利用职务之便为他人谋取了利益之后，那么是指其谋利行为完成之后，还是所谓利益实现之后？按照事情全部完成之后来理解“事后”的概念，显然应指为他人谋取的利益实现后。拿本案来说，陈晓利用职务之便为李剑峰制定第一个“倾斜政策”是在1992年5月，但李剑峰因此获利，即全部兑现完1992年的提成是在1993年8月，全部兑现完1993年的提成是在1994年7月。李剑峰第一次给陈晓送钱的时间是在1993年1月（春节前），第二次和第三次送钱是在1994年2月（春节前后），均是在陈晓为其谋取的利益没有完全兑现之前所为的。显然，不能把这种情况说成是“事后给付钱财”①。第

---

① 储槐植、杨健民：《“事后受贿”能否构成受贿罪——析陈晓受贿案和徐德臣受贿罪》，载最高人民检察院审查起诉厅编：《刑事司法指南》，2000年第2辑，174～175页，北京，法律出版社，2000。

二种意见认为：被告人陈晓利用其职务便利为李剑峰谋取了利益，并在事后收受了李剑峰所送财物。被告人陈晓在利用职务便利为李剑峰谋取利益之时或者之前，没有收受李剑峰的财物，李剑峰送给陈晓的钱都来自提成款，这些提成款主要源于陈晓制定《关于能源化工处、庐海实业有限公司试行新的奖励办法的通知》这一职务行为，相对于陈晓的上述职务行为，陈晓三次收受李剑峰财物的行为均在其后。① 我认为，事后受财的"事"，应当是指为他人谋取利益的职务行为，只要职务行为实施完毕就属于"事后"。具体到陈晓案，"事"是指1992年5月制定《关于能源化工处、庐海实业有限公司试行新的奖励办法的通知》和1993年年初制定《业务处室六项费用承包核算办法实施细则》。而陈晓收受财物是1993年春节前和1994年春节前后。由此可见，陈晓收受财物的情况是较为复杂的，不是一事一受，而是二事三受。如果是一事一受，事后受财的性质容易认定。而在多事多受的情况下，如果多受都在多事之后，事后受财的性质也不难认定。但如果在事与受之间存在时间上的交叉，则这些存在时间上交叉的受财行为就不是事后受财。因为在第一次事后受财以后，行为人对于受财已经存在心理预期，为他人谋取利益作为收受他人财物的交换条件的意图可以认定，因而其行为应以受贿罪论处。对于陈晓案也应如此分析，关键在于其1993年春节第一次收受财物是否在两个文件制定以后：如果是在此以后，那么陈晓的行为属于事后受财，否则就不是事后受财。

（本文原载陈泽宪主编：《刑事法前沿》，北京，
中国人民公安大学出版社，2004）

① 参见王锦亚：《陈晓受贿案——事后收受财物能否构成受贿罪》，载最高人民法院刑事审判第一庭、第二庭等：《刑事审判案例》，603～604页，北京，法律出版社，2002。

受贿罪的未遂与既遂之区分

一、案情

1. 赵某受贿案

2003年2月，某律师事务所律师魏某向某船舶重工董事长赵某许诺，如让其承揽船舶建造的非诉讼法律业务，在按造船合同标的3‰收取律师费后，将所得费用在扣除税费后送一半给他。赵某先后与该律师事务所签订造船合同非诉讼法律业务委托协议三份，并提供了11艘船舶建造合同非诉讼法律业务，到2007年1月案发时，该律师事务所已收到非诉讼律师费总计723.9万元人民币。为此，魏某以自己的名字先后开户办理了香港汇丰银行和厦门招商银行的银行卡各一张交给赵某使用，并告诉了卡的密码及打入卡内的钱款数额。魏某在这两张银行卡中共存入许诺送给赵某的美元85 180.12元、港币70万元、人民币1 657 951.54元，其中已替赵某取出人民币80万元、港币5 000元，案发时两张卡内尚有未支取的美元85 180.12元、港币544 078.30元、人民币1 207 951.54元。

2. 杨某受贿案

2002年春节前至2008年4月初，被告人杨某在担任江苏省阜宁县经济体制改革办公室主任、阜宁县产权交易中心负责人等职务期间，利用职务之便，多次将阜宁县产权交易中心保管的资金借给江苏富建集团有限公司及其下属单位从事经营活动。2006年上半年，被告人杨某以女儿在盐城中学读书为由，请江苏富建集团有限公司董事长姜某帮助其在盐城市区购买房屋。经姜某与江苏亨达房地产开发有限责任公司（以下简称亨达公司）联系，亨达公司同意在被告人杨某缴纳部分房款后，将房屋交付给被告人杨某，其余房款由姜某结算。2006年12月份，在被告人杨某以其妻李某的名义向亨达公司缴纳人民币14万元后，亨达公司即将该公司在盐城市区开发的价值人民币318 815.5元的青年苑住房1套及车库交付给被告人杨某，被告人杨某对该房进行了装修并入住。

二、分析

依据我国《刑法》第385条第1款之规定，国家工作人员利用职务上便利，索取他人财物的，或者非法收受他人财物，为他人谋取利益的，是受贿罪。从这一定义可以看出，受贿罪存在两种情形：一是索取财物，二是收受财物。这两种受贿行为的表现形式有所不同，然而其共同特征是取得他人财物。因此，无论是索取财物的受贿罪还是收受财物的受贿罪，都以是否取得他人财物作为受贿罪的未遂与既遂的区分标准。在一般情况下，是否取得财物是容易认定的，但在某些特殊情况下，判断是否取得财物就不太容易，因而对于受贿是未遂还是既遂就会产生争议。

1. 收受银行卡或其他财产凭证的案件如何区分受贿罪的既遂和未遂

银行卡、存折以及其他财产凭证，从外在表现形态上来看，它与一般的财物是有所不同的，尤其是记名并可设密码的财产凭证，所有人通常还可以通过挂失等方式避免损失。因此，在收受银行卡或者其他财产凭证构成受贿罪的案件中，存在一些认定上的疑难问题。例如记名问题，就容易引起争议。在有些案件中，行贿人以受贿人的名义办理银行卡，并在银行卡中存入一定数额的现金。对于这种情形，受贿人收受了该银行卡就应当视为受贿罪的既遂。收受某些不记名的财产凭证，例如购物卡等，则更是如此。例如，在2006年司法考试中曾经出过一个题目，国家工作人员甲利用职务便利为某单位谋取利益。随后，该单位的经理送给甲一张购物卡，并告知其购物卡的价值为2万元，使用期限为1个月。甲收下购物卡后忘记使用，导致购物卡过期作废，卡内的2万元被退回到原单位。关于甲的行为，主要涉及是构成受贿罪未遂还是既遂的知识点。本题的参考答案是甲构成受贿罪的既遂，理由是取得购物卡就是取得财物，因而已经构成受贿罪既遂，至于财物退回原单位，这只是处理时应当考虑的情节。对于收受不记名购物卡作以上理解，我认为是正确的。但收受记名的，尤其是以行贿者的名义办理的银行卡，并且款项并没有从银行卡中取出的，这种受贿行为到底是未遂还是既遂呢？我认为，这里涉及对银行卡内款项的所有关系的分析。

对于银行卡内的款项的所有关系，在理论上是存在争议的。争议的焦点是银行占有还是持卡人占有。银行占有说认为，银行卡中的款项是银行占有，持卡人对于银行卡中的款项只具有债权而不具有物权。而持卡人占有说则认为，银行卡中的款项不是银行占有，而是持卡人占有，因为持卡人可以随时取出卡内的款项，其持有银行卡与持有货币并无实质上的区分。我赞同持卡人占有说。我国《刑法》第196条第3款规定："盗窃信用卡并使用的，按照本法第二百六十四条的规定定罪处罚。"这里的第264条的规定是指盗窃罪的规定。依据这一规定，行为人窃取信用卡就等于占有了信用卡内的款项，应以此认定为盗窃罪，至于使用行为则是一种不可罚的事后行为。1997年11月4日最高人民法院《关于审理盗窃案件具体应用法律若干问题的解释》第10条规定："盗窃信用卡并使用的，以盗窃罪定罪处罚，其盗窃数额应当根据行为人盗窃信用卡后使用的数额认定。"由此可见，盗窃信用卡并使用的，虽然定盗窃罪，但盗窃数额则按照使用的数额认定。这里应当指出，刑法中的信用卡与银行法中的信用卡，其含义是有所不同的，而且盗窃信用卡的情况与收受他人的信用卡（即银行卡）也不完全相同，但有些原理是相通的。对于收受银行卡的未遂与既遂以及数额计算问题，应当根据有关刑法理论加以正确认定。

在赵某受贿案中，被告人赵某收受的是行贿人魏某以自己名字开户的银行卡，在卡内存入美元、港币和人民币若干，并将银行卡及密码交给赵某使用。案发时，魏某已替赵某取出人民币80万元、港币5 000元，卡内尚有未支取的美元85 180.12元、港币544 078.30（部分港币兑换成人民币）、人民币1 207 951.54元。在此，涉及的第一个问题是收受以魏某的名义开户的银行卡是否属于受贿罪？之所以提出这个疑问在于：银行卡是以他人名义开户的，从法律上来说，卡内的款项是归开户人所有的，收受这样的银行卡是否已经将他人的财物转变为本人财物？根据持卡人占有的观点，我认为只要对银行卡内的款项具有完全的支配权，例如掌握密码，可以随时提取等，则无论持卡人是否为银行卡的名义人，都应当认定为占有了银行卡内的款项。那么，如何看待案发时银行卡内尚未取出的部分款项？能否将其认定为受贿未遂的数额？或者参照关于盗窃罪司法解释的规定，属于未使用部分，不计入受贿数额呢？对于这个问题，我认为不能简单地引用盗窃信用卡的数额计算的司法解释。因为盗窃信用卡的数额计算与收受银行卡的数额计算还是有所不同的。盗窃信用卡，对于未使用部分，可以视为信用卡所有人尚未遭受财产损失，因而可以不计入盗窃数额。但在收受银行卡的受贿案件中，银行卡是名义人主动交付的，该交付行为可以视为银行卡内的款项的所有关系转移的标志，因而即使没有将款项从银行卡中取走，也应视为受贿数额，并且属于受贿罪的既遂而非未遂。对此，2008年11月20日最高人民法院、最高人民检察院《关于办理商业贿赂刑事案件适用法律若干问题的意见》第8条规定："收受银行卡的，不论受贿人是否实际取出或者消费，卡内的存款数额一般应全额认定为受贿数额。使用银行卡透支的，如果由给予银行卡的一方承担还款责任，透支数额也应当认定为受贿数额"。根据这一司法解释的规定，赵某应当对魏某以其名义开立的银行卡内的所有数额，无论是已经取出还是尚未取出的数额，都承担受贿罪既遂的刑事责任。

2. 收受房屋、汽车等需要进行权属登记的财物如何区分既遂和未遂？

房屋、汽车等物品不同于一般财物，一般的财物除非另有约定的，按照占有即所有的原则加以认定。也就是说，只要占有某一物品，除非存在借用关系，一般可以认定为所有。因此，在收受一般财物构成的受贿案件中，国家工作人员只要非法收受了他人财物，不能证明存在借用关系的，只要取得财物，财物所有权就发生转移，受贿罪就应当视为既遂。但在收受房屋、汽车等需要进行权属登记的物品的案件中，如果办理了权属变更，应当认定为已经收受了该财物，并认定为受贿既遂，这是没有问题的。如果国家工作人员已经占有房屋、汽车等物品，但并未进行权属变更登记，即房屋、汽车仍在他人名下而不在国家工作人员名下，对于这种情形，按照物权法的一般理论，这些物品按照登记来确定权属：登记在谁的名下就是谁所有。因此，如果国家工作人员虽然占有（通常是指实际控制使用）这些物品，具有使用权，但并不具有所有权。在国家工作人员辩解为借用的情形下，这种行为往往被认定为是一种民事法律关系而不构成受贿罪。但2007年7月8日最高人民法院、最高人民检察院《关于办理受贿刑事案件适用法律若干问题的意见》第8条规定："国家工作人员利用职务上的便利为请托人谋取利益，收受请托人房屋、汽车等物品，未变更权属登记或者借用他人名义办理权属变更登记的，不影响受贿的认定。"根据上述司法解释，对于收受房屋、汽车等以登记作为所有权转移的认定标志的物品，同样可以认定为受贿行为。应该说，这一司法解释的规定突破了民事法律关系，是对行为作了实质判断，这对于严厉惩治腐败当然是具有积极意义的。与此同时带来一个问题：这种收受房屋、汽车等物品的行为构成受贿罪没有问题，那么到底是认定为受贿未遂还是受贿既遂？对此，在刑法理论上是存在争议的。关于这个问题，在上述司法解释中并没有明确规定。因为上述司法解释只是规定这种情形"不影响受贿的认定"，但认定为未遂还是既遂都属于认定为受贿。在这种情况下，就应当根据受贿罪的构成要件进行分析。

我认为，收受房屋、汽车等物品而未办理权属变更登记的，应当认定为受贿罪的未遂而不是既遂。因为物权法的登记制度决定，房屋、汽车等物品的权属是否登记在收受者的名下，对其权利行使是会有较大影响的，在性质上不同于权属已经登记在收受者名下的情形，因而将这种收受财物的行为认定为受贿性质，同时对此以未遂论处，这是符合法理的。

关于杨某一案，杨某授意姜某帮助其在亨达公司购房，商定在被告人杨某交纳部分房款后，将房屋交付给被告人杨某，其余房款由姜某结算。在本案中，首先涉及的一个问题是：杨某收受的到底是房屋还是购房款？如果收受的是房屋，才有一个房屋未过户到杨某的名下，是否属于受贿罪的未遂的问题。如果收受的是购房款，则只要姜某代为结算，其受贿就是既遂。从本案的情况来看，我认为杨某收受的不是房屋而是剩余的购房款（178 815.5 元）。应当指出，这里剩余的购房款和差价不是同一个概念，差价是指房价与底价之间的价差，而剩余的购房款则是购房款中除去已经支付部分，剩下的还应交付的部分。在本案中，杨某授意姜某为其在亨达公司购房，价格为 318 815.5 元。在上述购房款中，杨某只缴纳了 140 000 元，剩余的 178 815.5 元由姜某结算。在这种情况下，缴纳剩余购房款的义务就转移给姜某。由于这一约定是亨达公司同意的，因而在亨达公司与姜某之间发生了 178 815.5 元的债务关系。对于杨某来说已经不再需要缴纳剩余的购房款，因而其受贿罪属于既遂。

（本文原载《中国审判》，2010（2））

受贿案件中的律师刑辩实务

律师刑事辩护对于保障犯罪嫌疑人和被告人的合法权益具有重要意义。当前，刑辩业务风生水起，越来越成为律师业务的主流，其社会效益也日益凸显。实践中，涉及国有出资企业中国家工作人员的认定，受贿罪的利用职务便利等情况的法律界限仍存在一定的争议，还有无罪辩护的空间。

一、受贿案件刑辩概述

根据我国刑事诉讼法的规定，律师为犯罪嫌疑人和被告人进行无罪辩护或者罪轻辩护。因此，刑辩从辩护目标上来说，可以分为无罪辩护和罪轻辩护两类。

罪轻辩护，除了极个别特殊案件以外，几乎是每个案件都可以采用的。因为每个案件被告人的案件事实和主体情况都存在差异，因此都可以找出罪轻辩护的辩点。就此而言，罪轻辩护的技术含量较低。刑辩律师更热衷于无罪辩护，但并不是每一个案件都存在无罪辩护的空间，如果滥用无罪辩护，社会效果和法律效果都不好。事实上，我国目前法院无罪判决率极低，当然，这里存在应当判无罪而没有判无罪的问题，正如陈瑞华教授所呼吁的那样：法院判无罪为什么这么难？不过，也不可否定，在我国当前的刑辩实务中存在律师的无罪辩护过多、过滥的问题。也就是说，有些案件本来是应当做罪轻辩护的，但律师却做了无罪辩护。而有些无罪辩护完全是因为律师素质不高造成的。例如，在 2004 年左右，某地一位著名律师，带着一位受贿罪被告人的家属找专家论证，这个被告人是一个县税务局的局长，被指控受贿，一审被判决有罪。财物确实收受了，但律师辩护被告人没有为其他人谋取利益，因此应当是无罪的。但这个时候 2003 年《全国法院审理经济犯罪案件工作座谈会纪要》（以下简称《纪要》）已经颁布，该司法解释明确规定，承诺为他人谋取利益，或者明知他人有具体请托事项而收受财物的，都认定具有为他人谋取利益的情节，而并不要求实际为他人谋取利益。因此，本案并不存在无罪辩护的空间，律师之所以认为无罪，是因对司法解释规定不了解所致。在这种情况下，本来有罪，但律师却进行无罪辩护，其带来的后果是严重的。因为这种无罪辩护不可能被法院所采纳，由此增加了被告人或者其亲属对法院判决的不满。被告人或者亲属也许不懂法，但著名律师都说无罪，他们相信律师，也坚信应当无罪，由此不能接受法院的有罪判决，甚至对国家法治产生抵触。当然，这也可能是个别现象，但这种情况确实存在。

事实上，刑辩实务中的无罪辩护可以分为两种情形：第一种是法律适用上的无罪辩护，即依据现行法律或者司法解释不能认定为有罪。第二种是证据或者程序上的无罪辩护，即证据上事实不清、证据不足，或者程序违法因而不能认定为有罪。这两种无罪辩护是有所不同的。可以把刑辩罪名分为三类：第一类是普通刑事犯罪案件，例如杀人、强奸、抢劫等，侦查机关对此类案件的法律适用和调查取证都轻车熟路，因此，此类案件无论是法律适用还是证据或者程序，无罪辩护的空间几乎没有。第二类是经济犯罪案件或者商事犯罪案件，例如金融犯罪、证券犯罪等，这类案件大多刑民交叉，法律关系复杂，定罪规则不好掌握，因此法律适用上的无罪辩护空间较大。但证据上的无罪辩护空间较小，因为这类案件基本上是书证定罪，对于被告人口供或者证人证言的依赖性不强。第三类是职务犯罪案件，包括贪污罪、挪用公款罪和受贿罪。在这三个罪名中，从法律适用上来说，贪污受贿罪的定罪规则已经十分明确，由此而压缩了无罪辩护空间，但挪用公款罪的定罪规则太过复杂，还存在一定的辩护空间。至于从证据上来说，贪污罪和挪用公款罪主要靠书证定罪，对被告人口供和证人证言的依赖性不强，因此证据上的无罪辩护空间较小。而受贿罪主要是靠被告人口供和证人证言定罪，几乎没有书证，因此，证据辩护具有一定空间。当然，也必须注意，在司法实践中对受贿罪掌握的证据认定标准要低于其他犯罪。例如，在普通刑事犯罪案件的定罪中，对于一对一的证据被认为是孤证，一般是不予采信的。但在我国司法实践中，在强奸罪和受贿罪这两个犯罪案件中，一对一的证据经过核实是可以采信的，甚至只要在口供与证言中，一次对上，即使以后翻供，也还是可以定罪的。

根据以上分析，对于受贿罪来说，随着法网越来越严密，法律适用的无罪辩护空间随之缩小。当然，也不是说受贿罪的法律适用就完全没有无罪辩护的空间。因为我今天重点讲述的就是受贿罪的法律限界，为受贿罪法律适用的无罪辩护提供理论根据。而受贿罪的证据辩护则还是具有较大空间的。根据我的观察，受贿罪的事实证据问题，主要分为两种情况：第一种情况是在是否收受财物上存在较大争议。在这种受贿案件中，法院对受贿事实问题会比较重视，律师的辩护意见被采纳的可能性比较大。第二种情况是收受财物的事实客观存在，但对于收受财物是否具有受贿的性质存在争议。在这种情况下，就律师的辩护我们称为另外讲一个故事。也就是律师提出不同的证据或者事实，对抗指控，使指控不能成立。这种证据的无罪辩护难度是较大的。因为在一般情况下，只要国家工作人员已经收受了财物，法官就已经有了八九分作出有罪判决的内心确信。在这种情况下，要打掉法官定罪的内心确信是有难度的。在进行这种另外讲一个故事的辩护的时候，对于刑辩律师的调查取证等业务素质要求较高，同时对于律师的证据论证与分析能力也提出了较高的要求。在此，要避免的是幽灵辩护。幽灵辩护是指在刑事诉讼中针对检察官的有罪控告，犯罪嫌疑人或者辩护律师为了达到减轻或者免除自己或嫌疑人的罪责而提出的难以查证的抗辩。幽灵辩护的主要特征是另外讲了一个无法查证的故事以对抗已经查找的指控。而且另外讲一个故事的辩护是一种积极辩护，因此，律师要进行充分举证并论证，以此才能推翻指控。如果只是提出一些线索，或者对查证的事实存在不同解读，要想推翻指控还是较难的。在这种情况下，尤其不能以事实不清、证据不足作为无罪辩护的理由。因为控方指控的收受财物的收受是清楚的，证据也是确实充分的。在一般情况下，收受财物就可以直接认定为受贿罪。至于律师提出另外的事实否定受贿性质，这是一种性质上的否定，而不是事实的否定。例如，国家工作人员王某收受下属陈某600万元，对于已经收受财物控辩双方没有疑问。但辩护人提出王某与陈某的600万元资金往来属于借贷关系，王某为了购房而向陈某借款。事实上，该600万元王某确实是以购房的名义向陈某索要的，但能否认定两者之间存在借贷关系，还是要看实际情况，不能说只要是以借款名义索要的财物，就一定不能构成受贿罪。在司法实践中，对于如何区分以借款为名的受贿与民间借贷的关系，即使双方签有借据，也还要进行实质考察。对此，最高人民法院2003年《纪要》提出了对借款类型受贿犯罪在认定时，不能仅看是否有书面借款手续，还要从以下七个方面考察是否存在真实借贷关系：(1) 有无正当、合理的借款事由；(2) 款项的去向；(3) 双方平时关系如何、有无经济往来；(4) 出借方是否要求国家工作人员利用职务上的便利为其谋取利益；(5) 借款后是否有归还的意思表示及行为；(6) 是否有归还的能力；(7) 未归还的原因。应该说，如何区分以借款为名的受贿与民间借贷的关系，这是一个法律适用问题。在法律规则已经明确的情况下，辩护人就应该提出证据证实真实借贷关系的存在；否则，就难以推翻受贿的指控。

在受贿罪的证据辩护中，有些案件是较为复杂的。对此应当正确处理口供和其他证据之间的关系。例如，在李某受贿案中，一审判决认定，被告人李某为了购买黄某公司10%的股权，向覃某索取1 560万元，并指使覃某为其办理此事。覃某于2012年3月16日与黄某签订协议书，以其名义接收黄某在该公司出资的100万元，通过上述操作，李某取得了该公司10%的股权，并由覃某代其持有该股权。在本案中，一审判决认定被告人李某收受覃某1 560万元，但接受的并不是这笔钱本身，而是让覃某用这笔钱为李某购买某公司的股权，而股权又是覃某为李某代持，这里的代持股权，双方又没有签订书面协议。对于这笔受贿款的认定，证据就是李某和覃某在侦查期间曾经做过的口供和证言，并无其他书证或者物证。但在侦查阶段，黄某和覃某对此也做过有利于被告人的解释，说是李某认为该公司具有投资价值，让覃某先出资购买该公司股权，将来再从覃某这里将股权买过来。对于本案，涉及李某是否收受财物以及如何收受财物等定罪的关键问题，对此存在合理怀疑，这些合理怀疑如果没有排除，确实不好定罪。

从受贿罪犯罪案件辩护的角度来说，随着司法规则越来越明确，法律适用的辩护空间被压缩。其实，其他犯罪案件的辩护也是一样。因为辩护是相对于指控而言的，指控与辩护遵循的是相同的法律规则。但这种法律规则十分严密，指控完全依据法律规则操作的时候，依据相同法律规则进行辩护的余地就变小了。但证据和程序的辩护则与之不同，因为提取证据、固定证据等调查取证活动，是针对个案由个体侦查人员完成的，具有个别性。而这些个别侦查人员水平不一，就会留下对证据采信的较大抗辩余地。因此，刑事辩护对抗的中心会逐渐地转移到证据辩护和程序辩护，在司法过程中形成控辩对抗，以保障犯罪嫌疑人的诉讼权利。

二、受贿罪的主体之辩

受贿罪的主体是国家工作人员，对于国家工作人员的概念，在 1997 年刑法修订之前，存在较大争议。此后，随着司法解释的不断出台，作为受贿罪主体的国家工作人员的概念逐渐清晰起来。但在 2010 年 11 月最高人民法院、最高人民检察院颁布《关于办理国家出资企业中职务犯罪案件具体应用法律若干问题的意见》以后，涉及国有出资企业中国家工作人员的认定问题，对于受贿罪主体的认定产生较大影响。

在 2008 年 10 月 28 日全国人大常委会通过、2009 年 5 月 1 日起施行《企业国有资产法》之前，我国并无国家出资企业这个概念。此前的《公司法》只有关于国有独资公司的规定，在国有独资公司中从事管理活动的人员当然属于国家工作人员。对此并无争议。除了国有独资公司，还有其他国有企业，也属于国有单位，其中从事管理活动的人员也是国家工作人员。以上国家独资企业和国有企业都是指国家全资的公司或者企业，此外，在现实生活中还存在着国家占有一定股份的合资公司或者企业。这些公司、企业被称为国有资本控股、参股的公司、企业，对其中从事管理活动的人员如何认定为国家工作人员，刑法并没有规定。对此，相关司法解释作了规定。2001 年 5 月 23 日最高人民法院《关于在国有资本控股、参股的股份有限公司中从事管理工作的人员利用职务便利非法占有本公司财物如何定罪问题的批复》（以下简称《批复》）规定："在国有资本控股、参股的股份有限公司中从事管理工作的人员，除受国家机关、国有公司、企业、事业单位委派从事公务的以外，不属于国家工作人员。"由此可见，国有控股、参股的公司属于非国有公司、企业，只有受委派从事公务的人员才是国家工作人员，其他人员均非国家工作人员，即公司、企业工作人员。

及至 2008 年 10 月 28 日全国人大常委会颁布《企业国有资产法》，该法首次提出国家出资企业的概念，第 5 条规定："本法所称国家出资企业，是指国家出资的国有独资企业、国有独资公司，以及国有资本控股公司、国有资本参股公司。"在此，《企业国有资产法》将国有独资的公司、企业和国有资本控股、参股的公司、企业相提并论，同等对待。在《企业国有资产法》颁布以后，最高人民法院、最高人民检察院颁布了《关于办理国家出资企业中职务犯罪案件具体应用法律若干问题的意见》。该司法解释的制定，是为了与《企业国有资产法》相衔接，进一步对国家出资企业国家工作人员职务犯罪的法律适用问题加以规定。其中，上述《意见》所涉及的国家出资企业国家工作人员的规定，主要有以下两项。

（1）经国家机关、国有公司、企业、事业单位提名、推荐、任命、批准等，在国有控股、参股公司及其分支机构中从事公务的人员，应当认定为国家工作人员。具体的任命机构和程序，不影响国家工作人员的认定。

（2）经国家出资企业中负有管理、监督国有资产职责的组织批准或者研究决定，代表其在国有控股、参股公司及其分支机构中从事组织、领导、监督、经营、管理工作的人员，应当认定为国家工作人员。

上述第一项是对受委派到国家出资公司、企业从事公务的国家工作人员的规定。应该说，这一规定的内容，甚至表述都与以往的司法解释相同。在这个意义上可以说，这是对以往司法解释规定的一种重复，并没有新意。因此，对此也不存在争议。

关键在于第二项，该项规定将国家出资企业中负有管理、监督国有资产职责的组织批准或者研究决定的人员，只要代表其在国有控股、参股公司及其分支机构中从事组织、领导、监督、经营、管理工作，就应当认定为国家工作人员。显然，这种人员并非受国家机关、国有公司、企业、事业单位的委派，而是由国家出资企业中负有管理、监督国有资产职责的组织批准或者研究决定。因此，这种人员难以说是受委派的国家工作人员。当然，这一规定也没有完全将国有控股、参股公司等国家出资企业等同于国有单位。否则，国有控股、参股公司等国家出资企业中从事管理活动的人员将一概被认定为国家工作人员。《意见》将国有控股、参股公司等国家出资企业中从事管理活动的人员分为两部分：一部分是国家出资企业中负有管理、监督国有资产职责的组织批准或者研究决定的人员，另一部分是国家出资企业其他机构任命的人员：前者属于国家工作人员，后者属于非国家工作人员。《意见》关于国家出资企业中负有管理、监督国有资产职责的组织批准或者研究决定的人员属于国家工作人员的规定，明显扩大了国家出资企业中国家工作人员的范围。

那么，在上述司法解释颁布以后，如何认定作为受贿罪主体的国家出资企业中的国家工作人员呢？在《刑事审判参考》中第 97 集（法律出版社 2014 年版）曾经刊登两个案例，可供我们参考。

第一个案例是宋涛受贿案。

被告人宋涛，男，1970 年 10 月 3 日出生，系上海国际港务（集团）股份有限公司（以下简称上港集团）生产业务部调度室经理。2012 年 11 月 14 日因涉嫌犯受贿罪被逮捕。

上海市虹口区人民检察院以被告人宋涛犯受贿罪，向虹口区人民法院提起公诉。

上海市虹口区人民法院经审理查明：2009 年年底至 2012 年 8 月，被告人宋涛担任上港集团生产业务部生产调度室副经理、经理期间，利用负责上港集团下属港区码头货物装卸、船舶到港、浮吊作业计划分配、调度和管理等职务便利，先后多次收受上海铨兴物流有限公司负责人丁华给予的价值人民币（以下币种相同）1.5万元的联华OK消费积点卡及LV皮包1只，收受上海顶晟国际货物运输代理有限公司负责人陈立军给予的现金20万元。上述收受的消费积点卡、贿赂款共计价值21.5万元，均被宋用于个人消费。

另查明，上港集团于2005年改制为国有控股、中外合资的股份有限公司，并于2006年10月在上海市证券交易所上市。上港集团的高层领导，被列入上级领导部门管理范围；集团总部部门领导的任命，由集团人事组织部依据相关规定，向集团领导部门提出任用人选，经集团领导部门扩大会议讨论同意，然后发文任命。同时，按照上港集团的公司章程，公司员工的聘用和解聘，由公司总裁决定。宋涛在上港集团生产业务部下设的生产调度室从主管到担任副经理、经理的职务变动，均由其上级部门领导个人提出聘任意见，由人事组织部审核后，由公司总裁在总部机关职工岗位变动审批表上签署同意意见即成，无须经过人事组织部提名、领导部门扩大会议讨论决定的程序。

上海市虹口区人民法院认为：被告人宋涛身为上港集团公司工作人员，利用职务上的便利，非法收受他人财物，为他人谋取利益，数额巨大，其行为构成非国家工作人员受贿罪。上海市虹口区人民检察院指控宋涛犯罪的事实清楚，但是指控的罪名不当，应予纠正。宋涛具有自首情节，且在家属帮助下退缴全部赃款，确有悔罪表现，可以减轻处罚并适用缓刑。关于宋涛提出的非国家工作人员的辩解及其辩护人提出的宋涛不构成受贿罪、请求从宽处罚并适用缓刑的辩护意见，有事实及法律依据，应予采纳。据此，依照《中华人民共和国刑法》第163条第1款，第67条第1款，第72条第1款、第3款，第64条之规定，上海市虹口区人民法院以被告人宋涛犯非国家工作人员受贿罪，判处有期徒刑3年，缓刑4年，并处没收财产人民币3万元；退缴的赃款予以没收。一审宣判后，被告人宋涛未提起上诉，检察机关亦未抗诉，该判决已发生法律效力。

在宋涛受贿案的定性上，检察机关指控的罪名是受贿罪，但法院却以非国家工作人员受贿罪定罪。由此可见，检法两家在该案的定罪上存在分歧。这种分歧主要来自对宋涛的身份的认定，即宋涛到底是否属于国家工作人员？

在宋涛受贿案中，其所任职的上港集团属于国家出资企业，这是没有问题的。在《意见》颁布之前，上港集团可以定性为非国有公司。对于非国有公司的国家工作人员的认定，就在于是否属于受委派从事公务的人员。从宋涛任职的具体情况来看，宋涛不存在委派关系，这也是明确的。因此，宋涛极为容易地会被认定为非国家工作人员。但在《意见》颁布以后，宋涛是否属于国家工作人员这个问题就变得比较复杂。检察机关将宋涛认定为国家工作人员，其实是在一定程度上把国家出资企业等同于国有独资企业。因此，只要是在国家出资企业中任职的人员，都属于国家工作人员。显然，这种理解是不适当地扩大了国家出资企业中的国家工作人员的范围。这样理解的话，则国家出资企业中的管理人员基本上都会被认定为国家工作人员。因为，除了经国家机关、国有公司、企业、事业单位提名、推荐、任命、批准等，在国有控股、参股公司及其分支机构中从事公务的人员以外，其他人员都是国家出资企业的股东会、董事会、监事会任命的。但是，《意见》并没有把所有在国家出资企业中任职的人员都界定为国家工作人员，而是以是否经国家出资企业中负有管理、监督国有资产职责的组织批准或者研究决定而在国家出资企业中担任职务，作为国家出资企业中国家工作人员与非国家工作人员区分的标准：凡是经国家出资企业中负有管理、监督国有资产职责的组织批准或者研究决定而在国家出资企业中担任职务的，就是国家工作人员；否则，就是非国家工作人员。在国家出资企业中，股东会、董事会、监事会作为国家出资企业中的决策部门、执行部门和监督部门，要对整个企业的资产承担经营责任，并不只是对国有资产负有管理、监督职责，因此其所任命的人员，如果未经国家出资企业中负有管理、监督国有资产职责的组织批准或者研究决定的，则不能认定为国家工作人员。宋涛案的裁判理由在论及宋涛不具有国家工作人员的身份时指出，股东会、董事会、监事会等都不是负有管理、监督国有资产职责的组织，总裁更不能被认定为上述组织，其对宋涛的任命是基于其代表股份公司行使的总裁职权，而非代表负有管理、监督国有资产职责的组织行使职权。因此，就宋涛而言，其职务的任命并不具有“经国家出资企业中负有管理、监督国有资产职责的组织批准或者研究决定”的形式要件。

第二个案例是章国钧受贿案。

被告人章国钧，男，1977年1月3日出生，大学文化，原系交通银行股份有限公司湖州新天地支行行长助理。2012年9月17日因涉嫌犯受贿罪被逮捕。浙江省湖州市吴兴区人民检察院以被告人章国钧犯受贿罪，向吴兴区人民法院提起公诉。

湖州市吴兴区人民法院经公开审理查明：交通银行股份有限公司（以下简称交通银行）是国有参股的股份制银行。2003年7月至2012年2月26日，被告人章国钧系交通银行湖州分行的合同制职工。经交通银行湖州分行党委研究决定，2008年8月至2011年3月，章国钧担任交通银行湖州新天地支行公司（以下简称新天地支行）的业务管理经理。2011年3月至2012年2月，章国钧担任新天地支行行长助理，主要负责公司类客户的营销和日常管理工作，及公司客户经理队伍的日常管理。2011年2月至9月，章国钧利用担任新天地支行业务管理经理、行长助理职务上的便利，为李金星谋取利益，先后多次非法收受李金星赠送的现金，共计人民币（以下未特别注明的均为人民币）49 200元。

湖州市吴兴区人民法院认为，被告人章国钧身为国家工作人员，利用职务上的便利，非法收受他人财物，为他人谋取利益，其行为构成受贿罪。公诉机关指控的罪名成立，依法应予惩处。章国钧到案后，能如实供述犯罪事实，且当庭认罪，依法可以从轻处罚。章国钧已退缴全部赃款，酌情可以从轻处罚。据此，依照《中华人民共和国刑法》第385条第1款、第386条、第383条第1款第3项、第93条第2款、第67条第3款、第64条之规定，吴兴区人民法院以被告人章国钧犯受贿罪，判处有期徒刑2年6个月。扣押在案的赃款，予以追缴，上缴国库。一审宣判后，被告人章国钧未提出上诉，公诉机关亦未抗诉，该判决已发生法律效力。

在章国钧受贿案中，其担任交通银行湖州新天地支行业务管理经理、行长助理，职责是负责公司类客户的营销和日常管理工作，及公司客户经理队伍的日常管理。这些业务活动可以说是银行的普通业务。不仅在国有出资银行存在这种业务，在其他任何银行也存在这种业务。在宋涛受贿案的裁判理由中，将所谓公务活动区分为公司性公务和国家性公务，并且认为："行为人的身份如果符合形式要件，即经国家出资企业中负有管理、监督职责的组织批准或者研究决定，即使从事的是公司性的公务，也应以国家工作人员从事公务论。"因此，只有符合形式要件，对于公务性这一要件来说，是不需要专门加以考察的，只要区别于劳务性活动即可。但在章国钧受贿案中，裁判理由对其从事管理活动与公务的相关性进行了以下论述："实践中，国家出资企业中的受委派人员本质上往往存在两种身份的融合，即公司工作人员身份和公司管理人员身份，身份的融合也随之导致工作性质的融合，换言之，受委派人员在国家出资企业中不仅要从事最本质的公务性工作，也要从事一般的事务性工作。本案中，章国钧作为新天地支行的业务管理经理和行长助理，其工作职责可以分为两部分：一部分是对客户经理的日常考核和管理，以及协助行长从事一般的管理工作，该部分工作可以理解为是一般的事务性工作。而另一部分则是其工作的重点，即对贷款的审查和监督，通过对贷款客户进行评估和初审等贷前审查，确定贷款客户的经济状况和信誉度，再将贷款申报到授信部和审贷会进行最终的贷款审批。章国钧在供述中也提到，通常情况下，只要贷款客户能够通过其负责的贷前审查，基本上都是可以通过贷款审批取得贷款的，而如果贷款客户经济状况较差，其也会在调查报告中帮助企业作出相应的调整，使企业能够贷到款，行贿人之所以送予其财物主要是为了得到其的关照和帮助，能够顺利取得贷款。章国钧在贷款客户审批通过之后，再根据贷款通知书具体和企业进行放贷操作，并在贷款发放后，通过对贷款的贷后监控与实地查访，考察贷款客户的经济状况是否正常稳定，以确保国有资产的保值增值。章国钧对贷款审查和监管的工作职责属于对国有资产的管理、监督，属于'从事公务'，系代表委派组织从事监督、经营、管理工作，符合国家工作人员的本质要求。"以上论证将章国钧的工作分为两部分：一是日常管理活动，认为这是属于事务性的活动；二是对贷款审查和监管活动，认为这是属于公务性的活动。但就活动的内容来说，不仅国家出资银行存在对贷款审查和监管的活动，其他具有发放贷款业务的银行也存在这种对贷款审查和监管的活动。只是在与劳务活动相区分的意义上，可以认为是公务活动。决定其具有确保国有资产的保值增值这一性质的，不是这种活动本身，而是国家出资银行这一性质。由此可见，所谓代表性是从国家出资企业这一单位性质获得的，而不是从管理活动的性质获得的。

综上所述，在国家出资企业国家工作人员的认定中，《意见》虽然确定了两个标准，即：（1）经国家出资企业中负有管理、监督国有资产职责的组织批准或者研究决定；（2）代表其在国有控股、参股公司及其分支机构中从事组织、领导、监督、经营、管理工作；但在实际案件的认定中，真正起作用的是前者，而后者在很大程度上被虚置。

三、受贿罪的职务便利之辩

我国刑法中的职务犯罪，大多都有利用职务上的便利这个要件。例如贪污罪、挪用公款罪和受贿罪。但不同罪名的利用职务上的便利含义也是有所不同的，其中，受贿罪的利用职务上的便利在认定上是较为复杂的。依据司法解释的规定，受贿罪的利用职务上的便利可以分为以下两种情形：这就是利用职权和利用与职务有关的便利条件。这里的利用职权，是指利用某人权力范围内的权力，即利用自己职务上主管、负责或者承办某项公共事务的职权。某一国家工作人员主管某项事务，对某项事务具有决定或者其他某些权力，利用这些权力为他人谋取利益，构成受贿罪。而利用与职务有关的便利条件，是指不是直接利用职权，而是利用本人的职权或者地位形成的便利条件。这种利用与职务有关的便利条件属于间接利用本人职务便利，即要求有职务上直接隶属、制约关系的其他国家工作人员利用职权为行贿人谋取利益。在这种情况下，从表面上看是通过他人的职务为请托人谋取利益，从而收受财物。但从实际上看，是利用了本人职务而产生的制约关系，这种制约关系可以影响被利用者的利益，使之就范。对此，最高人民法院 2003 年《纪要》指出，受贿罪的利用职务上的便利还包括利用职务上有隶属、制约关系的其他国家工作人员的职权。尤其是，《纪要》还指出，担任单位领导职务的国家工作人员通过不属自己主管的下级部门的国家工作人员的职务为他人谋取利益的，应当认定为利用职务上的便利为他人谋取利益。

受贿罪的利用职务上的便利，既包括利用职权实施一定的行为，由此而使请托人获得利益，这是一种作为性质的利用职务上的便利；同时受贿罪的利用职务上的便利还包括依据职责应当实施一定的行为但却不实施，由此而使请托人获得利益，这是一种不作为性质的利用职务上的便利。作为的利用职务上的便利是较为常见的，大多数受贿罪都是以作为的利用职务上的便利而构成的。但不作为的利用职务上的便利也可能构成受贿罪，只不过这种案件较少发生。例如，某工程监理机构的工作人员在收受施工单位的财物以后，不履行监理职责，这就是以不作为的利用职务上的便利而构成的受贿罪。应该说，无论是作为还是不作为的利用职务上的便利，都有可能触犯其他罪名。例如，作为的利用职务上的便利如果属于枉法性质，则可能构成滥用职权或者其他犯罪；而不作为的利用职务上的便利如果因其不作为造成重大财产损失，则可能构成玩忽职守或者其他犯罪。

受贿罪的利用职务上的便利，既包括利用对某个事项的决定权，同时还包括对某个事项虽然没有决定权但参与决策或者参与该项公务活动的机会。值得注意的是，有些律师在辩护的时候，往往把利用职务上的便利理解为利用对某一事项的决定权，认为只有具有这种决定权的国家工作人员才具有职务上的便利。例如，某个国家工作人员有权直接决定将某项工程交给哪个单位施工，认为这才是具有职务便利。如果某个工程需要集体决定或者通过招标决定交给哪个单位施工，就会说只是参与决策但没有最终决定权的国家工作人员没有职务便利。我认为，这种理解显然是错误的，以此作为辩护理由也是难以成立的。实际上，职务上的便利并不限于有决定权，只要参与某项决策，甚至某些公务活动，就具有职务上的便利。例如，某机关的首长有权决定某个事项，当然有职务便利。但他的秘书接受他人请托，把待批的材料提早交给首长批示，由此收受财物，这同样是利用职务上的便利受贿。

受贿罪的利用职务上的便利既包括正当地利用自己的职权，也包括违反规定利用自己职务上的便利。前者构成的是普通受贿罪，后者构成的是违背职务受贿罪。例如，我国台湾地区“刑法”将违背职务受贿罪设立为独立罪名，处以较重的刑罚。因此，在辩护中不能以没有违背职务，属于正常履行职责为由否定利用职务上的便利。

司法解释对受贿罪的利用职务上的便利作了较为明确的规定，因此，目前在受贿罪的辩护中，利用职务上的便利作为辩点的情况已经较为少见。这里仍然存在如何正确认定受贿罪的利用职务便利问题，因而还是存在辩护的空间。利用职务上的便利具有权力行使的含义，以此作为取得他人财物的对价，具有权钱交易的性质因而构成受贿罪。但如果只是利用国家工作人员的身份取得某种便利，以此获取利益，就不能简单地认定为受贿罪。例如李某受贿案，起诉书指控，被告人李某于 2005 年至 2008 年期间，利用担任内蒙古某市煤炭局相关职务的便利，接受他人请托，在买卖煤矿中为他人谋取利益，并收受他人 1 200 多万元的好处费。从指控的事实来看，都是因为介绍煤矿交易而获得好处费，这里的好处费实际上就是所谓中介费。在有些煤矿买卖中，购买方和出卖方都分别给予了好处费。从案件事实来看，这些所谓好处费都已经获得，因此收受财物的事实客观存在。本案是否构成受贿罪的关键在于：国家工作人员促成煤矿交易收受购买方或者出卖方的好处费是一种违纪行为还是构成受贿罪？我认为该行为不能认定为受贿罪，主要理由如下：首先，李某收受的财物均属促成煤矿交易的对价款，属于中介费的性质，这里涉及中介行为与履行职务行为之间的区分问题。在本案中，李某分别担任煤炭局相关领导职务。这些职务大多是技术职务和管理职务。根据李某的供述，其职责大多与煤矿的安全生产相关。如果李某利用这些职务便利为他人谋取利益，从中收受财物，当然构成受贿罪。但李某的职责中并不包含煤矿买卖中介的内容，因此，李某通过为他人提供信息，促成煤矿交易，从而收受他人好处费的行为，与其职务无关，这不是一种履行职务的行为。换言之，李某并不是通过履行职务为他人谋取利益而收受他人财物，而是通过介绍他人煤矿买卖而获取中介费。这些中介费一般都与煤矿买卖的价款挂钩，而且是事先约定，交易完成以后给予，符合中介费获取的一般规律。其次，李某介绍他人买卖煤矿的信息与其工作具有一定的关联性，也就是说，李某是在从事煤矿技术工作或者管理工作中获得煤矿相关信息。可以说，如果李某不担任相关职务或者从事相关工作，就不可能获得有关煤矿信息，也就难以促成他人煤矿交易。但这些煤矿资料信息来源与工作的相关性，并不能成为本案李某构成受贿罪的根据。李某基于工作便利而掌握了煤矿的资料信息，其担任相关领导职务，对于促成煤矿交易成功具有一定的助益。但这是李某利用自己掌握的某些煤矿信息，从事与职务无关的煤矿买卖中介活动，并且由此获取好处费。应该说，这种行为本身是违反纪律的，类似于国家工作人员从事经营活动，应该受到党纪或者政纪的处分，但该行为与受贿罪还是不同的，不能混为一谈。受贿罪是权钱交易，国家工作人员利用职务便利为他人谋取利益而获取贿赂款。但在本案中，因为李某的职务并不包含煤矿中介活动，所以不能把通过煤矿中介而获取的好处费认定为贿赂款。最后，李某于介绍他人买卖煤矿过程中，还在一定程度上利用了其个人专业知识，因此，通过煤矿买卖中介获取的好处费中也包含着对这种专业知识的报酬的性质。李某长期从事煤矿管理工作，对于煤矿生产、技改、安全管理等都具有较为丰富的专业知识，这些煤矿专业知识对于促成煤矿交易具有一定的作用。因此，李某通过提供煤矿买卖信息促成交易与职务便利无关，而是与其专业知识相关。在这种情况下，就不能把中介费认定为是利用职务上的便利为他人谋取利益而获得的贿赂款，而是运用其个人专业知识而获得的报酬。根据以上理由，我认为李某提供煤矿买卖信息促成交易而收受中介费的行为，没有利用职务上的便利，因此不构成受贿罪。

四、受贿行为之辩

我国刑法将受贿行为表述为“索取他人财物的，或者非法收受他人财物”，因此受贿行为分为以下两种：索取他人财物的，或者收受他人财物。

第一种行为是索取贿赂。这里的索取是指主动的索要，由索取他人财物而构成的受贿，通常称为索贿。这里的索取可以是明示的也可以是暗示的。索取，不仅仅是索要，在某种情况下，甚至包含了利用职务上便利的勒索。在一般情况下，贿赂指的是权钱交易，即国家工作人员利用职务便利为他人谋取利益，他人向国家工作人员交付钱财。但是在利用职务上便利的勒索情况下，已经不具有权钱交易性质，而是职务上的一种勒索行为。在这种情况下，不是“你给我钱，我给你某些利益”，而是说“你给我钱，我不损害你利益”。在刑法中，被勒索而交付财物，不以行贿罪论处，但是勒索者显然构成受贿罪。在这种情况下，显然不存在受贿和行贿的对合。严格来说，其已经超出了受贿范围，但我国刑法仍然把这种行为放在受贿罪中。索取他人财物和收受他人财物尽管都构成受贿罪，但索取他人财物的性质比较严重，尤其是利用职务上便利勒索他人财物的更为严重，因此索取他人财物是受贿罪的从重处罚情节。

第二种行为是收受财物。这里的收受是指被动地收取，是请托人向国家工作人员主动交付财物，国家工作人员被动地收受财物。因此具有被动性。

值得注意的是，在司法实践中，对于受贿行为与约定之间的关系如何理解，这是需要探讨的一个问题。其中有两种情况：第一种是只有收受财物的约定但没有实际收受的行为。第二种是只有事后收受财物的行为但没有事先约定。下面我分别进行讨论。

第一种情况只有约定而没有收受。在司法实践中，存在着被告人与他人约定给予财物，但并未实际交付财物的情形，对此是否构成受贿罪？例如，姚某约定受贿案。2010 年上半年的一个周末，在成都某西餐厅，卢某对被告人姚某说，我这几年扎起雅安市医院做了一些业务，也赚了一些钱，我心里一直想对你表达感谢，还记着要给你 160 万，当你不当国家公职人员或者你缺钱的时候我再给你。姚某对卢某的承诺表示认可，说，我现在也不需要钱，先放在你那里。对于这一事实，雅安市中级人民法院一审判决认为，被告人姚某构成受贿罪未遂。被告人不服判决提出上诉，四川省高级人民法院二审认为，行贿人卢某与姚某虽有事前约定，姚某也利用职务上的便利为卢某谋取了利益，但姚某未收受或实际控制就案发，且在案证据证实该款项仅是卢某对姚某的承诺，并未以任何形式单独存放。据此，二审判决认为，不能认定为受贿罪。值得注意的是，二审判决引用了2007年最高人民法院、最高人民检察院《关于办理受贿刑事案件适用法律若干问题的意见》第10条的规定，国家工作人员利用职务上的便利为请托人谋取利益，与请托人事先约定，在其离退休后收受请托人财物，应认定为受贿。在这一规定中，提到了事先约定，在离退休以后收受的，构成受贿罪。但如果只有事先约定但没有事后收受，是否构成受贿罪呢？二审判决认定，这种情况不构成受贿罪。应该说，以上姚某受贿案中二审判决的认定是正确的。但在司法实践中，我们见到的案件，大多数还是认定为受贿罪，甚至属于既遂。例如，焦某受贿案。被告人焦某在任职期间为李某的企业谋取利益，李某对焦某承诺在焦某退休以后，将该企业40%的股权送给焦某。过后不久案发，焦某和李某对上述承诺都做了供述。因此，侦查机关将企业40%的股权经过评估，折算成400万元，认定焦某受贿400万元，法院对此也作了有罪认定 。这个案件，同样也是只有承诺，也就是约定，并未涉及收受，但却被法院判决有罪。在这种情况下，被告人焦某是否具有收受财物的行为呢？显然没有。那么，能不能把约定认定为收受呢？例如在曲某受贿案中，行贿人答应送给曲某800万元财物，已经送了400万元，另外400万元曲某说：先放在你那里，以后需要再跟你要。为此，法院判决认定曲某受贿800万元。对此未收受的400万元之所以认定为受贿，判决理由是：该400万元双方已经约定收受，虽然没有实际交付，但这是曲某委托行贿人保管，应当认定为法律上的收受。法院判决的观点是：另外400万元的所有权也已经转移给曲某，曲某将其委托行贿人保管，并不影响受贿罪的成立。对于这种保管说的观点，我是不赞同的。保管是在委托人已经取得财物的所有权以后，将财物委托给他人保管的一种民事法律关系。但在该案中，双方虽然约定给予400万元，但这400万元并没有实际交付，曲某没有取得对400万元的所有权，不能认为是取得所有权以后委托他人保管。至于那种认为属于受贿罪未遂的观点，也是不能成立的。未遂是着手实行犯罪以后的行为，那么，受贿罪这里是指收受财物构成的受贿罪而不是索取财物构成的受贿罪，那么着手如何认定呢？我认为，收受财物的受贿罪的行为是指接受他人交付的财物。显然，约定本身并不是收受财物的行为，而是收受财物以前的行为，也就是说，受贿罪并没有着手实行。对此，只能认定为受贿罪的预备行为。

这里涉及刑法对受贿行为的规定。如前所述，我国刑法是把受贿行为规定为收受财物和索取财物这两种行为方式。而日本刑法和我国台湾地区“刑法”则将受贿罪与行贿罪对应地设置为三个罪名，受贿罪分为：要求贿赂罪、期约贿赂罪、收受贿赂罪；与此对应，行贿罪分为：行求贿赂罪、期约贿赂罪、交付贿赂罪。以上三个罪名从低度犯罪到高度犯罪，逐渐递进。按照这种规定，行贿和受贿行为符合哪个罪名，就定哪个罪。像前面所讲的只有约定没有收受财物的情况，对行贿人和国家工作人员都认定为期约贿赂罪，这就完全没有问题。但依据我国刑法的规定，对这种约定收受但没有实际收受财物的行为，就不能认定为受贿罪的既遂或者未遂，只能是受贿罪的预备犯。

第二种情况是只有事后收受财物的行为但没有事先约定。这种情形如何定罪，也是存在较大争议的，当然，现在司法解释逐渐明确起来。从收受财物与为他人谋取利益的关系出发，可以将受贿罪的收受他人财物分为有两种情形：一是事前收受，由于贿赂犯罪的本质是一种权钱交易，事前收受即先收钱后办事，先收受他人财物，再利用职务便利为他人谋取利益。这种贿赂在理论上称为收买性的贿赂，权钱交易的性质体现得比较明显。二是事后收受，也就是通常所说的事后受财，是否构成受贿罪，是比较复杂的问题：事后受财如果是事先有约定的，那么其贿赂性质也是显而易见的。国家工作人员与请托人之间约定，国家工作人员利用职务上的便利为请托人谋取利益以后，请托人向国家工作人员交付财物，这是所谓收买性贿赂。这种事后受财行为构成受贿罪是否以事前约定为条件？在事前没有约定的情况下，国家工作人员在客观上为他人获取了利益，受惠者为了表示感谢，向国家工作人员交付财物，国家工作人员明知他人感谢而收受财物能不能构成受贿罪？这是一个值得研究的问题。国家工作人员行使职权后，收受他人送来的好处，如果这种行为构成犯罪的话，应该在刑法中有明确的规定。在外国刑法中，有收受赠贿罪，即国家公务人员不能接受他人礼物，只要接受了就构成收受赠贿罪；但如果是因为为他人谋取利益而收受礼物，和他人进行权钱交易则构成受贿罪。因此，收受贿赂和收受赠贿的性质是有所不同的。但是我国刑法中没有设立例如收受赠贿罪这样的低度罪名，而往往把收受赠贿行为按照受贿罪来处理。因此，在一个时期，对于这种没有事前约定的事后受财行为能否认定为受贿罪，在刑法理论和司法实践中都是存在争议的。

五、变相受贿行为之辩

随着市场经济的发展，在现实生活中出现了以交易或者其他形式为掩护的变相受贿行为，这些受贿犯罪具有隐蔽性和复杂性，为查处受贿犯罪案件带来了一定的困难。为此，2007年7月8日最高人民法院、最高人民检察院颁布了《关于办理受贿刑事案件适用法律若干问题的意见》（以下简称《意见》），针对现实生活中出现的受贿犯罪的新类型，对日常生活中常见的八种变相的受贿犯罪行为作了专门规定，这一司法解释对于我们正确地认定受贿行为具有重要指导意义。依据《意见》的规定，变相受贿行为具有以下八种情形。

1. 交易型受贿

《意见》第1条规定：国家工作人员利用职务上的便利为请托人谋取利益，以下列交易形式收受请托人财物的，以受贿罪论处：(1) 以明显低于市场的价格向请托人购买房屋、汽车等物品的；(2) 以明显高于市场的价格向请托人出售房屋、汽车等物品的；(3) 以其他交易形式非法收受请托人财物的。受贿数额按照交易时当地市场价格与实际支付价格的差额计算。

在交易型受贿的情况下，最为复杂的问题是如何认定明显低于或者明显高于市场价的认定，这个问题既关系到交易型受贿罪的定罪，又关系到交易型受贿罪的量刑。在司法实践中，当地市场价格与实际支付价格之间的差额，在认定上还是存在一定难度的。在此类案件中，实际支付价格都是明确的，关键是如何确定当地市场价格。我认为，当地市场价格应当根据不同情形，分别加以确定。对于以低价购买房屋的案件，就要区分新房、二手房和特价房等情形，考虑各种因素加以确定。例如在马某受贿案中，被告人以低价购买了多套房屋，司法机关针对不同房屋，采取了不同的计算方法。例如，被告人购买商铺的，由于存在返售商铺的情形，因此，根据返售商铺价格减去购买价格所得的差价，作为被告人实际受贿数额。被告人购买门面房的，根据会计师事务所房价鉴定报告，门面区域平均销售价，以此计算受贿数额。我认为，这些计算方法都具有合理性，可以在处理低价购买房屋的受贿案件时参考。

在交易型受贿罪的认定中，还存在一个交易时点的确定问题。对于这种交易型受贿罪都是按照一定的交易时点来确定交易价格的，而不同时点交易价格存在较大的差异。例如，房屋随着时间推进，价格变动很大。在大多数房屋交易型的受贿案中，交易时点是容易确定的，一般都是以签订房屋买卖合同作为房屋交易的时点。但在有些案件中，存在几个不同的时点，例如行贿人答应以某种低价卖给国家工作人员的时点，另外又有一个交预付款的时点，最后才是签订房屋买卖合同的时点。这些时点之间相差数年，其间房价相差甚远。在这种情况下，按照哪一个时点计算房屋价格对于受贿数额的确定就具有重要意义。例如，在张某受贿案中，被告人张某是某地级市住宅建设管理局局长，某经济适用房开发商老板赵某系张某的同学，张某为赵某开发经济适用房提供便利。2003 年张某提出购买一套房屋，赵某答应以低于市场价出售给张某。及至 2005 年张某交了 10 万元购房预付款，并取得收据，但并未签订购房合同。2008 年开发商催要余款，张某也没有交付。2012 年张某将房屋转让给他人，取得 90 万元卖房款以后，将剩余 30 万元购房款交给开发商，并让购房人直接与开发商签订房屋买卖合同。对于本案，控方将张某购房时间确定为 2012 年，因此指控张某受贿 50 万元。但辩护人认为，购房时点应该确定为 2003 年赵某答应以低于市场价将房屋卖给赵某的时间。对于本案，我认为，将购房时点确定为 2005 年交了 10 万元购房预付款的时间较为合理。此时，张某虽然没有与开发商签订房屋买卖合同，但交了预付款，并取得收据，应当认定为已经形成房屋买卖关系。

2. 干股分红型受贿

《意见》第 2 条规定，国家工作人员利用职务上的便利为请托人谋取利益，收受请托人提供的干股的，以受贿论处。这里的干股，是指未出资而获得的股份。关于干股分红型受贿的数额的计算，《意见》根据股权是否转让区分为以下两种情形：（1）进行了股权转让登记，或者相关证据证明股份发生了实际转让的，受贿数额按转让行为时股份价值计算，所分红利按受贿孳息处理。（2）股份未实际转让，以股份分红名义获取利益的，实际获利数额应当认定为受贿数额。例如高力初等受贿案。2001年12月，廖家坪锑钨矿决定将该矿八宝山工区的采矿权向内部职工发包。经投标，被告人李军以向该矿上交100万元风险抵押金的出价中标，取得八宝山工区3年的承包权。2002年1月，李军与廖家坪锑钨矿签订合同，李军与合伙人刘善安成为八宝山工区两大股东。八宝山工区正式开工后，廖家坪锑钨矿矿长高力初之妻罗腊梅找刘善安要求入股。刘善安与李军商量后，决定在原来配股的基础上，另加10万元干股给罗腊梅，并重新签订了合伙协议。此后，在短短4年时间内，李军、刘善安共以入股分红的名义，向高力初夫妇行贿100余万元。高力初则利用矿长的职务之便，大肆为李军等人谋利。《意见》第2条规定：干股是指未出资而获得的股份，国家工作人员利用职务上的便利为请托人谋取利益，收受请托人提供干股的，以受贿论处；收受干股，以股份分红名义获取利益的，实际获利数额应当认定为受贿数额。故该案检察机关按照查实的红利总额向法院起诉。

湖南省益阳市中级人民法院最终采纳了检察机关的控诉意见，认定二人行贿的金额为高力初夫妇实际所得的红利总额114万元。湖南省益阳市中级人民法院对该市安化县廖家坪锑钨矿原矿长高力初夫妇受贿案作出一审判决：分别以受贿罪，判处被告人高力初有期徒刑13年，并处没收财产20万元；判处被告人罗腊梅有期徒刑12年，并处没收财产20万元，追缴的赃款45万余元和赃物两间住房依法予以没收上缴国库。因为两被告人在法定期限内没有上诉，一审判决已生效。

以上是我国第一起干股分红型受贿案，依照《意见》的规定，被告人受到了法律的惩罚。从本案的案情来看，被告人未出资而获取了10万元的股份，后以分红的名义收受了现金114万元。因此，法院将被告人的行为认定为是干股分红型受贿。但我国学者认为本案法院的认定是不妥的，存在一些法律问题需要研究，指出：在本案中，高力初之妻罗腊梅与请托人李军、刘善安签订了一个虚假的合伙协议，罗获得10万元成为股东之一，却并未进行任何出资，并且用借条进行掩护，后以红利名义收受对方114万元人民币。实际上，由于三人之间签订的只是一个合伙协议，经营的实体也最多是合伙性质，根本不具有公司法是哪个公司的性质，也就没有什么股份、股东，行受贿双方所谓的股份、分红都是民间俗称而已，并非法律用语，也不符合《意见》本条规定的干股概念。因此，学者认为法院的认定实在不妥，其一方面按照干股受贿的规定将该案认定为干股受贿案，但另一方面又不遵照“两高”《意见》之规定认定犯罪数额。因《意见》本条规定已转让股权的，按转让行为时股权价值计算受贿数额，未实际转让股权的，受贿数额按照所分红利计算。本案中三方已就股权分配达成书面协议，应属转让成功，应按股份价值计算，但法院最后实际是按照红利来计算受贿数额的。所以，对于国家工作人员收受合伙或个体经营者等非公司经营实体所谓的“干股”“股份”，由于此类经营主体根本不具有公司法上公司的主体资格，也就没有真正法律意义上的“股份”，实践中一般也就是以“干股分红”为幌子而行行贿之实，实际属于传统的财物受贿行为，直接按照所谓的“分红”计算受贿数额即可，不应当适用《意见》本条规定。

以上论述涉及在干股分红型受贿罪中的有关问题，对于正确适用《意见》具有重要意义。干股分红型受贿行为是否只能发生在正规的公司，股份和股权是否必须符合公司法的规定？如果回答是肯定的，那么，如同论者所说，干股分红型受贿罪不可能发生在一般的合伙经营等场合。如果回答是否定的，干股分红型受贿罪才有可能发生在合伙经营等场合。我认为，不能把干股分红型受贿罪中的股份理解为公司法意义上的股份，由此否认在合伙经营中干股分红型受贿罪的存在；否则的话，就会极大地限制《意见》关于干股分红型受贿罪规定的适用范围。因此，本案应该属于《意见》所规定的干股分红型受贿罪。既然本案属于干股分红型受贿罪，并且股权已经登记在被告人罗腊梅的名下，为什么法院没有按照股权的价值认定受贿数额，而是按照以分红名义获得的金钱计算受贿数额呢？确实，对于股权已经转让的，依照《意见》的规定，应该按照股权所对应的公司财产的价值计算其受贿数额。但在合伙经营的情况下，其实经营实体本身并没有太多的财产价值。在这种情况下，无法根据股权价值认定受贿数额。因此，像在本案中这样，法院按照以分红形式取得的财物来计算受贿数额，我认为是合适的。当然，类似本案以借款的名义入股，但实际上没有实际出资，因此把股权分红的数额认定为受贿数额是没有问题的。但如果行为人以借款的方式入股，在获得分红以后，以分红款归还所欠出资，此后所获得的分红款是否合法呢？从公司法来说，这是一种借款出资，只要归还了出资款，其股权就是合法的，此后的分红也被认为是合法收入。但从刑法来看，在这种情况下，行为人没有任何出资，其以借款名义获得的股份仍然应当视为干股，其分红应该认定为受贿数额。

3. 合作投资型受贿

《意见》第 3 条规定，国家工作人员利用职务上的便利为请托人谋取利益，由请托人出资，“合作”开办公司或者进行其他“合作”投资的，以受贿论处。受贿数额为请托人给国家工作人员的出资额。国家工作人员利用职务上的便利为请托人谋取利益，以合作开办公司或者其他合作投资的名义获取“利润”，没有实际出资和参与管理、经营的，以受贿论处。由此可见，国家工作人员利用职务上的便利为请托人谋取利益，以合作开办公司或者进行其他合作投资的名义收受请托人财物，主要有两种情况。

第一种是由请托人出资，国家工作人员“合作”开办公司或者进行其他“合作”投资。这类似于前述收受干股问题，与直接收受贿赂财物没有本质区别，应以受贿处理。

第二种是以合作开办公司或者进行其他合作投资的名义，既没有实际出资也不参与管理、经营而获取所谓“利润”。此种情形，行为人没有获取所谓“利润”的任何正当理由，属于以合作开办公司或者其他合作投资的名义，行受贿之实的变相受贿行为。

潘玉梅、陈宁受贿案是最高人民法院发布的指导性案例，其中就涉及合作投资型受贿罪的认定。这一指导性案例确立了以下司法规则：“国家工作人员利用职务上的便利为请托人谋取利益，并与请托人以‘合办’公司的名义获取‘利润’，没有实际出资和参与管理的，以受贿论处”。应该说，这一司法规则与《意见》的精神是完全一致的。这里需要注意的是，上述司法规则强调了在以合办公司获取利润的名义受贿的情况下，行为人必须是没有实际出资和参与管理。因此，如果国家工作人员与他人合办公司，但实际出资，或者虽然没有实际出资但参与管理，或者没有参与管理但实际出资等较为复杂的情况下，其行为能否被认定为合作投资型受贿，就需要根据案件的具体情况加以认定。

在合作投资型的受贿罪中，也同样存在如何认定行为性质和受贿数额的问题。例如，被告人吴某在担任某市副市长期间，为从事企业经营的商人刘某谋取利益。为此，在刘某设立某公司的时候，主动提议吴某入股5%，出资款为人民币500万元。但吴某并未实际出资，股权登记在吴某妻子的名下。5年以后，公司股权增值，5%的股权价值为1 600万元。此时，刘某提出收购吴某的5%股权，根据控方指控，当时刘某提出1 600万元扣去公司设立时吴某未出资的500万元，返还1 100万元作为股权转让款。但吴某未答应，刘某仍然以1 600万元购买5%的股权。控方指控，吴某受贿1 600万元。对于本案，在性质认定上就存在争议：第一种意见认为，本案是收受干股型的受贿罪，因为在公司设立时吴某获得5%的股权，应当出资500万元但没有出资，这就相当于收受了刘某的干股。第二种意见认为，本案是合作投资型的受贿罪，吴某和刘某以合办公司的名义，没有实际出资、没有参与管理而获得利益。就以上两种意见而言，我认为应当认定为是合作投资型的受贿罪。虽然从表面上看，吴某应当出资而没有出资，无对价地获得5%的股权，具有收受刘某干股的性质；但收受干股型受贿罪应当是以现存公司或者企业存在为前提的。也就是说，在国家工作人员收受干股之前，公司或者企业业已存在，行贿人将公司或者企业的部分或者全部股权无对价地转让给国家工作人员。但合作投资型的受贿罪，发生在公司或者企业发起成立的阶段，它必须具备没有实际出资和没有参与经营管理活动这两个特征。由此可见，本案吴某的行为符合合作投资型受贿罪的特征。那么，吴某的行为属于合作投资型受贿行为中的第一种情况还是第二种情况呢？如果国家工作人员参与了管理，那么就是第一种情况，其受贿数额是没有实际出资的数额。如果没有参与管理，那么就是第二种情况，受贿数额是所有以合作经营名义获得的所谓利润。从本案情况来看，应当属于第二种情况。这里应当指出，所谓参与管理活动不能包括利用职务上的便利为合作经营的公司或者企业谋取利益，而是指有职务便利以外的人力或者物力的投入。以上对吴某行为性质的认定，对于受贿数额的认定具有重要意义。如果是合作投资型受贿罪的第一种情况，那么受贿数额就是应当出资而没有出资的500万元。但如果是合作投资型受贿罪的第二种情况，那么受贿数额就是所有以合作经营名义取得的利益，即1 600万元。假如在本案中，吴某接受刘某的意见，在回购股权的时候扣除500万元出资款，则受贿数额就是1 100万元。

4. 委托理财型受贿

《意见》第4条规定，受托理财型受贿根据是否实际出资分为以下两种情形：(1) 国家工作人员为请托人谋取利益，以委托请托人投资证券、期货或者其他委托理财的名义，未实际出资而获取"收益"，以受贿论处。这种情况下，受贿数额以收益额计算。(2) 国家工作人员为请托人谋取利益，委托请托人投资证券、期货或者其他委托理财，虽然实际出资，但获取"收益"明显高于出资应得收益，以受贿论处。在这种情况下，受贿数额以"收益"额与出资应得收益额的差额计算。

依据《意见》第4条的规定，委托理财型受贿可以分为两种情形：一是未实际出资而获取"收益"的。这种情况受贿的性质比较明显，其受贿数额应以"收益"额计算。二是虽然实际出资，但获取"收益"明显高于出资应得收益的。在这种情况下，受贿数额以"收益"额与出资应得收益额的差额计算。

在司法实践中存在国家工作人员与他人共同炒股获利的行为如何认定的问题。当然，这里的共同炒股是国家工作人员没有实际出资，但获取炒股收益。对于这种情况，一般就应当按照委托理财型受贿罪认定。但有些案件情况比较复杂。例如，张某系开发商，在房屋开发过程中受到广东某地市委书记江某的关照。一天，江某、江某的好友李某和张某一起喝茶聚会。在聚会中提到香港股市，江某对香港股票深有研究，当时李某就提议三人共同出资购买香港股票挣钱。张某答应由他出资1 000万元，分为三股集资炒股，由江某操作。三人同意，江某和李某还给张某写了借据，即向张某借款共同炒股。而后，江某指定购买香港某只股票，一年后抛售，获利900多万元。三人对炒股收益平分，并归还了炒股的本金。案发以后，控方指控被告人江某和李某受贿300多万元。对于本案，辩护人提出，江某和李某是借款共同炒股，不能认定为受贿罪。在本案中，以下情节对被告人是有利的：一是写了借据，双方都承认这是借贷。二是获利以后按照事先约定平分了收益，并且将炒股本金归还给了张某。三是实际炒股确实是江某操作的。在这种情况下，我认为律师的辩护是有道理的，以不认定为受贿罪较好。

5. 赌博型受贿

《意见》第5条规定，国家工作人员利用职务上的便利为请托人谋取利益，通过赌博方式收受请托人财物的，构成受贿。这种受贿款是以赌博赢钱的方式获取的，它以赌博为掩护，是一种变相的受贿行为，应以受贿罪论处。赌博型受贿和那种以赌博为名向他人索取财物的行为是有所不同的。例如，被告人马向东、宁先杰为他人谋取利益，向他人索要50万元美金，于1998年2月至1999年6月，十余次到香港、澳门进行赌博，将该款挥霍殆尽。这种以收受赌资为名实施的受贿行为，就是普通受贿。将贿赂款用于赌博，只是对赃款的处置问题。而赌博型受贿，则是指采用赌博赢钱的方式收取贿赂款。其名为赌博，实为受贿。依据《意见》的前引规定，司法实践中认定赌博型受贿的时候，应当结合以下因素进行判断：(1) 赌博的背景、场合、时间、次数；(2) 赌资的来源；(3) 其他赌博参与者有无事先通谋；(4) 输赢钱物的具体情况和金额大小。

6. 干薪型受贿

《意见》第6条规定，国家工作人员利用职务上的便利为请托人谋取利益，要求或者接受请托人以给特定关系人安排工作为名，使特定关系人不实际工作却获取所谓薪酬的，以受贿论处。在这种干薪型受贿的情况下，国家工作人员是不劳而获，是一种变相的受贿行为。例如在国家食品药品监督管理总局原局长郑筱萸受贿案中，被告人郑筱萸利用职务便利为某公司谋取利益，该公司负责人以给郑筱萸儿子郑某发工资的方式给予郑某、妻子刘某人民币共计98万元。这就是一种典型的干薪型受贿。

在认定干薪型受贿的时候，必须注意，只有在特定关系人只是挂名没有实际参加工作的情况下才能成立。如果特定关系人实际参加了工作，即使在聘任和薪酬支付上存在一定的瑕疵，国家工作人员也不构成干薪型受贿罪。例如，周小华受贿案。被告人周小华，原系浙江省湖州市工商局南浔区分局经检科副科长兼经检大队副大队长（主持工作）。南浔区人民法院查明的周小华受贿犯罪事实中，包含以下这起：2006 年上半年，湖州市东迁建筑工程有限公司直巷巷分公司（以下简称东迁分公司）经理周文荣因无照经营而被南浔工商经检大队查处。事后，被告人周小华通过东迁建筑有限公司总经理董连富，安排其妻子张金仙的妹妹张金莲到东迁分公司担任会计。从 2006 年 4 月起至 2007 年年底，无会计从业资格的张金莲出面担任东迁分公司的会计，其间，张金莲在其有会计证的姐姐张金仙的帮助和指导下，完成了东迁分公司 2006 年度及 2007 年度的会计工作。周文荣分别在 2006 年及 2007 年的年底，先后两次以工资名义交付给被告人周小华现金 3 万元（其中 2006 年度为 2 万元，2007 年底，周文荣以 2007 年度工作量较少，给付 1 万元）。被告人周小华拿到钱后将钱交给其妻张金仙，张金仙将其中的一部分给予张金莲。

南浔区人民法院对于以上这起事实，经审理认为：张金仙、张金莲为东迁分公司做账，是基于被告人周小华的原因，但张金莲和张金仙共同完成了两年的会计工作，并非属于“仅是挂名，不实际工作却获取所谓薪酬”之情形，故公诉机关指控被告人周小华收受周文荣 3 万元构成受贿罪，不能成立。本案裁判理由指出：依据《意见》第 6 条规定，国家工作人员利用职务上的便利为请托人谋取利益，要求或者接受请托人以给特定关系人安排工作为名，使特定关系人不实际工作却获取所谓薪酬的，才以受贿论处。反之，如果特定关系人从事了正常工作并领取相应正常薪酬的，所领取薪酬为合法劳动所得，不存在非法收受财物问题，不能以受贿处理。当然，虽从事了一定的实际劳动工作，如果薪酬明显不成比例的则另当别论。本案中，东迁分公司原有会计做账，但因工作不能令人满意而遭辞退。被告人周小华通过董连富安排其妻的妹妹张金莲担任会计，虽然张金莲没有会计从业资格，但张金莲在其有会计证的姐姐张金仙的帮助和指导下，完成了东迁分公司2006年度及2007年度的会计工作，应当视为实际进行了工作。董连富给原来的会计每年几千元，但是给周小华妻妹的工资分别是2万元和1万元，工资交给周小华，由周小华转交。虽然领取的薪酬高于该单位相应职位的过去薪酬水平，但在本案中，不能认为是变相受贿。因为当前一些企业，特别是私营企业，薪酬发放标准仍不规范，完全由老板说了算，认定该职位正常应发放工资可以参考，但又不能完全按照原来的发放标准，因为两者在工作能力上有所区别，原来的会计并不能胜任该工作，因而被辞退。综上，在不能认定本案所领取薪酬明显不成比例，而特定关系人从事了实际相应工作的情况下，不能认定该3万元系被告人周小华受贿所得。上述裁判理由确立了关于干薪型受贿认定问题上的一些司法规则：国家工作人员利用职务便利要求给特定关系人安排工作，但特定关系人实际付出相应劳动的不同于挂名领取薪酬的情形，不能认定被告人受贿。

7. 特定关系人收受型受贿

《意见》第7条规定，国家工作人员利用职务上的便利为请托人谋取利益，接受请托人将有关财物给予特定关系人的，以受贿论处。在周小华受贿案中，冯荣兴应被告人周小华的要求，而给予妻子的表弟沈子良买房3万元优惠。对于此案，法院判决认为，沈子良因被告人周小华的身份而获利，鉴于沈子良既非被告人周小华的近亲属，且本案亦无证据证明被告人周小华与沈子良之间具有共同利益关系，故公诉机关指控被告人周小华对沈子良所获得的3万元购房优惠构成受贿罪，不能成立。在本案中，周小华的行为是否构成受贿罪，关键问题在于沈子良是否属于特定关系人。因为本案的行为属于本人不直接收受财物，而是授意他人将有关财物直接交给其指定的第三人的情形。在这种情况下，行为人的行为是否构成受贿罪，就要认定实际收受财物的人是否属于特定关系人。在认定特定关系人的时候，除了近亲属是一种法律上的事实关系，因此容易认定以外，“其他共同利益关系”是不太好认定的。这里的共同利益关系，主要是指经济利益关系。因为存在经济利益关系，所以，他人收受就等同于本人收受。如果没有这种经济利益关系，而是纯粹的同学、同事、同乡等关系，则不能认定为特定关系人。本案的裁判理由指出：在本案中，被告人周小华妻子的表弟沈子良购买商品房，周小华利用自己的身份和职务便利，向房产销售老板提出购房优惠的要求。老板明知购房人为沈子良，但为了与周小华搞好关系，在周小华提出优惠的要求下被迫答应，主动提出并落实了3万元优惠。沈子良因周小华的身份而获利，周小华实际并未获得利益。沈子良因为周小华的出面说情而得到了3万元的购房优惠，其系周小华妻子的表弟，显然与周小华并非近亲属关系，沈子良购买房屋，并实际付款和居住，在事前事后周小华均未和沈子良商量其要从这优惠的3万元中得到什么利益，事实上也确实没有得到任何经济利益。因此，沈子良不属于周小华的特定关系人，也不属于双方通谋后，对收受财物共同占有的情形，依据《意见》的有关规定，被告人周小华的行为不构成受贿罪。我认为，以上裁判理由是完全正确的。因为利用特定关系人收受财物，是本人收受财物的一种变相形式，必然包含本人的经济利益在内。换言之，行为人是利用或者与特定关系人通谋而利用职务上的便利收受他人财物。但在本案中，周小华虽然利用其职务便利为沈子良谋取了利益，但由于沈子良不是近亲属，而且其与周小华之间也不存在经济利益关系，所以不能认定周小华受贿。

8. 权属未变更型受贿

《意见》第8条规定，国家工作人员利用职务上的便利为请托人谋取利益，收受请托人房屋、汽车等物品，未变更权属登记或者借用他人名义办理权属变更登记的，不影响受贿的认定。

在司法实践中，收受房屋、汽车等需要进行权属登记的财物的案件如何区分未遂与既遂，也是一个较为突出的问题。房屋、汽车等物品不同于一般财物，一般的财物除非另有约定的，按照占有即所有的原则加以认定。也就是说，只要占有某一物品，除非存在借用关系，一般可以认定为所有。因此，在收受一般财物构成的受贿案件中，国家工作人员只要非法收受了他人财物，不能证明存在借用关系的，只要取得财物，财物所有权就发生转移，受贿罪就应当视为既遂。但在收受房屋、汽车等需要进行权属登记的物品的案件中，如果办理了权属变更，应当认定为已经收受了该财物，并认定为受贿既遂，这是没有问题的。但如果国家工作人员已经占有房屋、汽车等物品，但并未进行权属变更登记，即房屋、汽车仍在他人名下而不在国家工作人员名下，对于这种情形，按照物权法的一般理论，这些物品按照登记来确定权属：登记在谁的名下就是谁所有。因此，如果国家工作人员虽然占有（通常是指实际控制使用）这些物品，具有使用权，但并不具有所有权。当国家工作人员辩解为借用的情形下，这种行为往往被认定为是一种民事法律关系而不构成受贿罪。最高人民法院、最高人民检察院《意见》第8条规定："国家工作人员利用职务上的便利为请托人谋取利益，收受请托人房屋、汽车等物品，未变更权属登记或者借用他人名义办理权属变更登记的，不影响受贿的认定"。根据上述司法解释，对于收受房屋、汽车等以登记作为所有权转移的认定标志的物品，同样可以认定为受贿行为。应该说，这一司法解释的规定突破了民事法律关系，是对行为作了实质判断，这对于严厉惩治腐败当然是具有积极意义的。与此同时带来一个问题：这种收受房屋、汽车等物品的行为构成受贿罪没有问题，那么到底是认定为受贿未遂还是受贿既遂？对此，在刑法理论上是存在争议的。关于这个问题，在上述司法解释中并没有明确规定。因为上述司法解释只是规定这种情形"不影响受贿的认定"，但认定为未遂还是既遂都属于认定为受贿。在这种情况下，就应当根据受贿罪的构成要件进行分析。

在认定权属未变更型受贿罪的时候，应当注意国家工作人员必须实际控制或者占有了房屋或者汽车等财物。如果虽然约定将房屋或者汽车给予国家工作人员，但国家工作人员并未取得对房屋或者汽车的实际占有，则不能认定为受贿罪。但在司法实践中，此类案件存在着未能准确区分罪与非罪界限的问题。例如，东北某地市委书记王某为企业主郑某谋取利益，郑某主动提出给王某在北京购买一套房屋。某日，王某和郑某出差在北京，就共同去看房，王某看中了一套公寓，价格900万元。郑某就以自己名义购买了该公寓，答应手续办好以后送给王某。郑某收房以后，房屋钥匙并没有交给王某，后来案发。对此，控方认定王某属于权属未变更型受贿罪，受贿数额是900万元。在本案中，王某与郑某虽然有约定，但王某并没有实际控制房屋，因此属于只有事先约定但没有实际收受财物的情形，不能认定为受贿，只是受贿的一种预备。

我认为，收受房屋、汽车等物品而未办理权属变更登记的，应当认定为受贿罪的未遂而不是既遂。因为由物权法的登记制度所决定，房屋、汽车等物品的权属是否登记在收受者的名下，对其权利行使是会有较大影响的，在性质上不同于权属已经登记在收受者名下的情形，所以在将这种收受财物的行为认定为受贿性质，同时对此以未遂论处，这是符合法理的。

六、为他人谋取利益之辩

为他人谋取利益是收受财物型受贿罪的一个重要要件。在刑法理论上，对于为他人谋取利益这个要件的内容和性质都存在较大的争议。最高人民法院、最高人民检察院 2016 年《关于办理贪污贿赂刑事案件适用法律若干问题的解释》（以下简称《解释》）第 13 条规定："具有下列情形之一的，应当认定为'为他人谋取利益'，构成犯罪的，应当依照刑法关于受贿犯罪的规定定罪处罚：（一）实际或者承诺为他人谋取利益的；（二）明知他人有具体请托事项的；（三）履职时未被请托，但事后基于该履职事由收受他人财物的。国家工作人员索取、收受具有上下级关系的下属或者具有行政管理关系的被管理人员的财物三万元以上，可能影响职权行使的，视为承诺为他人谋取利益。"这一规定，为认定受贿罪的为他人谋取利益要件提供了法律根据。

1. 实际或者承诺为他人谋取利益

为他人谋取利益是我国刑法规定的受贿罪的成立条件之一，仅从条文表述来看，这一受贿罪成立条件更像是对客观行为的描述。因此，在该要件被刑法规定之初，将为他人谋取利益理解为客观行为的观点较为流行。根据这种观点，国家工作人员虽然收受了他人的财物，但没有为他人谋取利益，不构成受贿罪。这种观点称为客观说。显然，根据这种观点，只有国家工作人员为他人谋取利益而收受财物的，才构成受贿罪；如果国家工作人员没有为他人谋取利益，即使收受财物，也不构成受贿罪。可以说，这种观点在一定程度上限缩了受贿罪的范围。值得注意的是，张明楷教授将上述将为他人谋取利益理解为客观行为的观点称为旧客观说，而将其所主张的观点称为新客观说。根据张明楷教授的新客观说，为他人谋取利益仍然是受贿罪的客观构成要件要素，其内容的最低要求是许诺为他人谋取利益。这种观点将承诺为他人谋取利益理解为是为他人谋取利益的行为，显然是名不副实的。因为承诺为他人谋取利益并不等同于实施了为他人谋取利益的行为。更何况，2003 年 11 月 13 日《全国法院审理经济犯罪案件工作座谈会纪要》（以下简称《纪要》）明确地把明知他人有具体请托事项而收受财物的，视为为他人谋取利益。这种情况不仅没有为他人谋取利益的行为，而且也没有口头承诺，但同样被《纪要》推定为具备为他人谋取利益的要件。同时，如果把为他人谋取利益理解为受贿罪的客观要件，则还存在一个在受贿罪的构成要件中的体系性地位问题，即为他人谋取利益行为与收受财物行为之间的关系问题。而对于这个问题，客观说都未能给出合理的论证。

对于为他人谋取利益的理解，在客观说对立的意义上出现了主观说。主观说认为，为他人谋取利益，只是行贿人与受贿人之间就货币与权力交换达成的一种默契。就行贿人来说，是对受贿人的一种要求；就受贿人来说，是对行贿人的一种许诺或曰答应。因此，为他人谋取利益只是受贿人的一种心理状态，属于主观要件的范畴。在此，主观说将为他人谋取利益的承诺界定为是为他人谋取利益这一主观要件的客观征表。就其实质而言，为他人谋取利益是受贿罪的主观要件而非客观要件。

为他人谋取利益从客观要件到主观要件，这是理解上的重大变化。然而，只是将为他人谋取利益理解为主观要件还是未能彻底解决该要件的司法认定问题，因为这里还存在一个为他人谋取利益在受贿罪的构成要件中的体系性地位问题，即为他人谋取利益到底是受贿故意的内容还是主观违法要素。这个问题如果得不到解决，则对于为他人谋取利益这一受贿罪的要件在认识与理解上仍然难以到位。

从受贿故意的内容来说，为他人谋取利益并不是受贿故意不可或缺的要素。因为受贿故意受到受贿罪的构成要件的规制，只有纳入受贿罪构成要件的要素才能成为受贿故意的认识对象。因此，如果要求受贿人认识到为他人谋取利益，则必然要把为他人谋取利益确定为受贿罪的构成要件要素，但主观说已经排除了这种情况。在为他人谋取利益不是受贿罪的客观构成要件要素的前提下，将其纳入受贿故意讨论是缺乏逻辑根据的。既然为他人谋取利益的意图不是受贿故意的内容，那么，它只能是主观违法要素。也就是说，为他人谋取利益虽然是主观要素，但并不是主观责任要素，而是主观违法要素，应当在受贿罪的构成要件中进行讨论。为他人谋取利益具有限缩受贿罪的构成要件的功能。将那些虽然收受他人财物但不具备为他人谋取利益要素的情形，排除在受贿罪的构成要件之外。

我国司法解释对为他人谋取利益进行了规定，从而为司法机关认定为他人谋取利益这一要件提供了法律根据。例如《纪要》规定："为他人谋取利益包括承诺、实施和实现三个阶段的行为。只要具有其中一个阶段的行为，如国家工作人员收受他人财物时，根据他人提出的具体请托事项，承诺为他人谋取利益的，就具备了为他人谋取利益的要件。"在此，《纪要》把承诺、实施和实现这三种情形并列，认为只要具有这三种情形之一，就应当认为具备了为他人谋取利益的要素。承诺、实施和实现虽然被《纪要》表述为客观行为，但这只是为他人谋取利益这种主观违法要素的客观征表。尤其是在《纪要》将承诺规定为为他人谋取利益的客观征表的情况下，更表明构成受贿罪并不需要国家工作人员在客观上实施为他人谋取利益的行为。如果说《纪要》还只是一种准司法解释，其效力要低于严格意义上的司法解释，那么，《解释》正式将实际或者承诺作为为他人谋取利益的客观征表，对于正确认定受贿罪的为他人谋取利益具有重要意义。

2. 明知他人有具体请托事项

明知他人有具体请托事项，在《纪要》中推定为承诺为他人谋取利益。《纪要》规定："明知他人有具体请托事项而收受其财物的，视为承诺为他人谋取利益"。这里的"视为"，就是一种推定。推定是英美法系中的一个概念，在其司法活动中广泛地采用。法官应该对陪审团作出这样的指示，即其有权从被告人已经实施的违禁行为的事实中，推定出被告人是自觉犯罪或具有犯罪意图，如果被告人未作任何解释，推断通常成立。应该指出，推定不是主观臆断，以客观事实为根据进行推定，并且往往是能够证明被告心理状态的唯一手段，因而在刑事司法中起着非常重要的作用。在英美法系国家法律中，推定可以分为立法推定与司法推定、法律推定与事实推定，对目的犯之目的的推定，属于司法推定中的事实推定。事实推定，可以理解为根据对某个事实的证明可以认定另外某个事实（通常称推定事实）的存在。只要证明基础事实的存在，推定事实即可成立，除非有足够的反证。因此，推定是一种间接的证明方法，并且是允许反证的，当然，推定一经成立，即具有法律上的效果。可以说，推定为司法机关认定行为人的主观要素提供了一种科学方法，同时也减轻了控方的举证负担。对于某些无法通过直接证明方法证实的证明对象利用推定予以证明，可以有效克服诉讼证明的困境，降低诉讼证明成本，提高诉讼效率。例如，《联合国反腐败公约》第 28 条规定：作为犯罪要素的明知、故意或目的，可以根据客观情况推知。由此可见，推定是证明被告人主观要素的一种普遍接受的司法技术。

《纪要》之所以将明知他人有具体请托事项而收受其财物的视为承诺为他人谋取利益，是因为在这种情况下，国家工作人员与请托人之间虽然没有就权钱交易进行具体协商，达成口头协议，但双方心知肚明，存在默契。因此，在明知他人有具体请托事项的情况下，收受财物本身就是对为他人谋取利益的一种承诺。因此，《纪要》规定对于明知有具体请托事项而收受财物的情形，推定为具有为他人谋取利益的意图。

3. 履职时未被请托，但事后基于该履职事由收受他人财物

《解释》第 13 条第 1 款第 3 项规定，履职时未被请托，但事后基于该履职事由收受他人财物的，认定为具有为他人谋取利益的要素。这里涉及事后受财行为的定性问题，而这个问题在我国刑法中始终存在较大的争议。

在我国刑法中，事后受财是指国家工作人员事前没有与他人约定，在正常履行职务以后，他人为表示感谢而向国家工作人员交付财物，国家工作人员明知该财物系他人对此前履职行为的酬谢，并收受财物的行为。因此，这里的事后受财之“事”，是指国家工作人员履行职务的行为。在刑法理论上，一般认为，贿赂可以分为收买性贿赂与酬谢性贿赂。所谓收买性贿赂是指请托人先向国家工作人员交付财物，国家工作人员在收受财物以后，再为请托人谋取利益。而所谓酬谢

性贿赂则是指国家工作人员先为请托人谋取利益，请托人在获取利益以后，再向国家工作人员交付财物。这种酬谢性贿赂通常都以事先约定为前提，即在国家工作人员为请托人谋取利益之前，双方已经就权钱交易达成合意。因此，事后交付的财物名曰酬谢，实则收买。因为贿赂的根本特征在于侵犯职务行为的不可收买性。而那种事先没有约定，事后以感谢名义交付财物的事后受财行为，并不能简单地定性为酬谢性贿赂。事后受财行为，是否构成事后受贿，关键还在于刑法有无明文规定，这也恰恰是本文所要讨论的焦点问题之所在。

这里应当指出，我国刑法中所讨论的事后受财，与日本刑法规定的事后受贿罪是两个完全不同的概念。日本刑法对受贿罪，除了规定单纯受贿罪以外，还另外规定了特殊类型的受贿罪，其中就包括事前受贿罪与事后受贿罪。依据《日本刑法》第 197 条第 2 项的规定，事前受贿罪是指将要成为公务员或者仲裁人的人，就其成为公务员之后所要担任的职务，接受请托，收受、要求或约定贿赂的行为。依据《日本刑法》第 197 条之 3 第 3 项的规定，事后受贿罪是指曾任公务员或者仲裁员的人，就其在任职期间接受请托而在职务上曾实施不正当行为，或者未曾实施适当行为，而收受、要求或约定贿赂的行为。由此可见，日本刑法中的事前受贿罪与事后受贿罪之所谓“事”，是指担任一定职务。而我国刑法中所讨论的事后受财之所谓“事”，不是指担任职务，而是指为他人谋取利益。

日本刑法对事后受财行为之所以没有专门规定，是因为不需要规定，可以直接按照单纯受贿罪论处。单纯受贿罪是日本刑法中贿赂罪的基本罪名，依据日本刑法第 197 条第 1 项的规定，单纯受贿罪是指公务员或者仲裁人有关其职务收受、要求或者约定贿赂的行为。由此可见，日本刑法中的单纯受贿罪虽然在其贿赂犯罪的罪名体系中的地位，相当于我国刑法中的受贿罪，然而，日本刑法中的单纯受贿罪的构成要件却与我国刑法中的受贿罪存在重大差异。日本刑法中的单纯受贿罪的成立仅要求与其职务相关，而并不要求为他人谋取利益。公务员或者仲裁员只要基于其职务而收受请托人的财物，即可以构成该罪。而我国《刑法》第 385 条规定的受贿罪，是指国家工作人员利用职务上的便利，索取他人财物，或者收受他人财物，为他人谋取利益的行为。从以上规定可以看出，我国刑法中的受贿罪，在受贿行为上表述为索取或者收受财物，与日本刑法中的单纯受贿罪表述为收受、要求或者约定贿赂的行为特征存在较大的区别。此外，上述两个罪名之间最大的不同还是在于：是否要求为他人谋取利益的主观要素。日本刑法中的单纯受贿罪并不要求为他人谋取利益，而我国刑法中的受贿罪则要求为他人谋取利益。

在日本刑法中，单纯受贿罪的成立并不要求为他人谋取利益，受贿故意表现为明知是贿赂而收受的主观心理状态。在这种情况下，只要明知他人交付的是贿赂而收受，主观上就具有受贿故意，就可以成立受贿罪，而不需要在受贿故意之外另行要求为他人谋取利益的主观违法要素。这里的贿赂是指作为公务员或者仲裁人的职务行为的对价的不正当的报酬。就单纯受贿罪的认定而言，只要客观上所收受的财物具有职务关联性，那么，这种财物就属于贿赂。公务员或者仲裁人只要主观上对此具有认识，就具有受贿故意。在这种情况下，无论是先交付财物后为请托人谋取利益的收买性贿赂，还是先为请托人谋取利益后交付财物的酬谢性贿赂，公务员或者仲裁人主观上都具有受贿故意。对于所谓酬谢性贿赂来说，如果事先约定在公务员或者仲裁人为请托人谋取利益以后，再交付财物，主观上当然具有受贿故意。而且，即使是在事先没有约定的情况下，公务员或者仲裁人明知对方交付财物具有与其职务行为的对价性因而属于贿赂而收受，则主观上同样具有受贿故意，对于这种情况完全可以按照单纯受贿罪论处。张明楷教授曾经援引日本学者论证事后受财行为的性质，指出：从行为性质而言，收受财物是“事前”还是“事后”，并不影响行为的性质。正如日本学者在解释日本刑法中的单纯受贿罪的构成要件时所说：“所谓‘收受’，是指接受贿赂……不问收受的时间是在职务执行之前还是之后。”即使是将受贿罪的本质理解为权钱交易关系，也没有必要限定为事前受财。因为事后受财也会存在权钱交易关系。换言之，事前有约定的事后受财与事前没有约定的事后受财只是形式上不同，没有实质区别。这一观点当然适用于日本刑法中的单纯受贿罪，但并不适用于我国刑法中的受贿罪。这是因为我国刑法中的受贿罪具有不同于日本刑法中的单纯受贿罪的构成要件。在这种法律语境不同的情况下，参照日本刑法学者的观点解释我国刑法规定，我认为存在不相容之处。

事后受财在我国刑法中有所不同，因为我国刑法规定的受贿罪，不仅要求主观上具有受贿故意，而且要求具有为他人谋取利益的意图。这里的为他人谋取利益，如前所述属于主观违法要素而非客观要素，司法解释的规定也印证了这一点。在这种情况下，收买性贿赂，即先交付财物后为请托人谋取利益，因为国家工作人员在收受财物时就具有为他人谋取利益的意图，具备受贿罪的构成要件；而且，国家工作人员主观上具有受贿故意，因而构成受贿罪。此外，在国家工作人员履行职务之前，事先约定国家工作人员先为请托人谋取利益然后收受财物的情况下，国家工作人员在客观上实施的为他人谋取利益的行为已经印证了国家工作人员主观上所具有的为他人谋取利益的意图，而且主观上具有受贿故意，也可以构成受贿罪。而在事先没有约定的情况下，国家工作人员履行职务时并没有为他人谋取利益以作为对方交付财物的对价的意思，他人是因为国家工作人员正常履行职务行为而获得实际利益，为表示感谢而交付财物。在这种情况下，国家工作人员在客观上具有利用上的职务便利收受他人财物的行为，主观上具有明知该财物是其职务行为的对价而收受的主观故意，但却没有为他人谋取利益并以之作为收受他人财物的对价的意图。这是因为，在收受财物的时候，职务行为已经实施完毕，而实施职务行为之时，并没有预想到以此作为他人交付财物的对价。因此，即使在客观上已经实施了为他人谋取利益的行为，国家工作人员的主观上也不可能产生为他人谋取利益以此作为交付财物的对价的意图。换言之，为他人谋取利益的要素，在所谓事后受财的情况下如何认定，这是一个值得商榷的问题。

4. 收受具有上下级关系的下属或者具有行政管理关系的被管理人员的财物，可能影响职权行使

《解释》第 13 条第 2 款规定："国家工作人员索取、收受具有上下级关系的下属或者具有行政管理关系的被管理人员的财物价值三万元以上，可能影响职权行使的，视为承诺为他人谋取利益。"对于这种收受具有上下级关系的下属或者具有行政管理关系的被管理人员的财物的情形，是以没有具体请托事项为前提的。如果具有具体请托事项，根据《解释》就可以直接认定为具有为他人谋取利

益的意图。只有在没有具体请托事项的情况下，才需要推定为承诺为他人谋取利益，由此而间接认定为具有为他人谋取利益的意图。

在司法实践中，这种收受具有上下级关系的下属或者具有行政管理关系的被管理人员的财物的情形，一般称为感情投资。感情投资是一种十分形象的描述，意在说明在这种情况下，他人对国家工作人员目前暂时无所求。为了与国家工作人员建立亲密关系，以便在有所求时，能够利用国家工作人员的职务上的便利为其个人谋取利益，而事先给予国家工作人员财物。当然，感情投资是一个范围较为宽泛的概念，既包括《解释》所规定的具有上下级关系的下属或者具有行政管理关系的被管理人员之间的经济往来，也包括不具有上下级关系的下属或者不具有行政管理关系的被管理人员之间的经济往来。从《解释》只是将具有上下级关系的下属或者具有行政管理关系的被管理人员之间的经济往来规定为构成受贿罪来看，还是做了一定的限制。

应当指出，在《解释》颁布之前，我国司法实践中对于这种收受具有上下级关系的下属或者具有行政管理关系的被管理人员财物的行为如何处理，是较为混乱的。在多数情况下，只要累计的数额较大，对于这种行为一般都直接认定为受贿罪。只有较少情况，未按受贿罪论处。因此，罪与非罪的界限处于一种模糊状态。随着《纪要》的颁布，明确规定对于明知他人具有具体请托事项而收受财物的，视为具有为他人谋取利益的意图。因此，在我国司法实践中存在着将没有具体请托事项的收受财物行为，按照明知有具体请托事项视为承诺为他人谋取利益论处的情形。

在司法实践中，还存在一个问题，就是这里的 3 万元是指单笔 3 万元还是指累计 3 万元，如果是累计 3 万元，那么，是指对一个人收受财物累计 3 万元还是对不同的人收受财物累计 3 万元？对此，在解释上有不同的说法。我们来看一下最高法院苗有水法官的解释，他说是否累计的问题，在《解释》制定过程中有过讨论，结论是可以累计。因此，累计是没有疑问的。事实上，我国刑法中所有犯罪的数额都是可以累计的，对于犯罪数额可以累计计算，这是我国刑法的一个司法规则。但能否对不同的人累计，对此存在争议。苗有水法官的观点是不能对不同的人进行累计。如果可以累计的话，可能导致每个人给予的财物数额很小，但累计起来数额很大。就每个人而言，收受的财物没有超过人情往来的界限，但作为受贿罪认定显得处罚过重。但我认为，要说累计，应当不分情况一律累计。如果真的出现累计数额很大，但每个人给予的数额较小的情况，完全可以按照司法解释规定，认为不可能影响职权行使而不作为受贿罪处理。

七、间接受贿之辩

《刑法》第388条规定："国家工作人员利用本人职权或者地位形成的便利条件，通过其他国家工作人员职务上的行为，为请托人谋取不正当利益，索取请托人财物或者收受请托人财物的，以受贿论处。"这种行为在刑法理论上称为间接受贿，也称为斡旋受贿。在日本刑法中就专门规定了斡旋受贿罪。我国《刑法》第388条专门对间接受贿行为作了规定，但刑法又规定对于这种间接受贿行为，以受贿论处。因此在我国刑法中间接受贿不是独立罪名，而是受贿罪的一种表现方式。在认定间接受贿罪的时候应当注意以下三个问题。

1. 利用本人职权或者地位形成的便利条件

这是间接受贿和普通受贿的一个主要区分。普通受贿有两种情况：直接利用本人职务便利和间接利用本人职务便利。在间接利用本人职务便利情况下，尽管为他人谋取利益的行为是通过其他国家工作人员的职务行为完成的，但是本人职务对他人职务存在着制约关系。在间接受贿中，为他人谋取利益的行为是通过其他国家工作人员的职务行为完成的，但是在间接受贿中本人职务对他人职务不存在这种制约关系。因此是否存在这种制约关系是间接受贿和普通受贿在构成上的重要区分。例如某届最高人民检察院组织的最佳公诉人论辩赛当中有个论辩题就涉及刚才讲的这个间接受贿和普通受贿的区分问题。这个论辩题是这样的：2004年10月《商海》杂志的记者王忠找到中南市医药公司总经理赵涛，称可以在其杂志上发表一篇公司业绩的报道，但需要新闻费30万元。赵涛为了扩大影响就同意了这个提议，双方约定于报道刊出后交钱。后《商海》杂志刊登了王忠撰写的相关报道，但赵涛却不愿意再付 30 万元。为此，王忠找到了省公安厅的厅长李健帮忙解决，李健得知中南市公安局消防分局局长张军与赵涛认识，遂打电话给张军要张军帮忙找赵涛要这 30 万元。张军告知赵涛李健所托事项，不久，赵涛就安排了公司人员偿还了 30 万元。为了感谢李健，王忠用李健情妇的名义买了一套价值 15 万元的商品房并告知李健，李健遂让其情妇入住。该住房首付 2 万元，案发前分期付款 10 万元，均由王忠支付。李健的行为是否构成受贿罪，如果构成，那么是《刑法》第 388 条规定的还是第 385 条规定的受贿罪？这个案件比较复杂。李健和张军当然存在职务上的制约关系，但是能不能说李健是一种直接受贿？如果李健让张军支付 30 万元，张军支付了，李健的受贿行为就是直接受贿行为。但现在支付 30 万元的是医药公司总经理赵涛，张军找到赵涛，两人之间是否具有职务上的制约关系，是个争议的焦点。应该说，两人之间不具有职务上的制约关系，因此本案即使构成受贿，也不是第 385 条规定的普通受贿，而是第 388 条规定的间接受贿，利用其地位和影响。另外本案还有一个争议点，因为《刑法》第 388 条规定的受贿罪是要谋取不正当利益，这 30 万元是正当利益还是不正当利益也是一个问题。另外还有一个有没有收受财物的问题，因为住房是给李健情妇住的，能不能等于是李健本人收受财物；收受财物的数额到底多少，是 12 万元还是 15 万元？这些问题都是辩点，也是受贿罪认定中的疑难问题。

2. 利用其他国家工作人员的职务

在直接受贿中，尽管也有通过其他国家工作人员的职务行为为他人谋取利益的情形，但本人职务对他人职务存在着制约关系，实际上是利用本人职务。而在间接受贿中，本人职务对他人职务不存在这种制约关系，因此是利用他人职务。

3. 为请托人谋取不正当利益

受贿罪是无论为他人谋取正当利益还是不正当利益都构成犯罪，但间接受贿则只有为他人谋取不正当利益才构成犯罪。如果为他人谋取的是正当理由，则不构成受贿罪。这是间接受贿区分于普通受贿的一个重要特征。

那么，什么是不正当利益？根据有关司法解释的规定，这里的不正当利益是指违反法律法规、国家政策和国务院部门规章规定的利益，以及违反法律法规、国家政策和国务院部门规章规定的帮助或者方便条件。也就是说，不正当利益不仅指这种利益本身是违反法律法规、国家政策和国务院部门规章规定的利益，而且指违反法律法规、国家政策和国务院部门规章规定而提供帮助使他人获取某种利益。在某种情况下，利益本身是正当的，但如果是违反程序为他人获取的利益，也应当被视为不正当利益。例如，王小石受贿案。王小石系中国证券监督管理委员会发行监管部发审委工作处原助理调研员。北京市第一中级人民法院经公开审理查明：2002 年 3 月至 9 月间，被告人王小石利用担任中国证券监督管理委员会（以下简称证监委）发行监管部发审委工作处助理调研员的职务便利，通过时任东北证券有限公司（以下简称东北证券公司）工作人员的被告人林碧介绍，接受福建凤竹纺织科技股份有限公司（以下简称凤竹公司）的请托，通过证监委发行监管部其他工作人员职务上的行为，为凤竹公司在申请首次发行股票的过程中谋取不正当利益，为此，王小石收受请托人通过林碧给予的贿赂款人民币 72.6 万元。北京市第一中级人民法院根据上述事实和证据认为：被告人王小石身为国家工作人员，利用本人职权或地位形成的便利条件，通过其他国家工作人员职务上的行为，为请托人谋取利益，收受请托人给予的贿赂款人民币 72.6 万元，其行为已构成受贿罪，且受贿数额巨大，依法应予惩处。遂判决被告人王小石犯受贿罪，判处有期徒刑 13 年，并处个人财产人民币 12 万元。一审判决以后，两被告人提起上诉。北京市高级人民法院依照《中华人民共和国刑事诉讼法》第 189 条第 1 项的规定，作出驳回上诉，维持原判的裁定。

在上述案件中，法院判决是以《刑法》第 388 条规定的间接受贿加以认定的。间接受贿与普通受贿之间的主要区别，除了是否为他人谋取不正当利益，还在于利用职务上的便利这一要件的不同。普通受贿的利用职务上的便利，是指利用国家工作人员本人的职务便利。在一般情况下，是利用本人职权；即使是通过其他国家工作人员的职务便利为他人谋取利益，也是在本人职务与其他国家工作人员的职务之间有制约关系。因此，这仍然是一种利用本人职务上的便利。但在间接受贿罪的情况下，虽然也是通过其他国家工作人员的职务便利为请托人谋取利益，但由于本人职务与其他国家工作人员的职务之间不存在制约关系，因此是真正意义上的利用他人职务上的便利。在王小石受贿案中，检察机关指控被告人王小石接受凤竹公司的请托，通过证监委发行监管部其他工作人员职务上的行为，为凤竹公司在申请首次发行股票的过程中谋取不正当利益。这是一种间接受贿，而不是直接受贿。在庭审过程中，被告人王小石及其辩护人辩称，王小石没有利用职权或地位形成的便利条件为他人谋取利益，其行为不符合受贿罪利用职务便利的客观要件。对此，本案的裁判理由指出：我们应该认识到，受贿罪的利用职务上的便利有不同的情形：一是单纯的行贿人有求于国家工作人员的职务行为；二是国家工作人员已经或者正在为行贿人谋取利益。无论是哪一种情形，都表现了贿赂是职务行为的一种不当报酬，都侵害了本罪所保护的公职行为的不可收买性。那么，只要国家工作人员收受的财物是与其职务行为有关的，就应当认为是利用了职务上的便利，因为，这样的行为都侵犯了职务行为的不可收买性。所以，即使没有实际为他人利用职务行为谋取利益，也是成立受贿罪的。在本案中，王小石及其辩护人都认为王小石的工作职位与凤竹公司上市是没有直接联系的，所以王小石不具备凤竹公司请托事项的职务便利。但是，王小石是证监会的工作人员，凤竹公司也正是看到了王小石的这一工作特殊性，才给予其钱财的。王小石所收受的钱财和其职务具有直接的关联，因此，认定其是利用了职务便利是没有疑问的。

以上裁判理由对本案被告人王小石具备利用职务上的便利这一要件作了论证，但更多的是从受贿罪的本质特征即职务行为的不可收买性出发进行论证的，只是强调了王小石收受财物与其职务具有直接关联性，而没有论证这种关联性的具体表现。从法院判决认定的受贿事实来看，被告人王小石是利用其担任证监委发行监管部发审委工作处助理调研员的职务便利，通过时任东北证券公司工作人员的被告人林碧介绍，接受福建凤竹公司的请托，通过证监委发行监管部其他工作人员职务上的行为，为凤竹公司在申请首次发行股票的过程中谋取不正当利益。由此可见，被告人王小石是通过证监委发行监管部其他工作人员职务上的行为为请托人谋取利益的。由于被告人王小石的职务和证监委发行监管部其他工作人员职务之间不存在制约关系，因此认定为间接受贿。对于间接受贿来说，在论证利用本人职权或者地位形成的便利条件的时候，应该从本人职务与其他国家工作人员职务的关系出发，而不是泛泛地指出收受的财物与其职务具有关联性。

（本文原载《云南法学》，2020（1）（2））

图书在版编目（CIP）数据

刑法研究. 第十三卷，刑法各论. Ⅲ/陈兴良著. --北京：中国人民大学出版社，2021.3
（陈兴良刑法学）
ISBN 978-7-300-29153-6

Ⅰ.①刑… Ⅱ.①陈… Ⅲ.①刑法-中国-文集 Ⅳ.①D924.04-53

中国版本图书馆 CIP 数据核字（2021）第 049540 号

国家出版基金项目
陈兴良刑法学
刑法研究（第十三卷）
刑法各论Ⅲ
陈兴良 著
Xingfa Yanjiu

出版发行	中国人民大学出版社		
社　　址	北京中关村大街 31 号	**邮政编码**	100080
电　　话	010－62511242（总编室）		010－62511770（质管部）
	010－82501766（邮购部）		010－62514148（门市部）
	010－62515195（发行公司）		010－62515275（盗版举报）
网　　址	http://www.crup.com.cn		
经　　销	新华书店		
印　　刷	北京捷迅佳彩印刷有限公司		
规　　格	170mm×228mm　16 开本	**版　　次**	2021 年 3 月第 1 版
印　　张	41.5 插页 4	**印　　次**	2021 年 8 月第 2 次印刷
字　　数	624 000	**定　　价**	218.00 元

版权所有　侵权必究　　印装差错　负责调换